클라우드 네이티브 트랜스포메이션

클라우드 네이티브 트랜스포메이션

클라우드를 도입하기 위한 치밀한 준비

피니 레즈닉 · 제이미 돕슨 · 미셸 지노 지음
정이현 · 소병욱 · 김진웅 옮김

에이콘

에이콘출판의 기틀을 마련하신 故 정완재 선생님 (1935-2004)

몇 년 전, 도커콘^{Dockercon} 유럽에 참석하고자 암스테르담에 있었다. 그리고 북부 억양으로 말하는, 매우 열정적인 영국인 제이미 돕슨^{Jamie Dobson}을 만났다. 그는 네덜란드에서 회사를 경영하는 듯했지만 그들이 무슨 일을 하는지는 잘 알지 못했다. 얼마 지나지 않아 그 회사는 컨테이너 솔루션^{Container Solutions}이라는 회사로서 런던으로 확장했고, 제이미^{Jamie}, 피니 레즈닉^{Pini Reznik}, 아드리안 무아트^{Adrian Mouat}, 앤 커리^{Anne Currie}와 다른 콘퍼런스에서 마주치게 됐다. 그러고 나서 컨테이너 솔루션 팀원들은 암스테르담에 있는 부둣가 창고에서 콘퍼런스를 열자는 말도 안 되는 아이디어를 내놓았다. 일종의 버닝맨^{Burning Man}[1] 분위기와 소프트웨어를 혼합한 회의였다. 콘퍼런스를 소프트웨어 서커스^{Software Circus}[2]라 불렀다.

밖에는 30피트 높이로 불을 뿜는 케빈이라는 로봇이 있었고, 점심으로 돼지 한 마리가 꼬챙이에 구워져 있었다. 누가 올지, 어떤 이야기를 듣고 싶어 할지 전혀 몰랐지만 나는 개막 기조 연설자였다. 400명이 넘는 사람들이 나타났으며, 슬라이드 없이 즉흥적으로 강연을 함으로써 이야기를 들려줬고, 청중들에게 의견을 받았다. 그리고 트위터 피드^{feed}는 효과적인 발표 크라우드소싱^{crowdsourcing}이 됐다. 그 후, 둘째 날 기조연설을 할 켈시 하이타워^{Kelsey Hightower}는 슬라이드 없이 강연하는 상황을 생각해본 적이 없다고 내게 말한 적 있었지만 이제는 한번 해보겠다고 했다. 켈시는 테트리스를 플레이하는 모습을 보여주면서 컨테이너 스케줄에 대해 이야기했다. 내가 참석했던 콘퍼런스 중 가장 기억에 남는 강연 중 하나였으나

---

1   미국 서부 네바다주 블랙록 사막에서 열리는 나무 인간 모형을 태우는 연중 행사
2   매년 암스테르담에서 열리는 개발자 콘퍼런스, https://www.softwarecircus.io/ 참고

기조연설을 찍은 비디오는 없다. 독자 여러분도 그 자리에 참석할 수 있었다면 좋았을 텐데!

컨테이너 솔루션의 사람들은 다르게 생각하며, 안전하게 행동하지 않는 과정에서 즐거운 시간을 보내는 듯 보인다. 그들은 수년 동안 흥미로운 프로젝트들을 해왔다. 이 책은 단순한 내용이 아니라 이야기와 패턴 라이브러리의 집합체다. 책에서 나오는 이야기들은 내가 전 세계에서 봐왔던, 데브옵스DevOps, 프로덕트Product 기반 팀, 마이크로서비스microservice, 지속적 전달, 컨테이너, 서버리스 등을 도입하기 위해 애쓰는 회사들과 동일한 공통적인 패턴을 보여준다. 패턴 라이브러리는 교차 인덱싱된 랜덤 액세스 컬렉션cross-indexed random access collection 처럼 접근해야 가장 효과적이다.

연속적으로 전체 목차를 탐색하고 읽을 수 있지만 흥미로운 시작점을 선택한 후 관련 패턴에 대한 레퍼런스를 따라가는 것이 좋다. 각 패턴은 훌륭하고 세부적인 조언을 포함한다. 필자는 실제 경험을 반영하여 관련 내용을 썼다.

이 책을 통해 경험에 따른 세 가지 핵심 아이디어를 제공한다. 첫째, 만나는 고객 대다수는 실제로 조직도org-chart상에 문제가 있을 때 잘못된 기술을 채택했다고 생각한다. 성공적인 조직들은 명확한 API를 통해 소통하는 수많은 소규모 독립 비즈니스 팀들로 이루어져 있으나 조직도상에 문제가 있을 경우 필연적으로 역 콘웨이 전략reverse conway maneuver이라고 알려진 트릭trick인 마이크로서비스 아키텍처를 구축하게 된다.

둘째, 경영진이 고려해야 할 가장 중요한 지표는 가치 창출 시간이며, 각 팀별 배포에 따른 지연 시간으로 가장 쉽게 측정할 수 있다. 많은 기업은 저마다 추구하던 방식에서 벗어날 수 없으며 목표치가 하루 미만인 짧은 가치 창출 시간으로 인해 팀에서 억압된 혁신 기준으로 릴리즈하기에 진짜 혁신을 할 수 없다. 셋째, 기술 변화에 대해 논의하고 솔루션을 설계하는 최선의 방법을 논의하는 분석 마비analysis paralysis로 너무 많은 시간이 소요된다.

이 책의 패턴은 이러한 논쟁을 중심에 두고 잘못된 선택의 위험을 줄이면서 아키텍처를 빠르게 결정할 수 있도록 돕고, 낮은 가치의 아키텍처를 대체하는 패턴을 통해 더 많은 공통성을 만들어낼 수 있을 것이다. 이런 이야기들은 진 킴Gene Kim의 책인 『피닉스 프로젝트』(에이콘, 2021)와 『The Unicorn Project』(IT Revolution Press, 2019)를 연상시키지만, 이렇게 광범위하고 구체적인 패턴 라이브러리와 결합된 스토리텔링은 본 적이 없다. 이는 패턴 자체를 잘 묘사하고 패턴이 어떻게 조화를 이루는지 보여주는 정말 매력적인 조합이다. 즐거운 읽을거리도 많다.

아드리안 콕크로프트 Adrian Cockcroft
클라우드 아키텍트, 엔지니어
2019년 11월

피니 레즈닉^{Pini Reznik}

컨테이너 솔루션스^{Container Solutions}의 공동 설립자이자 CTO로, 기업이 클라우드 네이티브 기술과 사례를 성공적으로 채택하도록 지원하고 있다. 컨테이너 솔루션스는 5년 동안 수십 개의 클라우드 네이티브 트랜스포메이션을 주도했고, 혁신의 기술적 측면과 조직적 측면 모두에서 광범위한 실무 경험을 수집했다.

제이미 돕슨^{Jamie Dobson}

클라우드 마이그레이션 전문 프로페셔널 서비스 컨설팅 업체인 컨테이너 솔루션스의 공동 설립자이자 CEO다. 9살 때 BBC 컴퓨터와 베이직^{BASIC}과의 첫 만남은 프로그래밍과 소프트웨어 개발에 평생의 열정을 불러일으켰다. 현재 그는 코칭과 조직 전략에 대한 열정을 키워 인간이 점차 우리의 삶을 주도하는 기술로 유익하게 효과적으로 일할 수 있도록 돕고 있다.

미셸 지노^{Michelle Gienow}

웹 개발자, 잼스택^{JAMstack} 에반젤리스트이자 전직 저널리스트로, 고객으로는 뉴스택^{The New Stack}, 리눅스 파운데이션^{Linux Foundation}, 「뉴욕타임스」, 디스커버리 채널 등이 있다. 그녀는 자바스크립트 코드든 클라우드 네이티브 원칙이든 기술과 글쓰기가 결합된 멋진 환경에서 일할 때 가장 행복하다.

감사의 글

책을 쓸 때 도움을 준 사람들에게 감사 인사를 전하고 싶다.

먼저, 컨테이너 솔루션 팀 전체가 실제로 이 책을 제작하는 데 기여했다. 특히 이러한 패턴과, 패턴들을 둘러싼 모든 개념을 만드는 데 지식과 경험을 기여한 엔지니어들에게 공개적으로 감사의 말을 전한다. CS 디자인 팀은 패턴의 생기를 불어넣는 도면과 도표를 전달하기 위해 창의적이고 능숙하게 작업했다. 스비틀라나 추냐예바, 미키 홀더, 베이난드 러스토프에게 감사를 표한다. 헤더 조슬린의 전문가다운 편집과 생산적인 피드백이 본문을 크게 개선시켰다.

패턴 디자인에 대한 약간 급진적인 스토리텔링 접근법에 대한 모험을 기꺼이 시도해주신 크리스토퍼 구지코프스키를 포함한 오라일리의 편집진과 제작진에게도 감사를 전한다. 특히 이 책이 구체화되는 데 도움을 준 마이클 크로닌에게 감사를 전한다.

더 좋은 책을 만들고자 시간과 통찰력을 아낌없이 주신 많은 분께 감사드린다. 처음부터 함께했던 앤 커리는 생동감 넘치는 어투를 쓰는 데 영감을 줬다. 아드리안 무아트는 프로젝트 전반에 걸쳐 솔직하고 성실한 검토와 논평으로 저자들이 내용을 명확히 하고 개선하는 데 큰 도움을 줬다.

이 책의 시초였던 클라우드 네이티브 패턴에 대한 피니의 첫 번째 PLOP[Pattern Language of Programs] 콘퍼런스 페이퍼를 만드는 데 도움을 준 한스 베그너에게 감사를 전한다.

PLOP 조직위원장으로 있던 카일 브라운은 피니에게 원고를 개선하고 다듬으면서 패턴과 관련해 시간을 투자하도록 독려했다. 또한 기술 리뷰어 역할과 특히 패턴을 검토하고 수정하는 데 특별한 전문지식을 빌려준 카일에게 감사를 전한다.

제이미는 새로운 아이디어, 신기술, 그리고 새로운 회사에 대한 위험을 기꺼이 받아들인 컨테이너 솔루션의 초기 고객들에게도 감사한다.

ING 은행의 헨크 콜크, 홀리데이체크^{HolidayCheck}의 맥스 숄프만, 시스코^{Cisco}의 켄 오웰스에게도 감사를 전한다. 그들이 없었으면 컨테이너 솔루션도 없었을 테고, 이 책은 쓰지도 못했을 것이다. 실험과 학습에 대한 놀라운 열정을 보여준 컨테이너 솔루션 팀 덕분이다. 지난 17년 동안의 우정과 지속적인 동정심과 비판적 지지를 보내준 아드리안 무아트에게 감사를 전한다. 앤드류 헤스케스, 이안 라벤스크로프트, 앤드류 클라크에게 감사를 전한다. 사랑과 연민, 그리고 정직의 끊임없는 원천이 되는 제이미의 아내 안드레아 돕슨에게도 감사를 전한다. 또한 제이미는 50년 동안 파트너였던 피니와 미셸에게 감사하고 있다. 이들이 없었다면 책을 쓰기는커녕 원고를 쓰지도 못했을 것이다.

피니는 지난 20년 동안 변함없는 지지를 보내준 아내 사릿^{Sarit}에게 감사를 전한다. 컨테이너 솔루션을 놀라운 회사로 만들기 위해 노력하는 동안 패턴에 대해 끝없이 귀를 기울여주며 책을 쓰는 데 저녁 시간과 주말을 투자하도록 격려해줬다. 언제나 최고의 롤모델이 될 수 있도록 영감을 주는 우리 딸 샤차르와 아들 요나단, 그리고 최고의 엄마가 돼준 사릿에 대해서도 감사를 전하고 싶다.

미셸은 책의 집필과 사무실 출근을 병행하며 사라진 모든 저녁과 주말을 버텨준 가족, 특히 아들 잭과 콜에게 감사를 전하고자 한다. 프로젝트 내내 클라우드에 대한 끝없는 이야기와 패턴에 대한 이야기를 들어주면서 인내심으로 지지해준 남편 제프에게 감사를 전한다. 이 프로젝트에 흘러들어온, 업무 분야 외에도 삶의 귀중한 격려와 통찰력을 제공해준 샐리 노스태스에게도 감사를 전한다. 생산적인 하루가 끝날 때 노력과 끈기, 그리고 와인 한 잔의 가치를 가르쳐준 어머니 마를렌 지노우에게 감사를 전하고자 한다.

마지막으로 이 프로젝트를 지지하며 아이디어를 기여한 수많은 사람에게 감사한다.

옮긴이 소개

정이현(2wisev@gmail.com)

IT 서비스업계에서 주로 금융 차세대 AA/SA 및 Mobile Commerce/Payment 관련 글로벌 프로젝트에서 Solution Architect 역할을 수행해오다가 2017년부터 본격적으로 클라우드 및 데이터 플랫폼 관련 업무를 수행했다. AWS, Azure, GCP 등 주요 CSP 내 Managed Kubernetes Cluster를 기반으로 한 클라우드 네이티브 트랜스포메이션 및 AI/Data 관련 플랫폼 서비스 구축 등을 담당하고 있다. Kubernetes, DevOps, SRE, MLOps, Auto-ML, 클라우드 보안 등에 관심이 많으며 PaaS, SaaS, OSS, 클라우드 네이티브 서비스 기반에서 다양한 시도를 해보는 것을 좋아한다.

소병욱(nomsoon@gmail.com)

국내 IT기업에서 모바일 간편결제 서비스의 클라우드 아키텍트로서 레거시 시스템의 클라우드 전환 설계와 구축 역할을 담당했다. 레거시 네트워크에서 출발해 가상화 영역으로 기술을 확장했으며, 클라우드 전환 시 온프레미스와의 연계를 위한 네트워크 설계와 보안 거버넌스를 수립했다. 현재는 컴퓨터시스템응용기술사로서의 지식과 클라우드 실무 경험을 바탕으로 기술을 겸비한 HRD 전문가로서 사내 인재들을 양성하고 있다.

김진웅(ddiiwoong@gmail.com)

2009년부터 클라우드 관련 업무를 수행하고 있다. SI회사에서 관계사 레거시 인프라 및 클라우드 인프라를 운영했고 컨테이너 기술 중심으로 업계가 변하면서 이후 컨테이너 기반 GPU 클라우드 플랫폼, FaaS(서버리스) 서비스, 퍼블릭 클라우드 기반 데이터레이크 솔루션을 개발했다. 스타트업에서 클라우드 네이티브 모니터링 솔루션을 개발을 진행한 경험이 있다.

옮긴이의 말

바야흐로 클라우드의 시대다. 거의 모든 기업이 클라우드 도입에 열을 내고 있는 상황이다. 그러나 기업별 클라우드를 바라보는 시각에는 다소 차이가 있어 보인다. 이미 수년 전부터 실제 클라우드 환경에서 모든 대국민을 대상으로 서비스하고 있는 다수의 기업들이 있는가 하면, 아직도 단순히 서버를 대체하는 관점으로 바라보는 기업도 있고, 다른 기업들이 앞다투어 도입함으로써 따라 도입하려는 기업도 있다. 사실 클라우드를 도입하고 기존 시스템이나 서비스를 클라우드로 전환하기 위해서는 치밀한 사전 준비가 필요하다. 또한 관련 조직 구성, 접근 방향성, 역량, 비전과 로드맵, 스폰서십 등도 필요하다. 기존 시스템의 현황 조사도 필요하며 클라우드에서의 기술적 성숙도를 어떻게 높여갈 수 있는지에 대한 CEO, CIO, CSO 및 실무 리더들의 고민도 필요하다.

단순한 서버 대체가 아닌 진정으로 클라우드를 효과적으로 잘 활용하는 '클라우드 네이티브'가 목표가 돼야 함은 의심의 여지가 없다. 이를 위해 컨테이너화, 마이크로서비스, 동적관리, 자동화, 오케스트레이션 등 클라우드 네이티브의 5개 기술 요소 적용을 필히 고려해야 한다. 이 또한 단순히 기술적인 측면에서 쉽게 되는 것이 아닌 조직과 일하는 문화의 혁신 및 경영층의 스폰서십 등이 지속해서 동반돼야 가능하다. 이 '클라우드 네이티브 트랜스포메이션'이라는 목표로 클라우드 전환이라는 여정에 있는 기업들이나 시스템/서비스 관련자들에게 이 도서가 많은 도움이 될 것으로 기대한다. 파이팅!

정이현

현대 사회에서 클라우드는 IT/OT의 경계를 넘어 명실상부 모든 서비스의 근간이며, 클라우드 네이티브는 급변하는 요구에 빠르게 대응하기 위해 필수불가결한 요소로 자리매김하고 있다. 때문에 수많은 기업들이 생존을 위해 명확한 전략 없이 클라우드 네이티브 트랜스포메이션의 여정을 시작한다. 그러나 기대와 달리 기술과 도구에 집중한 접근법은 수없이 많은 위험과 변수에 노출돼 비용과 시간을 낭비하게 된다. 저자는 웰스그리드 회사 이야기를 통해 암묵지에 가려진 실패 사례들과 이를 극복할 수 있는 실용 패턴을 형식지로 제시한다. 또한 문화, 철학, 일하는 방식 등 총체적인 변화를 통해 목적지에 도착할 수 있다고 말하고 있다. 이 책으로 클라우드 네이티브 트랜스포메이션 여정의 출발지에서 앞으로 발생할 많은 시행착오와 실패 비용을 줄이며 장밋빛 청사진으로 한 걸음 다가설 수 있기를 기대해 본다.

소병욱

클라우드 네이티브는 클라우드 컴퓨팅 모델의 장점을 모두 활용하는 애플리케이션을 개발하고 실행하기 위한 접근 방식으로, 느슨하게 결합된 마이크로서비스 형태인 컨테이너 기반의 프로세스나 애플리케이션을 쿠버네티스와 같은 오케스트레이션 도구를 통해 관리하는 방식을 말한다. 기업이 클라우드 네이티브로 전환할 때 이러한 기술과 도구를 도입하기만 한다면 성공하기란 매우 어렵다. 실제 성공을 위해서는 문화와 철학으로 접근해야 더 효율적이며, 새로운 기술 스택을 습득하면서 동시에 여러 패턴을 통한 장기적인 전환 시도가 필수적이라고 저자는 이야기한다. 기술적인 내용을 자세히 담고 있지는 않지만 현재 기업이 직면한 현실적인 문제를 파악하고 어떤 방향으로 트랜스포메이션을 진행할지에 대한 조언을 얻을 수 있다고 생각한다.

김진웅

차례

들어가며

5년 전 피니 레즈닉과 제이미 돕슨은 얼리어답터 기업들이 새로운 클라우드 컴퓨팅 패러다임을 활용할 수 있는 최선의 방법을 찾을 수 있도록 돕는 전문 서비스 회사인 컨테이너 솔루션 Container Solutions 을 설립했다. 제이미는 많은 회사와 협력해 애자일 agile 개발 실천을 홍보해왔고 피니는 컨테이너를 소프트웨어 개발의 세계를 변화시킬 수 있는 도구로 인식했다. 컨테이너는 가상 머신보다 가볍고 휴대성이 훨씬 뛰어나며, 상당히 새로우면서 독립 실행형이며 플랫폼 중립적인 패키지로 소프트웨어를 개발 및 전달하는 강력한 방법이었다. 기업들이 이 강력한 신기술의 활용을 도울 수 있도록 전담하는 회사를 설립하면서 협력하기로 했다.

2014년 컨테이너형 애플리케이션으로 이전하는 기업들은 아파치 메소스 Apache Mesos 를 클러스터 관리에 사용하고 있었다. 아파치 메소스는 컨테이너를 스케줄링할 수 있는 유일한 도구였다. 몇 년이 지나면서 메소스 Mesos 는 시대에 뒤떨어졌다. 이제 회사들은 반드시 도입해야 하는 쿠버네티스 Kubernetes 로 이전하고 싶어 했으며, 다시 도움을 요청하고 있다. 이러한 반복적인 비즈니스는 으쓱하게 하면서 깨달음의 순간으로 이끌기도 했다.

3년 전, 이 회사들을 메소스로 옮긴 것은 도약이었다. 이제 그 회사들이 K8s[1]를 통해 다시 도약할 수 있도록 지원하려 한다. 이는 그들이 혁신 역량을 구축하지 않았기 때문에 언제든 다음 단계로 발전하고 준비되게 할 수 있음을 의미한다. 그러한 회사에서는 "주요 도구를 구입해 설치하면 프로세스는 몇 주 동안 중단되지만 향후 5년 또는 10년 동안 다시 정상화될 수

---

1   줄임말로 Kubernetes를 K8s로 칭한다. 여기서 "8"은 "kubernet" 8글자를 "8"로 대체한 약어다.

있다."라는 기존 사고방식으로 여전히 운영하고 있었다.

오해하지 말자. 100개 이상의 마이크로서비스를 실행하고 메소스에 꽤 비중 있게 특화된 구성 관리configuration management 기능과 함께 지속적 통합과 지속적 전달CI/CD을 사용하고 있다면 메소스에서 쿠버네티스로 마이그레이션하는 것은 사소한 일이 아니다. 이미 실행 중인 컨테이너 기반 애플리케이션을 새로운 관리 방식으로 전환하는 것은 또 다른 큰 도약처럼 느껴지지 않을 것이다. 필자들에게는 그 과정이 새로운 플랫폼을 구축하고 테스트 마이그레이션을 수행하듯 매우 명확했다. 모든 작업을 한 번에 수행하거나 모든 서비스를 함께 이동할 필요는 없다. 당신에게는 시간이 있다.

간단한 스테이트리스stateless 서비스로 실험을 시작하는 그 과정에서 K8s에 대해 알아보자. 분명한 것은 새로운 도구를 채택하는 것을 한 번에 끝내야 한다는 점이다one-and-done. 이는 오래된 사고방식을 가진 고객들에게는 그리 쉬운 일이 아니다.

그것이 바로 "아하a-ha!"라는 깨달음의 순간이었다. 이 일은 더 이상 단순히 고객을 클라우드로 안내해 고객이 마이그레이션을 위한 최고의 툴과 기술을 선택하고 채택하도록 돕는 것이 아니다. 이제 필자들의 진정한 임무는 고객이 새로운 기술을 채택하는 것뿐만 아니라 완전히 새로운 사고 방식으로 진화하도록, 완전한 디지털 트랜스포메이션을 달성하도록 돕는 것이다. 기술은 점점 더 빨라지고 있다. 클라우드 네이티브는 매일 끊임없이 반복되고 새로 구축되는 마이크로서비스 분산 시스템을 제공하는 것을 의미한다. 이제 필자들은 조직의 모든 부분을 항상 변화시키면서 완전히 다른 사고방식으로 바꾸고 있다. 당신은 항상 클라우드 네이티브를 진행하고, 혁신하고, 다음 단계로 나아갈 것이다. 혁신은 이제 또 다른 워크플로우의 일부가 돼야 한다.

필자들은 클라우드 네이티브를 발명하지 않았다. 클라우드 네이티브를 어떻게 하는지도 발명하지 않았다. 클라우드 네이티브를 진행하는 방법을 설명하고, 필자들 및 다른 얼리어답터들이 이런 작업 방식에 이름을 붙이기 전에 찾아낸 클라우드 네이티브 트레일trail2을 매핑

---

2   클라우드 네이티브 여정을 시작하는 기업을 위한 개요를 제공. https://github.com/cncf/trailmap

하기 위해 이 책을 쓰기로 했다. 패턴은 클라우드 네이티브를 하는 데 가장 효과적인 방법이지만 고도의 기술 소프트웨어 설계 패턴의 책을 찾고 있다면, 이 책은 여러분을 위한 책이 아니다.

한편, 중간 관리자, 프로젝트 리더 또는 경영진 수준의 의사 결정권자가 당신이 속한 회사에 적합한 클라우드 네이티브를 진지하게 고려한다면, 이 책이 바로 당신을 위한 책이다.

쿠버네티스 클러스터를 테라폼^{Terraform3}하기 위한 최고의 10가지 방법을 알려주는 아주 좋은 기술 패턴 책자가 많이 있다. 필자들은 쿠버네티스가 무엇인지, 클라우드 네이티브에 어떻게 들어맞는지, 그리고 왜 쿠버네티스가 처음부터 필요한지에 대해 설명하려 한다. 시스템을 구축하지 않고 이해만 하면 된다.

조직과 문화를 새로운 사고 방식과 작업 방식으로 전환할 때 의사결정을 안내하는 전략 및 리스크 감소를 위한 높은 수준의 패턴도 소개한다. 이러한 패턴들로 기업이 트랜스포메이션을 실행하고, 이후 새로운 클라우드 네이티브 플랫폼에서 최적화된 프로세스를 통한 전달^{delivery}로 뛰어난 성과를 거둘 수 있기에 엔지니어들도 이 책을 읽었으면 한다. 이 책을 읽은 후에, 엔지니어는 책을 관리자에게 건네주며 "이것이 우리가 해야 할 일입니다."라고 말할 수 있다.

이 책에 관해

처음에 꽤 직설적이고 학술적인 몇 가지 패턴과, 패턴이 어떻게 작동하는지에 대한 내용을 쓰기 시작했다.

하지만 결국 실제 트랜스포메이션 과정에서 발생하는 많은 문제들이 기술 자체와는 거의 관련이 없다는 것이 분명해졌다. 기술 및 도구는 구체적이며, 가상화된 인프라라 하더라도 완

---

3 코드 형태로 인프라스트럭처를 배포, 관리할 수 있는 플랫폼

벽하게 관리하고 제대로 지원할 수 있다. 하지만 문화, 프로세스, 그리고 다른 인간 중심적인 변화는 필자들이 관찰해온 트랜스포메이션 중 가장 어려운 측면이다. 많은 마이그레이션이 인지적 편견에 뿌리를 둔 일반적인 실수를 범함으로써 흔들리거나 심지어 실패하기도 한다. 패턴은 이러한 함정을 피하도록 도와줄 수 있다. 그래서 전형적인 트랜스포메이션의 이야기로 이 책을 좀 더 인간 중심적으로 표현하기로 했다. 클라우드 마이그레이션 과정에서 발생하는 장애를 포함한 일반적인 기업의 사례를 설명하기 위해 고객 기업과 함께 작업한 실제 프로젝트에서 이야기를 가져왔다.

기술 수준이 주류^{mainstream} 채택의 초기 단계에 접어들면서 클라우드 네이티브를 진지하게 고려하는 회사들과 매우 유사한 "일반적인 기업"을 대표하기 위해 필자들은 웰스그리드^{WealthGrid}라는 가상의 회사를 만들었다. 웰스그리드의 트랜스포메이션 스토리는 정보를 제공하는 장과 그 사이에 있는 여러 개의 인터루드^{interlude}로 구성돼 있다. 1장부터 5장에서 클라우드 기본 배경 지식 및 개념을 설명한 다음, 기술 및 패턴과 함께 작업하기 위한 도구와 접근 방식 및 전략을 소개한다. 이후 당신이 속한 회사의 현재 상황을 파악하고 클라우드 네이티브 대상을 선택할 수 있도록 돕는 자체적인 클라우드 네이티브 성숙도 매트릭스^{Maturity Matrix} 도구를 제공한다. 이 책의 전반부는 많은 노력과 투자에도 불구하고 클라우드 네이티브 트랜스포메이션 시도를 성공하지 못한 웰스그리드가 위기를 맞는 순간으로 끝이 난다.

후반부에서는 전략, 조직/문화, 개발/프로세스 및 인프라에 대한 장으로 구성된 패턴 자체를 보여준다. 그 후 일반적인 회사의 성공적인 클라우드 네이티브 트랜스포메이션 경로를 패턴을 통해 보여준다. 기본적으로 웰스그리드가 무엇을 했어야 하는지에 대한 이야기기도 하다.

계획이 지연되고 이탈되는 이런 상황에서 일반적으로 발생하는 편향이 드러나며, 이야기가 전개됨에 따라 컨텍스트에서 패턴이 드러난다. 이러한 편향 중 일부를 긍정적으로 사용하거나, 일반적인 실수를 편향을 약간 밀어내면서 피하는 방법을 보여준다. 마지막으로 완전한 패턴 언어가 확립된다. 이 이야기는 중소기업이 실제 클라우드 네이티브 계획을 위한 탄탄한 출발점으로 활용할 수 있는 트랜스포메이션 디자인으로 동작한다.

트랜스포메이션 디자인에 이어 일반적인 트랜스포메이션 함정[pitfall]과 함정을 향한 도전 상황을 분석하고 이를 피하는 방법을 소개하는 장이 이어진다(스포일러 경고, 웰스그리드는 해피엔딩으로 끝난다). 책 후반부에서 패턴을 통한 실제 클라우드 네이티브 트랜스포메이션 사례 연구를 두 가지 설명하며 마무리한다. 스타링 뱅크[Starling Bank]의 창립 CTO인 그렉 호킨스[Greg Hawkins]는 회사에 속한 팀이 어떻게 일 년 만에 클라우드 네이티브 챌린저[challenger] 은행을 구축했는지, 수석 클라우드 플랫폼 전략가 대니얼 아이텐[Daniel Eichten]은 IT 정글에서 클라우드를 통해 세계 2위의 스포츠 의류 제조업체이자 소매업체인 아디다스[Adidas]를 이끄는 데 어떤 도움을 줬는지 설명한다.

모든 내용은 공식적인 연구가 아닌 필자들의 경험에 근거한다. 게다가 현 시점에서 매우 새로운 지식이기에 아직까지 공식적인 연구는 존재하지 않는다. 이는 필자의 의견과 관찰 사항이며, 클라우드 네이티브의 어떤 종류의 확정적인 십계명으로도 제공되지 않는다.

이러한 복잡한 부분들이 어떻게 조화를 이루는지, 기능적이면서 효율적인 클라우드 네이티브 시스템이 어떻게 만들어지는지 쉽게 파악할 수 있기를 바란다. 잘 알려진 길을 벗어나 클라우드로 완전히 새로운 세계로 나아가고 있기에 전체 조직을 트랜스포메이션하는 것은 불안할 패턴은 이 새로운 길을 따라 천천히, 그리고 점진적으로 올바른 방향으로 이동하기 위한 일련의 작은 단계들을 제공한다. 그리고 위와 같은 여정에서 흔히 볼 수 있는 여러 어려움에 직면하면서도, 성공적으로 여행을 마친 당신 이전에 앞서갔던 사람들의 이야기는 당신도 할 수 있다는 자신감을 준다.

하지만 더 중요한 건 이 책에서 배운 모든 것을 계속 반복해서 사용할 수 있다는 것을 알게 될 거라는 점이다. 클라우드 네이티브를 실행하는 방법을 알려주지는 않는다. 대응력과 적응력이 뛰어난 조직으로 변화하는 법, 향후에 어떤 일이 일어나더라도 문제없이 신속하게 대처할 수 있는 방법을 알려주고자 한다.

최신 패턴 개발

새로운 클라우드 네이티브 패턴이 끊임없이 등장하고 있다. 우리가 구축한 클라우드 네이티브 패턴 언어를 계속 공유하고 확장하려면 www.CNpatterns.org를 방문하기 바란다.

이곳에서는 최신 개발 패턴을 찾을 수 있으며, 온라인 커뮤니티를 통해 새로운 패턴을 토론하고 만들 수도 있다. 업계 전반의 사람들, 지식 리더를 초대하기도 하며, 클라우드 네이티브 코드와 아키텍처에 깊이 관여하는 엔지니어와 관리자도 기여하고 참여하도록 초대하고 있다. 이곳에서 만나길 바란다!

편집 규약

이 책에는 다음과 같은 표기 규칙이 사용된다.

 팁이나 권고사항을 나타낸다.

 일반적인 참고 사항을 나타낸다.

 주의사항이나 경고를 나타낸다.

문의

이 책의 오탈자 목록, 예제, 추가 정보는 책의 웹 페이지인 https://oreil.ly/cloud-nat-tr 를 참고하길 바란다. 한국어판의 정오표는 에이콘출판사의 도서정보 페이지(http://www.acornpub.co.kr/book/cloud-native)에서 확인할 수 있다.

책의 기술적인 내용에 관한 의견이나 문의는 메일 주소 bookquestions@Oreilly.com으로 보내주길 바란다. 그리고 한국어판에 관해 질문이 있다면 에이콘출판사 편집 팀(editor@acornpub.co.kr)이나 옮긴이의 이메일로 연락 주길 바란다.

표지 그림

표지에 있는 동물은 블루 클리퍼 나비(파르테노스 실비아)이다. 인도, 스리랑카, 방글라데시, 미얀마, 파푸아뉴기니, 그리고 대부분의 동남아시아의 열대우림에 살고 있다. 이 나비의 큰 날개폭(4인치)과 아름다운 색의 날개는 사진작가와 나비 보관소에서 가장 선호한다.

이 종의 이름은 그리스어로 "숲의 기원"을 의미한다. 영어 이름은 나비의 하얀 날개 조각을 항해하는 18세기의 클리퍼 배들을 가리킨다. 날개의 배경색은 파란색 대신 주황색, 녹색 또는 갈색일 수 있다.

블루 클리퍼는 빠르고 강력한 플라이어^{flier}로 날개를 곧게 펼치고 수평을 유지하며 비행한다. 수컷은 암컷보다 작고 웅덩이에서 물을 가져와 땅에 더 가까이 날아간다. 두 암수 모두 종종 란타나꽃에서 나오는 과즙을 먹고 산다. 애벌레는 패션플라워^{passionflower} 및 문씨드^{moonseed}와 같은 열대 식물을 먹는다.

오라일리 책 표지의 많은 동물이 멸종 위기에 처해 있다. 표지 삽화는 캐런 몽고메리$^{Karen Montgomery}$가 자연사 백과사전의 흑백 판화를 바탕으로 그린 것이다.

프롤로그: 진화 혹은 퇴화

클라우드 네이티브는 단순한 기술이나 도구 이상의 역할을 한다. 클라우드 컴퓨팅을 최대한 활용하는 애플리케이션을 구축하는 철학적인 접근법이다. 이러한 새로운 패러다임은 새로운 기술을 수용하는 것뿐만 아니라 새로운 작업 방식을 필요로 하며, 이는 클라우드 네이티브를 광범위한 사업으로 만든다. 클라우드 네이티브라는 열매는 엄청나지만, 수확을 위해서는 조직은 기술 스택뿐만 아니라 문화와 과정도 진화^{Evolve}해야 한다.

클라우드 네이티브 트랜스포메이션을 겪고 있는 대표적인 기업인 웰스그리드^{WealthGrid}의 이야기는 전체적으로 이 과정을 잘 보여준다. 먼저 웰스그리드가 클라우드 마이그레이션을 추진하기로 한 결정을 촉진하는 요인에 대해 살펴본다. 그런 다음, 웰스그리드의 마이그레이션 여정을 따라가면서, 크고 작은 회사들이 트랜스포메이션 과정에서 흔히 경험하는 문제들을 목격하게 될 것이다. 그러한 문제들을 극복하거나 더 나은 방향으로 나아가고자 문제를 막기 위해 여러 패턴들을 사용하는 방법을 확인해본다.

웰스그리드에 온 것을 환영한다.

클라우드 네이티브 트랜스포메이션 사례의 기업 주인공을 만나보자. 중형 금융 서비스 회사인 웰스그리드는 필자들이 새로운 클라우드 마이그레이션을 촉진하거나 실패한 프로젝트를 구제하기 위한 컨설턴트라 알려진 실제 기업에서 수년간 일한 경험을 토대로 만든 가상의 조직이다. 고객의 기밀을 유지해야 하기에 가상의 기업을 만들었지만, 회사가 직면하는 가장 흔한 문제들을 부분적으로 예시를 들어 설명할 수도 있다. 어떤 단일 트랜스포메이션 계획도 모든 문제를 견뎌낼 것 같지는 않지만, 거의 모든 계획이 최소한 그중 일부에 직면하게 될 것이다.

웰스그리드의 조직도는 대부분의 중견기업과 많이 닮았다. 기능적이고 하향식top-down이다. 즉, CEO와 이사회가 맨 위에 있고 다른 고위 경영진, 중간 관리자(프로젝트 및/또는 프로그램 관리자 포함), 부서장 등이 바로 아래줄에 서 있는 전통적인 비즈니스 구성이다. 구조적으로는 조직 내 기능적 역할에 따라 IT, 마케팅, 금융, 인사, 운영 등 전통적인 부서로 나뉜다. 비즈니스의 모든 의사 결정뿐만 아니라 일의 작동 방식을 결정하는 구체적인 기준, 정책 및 관행이 존재한다. 조직에 속한 팀들은 스크럼과 같은 몇 가지 애자일 방법들을 취했을 수도 있지만, 웰스그리드 자체는 기본적으로 워터폴 소프트웨어 개발 접근법에 따른 고전적인 계층 조직으로 구성돼 있다(이제부터 이를 "워터폴 계층"이라 축약하기로 한다).

웰스그리드에서 각 특정 부서는 회사를 위해 만들어졌으며, 허용된 부분들에 대해 상당히 엄격하다. 공식적이고 문서화된 채널은 그들 사이의 의사소통을 용이하게 하고자 존재한다. 각 부서는 특정한 책임 영역을 전문으로 맡아, 주어진 프로젝트에서 일하는 많은 엔지니어 팀 사이에 수많은 핸드오프handoff가 있다. 프로젝트 매니저들은 팀들 간 조정을 담당한다. 비록 회사의 계층 구조와 고도로 구조화된 통신 프로토콜이 융통성이 없는 데다 지시가 위협적으로 들릴 수도 있지만, 이점도 있다. 웰스그리드에서 명령 체인은 짧든 길든 항상 명확하다. 모든 팀의 기능 및 책임의 철자가 명확해 숙련된 생산성에 최적화돼 있다.

물론 이 모델은 창의성과 실험을 방해할 수 있지만, 웰스그리드가 오랫동안 고수해온 방법으로 늘 별문제 없이 작동했다. 기름칠이 잘 되거나 최소한 부드럽게 작동하는 기계처럼 수많은 인력과 추적해야 할 프로젝트들을 원활하게 운영하기 위해서는 많은 관리자가 필요하다.

익숙하게 들리는가? 많은 기업이 더욱 민첩한 경영 관행을 위해 몇 가지 조치를 취했지만, 대부분의 중견기업과 대기업은 여전히 폭포수 소프트웨어 개발 접근법을 사용하는 체계를 운영한다. 대부분의 회사가 웰스그리드가 될 수 있다. 웰스그리드가 금융 회사인 이유는, 금융 산업이 특히 많은 부분에서 여러 경쟁적인 도전들에 직면하고 있기 때문이다. 금융권은 경쟁이 치열하기에 현실적으로 진화와 보조를 맞춰야 한다. 한편 기술력 수준이 현저하게 다른 매우 다양한 회사들이 간격을 채운다. 어떤 사업이든 간에, 여러분은 전부는 아닐지라도 시장에서의 경쟁적인 도전에 직면하고 있다.

웰스그리드는 귀사의 조직과 동일할 수 있다. 즉, 중견기업 또는 더 큰 규모의 기업이다. 거대한 기술 회사가 아니라 엔지니어와 함께 실제 IT 부서를 가질 수 있을 정도로 큰 회사를 말한다. 비록 당신의 회사가 소프트웨어 회사가 아닐지라도, 요즘 대부분의 사업이 그러하듯 소프트웨어를 제공해야 한다.

웰스그리드는 평판이 좋고 몇십 년째 건재하는 잘 확립된 회사다. 탄탄한 제품과 서비스를 제공하며, 내부 문화가 긍정적이고 건전하다. 직원들은 웰스그리드에서 일하는 것을 즐긴다. 물론 경쟁은 있지만 크게 걱정할 정도는 아니다. 시장에서의 업계 선수들은 모두 친숙하고 안정적이며 꾸준한 시장에서 경쟁하고 있다. 그러므로 웰스그리드는 상당한 이윤을 남기면서 재정적으로 건전하다. 전반적으로 시장도, 기업도 좋다. 그날이 되기 전까지는.

마을에 온 낯선 이방인

모든 위대한 문학은 두 가지 이야기 중 하나다. 한 사람이 여행을 떠나거나 낯선 이방인이 마을에 들어온다.

– 레오 톨스토이

이 이야기는 낯선 이방인이 웰스그리드의 멋지고 편안한 세상에 갑자기 나타나 어떻게 모든 것을 변화시키는지에 대한 내용이다.

물론 문자 그대로 낯선 이방인은 아니지만, 금융 서비스 시장에 갑자기 새로운 경쟁자가 뛰어들었다. 전혀 예상치 못한, 전통적인 경쟁자들과는 완전히 다르면서도 매우 위험한 이방인. 말하자면 웰스그리드에 올지도 모르는 낯선 세 종류의 이방인이 있다.

- **스타트업**: 첫 번째 이방인은 스타링^{Starling} 은행과 같은 회사다. 스타링은 무모한 신인으로, 2014년에 출범해 단 1년 만에 완전히 기능적인 은행을 건설한 영국에 본사를 둔 경쟁 은행이다. 모바일 전용(물리적 위치도 웹 기반 인터페이스도 없음)인 스타링은 모바일 기능이 완전하며, 원활한 서비스 통합이 가능한 비즈니스 계정을 추가하며 꾸준히 성장해왔다. 스타링 은행은 50만 명의 고객들을 보유 중이며 고객 대부분이 젊다. 매우 효율적이고 효과적이다. 스타링은 아직 크지 않지만 매우 빠르게 성장하고 있다. 책을 집필할 당시 유럽에만 이와 같은 26개의 챌린저^{Challenger} 은행이 있었는데, 앞으로 더 많은 챌린저가 나올 가능성이 높다.
- **무시무시한 거인**: 두 번째 잠재적인 이방인은 좀 더 친숙하다. 아마존은 2018년에 은행 라이선스를 취득했다. 아무도 그 회사가 앞으로 무엇을 할지 모르는 것은 말할 것도 없으며, 아마존이 소매금융 시장에 진출할 것이라는 추측이 많다. 연구에 따르면 만약 아마존이 시장에 뛰어들 경우, 아마존은 미국에서 세 번째로 큰 은행이 될 수 있으며, 약 7천만 명의 고객들을 끌어들일 수 있다고 한다.
- **재창조된 경쟁자**: 세 번째 이방인은 어떻게 보면 훨씬 더 잘 알려져 있다. 전통적인 경쟁자였지만 빠르게 스스로를 재창조하고 있는 경쟁자다. 웰스그리드에게 이는 기술 및 제공 중인 제품과 서비스를 현대화하기 위해 많은 투자를 하고 있는 전통적인 은행을 의미한다. 네덜란드의 ING와 같은 기업은 요즘 스스로를 은행보다는 은행 면허를 가진 기술 회사라 부른다.

세 이방인은 모두 클라우드 네이티브 기반이다. 스타링 은행은 클라우드에서 태어나 처음부터 최적화해 클라우드 네이티브가 제공하는 속도와 고유한 확장성을 활용했다. 아마존은 말 그대로 중요한 클라우드 네이티브 기술의 발명가 중 한 명이며, ING는 전통적인 은행으로부터 완전히 최적화된 클라우드 기반 운영으로 탈바꿈하고 있다.

그런데 왜 웰스그리드가 이방인들을 걱정해야 하는가? 이 회사는 온라인과 모바일 뱅킹 기능에 대한 고객 수요를 따라잡으며 기능성을 구축하는 데 꽤 공을 들였다. 이러한 "새로운" 이방인 중 어떤 이가 웰스그리드의 고객에게 아직 제공하지 않았던 것을 제공하고 있는가?

위험한 이방인

이 시점에서 위험성은 아직까지 다소 미묘하다. 수익성이 좋은 회사인 웰스그리드의 연간 수익 상당수가 주주들에게 돌아간다. 일부는 혁신과 연구에 투자하기 위해 다시 회사로 돌아간다. 이는 이윤의 일부분이 된다. 문제는 웰스그리드의 기술 성장이 거의 일직선으로 이루어졌다는 점이다. 즉, 웰스그리드가 고객들을 위해 구축한 가치가 선형적으로 증가하고 있다는 점으로, 바로 웰스그리드와 같은 회사가 좋아하는 것이다. 또한 선형은 예측 가능하며 안정적임을 의미한다. 선형 성장으로 장기 계획을 하기 쉽다. 수십 년 동안 잘 작동했는데, 왜 이제 멈춘 것일까?

그러나 여러분이 전통적 기업이고, 클라우드 네이티브 기술 이점을 활용하는 경쟁 업체가 여러분의 영역에 들어온다면, 경쟁 업체의 성장 곡선은 일직선이 아닌 가파른 지수 곡선이 될 것이다. 그림 P-1은 전통적 기업과 나중에 시장에 진입하는 파괴적 신규 기업의 비교 성장을 보여주지만 클라우드 고유의 장점을 갖고 있다.

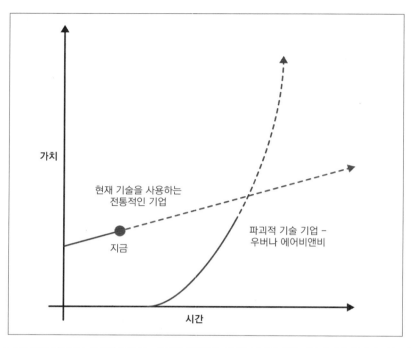

그림 P-1 클라우드 네이티브 기술을 사용하는 새로운 경쟁자가 가져올 기존의 선형 기업 성장 곡선 대비 지수 성장 곡선

처음에는 낯선 이방인이 새롭고 매우 작아서 당신 시장의 극히 일부분만 가져간다. 현실에 안주하기 쉽다. 속지 마라. 그들은 진정한, 그리고 진지한 경쟁 상대다!

당신과 당신을 둘러싼 평소의 경쟁자들, 즉 주어진 시장의 전통적인 판매상들에게 처음에는 크게 걱정하는 마음이 들지 않는 것은 이해할 수 있다. 당신은 여전히 시장 대부분을 소유하고 있다. 하지만 이 새로운 이방인들은 기하급수적으로 성장할 것이다. 그들은 수십 년 전의 개발에서 나온 짐을 운반하지 않기 때문에 결국 훨씬 더 저렴한 비용으로 운영할 수 있다. 설상가상으로 일단 성장하는 것을 보여주면, 거의 무제한에 가까운 투자 자금에 접근할 수 있을 것이다. 그리고 이 돈을 더 많은 기술 발전에 투자함으로써 성장 곡선을 더 가파르게, 더 높이 끌어올릴 것이다.

그렇다면 이 새로운 이방인이 어떻게 그렇게 빨리 성공할 수 있을까? 그들이 그렇게 빨리 자리를 잡을 수 있는 주된 이유는 그들이 현대적인 기술을 사용해 더 빠르게, 더 자주 전달하기 때문이다. 기능성을 구축해 시장에 제공하고, 즉각적으로 고객에게 받은 피드백을 바탕으로 훨씬 더 많은 기능 혁신과 개선을 전달하는 빠른 사이클이 존재한다. 이방인들은 사이클을 아주 빠르게 돌릴 수 있다.

이러한 고효율 개발 능력 중 일부는 애자일 및 린^{lean} 사례를 따르는 기업에서도 사용하고 있으며, 분명히 좋은 출발점이다. 그러나 클라우드 네이티브는 클라우드 컴퓨팅을 최대한 활용하기 위해 탄생했다. 예를 들어, 애자일 팀은 지속적인 통합을 수행할 수 있지만 일반적으로 1주 또는 2주 스프린트^{Sprint} 주기로 전달한다. 클라우드 네이티브 팀은 지속적인 전달을 추가해 지속적 통합/지속적 배포^{CI/CD}를 만들어 매일 또는 매일 여러 번 새로운 릴리즈를 수행할 수 있는 기능을 추가한다.

이러한 심각한 경쟁우위를 가능하게 하는 기술은 클라우드 네이티브다.

따라서 이 새로운 이방인들은 아마존 웹 서비스^{Amazon Web Services}, 구글 클라우드^{Google Cloud}, 마이크로소프트 애저^{Microsoft Azure}와 같은 퍼블릭 클라우드에 있으며, 이러한 플랫폼과 통합된 더욱 강력한 서비스를 이용하고 있다. 이방인들은 마이크로서비스와 컨테이너로 아키텍처를 최적화했고, 모든 것을 오케스트레이션하기 위해 쿠버네티스를 사용한다. 이러한 기술 및 도구와 클라우드 중심 프로세스를 통해 기업은 매우 빠르게 움직일 수 있으며, 매일 기능을 전달할 수 있다.

설상가상으로, 그들은 당신이 지금 어디에 있든 당신과 경쟁하기 위해 들어가기보단, 기술력이 우월한 덕에 진지하게 헤드스타트^{headstart}를 하며 시장에 진출한다. 이들은 고객 피드백을 사용해 새로운 기능을 신속하게 반복한 다음 사용자 앞에 빠르게 배치한다.

어느 낯선 이방인이 당신의 마을에 왔든 그렇지 않든, 아직 마을에 도착하지 않았지만 그들은 분명히 길을 가고 있다. 이방인들은 훨씬 앞서서 뛰어들 것이다. 일단 그들이 그렇게 하면, 따라잡을 수 없을 것이다. 그들은 당신들만의 시장에 당신을 남겨둘 것이다. 경쟁자가 나타나기 전에 지금 시작해야 한다. 이렇게 하면 당신은 그들을 대비할 수 있다.

(경쟁자들이 도착할 때까지 기다린다면, 필자들이 그림 P-1에서 보여준 지수 성장 곡선과 경쟁해야 할 것이다. 만약 이 파괴적인 낯선 이방인이 이미 당신의 마을에 와 있다면, 당신이 그들을 따라잡기에는 너무 늦었을지도 모른다!)

이쯤 되면 이런 일은 내게 일어나지 않을 거라 생각할지 모른다. "우리와는 영역이 달라, 첨단 기술도 아니고, 방해자들은 우리를 절대 방해하지 않을 거야." 누구도 자신들의 세계가 곧 멸망한다는 말을 듣는 것을 좋아하지 않는다. 그러나 범세계적이며 세밀한 택시 사업에 대해서 생각해보자. 이렇게 널리 퍼진 저기술 산업의 붕괴를 누가 상상이나 했겠는가. 그러나 우버와 리프트는 클라우드 기술로 가능해진 승차공유 모델을 사용해 바로 그 일을 해냈다. 에어비앤비도 호텔업계에서 같은 일을 했다. 그리고 두 경우 모두 이 새로운 기업들이 들어서자 시장의 변화 속도가 극적으로 변했다.

시리얼 킬러(Cereal Killer)

당신의 사업 부문이 그런 종류의 혼란과 단순히 양립할 수 없고, 여전히 괜찮을 것이라 생각할지도 모른다. 따라서 고려해야 할 또 다른 측면이 있다. 아마존이 갑자기 가장 큰 경쟁사를 인수한다면 당신의 사업은 어떻게 될 것인가? 아니면 작은 회사를 인수해서, 경쟁사를 몰아붙이기 위해 경쟁사가 심각한 기술 우위를 사용할 경우에는? 어떤 분야로 진출하든 아마존은 기존 기업이 따라 할 수 없는 IT 분야에서 엄청난 혁신적 우위를 가져온다.

좋은 예시가 있다. 2017년 아마존은 홀푸드^{Whole Foods} 체인점을 인수함으로써 전례 없는 미국 소매 식료품 시장에 진입했다. 표면적으로는 아마존이 할 수 있는 완전히 반직관적인 행동이었다. 슈퍼마켓보다 더 기본적인 사업은 찾을 수 없다. 슈퍼마켓은 어디에든 있으며, 어디든지 간에 슈퍼마켓이 필요하지만, 이윤은 역사적으로 아주 적다. 시장은 지역별로 많이 나뉘어 있으며, 대부분의 쇼핑객들이 음식을 온라인으로 주문하기보다는 직접 구매하는 것을 선호함을 일관되게 보여주고 있다.

그럼에도 아마존은 현재 소매 잡화계에서 활발하게 입지를 다지고 있다. 아마존은 2020년

말까지 미국 전역의 십여 개 도시에 계산대 없는 새로운 식료품점 사업을 포함한 급속한 확장 계획을 발표했다.[1] 갑자기 상당히 안정적이며 보잘것없는, 저마진 산업에 다가오는 줄도 몰랐던 심각한 도전자가 나타난 것이다.

애초에 아마존(구글, 페이스북과 같은 다른 기술 분야 거물들과 함께)은 그들의 온라인 비즈니스 요구를 충족시키기 위해 클라우드 혁명을 만들었다. 이제 그들은 아날로그 인프라로 이동함으로써 사이클을 끝맺고 있으며 고객들이 쉽게 이용 가능하다. 회사는 경쟁하지 못한 파산한 슈퍼마켓과 다른 소매점 체인을 인수해 아마존이 운영하는 새로운 식료품점들을 바로 그 기성 인프라로 옮길 수 있다고 발표했다.[2]

아마존은 지금 당신의 시장에는 없을지도 모른다. 하지만 다가온다면 순식간일 것이다. 그리고 경쟁은 치명적일 수 있다.

당신은 진화를 원한다고 말한다.

이 이야기는 지금 세상에 일어나고 있다. 웰스그리드가 가상의 회사라지만, 세 명의 낯선 이방인은 모두 실제로 존재한다.

기업들은 실존적 위협에 눈을 뜨기 시작했다. 그러나 클라우드 네이티브는 거대 기술 기업만이 이용할 수 있다는 고정관념이 남아 있기 때문에 느리게 대응하고 있다. 불과 몇 년 전만 해도 사실이었지만, 지금은 완전히 잘못된 생각이다. 스타링과 같은 작은 신생 회사들은 클라우드에서 소규모로 시작해 회사를 위해 작동하게끔 한다. 노련한 금융회사인 ING는 실존적 위협을 인식하고 레거시 시스템을 재창조하기 위해 진지하게 노력 중이다. 클라우드 기술이 성숙해지며 주류가 되고 있으며, 요즘은 어떤 기업이든 클라우드 네이티브가 '가능하다'고 할 수 있다.

---

1   아마존이 식료품 사업에 뛰어든 이유와, 아마존의 미래 계획에 대한 좋은 개요(http://bit.ly/2OcyZd1)가 있다.
2   아마존은 파산하거나 공석이 된 소매 인프라(https://aol.it/35quL7l)를 탐색해 아마존 프레시와 아마존고 점포로 새롭게 만들고 있다.

다른 많은 회사들처럼 웰스그리드는 건강한 회사다. 몇 년 동안 성공적이었다. 좋은 제품을 납품하고 직원들은 회사에서 일하는 것을 즐긴다. 웰스그리드는 정말 아무 잘못도 하지 않았다. 그러나 환경은 불가피하게 변하고 있다. 이제 진화하거나 멸종위기에 처할 때다.

자연에서, 종^{Species}들이 적응하는 유일한 이유는 이익을 얻기 위함이다(생존은 꽤 중요한 이득이다). 얻는 이익이 없다면 그들은 변하지 않을 것이다. 진화는 결국 비효율적인 과정이다. 이는 비즈니스 세계에서도 정확히 같은 방식으로 작용한다. 경쟁과 도전에 노출되지 않은 기업은 결코 적응하지 못한다.

갑작스럽게 나타나는 경쟁자나 도전자가 아직 없을 수도 있지만, 언제든지 당신의 분야로 다가올 가능성이 매우 높다. 그렇게 파괴적인 낯선 이방인이 언제 시장에 나타날지 당신이 어떻게 알겠는가?

그 답은 당신이 알 수 없다.

어느 진화 단계에 있는가?

경험상 실제로 클라우드 네이티브 전환을 거친 후, 새로운 작업 방식에 적응하는 데는 2~3년이 걸린다. 그 후 진정으로 변화를 내재화하려면 5년이 더 걸린다. 클라우드 네이티브와 같은 완전히 새로운 패러다임에서 도구를 이해하고 이를 가장 잘 적용할 수 있도록 조직을 혁신하는 방법을 이해하지 않으면 성공할 수 없다.

스마트 기업은 기술이 항상 발전하고 있음을 인식하고, 이를 따라 바로 혁신에 힘쓴다. 적응하지 못하는 사람들은 실패할 것이다. 일부 기업, 심지어 산업 전체가 사라질 것이다. 이는 모두 진화 과정의 일부분이며, 세상을 파괴하지는 않을 것이다. 더 나은 세상을 만들 것이다. 탈것이 말에서 자동차로 바뀌었을 때 세상을 파괴하지 않았다. 사람들이 타는 말을 운전하는 자동차로 바꿨을 뿐이다. 200년 전에는 왕들도 상상조차 할 수 없었던 것들을 기술 덕분에 이제 우리가 누릴 수 있게 됐다.

이 모든 것이 끔찍하게 들릴지 모르지만, 사실 그렇지 않다. 위기에는 기회가 있다. 만약 웰스그리드가 낯선 이방인의 도착이 임박했을 때 깨어나서 적응을 위한 조치를 취한다면 더 강하고, 더 탄력적이며, 혁신적인 회사로 떠오를 것이다.

변화는 불가피하며, 가장 적합한 종^{Species}은 그에 따라 반응하고 적응한다. 웰스그리드의 시도를 지켜보자.

1장

클라우드 네이티브란?

클라우드 네이티브에는 단순한 도구 모음 이상의 의미가 있다.

완벽한 아키텍처^{architecture}로, 컴퓨팅을 최대한 활용하는 클라우드 애플리케이션^{Cloud applications}을 구축하기 위한 철학적인 접근 방식이다. 이는 개념적으로도, 실제적으로도 복잡한 구조다. 이번 장에서는 클라우드 네이티브 시스템의 주요 구성 요소인 "5대 원칙"과 이러한 구성 요소가 어떻게 함께 작동하는지 살펴보고자 한다.

클라우드 네이티브의 진정한 가치는 5대 원칙 이해를 바탕으로 거대한 기술 기업뿐 아니라 모든 기업에서 사용하는 고도로 복잡한 서비스의 에코시스템^{ecosystem}을 새로운 사용자가 어떻게 쉽게 활용할 수 있는지 알 수 있게 하는 것이다.

"클라우드 네이티브"는 "클라우드"가 아니다.

같은 의미로 용어를 사용하는 경우가 있지만, 클라우드 컴퓨팅과 클라우드 네이티브는 엄연히 다르다.

클라우드 컴퓨팅을 단순히 "클라우드"라 하면 인터넷^{Internet}을 통해 인프라스트럭처^{infrastructure}라 하는 하드웨어^{hardware}/서버^{servers}, 그 외 스토리지^{storage}, 데이터베이스^{Database} 및 모든 종류의 애플리케이션 서비스^{application services}를 주문형 방식으로 제공하는 것을 의미한다. 아마존 웹 서비스, 구글 클라우드^{Google Cloud} 또는 마이크로소프트 애저와 같은 클라우드 서비스 플랫폼^{Cloud services platform}에서 제공하는 경우가 많으므로 실제로 소비하는 자원에 대해서만 요금을 지불할 수 있다.

클라우드 네이티브는 위의 모든 클라우드 기반 구성 요소를 클라우드 환경에 최적화된 방식으로 조립하기 위한 아키텍처다. 서버가 아닌 서비스에 대한 것이며, 따라서 클라우드 네이티브는 조직이 가고자 하는 목적지이기도 하다. 즉, 인프라와 프로세스^{process}, 조직 문화를 현대화하려는 기업의 목표는 특정 사례에 가장 적합한 클라우드 기술을 신중하게 선택하는 데 있다. 적어도 빠른 시일 안에 우리 자신의 행동 방식을 완전히 바꾸거나 또 다른 패러다임^{paradigm} 관점에서 클라우드 네이티브로 대체하는 것이 우리의 목표다.

클라우드 네이티브는 쉽다. 어쩌면 너무 쉬울지도 모른다. 그러나 실제 적용하고 나서 보면, 클라우드 네이티브 마이그레이션^{Migration} 목적에 도달하기 위한 경로는 셀 수 없이 많다. 클라우드로 빠르게 진화하는 새로운 환경을 최대한 활용하기 위해 올바른 서비스 조합을 식별하거나, 프로비저닝^{provisioning}한 다음 배포하는 방식은 특정 조직의 요구에 따라 매우 다양한 방법이 있을 수 있다. 다시 말해 방향을 잃어버리기 쉽다.

자체 클라우드 마이그레이션을 수행할 준비가 된 기업이 궤도에 오른다는 것은 아키텍처에 초점을 맞추는 것을 의미한다. 즉, 전체 구현 및 배포 전에 설계를 이해하고 우선 순위를 정해야 한다.

지난 5년 동안 기업들을 클라우드로 안내하는 과정에서 컨테이너 솔루션^{Container Solutions} 엔지니어들은 각 기업이 저마다 최적의 방향을 찾을 수 있도록 돕는 방법에 대해 두세 가지 방법을 배웠다. 필자들은 "탑다운^{top-down}"으로 널리 적용되는^{one-size-fits-all} 솔루션을 규정하지 않고 있지만, 관찰과 경험을 통해 그 방향을 설정하는 데 필요한 몇몇 이정표^{landmark}를 식별하기에 충분한 데이터를 수집했다.

클라우드 네이티브 패턴 언어를 개발하는 것은, 유용하고 재사용 가능한 로드맵road map을 작성하는 다음 단계다. 개발자가 클라우드 네이티브에서 베스트 프랙티스best practice를 논의하고 학습 및 적용할 수 있도록 하기 위해 공통 컨텍스트context를 식별하고 협의하기 위한 공유 언어가 필수적이다.

먼저 클라우드 네이티브가 어떻게 작동하는지 간단히 살펴보자.

클라우드 네이티브 개요

먼저 클라우드 네이티브에 대한 공식적인 정의를 알아보자.

> 클라우드 네이티브 컴퓨팅이란, 오픈소스open source 소프트웨어 스택Software Stack을 사용해 애플리케이션을 마이크로서비스로 배포하고, 각 부분을 자체 컨테이너에 패키징하며, 컨테이너를 동적으로 조정해 리소스 활용도를 최적화하는 것이다.

이는 클라우드 네이티브 소프트웨어 개발을 지원하면서 오픈소스 기술의 출현을 감독하고 조정하는 Cloud Native Computing FoundationCNCF에서 내린 정의다. CNCF는 오픈소스 기술을 강조하고 있지만, 상용 공급자가 제공하는 중요한 클라우드 네이티브 도구도 포함하고 있다.

기본적으로 클라우드 네이티브는 컴퓨터 응용 프로그램을 설계, 구축 및 실행하기 위한 특정 접근 방식의 이름이다. 아키텍처는 지속적 통합, 컨테이너 엔진 및 오케스트레이터Orchestrators와 같은 새로운 운영 도구 및 서비스와 결합된 IaaSInfrastructure-as-a- Service에 의존한다. 일반적으로 속도를 향상시키는 것이 목표다. 이제 규모에 관계없이 모든 기업이 신속하게 이동하고 빠르게 시장에 진입할 수 있다는 전략적 이점이 있다. 새로운 아이디어를 몇 달이 아니라 며칠 또는 몇 시간 내 운영 환경에 투입할 수 있다.

실제로 오늘날 클라우드 네이티브로 마이그레이션하는 대부분의 기업은 속도를 주요 동인으로 꼽는다.

클라우드 네이티브를 어떻게 알 수 있을까?

클라우드 네이티브의 기본 원칙을 컨테이너 패키징^{packaging}, 동적 관리 및 모듈식 분산 아키텍처라 하는 경우가 가장 많다. 그러나 실제로 클라우드 네이티브는 다섯 가지의 복잡한 아키텍처 원칙과 두 가지 문화적 원칙을 채택하는 것이라 할 수 있다.

- **컨테이너화** : 애플리케이션과 종속성/운영 환경을 함께 캡슐화해 단일 패키지로 구성할 수 있다. 따라서 테스트, 이동 및 배포가 쉬워진다.
- **동적 관리** : 온디맨드 방식으로 유연하게 프로비저닝할 수 있는 클라우드 기반 서버를 사용한다. 일반적으로 퍼블릭 클라우드에서는 실제로 사용한 리소스에 대해서만 비용을 지불한다.
- **마이크로서비스** : 애플리케이션을 분리된 소규모 구성 요소 서비스의 집합으로 설계한다. 각 마이크로서비스는 애플리케이션의 다른 서비스와 독립적으로 배포, 업그레이드, 확장 및 재시작할 수 있으며 최종 사용자에게 영향을 미치지 않는다. 마이크로서비스는 팀이 구성 요소를 동시에 개발하면서 독립적으로도 개발할 수 있도록 해 속도를 높인다. 이러한 구성 요소에 대한 의존성과 그에 따른 조정 노력이 필요 없기 때문이다.
- **자동화** : 유지보수 및 업데이트와 같은 수동 작업을 스크립트나 코드로 교체해 원활하고 안정적으로 수행할 수 있다.
- **오케스트레이션** : 컨테이너형 애플리케이션의 배포, 확장 및 관리를 자동화해 이 모든 것을 하나로 묶는다. 특히, 쿠버네티스^{Kubernetes} 또는 다른 오케스트레이션 도구를 사용해 컨테이너의 가용성, 프로비저닝 및 배포, 인프라 전반에서 컨테이너의 로드 밸런싱^{load balancing}, 필요에 따라 컨테이너를 추가/제거하고 스케일^{scale} 업/다운 등의 작업을 제어 및 자동화한다.

두 가지 문화적 원칙은 다음과 같다.

- **위임**^{Delegation} : 개인이 안전하게 변경하도록 하고자 필요한 도구, 교육 및 재량권을 제공하고, 되도록 자율적으로 배포 및 모니터링하게 한다. 예를 들어, 기존 방식의 절차상 지체되는 승인 프로세스를 통해 다른 팀에 인계하거나 허가를 구할 필요 없다.
- **동적 전략** : 팀에게 전략을 전달하지만 결과에 따라 전략을 수정할 수 있다. 이것이 클라우드 네이티브가 제공하는 빠르고 실험적인 배포의 궁극적인 목적이다. 학습한 내용을 활용하지 않으면 실험은 의미가 없다.

궁극적으로 클라우드 네이티브는 어디에서가 아니라 어떻게 생성하고 제공하느냐에 대한 것이다. 따라서 독립적인 소규모 기능 개발 팀에서 애플리케이션을 신속하게 반복 구축한 경우, 이러한 팀은 인프라를 분리하는 통합 플랫폼을 통해 협업하고 있으며, 이는 클라우드 네이티브 접근 방식을 고려 중인 경우다.

클라우드 네이티브 접근 방식이 최신 기술이다 보니 고려하지 않고 있는 것은 부정할 수 없는 사실이다. 목적은 실용적인 접근이다. 클라우드 네이티브는 지속적 전달처럼 빠르고 현대적인 소프트웨어 제공 방식과 잘 연동돼서 가치 창출 시간을 단축하고, 수평적이고 쉽게 확장하며, 매우 효율적으로 운영할 수 있다. 또한 클라우드 네이티브 아키텍처를 통해 복잡한 시스템을 독립적인 팀이 구축한 소규모 구성 요소로 나눌 수 있다. 개발자와 아키텍트가 애플리케이션을 전달하기 위해 함께 모여 있을지라도 이를 완벽하게 이해하는 능력이 제한된 기존의 모놀리식 애플리케이션 복잡성과는 다르다.

가장 중요한 점은 클라우드 네이티브가 새로운 방식으로 위험을 줄이는 데 도움이 된다는 것이다. 빠르지만 작고, 변경이 잘못될 경우 폭발 반경^{blast radius}을 제한하고, 변경 사항을 즉시 롤백하는 방식이다. 그렇다면 어떻게, 어디서부터 시작하면 될까?

서비스에 대한 모든 것

클라우드 네이티브의 핵심은 클라우드 기반 서비스다. 분산화 및 컨테이너화로 자동화된 모듈형 애플리케이션을 구축, 런칭launching 및 운영하는 플랫폼이다. 퍼블릭 클라우드 프로바이더가 제공하는 서비스 유형은 다음과 같다.

- **인프라스트럭처 애즈 어 서비스**Infrastructure-as-a-Service : 외부 하드웨어, 데이터 스토리지 및 네트워킹을 포함한다. 인프라를 소유하며, 임대하면 중앙 아키텍처 팀의 기능으로 한정되지 않아 각 팀의 창의성을 극대화할 수 있다.
- **플랫폼 애즈 어 서비스**Platform-as-a-Service : 모든 가상화된 인프라를 관리하고 유지해 운영 및 플랫폼 팀의 부하를 크게 줄일 수 있다.
- **소프트웨어 애즈 어 서비스**Software-as-a-Service : 기존 비즈니스 소프트웨어(MS Office 365 또는 Adobe Creative Cloud)에서 가상 인프라 관리 도구에 이르기까지 모든 구성 요소 애플리케이션을 선택할 수 있다. 이 모든 애플리케이션은 웹을 통해 제공 및 운영된다. 프로바이더는 보안, 가용성 및 성능을 보장한다.
- **컨테이너 애즈 어 서비스**Container-as-a-Service : 컨테이너 엔진, 오케스트레이션 및 모든 기본 컴퓨팅 리소스를 클라우드 프로바이더의 서비스로 사용자에게 제공할 수 있다.
- **애즈 어 서비스**as-a-Service : 사업을 준비하면서 특정 기능이 필요할 때, 분명 도움이 되는 서비스일 것이다. 지금 존재하지 않더라도 한두 달만 기다려주기 바란다. 백엔드 애즈 어 서비스backend-as-a-Service, 펑션 애즈 어 서비스Functions-as-a-Service와 같이 한때는 허무맹랑했던 서비스들이 책을 집필하는 중에도 큰 간극을 넘어 온전하게 기업에게 제공할 수 있도록 발전하고 있다.

모든 클라우드 서비스는 사전 구축돼 다른 모든 서비스와 연결할 준비가 돼 있으므로 즉시 작업을 수행할 수 있다. 그러나 효과적으로 사용하려면 올바른 아키텍처를 사용해야 한다.

클라우드 네이티브 원칙의 이해

클라우드 네이티브는 아키텍처, 기술 스택^{stack}, 소프트웨어^{Software} 개발 및 제공에 대한 접근 방식, 완벽한 패러다임 전환 등 많은 것을 이야기하기에 머릿속에 정리할 것이 많을 것이다. 더욱이 제공되는 도구의 수와 복잡성 때문에 기업마다 클라우드 네이티브의 구현 방식이 매우 다양하다. 그렇지만 이러한 클라우드 네이티브 아키텍처의 5가지 기본 원칙과, 서로 어떻게 상호 연관되는지와 지원하는 방법을 이해하면 클라우드 네이티브 왕국^{kingdom}으로 들어가는 길이 열릴 것이다.

다시 말해, 다섯 가지 원칙은 다음과 같다.

- 컨테이너화
- 동적 관리
- 마이크로서비스
- 자동화
- 오케스트레이션

컨테이너화

서비스 기반 아키텍처를 정의한 후에는 모든 곳, 모든 사람을 위해 컨테이너화해야 합리적이다. 컨테이너는 코드, 런타임, 시스템 도구, 라이브러리 및 설정 등 응용 프로그램을 실행하는 데 필요한 모든 것을 포함하는 경량의 독립 실행형 실행 소프트웨어 패키지다. 즉, 일종의 표준 유닛^{Unit} 소프트웨어로서, 모든 의존성을 갖고 코드를 패키징해 어느 컴퓨팅 환경에서든 실행할 수 있다. 컨테이너를 함께 연결하거나, 보안 정책을 설정하고, 리소스 사용을 제한하는 등의 작업을 수행할 수 있다.

이러한 가상 시스템은 애플리케이션을 실행하는 확장 가능하고 격리된 가상 시스템으로 간주된다. 과거 애플리케이션 가상화 관련 논쟁이 지속돼 왔으며, 그래서 적어도 컨테이너가 단순히 훨씬 더 빠르다는 것에 동의한다. 컨테이너는 애플리케이션과 애플리케이션 종속성을 자체 운영 체제에 이르기까지 어느 플랫폼에서든 실행할 수 있는 독립형 유닛으로 격리시킨다. 전 세계적으로 동일한 컨테이너를 IaaS를 통해 호스팅하고 배포할 수 있으므로 운영이 유연하고 안정적이며 빠르다.

동적 관리

새로운 시스템이 완벽하게 빛을 발하는 곳이다. 즉, 동적 관리$^{Dynamic\ management}$는 새로운 클라우드 플랫폼에서 제공하는 이점을 최적으로 활용한다. 컴퓨팅, 네트워크 및 스토리지 리소스는 사전 비용 없이 표준화된 API를 사용해 온디맨드 방식으로 프로비저닝되며, 실제 비즈니스 요구에 실시간으로 대응할 수 있다.

동적 관리는 일반적으로 하드웨어 리소스의 용량 계획 및 프로비저닝에 드는 비용을 제거한다. 대신 엔지니어 팀은 몇 시간 내에 운영 환경^{Production}에 의미 있는 가치를 배포할 수 있다. 또한 리소스도 고객 수요의 변화를 거의 직접적으로 반영해 신속하게 할당할 수 있다.

컴퓨팅, 네트워크 및 스토리지 리소스의 운영은 애초에 전문 기술이 필요한 어려운 작업이다. 이러한 기술 습득은 시간이 많이 걸리고 비용이 많이 든다. 하지만 더 중요한 것은 속도이다. 사람은 수요가 급변할 때 자전거를 타고 오르락내리락하는 것처럼 빠르게 반응할 수 없을 것이다. 여러분이 선택한 클라우드 플랫폼에서 동적으로 실행하기란 변함없는 고가용성, 안정성 및 보안 표준에 따라 리소스 수명 주기가 자동으로 관리되는 것을 말한다.

마이크로서비스

마이크로서비스^{Microservice} 아키텍처는 대규모 애플리케이션이 모듈식 구성 요소 또는 서비스 제품군으로 구축되는 애플리케이션 개발에 대한 접근 방식이다. 각 서비스는 고유한 프로세스를 실행하고 종종 자체 데이터베이스를 관리한다. 서비스는 알림을 생성하고, 데이터를 로깅^{Logging}하고, UI 및 인증을 지원하거나, 기타 다양한 작업을 수행할 수 있다. 마이크로서비스는 API를 통해 통신하며 각 서비스를 독립적으로 분리, 재구성, 재배포 및 관리할 수 있다.

또한 개발 팀은 소프트웨어를 구축하기 위해 분산된 비계층적 기능적 접근 방식을 취할 수 있다. 마이크로서비스를 사용해 모놀리식 엔티티^{Entity}를 더 작은 개별 조각으로 분할함으로써 각 팀은 프로세스의 한 부분을 소유해 독립적으로 제공할 수 있다. 이 중 일부는 클라우드에서 주문형 서비스로 구입할 수도 있다.

성능, 가용성 및 사용자 환경 측면에서 다른 기업이 기준을 정하는 경우를 생각해보자. 넷플릭스^{Netflix}, 아마존^{Amazon}, 메시지 서비스인 왓츠앱^{WhatsApp}, 고객 관계 관리^{CRM} 애플리케이션인 세일즈포스^{Salesforce}, 구글^{Google}의 핵심인 검색 애플리케이션 등이 있다.

이러한 각 시스템에는 로그인^{login} 기능, 사용자 프로필^{Profiles}, 추천 엔진, 개인화, 관계형 데이터베이스, 오브젝트 데이터베이스$^{object databases}$, CDN$^{Content delivery networks}$과 사용자에게 통합적으로 제공되는 기타 여러 구성 요소가 필요하다. 이러한 모든 기능을 모듈형으로 나누고 각 서비스를 개별적, 독립적으로 제공함으로써 민첩성을 높일 수 있다. 각 마이크로서비스는 특정 목적에 가장 적합한 언어로 작성될 수 있으며, 자체 전담 팀이 관리하고 필요에 따라 독립적으로 스케일업$^{Scale-up}$ 또는 스케일다운$^{Scale-down}$할 수 있다. 그리고 밀접하게 결합된 모놀리식 애플리케이션$^{monolithic application}$과 달리, 어떤 변화에서든 발생하는 블래스트 래디우스$^{the blast radius}$[1]는 마이크로서비스의 기록에 포함된다.

자동화

수동 작업은 스크립트 또는 코드에서 자동화^{Automation}된 단계로 대체된다. 그 예로 자동화된 테스트 프레임워크$^{test frameworks}$, 구성 관리, 지속적 통합 및 지속적 배포 도구를 들 수 있다. 자동화는 반복적인 작업과 운영 집약적인 절차에서 인간의 오류를 제한함으로써 시스템의 신뢰성을 향상시킨다. 그 결과, 인적 자원이 끝없이 필요한 유지보수 작업 대신 핵심 비즈니스에 집중할 수 있게 됐다.

---

1   blast radius, 스케일업과 스케일다운이 발생하는 최대/최소의 범위

간단히 말해, 클라우드 네이티브를 적용할 때 자동화를 하지 않으면 매우 빠르게 혼란에 빠진다. 기업은 클라우드로 이동해 더욱 빠르게, 자주 배포한다. 배포 프로세스를 완전히 자동화하지 않으면 운영자들은 온프레미스 서버를 운영하지 않아 새롭고 빠른 운영주기로 수동 배포하는 데 시간을 할애할 것이다. 또한 배포 빈도가 높으면 실수가 많음을 의미한다. 운영 환경에 더 빠르게 투입하고 확장하는 것은 버그를 더 빨리 생성하는 것과 같다. 배포 자동화는 지속적인 구현을 단순한 일로 만들고, 자동화된 테스트는 이슈가 되기 전에 문제를 발견한다.

오케스트레이션

마이크로서비스 아키텍처를 구축한 후 컨테이너화를 마쳤다면 이제 조각들을 조율할 때다. 진정한 엔터프라이즈 레벨 애플리케이션은 여러 컨테이너에 걸쳐 있으며, 이러한 컨테이너는 보안, 네트워킹, 스토리지 및 기타 서비스를 포함해 포괄적인 컨테이너 인프라를 구성하는 여러 서버 호스트에 구축해야 한다. 오케스트레이션 엔진은 필요한 워크로드를 처리하기 위해 컨테이너를 규모에 맞게 구축하는 동시에 클러스터 전체에서 컨테이너를 스케줄링하고 모든 것을 컨테이너 인프라와 통합한다.

오케스트레이션은 서비스 및 애플리케이션의 아키텍처를 계획할 때 공통 패턴을 사용할 수 있도록 지원하므로 신뢰성이 향상되고 엔지니어링 노력이 줄어든다. 개발자는 낮은 수준의 추상화를 해결하는 데 자유로워지고 애플리케이션의 전반적인 아키텍처에 집중할 수 있다.

이것은 쿠버네티스가 담당하는 곳이며 클라우드 네이티브 마이그레이션에서 마지막으로 수행되는 매우 중요한 일이다. 오케스트레이터를 먼저 구현하면 모든 부분에서 동시에 어려움을 겪게 된다. 효과적인 오케스트레이터 사용은 매우 복잡한 노력을 필요로 한다. 올바른 작업을 수행하는 방법은 종종 처음에 구성한 유연성, 속도 및 반복 능력에 따라 달라진다. 클라우드 인프라, 동적관리, 자동화라는 다른 클라우드 네이티브 원칙을 먼저 수립해야 한다. 클라우드 마이그레이션이 잘못된 회사에서 함께 작업하기 위해 전문가를 부르는 경우가 꽤 많다. 전문가들이 다른 작업을 시작하기 전에 오케스트레이터를 먼저 구성했다는 사실을 알게 되었다.

모든 부분을 오케스트레이션해야겠다고 걱정하기보단 빌드를 위해 기존의 플랫폼을 사용한다.

모든 것을 함께 조정하라

적절한 순서로 구성된 다섯 가지 기술 원칙은 클라우드 네이티브 아키텍처에서 모두 필수적인 지원 요소지만 이 중 하나는 다른 모든 서비스보다 훨씬 더 중요하다. 바로 마이크로서비스다.

마이크로서비스는 다섯 가지 원칙 중에서 중심적인 역할을 한다. 마이크로서비스를 올바르게 사용하려면 다른 네 가지 원칙 모두에서 성숙한 접근 방식을 취해야 하다. 동시에 컨테이너, 동적 관리, 자동화 및 오케스트레이션은 마이크로서비스 아키텍처와 결합돼야만 진정한 힘을 발휘한다. 그림 1-1은 모든 것이 어떻게 조화를 이루는지 보여준다.

예를 들어 컨테이너화의 주요 이점 중 하나는 타 기종 애플리케이션을 표준화된 방식으로 패키징 Packaging할 수 있다는 점이다. 당신의 전체 비즈니스 로직이 모놀리스로 구축돼 있다면 매우 설득력이 떨어진다. 비슷한 형태로, 퍼블릭 인프라 혹은 PaaS 클라우드상의 기존 단일 기업 애플리케이션에도 동적 관리를 적용할 수 있다. 그러나 이렇게 하면 비즈니스 요구에 따라 스케일업 및 스케일다운 기능을 불필요하게 사용하게 된다.

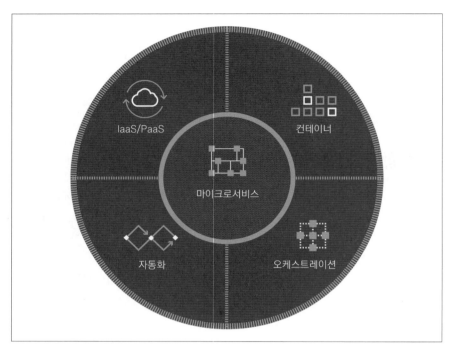

그림 1-1 클라우드 네이티브 아키텍처의 5대 원칙 관계도

물론 자동화를 모놀리식 아키텍처에 적용할 수는 있지만, 자체 컨테이너화 및 독립적인 특성보다 마이크로서비스를 통해 달성할 수 있는 자동화 수준이 훨씬 더 높다. 또한 최신 오케스트레이션 플랫폼은 애플리케이션이 더 작은 컨테이너형 서비스로 구성될 것으로 가정한다. 기존 애플리케이션을 최신 오케스트레이터 위에 있는 컨테이너에서 실행할 수 있도록 그대로 리프트 앤 시프트^{lift and Shift} 형태의 클라우드 마이그레이션을 수행할 수 있다. 그러나 마이크로서비스 아키텍처의 큰 이점을 실현하는 데는 실패하게 돼 상당한 적용 노력^{adaptation}과 투자가 필요하게 된다.

기존 모놀리식 애플리케이션을 클라우드 네이티브 플랫폼에서 실행하기 위해 리프트 앤 시프트 하는 것이 합리적인 선택일 수 있다. 기존 클라우드 네이티브 전문 지식을 보유한 기업은 애플리케이션을 클라우드로 먼저 전환한 후 애플리케이션을 클라우드에서 실행하도록 최적화 가능하다는 이점을 얻을 수 있다. 따라서 전체 클라우드로 전환하기보단, 향후 혁신을 위한 출발점으로 다섯 개 중 두 개 영역으로 트랜스포메이션하기 시작한다. 따라서 올바른 상황에서는 이 접근법이 어느 정도 괜찮은 선택일 수 있다.

경험이 필수다. 경험이 풍부한 파트너로 하여금 클라우드 네이티브 트랜스포메이션을 가이드하도록 한다. 스스로 하려 하면 가치에 비해 위험이 너무 크다. 클라우드 지식이 부족한 기업들이 기존 모놀리스를 단순한 시작점이 아닌 최종 목표로 설정해 클라우드로 옮기곤 한다. 이를 위해서는 많은 시간과 리소스 투자가 필요하기 때문에 기업들이 도중에 트랜스포메이션 노력을 중단하거나 취소할 수 있다.

마이크로서비스가 클라우드 네이티브 원칙의 중심이라는 가장 설득력 있는 논거는 마이크로서비스가 모든 기업의 차별화 요소인 비즈니스 로직을 캡슐화한다는 점이다. 마이크로서비스는 기업이 고객에게 가치를 제공하는 프로세스를 나타낼 수 있다. 즉, 마이크로서비스는 대부분의 기업이 처음부터 클라우드로 전환하기 위한 속도에 대한 요구에 부합할 수 있도록 정의한 전략과 실행 간의 차이를 줄인다.

그뿐만 아니라 마이크로서비스 형태로 배포되면, 이러한 다섯 가지 원칙은 어디서든지 사용할 수 있는 기술과 도구를 포함한다고 볼 수 있다. 현재 컨테이너 및 오케스트레이션 플랫폼에서 제공하는 강력한 도구는 사용하기 편리하다. 불과 사 년 전만 해도 컨테이너나 마이크로서비스와 같은 강력하지만 다소 미숙한 혁신 도구로 개발, 관리 및 제공할 수 있는 사내 IT 팀을 유지할 수 있는 대기업만이 첨단 기술로 진정한 운영 스케일을 달성할 수 있었다. 이러한 기술이 부여하는 경쟁 우위들을, 이제는 공개적으로 이용 가능하고, 상품화돼 있어 인터넷 연결과 신용 카드를 가진 모든 사람들이 이용할 수 있게 됐다.

무엇이 잘못될 수 있을까?

아이디어가 있는 누구라도 아마존^{Amazon}, 마이크로소프트 또는 구글^{Google}에서 완전히 프로비저닝된 PaaS에 가입하고 몇 분 만에 실행할 수 있다는 것은 정말 놀라운 일이다. 경쟁은 치열하고, 가격은 떨어지고 있는 반면 기능과 특성들은 기하급수적으로 늘어나고 있다. 클라우드는 현재 당면한 모든 산업을 파괴하고 있는 것으로 보이며, 기업들은 최대한 신속하게 운영 환경을 마이그레이션하고 클라우드 네이티브를 도입하게끔 노력하고 있다.

그렇다면 무엇이 잘못될 수 있을까? 이유야 많을 수 있겠으나 클라우드 네이티브 트랜스포메이션이 잘못되는 이유는 크게 세 가지로 분류할 수 있다.

- 분산 시스템이 복잡해서 어렵다.
- 방대한 도구 및 플랫폼으로 구성된 클라우드 네이티브 에코 시스템이 상대적으로 미성숙하다.
- 변화하는 기술과 전달되는 기대치에 맞춰 조직 문화를 적응 및 발전시키지 못했다.

분산 시스템의 충격

우리는 이제 수많은 플랫폼과 장치에서 애플리케이션에 액세스해 사용하는 모바일 환경에서 살고 있다. 사용자는 빠르고 심리스하며^{seamless} 상시 접속 가능한 환경을 원한다. 이러한 기대를 충족시키고자 분산 시스템을 발전시켜 복잡한 뒷단 서비스의 불가피한 변동과 실패들를 관리해왔다. 클라우드 네이티브의 수많은 강력한 기능은 분산 시스템 아키텍처의 탁월한 장점을 통해 제공된다.

분산된 시스템에 대해 간단하게 생각할 수 있는 방법은 여러 독립적 기능을 함께 사용해 최종 사용자에게 단일 통합 환경으로 제공하는 것이다. 모놀리식 애플리케이션이 데이터베이스에 접속하는 경우도 매우 간단한 시스템이지만 이 또한 분산 시스템이다. 분산 시스템의 주요 이점은 신뢰성이다. 컴퓨팅 프로세스가 전체 시스템 네트워크에 분산돼 있을 때 서로 독립적으로 발생한다. 하나가 실패해도 프로세스는 계속 동작한다.

마찬가지로 배포를 통해 필요에 따라 노드와 기능을 쉽게 추가할 수 있다. 즉, 클라우드 네이티브 시스템의 확장성이 크게 향상된다. 또한 분산 시스템은 구글과 아마존과 같은 회사가 온라인 사용자 환경을 위한 기준을 높인 덕분에 사용자가 모든 상호 작용에서 기대하는 성능을 제공할 수 있다. 요청과 워크로드는 여러 부분으로 분할돼 여러 컴퓨터에 분산되므로 작업이 병렬로 완료되고 매우 빠르게 반환된다.

그러나 이러한 모든 이점은 상당한 부작용인 복잡성을 수반한다. 분산 시스템이 복잡해지면 설계, 구축 및 디버깅이 훨씬 더 어려워진다. 장애는 거의 피할 수 없고, 엔지니어링 팀은 이를 수용해 최종 사용자가 언제 장애가 발생하는지 거의 알아차리지 못하도록 장애 대응 계획을 수립해야 한다. 이러한 장애를 이해하기 위해 분산된 시스템 기술 스택의 내부를 살펴보기란 쉬운 일이 아니며, 따라서 매우 정교한 관측성이 필수적이다. 분산 추적, 카오스 엔지니어링, 장애 리뷰, 업스트림upstream 및 다운스트림downstream 종속성의 복잡성 이해 등 장애 지점을 탐지하는 데 필요한 도구와 지식은 굉장히 발전돼 있다. 이런 능력을 독자적으로 갖춘 기업은 거의 없다.

미성숙함으로 인한 충격

클라우드 네이티브 에코시스템이 상대적으로 미숙하다는 것이, 클라우드 마이그레이션 중에 발생하는 두 번째 문제를 야기한다. 아마존 웹 서비스 및 애저Azure와 같은 퍼블릭 클라우드 플랫폼은 종단 간을 연결하는 솔루션으로 제공되지만 플러그 앤 플레이Plug and play와는 거리가 멀다. 가상 머신의 전체 기능 또는 완성도 높은 다른 기술 솔루션에 익숙한 기업들은 구성이 수동적이며 필요한 모든 부분이 존재하지 않는다는 사실을 불편해한다.

TV를 구매했는데 집으로 가져와 상자를 여니 케이블도 없고, 전원 코드도 없고, 리모콘도 없다는 상황을 상상해보자. 우리가 찾고자 하는 주변장치들 중 어떤 것도 TV를 작동시키는 데 필수적인 것은 아니다. 말 그대로 화면 본체만 있을 뿐이다. 제조업체가 "가서 이 부품,

저 부품을 사서 TV를 조립해. 그러면 켜질 거야!"라고 말하듯, 클라우드 공급자는 전체 솔루션이라고 주장하지만 필요한 것 중 절반은 누락돼 있다. 공급업체의 플랫폼이 완벽한 솔루션이라 믿었기 때문에 누락되거나 불완전한 부품을 제작하고 구입하는 데 인력이나 예산 또는 시간을 할당하지 않았다. 그리고 회사 내에 모든 것을 조립할 수 있는 사람들이 있을 가능성은 매우 낮다.

클라우드 네이티브는 계속 새롭게 발전하므로 현재 클라우드 기술 및 벤더의 제공 서비스 환경도 끊임없이 발전하고 있다. CNCF는 클라우드 네이티브 환경에서 지속적으로 증가하는 기술 목록을 유지하고 있다. 그 모든 것을 활용해보기란 불가능할 것이다. 이 책을 집필하는 중에도 CNCF는 클라우드 마이그레이션을 매핑할 때 선택할 수 있는 1,200개 이상의 기술, 벤더 및 프로젝트를 정리하고 있다.

이 책의 후반부에서 소개하는 패턴의 대부분은 분산 시스템의 복잡성 관리와 직접적인 관련이 있다. 또한 클라우드 네이티브 도구 및 플랫폼이 얼마나 자주 변경되든 간에 위험 요소가 될 수 있는 일련의 선택 항목을 좁히는 패턴도 있어 특정 상황에 가장 효과적인 방법을 선택할 수 있다.

요약

간단히 말해, 클라우드에서 최선의 결과를 얻으려면 마이크로서비스, 컨테이너, 오케스트레이션, 자동화 등의 클라우드 네이티브 아키텍처를 사용해야한다. 처음 세 가지는 새로운 문제를 일으킬 수 있기 때문에, 도시를 건설하기 전에 위생 시스템을 먼저 구성하기를 원하듯이 자동화는 가장 먼저 시행되는 것 중 하나여야 한다.

마이크로서비스와 클라우드 서비스는 클라우드 운영의 이점을 제대로 활용하기 위한 핵심 요소이다. 표면적으로는, 그 물리적인 장비를 제거하는 것처럼 보일지도 모른다. 하지만 진정한 성공은 극도로 복잡한 다양한 종류의 특화된 소프트웨어-애즈-어-서비스^{SaaS}, 턴키

turnkey, 애플리케이션에 연결할 준비가 된 모든 서비스에 액세스하는 것이다.

클라우드와 마이크로서비스를 구축하면 자동화 및 오케스트레이션이 필요한 애플리케이션을 빠르고 반복적으로 배포할 수 있다.

이 모든 것을 최적화할 수 있는 오케스트레이터Orchestrators는 매우 복잡하지만 요즘은 이러한 오케스트레이터 역시 서비스로 활용할 수 있다.

온라인 유럽 패션 소매업체 ASOS는 완벽한 서비스 세트를 준비하는 방법을 보여주는 좋은 예다. 클라우드에서 큰 성공을 거둔 것은 다양한 데이터베이스의 복잡성을 관리할 필요 없이 재고, 배송, 고객 정보 등 모든 데이터에 대해 다른 데이터베이스를 선택할 수 있다는 점이다. ASOS는 마이크로서비스를 통해 애플리케이션을 더 가볍게 만들고, 정확한 사용 사례에 맞게 최적화된 특정 데이터베이스에 연결할 수 있다. 일부 키/밸류 저장소는 매우 빠른 작업에 대한 관계형 데이터베이스다.

그러나 모든 경우가 스테이트 애즈 어 서비스State-as-a-Service였다. 더욱이, 서비스 공급자에게서 상용 서비스를 구매할 때 전문가가 없더라도 모든 것을 실행할 수 있다는 점이다. 하나의 거대한 관계형 데이터베이스와 대화하는 거대한 단일체가 아니라, 각각의 데이터베이스와 대화하는 작은 마이크로서비스다. 이 예는 우리가 얼마나 멀리, 그리고 얼마나 빨리 왔는지를 보여준다. 예를 들어, 5년 전에 카산드라 데이터베이스를 실행하기 위해서는 데이터베이스 전문가가 필요했다. 이제 퍼블릭 클라우드 공급자로부터 주문형 방식으로 데이터베이스와 전문가 두 가지를 모두 얻을 수 있다.

클라우드 네이티브는 강력하고 전도유망한 기술이다. 기업들은 되도록 빨리 성공하기를 원한다. 하지만 클라우드의 이점을 최대한 활용하려면 먼저 과거를 돌아보고looking past the hype 클라우드 네이티브 아키텍처의 원리를 기반으로 견고한 기반을 구축해야 한다. 그럼으로써 조직의 문화, 조직 구조 및 프로세스를 새로운 방식으로 발전시킨다.

다음 2장에서는 이러한 인간 중심의 변화를 달성하는 방법에 대해 알아본다.

2장

클라우드 네이티브로의 도전

클라우드 네이티브는 단순한 기술이나 도구가 아닌 클라우드 컴퓨팅을 최대한 활용한 애플리케이션을 구축하는 철학적인 접근법이다. 이러한 새로운 패러다임에는 새로운 기술뿐만 아니라 새로운 작업 방식도 필요하다.

책을 쓰면서 수십 개 기업이 클라우드 네이티브 시스템을 통합하는 데 도움을 줬다. 이러한 기업들은 규모, 부문 및 배경이 매우 다양했지만, 운영을 클라우드로 처음 마이그레이션하기 시작했을 때, 클라우드 네이티브 트랜스포메이션이 단순히 기술의 변화를 의미한다고 굳게 믿었다는 공통점이 있었다.

이러한 생각은 컨테이너와 쿠버네티스 / 마이크로서비스 / 클라우드 인프라를 사용하기 시작하면서 현재 조직에서 겪고 있는 모든 문제가 갑자기 개선될 것이라고 기대하는 것과 같다. 물론 클라우드 네이티브 기술로 전환하는 대부분의 기업에서는 분명 가능한 결과지만, 조직에서 클라우드 네이티브라는 사람 간의 과제를 해결하지 않는 한 매우 가능성이 낮은 결과이기도 하다.

우리는 이를 클라우드 네이티브 트랜스포메이션이라 부르는데, 성공적이고 효과적이며 가치 있는 클라우드 마이그레이션을 위해 기술 스택뿐 아니라 전체 조직이 변화해야 하기 때문이다. 또한 새로운 클라우드 네이티브 컨텍스트에서 작업하기 위한 관리 프랙티스practices, 조직 구조, 팀 책임 및 기본적인 전달 프로세스와 같은 비기술적인 측면의 진화를 의미한다.

반대로 항상 하던 동일한 방식으로 최신 기술을 계층화하기만(학습/적용) 한다면 전달 속도 저하, 품질 저하, 프로젝트와 팀 관리가 어려워지는 등의 완전히 새로운 문제를 발생시킬 수 있다.

간단히 말해, 조직의 문화는 기술과 함께 변화해야 한다. 그렇지 않다면 궁극적으로 비생산적인 변화에 많은 시간과 비용을 초고속으로 낭비하게 될 것이다.

우리는 기술을 보고, 상호작용하며 X를 변경했을 때 Y가 일어나는 것과 같은 직접적인 영향과 명확한 인과 관계를 관찰할 수 있기 때문에 구체적으로 이야기하기 쉽다.

그러나 문화는, 우리 모두가 그 안에서 끊임없이 행동하고 상호작용하지만 훨씬 더 추상적이고 간접적이며, 심지어 보이지도 않는다. 그럼에도 조직 문화는 기업이 클라우드 네이티브 트랜스포메이션을 수행할 때 중요한 역할을 한다.

이 장에서는 클라우드 네이티브 트랜드포메이션의 인력 중심적인 부분을 살펴본다.

아키텍처 관점에서 클라우드 네이티브 트랜드포메이션의 모든 인간적인 측면은 "문화"의 전체 범주에 속한다. 그러나 이러한 컨텍스트에서 "문화"는 실제로 무엇을 의미하며, 왜 그렇게 중요할까?

문화광

> "문화는 모호하고 정의되지 않은 것이 아니라 공동 목표를 향해 협력하는 일련의 생활 관계다. 문화는 당신이 아닌 당신이 하는 일이다."
>
> – 대니얼 코일, 『최고의 팀은 무엇이 다른가』

비즈니스 컨텍스트에서 "실행"은 조직 내의 직원들이 서로 상호작용하고, 의사소통하며 협력하는 방식이다. 간단히 말해, 문화는 기업이 서비스 또는 제품을 만들고 제공하는 방식이다.

만약 완벽한 클라우드 플랫폼, 도구 및 기술을 보유하고 있더라도 잘못된 방식(당신의 조직 문화가 항상 모든 종류의 도구를 사용하도록 지시했기 때문에 올바른 도구를 부적절한 방법으로 적용하는 경우)으로 사용한다면 정상적으로 동작하지 않을 것이다. 운이 좋으면 구축한 시스템의 기능적인 문제로 그칠 수 있겠지만 최악의 경우 시스템이 전혀 작동하지 않을 수 있다.

한 회사의 문화를 우리는 어떻게 알 수 있을까? 기업 내부에서 이 단어는 어떤 의미일까? 이런 추상적인 개념에 대한 답은 놀라울 정도로 구체적이다.

문화는 당신이 매일 하는 행동의 총합이다. 가장 기본적인 수준에서, 당신의 규칙적인 일상은 당신의 문화다. 예를 들어, 만약 당신이 사람들에게 말하고, 모든 사람들이 말하는 것을 듣고 의사결정에 통합한다면 당신은 협력적인 문화를 경험하는 것이다. 또한 무언가를 시도하기 전에 위에서 허가를 받아야 한다면 계층적 문화를 갖고 있음을 의미한다.

일상적인 업무 과정에서 수행하는 모든 작업을 나열해보고, 이를 형성하고 추진하는 데 일반적인 관점에서 한 발짝 떨어져서 살펴보자. 이 가정은 일이 어떻게 이루어지며, 사람들이 회사에서 어떻게 상호작용하는지에 대한 것으로 당신의 문화를 드러낸다. 또한 고정되거나 불변적인 것이 아니다. 문화는 느리지만 변할 수 있다. 행동을 바꾸면 문화도 바뀐다.

조직 문화에 대한 명확한 현장 가이드

기업 내 세 가지 주요 문화의 유형은 워터폴, 애자일 및 클라우드 네이티브로 기업이 제품/서비스를 제공하는 프로세스의 유형과 밀접하게 연관돼 있다. 더 많은 것들이 있겠지만 이 세 가지는 우리가 일하며 알게 되는 회사의 절대 다수를 차지한다. 그래서 워터폴, 애자일 및 클라우드 네이티브 조직이라는 관점에서 논의를 구체화할 것이며, 실제로 기업만큼 다양한 특성 및 접근 방식을 구현할 수 있게 될 것이다. "워터폴 조직"이란, 대부분 그에 상응하는 프로세스를 사용하는 회사를 일컫는다.

첫째, 사용하게 될 용어에 대한 간단한 안내서다.

워터폴 조직은 모두 장기적인 계획에 관한 것이다. 6개월에서 1년마다, 혹은 아마도 더 오래 견고하게 구축되고 철저하게 테스트된 단일 대형 구축 서비스를 제공한다. 그들은 긴 의사결정 체인decision-making chain과 엄격한 계층 구조로 위험을 회피하며, 프로젝트 관리자를 비롯한 많은 관리자가 있다.

워터폴 조직에는 보안, 테스트, 데이터베이스 관리 등 매우 구체적인 기술을 다루는 전문가 팀을 갖는 경향이 있다. 애자일 도구 및 솔루션 공급 업체의 시장 예측을 통해 대부분의 기업이 최소한의 애자일 프랙티스를 채택했다고 하지만 현재 소프트웨어의 약 80%는 여전히 주로 워터폴 개발 접근 방식을 사용해 생산되고 있다. 이 책은 필자들의 관찰에 근거한 당사의 직접 경험에서 도출된 것이며, 클라우드 네이티브의 어떠한 십계명으로 의도된 것은 아니다.

애자일 조직에서는 단일 장기 릴리즈의 한계를 인식하고 1~4주 동안의 "스프린트"를 릴리즈하는 데 더욱 반복적이고 기능 중심적인 접근 방식을 사용해 빠르게 제공할 수 있도록 조정한다. 애자일 개발은 애플리케이션을 기능적 구성 요소로 세분화하며, 각각을 처음부터 끝까지 단일 팀이 작업한다. 애자일 팀에는 전문가 팀 간의 협업 대신, 개발 담당 서비스를 설계, 구축 및 테스트하는 데 필요한 모든 기술을 보유하고 있는 교차 기능 팀cross-functional team이 있다. 그렇기에 워터폴 팀에는 광범위한 책임이 있지만 애자일 팀에는 그보다 훨씬 작은 책임을 진다. 스크럼은 애자일 프로세스의 기능적 구현 중 하나다. 이 시스템의 역할에는 팀 자체가 포함된다. 서로 다른 프로세스 소유 팀 간에서 활동하는 스크럼 마스터Scrum Master, 그리고 제공된 기능과 마감일에 대한 완전한 소유권을 가진 프로덕트 오너Product Owner가 포함된다.

애자일리시Agile-ish 조직은 혼합Hybrid 조직이다. 일반적으로 이들은 스크럼을 채택하는 애자일 향 워터폴 조직이다. 업계에서는 "스크럼-폴Scrum-fall" 프로세스를 따른다고 한다. 예를 들어 팀은 스프린트로 일하지만, 여전히 6개월 이상의 긴 기간 동안 긴밀하게 결합된 서비스를 구축하고 있다. 전체 조직에 애자일을 완벽하게 구현하는 것은 매우 어려운 일이므로 애자일 회사는 사실 매우 드물다.

애자일리시는 훨씬 더 흔하게 볼 수 있는 문화 형태다.

웰스그리드^{WealthGrid}는 우리의 예시 기업으로 애자일리시 조직이다. 비록 그들이 스크럼과 교차 기능^{cross-functional}을 어느 정도 하게 되었지만, 웰스그리드의 문화는 여전히 워터폴 소프트웨어 개발 접근법을 사용하는 조직에서 일반적으로 발견되는 유형이다. 계층적이고, 결재(승인) 중심이며^{permission-seeking}, 혁신보다는 숙련도에 중점을 두고 엄격한 데드라인으로 운영된다.

클라우드 네이티브 조직은 클라우드 기술의 기능을 최적으로 활용할 수 있도록 구축했다. 물론 클라우드는 계속 발전할 것이며 앞으로도 계속 달라질 것이다. 또한 이를 예상할 수 있도록 구축한다. 개발자로 구성된 소규모 전담 기능 팀이 애플리케이션을 신속하게 구축하고 배포한다. 또한 분산 시스템의 모든 부분이 응용 프로그램의 일부가 되도록 네트워킹, 보안 및 기타 모든 필수 요소를 구축하는 방법을 알고 있다. 한편, 플랫폼 팀은 한쪽으로 물러나, 개발자가 배치할 플랫폼을 설계하고 조립한다. 매우 자동화된 이 플랫폼은 쿠버네티스와 같은 오케스트레이터를 사용해 복잡성을 관리한다.

이 조직은 IaaS 또는 기존 가상화 브이엠웨어^{VMware} 환경에서 작업할 수 있다. 그러나 클라우드 기술을 최대한 활용한다는 것은 최소 실행 가능 제품^{MVP} 개발, 다변량 테스트, 전문가 팀의 데브옵스 전환, 신속한 반복뿐 아니라 신속한 제공/배포(즉, 지속적 통합과 지속적 배포)와 같은 접근 방식으로의 전환을 의미한다. 이 중 일부는 애자일의 한 부분이지만 완전히 체화되면 클라우드 네이티브에 모두 필요하다.

클라우드 네이티브 아키텍처는 마이크로서비스 아키텍처(애플리케이션을 서로 완전히 독립적으로 작동하는 작고 느슨하게 결합된 서비스로 분해)에 중점을 둔다. 아키텍처는 프로세스에 영향을 미친다. 이러한 각 서비스는 반복적인 소프트웨어 업데이트가 준비되는 즉시 소규모 소프트웨어 개발 팀에 매핑된다. 소프트웨어의 빠른 출시는 더 엄격한 피드백 루프^{feedback loop}를 만들어 기업이 고객의 요구에 쉽게 적응하고 대응할 수 있도록 한다.

클라우드 네이티브는 강력하고 다양한 경쟁 우위를 제공할 수 있지만 모든 경우에 "적합한" 솔루션은 아니다. 같은 이유로, 워터폴도 필연적으로 잘못되거나 나쁜 것은 아니다. 예를 들어, 안정적이고 미래의 변화가 거의 필요하지 않은 안정적인 제품이 있을 때, 워터폴이 가장 적합한 프로세스일 수 있다. 이 경우 워터폴을 활용하는 것이 효과적이고 효율적이다. 애자일 또한 최적의 선택일 수도 있다. 문화 자체가 단순하기 때문에 "좋고" "나쁨"을 표현하는 것은 무의미하다.

"적합한" 솔루션, "적절하지 않은" 문화

그러므로 중요한 것은 문화 자체가 아니라 문화의 유형이다. 조직 내에서의 우리의 일상적인 행동은 집단 문화로 좌우된다. 따라서 "적합한" 솔루션(또는 때로는 잘못된 해결책의 잘못된 조합)이 "적절하지 않은" 문화에 적용되면, 해결책과 문화는 서로 상충되고, 훼손되고, 궁극적으로 교착 상태에 빠지게 된다.

이는 평생을 말을 타고 다니다가 자동차 운전대에 앉게 된 것과 조금 비슷하다. 기본적으로 둘 다 수송 수단이다. 당신은 전문 기수가 될 수 있지만, 그 기술은 새 자동차에서 거의 쓸모가 없다. 그리고 사실, 기계를 운전하는 것이 문제되지는 않는다. 핸들로 차를 돌리고, 페달을 밟아 나가며, 다른 페달 하나는 멈추게 한다는 것을 알아내는 것은 어렵지 않다. 가장 위험한 부분은 도로에 나가는 방법이나 다른 모든 차들과 충돌하지 않고 어떻게 함께 길을 가는지 알아내는 것이다. 고속도로에서 갑자기 시속 100마일로 달릴 수 있을 때 말을 타는 기술에 대한 규칙과 가정은 적용되지 않는다.

두 수단 모두 A 지점에서 B 지점으로 이동이 가능하다. 그러나 다른 모든 운전자와 공유하는 집단적 이해가 필요한 도로의 규칙은 크게 다르다. 말이 아닌 자동차를 타기 시작했을 때, 우리의 일상적인 행동을 비롯해 결국 일하는 방식, 교외를 포함한 사는 곳, 소통 방법, 심지어 상호작용하는 방식까지 바뀌었다. 우리 주변의 모든 것이 영향을 받았고, 문화는 이에 대응해 변화했다. 말을 주요한 교통수단으로 계속 타려 했던 사람은 아무리 빨리 달리려

해도 뒤처진다는 것을 알게 됐다.

오늘날 세계 대부분의 지역의 고속도로에서 마차 타는 것을 금지하는 법이 있다. 왜냐하면 관련된 모든 사람들에게 위험하기 때문이다. 기존의 방식으로 새로운 기술을 적용할 때 충돌이 발생한다. 이전 패러다임의 방법을 사용해 클라우드 네이티브를 적용하려 하면 당신의 계획은 실패한다. 이는 실제로 클라우드 네이티브 트랜스포메이션이 지연되는 회사에서 발생하는 대부분 문제의 근본 원인이다.

문화 충돌 난제

실제 지정학^{geopolitics}에서와 같이 소프트웨어 개발에서 문화가 충돌할 때 최악의 문제가 발생한다.

워터폴과 애자일을 통합하는 회사에서는 이 문제가 그리 심각하진 않다. 일부 표면적 차이에도 불구하고, 이 하이브리드 접근 방식을 가능하게 하는 많은 기능적 유사점들이 있다. 이 두 가지 모두 구축해야 할 것을 결정하는 제품 소유자의 존재감을 공유한다. 워터폴에서는 설계자와 관리자가 전체 제품의 복잡성을 모두 이해해야 하는 반면, 팀 자체는 자신이 특별히 책임져야 하는 부분만 이해하면 된다.

마찬가지로, 애자일에서는 각 팀에서 제공하는 제품의 구성 요소만 이해하면 된다. 소프트웨어가 제품을 생산하는 회사의 커뮤니케이션 및 조직 구조를 닮는 콘웨이 법칙^{Conway's law}에 따라 다른 모든 부분과 해당 부분이 크게 분리된다. 그러나 두 경우 모두 여전히 팀에서 자신이 구축하는 것을 책임지지 않는다. 그들의 권한은 주어진 것을 구축하는 방법에 한정돼 있다.

진정한 애자일 프랙티스(Agile Practice), 특히 린(Lean)과 결합된 애자일을 따르는 기업은 필자들이 파악한 클라우드 네이티브와 매우 유사한 문화를 보여준다. 진정한 애자일은 워터폴과는 완전히 다르다. 그러나 필자들의 경험상, 깊이 뿌리박고 있는 워터폴 문화 덕분에 진정한 애자일 상태에 도달할 수 있는 기업은 거의 없다. 진정한 애자일 기업은 컨설턴트의 도움 없이 클라우드 네이티브로 쉽게 전환할 수 있으므로, 도움이 필요하지 않다. 하지만 필자들에게 도움을 요청하는 사람들의 대부분은 위험을 회피하고 예측 가능하며 무엇보다도 느린 워터폴 문화 측면에서 중요한 책임을 갖고 일하고 있다.

기술 자체는 속도를 전달하지 못하지만, 확실히 도움이 될 수 있다. 일하는 방식의 문화를 바꾸는 것이 조직이 진정한 속도를 얻는 방법이다.

또한 애자일과 워터폴 모두 별도의 부분을 함께 제공하기 위해 팀 간의 조정이 필요하다. 유일한 차이는 배포 주기로, 애자일은 워터폴보다 훨씬 더 자주 전달된다. 워터폴 팀이 단일 모놀리스를 만드는 동안, 애자일 팀은 효과적으로 다수의 모놀리스를 만든다. 일반적인 애자일 조직에서는 모놀리스의 수가 대개 3-10개이며, 각 팀이 하나 또는 두 가지 작업을 하고 있다. 즉, 애자일 팀이 워터폴 팀에 비해 3배에서 10배 더 많은 복잡성을 처리할 수 있다. 하지만 그들은 여전히 모놀리스를 만들고 있다. 같은 이유로, 다수의 애자일 팀에서 동일한 단일 모놀리식 구성 요소를 사용해 효과적으로 더 작은 워터폴로 분할할 수 있다. 그 결과, 모든 구성 요소를 1회 또는 몇 번의 스프린트마다 공동으로 전달하는 등 여전히 중앙 집중적인 계획과 세부 조정이 이루어진다.

그래서 당신은 어떻게 워터폴과 애자일의 문화적 차이가 실제로 공존할 수 있는지를 알 수 있다! 그러나 클라우드 네이티브에서 작업하려면 완전히 새로운 문화가 필요하다.

필자들이 잘못된 클라우드 네이티브 마이그레이션을 방지하기 위해 연락받았을 때 알게 되는 가장 일반적인 문화 문제는 기업이 다른 요소를 변경하지 않고 클라우드 네이티브의 단일 요소를 추가하려고 시도하는 경우다. "우리는 지금 데브옵스를 보유하는 것을 제외하고는 기존과 같은 방식으로 소프트웨어를 계속 전달할 것이다!" 새로운 클라우드 네이티브 기술로 단일 팀이 독립적으로 작업하고 먼저 응용 프로그램을 개발한 다음, 배포 및 유지 관리하는 데브옵스와 밀접하게 연결된 애플리케이션을 구축하고 모든 것을 한 번에 제공하는 "오래된" 접근 방식 간에 매번 충돌이 발생한다.

워터폴 조직에서 데브옵스를 할 수 있을까? 가능할 것이다. 개발쪽에서는 지속적 전달과 같은 클라우드 네이티브 사례를 적용해 개발 프로세스를 최적화하고 가속화할 수 있다. 한편, 운영 측면에서는 구현을 자동화해 프로비저닝^{provisioning} 및 인프라를 이전보다 빠르고 효율적으로 만들 수 있다. 아름다운 컨테이너 기반 마이크로서비스와 최첨단 플랫폼이 지금으로부터 몇 달 후 다음 릴리즈 사이클이 완료될 때까지 사용자 앞에 전달되지 않는다는 점만 제외하면 정말 좋다. 이유는 전달 프로세스를 변경하지 않았기 때문이다. 당신은 선형적이고 순차적이며 밀접하게 결합된 워터폴 접근 방식에서 클라우드 네이티브를 수행하고 있다. 속도와 효율성 측면에서 그냥 낭비일 뿐이다.

문화 충돌 난제도 위와 동일하게 작동한다. 완전한 클라우드 네이티브 문화를 가질 수 없고 마이크로서비스를 가질 수 없다. 전달에 6개월이 소요된다면 어떠한 마이크로서비스도 제공할 수 없다. 클라우드에서 모놀리스를 간단히 재생성하는 것만으로는 얻을 수 있는 것이 없다. 그러나 기업들은 항상 이를 시도한다.

우리를 다시 데려오는 것은… 문화

당신의 기업이 성공하는 데 가장 중요한 것은 조직 문화를 이해하는 것이다. 당신의 문화를 아는 것은 조직에 가장 적합한 길을 선택할 수 있다는 것과, 아무리 유망하더라도 조직의 근본적인 본질과 상충되는 최신 기술을 선택하지 않는다는 것을 의미한다.

또한 문화적 인식은 모든 것을 같은 방향으로 이끌 수 있는 무수한 단계를 통해 내부로부터 조직을 변화시킬 수 있는 능력을 부여한다. 이를 통해 급변하는 세상과 함께 점차 자연스럽게 진화할 수 있다. "장기 방향성^{Long-term direction}"은 기본적으로 전략의 정의다. 전략이 '큰 것'이어야 함은 허구다. 우리가 꿈꾸는 이상은 크다. 당신의 방향을 향해 작은 발걸음을 내딛는 것은 확고한 전략적인 조치다. 전략은 점진적이다. 방향을 설정한 다음 의도적이고 반복적인 움직임을 통해 움직인다.

그래서 당신의 문화는 기능을 더하고 정의하는 방법의 합이다. 일상 업무를 정의하는 행동을 조사함으로써 조직을 근본적으로 형성하는 힘을 확인할 수 있다. 그러면 가장 좋은 다음 단계를 결정할 수 있다. 이는 새로운 충고와는 거리가 멀다. 클라우드 네이티브보다 훨씬 이전, 중세 철학에서는 시간이 지남에 따라 한 가지 행동을 천천히 바꾸기 위해서는 먼저 자신을 변화시켜야 한다고 우리에게 충고했다. 이 모든 것은 세 개의 간단한 단어로 귀결된다.

소크라테스: 너 자신을 알라.

조직의 자아 인식을 만드는 실용적인 도구는 5장에서 확인할 수 있다.

INTERLUDE I

웰스그리드 팀을 만나다

이제 웰스그리드 이야기의 주인공들을 만날 시간이다. 프로그램 관리자인 제니는 웰스그리드의 클라우드 네이티브로 여정하는 동안 우리가 가장 가깝게 따라갈 인물이다. 제니는 자신의 회사가 웰스그리드 마을에 찾아온 이방인 때문에 변화해야 한다는 압박감에 직면해 있음을 처음으로 깨달았다. 다른 사람들도 마찬가지겠지만, 그녀는 실제로 행동한 첫 번째 사람이다. 어느 쪽이든, 제니는 웰스그리드의 클라우드 네이티브 계획의 촉매제다. 또한 이후 장에서는 웰스그리드의 CEO인 스티브를 만나본다. 스티브 역시 이 회사의 클라우드 네이티브 트랜스포메이션을 위한 중요한 역할을 담당한다.

웰스그리드는 이러한 시장/환경 변화에 적응해야 한다는 실제 존재하는 위협과 압력을 받고 있다.

제니는 웰스그리드에서 몇 년 동안 프로그램 관리자로 근무했으며 업무를 잘 수행하고 있다. 웰스그리드에서 프로그램 매니저란 중견 기업과 대기업을 잇는 폭포수 혹은 애자일스러운 회사에서처럼 말 그대로 중간 경영자다. 이들은 전략 및 프로젝트 계획을 정의하는 최고 경영진과 실제 제품 제공을 담당하는 엔지니어 사이에 위치한다. 프로그램 관리자는 프로젝트 진행자 역할을 하며 두 그룹 간 커뮤니케이션을 원활하게 유지한다. 또한 프로젝트 관리자는 엔지니어들과 협력해 프로젝트의 진행 상황을 현장에서 자세히 파악할 수 있다. 따라서 불필요하며 세부적인 문제를 일으키지 않고 상위 경영진에게 정보를 계속 전달한다. 프로젝트 관리자는 다른 중간 관리자와 연계해 웰스그리드 소속 전문 팀 간의 프로젝트 인계^{handoff}를 지원하고 생산 일정을 맞추고자 많은 시간을 할애한다.

제니는 자신이 하는 일을 좋아하고 현재 위치에서 흥미로운 도전이 가능하다고 생각한다. 우수한 프로그램이나 프로젝트의 관리자란, 엔지니어와 엔지니어의 작업을 이해할 수 있는 충분한 기술적 지식을 갖추고 경영진에게 설명할 수 있는 비즈니스 지식과 균형을 이루어야 한다. 간단히 말해, 제니는 같은 조직 내에서 상당히 분리된 비즈니스 조직과 기술 조직 사이에서 번역가 역할을 한다.

그녀는 기술 전문가들이 새로운 프로젝트에 참여하도록 하는 측면에서 제안된 기능의 비즈니스 케이스를 설명할 수 있다. 또한 기술적인 관점에서 제안된 새로운 기능이 비현실적이거나 불가능할 때 적절한 방식으로 경영진과 의사소통할 수도 있다.

따라서 프로그램 관리자라는 제니의 직책은 비즈니스 측면에 대한 높은 이해를 요구한다.

고객과의 대화 및 회사의 진로를 형성하는 시장의 힘을 이해하며, 내부 프로세스를 계획하고 개선하는 데 관여한다. 또한 매일 팀과 함께 의사결정하며 결과물을 면밀히 추적한다. 제니는 대부분의 훌륭한 엔지니어들과 마찬가지로 엔지니어 출신이다. 그녀는 관리자로 직책을 변경했지만, 최신 동향을 파악하기 위해 노력하고 있다. 그녀가 어떤 역할이든 간에, 조직원으로서 타고난 제니의 능력과 탄탄한 대인 기술은 그녀에게 도움이 된다.

제니는 위아래 양쪽 모두를 합리적으로 만족시키면서 일을 성사시킬 수 있는 수준으로 동시에 관리한다. 그러나 중간에 있다는 것은 그녀 역시 위아래로부터 압박을 받는다는 것을 의미한다.

양쪽에서의 압박

한동안 미묘하게 쌓였던 압박 중 하나는 지금 웰스그리드의 클라우드 컴퓨팅 혁신 대응과 관련이 있다. 클라우드 기반 서비스는 기업이 제품과 서비스를 제공하는 방법과 고객이 제품을 소비할 수 있는 방법을 근본적으로 바꿔왔다. 제니 역시 클라우드 네이티브 도구와 기술의 급속한 진화에 대해 알고 있다. 물론 그녀는 컨테이너와 마이크로서비스에 대해 들어본 적이 있지만 이 최첨단 기술에 대한 깊은 지식은 아직 없다. 매우 새로운 기술이므로 회사에서 아는 사람이 거의 없다.

 그렇다 해서 그녀의 엔지니어링 팀이 쿠버네티스가 얼마나 멋진지 그녀를 설득하는 일을 막지는 못한다. 대부분의 기술 전문가들은 자신의 분야에서 가장 혁신적인 최신 기술을 탐색하는 것을 좋아하기에 그녀의 팀도 예외는 아니다. 콘퍼런스를 마친 누군가가, 제니에게 쿠버네티스로 오케스트레이션한 마이크로서비스 아키텍처를 사용해 다음 프로젝트를 통합할 가능성에 흥미를 느껴 이야기를 전했음을 의미한다. 그녀도 물론 관심을 갖고는 있다. 그녀는 직접 콘퍼런스에 수 회 참석해 대응력, 반복성, 무엇보다도 빠른 속도로 회사의 전달 모델을 혁신할 수 있는 클라우드 네이티브의 힘에 대해 직접 들었다. 그녀는 몇 가지 연구를 해왔고, 클라우드 네이티브는 실제적이므로 이를 도입해야겠다고 생각하고 있다.

하지만 웰스그리드에서 이미 문제없이 오래 지속 중인 레거시와 같은 시스템 및 프로세스 내에서 클라우드 네이티브가 어디에 적합할 수 있을까?

흥미롭게도, 엔지니어링 팀의 이런 압박은 제니가 최근 채용과 관련해 겪은 압박과 잘 맞아떨어진다. 최근 웰스그리드의 보상이 업계 급여 규모에서 최고 수준임에도 기술직을 채용하는 데 예상외로 어려움을 겪고 있다. 채용 공고는 좋은 후보자를 많이 끌어들이지 못하고 있다. 이 회사의 CEO인 스티브는 어떻게 채용 과정을 개선할 수 있는지 확인하고자 몇 가지 내부 조사를 지시했다.

대답은 간단했다. 웰스그리드의 시스템은 레거시 기술이다. 컴퓨터 공학 학위를 갖고 대학을 갓 졸업한 사람들은 아무도 지루하고 구식인 일을 하고 싶어 하지 않는다. 그들은 최첨단을 원한다! 더 안타까운 점은, 높은 급여가 어쨌든 사람들을 지원하도록 유인할 수도 있지만, 지원자들은 일단 전문적으로 성장할 기회가 거의 없다는 것을 깨닫는 순간 오래 머물지 않는 경향이 있다. 엔지니어라면 전문적으로 승진할 수 있는 유일한 방법은 경영진으로 옮기는 것이다. 그리고 새로운 기술을 개발하지 않게 된다. 웰스그리드에서는 각자가 맡은 일에 정말 능숙하나 그뿐이다.

일부 경영진은 채용 문제를 넘어 클라우드 네이티브 아키텍처의 다른 주제를 언급하기 시작했다. 그들은 현대 기업들이 현재 어떻게 사업을 운영해야 하는지에 대해 이야기하는 가트너^{Gartner}와 유사한 출판물 등을 읽었다. 물론 당연히 웰스그리드도 전환을 해야 한다고 생각한다. 하지만 현재 진행 중인 사업이 잘 되고 있기에, 변화할 필요는 없다고 하는 다른 관리자들로부터 상당한 반발을 사고 있다.

비즈니스과 기술의 접점에 있는 제니의 입장에서, 각각 다른 것들을 말하는 수천 개의 목소리를 듣는 동시에, 양쪽 세계에 대한 상반된 견해가 제니에게 새로운 관점을 준다. 비즈니스에 정통한 그녀는 안정적인 웰스그리드의 현재 상황을 혼란스럽게 할 수도 있다는 낯선 위험을 인식하고 있다. 그녀의 기술적인 지식과 경험은 그녀에게 뭔가를 할 수 있다는 자신감을 준다.

결국 수천 개의 목소리들은 모두 같은 메시지를 의미하는 것 같았다. 바로 웰스그리드가 클라우드로 전환할 때라고.

3장

패턴이란 무엇인가?
아키텍처, 패턴 언어, 그리고 디자인

이 장은 두 절로 나뉜다. 첫 번째는 크리스토퍼 알렉산더^{Christopher Alexander}의 진화적 성장과 빅뱅 프로젝트에 대한 획기적인 연구를 소개하고 있다. 또한 소프트웨어 설계 패턴을 살펴보고, 클라우드 네이티브에 적합한 패턴 언어의 필요성을 논의하며, 패턴 언어를 사용할 때 신속하고 성공적인 혁신의 기회가 증가하는 이유를 설명한다. 두 번째 절에서는 패턴 자체와 제작 방식, 작동 방식 및 클라우드 네이티브 패턴을 만드는 프로세스에 대해 설명한다.

아키텍처 : "복잡하거나 상세하게 디자인된 어떤 것의 구조"

"아키텍처"라는 용어를 건물과 컴퓨터 시스템에 모두 적용하는 이유가 있다. 이 용어는 디자인이라고도 알려진 섬세한 생각, 상상력 및 계획을 통해 형태가 생겨난 비개인적인 시스템을 설명한다.

1977년에 출판된 크리스토퍼 알렉산더^{Christopher Alexander}의 책 "패턴 언어^{Pattern Language}"는 수십 년 동안 건축에 대한 지적인 관찰을 굳건히 했다. 그는 우리가 인간 시스템을 설계하고 건설할 때 어떤 것이 효과가 있는지, 어떤 것이 일어나지 않는지를 신중하게 분석했다. 알렉산더는 "제대로 된" 아키텍처는 클래식한 아름다움과는 관계가 없다고 지적한다. 오히려 사용과 유지보수가 쉽고 편한 구조를 만든다. 반응성이 좋으며 마치 생활하는 곳처럼 느껴진다.

또한 사용자들을 구속하거나 좌절시키기보다는 지지하며 확장시켜주는 곳이다.

 알렉산더의 "정확성"이라는 품질은 우리의 경험상으로 정량화하거나 묘사하기는 어렵지만 선천적으로 인지하고 있다.

우리가 살고 싶다고 느끼는 이상적인 집이나 도시가 다소 문제가 있는 경우가 있다. 이상과 현실의 차이가 있는 것처럼 말이다. 그늘이 없고 불편한 좌석을 제공하는 화려한 도시 광장은 방문객들이 머무르지 않는다. 햇빛과 그늘이 뒤섞여 있고, 나무와 분수, 그리고 앉을 수 있는 편안한 장소를 제공하는 광장은 훨씬 더 인간적인 장소이다. 사람들이 즐겁게 시간을 보내는 "제대로 된" 장소가 될 것이다.

우리 모두는 소프트웨어 엔지니어로서 "제대로 되지 않은" 컴퓨터 시스템과 팀을 경험했다. 우리를 제한하고 좌절시키는 취약한 시스템은 사용자나 유지 관리자인 우리에게 어려움을 느끼게 한다. 또한 우리 스스로를 자랑스럽게 만들고 발전시키고 성장시키는 진정한 즐거움이 있는 시스템을 개발해, 높은 생산성과 클린 코드^{clean code}에 대한 열정을 함께 나눌 수 있는 동료들로 이루어진 팀과 협력하기를 바란다.

하지만 어떻게 하면 그런 이상적인 일이 가능할까? 어떻게 실질적으로 진행할 수 있을까?

패턴

"제대로 된" 아키텍처를 구축하는 데 알렉산더가 이야기하는 핵심은 설명하고 가르치기 쉽고 무엇보다도 전달 가능한 상황별 패턴을 만드는 것이다. 그는 오랜 기간 동안 이러한 패턴을 개발해 효과가 있었던 것과 그렇지 않은 것을 관찰했다. 알렉산더가 개발한 패턴 언어는 아주 작은 단계에서부터 전체 단계에 이르기까지 모든 단계의 디자인을 다룬다. 해당 범위의 아주 작은 단계에서 "패턴 128: 실내 채광"과 "패턴 236: 활짝 열리는 창문"와 같은 템플릿을 사용해 개별 공간을 편안하게, 거주하기 적합하고 직관적으로 "제대로" 만드는 방법을 설명한다.

알렉산더는 천천히 시야를 싱글룸에서 전체 건물, 그리고 그들 사이의 관계까지 넓히고, 그 다음에는 마을, 도시, 그리고 전체 지리적 영역으로 더 멀리 확대시킨다. 이러한 거시적인 패턴은 다른 맥락에서 또 다른 요구를 생성하기 때문에 도시 및 시골 환경 모두에 대한 계획을 포함한다. "패턴 11: 지구 교통 구역"과 "패턴 52: 보행로와 도로의 네트워크"와 같은 예는 단일 주거지가 아닌 대규모 주민에게 얼마나 광범위한 범위의 패턴을 적용할 수 있는지를 보여준다.

사실 햇빛이 실내에 비치는 것만큼 실내 분위기에 영향을 미치는 것은 거의 없다.

– 패턴 128: 실내 채광

이 패턴들은 총체적으로 디자인에 대한 보편적인 지침 역할을 한다. "각 패턴은 우리 환경에서 반복적으로 발생하는 문제를 설명하고, 그 문제에 대한 해결의 핵심을 기술한다. 똑같이 두 번 반복하지 않고 유사한 방식의 해결 방법을 수백만 번 더 사용할 수 있도록 말이다."(크리스토퍼 알렉산더, 패턴 언어, 1977년)

그러면 실제 패턴 언어는 언제 이와 같은 모든 구성 요소에서 나올까? 개별 패턴 자체는 언어가 아니라 어휘 용어에 더 가깝다. 개별 패턴의 그룹을 통합해 아직 언어가 아닌 어휘를 설명할 수 있다. 그러나 패턴 언어는 솔루션을 구성하는 방법에 대한 지침과 함께 패턴을 제시한다. 예를 들면, A가 B를 따르거나 C가 B를 따를 수도 있다. 일단 어휘 외에 이러한 "문법" 규칙이 있으면, 언어가 생기게 된다.

건물과 마을을 건설하는 패턴의 개념은 건축가들에게 즉각적으로 받아들여졌고, 40년이 넘도록 패턴 언어가 출간되고 있다. 이 개념은 또한 유사하게 소프트웨어 개발 분야에서 간결하고 구체적이며 재사용 가능한 솔루션을 적용하는 가치를 인식한 컴퓨터 과학자들의 관심을 불러일으켰다.

1987년, 알렉산더의 작업에 영감을 받은 워드 커닝햄[Ward Cunningham]과 켄트 벡[Kent Beck]이라는 두 소프트웨어 엔지니어가 컴퓨터 프로그램에서 디자인 패턴에 대한 아이디어를 적용하는 논문을 발표했다. 이것이 소프트웨어 디자인이라는 완전히 새로운 패턴에 기초한 철학의 촉매제였고, 새로운 사고 방식은 혁신가들을 매료시켰다. 소프트웨어 디자인 패턴은 1994년 4대 소프트웨어 엔지니어 및 연구원이었던 에릭 감마^{Erich Gamma}, 리차드 헬름^{Richard Helm}, 랄프 존슨^{Ralph Johnson}, 존 블리시데스^{John Vliissides}의 "디자인 패턴: 재사용 가능한 객체지향 소프트웨어의 구성 요소"가 출간되면서 주류로 넘어갔다. 25년이 지난 지금, 이 엄청난 영향력을 지닌 책은 지금도 소프트웨어 개발자들의 개인 참고 서재에서 찾을 수 있다.

책의 매력은 분명하다. 소프트웨어 디자인 패턴은 건축 패턴과 마찬가지로 흔히 반복되는 문제에 대한 재사용 가능한 솔루션이다. 소프트웨어 설계 패턴은 코드로 직접 변환할 수 있는 완성된 설계가 아니라 특정 문제를 해결하는 방법에 대한 플랫폼에 구애받지 않는 설명이다. 또한 언어로서도 기능하는데, 개발자들이 중요한 것들을 정의하고 기본 원칙에 동의할 수 있기에 더 나은 의사소통을 할 수 있도록 도와준다. 이러한 공통 언어를 사용하면 개발자가 시간을 절약하면서 협의를 더 높은 수준으로 끌어올릴 수 있는 공유된 이해를 얻을 수 있다.

클라우드 네이티브 자체는 소프트웨어 디자인에 대한 특별한 접근 방식이며, 컴퓨터 애플리케이션을 디자인, 구축 및 실행하는 새로운 방식의 패러다임으로 전환한다. 이는 지속적 통합, 컨테이너 엔진 및 오케스트레이터와 같은 새로운 운영 도구와 기술을 결합한 클라우드 인프라스트럭처 애즈 어 서비스^{Infrastructure-as-a-Service}를 기반으로 한다.

목표는 항상 속도를 향상시키는 것이다. 기업은 더 이상 단순히 제품이나 서비스만을 제공할 수 없다. 새로운 시대의 일시적인 정보에서 살아남고 발전하기 위해서는 고객이 제품을 원활하게 사용, 소비 또는 구매할 수 있도록 도와야 한다. 더 이상 의료 서비스, 금융 서비스 또는 소매 기업에서 "그냥" 머물 수 없다. 좋든지 싫든지, 깨닫든지 그렇지 않든지 이제 모든 기업은 소프트웨어 회사다.

아키텍처 패턴이 확실히 적용되지 않더라도 다른 컨텍스트를 신중하게 고려한다면, 기존 소프트웨어 설계 패턴이 여전히 클라우드 네이티브 시스템에 유용할 수 있다. 앞서 언급한 패러다임의 변화 덕분에 새로운 클라우드 네이티브 아키텍처를 해결하기 위한 새로운 패턴이 등장하고 있다.

2014년에 컨테이너 솔루션이 만들어졌을 때 우리는 소프트웨어 애플리케이션 개발에 대한 새로운 접근 방식에 대한 이름도 없었다. 일반적인 시나리오와 효과적인 방법론에 대한 공통된 이해는 말할 것도 없었다. 이제 우리가 말하는 클라우드 네이티브라는 이름을 붙일 수 있는 새로운 패턴 언어를 만들 수 있는 단계에 도달했으며, 빠르게 진화하는 이 기술의 최적의 컨텍스트별 사례를 구현할 수 있다.

디자인의 시대

클라우드 네이티브 아키텍처의 이점을 정립했으므로 이제 클라우드 네이티브 시스템이 본질적으로 "정답"이라는 주장을 예상할 수 있다. 이 말을 하고 싶지만, 안타깝게도 사실이 아니다. 클라우드 네이티브 시스템은 아무리 견고하게 컨테이너화, 마이크로서비스화, 조직화됐다지만 다른 컴퓨팅 아키텍처보다 정확성을 더 잘 발휘할 수 없다. 사실, 어떤 경우에는 더 나빠질 수도 있다.

클라우드 네이티브 복잡성이 단순히 요구되지 않는 경우가 있다. 예를 들어, 변경이나 업데이트가 거의 필요하지 않은 매우 안정적이고 숙련된 시스템은 이상적인 모놀리스를 만들고 실행돼야 한다. 그러한 시스템을 컨테이너형 마이크로서비스로 분할하려는 것은 흥미로운 실험이 될 것이며, 궁극적으로 기능적 개선은 거의 이루어지지 않으면서 시간과 자원이 소요될 것이다.

"모놀리스"는 부정적인^{dirty} 단어가 아니다. 단순히 또 다른 종류의 아키텍처에 불과하며, 이것이 절대적으로 올바른 접근법이라는 컨텍스트도 있다.

그러나 대부분의 경우 현대 소프트웨어의 복잡성과 사용자들의 높은 기대치를 감안할 때, 클라우드 네이티브가 올바른 접근법일 가능성이 높다. 불행히도 이것은 매우 복잡한 과정이다. 거의 대부분의 트랜스포메이션 계획은 문제없지만, 많은 계획들이 빠르게 잘못된 방향으로 가게 된다. 왜 이런 일이 생길까?

클라우드 네이티브는 처음에는 쉽게 구현할 수 있다. 신용카드를 소지한 사용자는 누구나 퍼블릭 클라우드 공급자에 로그인해 몇 시간 내에 초기 인스턴스를 가동 및 실행할 수 있다. 그리고 클라우드 네이티브 기술을 사용한 처음 몇 가지 실험과 더 상세한 테스트 환경에서도 대부분 쉽고 성공적이다. 이는 불행히도 클라우드 네이티브로 완전히 마이그레이션하는 것과, 몇 가지 도구만 설치하고 실제 환경으로 마이그레이션하는 것이 똑같이 쉬울 것이라는 희망적인 착각을 불러일으킨다. 그러나 실제로 전체 엔터프라이즈 클라우드를 기본적으로 구현하는 것은 규모에 따라 기하급수적으로 증가하는 분산 시스템의 복잡성 때문에 매우 어렵다.

비교적 쉬운 첫 번째 실험이 끝난 다음 단계에는 대부분 클라우드 네이티브 마이그레이션이 잘못되는 경우가 있다. 이는 매우 새로운 기술이며 대부분의 조직에는 클라우드 네이티브의 복잡성을 성공적으로 탐색할 수 있는 충분한 지식이 없다. 그리고 현재, 미숙한 생태계 상태를 고려할 때, 단순히 클라우드를 만들 수 있는 하나의 전체 서비스 솔루션을 구입하는 것은 아직 불가능하다.

그러나 지금은 클라우드 네이티브 마이그레이션을 원활하게 수행하기 위한 일련의 전략 및 디자인 방식을 구성하기 위한 적절한 시기다. 적어도 무엇이 효과가 있는지, 무엇이 효과가 없는지, 그리고 왜 그런지 이해할 수 있을 정도의 진화 과정에 있다.

클라우드 네이티브로 성공적으로 전환해 이러한 최신, 최고 기술의 모든 이점을 누리고 있는 경우에도 변화를 중단해서는 안 된다. 가속화되는 기술 발전을 감안하면 아마도 단시간 내에 새로운 기술이나 패러다임이 나타나 규칙을 다시 바꿀 것이다. 따라서 궁극적으로 필요한 것은 클라우드 네이티브 또는 쿠버네티스를 채택하기 위한 베스트 프랙티스가 아니다. 트랜스포메이션을 통해 얻을 수 있는 지속되고 가치 있는 것은 새로운 환경에 변화하고 적응할 수 있는 능력이다. 클라우드 네이티브 철학의 기반은 지속적인 소규모 혁신과 실험을 통해 주어진 환경과 함께 올바르게 발전하는 것이다. 이것이 지속적인 진화와 아키텍처 자체에 대한 학습을 통해 위험을 제거하는 방법이다. 항상 준비돼 있으면 갑자기 변하더라도 더 이상 두렵지 않다.

이러한 진화 친화적인 전략과 사례를 식별하고 설명 및 정의할 수 있는 방법이 필요하다. 이 모든 방법을 통해 어렵게 얻은 지식을 공유하고 조직이 "제대로 된" 클라우드 네이티브 시스템을 구축할 수 있다. 클라우드 네이티브 패턴 언어가 바로 그런 역할을 한다.

클라우드 네이티브 패턴 언어

알렉산더는 "각각의 패턴은 다른 패턴으로 지원되는 범위 내에서만 세상에 존재할 수 있다"고 썼다. 가장 큰 문제부터 가장 세부적인 문제까지 시스템 전체를 처리하기 위한 상호 지원적인 패턴이 포함되지 않으면 설계는 불완전하다. 게다가 그는 전체적인 비전은 단 한 번의 빅뱅으로 전달될 수 없지만, 가시적인 방향으로 나아가야 한다고 결론 지었다.

들어본 적 있는가? 알렉산더의 패턴 매개변수는 협업으로 개발되는 상호 관련이 있는 마이크로서비스의 클라우드 네이티브 원칙과 상당히 부합하며, 전체적인 목표를 향해 작고 반복적인 단계를 통해 전달된다.

알렉산더의 건축 패턴이 서로 상호 연관되고 지지돼야 하는 것과 마찬가지로, 클라우드 네이티브 아키텍처의 패턴도 마찬가지다. 예를 들어, "분산 시스템"은 "마이크로서비스 아키텍처"와 "컨테이너 기반 애플리케이션" 및 "동적 스케줄링"에 의존할 수 있으며, "고도로 안전한 시스템"과 같은 더 큰 컨텍스트/목표 내에 존재한다.

패턴 언어는 개발자가 클라우드 네이티브에서 베스트 프랙티스를 논의하고, 학습하고, 적용하기 쉽게 하는 것이 핵심이다. 이 책에서는 기업의 클라우드 네이티브 전환을 지원하면서 5년 이상 경험한 몇 가지 패턴을 소개한다.

패턴 자체는 고객과 함께 작업한 경험과 클라우드 네이티브 자체 경험뿐만 아니라 수년 동안 다양한 관련 분야의 책과 기사를 통해 비롯되었다. 다른 패턴 출판물, 관리 및 전략 서적, 그리고 애자일(Agile) 소프트웨어 개발을 위한 매니페스토(Manifesto) 문서와 민츠버그(Mintzberg)의 "Of Strategies, Deliberate and Emergent" 논문들은 모두 필자들의 이해를 북돋우고 책을 집필하는 데 도움을 줬다.

패턴은 본질적으로 다른 패턴에 기반을 둔다. 그것이 패턴과 패턴 언어가 작동하는 방식이다. 마찬가지로, 필자들은 우리보다 먼저 진행한 이들의 업적에 힘입은 바가 크다. 하지만 작업에 끼친 수많은 영향과 영감의 원천들 모두를 인정하는 것은 불가능하기 때문에, 직접 언급하거나 인용할 때만 출처를 인용하기로 했다.

컨텍스트의 패턴

클라우드 네이티브 시스템은 선천적으로 복잡하다. 즉, 안정적이고 효율적이며 목적에 맞게 설계할 수 있는 우수한 시스템 설계에 대한 이해 관계조차 제공하지 못할 가능성이 높다. 때로는 하나의 클라우드 네이티브 접근 방식이 다른 방식보다 더 나을 수도 있고 완전히 다른 아키텍처가 더 나은 선택이 될 수도 있다. 모든 상황에서 잘 작동하는 설계가 없으므로 설계 패턴은 상황에 따라 달라야 한다. 컨텍스트를 무시한 디자인은 거의 틀림없이 전달하기 어려울 것이고, 만약 작동된다 하더라도 시스템과 디자인이 함께하기 어려울 것이다.

소프트웨어 설계를 선택할 때 고려해야 할 컨텍스트는 무엇인가? 아주 많다. 예를 들면 다음과 같다.

- 팀이 보유한 기술
- 프로젝트의 가용 시간과 목표
- 사내 정치적 상황(프로젝트에 대한 구매 규모 크기)
- 예산
- 레거시 제품과 도구
- 기존 인프라
- 공급 업체 또는 제품에 대한 개인적, 상업적 관계
- 기존 유지관리 선호도

올바른 선택은 현재 위치와 원하는 위치에 따라 다르다. 이는 타운하우스를 설계할 때와 분산형 시스템 아키텍처를 설계할 때도 마찬가지다.

예를 들어, 효과적이고 널리 사용되는 클라우드 네이티브 패턴 중 하나는 동적 스케줄링이다. 즉, 쿠버네티스와 같은 컨테이너 오케스트레이터를 사용해 물리적 인프라에서 애플리케이션의 배포 및 라이브 관리를 처리한다.

동적 스케줄링은 대부분의 컨텍스트에서 훌륭하지만 때로는 재앙이 될 수도 있다. 쿠버네티스가 포함된 모든 환경에서 완벽한 것은 없다. 트랜스포메이션의 일환으로 마지막 단계에서 리프트 앤 시프트^{Lift & Shift at the End} 패턴을 적용해 기존 가상머신 중 하나 이상을 리팩토링하지 않고 바로 클라우드로 이동하기로 했다고 가정해보자.

가상머신은 매우 안정적인 환경에서 실행되도록 디자인돼 있다. 그런데 부하에 따라 임의로 켜거나 끌 수 있는 클라우드 네이티브 플랫폼의 동적인 환경에서 이러한 가상머신을 보호하기 위해 재설계하거나 일종의 래퍼^{wrapper}를 필요로 한다. 팀에서는 이러한 가상머신을 오케스트레이션하는 방법을 잘 모르거나 엔지니어에게 가상머신을 유지 관리하는 방법을 가르쳐주지 않고 쿠버네티스 내에서 리프트 앤 시프트가 적용된 가상머신을 같이 사용하는 것은 완전히 불필요한 낭비다. 동적 스케줄링 패턴 자체가 문제가 아니라 동적 스케줄링 패턴이 적용되는 컨텍스트가 문제다.

따라서 구현을 위한 클라우드 네이티브 패턴을 선택하기 전에 기업이 조직의 요구와 염원에 대한 현재 상황과 적절한 목표 상황을 파악하는 것이 매우 중요하다. 하지만 이런 컨텍스트들을 어떻게 실용적으로 평가할 수 있을까?

평가할 도구가 필요했기에 다양한 분야(금융 서비스에서 제조, 의료 중 몇 개만 언급한다)에 걸쳐 모든 규모의 기업을 안내하는 과정에서 클라우드 네이티브 엔지니어들이 도구를 개발했다. 컨테이너 솔루션 클라우드 네이티브 성숙도 매트릭스^{Container Solutions cloud native Maturity Matrix}는 기업의 현재 위치를 파악하고 기존 컨텍스트와 원하는 컨텍스트를 식별할 수 있도록 지원하는 평가 도구다. 성숙도 매트릭스^{Maturity Matrix}는 6장에서 자세히 설명한다.

모든 클라우드 네이티브 컨텍스트가 기술과 관련된 것은 아니다. 마이그레이션은 소프트웨어에 관한 것만은 아니다. 조직 내의 심리적, 사회적 영향력은 성공 또는 실패에도 큰 영향을 미친다. 패턴을 할당하기 전에 조직의 관리 프로세스, 팀 구조 및 내부 문화의 컨텍스트를 평가해야 한다. 이러한 사람 중심의 컨텍스트 영역은 프로비저닝 및 유지보수/자동화와 같은 기술 중심 영역만큼 중요하다(2장 참조).

실제 클라우드 네이티브 컨텍스트

지속적 통합CI,Continuous Integration은 클라우드 네이티브 컨텍스트에서 거의 항상 적용되는 것처럼 보이는 높은 수준의 패턴의 예다. 개발자의 코드베이스 내에서 메인 코드 브랜치와 더 많이 분리될수록 작업 변경 사항을 다시 메인 라인으로 병합merge하기가 더 어려워질 수 있다. 따라서 시스템의 안정성과 가용성이 크게 저하된다. 지속적 통합에서는 개발자가 변경 사항을 매일 또는 훨씬 더 자주 메인 코드베이스로 쉽게 병합할 수 있도록 하는 동시에 버그가 유입되지 않았는지 확인하는 도구를 도입해야 한다.

하지만 지속적 통합의 활용도가 낮은 상황도 있다. 예를 들어 단일 개발자 및 단일 코드베이스가 있는 경우 자동 병합merging 도구는 더 낮은 가치를 제공한다.

테스트 자동화가 없는 상황에서는 지속적 통합이 쓸모 없을 뿐만 아니라 패턴으로서 더 나쁜 영향을 미칠 수 있다. 모두가 제대로 테스트되지 않은 변경 사항을 기본 코드 베이스에 병합하면 바로 오작동이 발생한다.

지속적 통합 및 지속적 배포CD,continuous delivery는 자동화를 통해 새로운 애플리케이션 코드를 항상 테스트하고 안전하게 배포하도록 보장한다.

CI/CD가 제공하는 자동화 및 안정성은 클라우드 네이티브 아키텍처에서 매우 중요하기 때문에 기존 기술에 테스트 자동화가 포함돼 있을 경우 엔터프라이즈 클라우드 마이그레이션에서 대부분 이 패턴을 채택한다.

그러나 CI/CD가 성공적으로 채택되기 위해서는 또 다른 비기술적 전제조건이 존재하며, 이는 문화적 컨텍스트인 경영진의 헌신이다. 이러한 프로젝트는 어려우며 비용이 많이 발생한다. CI/CD는 나중에 논의될 핵심 조직 패턴 중 하나인 경영진의 헌신이 필요하다. CI/CD를 경영층 레벨의 지원이라는 문화적 컨텍스트가 없는 기업에서 구현하려면 기업의 인내심과 예산이 빠르게 고갈된다.

따라서 지속적 통합와 지속적 배포는 모두 상황에 따라 달라지는 핵심 클라우드 네이티브 패턴이다. 아무리 아키텍처의 기본이 돼 있더라도 잘못된 상황에서 실행된다면 실패할 것이다. 이는 왜 올바른 컨텍스트에서만 올바른 패턴이 될 수 있는지를 보여준다.

공통 컨텍스트

클라우드 네이티브로 마이그레이션을 시작하려는 많은 기업이 일관되고 일반적인 설정을 기대한다. 종종 기존의 워터폴 방식으로 구성되며, 일반적으로 스크럼 기법을 사용하는 애자일 방식으로 어느 정도 전환된다.

- 몇 개월마다 배포되는 기존의 워터폴 방식 프로세스
- 모놀리식 애플리케이션
- 오래된 언어(일반적으로 Java/C#이지만 때로는 Cobol도 존재함)
- 강력하고 확고한 계층 구조
- 인프라 및 개발 프로세스를 거의 또는 전혀 자동화하지 않음

웰스그리드는 우리의 예시 기업으로, 매우 전형적인 사례다. 웰스그리드는 오랫동안 합리적인 업데이트를 제공함으로써 기존 금융 서비스 시장에서 성공을 거뒀다. 그러나 새로운 기능이 고객에게 도달하는 데는 최대 6개월이 걸릴 수 있다. 그로 인해 사용자 피드백과 요청을 가용한 시간 내에 통합하기란 거의 불가능하다. 즉, 웰스그리드는 고객이 원하는 것을 사전에 적절히 예측해야 하며, 고객이 올바르게 추측하기를 바란다.

이제 웰스그리드와 같은 기업은 경쟁 업체 은행(예: Android 및 iOS 기기에서만 액세스하는 풀 서비스 계정을 제공하는 모바일 전용 은행)과 같은 새로운 웹 기반 기업과 경쟁해야 한다는 사실을 깨달았다. 금융회사들만이 기술에 정통한 경쟁자들을 따라잡아야 한다는 압박을 받고 있는 것은 아니다. 아마도 거의 즉각적인 기능 업데이트에 대한 고객의 기대와 매우 개인화된 사용자 경험을 바탕으로 한 온라인 소매 업체도 마찬가지일 것이다. 비즈니스 모델과 상관없이, 빠른 혁신은 점점 글로벌화되면서도 맞춤화된 시장에서 생존을 위해 필수 요소가 됐다. 오늘날에는 기술 덕분에 어떤 회사든 모든 시장에서 경쟁할 수 있다. 아마존^{Amazon}은 여러분 지역의 식료품점이 될 수 있고, 각 고객에게 개인 맞춤 서비스를 제공할 수 있다.

간단히 말해, 다운타임이 거의 없거나 전혀 없는 높은 수준의 맞춤형 서비스가 현재 고객이 기대하는 것이다. 즉, 기업의 경우 비용 절감보다 속도, 출시 시간 및 혁신 용이성이 더 중요하다.

경쟁 업체와 동일한 최첨단 사용자 환경을 제공하기 위해 최신 기술을 따라잡으려면 최신 기술과 함께 일하고 싶은 개발자를 채용해야 한다. 모던 애플리케이션은 분산되는 경향이 있기에 경쟁적인 채용 분야다.

이러한 기업들은 핵심 비즈니스에 관계없이 모두 유사한 환경에서 발생하며, 비슷한 요구 사항으로 운영된다는 점을 고려할 때 다음과 같은 유사한 문제에 직면하는 것은 드물지 않다.

- 의사결정은 일반적으로 기존 관행에 따라 이뤄진다. 이는 가상머신과 같은 안정적인 기술 에코시스템에 적합하다. 하지만 클라우드 네이티브에서는 현재 확고한 사례가 거의 없다.
- 기존 계층 조직에서는 상위 관리자가 결정하지만 분산 시스템 구축 및 유지 관리의 복잡성을 충분히 고려하지 않으므로 충분한 리소스를 할당하지 못한다.
- 클라우드 네이티브는 낮은 기술 성숙도로 인해 향후 3~5년 동안 여전히 많은 투자가 필요할 것이다.
- 성숙하지 못한 클라우드 네이티브 기술을 다루려면 보통 간단한 프로젝트 관리가 허용하는 것보다 더 많은 실험과 연구가 필요하다. 스크럼과 같은 프로세스는 특히

전달에 엄청난 압박을 가함으로써 문제를 발생시키고 연구 및 혁신을 위한 리소스를 줄인다.

- 대기업은 현상 유지를 위해 최적화돼 있으며, 클라우드 네이티브는 신속한 변경과 모호한 환경에서 작업할 수 있는 능력을 필요로 한다. 그러한 조직들은 근본적인 문화적 변화를 겪어야 한다.

- 효과적이며 광범위한 마이그레이션을 지원하기 위해 기업 또는 현재 기술 분야 전반에서 클라우드 네이티브 지식이 부족하다. 기업들은 자신들이 얼마나 무지한지 인지하지 못한다.

성공적인 클라우드 네이티브 트랜스포메이션을 위해서는 대부분의 기업이 기술 및 내부 프로세스와 문화를 모두 변경해야 한다. 고착화된^{straight-up} 기술은 분산 시스템의 복잡성으로 인해 전체 클라우드 네이티브로 구현하기가 매우 어렵다. 조직 및 문화적 도전과 결부되면 앞으로 나아갈 길이 정말 만만치 않아 보일 수 있다.

올바른 패턴을 적절한 컨텍스트에 적용하면 바람직한 결과를 얻을 수 있다. 시간과 비용이 절약된다. 사람들은 기업의 비즈니스 미션과 이를 수행하기 위해 일하는 사람 모두에게 "올바른" 것처럼 느껴지는 클라우드 구현체^{implementations} 내에서 일하게 된다.

패턴, 패턴 언어 및 디자인

지금부터는 패턴 언어에 대해 더 깊이 파고들어 좋은 패턴이 어떻게 작동하는지, 어떻게 패턴을 만들 수 있는지, 그리고 패턴을 사용하는 가장 좋은 방법이 무엇인지에 대한 세부사항을 알아볼 것이다.

알렉산더는 전문 건축가들과 지역 사회의 시민들 사이의 간극을 메우려는 목적으로 패턴 언어를 개발했다. 그래서 일반인들도 원하는 집을 디자인할 수 있었다. 이후 소프트웨어 디자인 패턴은 추상화^{non-concrete} 객체인 컴퓨터 프로그램을 구성하기 위해 생겨났다. 두 경우 모두 이러한 패턴을 통해 전문적인 실무자와 경험이 적은 사용자 간의 기술적 격차를 해소할 수 있다. 주니어 개발자가 숙련된 엔지니어가 만든 패턴을 읽고 이해하고 적용할 수 있다면 새로운 소프트웨어/시스템 제작을 가속화할 수 있다. 소프트웨어 디자인 패턴은 이미 테스트 및 검증을 마친 개발 패러다임을 제공해 개발 프로세스를 가속화할 수 있다.

그러나 더욱 중요한 점은 효과적인 소프트웨어 디자인에 구현 후반부까지 명확해지지 않는 이슈와 갈등에 대한 인식이 필요하다는 것이다.

패턴을 통해 후배들은 더 진보된 실무자들이 열심히 노력해 얻은 디자인 지식의 혜택을 받는다. 이는 선견지명이 가능하도록 만드는, 상황에 맞는 상대적인 작은 차이에 대한 깊은 이해를 구축하는 데 수년을 투자하지 않아도 된다는 말이다.

클라우드 네이티브에 관한 한, 우리들 대부분은 주니어 수준이다. 기술은 매우 새롭고, 아키텍처에 대한 우리의 이해는 초기 단계라 할 수 있기에 빠르게 진화하는 지식을 공유하는 것은 가치 있는 일이다. 클라우드 네이티브 고유의 패턴을 만드는 것은 개발자와 엔지니어가 소프트웨어 상호 작용을 위해 공통 이름을 사용해 커뮤니케이션할 수 있도록 배우고 있는 것에 이름을 붙이는 방법이다. 계속 학습하고 진행함에 따라 디자인 패턴이 발전하고 개선될 것이다.

패턴 동작 방식

패턴은 해킹이 아니다. 즉, 심사숙고하지 않으면 어려운 문제를 빠르고 쉽게 해결할 수 없다. 사실, 패턴 적용에 실패하는 경우가 많다. 사람들이 단지 4인방Gang of Four[1]의 방식으로 패턴을 적용하려고 하기 때문이다.

대신 패턴은 상황에 맞게 동작하는 솔루션을 공유하기 위한 언어이다. 패턴, 패턴 언어 및 디자인이라는 세 가지 핵심 개념을 사용해 디자인을 구성하기 위한 패턴을 선택하고 조합할

---

1   Gang of Four: 소프트웨어 디자인 패턴 저자 4인방, 에릭 감마(Erich Gamma), 리차드 헬름(Richard Helm), 랄프 존슨(Ralph Johnson), 존 블리시데스(John Vliissides)

때 컨텍스트가 제공된다.

- **패턴**: 일반적으로 발생하는 특정 요구 사항을 해결하기 위한 포괄적이고 구체적인 접근 방식이다. 패턴은 적절한 컨텍스트가 발생할 때마다 재사용 및 적용이 가능하도록 디자인됐다. 각각의 패턴을 구현하는 방법은 상황에 따라 다양하다.
- **패턴 언어**: 특정 전문 분야 내에서 패턴, 유용한 구성 및 우수한 디자인 사례를 설명하는 방법이다. 알렉산더는 소프트웨어 디자인 패턴을 구현하는 아키텍처를 갖고 있었는데, 이 아키텍처는 방재, 혁신, 요리, 그리고 패턴을 사용하기 위한 패턴 언어를 포함해 수백 개의 추상적인 영역에서 패턴 언어를 만들어냈다.
- **디자인**: 전체 또는 대형 시스템의 일부를 정의하기 위해 결합된 패턴과 특정 순서로 선택하고 적용하기 위한 몇 가지 지침이 함께 제공된다. 디자인은 특정 문제와 관련된 세부 사항을 요구하지 않는 형식으로 일반적인 해결책이나 일종의 로드맵을 제공한다.

이러한 용어는 적용 중인 패턴과 방법에 따라 달라진다. 알렉산더의 건축 패턴의 맥락에서 우리는 작은 범위에서부터 큰 범위, 개별 방, 건물, 이웃, 도시, 지역 등에 이르기까지 "패턴", "패턴 언어" 및 "디자인"을 사용해 건축한다. 반면, 4인방과 다른 소프트웨어 관련 패턴은 "언어" 또는 "디자인"이라는 개념이 없는 "디자인 패턴"에 대해서만 논의한다. 이 책의 목적을 위해 알렉산더식 접근법을 취하고, 전형적인 클라우드 네이티브 트랜스포메이션에서의 "클라우드 네이티브 패턴 언어"와 "디자인"을 형성하기 위한 "패턴"을 가진다.

예를 들어 클라우드 네이티브 패턴 "분산 시스템"은 "마이크로서비스 아키텍처", "컨테이너화된 애플리케이션" 및 "동적 스케줄링"에 따라 달라질 수 있다. 또한 모든 것이 함께 "고도로 안전한 시스템"과 같은 중요한 디자인의 일부를 형성할 수 있다. 이러한 특정 클라우드 네이티브 패턴을 설명하고 향후 다른 장에서 샘플 디자인을 제시할 것이다. 우선, 어떤 종류의 좋은 패턴을 만들 수 있는지 이야기해보자.

패턴의 구성 요소는 무엇인가?

패턴, 패턴 언어, 그리고 디자인이 합쳐져 복잡한 시스템을 단순하지만 완전하게 만드는 방법으로 구성된다. 하지만, 패턴을 만들고 표현하는 정답은 없다. 그러나 기본적으로 모든 패턴은 동일한 정보를 전달한다.

- 해결 중인 문제를 즉각적이고 간결하게 전달하는 제목
- 당면한 문제를 설명하는 컨텍스트 문구
- 문제에 영향을 미치고 해결을 어렵게 만드는 영향력
- 솔루션에 대한 자세한 설명
- 솔루션 적용의 결과

좋은 패턴은 정확하고 간결하다. 패턴은 그 자체로 매우 구체적이며 문제와 관련이 있고, 문제를 형성하는 영향력을 분리하고 식별하고, 어떻게 해야 하는지를 알려준다. 문제가 해결되면 생성될 새로운 컨텍스트를 설명함으로써 끝난다. 그리고 이 모든 것을 거의 모든 독자들이 접근할 수 있는 간단한 언어로 설명한다. 패턴을 이해하기 위해 깊은 전문 지식이 필요하지 않다. 전체적인 아이디어는 요점을 벗어나 깊게 이해하는 것이다. 필자들은 패턴 작가들의 경험과 지식을 믿고, 따라갈 수 있는 인도적이고 신뢰할 수 있는 길을 만들고 있다.

패턴은 어떻게 만들어질까? 사실상 패턴을 제시하기 위한 "공식적인" 템플릿이 없는 것처럼, 패턴 언어를 만드는 것을 감독하고 책임지는 권한도 없다.

세계에서 패턴과 관련해 거버넌스 기구와 가장 가까운 곳은 미국에 기반을 둔 교육 비영리 단체인 힐사이드 그룹Hillside Group이다. 힐사이드 그룹은 1993년에 설립됐다. 당시 새롭게 부상하고 있는 소프트웨어 디자인 패턴 운동에서 다양한 지식 전문가들의 노력을 조직하고 공통의 개발과 디자인 문제를 정의하고 문서화하기 위한 각각의 노력을 패턴 언어로 수렴하기 위해서다.

글로벌 패턴 커뮤니티의 실질적인 허브 역할을 하는 힐사이드 그룹에서는 매년 PLoPPattern Language of Programs 콘퍼런스를 후원하고 해당 행사를 진행한다. 이 콘퍼런스는 패턴 작성 워크

샵에 초점을 맞추고 있으며 패턴 개발과 관련된 회담을 초청했다. PLoP 콘퍼런스 발표자 중한 명이 일본 게이오^{Keio} 대학의 저명한 패턴 연구원 이바 다카시$^{Takashi Iba}$다. 이바^{Iba}는 지난 10년 동안 제자들과 함께 작업하면서 많은 다양한 주제를 다루는 600개 이상의 패턴을 포함하는 20개 이상의 패턴 언어를 창조한 다작의 패턴 작가이기도 하다. 이 과정의 일부로서 이바^{Iba}는 패턴을 만드는 자신만의 프로세스와 이를 표현하기 위한 프로토콜을 개발했다.

(이바) 패턴은 어떻게 만들어지나?

새로운 패턴 언어를 개발할 때, 이바^{Iba}는 최적의 경험이나 모범 사례의 실제 예시를 통해 패턴의 "씨앗을 캐는 것"이 중요하다는 것을 발견했다. 이 접근법을 "패턴 마이닝"이라 이름 붙였다.

> 패턴 마이닝에서, 먼저 마이너^{miner}들은 그들의 경험, 관찰, 에피소드, 또는 가까이에 있는 대상과 관련된 문서화된 과거 작업을 탐색한다. 이 탐색을 통해 대상에 사용된 숨겨진 지식을 찾고 식별한다. 이 지식에는 관련 규칙, 방법, 팁 또는 관습을 포함하기도 한다. 그런 다음 마이너는 이러한 관련 항목 중에서 향후 다가오는 패턴이 의미 있는 전체를 형성한다는 중요한 연관성을 찾는다.
> – 이바 다카시, "패턴 언어 3.0과 기본 행동 특성", PURPLSPC 콘퍼런스 2015 기조연설 중

이바^{Iba}의 패턴 마이닝 프로세스에서, 그룹 구성원들은 대상을 식별하고 대상에 대한 주제에서 중요하다고 생각하는 모든 규칙, 관습, 통찰력 또는 방법을 브레인스토밍하는 것으로 시작한다. 이것들은 모두 스티커 메모에 기록돼 있다. 이들은 그룹에 대한 각 통찰력을 간략하게 설명한 다음 스티커 메모를 큰 종이에 추가한다. 이 그룹의 모든 사람들은 아이디어를 짜내고 아무도 더 이상 공유할 생각을 갖지 않을 때까지 교대로 관련 내용을 이야기한다. 그 시점에서 그들은 스티커 노트의 모자이크를 검사하고 비슷한 생각을 그룹으로 정리하기 위해 협력한다. 이 과정에서 드러나는 그룹은 잠재적 패턴의 "씨앗^{seeds}"이다.

그룹 접근법은 문제에 대한 가장 정확하고 예리한 정의를 내리는 데 중요하다. 인간으로서, 우리는 모두 인지적 편향과 잘못된 가정(행동과 편견에 대한 자세한 내용은 4장 참조)의 대상이다. 다양한 관점 도출은 작가들이 개인의 편향이나 인지적 맹점으로 왜곡되는 패턴을 피하도록 도와준다.

표현

다음 단계는 패턴 씨앗을 형식적인 패턴 형식으로 작성하는 것이다. 이바[Iba] 스타일 패턴은 제목, 컨텍스트, 영향력 및 해결책의 기본 요소를 매우 단순하고 가급적 한 페이지 이내의 텍스트로 설명한다. 또한 이바[Iba] 스타일의 패턴에는 간단한 다이어그램도 포함된다.

형식은 세 절로 표현된다. 첫 번째 요소는 패턴 이름, 소개 및 그림으로 구성된다. 이 세 가지 요소는 패턴의 요약을 제공한다.

- 패턴 이름은 패턴을 간결하고 정확하게 설명하는 짧고 기억에 남는 이름이다.
- 패턴이 다루는 문제에 대한 일회성 요약인 소개가 뒤따른다.
- 삽화는 패턴의 핵심 개념을 시각적으로 보여준다.

두 번째 절은 다루는 문제에 대한 자세한 정보를 제공하며 패턴의 상황, 문제 및 영향력을 제시한다.

- 컨텍스트에서는 패턴을 사용해야 하는 시기 및 상황에 대해 설명한다.
- 문제는 이러한 상황에서 일반적으로 발생하는 바람직하지는 않지만 일반적인 결과다.
- 영향력은 문제에 영향을 미치며, 극복하기 어렵게 만드는 피할 수 없는 요인이다.

마지막 절은 해결책, 관련 조치 및 적용의 결과를 제시한다.

- 해결책은 문제를 해결하는 한 가지 방법이다.

- 조치는 상황을 해결하기 위한 구체적이고 실용적인 몇 가지 단계를 제공한다.
- 이러한 패턴을 문제에 적용할 때의 결과를 설명한다.

이바는 또한 패턴을 구상하고 표현하는 데 도움이 되는 패턴 작성 시트를 만들었는데, 이 시트는 크리에이티브 커먼즈 라이선스에 따라 자유롭게 사용할 수 있게 만들었다. 그림 3-1은 상황, 영향력, 해결책 등을 정의하기 위한 패턴의 요소와 공간을 식별하기 위한 지침을 포함하는 템플릿을 보여준다.

저자들의 접근 방법

이 책의 저자들은 대체로 이바의 발자취를 따랐다. 일부 패턴은 컨테이너 솔루션사 엔지니어와의 화이트보드 세션 중에 마이닝됐으며, 다른 패턴은 런던, 암스테르담 및 볼티모어에서 협업 브레인스토밍 및 에픽[epic] 패턴 작성 세션 중에 마이닝됐다. 6가지 패턴의 초기 버전은 2018년 PLoP 콘퍼런스에서 제시된 논문의 일부로 제작됐다. 논문의 제목은 "A Cloud Native Transformation Pattern Language"이며, 더 많은 패턴 작성에 영감을 준 데다 책을 집필하는 데도 도움을 줬다.

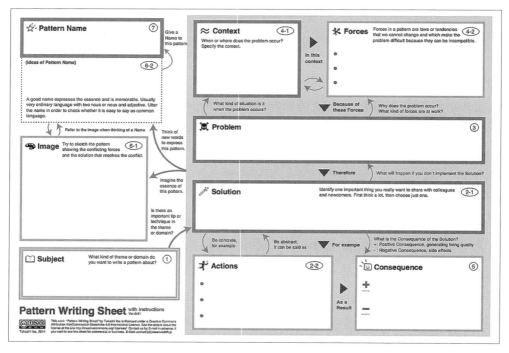

그림 3-1 이바 다카시의 패턴 작성 시트

필자들은 이바^{Iba}의 미니멀리스트 포맷^{minimalist format}에서 확장했다. 컨텍스트, 문제 및 해결책의 기본 구성 요소는 모두 있지만 실제 이바 스타일이 지시하는 것보다 더 심도 있게 설명했다. 또한 관련 패턴을 나열하고 실제 클라우드 마이그레이션 중에 발생하는 패턴과 관련된 일반적인 함정^{Common pitfalls}을 추가했다. 또한 패턴에 설명된 문제에 기여하거나 해결책의 기초가 되는 인지적 편향을 포함하기도 한다. 이 모든 것은 독자들이 자신의 클라우드 네이티브 트랜스포메이션 프로젝트를 심사숙고하도록 돕기 위함이다.

보통, 패턴은 독자들이 읽을 수 있는 서재 형태로 표현되지만, 저자들은 일반적인 마이그레이션 계획의 활기차고 살아 있는 형태의 컨텍스트로도 표현하고 싶었다. 그래서 독자들에게 활력을 주고자 웰스그리드의 이야기를 생각해냈다. 이 이야기에서 자신을 발견하기를 바란다. 은행, 여행사, 어떤 사업이든 간에 갑자기 급진적인 새로운 경쟁 업체로부터 압박을 받는 자신을 발견하게 될 것이다. 서비스나 제품을 제공할 수 있는 새로운 방법을 구축해 진화해야 한다. 그렇지 않으면 이 새로운 패러다임이나 회사가 당신의 비즈니스를 중단시킬 것이다. 신속하게 적응하는 효과적인 방법은 패턴 디자인을 새 시스템에 대한 로드맵으로 사용하는 것이다.

패턴은 이 해결책의 기본이지만, 이야기 그 자체는 아니다. 패턴들을 어떤 방식으로든 서로 어울릴 수 있는 상호 교환 가능한 구성 요소인 레고라 생각하자. 필자들은 당신만의 맞춤 해결책을 설계하고, 만들고, 구상하는 데 필요한 것들을 알려줄 것이다.

클라우드 네이티브 패턴을 사용하기 위해 클라우드에 대해 많이 알 필요는 없다. 패턴은 건축가에게 자신의 새로운 집을 위한 아이디어와 해결책을 설명할 수 있는 능력을 주지만, 그렇다고 해서 직접 집을 지어야 하는 것은 아니다. 패턴은 자신을 표현하는 수단일 뿐이다. 패턴들은 어떻게 될지 정확히 알려주지 않는다. 클라우드 네이티브 패턴은 어떤 상황에서든 꼭 맞는 솔루션을 만들기 위한 발판^{skaffold}을 제공한다.

새로운 클라우드 네이티브 패턴이 끊임없이 등장하고 있다. 우리가 구축한 클라우드 네이티브 패턴 언어를 계속 공유하고 확장하려면 www.CNpatterns.org를 방문하기 바란다.

이곳에서는 최신 개발 패턴을 찾을 수 있을 뿐만 아니라, 온라인 커뮤니티를 통해 새로운 패턴을 토론하고 만들 수도 있다. 업계 전반의 사람들, 지식 리더 및 인플루언서를 초대하기도 하며, 클라우드 네이티브 코드와 아키텍처에 깊이 관여하는 엔지니어 및 관리자도 기여하고 참여하도록 초대하고 있다. 거기서 만나길 바란다!

4장

패턴을 넘어: 행동, 편향 및 진화 관리

우리 인간은 진화적 정점의 꼭대기에 앉아 본능으로 움직이는 충동적인 동물이 아닌 논리적이고 이성적이기에 생각하는 것을 좋아한다. 그러나 실제로 우리는 모든 종류의 입증된 편향 biases, 인지적 기발함quirks, 그리고 정신적 지름길mental shortcuts로 빠지기 쉽다. 이러한 인지적 편향cognitive biases은 먼 옛날 수렵채집가 조상들이 포식자를 만났을 때 속도가 정확성보다 더 가치가 있다는 신속한 의사결정을 가능하게 함으로써 도움이 됐을 것이다.

이러한 편향들 중 상당수가 도움을 준다. 밤에 혼자 걸을 때 낯선 사람이 따라온다면, 우리의 싸움이나 회피 본능은 우리 사회의 불평등한 부의 분배에 대한 토론에 그 낯선 사람을 참여시키는 것보다 더 가치가 있다. 그러나 다른 때와 마찬가지로 이와 같은 편향은 자신의 손해에 대해 상당히 비이성적으로 생각하고 행동하게 할 수 있다.

클라우드 네이티브에서 인지적 편향은 우리가 지난 20년 동안 소프트웨어를 구축하는 데 사용했던 편한 기존 접근방식을 따라 최첨단 분산 마이크로서비스 시스템을 구축하도록 유도할 수 있다. 4장에서는 인지적 편향을 살펴보고 클라우드 트랜스포메이션에 영향을 미칠 가능성이 가장 큰 편향을 살펴보고 성공에 반하는 대신 일부 편향을 활용하는 방법을 논의한다.

당신이 사는 도시에 견고한 고품질 아파트를 건설한다고 잘 알려진 성공적인 전문 건설 회사가 있다고 가정해보자. 이제 회사의 리더가 사업 영역을 확대하기로 결정해 다리를 만들기 시작한다고 상상해보자. 그런데 첫 번째 교량 프로젝트의 중간쯤에 무언가가 잘못됐다는 것이 분명해졌다. 이 교량에는 문, 굴뚝, 심지어 장식용 창문이 있다. 이 모든 것들은 회사가 이전 프로젝트에서 항상 포함시켜 큰 호평을 받았다. 물론, 굴뚝과 창문은 다리 기둥에 필요가 없다. 이러한 기능으로 인해 새로운 구조가 불안정하고 안전하지 않을 수도 있다.

하지만 이것이 이 회사가 항상 무언가를 만들어온 방식이다. 그래서 그들은 새로운 프로젝트에서 계속 그렇게 해왔다.

상식적으로 그런 실수는 누구도 저지르지 않는다. 현실세계에서 절대 일어날 수 없는 일이다.

불행히도 그런 일은 일어나게 마련이다. 클라우드 네이티브는 기업이 클라우드로 전환하려고 할 때 종종 어려움을 겪는다. 아이러니하게도 우리는 이러한 마이그레이션이 추구하는 변화에 대한 많은 내부 저항을 포함할 수 있다는 것을 반복해서 관찰했다. 결과적으로 기업은 클라우드에서 운영 및 인프라를 재구축하고 나서 지난 10년 또는 20년 동안 소프트웨어를 구축한 방식과 동일하게 클라우드 네이티브 애플리케이션을 개발하기 시작한다. 이는 마치 새로운 고속도로 다리의 중앙 차선 바로 옆에 멋진 자연석 벽난로를 짓는 것과 같다.

클라우드 네이티브 트랜스포메이션의 복잡한 기술 부분을 구현하는 것은 실제로 전체 프로젝트에서 가장 쉬운 부분일 수 있다.

성공적인 마이그레이션은 마이크로서비스와 쿠버네티스를 수용하는 것 이상의 것에 달려 있다. 2장에서 언급한 바와 같이, 새로운 클라우드 네이티브 기술을 효과적으로 활용하기 위해서는 조직 자체가 문화와 심리학 측면에서 크게 변화해야 한다. 이러한 인간 중심의 변화는 클라우드 네이티브 마이그레이션을 수행하는 회사에서 가장 큰 문제를 일으키는 영역이다. 왜 그럴까?

콘웨이 법칙

답은 간단하지만 역시 어렵다. 인간 중심의 변화는 우리가 인간이기 때문에 어려운 것이다. 우리는 우리가 잘하며 익숙한 방식으로 일하기를 좋아한다. 쉽고 익숙한 것을 고수하는 이러한 편향은 본질적으로 나쁘지 않다. 사실상 대부분의 경우 노력과 에너지를 절약할 수 있기 때문이다. 우리는 그저 노력과 에너지 낭비를 조심하면 된다.

같은 방법으로, 클라우드 이전의 기술들은 한때 우리에게 좋은 서비스를 제공했으며 오랜 기간 동안 도움이 됐다. 이러한 모든 경우에서 까다로운 부분은 예를 들면 조직을 클라우드 네이티브 엔티티entity로 전환하기로 결정한 경우와 같이 변화가 필요한 시점을 인식하는 것이다.

클라우드 네이티브로 전환하려면 이전에 방법이 얼마나 성공적이었든, 기존의 친숙한 방식을 포기해야 한다. 이는 많은 조직에서 모놀리식 애플리케이션을 구성하는 반면에 더 이상 계층 구조로 동작되지 않는다는 것을 의미한다. 이러한 디자인 패턴은 원래 컨텍스트에서 유용하고 가치가 있다. 그러나 클라우드 환경에서는 이러한 원칙이 클라우드 네이티브 원칙과 충돌하며, 마이그레이션이 실패할 수도 있다.

기존 방식과 클라우드 네이티브는 왜 충돌할까? 이유는 콘웨이 법칙 때문이다.

콘웨이의 법칙은 기본적으로 시스템 아키텍처가 이를 포함하는 조직의 구조와 유사하게 될 것이라 말한다. 클라우드 네이티브 아키텍처에는 분산 시스템과 전환하는 기간이 필요하다. 즉, 클라우드 네이티브 엔티티로 성공하려면 기업이 기존의 계층적 프로세스에서 분산된 조직 구조로 전환해야 한다. 클라우드 네이티브 시스템 아키텍처는 문자 그대로 이러한 현실을 반영한다. 콘웨이 법칙은 이를 설명하고 있다.

이는 클라우드 네이티브의 분산된 특성으로 인한 혁신적인 변화로 작고 느슨하게 결합된 모듈식 구성요소의 아키텍처를 기반으로 하며 더욱 분산된 조직으로 이어진다. 클라우드 네이티브 엔티티로 성공적으로 전환하기 위해 조직은 클라우드가 제공하는 혁신을 진정성 있게 활용하고자 협업적이며 실험적인 문화를 발전시켜야 한다. 이는 생각보다 훨씬 더 어렵다!

전통적으로, 조직은 어떤 대가를 치르더라도 불확실성을 최소화하기 위해 대규모의 위험을 피해야 했다. 대규모 위험 회피^Wholesale risk-aversion는 일반적인 기업 심리에 자리잡고 있어 다양한 해답을 탐색하고 테스트한다는 아이디어가 사실상 두렵게 느껴질 수 있다.

인지적 편향

우리는 하루 종일 고객에게 클라우드 네이티브의 실험적인 문화와 다른 조직적인 변화가 성공 방법이 되는 이유를 설명할 수 있지만, 목적지까지 이끌 수 없다. 그들 스스로 목적지까지 걸어가야 한다. 우리가 기업을 위해 수많은 클라우드 네이티브 트랜스포메이션 패턴을 발견하더라도 직원들이 업무에 적용할 준비가 될 때까지는 효과가 없을 것이다.

처음부터 존재하던 근본적인 원인을 이해하는 것이 이러한 자발적인 한계를 뛰어넘는 방법이다. 우리는 이를 이해하고 설명하기 위한 효과적인 형태가 인지적 편향의 형태임을 발견했다.

인지적 편향은 사람들이 내리는 결정과 판단에 영향을 미치는 생각의 일종의 체계적인 오류다. 이는 기본적으로 인간의 뇌에 연결돼 있다. 개인적으로 인지적 편향에 면역이 있다고 생각하더라도 우리 모두는 어떤 식으로든 그러한 편향이 존재한다. 심지어 "편향 사각지대 bias blind spot"라 명명된 특정한 편향도 있다. 우리 주변의 세상에 대한 판단과 결정을 내릴 때, 우리는 자신이 객관적이고 논리적이며 관련 있는 모든 정보를 평가할 수 있다고 여긴다. 충분히 그럴 수 있다. 인지적 편향은 인간으로서 피할 수 없는 부분이다.

인지적 편향은 우리의 사고 과정과 의사결정에 사용된다.

하지만 그러한 편향들이 항상 나쁜 것만은 아니다. 사실, 편향들은 필요에 따라 진화했다.

편향이 유용한 이유

편향은 때때로 우리를 혼란스럽게 만들 수 있고, 나쁜 결정과 나쁜 판단으로 이어지게 할 수 있다. 하지만 우리에게 도움이 되기도 한다.

인간의 뇌는 수많은 입력을 끊임없이 받아들이고 결정을 내리는 강력한 프로세서다. 하지만 다른 컴퓨터 프로세서와 마찬가지로 제한도 있다. 우리가 가장 간단한 결정을 내릴 때 가능한 모든 선택에 대해 생각해야 한다면 엄청 오랜 시간이 걸릴 것이다. 우리의 주변 환경의 엄청난 복잡성과 그것이 포함하는 엄청난 양의 정보 때문에, 우리의 두뇌는 정보 처리 부하를 단순화하기 위한 적응 방법을 개발했다. 사실 인지적 편향은 휴리스틱스^{heuristics}라고 알려진 정신적 지름길이다. 우리가 선택적으로 입력에 참여하고 결정을 내리며 신속하게 행동할 수 있도록 돕기 위해 고안됐됐다.

그러한 지름길은 호랑이의 저녁식사가 되는 것이 가장 큰 존재적 위협이었던 초기 인류와 마찬가지로 우리에게 도움이 됐다. 인지적 편향은 위험하거나 위협적인 상황에서 우리에게 도움이 된다.

예를 들어, 밤 늦게 시내 거리를 혼자 걷고 있는데 근처 어두운 곳에서 갑작스러운 움직임을 발견한다고 상상해보자. 인지적 편향은 이것이 일종의 약탈자(강도)이며 되도록 빨리 안전한 상태에 도달해야겠다고 가정한다. 현대의 강도들은 과거 호랑이와 동등한 존재다. 위협의 존재가 실제로 길고양이거나 바람에 날리는 플라스틱 봉투일 수 있지만, 우리는 이를 알아차리기 힘들다. 우리의 고정관념은 잠재적인 위험에서 벗어날 수 있도록 "어두울 때 근처의 수상한 움직임은 강도니 도망쳐!"라는 최악의 시나리오로 직접 이끌게 한다.

그것은 실제 무슨 일이 일어나고 있는지 알지 못한 채 어떤 사건에 원인을 귀속시키고 현실과 상관없이 제한된 해석에 대응하는 귀속 편향의 예시다. 이와 유사한 자동 응답은 인간의 진화에 뿌리를 두고 있으며 쉽게 알아볼 수 있다. 놀라우리만치 정확할 수 있지만, 여전히 사고의 오류를 나타낸다.

그러나 감정, 개인적 동기 부여, 사회적 또는 문화적 압박이 불가피하게 뒤섞일 때 상황은 훨씬 더 복잡해진다. 우리가 상황을 평가하고 결정을 내리기 위해 미리 프로그래밍된 이러한 지름길을 사용할 때, 모든 것은 무의식적으로 일어나며, 그러한 감정적 요소들의 중첩 아래에서 일어난다. 이것이 우리가 세상을 보고 이해하고 반응하는 방식에 영향을 주고 왜곡하는 것을 전혀 눈치채지 못한 채 미묘한 편향들이 스며들 수 있는 방법이다.

다행스럽게도, 편향이 존재하고 모든 사람에게 영향을 미친다는 것을 인식하는 것은 그러한 왜곡과 영향력을 방지하기 위한 강력한 첫걸음이다. 두 번째 단계는 개인적이든 조직적이든 자신의 프로세스에서 어떤 편향이 작용하는지를 인식하는 것이다.

편향, 패턴 및 행동

인지적 편향이 우리에게 영향을 준다는 생각은 지난 수십 년 동안 널리 받아들여 졌으며 다양한 학술 연구에 영감을 불어넣었다.

인지적 편향의 개념은 1970년대에 아모스 트베르스키Amos Tversky와 다니엘 카너만Daniel Kahneman이 처음 확립했다. 미국으로 이주한 두 이스라엘의 사회과학자인 트베르스키는 스탠포드Stanford에서, 카너만은 프린스턴Princeton에서 교수로 활동했다. 그들은 긴밀하게 계속 일했고, 함께 맥아더 재단의 "지니어스 그랜트Genius Grant"와 2002년 노벨 경제학상을 모두 거머쥐면서 행동 경제학의 분야를 발명했다. 카너만은 2011년 베스트 셀러인 "Thinking, Fast and Slow"[1]에서 수십 년간의 공동 발견을 요약했다.

카너만은 그의 책에서 인간의 뇌에서 두 가지 사고 시스템system을 발견했다. 하나는 의식적이고 고의적이며 다른 하나는 충동적이고 자동적인 사고방식이다. 시스템 1은 "싸움 또는 도주" 등과 같은 우리의 본능과 연결되고, 뇌 하부에 존재하며 검치호랑이 시대의 유산이다. 시스템 2는 우리의 이성을 대표하며 무엇보다 의사 결정에 논리를 적용하고, 자제력을 발휘하며, 사무직처럼 생명을 위협하지 않는 일에 의도적으로 주의를 집중시키는 데 필요한 정신

---

1   국내에서는 "생각에 관한 생각"이라는 제목으로 2018년에 번역 및 출간됨

적 과정들을 인식한다.

불과 몇천 년밖에 되지 않은, 시스템 2는 인간의 뇌에서 비교적 새로운 기능이다. 이는 우리의 주된 기능으로 다른 사람의 저녁이 되기를 피하면서 저녁식사를 사냥하는 일들을 줄이고, 돈을 벌거나 소셜 미디어에 게시하는 것과 같은 더욱 추상적인 생존 활동에 더 많이 참여함에 따라 우리가 좀 더 복잡한 세계에서 기능할 수 있도록 돕기 위해 진화했다.

안타깝지만 이 두 시스템은 함께 잘 작동하지 않거나 심지어 교대로 작동하지도 않는다. 대신 종종 당신이 직면하는 어떤 주어진 상황에서 어떤 시스템이 책임지게 되는지를 놓고 서로 싸운다. 어느 쪽이 이기든 당신이 어떻게 반응하느냐에 달려 있다.

우리가 문제에 직면했을 때 시스템 1이 먼저 작동하도록 돼 있다. 문제가 너무 복잡하거나 시스템 1이 빠르게 해결하기 어려운 것으로 판명하면 분석적이고 느리게 생각하는 시스템 2가 문제를 해결한다. 그 이유는, 다시 말하지만 우리는 가능한 절차를 무시하고 에너지를 절약하도록 돼 있기 때문이다. 최소 노력의 법칙에 따르면, 어떤 일을 하든 인간의 두뇌는 최소한의 에너지를 사용할 것이다. 이것이 바로 우리의 충동적이고 성급한 의사결정 두뇌인 시스템 1이 대부분의 상황에서 첫 번째 결함을 얻는 이유다.

문제는 두뇌가 문제를 실제보다 더 단순하다고 인식할 때 발생한다. 시스템 1은 실제로는 불가능하지만 "나는 이것을 처리할 수 있어!" 라고 생각한다. 결국 잘못된 결정을 내리거나 잘못된 결론에 도달하게 된다. 이를 행동으로 설명하기 위해 카너만은 "배트와 공 문제"라는 간단한 수학 논리 문제를 사용한다.

> 야구 방망이와 공은 총 가격이 1.10달러이다. 그 배트는 공보다 1달러 더 비싸다.
> 공은 얼마일까?

천천히 생각해보자. 답을 알겠는가?

만약 당신이 생각한 답이 0.10달러라면, 시스템 1이 당신을 잘못 인도했음을 알려드리게 돼 유감이다. 만약 공이 10센트인데 야구 방망이가 공보다 1달러 더 비싸다면, 당신은 결국 0.10달러 더하기 1.10달러가 된다. 이는 1달러 20센트에 해당한다. 문제를 다시 해결해보자.

시스템 2가 활성화되도록 천천히 생각해보면 공의 가격은 0.05달러임을 알 수 있다. 공보다 1달러 더 비싼 야구 방망이는 1.05달러임을 의미한다. 총 가격은 1달러 10센트가 된다.

어떻게 된 일일까? 만약 뇌가 시스템 1이 일을 처리할 수 있다고 측정한다면, 시스템 2를 작동시킬 필요가 없을 것이다. 우리는 재빠른 판단을 하고 나서 행복하게 잘못된 방향으로 나아간다. 그 과정은 매우 자동적이고 깊이 내재돼 있어서 전혀 알아차릴 수 없다. 적어도, 배트와 공 문제에 대한 우리의 해결책이 잘못됐다는 것을 알아차릴 때, 우리의 시스템 2 뇌는 시스템 1의 중재되지 않은 충동적인 대답을 무효화하기 위해 활동하기 시작할 수 있다. 그러나 현실 세계에서는 간단한 산술 문제가 아니라 예측할 수 없는 사람들과 예상치 못한 상황을 다루기 때문에 쉽지 않다.

카너만에 따르면, 시스템 1이 충분하지 않기 때문에 시스템 2를 활성화할 때가 됐음을 깨닫지 못하는 것은 보편적인 인간의 문제다. 안타깝게도 이 합리적인 절차는 가장 필요할 때 가장 적게 적용될 것이라고 "Thinking, Fast and Slow"에서 기술하고 있다. "우리는 심각한 실수를 저지르려고 할 때마다 크게 울리는 경고 벨을 갖고 싶어 하지만, 그러한 벨은 이용할 수 없고 인지적 착각은 일반적으로 지각적 착각보다 알아보기 더 어렵다. 이성의 목소리는 잘못된 직관의 크고 명확한 목소리보다 훨씬 희미할 수 있으며, 큰 결정에 따른 스트레스에 직면할 때 직관에 의문을 제기하는 것은 불쾌하다."

이는 우리가 의사결정 상황에서 인지적 편향을 적용할 때 일어나는 과정이다. 우리는 너무 자주 고정관념에 빠진다. 카너만과 편향을 연구한 다른 사람들에 따르면, 아쉽게도 기본적으로 뇌는 생각 전에 행동하는 leap-before-you-look 시스템 1 부분을 바꾸는 것은 불가능하다고 한다. 우리는 존재를 인지하고 항상 지배하려고 애쓰지만, 그렇게 오랫동안 우리를 잘 도와준 고정관념을 가진 뇌 회로 human hardwiring 를 통제할 수는 없다.

시스템 1이 우리의 반응을 자동으로 움직이게 하는 것에 대한 가장 효과적인 점검은 우리 스스로만이 아닌 우리 주변 사람들에게 있다. 다른 사람들은 더 쉽게, 객관적으로 우리의 편향과 오류를 인식할 수 있다.

궁극적으로, 좋은 소식은 외부 관찰을 통해 우리의 개별적인 결정과 예측을 모니터링하는 것을 돕는 전략과 정책을 만들 수 있다는 것이다. 이 접근법을 통해 인지적 편향과 결함 있는 휴리스틱스를 걸러낼 수 있다. 빠르지만 잘못된 결정이 아니라 더 느리더라도 정확하게 결정을 내리기 위해서 말이다.

이것이 패턴이 관여하는 부분이다. 결국 이 책은 패턴에 관한 이야기다. 패턴, 패턴 언어, 트랜스포메이션 디자인은 모두 고도로 의도적이며 신중하게 제작했다. 이러한 도구는 다양하고 복잡한 시나리오에 적용함으로써, 이성적이고 합리적인 방향을 유지할 수 있는 시스템 2 도구의 역할을 한다. 패턴 자체는 일종의 외부 관찰자 역할도 할 수 있다. 나중에 실제 클라우드 네이티브 패턴을 접할 때 각각 해당 상황에서 나타날 수 있는 편향의 목록을 포함하고 있음을 알게 될 것이다.

각 패턴을 잠재적 편향에 연결하는 것은 상황 인식에 도움을 주기 위한 우리 노력의 결과다. 이 상황 인식은 특정 편향 때문에 어떤 행동을 할지 말지에 대한 이유를 보여주거나 다른 특정 편향을 극복하기 위함이다. 먼저 클라우드 네이티브 트랜스포메이션을 수행할 때 직원과 조직에 영향을 미치는 일반적인 편향을 살펴보자.

넛지

수십 년 동안, 인지적 편향에 대한 생각은 우리를 인간답게 만드는 것 중 하나로 널리 받아들여졌다. 또한 연구에서는 고정돼 있으며 바꿀 수 없다는 것을 분명히 했다.

우리가 바꿀 수 있는 유일한 것은 우리의 행동이다. 편향의 영향을 받는 동안 우리가 하는 행동을 바꾸는 가장 좋은 방법은 인센티브나 "넛지nudges"의 형태를 취한다. 넛지는 모든 선택 사항을 열어둔 채 어떤 결정을 내리도록 유도하는 미묘한 신호나 컨텍스트의 변화다. 넛지는 우리에게 하나의 행동을 강요하지 않는다. 우리의 행동은 전적으로 자발적이지만 넛지는 우리를 특정한 방향으로 미묘하게 인도한다.[2]

---

2 화장실 소변기에 그려져 있는 파리를 생각해보자.

이 개념은 시카고 대학의 행동 경제학자인 리처드 탈러[Richard Thaler]와 하버드 법학자인 캐스 선스타인[Cass Sunstein]이 2008년 그들의 저서 "Nudge: Improving Decisions about Health, Wealth, and Happiness"에 처음 소개했다. 그들은 특히 카너만의 저서에서 인간의 사고에는 빠르고 느린 시스템이 있다는 개념을 직접적으로 끌어냈다. 탈러와 선스타인은 시스템 1을 "자동 시스템", 시스템 2를 "반사 시스템"이라 부르지만, 결말은 동일하다고 이야기한다. 이 책은 때로는 좋은 결정을 내리게 하거나 때로는 나쁜 결정을 내리도록 우리가 넛지당하고 있음을 명확히 보여준다. 책에서는 우리 모두가 하루 종일, 매일, 때로는 좋은 결정을, 때로는 나쁜 결정을 하도록 떠밀고[nudge] 있다는 것을 아주 명확히 보여준다.

예를 들어, 만약 여러분 회사의 카페테리아가 페이스트리[pastries]가 아닌 계산대 옆에 신선한 과일을 놓는다면, 당신은 건강에 더 좋은 간식이나 디저트를 선택하기 위해 조금씩 움직일 가능성이 높다. 반대로, 한 점원이 "감자튀김은 어떠세요?"라고 물으면, 건강상 최고 관심사는 아니지만 레스토랑의 이윤을 얻을 수 있는 선택으로 유도될 수 있다.

좋은 소식은 우리가 편견을 없애기 위해, 심지어 편향을 이용하기 위해서도 시스템과 환경을 설계할 수 있다는 것이다. 그래서 우리는 유익한 선택을 하는 쪽으로 조금씩 나아가려 한다.

가장 강력한 형태의 넛지는 "디폴트" 방식으로 알려져 있다. 디폴트 방식 넛지는 여러분이 아무것도 하지 않을 때, 제공된 옵션으로 이동해 원하는 항목을 고를 수 있도록 설정된 선택사항이다. 이는 미국에서 장기 기증자의 수를 증가시키기 위해 사용됐다. 많은 주[state]에서 디폴트 넛지를 시행함으로써 장기 기증자 비율을 높이려고 노력해왔다. 사람들이 운전면허증을 갱신하거나 신청할 때 이전에는 "장기 기증자가 되시겠습니까?"처럼 묻는 명시적인 참여에서, 모든 신청자를 기본적으로 장기 기증자로 만들기 위해 명시적으로 참여하지 않는 기회를 주는 것으로 전환했다. 디폴트 방식은 아무것도 강요하지 않는다. 여전히 지원자는 자유롭게 기증자가 되고 싶은지 여부를 선택할 수 있다. 그러나 사회 및 행동과학 연구는 대부분의 사람들이 기본 옵션으로 나열된 모든 것을 수용한다는 것을 보여주기 때문에, 이러한 변화는 장기 기증자가 더 많이 증가하게 됨으로써 더 많은 생명을 구하게 된다.

그래서 궁극적으로 넛지는 편향을 관리하는 유일한 방법일지도 모른다.

예를 들어, 장기적인 목표를 희생하면서 즉각적인 보상을 선호하는 경향인 현재 편향[present bias]이라고 알려진 인지적 편향을 살펴보자. 이는 대다수의 사람들이 어떻게 퇴직 저축 계좌에 돈을 넣는 것이 중요하다고 할지, 그리고 실제로 그렇게 하는 사람이 얼마나 적은지를 잘 보여준다. 그들은 다음 월급을 받아도 결국 퇴직 계좌를 개설하지 않을 것이다.

이 경우, 현재 편향은 미국에서 심각한 퇴직 저축 부족을 야기시켰는데, 미국에서 수백만 명의 미국인들은 너무 늙어서 일을 계속할 수 없게 되는 가능성이 매우 높지만 일을 멈출 수 있는 수단이 없는 상황에 직면해 있다. 금융 서비스 회사인 노스웨스턴 뮤추얼[Northwestern Mutual]이 2018년에 실시한 조사에 따르면, 미국인의 21%는 퇴직 저축을 전혀 하지 않고, 10%는 저축한 금액이 5,000달러 미만인 것으로 나타났다. 현재 은퇴 연령에 도달하거나 그에 근접한 인구의 삼 분의 일은 정년에 대한 재정적 지원을 위해 남겨둔 금액이 25,000달러도 채 되지 않는다. 어떻게 이런 일이 일어났을까? 역사적으로 퇴직 저축 프로그램에 대한 참여는 자발적이었다. 현재 편향은 대부분의 사람들이 노년을 위해 돈을 저축하기를 선택하기보다는 현재의 급여에 그 돈을 포함하도록 이끌었다.

현재 편향은 지금까지 다루기 어려운 것으로 알려졌지만 고용주는 디폴트 옵션을 마련함으로써 직원들로 하여금 퇴직 계획에 참여하도록 유도할 수 있었다. 이제 퇴직 계획에 참여하지 않으려면 적극적인 조치를 취해야 한다. 게으름이나 관성은 편향보다 훨씬 강력할 수 있다!

이는 어떻게 선택들이 제시되는지에 따라 우리의 결정들이 영향을 받는 방식인 "선택 아키텍처"의 전형적인 예다. 학교 카페테리아에서 눈 높이에 건강한 음식을 배치하고 손에 닿기 어려운 장소에 칩과 쿠키와 같은 덜 건강한 선택을 두는 것과 같은 특정 방식으로 선택 아키텍처를 배열함으로써 사람들을 유도시킬 수 있다.

실제로 개인이 원하는 것을 먹는 걸 막지는 않지만, 음식을 선택하도록 정렬하는 것은 사람들로 하여금 정크 푸드를 덜 먹게 하고 더 건강한 음식을 먹게 한다.

"그럼 편향이 클라우드 네이티브 소프트웨어 개발에는 어떻게 적용되는가?" 하는 궁금증이 생길 것이다. 편향은 인간의 모든 일에 관여한다. 그리고 클라우드 네이티브의 분산된 계층 구조는 개인뿐만 아니라 팀들이 더 이상 엄격하게 감독하고 직접적으로 관리되지 않는다는 것을 의미한다. 그래서 가끔 편향들이 주도하게 된다. 더욱 중요한 것은 클라우드 네이티브 조직으로 전환하려면 이후 장들에서 자세히 다룰 불확실성과 변화에 익숙해져야 한다는 점이다.

따라서 이러한 클라우드 네이티브 현실에서 우선적으로 특정 편향이 작동하는 것과 더 많은 편향에 빈번하게 대응해야 함을 이해하는 것이 중요하다. 예를 들어, 모호함은 불안감을 유발하며, 우리를 다양한 편향으로 이끈다. 클라우드 네이티브 컨텍스트에서는 풍부한 정보와 함께, 관리 가능한 소규모 실험을 진행해 확실성과 친숙성을 구축하고 불안감을 줄일 수 있다. 당신은 두려움에 노출돼 공포심과 싸우고 있지 않은가? "현상 유지 효과"로 알려진 매우 일반적인 편향은 본질적으로 공포심을 변화시키는 것이다. 그러나 변화가 삶의 방식이 될 때, 더 이상 두려워하지 않을 것이다. 실험이 일상이 되면, 새로운 것은 더 이상 두려워할 필요가 없다. 일상적인 프로세스로서의 혁신이 결국 클라우드 네이티브의 핵심 원칙이다.

일반 편향과 넛지

인지적 편향은 이제는 대중적인 주제로, 수많은 예들의 정의가 존재한다. 위키피디아의 "인지적 편향 목록List of Cognitive Biases"에는 이 책에 나온 내용을 포함해 193개의 항목이 포함돼 있다. 다양한 결함이 있는 생각 종류의 목록은, 모두 인간의 뇌에 연결돼 있고, 문자 그대로 A("유익한 결과의 가능성을 알 수 없는 옵션을 피하는 경향"인 모호성 효과Ambiguity effect)에서, Z("완료되지 않은 작업이나 중단된 작업이 완료된 작업보다 더 잘 기억되는" 자이가르닉 효과Zeigarnik effect)까지 다양하다.

인지적 편향의 목록은 세 가지 유형으로 분류된다.

- **의사결정, 신념 및 행동 편향**Decision-making, belief, and behavioral biases – 신념의 형성, 비즈니스 및 경제적 의사결정, 그리고 인간의 행동에 영향을 미치는 편향
- **사회적 편향** – 우리 자신의 행동이나 다른 사람의 행동의 원인을 설명하려 할 때 우리의 사고에 영향을 미치는 잘못된 가정을 기술하는 일종의 귀속 편향. 위키피디아에서는 "객관적인 인식자perceivers로 활동하기보다는 사람들의 사회적 세계에 대한 편향 해석으로 이어지는 지각적 오류가 발생하기 쉽다"고 설명한다.
- **기억 편향**Memory biases – 기억의 회상을 확장 및 손상시키거나 세부 사항을 변경하는 편향

이 모든 것은 프로젝트를 지연시키거나, 속도를 늦추거나, 심지어 실패하게 할 수도 있다.

우리는 클라우드 마이그레이션 프로젝트에서 가장 일반적으로 나타나는 24가지 인지적 편향을 확인했다. 이러한 편향은 대부분 의사결정, 신념, 행동적 편향의 범주에 속하며, 몇 가지는 사회적 편향Social biases에 속한다. 또한 문제에서 긍정적인 변화를 위한 힘으로 전환될 수 있는 관련 넛지를 포함시켰다.

일반적으로 발생하는 편향은 다음 목록과 같으며 , 각각 위키피디아의 정의에서 시작해 클라우드 네이티브 트랜스포메이션 과정에서 어떻게 나타나는지 정의했다.

모호성 효과

정보가 누락될 가능성을 "알 수 없는" 것으로 보이게 하는 선택사항을 회피하는 경향. 대부분의 사람들이 알려지지 않은 벤처 사업의 수당보다 정기적인 급여를 선택한다는 예시를 들 수 있다.

클라우드 네이티브 관계: 이 편향은 트랜스포메이션 초기에 실험을 하고, 프로젝트의 범위를 파악하기 위한 주요 이유고 누락된 정보 격차를 메운다. 반면 사람들은 일이 어떻게 일어나는지 정확히 알고 있기에 항상 해왔던 것을 다시 하는 경향이 있다. 심지어 더 이상 새로운 컨텍스트에 적용되지 않을 때에도 마찬가지다.

권위 편향[Authority bias]

권위 있는 인물의 의견(책 내용과 무관함)에 더 큰 정확성을 부여하며 해당 의견에 더 많은 영향을 받는 경향.

클라우드 네이티브 관계: 워터폴 같은 전통적인 계층 구조 조직에서, 권위 있는 인물들은 계층에서 그들 이하의 다른 사람들보다 더 많이 알아야 한다. 클라우드 네이티브에서는 관리자들이 새로운 기술에 기반한 매우 복잡한 분산 아키텍처에서 무슨 일이 일어나고 있는지에 대한 이해가 부족하기 때문에 이러한 편향은 훨씬 더 위험하다. 명령을 하거나 의견을 제시하는 것이 자동으로 "정답"으로 받아들여지기 때문에 조심해야 한다.

가용성 휴리스틱[Availability heuristic]

기억 속의 더 큰 가용성을 가진 사건의 가능성을 과대평가하는 경향, 얼마나 최근 기억인지 또는 얼마나 비정상적이거나 감정적으로 격앙돼 있는지에 따라 영향을 받을 수 있다.

클라우드 네이티브 관계: "갑자기 모두 쿠버네티스에 대해 이야기하고 있으니 쿠버네티스가 최선의 선택임에 틀림없다!"

밴드웨건 효과[Bandwagon effect]

다른 많은 사람이 같은 일을 하거나 같은 것을 믿기 때문에 일을 하는 경향, 집단 사고와 집단 행동과 관련된다.

클라우드 네이티브 관계: 가트너[Gartner]가 특정 기술을 차트에 올릴 때, 모든 사람들이 해당 기술과 유스케이스 간의 관련성을 이해하지 못했음에도 해당 기술을 채택하기로 결정한다.

방관자 효과[Bystander effect]

다른 사람이 비상시에 행동할 것이라고 생각하는 경향.

클라우드 네이티브 관계: 중복되는 책임과 매우 관련이 있다. 예를 들어 많은 전문 팀을 거느린 워터폴 조직에서는, 어떤 일이 공식적으로 특정인의 소유가 되지 않으면 아무도 자진해서 일을 맡으려 하지 않을 것이다. 팀이 독립적인 실행을 담당하는 클라우드 네이티브에서는 필요한 모든 작업을 처리할 수 있도록 명확한 의사 소통이 필요하다.

확증 편향 Confirmation bias

자신의 선입견을 확인하는 방식으로 정보를 검색, 해석, 집중하고 기억하는 경향.

클라우드 네이티브 관계: 모든 불편한 사실을 무시하고 당신의 의견을 뒷받침하는 정보를 받아들인다. 선택할 수 있는 데이터가 항상 많으므로 쉽게 선별할 수 있다. 20년의 전통적인 IT 경험을 가진 시스템 관리자가 있다면 클라우드로 전환하지 말아야 하는 이유를 상당한 근거를 들어 설명할 것이다. 엔지니어가 콘퍼런스에서 들은 멋진 도구를 사용할 준비가 돼 있다고 의견을 제시할 때, 경험이 많은 시스템 관리자는 기존 도구가 실제로 더 잘 맞을 수 있음을 보여주는 모든 정보로 엔지니어를 무시할 것이다.

일치 편향 Congruence bias

가능한 대안에 대해 여러 가설을 테스트하는 대신 직접 단일 테스트를 통해서만 가설을 테스트하는 경향.

클라우드 네이티브 관계: 새로운 정보를 찾기보다는 자신의 요점을 증명하기 위한 실험을 실행할 때 나타나는 편향. 하나의 개념 증명 Proof of Concept만 실행했을 때 실제로 효과가 있다면, 다른 대안들을 평가하지 않고 자동적으로 기각하게 될 것이다. 바로 필자들이 PoC 패턴과 별도의 탐색적 실험 Exploratory Experiments 패턴을 만든 이유다.

지식의 저주 Curse of knowledge

특정 정보를 잘 아는 사람들은 정보가 부족한 사람들의 관점에서 문제를 생각하기가 매우 어렵다는 것을 알게 될 때.

클라우드 네이티브 관계: 고객 엔지니어는 아래와 같은 편견으로 종종 클라우드 네이티브 아이디어를 매니저에게 설득하기 힘들다. 엔지니어는 왜 이것이 옳은 일인지 너무나 명확하게 알고 있기 때문에 관리자들이 비슷한 수준으로 클라우드 네이티브를 이해할 수 있는 배경 지식이 없다는 것을 간과한다. 클라우드 네이티브에 몰입한 엔지니어나 컨설턴트도 클라우드 네이티브를 처음 접하는 고객의 관점에서 바라보도록 유념해야 한다.

기본 효과 Default effect

몇 가지 옵션 중 하나를 선택할 때, 기본 옵션을 선호하는 경향.

클라우드 네이티브 관계: 모든 문제에 대한 해결책은 올바른 기본값을 고려해야 한다. 그 기본값은 사용자 지정된 어떤 옵션에 비해 더 자주 채택될 것이기 때문이다. 다시 말해, 클라우드 네이티브 플랫폼을 설정하면 대부분의 사람들은 아마도 여러분이 제공한 그대로 사용할 것이다. 이는 아마존 웹 서비스 Amazon Web Serviecs 또는 애저 Azure 와 같은 클라우드 플랫폼에 구축된 도구와 직원들에게 제공되는 내부 도구 모두에 해당된다. 스타터 팩 패턴 Starter Pack pattern 이 제공되는 이유기도 하다.

더닝-크루거 효과 Dunning-Kruger effect

숙련되지 않은 개인이 자신의 지식/능력을 과대평가하는 경향과 전문가가 자신의 지식/능력을 과소평가하는 경향.

클라우드 네이티브 관계: 이러한 편향은 익숙하지 않은 것에 대한 여러분의 능력을 과대평가하게 만든다. 이 편향은 트랜스포메이션의 부분으로 어떤 도구나 방법이 사용될지를 지시하는 관리자들에게서 볼 수 있다. 그들은 실제 클라우드 네이티브의 경험이나 지식은 없지만, 지시하는 것에는 익숙하다.

적대적 귀인 편향 Hostile attribution bias

행동이 모호하거나 친절한 경우에도 타인의 행동이 적대적 의도를 갖고 있다고 해석하는 경향.

클라우드 네이티브 관계: 신규 고객 조직을 만날 때나, 이와 유사한 형태의 저항에 부딪힐 수 있는 내부 트랜스포메이션 리더들과 함께 일할 때 이러한 편향을 고려해야 한다. 두 경우 모두에서 업무와 회사를 망칠 것이라 생각하는 사람들을 만난다. 이는 자주 변화를 겪는 사람들에게 불안을 야기한다는 사실에서 발생하는 정상적인 편향이다. 이러한 경향이 그들의 실제 의견이라고 생각해서는 안 된다.

이케아 효과^{IKEA effect}

최종 결과의 품질에 관계없이 이케아 가구와 같이 부분적으로 조립된 물건에 불균형적으로 높은 가치를 부여하는 경향.

클라우드 네이티브 관계: 이를 긍정적으로 활용할 수 있으며, 트랜스포메이션을 계획하고 실행하는 모든 단계에서 고객 조직의 모든 사용자가 참여해야 하는 이유를 설명한다. 관련된 사람이 누구든 해결책을 좋아하고 지지하는 쪽으로 치우친다.

통제의 환상^{Illusion of control}

다른 외부 사건에 대한 영향력을 과대평가하는 경향.

클라우드 네이티브 관계: 특히 클라우드 네이티브 트랜스포메이션의 불확실한 상황에서 흔히 볼 수 있다. 엔지니어는 마이크로서비스를 구축하는 방법을, 관리자는 데브옵스를 수행하는 데 무엇이 필요한지 알고 있다고 생각한다. 그러나 실제로는 통제의 환상일 뿐이다. 복잡하고 긴급한 수많은 프로세스는 제어력이 훨씬 떨어지기 때문에 조종하기도 매우 어렵다. 때로는 결과를 얻기 위해 약간의 불확실성을 수용해야 한다.

정보 편향^{Information bias}

행동에 영향을 줄 수 없는 상황에서도 정보를 찾는 경향.

클라우드 네이티브 관계: 분석 마비를 말한다. 워터폴 조직에서 매우 흔하게 볼 수 있다. 두 가지 또는 세 가지 조치만 취할 수 있을 때, 그중 한 가지 이점이 매우 명확하다는 사실과는 상관없이 점점 더 많은 질문에 대한 답을 찾으려 한다.

불합리한 상승작용^{Irrational escalation}(매몰비용 오류^{sunk-cost fallacy}로도 알려짐)

결정이 잘못됐다는 새로운 증거가 있음에도 누적된 사전 투자를 기반으로 의사결정에 대한 투자 증가를 정당화하는 현상.

클라우드 네이티브 관계: 만약 여러분이 오픈시프트^{OpenShift} 클러스터 설정에 6개월을 소비하고 모든 라이센스를 구입했다면, 다른 도구가 우월하다고 증명되더라도 그 도구로 전환할 가능성은 거의 없다. 사람들은 분명히 어떤 가치도 가져오지 못할 프로젝트를 일상적으로 추진한다.

장비의 법칙^{Law of the instrument}

익숙한 도구 또는 방법에 대한 과도한 의존성, 대체 접근 방식을 무시하거나 과소평가하는 것. "만일 가지고 있는 것이 망치라면 모든 것이 못처럼 보인다."

클라우드 네이티브 관계: 기존 기술/프로세스를 사용하면서 클라우드 네이티브로 전환하는 것. 예로는 혁신을 위해 스크럼을 사용하는 것, 많은 마이크로서비스를 긴밀하게 결합하는 것, 고도로 세분화된 팀 구성에서 해야 할 일을 사람들에게 지시하는 것, 또는 이미 익숙한 것에 유리하게 변화를 피하는 다른 방법으로 행동하는 것이 있다.

타조 효과

명백한(부정적) 상황을 무시한다.

클라우드 네이티브 관계: 설명할 필요가 거의 없다. 클라우드 네이티브로 전환할 때 단순히 기술을 바꾸는 것이 아니라 상당한 문화적 변화가 필요함을 알고 있다. 하지만 많은 회사에서 이를 완전히 무시하거나 혹은 자신들의 문화를 변화시켰다는 신호를 주기 위해 약간의 외형적인 변화만 바꾸는 것을 선택한다. 어느 쪽이든, 더 이상 적용되지 않는 오래된 프로세스를 사용해 새로운 패러다임에서 일하도록 노력한다.

파킨슨의 사소함의 법칙(바이크셰딩^{bikeshedding})

사소한 문제에 불균형적인 비중을 두는 경향. 바이크셰딩이라고도 알려진 이러한 편향은 왜 조직이 원자로 설계와 같은 전문적이거나 복잡한 주제를 회피하는 대신 원자로 옆에 있는 자전거 창고의 설계와 같이 일반 참가자들이 쉽게 파악하거나 보상할 수 있는 것에 중점을 두는지를 설명한다.

클라우드 네이티브 관계: 사람들이 3일간의 토론을 통해 클라우드 네이티브 마이그레이션을 계획하고자 모여 쿠버네티스가 어떤 머신에서 실행될 것인지 또는 특정 마이크로 서비스를 어떻게 예약할지와 같은 사소한 것들에 대해 이야기한다. 조직 문화나 전체적인 아키텍처의 변화와 같은 큰 문제를 피하면서 말이다.

계획 오류 Planning fallacy

작업 완료 시간을 과소평가하는 경향. 익숙한 도로 효과, 또는 자주 이동하는 경로를 통과하는 데 걸리는 시간을 과소평가하고 덜 익숙한 경로를 통과하는 데 걸리는 시간을 과대평가하는 것과 밀접한 관련이 있다.

클라우드 네이티브 관계: 클라우드 네이티브로 처음 전환할 때처럼 불확실한 상황에서 특히 작동한다. 필요한 시간과 자원을 추산하고 싶지만 클라우드 네이티브로 전환하는 데 실제로 어떤 작업이 필요한지 알지 못한다. 따라서 어떤 사람들은 몇 주, 기껏해야 몇 달 정도 일하리라 추정한다. 현실은 대개 1년 이상 소요된다. 기본적으로 이전의 경험에서 나온 기준선을 갖고 있지 않다면, 어떤 추정도 전혀 가치가 없다.

친혁신 편향 Pro innovation bias

한계와 약점을 인식하지 못한 채 사회 전체에서 발명이나 혁신의 유용성에 지나치게 낙관적인 경향.

클라우드 네이티브 관계: "잘 맞든 필요하든 간에 쿠버네티스를 도입하자. 새롭고 멋지니까."

의사 확실성 효과 Pseudocertainty effect

예상 결과가 긍정적이면 위험 회피 선택을 하는 경향이 있지만 부정적인 결과를 피하기 위해 위험 추구 선택을 하는 경향.

클라우드 네이티브 관계: 성공적인 팀들은 모든 것이 잘 돼가는 동안 개선에 대한 투자를 피할 것이다. 그러나 일단 위기가 발생하면 어떤 새로운 도구나 과정을 사용해 자신을 구하기 위해 뛰어들 것이다. "어떻게 하면 성공적인 팀과 회사들이 상황을 극복하고 지속적인 개선에 투자할 수 있도록 도울 수 있을까?"처럼 필자들에게도 도전 과제다. 가장 좋은 동기 부여는 여전히 존재하는 위험을 인식하는 것이다.

공유 정보 편향Shared information bias

그룹 구성원이 이미 익숙하고 공유된 정보를 토론하는 데 더 많은 시간과 에너지를 소비하고, 일부 구성원만이 알고 있는 정보에 대해서는 토론하는 시간과 에너지를 줄이는 경향.

클라우드 네이티브 관계: 팀 전체가 도커Docker 교육을 다녀왔기 때문에 그들은 도커에 대해 이야기하는 데 많은 시간을 할애하고, 똑같이 필요하지만 잘 알지 못하는 쿠버네티스에 대해서는 전혀 시간을 할애하지 않는다. 특히 새롭고 복잡한 환경에서 이런 문제를 줄이려면 팀은 항상 새로운 것을 배워야 한다.

현상 유지 편향Status quo bias

사물이 비교적 동일하게 유지되는 것을 선호하는 경향.

클라우드 네이티브 관계: 전체 회사 또는 조직 내의 사람들은 이러한 편향으로 인해 클라우드 네이티브로 전환하기를 거부하게 된다. 모든 사람들은 잘 알며 이해되는 현재 상황에 편안하게 남아 있기를 원한다.

제로 리스크 편향Zero-risk bias

더 큰 위험 감소에 비해 작은 위험을 0으로 줄이기를 선호하는 것.

클라우드 네이티브 관계: 쉬운 해결 방법과는 정반대다. 예를 들어, 기업들은 99.9999%의 가용성에 도달하기를 원하는데 애초에 변경 사항을 전달할 CI/CD가 없는 경우 도달하기 매우 어렵다.

무엇을 보고 어떻게 극복해야 하는가?

이러한 편향 중 일부는 클라우드 네이티브 트랜스포메이션에 특히 위험하다. 설립이 오래된 많은 기업 고객의 마이그레이션 계획에서 현상 유지 편향을 확인한 경우가 많았다. 이 시나리오에서 사람들은 20년 동안 똑같은 방식으로 똑같은 일을 해오고 있으며, 일하는 방식을 단순하게 바꾸고 싶어 하지 않는다. 클라우드 네이티브로 전환을 적극적으로 반대하지는 않지만 적극적으로 도움을 주지도 않는다. 이러한 관성은 조직 전체에서 반복되며 트랜스포메이션 계획을 심각하게 방해할 수 있다.

그 밖에도 몇 가지가 더 있다. 장비의 법칙 편향에 빠진 사람들은 새로운 일을 하기 위해 오래된 기술과 방법에 의존하는 경향이 있으며, 무의식적으로 더 개인화된 문제에 빠지기도 한다. 한 가지 예로, 디지털 방식으로 전환된 회사 내의 프로젝트 리더가 재귀적으로 각각의 작은 변경 사항과 팀이 시도하고자 하는 실험을 승인하는 것을 고집할 때 발생한다. 이전의 워터폴 계층 구조 정책이었지만, 그것을 적용하면 사실상 팀의 자율성을 차단한다. 클라우드 네이티브 시스템의 속도와 응답성을 주도하는 것이 바로 이러한 독립성과 반복 및 실험 능력이다.

계획 오류는 또 다른 극히 일반적인 위험 요소다. 대부분의 회사들은 비교적 빠르고 단순할 것이라 생각해 트랜스포메이션을 시도한다. 몇 주 또는 몇 달 동안의 시간과 자원 예산을 마련하지만, 적절한 트랜스포메이션을 성공적으로 완수하려면 1년 이상이 걸릴 수 있다는 것을 알게 된다. 마지막으로, 타조 효과[Ostrich effect]는 기업이 조직 문화와 프로세스를 혁신할 필요성은 무시한 채 기술 혁신을 시도할 때 발생하는 일반적인 시나리오를 설명한다.

다행히도 우리는 편향으로 인해 발생하는 이러한 역기능 및 기타 역기능을 극복하기 위해 패턴을 적용할 수 있다. 완전한 변화에 전념하기란 어렵기에 불안감을 유발해 우리의 반사적인 시스템 1 사고[thinking]를 유발할 수 있다. 패턴은 우리를 이성적이고 의도적인 시스템 2 두뇌로 끌어올려줄 수 있는 일련의 작은 단계들을 제공해 천천히, 점차 올바른 방향으로 이동하게 한다.

인지적 편향이 진화된 데에는 이유가 있다. 우리가 살펴본 바와 같이 편향들은 우리에게 도움이 되기도 한다. 하지만 우리는 편향을 인식하고 뛰어넘어야 한다. 패턴 적용을 통해 최고 수준의 가장 진화된 사고[thought] 프로세스를 일관되게 적용할 수 있다. 이를 기반으로 클라우드 기술이 만들어낸 완전히 새롭고 변화무쌍한 환경과 같이 쉽게 진화할 수 있다.

INTERLUDE II

첫 번째 전환 시도 –
클라우드 네이티브 "보조 프로젝트"

앞서 제니가 클라우드 네이티브 변환으로 웰스그리드를 선도하려는 첫 번째 시도를 설명했다. 가장 자주 발생하는 실수 중 하나는 클라우드 네이티브 혁신을 단순한 기술 전환으로 간주하려는 기업이다. 기술 및 문화 모두의 주요 조직 차원의 진화를 구현하는 데 필요한 리소스를 할당하기보단, 또 다른 종류의 사소한 업그레이드로 간주한다. 표준 태스크의 백로그에 추가된 또다른 시스템 업그레이드 또는 보조 프로젝트처럼 할당된다. 클라우드 네이티브로 시작하기 무척 쉬워 보이므로 처음에는 잘 작동하는 것처럼 보일 수도 있다. 그러나 전환이 어려운 이유는 프로젝트가 진행됨에 따라 스스로를 드러내기 시작하며, 상황이 점점 더 복잡해지면서 더 많은 문제가 발생한다. 한편, 혁신 팀은 여전히 기존 시스템에 대한 작업을 계속해야 한다. 결국 그 이유는 무엇인지 또는 어떤 일이 일어났는지 아무도 확신하지 못한 상태에서 계획은 중단될 것이다.

기술 프로그램 매니저인 제니를 살펴보자. 그녀는 지금이 웰스그리드가 클라우드로 전환할 때임을 깨달았다.

제니는 위아래에서 그런 움직임에 대한 압박감을 느끼고 있었다. 제니가 감독하는 엔지니어링 팀은 새로운 도구와 기술을 시험해 보고 싶어 한다. 한편, 웰스그리드의 경영진 중 일부는 모든 현대 비즈니스가 클라우드를 기반으로 하는 방법에 대해 읽고 있다. 최근에 고위 경영진도 최첨단 클라우드 기술을 보유하게 되면 엔지니어링 인재를 유치하고 보유하는 데 도움이 되리라는 사실을 깨달았다.

제니는 엔지니어들과 경영진의 의견에 동의한다. 게다가, 회사의 수익률을 유지 및 보장하는 두 가지 분명한 원동력을 발견했다. 웰스그리드는 클라우드로 전환해야 한다. 지금이 회사의 경쟁력을 유지하기 위한 열쇠다.

그녀는 새로운 클라우드 기반 경쟁 업체가 나타날 가능성을 매우 높게 보고 있으며, 시장에 나타날 때까지 기다리던 경쟁 업체가 상당한 힘을 발휘하기 시작하면 따라잡기에 너무 늦을 수 있다는 것을 충분히 인식하고 있다. 기하급수적인 기존의 성장 그래프를 기억하는가? 그림 II-1을 참고하기 바란다.

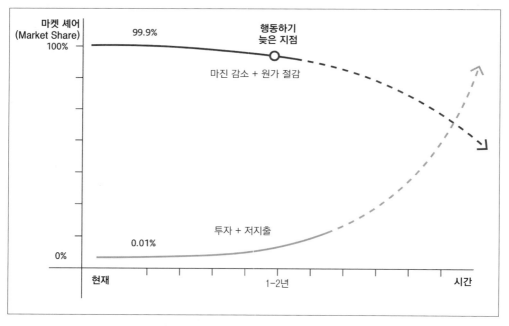

그림 II-1 혁신적인 새로운 경쟁 업체가 시장에 나올 때 처음에는 작고 위협적이지 않은 존재로 보일 수 있지만, 그들의 발전은 빠르고 가차없이 진행될 것이다.

비록 처음에 당신의 시장을 아주 조금만 침범하던 작은 스타트업일지라도, 머지않아 당신의 시장을 전부 먹어 치울 것이다! 웰스그리드는 경쟁 업체가 나타나기 전까지 조치를 취해야 한다. 그리고 제니는 자신이 해야 할 일을 알고 있다고 생각한다.

제니는 콘퍼런스에 참석해 이야기를 듣고, 다양한 기술 산업 기사를 읽었다. 그녀는 기술이 이 경쟁에서 승리할 수 있는 주요 요소임을 알고 있다. 게다가 퍼블릭 클라우드, 마이크로서비스, 쿠버네티스과 같은 기술은 모든 사람에게 널리 보급돼 있다. 심지어 오픈 소스 기술이기에 무료로 이용할 수 있다!

제니는 그저 기술적인 변화라 생각한다. 경영진이 관여하지 않는 실용적인 작업의 세부 사항 범주에 속하기 때문에 공식적인 제안서를 작성해 지휘 체계에 올릴 필요가 없다 보니 예산을 절약할 수 있다(퍼블릭 클라우드 제공 업체에서 시작하는 것이 얼마나 저렴한지 알기에). 그리고 엔지니어에게 기존 시스템에 대한 일반적인 작업과, 이를 구현하기 위한 작업을 요청한다.

관리자에게서 승인을 받지 않은 상태라도, 제니는 자신이 감독하는 기술 팀과 함께 이를 계속 수행해야 한다고 결정한다. 제대로 준비를 마치면 회사에게 알릴 것이다. 수 개월이 걸리겠지만 문제없다.

뭐 그렇게 어렵겠어?

엔지니어들은 무척 기뻐하고 있다. 소매를 걷어붙이고 멋진 도구를 갖고 놀 수 있는 기회다. 이들은 쿠버네티스, 도커 컨테이너 및 마이크로 서비스를 사용해 웰스그리드의 소프트웨어 개발 시스템을 위한 새로운 플랫폼을 구축하려는 계획을 즉시 착수하고자 한다. 엔지니어링 팀과 제니 모두 기존의 기술에 익숙하지만 계획을 진행하면서 문제를 해결할 수 있다고 확신했다. 팀원들이 똑똑하고 능력 있음을 제니는 알고 있다. 뭐 그렇게 어렵겠어?

팀의 최우선 과제가 기존의 시스템(새로운 기능을 제공하면서도 잘 작동 및 유지)임을 깨달았을 때 열정이 약간 사그라들 뿐이다. 이는 결국 웰스그리드의 핵심 사업이며, 회사의 수익이 어디에서 나오느냐 하는 것이다. 새로운 기능을 구축하기 위해 진행 중인 프로젝트들도 계속 개선해야 한다. 그렇다 하더라도, 새로운 클라우드 시스템을 구축하는 데 너무 오래 걸리지는 않을 것이라 모두가 동의한다. 그들은 여유가 있을 때 보조 프로젝트로 진행할 수 있고, 몇 달 안에 되돌릴 수도 있다.

처음에는 일이 꽤 잘 풀린다. 아마존 웹 서비스나 구글 클라우드와 같은 퍼블릭 클라우드 공급자에서 계정을 설정해 클라우드 네이티브 전환을 시작한다. 필요한 것은 신용카드뿐이며, 업무를 바로 시작할 수 있다. 단일 컨테이너를 실행하려면 온라인으로 이동해 클릭하면 되므로, 10초 이내에 완전히 프로비저닝된 컨테이너가 실행된다. 사실상 마술이다!

또는 프라이빗 클라우드와 함께 VMware를 구축하고 두 대의 스페어 서버에 쿠버네티스 클러스터를 구축하거나 레드햇의 오픈시프트 RedHat's OpenShift 또는 메소스피어 Mesosphere의 DC/OS Mespore DC/OS와 같은 상용 클라우드 네이티브 통합 플랫폼 중 하나를 선택해 무료 버전으로 구성할 수도 있다.

그 후에 간단하게 소규모 프로젝트를 정할 수 있다. 엔지니어는 단일 컨테이너를 갖고 놀면서 요령을 배우기 시작한다. 그다음에는 작은 실험용 애플리케이션을 함께 추가하거나 기존 Java 애플리케이션을 컨테이너에 그대로 놓고 클라우드에서 실행 가능하도록 만든다. 어느 쪽이든, 초기 시험 프로젝트는 처음에는 매우 쉬워 보이지만 빠르게 점차 어려워진다. 훨씬 더 어렵다.

모든 것을 관련 컨테이너형 마이크로 서비스로 나눈다면 직관적이지만, 웰스그리드에서는 이전에 분산 시스템에서 작업한 사람이 아무도 없다. 단 하나의 소규모 프로젝트라 해도 내재된 복잡성은 중요한 학습 곡선을 보여준다. 이해하지 못하는 일들이 점점 더 많아지는 것같다. 여전히 여유 시간이 생기면 답을 알아낼 수 있다고 확신한다.

안타깝지만, 새로운 클라우드 플랫폼에 집중하기 위한 전용 시간은 결코 주어지지 않는다. 엔지니어링 팀이 새로운 시스템 구축 작업을 시작할 때마다 기존 웰스그리드 제품을 사용하는 고객들이 더 높은 우선순위로 기능을 요청함에 따라 작업이 중단된다. 문제는 항상 고객들로부터 압력을 받는다는 것이다. 새로운 기능이나 향상된 기능을 위해 현재 프로젝트에 시간을 할당해야 하므로, 새로운 시스템은 항상 뒷전으로 밀린다.

1년 후, 보여줄 것이 거의 없다.

시간이 흘러 12개월 후, 신기술 중 극히 일부만 구현된다. 이마저도 엄격하게 말하면 여전히 실험적이다. 엔지니어는 일부 쿠버네티스 클러스터에서 몇 개의 마이크로 서비스를 원활하게 실행할 수 있지만 현재 운영 환경에는 큰 영향을 미치지 않는다. 결과는 흥미롭긴 하지만 완전히 정체됐다. 팀은 기존 플랫폼에 대한 기능과 지원을 지속적으로 롤아웃 rolling out 해야 하기 때문에 새로운 플랫폼 구축 작업을 중단한다.

진정한 실패는 아니지만, 진정한 성공도 없다. 1년 전 제니는 팀원들과 함께 웰스그리드의 클라우드 네이티브 경쟁 업체처럼 대응력 있는 개발역량과 속도를 얻으려고 했다. 아마 3개월에서 4개월쯤 걸릴 것이라 예상했다. 1년이 지났는데도 보여줄 것이 거의 없다.

제니의 첫 번째 위기 wakeup call 는 웰스그리드가 클라우드 네이티브 기업으로 발전해야 한다는 내용이었다. 그리고 웰스그리드는 혁신을 위해 당면한 자원을 사용해 대응했다. 이제 그녀는 두 번째 위기 상황을 겪고 있다. 지금 하는 일은 효과가 없다. 웰스그리드의 시장으로 몰려드는 쟁쟁한 신규 업체들과 경쟁하겠다는 목표를 달성할 만큼 빠르지 않다.

제니는 다른 접근법을 시도해야 한다. 하지만 어떻게 해야 할까?

5장

자신을 아는 방법: 클라우드 네이티브 성숙도 매트릭스 도구

클라우드 네이티브는 더 이상 구글, 우버, 넷플릭스와 같은 대규모 기술 선도업체의 독점 영역이 아니다. 클라우드 네이티브 툴과 기술은 규모에 관계없이 모든 기업에서 클라우드 네이티브로 전환함으로써 어마어마한 이점을 얻을 수 있을 정도로 성숙해졌다. 인프라 설정 및 유지 관리에 얽매이지 않고 신속하게 결과를 반복 구현하는 기능이 현실적으로 적용될 수 있다는 클라우드 네이티브의 실질적인 이점 때문에 이 책을 읽게 된 것이다.

당신이 또한 이 책을 읽고 있다는 것은, 클라우드 네이티브 트랜스포메이션을 달성하기란 열정 넘치는 콘퍼런스 발표자들이 말하는 것처럼 간단하거나 쉬운 일이 아님을 인지했음을 의미한다. 트랜스포메이션 패턴은 프로세스를 용이하게 하는 데 도움을 주지만, 어떤 패턴이 적용되는지, 어떤 순서로 적용되는지 알기 위해서는 현재 조직의 상황에 대한 인식과 이해가 필요하다.

그렇다면 성공적인 마이그레이션, 패턴 등을 어떻게 시작할 수 있을까?

2장에서 언급했듯 가장 중요한 첫 단계는 자신을 아는 것이다. 이는 당신 회사의 기존 아키텍처, 프로세스 및 조직 문화를 진정으로 이해한다는 것을 의미한다. 성공적인 결과를 원한다면 중요하지만 간과하기 쉬운 현실을 평가해야 마이그레이션의 기술적 측면을 다룰 수 있다. 기존 조직 문화 내에서 새로운 기술이 어떻게 적용되고 작동하는지 먼저 파악하지 못한 채 새로운 기술을 손에 넣은 기업은 비효율적인 작업에 시간과 리소스를 낭비한다. 더 안 좋은 것은, 완전히 실패하는 경우다.

거울아, 거울아…

말로는 쉽지만 적극적인 내부 참여자로서 자신의 시스템과 문화를 객관적으로 관찰하고 평가하기는 어렵다. 솔직히 외부에서도 쉬운 일이 아니다. 여러 가지 관련 있는 영향력과 요소를 파악하고, 복잡하게 얽혀 있는 마이그레이션 대상 기업의 고유한 환경과 결합해야 한다.

클라우드 서비스 공급자는 이 분야에서 도움이 되지 않는다. 아마존 웹 서비스, 구글 클라우드 서비스, 애저 등은 기업이 직면할 수 있는 모든 온보딩^{onboarding} 문제를 예측하고 해결하고자 최선을 다하고 있지만, 중요한 첫 단계인 "자신을 아는" 작업에 대한 도움은 제공하지 않는다. 클라우드 서비스 공급자들은 그 존재조차 인정하지 않는다. 왜 그럴까? 그들의 비즈니스 모델은 우리의 기존 시스템을 분석하지 않고 그들의 시스템에 등록해 사용할 수 있도록 하는 데 중점을 둔다.

따라서, 공급자를 선정하고 계획을 실행하고 싶은 유혹이 드는 것은 이해할 수 있다. 초기 단계에서는 성공적으로 느껴질 것이다. 하지만 클라우드 네이티브 분산 시스템 아키텍처에 내재된 복잡성이 기하급수적으로 가차없이 증가한다. "평가되지 않은" 조직은 필연적으로 기존 시스템과 문화가 그것을 이행하는 시도와 결과적으로 합선^{short-circuit}돼 충돌할 것이다.

클라우드 네이티브는 꾸준히 새롭게 진화하고 있지만, 성공적으로 완료된 마이그레이션에서 나타나는 공통 요소를 관찰하고 식별할 수 있을 만큼 충분히 오래전부터 존재해 왔으며, 시도가 지연되거나 완전히 실패하는 경우도 빈번하게 발생하고 있다. 성공적인 마이그레이션을 추진하는 데 도움이 되는 몇 가지 사항과 그렇지 않은 몇 가지 사항을 카탈로그로 작성했다면 다음 논리적 단계는 평가 도구를 만드는 것이다.

성숙한 청중만을 대상으로 하는 성숙도 매트릭스

성숙도 모델은 모든 종류의 시스템에서 상태를 평가하는 데 유용하고 효과적인 메커니즘이 될 수 있다. 안타깝게도 소프트웨어 개발과 관련해 기존의 성숙도 모델에는 컨텍스트가 부족하거나 권장 단계를 수행하기 위한 실용적인 지침을 제공하지 못하는 경우가 많다. 실제 구현에 도움을 주려 할 때에도 성숙도 모델은 현실을 지나치게 단순화하거나 일반화시키는 진행 방향을 설정한다.

모든 조직에는 고유한 환경, 과제 및 요구사항이 있으므로, 필자들은 클라우드 네이티브 트랜스포메이션을 원하는 조직을 위해 상세하고 정확하면서도 유연하며 실용적인 버전을 개발했다.

필자들은 고객을 클라우드로 이동시키며 얻은 4년간의 관찰 및 경험을 축적해 해당 평가 도구를 구성하는 데 사용했다. 이를 클라우드 네이티브 성숙도 매트릭스^{Cloud Native Maturance Matrix}라 부른다. 현재 당신이 속한 회사의 위치를 평가하고 이해하기 위한 고유한 프레임워크다. 매트릭스는 현재의 성숙도를 매핑하고, 격차 분석을 식별하고, 가장 많은 이익을 얻기 위해 어디에 노력을 집중해야 하는지를 알아내기 위해 적용할 수 있는 실용적인 과정이다. 이는 고객들에게 매우 유용한 모델이다.

조직에서는 두 가지 방법 중 하나로 클라우드 컨설팅 서비스를 요청하는 경향이 있다. 우리가 선호하는 방법은 회사가 새로운 클라우드 마이그레이션을 시작하고 처음부터 올바르게 마이그레이션하는 것을 돕는 것이다. 하지만 기존 방식의 고착화된 구현을 바로잡기 위해 고객으로부터 호출되는 횟수가 점점 증가한다.

어느 쪽이든, 필자들의 접근 방식은 모든 고객에게 동일하다.

필자들은 클라우드 네이티브 성숙도 매트릭스를 통해 고객의 고유한 환경과 특정 요구사항을 평가하기 위해 이틀을 현장에서 보낸다. 또한 9개의 다른 축을 따라 정확한 엔터프라이즈 스냅샷을 만든다. 그런 다음 이를 사용해 조직 상태를 정의, 분석 및 기술하고 마이그레이션 프로세스를 매핑한다. 프로세스를 진행함에 따라 지속적으로 재평가하는 이 데이터를 통해 필자들은 트랜스포메이션 목표를 커스터마이징할 수 있고, 마이그레이션에 관한 모든 다양한 측면을 원활하게 조정해 진행 상황을 모니터링할 수 있다.

즉, 성숙도 매트릭스는 각 회사의 고유한 클라우드 이전 경로에 대한 맞춤형 맵을 만드는 방법이다. 그리고 필자들이 과정을 추적하는 모니터링 방식이기도 하다.

성숙도 매트릭스 프레임워크를 구성하는 개념은 클라우드 네이티브 트랜스포메이션 패턴을 설명하기 위한 필수 배경 지식이다. 평가하는 내용과 그 이유를 이해하는 것이 자신의 글로벌 조직 컨텍스트global organizational context를 이해하는 데 매우 중요하다. 따라서 해당되는 패턴을 식별하고 이를 자신의 트랜스포메이션 디자인을 위해 적절하게 사용할 수 있다.

동기화 유지

이번 장에서는 성숙도 매트릭스의 9가지 영역과 각 영역에 대한 조직의 상태를 확인하는 방법에 대해 살펴본다. 각 영역은 다음과 같다.

- **문화** : 조직 내 개인들이 상호작용하는 방식
- **제품/서비스 디자인** : 조직 내에서 다음에 수행할 작업에 대한 결정 (예: 어떤 새 제품을 만들지 또는 기존 제품에 어떤 새로운 기능을 추가하거나 개선할지)
- **팀** : 조직의 팀 및 팀 간 책임, 커뮤니케이션 및 협업이 어떻게 작동하는지?
- **프로세스** : 조직에서 업무 및 할당된 프로젝트를 어떻게 처리하는지?
- **아키텍처** : 기술 시스템의 전반적인 구조를 설명
- **유지관리 및 운영** : 조직의 운영 환경에서 소프트웨어를 배포한 후 실행하는 방법
- **전달** : 개발 팀의 소프트웨어가 라이브(운영) 환경에서 실행되는 방법과 시기
- **프로비저닝** : 라이브 운영 환경에서 시스템을 생성하거나 업데이트하는 프로세스
- **인프라스트럭처** : 운영 환경이 구성되는 물리적 서버 또는 인스턴스instances의 현황, 현재 위치, 관리 방식

평가 결과에서 각 영역의 상태가 성숙도 매트릭스 축에 매핑된다. 그러고 나서 필자들은 문자 그대로 "점들을 연결"하는 방식으로 각 영역의 현재 상태, 즉 문화에서 인프라스트럭처까지 선을 긋는다.

이러한 방식으로 데이터를 수집하면 즉각적이고 강력하며 무엇보다도 회사 상태를 시각적으로 쉽게 파악할 수 있다. 또한 전체 클라우드 네이티브 기능을 구현하기 위해 각 영역에서 목표까지의 거리도 명확하게 보여준다.

그림 5-1은 실제 고객을 평가한 성숙도 매트릭스 결과를 보여준다.

그림 5-1의 예시에서, 실제 회사의 현재 상황과 클라우드 네이티브 트랜스포메이션에 필요한 점을 성숙도 매트릭스에서 모두 확인할 수 있다. 예를 들어, 문화는 워터폴 모델을 넘어 다소 발전한 반면, 프로세스는 애자일 방식에 근접하게 진행됐다.

가장 개발이 덜 된 영역과 같은 최악의 병목 현상을 식별하고 마이그레이션 속도를 증가시키기 위해 초기 자원 투입에 집중하게 한다. 예제 매트릭스에서는 인프라스트럭처, 제품/서비스 설계 및 팀을 우선 과제로 살펴볼 것이다.

단계	프로세스 없음	워터폴	애자일	클라우드 네이티브	차세대(NEXT)
문화	개인주의	예측이 가능한	반복적인	협력적인	실험적인
제품/서비스 디자인	임의적인	장기 계획	기능 기반	데이터 기반	전체 기반
팀	조직 없음, 단독 기여	계층 구조	교차 기능 팀	데브옵스/사이트 안정성 엔지니어링	내부 공급 사슬
프로세스	랜덤	워터폴	애자일 (스크럼/칸반)	디자인싱킹 + 애자일 + 린	분산, 자체 구성
아키텍처	시행착오를 통한 출현	강하게 결합된 모놀리스	클라이언트-서버 아키텍처	마이크로서비스 아키텍처	펑션 아키텍처
유지관리	사용자 불만 대응	임시 모니터링	알림(경고)	전체 관측성 & 자가 복원	예방적 ML, AI
전달	비정기 릴리즈	정기 릴리즈	지속적 통합	지속적 전달	지속적 배포
프로비저닝	수동	스크립트 기반	구성 관리 (퍼펫/셰프/앤서블)	오케스트레이션 (쿠버네티스)	서버리스
인프라스트럭처	단일 서버	다중 서버	가상머신(애완동물)	컨테이너/하이브리드 클라우드(가축)	엣지 컴퓨팅

CURRENT SITUATION · GOAL

그림 5-1 클라우드 네이티브 목표가 정의된 기업 평가 및 디스커버리(discovery) 결과를 보여주는 클라우드 네이티브 성숙도 매트릭스

그러나 하나 이상의 병목 문제가 해결되는 동안 다른 영역이 보류 상태를 유지한다는 것을 의미하지는 않는다. 특히 이들 팀들 중 일부가 더 쉬운 전환을 위한 토대를 준비하고 있다면 여러 팀이 다른 속도로 진행해도 좋다.

 클라우드 네이티브에 도달하기 위해 중간 단계를 거칠 필요는 없다. 즉, 현재 워터폴을 사용하고 있다면, 애자일을 거치지 않고 바로 클라우드 네이티브로 넘어갈 수 있다.

팀마다 다른 속도로 전환을 점진적으로 진행한다. 성숙도 매트릭스 조정은 전환 과정 중에 일직선으로 고른 라인을 유지하기 위해 발맞춰 움직이는 것을 의미하지 않는다. 동기화 상태를 유지하는 것이 더 중요하다. 즉, 각 축이 적절하게 조절해 모든 시스템과 전체적인 컨텍스트에서 함께 작동하는지 확인한다.

매트릭스 적용

클라우드 네이티브 성숙도 매트릭스^{Cloud Native Maturity Matrix}는 일반적으로 현장에서 회사와 직원과 함께 며칠 동안 숙련된 담당자 관리하에 작성된다. 성숙도 매트릭스 내에서 조직의 위치를 파악하려는 것은 매우 유용한 사고^{thought} 실험이다.

앞서 살펴본 바와 같이, 성숙도 매트릭스는 9개의 개별 영역(또는 축)으로 구분되며, 각각은 통합적이고 상호의존성이 있는 시스템의 개별적이고 필수적인 구성이다. 각 축은 현재 회사가 소유할 수 있는 네 가지 구체적인 조직 개발 단계로 구분된다. 즉, 프로세스 없음, 워터폴, 애자일, 클라우드 네이티브로 구분된다. 현재 트렌드와 기술 개발 현황을 고려할 때, 향후 발생할 수 있는 방향을 보여주기 위해 추가 "차세대^{NEXT}" 카테고리도 포함된다. 다음 몇 개 절에서는 9개 축에 걸친 질의 단계에서 조직의 상태가 정확히 어떻게 표시되는지 살펴본다. 왼쪽에서 오른쪽으로, 오래되고 덜 성숙한 애자일 상태에서 탄력적이고 대응력이 뛰어난 클라우드로 전환한다. 하지만 클라우드 네이티브 성숙도 매트릭스는 성공적인 클라우드 마이그레이션으로 끝나지 않는다. 앞서 설명했듯이, 클라우드 네이티브는 지금 무엇을 해야 하는지에만 초점을 맞추기 때문이다. 그렇기에 다음에 닥칠 모든 것들에 쉽게 적응할 수 있는 능력을 구축하는 것도 중요하다.

문화

성숙도 매트릭스는 어떤 조직이든 문화부터 시작한다. 왜냐하면 문화는 조직이 앞으로 나아가는 데 가장 힘든 축이기 때문이다. 문화는 추상적이고, 변화하기 어렵고, 진화 속도도 느리다. 다른 축은 주로 코드와 계획이기 때문에 더 빠르고 쉽게 달성할 수 있다. 문화를 바꾸는 것은 조직 전체에서 많은 승인이 필요하다. 일반적으로 다른 축들은 더 독립적인 방식으로 기능할 수 있다.

2장에서 문화에 대해 심도 있게 논의했지만, 여기 간단한 개요가 있다. 그림 5-2는 성숙도 매트릭스 평가에서 조사하는 문화 지표의 범위를 보여준다.

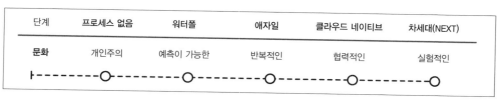

그림 5-2 클라우드 네이티브 성숙도 매트릭스의 문화 축

프로세스 없음: 개인주의적인

동료, 선배 또는 후배 구성원과의 소통에 정해진 방식이나 방법은 없지만 의사소통은 개인적인 선호에 기반하고 있다. 이는 스타트업의 일반적인 문화지만 회사가 확장 시 지속하기 어렵다.

워터폴: 예측이 가능한

예측 가능한 조직은 장기적인 계획과 확실한 납기를 선호한다. 목표는 복잡한 시스템을 명시된 대로 정확하게 제공하는 것이다. 신속한 제공이 우선순위가 아니다. 이러한 조직들은 새로운 아이디어나 실험을 억제하는 경향이 있다. 새로운 것은 본질적으로 예측할 수 없기 때문이다. 일반적으로 많은 양의 문서, 변경, 개선 및 일상적인 작업에 대한 절차, 전문성에 따른 팀 분리, 모든 상황에 대한 도구들, 그리고 주간 회의 같은 정기적고 지루한 계획 회의가 있다. 복잡한 시스템을 정확히 지정된 대로 제때 제공하는 것은 복잡하며 어렵다.

이런 문화는 중견-대기업에서 흔히 볼 수 있다.

애자일: 반복적인

애자일 조직은 비교적 작고 단순한 목표를 선택하는데, 이를 최대한 신속하게 달성하는 것을 목표로 한다. 애자일 조직들은 장기적인 계획을 따르기보다는 단기간에 집중하는 경향이 있다. 의사소통은 짧은 일일 회의에서 종종 이루어진다. 주안점은 빠른 대응과 해결에 달려 있는데, 이는 개인들이 모든 것을 정상 궤도에 올려놓기 위해 정기적으로 초인적인 노력을 보이는 "영웅 문화"로 이어질 수 있다. 일반적으로 스크럼 마스터 및 기타 코디네이터 팀 간 커뮤니케이션과 함께 스크럼 프로젝트 관리 방법을 사용한다. 애자일 조직은 일반적으로 여러 부서 내에서 다양한 업무를 수행하지만 각 팀마다 작은 책임을 진다.

이러한 문화는 모든 규모의 스타트업과 기업에서 흔히 볼 수 있다.

클라우드 네이티브: 협력적인

협력적인 조직은 크지만 깊이 있는 구체적인 목표를 갖지 않는 경향이 있다. 즉, 시야가 넓을 수 있지만 세부 사양이나 납품 날짜가 없을 수 있다. 이 문화는 예측 가능성보다 일관된 학습과 지속적인 개선을 수용한다. 주안점은 자기개발, 실험, 그리고 연구에 관한 것이다. 결과는 현장 데이터를 기반으로 냉정하게 평가한다.

협업 문화는 불확실성이 높거나 변화가 빠른 분야에서 일하는 기업들에서 매우 중요하다.

차세대: 생산적인

필자들은 다음과 같은 유형의 조직이 생산적인 조직이 될 것이라고 예측한다. 협업 조직의 확장에 따라 IT는 비즈니스와 동등한 파트너로서 솔루션을 공동 창출할 것이다.

제품/서비스 디자인

바로 해당 단계에서 여러분이 하는 일과 일하는 방법을 평가한다. 조직이 장기 계획을 중심으로 조직돼 있는지, 긴밀하게 결합된 제품을 느리고 계획적인 일정에 따라 제공하는지, 아니면 짧은 스프린트에서 빠르게 반복하는지, 고객의 피드백을 활용해 변화를 유도하는 것이 이상적인지 여부를 평가한다.

그림 5-3은 성숙도 매트릭스 평가에서 필자들이 추구하는 제품/서비스 디자인 상황의 범위를 보여준다.

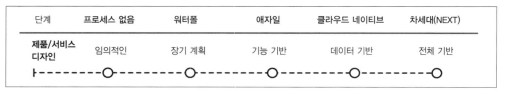

단계	프로세스 없음	워터폴	애자일	클라우드 네이티브	차세대(NEXT)
제품/서비스 디자인	임의적인	장기 계획	기능 기반	데이터 기반	전체 기반

그림 5-3 클라우드 네이티브 성숙도 매트릭스의 제품/서비스 디자인 축

프로세스 없음: 임의적인

임의의 설계 프로세스는 유행에 따르거나 또는 즉흥적이고 다소 무작위적이며 깊이 논의되지 않는다. 보통 창업자들로부터 아이디어가 나오는 스타트업에서 운영되는 일반적인 방법이다. 거꾸로 말하면 매우 창의적일 수 있다. 단점은 부분적인 특징이나 일관성이 없는 제품이 나타날 수 있다.

워터폴: 장기 계획

이 디자인 프로세스는 고객, 잠재 고객, 사용자 또는 제품 관리자의 제품 기능 요청을 수집하고 평가하는 데 중점을 둔다. 그런 다음 개별 기능이 팀 프로젝트로 전환되고 여러 기능이 6개월에서 12개월마다 발생하는 대규모 릴리즈로 결합된다.

이 프로세스는 대기업에서 매우 일반적인 모델이다.

애자일: 기능 기반

기능 중심의 디자인 프로세스는 소규모 계획으로 선택된 작고 새로운 기능을 적용해 속도를 높인다. 이러한 비교적 간단한 기능을 몇 주 또는 몇 달마다 소규모로 고객에게 제공하는 것이 목표다. 기능 중심의 조직에서는 중요한 장기 계획 없이 빠른 변화에 초점을 맞추는 경우가 많다.

클라우드 네이티브: 데이터 기반

제품에서 어떤 기능이 유지되는지에 대한 최종 결정은 실제 사용자로부터 수집된 데이터를 기반으로 한다. 잠재적인 새로운 기능은 긴 선택 프로세스 없이 제품 소유자의 클라이언트 요청 또는 설계를 기반으로 선택된다. 빠른 프로토타입으로 제작되고, 다양한 모니터링 및 계측 기능을 통해 전달된다. A/B 테스트 또는 다변량multivariate 테스트에 따라 이전 기능보다 더 나은지 또는 더 나쁜지 평가한다. 새 기능의 성능이 더 좋으면 그대로 유지되고, 더 나빠지면 기능을 빼거나switched off 개선된다.

차세대: AI 기반

미래에, 인간은 이 단계에서 완전히 배제될 것이다. AI 기반 시스템은 개발자와 상호작용을 거의 하지 않으며 점진적으로 수정하고 스스로 테스트할 것이다.

팀

당신이 속한 회사에서는 상사가 지시하는 대로 수행하는 탑-다운top-down 접근 방식을 전문화된 팀과 함께 적용하고 있는가? 아니면 각 멤버가 특정한 기술을 보유한 교차 기능 팀 중 하나인가? 어쩌면 당신은 클라우드 네이티브 아키텍처를 활용하는 효과적인 접근 방식인 데브옵스까지 진행했을 수도 있다.

그림 5-4는 성숙도 매트릭스 평가에서 우리가 찾는 팀 구조의 범위를 보여준다.

단계	프로세스 없음	워터폴	애자일	클라우드 네이티브	차세대(NEXT)
팀	조직 없음, 단독 기여	계층 구조	교차 기능 팀	데브옵스/사이트 안정성 엔지니어링	내부 공급 사슬

그림 5-4 클라우드 네이티브 성숙도 매트릭스의 팀 축

프로세스 없음: 조직 없음, 단독 기여

이러한 유형의 조직에서는 일관된 프로세스가 없는 단독 컨트리뷰터contributor 또는 독립적인 컨트리뷰터 몇 명으로 구성되는 소규모 조직 구조를 확인할 수 있다. 이는 소규모 스타트업 기업에서 가장 흔히 발견된다.

워터폴: 계층 구조

팀 내부와 팀 간에 상당히 많은 탑-다운 지시를 통해 조직된다. 결정은 상위 관리자가 하며, 구현은 전문화된 팀이 한다. 개인이 팀을 이동하기 어렵다. 아키텍트, 디자이너, 개발자, 테스트, 운영자 각각의 팀으로 구성된다. 팀 간 커뮤니케이션은 일반적으로 JIRA와 같은 툴이나 관리자를 통해 이루어진다. 역사적으로 볼 때 큰 조직에서 가장 흔한 구조다.

애자일: 교차 기능 팀

교차 기능 팀은 팀 간 전문화는 다소 덜 됐지만 팀 내 교차 기능은 더 많다. 예를 들어 개발 팀은 테스트와 기획 역량을 포함시킬 수 있다. 스크럼 마스터, 프로덕트 오너 등은 팀 간의 커뮤니케이션을 용이하게 한다. 그러나 계층적 조직 구조는 팀 외부에 존재한다.

클라우드 네이티브: 데브옵스/사이트 안정성 엔지니어링[SRE]

전통적으로 개발자/엔지니어들은 소프트웨어를 만드는 일을 맡고 운영팀으로 넘겨 배포하도록 한다. 데브옵스 팀은 분산 시스템의 일부로 애플리케이션을 설계 및 구축하고 프로덕션 플랫폼/툴을 운영할 수 있는 단일 팀에 합류한다. 조직 전반에서 각 팀은 개별적인 마이크로 서비스를 전달하고 이를 지원하는 모든 책임을 진다. 데브옵스 팀에는 일반적으로 계획, 아키텍처, 테스트, 개발 및 운영 역량이 포함된다.

여전히 업무의 분리가 남아 있는 경우가 많다. 예를 들어 클라우드 네이티브 플랫폼 구축을 담당하는 플랫폼 데브옵스 팀이 클라우드 네이티브 플랫폼 구축을 담당하는 반면 사이트 안정성 엔지니어링 또는 1선 지원 팀은 인시던트에 대응하고 나머지 시간은 초기 발생을 방지하기 위해 자동화에 투입하는 것이 일반적이다. 그러나 이러한 팀과 개인 간에 상당한 협업이 이루어지며, 쉽게 서로의 팀으로 이동할 수 있다.

차세대: 내부 서플라이 체인[Internal supply chains]

내부 서플라이 체인 조직에서 각 서비스는 팀별로 기술 및 비즈니스 창출 책임을 모두 지는 별도의 제품이다. 지난 10여 년 동안 많은 이커머스[ecommerce] 팀이 관리 방식이었다.

프로세스

당신이 속한 회사는 사전에 장기 계획을 수립한 후 실행하는가? 아니면 즉각적으로 변화를 주는가? 현재 스크럼^Scrum/칸반^Kanban은 대부분의 기업이 사용하고 있다. 클라우드 네이티브 및 CI/CD는 다음 단계를 위해 더 빠른 속도를 필요로 한다. 개발자는 매일매일 다른 개발자와 독립적으로 배포할 수 있어야 한다. 그림 5-5는 성숙도 매트릭스 평가에서 우리가 찾는 프로세스 접근법의 범위를 보여준다.

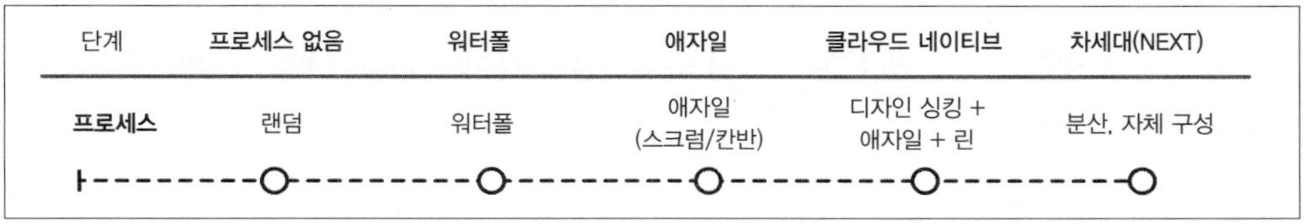

단계	프로세스 없음	워터폴	애자일	클라우드 네이티브	차세대(NEXT)
프로세스	랜덤	워터폴	애자일 (스크럼/칸반)	디자인 싱킹 + 애자일 + 린	분산, 자체 구성

그림 5-5 클라우드 네이티브 성숙도 매트릭스의 프로세스 축

프로세스 없음: 랜덤

랜덤 조직에서는 변경 관리 프로세스가 없으며 임의의 변경만 수행된다. 일관성 있는 버전이 없는 경우가 많다. 이는 엔지니어가 몇 명밖에 없는 많은 소규모 기업에서 흔히 볼 수 있다.

워터폴: 워터폴

워터폴 조직에서는 제품 개발 프로세스를 사전 계획 및 변경 관리 프로세스를 통해 엄격하게 제어한다. 계획, 실행, 테스트 및 마지막으로 전달에 대한 순차적 프로세스를 따른다.

일반적으로 서로 다른 줄기^stream의 작업을 결합하는 전달 전 통합 단계가 있다.

이 프로세스는 관리자가 관리한다. 모든 인계는 잘 문서화돼 있으며 양식과 절차를 필요로 한다.

애자일: 애자일(스크럼/칸반)

제품 개발은 스크럼 또는 칸반과 같은 애자일 기술을 사용해 스프린트로 운영된다. 제품이 설명서로 문서화는 제한돼 있고, 팀은 일상적인 협의를 통해 자체적인 관리에 많은 노력을 기울인다. 일반적으로 신속하게 전달해야 한다는 상당한 압박은 있지만 실험이나 연구를 위한 정의된 준비사항은 없다. 전달 마감일을 지키기 위해 스프린트 중에는 제한적이거나 변경이 불가능하다.

클라우드 네이티브: 디자인 싱킹 + 애자일 + 린

디자인 싱킹와 다른 연구 및 실험 기법은 크고 복잡한 프로젝트의 위험을 줄이는 데 사용된다. 옵션을 비교하기 위해 많은 개념 증명^{PoC}이 개발됐다. 칸반은 프로젝트를 더욱 명확하게 하는 데 자주 사용되며, 마지막으로 스크럼과 같은 애자일은 일단 전체 팀이 프로젝트를 잘 이해하게 되면 적용될 수 있다. 매우 숙련된 조직에서는 린 모델을 따를 수 있다.

이렇게 비교적 새로운 접근 방식은 불확실성이 높은 상황이나 기술이 빠르게 변화하고 있는 상황에서 매우 효과적이다.

차세대: 분산, 자체 구성

향후, 자기 조직적인 시스템은 고도의 실험이 될 것이다. 선행 디자인 단계가 줄어들 것이다. 개인 또는 소규모 팀이 아이디어를 생성해 새로운 제품 또는 기능의 씨앗을 형성한다. 이렇게 구현하면 플랫폼이 자동으로 반복 및 개선한다.

아키텍처

당신이 속한 회사에서는 "강하게 결합된 단일 아키텍처"같이 대부분의 사용 사례에 필요한 모든 것을 제공하기 위해 "배터리 일체형 아키텍처"를 시도하고 있는가? 또는 진화 아키텍처 체인인 클라이언트-서버 모델 다음 단계에 도달했을 수도 있다. 클라우드 네이티브의 목표는 대규모 애플리케이션이 모듈식 구성 요소 또는 서비스들로 구축되는 마이크로서비스 아키텍처를 사용하는 것이다. 개발 팀은 마이크로서비스로 소프트웨어를 구축하는 데 더욱 분산된 비계층적인 접근 방식을 취할 수 있다. 마이크로서비스를 사용하면 각 서비스를 독립적으로 분리, 재구성, 재배포 및 관리할 수 있다. 그림 5-6은 성숙도 매트릭스 평가에서 필자들이 추구하는 아키텍처 접근법의 범위를 보여준다.

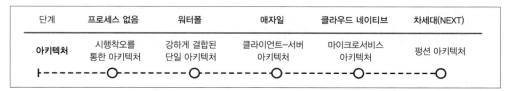

그림 5-6 클라우드 네이티브 성숙도 매트릭스의 아키텍처 축

프로세스 없음: 시행착오를 통한 아키텍처

시행착오에서 벗어나기 위한 아키텍처에는 명확한 아키텍처 원칙이나 실행이 없다. 개발자는 코드를 독립적으로 작성하며, 모든 시스템 수준의 커뮤니케이션은 임시로 이루어진다. 구성 요소 간의 통합은 제대로 문서화되지 않아 불명확하며 확장 및 유지보수가 어려운 경향이 있다.

워터폴: 강하게 결합된 단일 아키텍처

강하게 결합된 단일 아키텍처는 전체 코드베이스를 1개에서 5개의 모듈로 구축하고 많은 개발자들이 동일한 구성 요소에서 작업하는 아키텍처 모델이다. 데이터베이스, 비즈니스 로직, 프리젠테이션 계층 등으로 구성되는 계층화된 아키텍처가 일반적이다. 인터페이스가 정의되지만 일반적으로 코드가 매우 강하게 결합되는 구성 요소로 구분되므로 한 부분을 변경하면 다른 부분을 변경해야 하는 경우가 많다. 전달은 공동의 방식으로 이뤄지며, 일반적으로 단일 애플리케이션은 도구에 대한 강력한 표준화와 함께 단일 프로그래밍 언어로 작성된다. 일반적으로 애플리케이션은 수직적으로 확장된다. 단일 서버에 리소스를 추가해 더 많은 사용자를 수용할 수 있다. 이 단일 구조의 디자인과 유지관리는 대개 시스템 설계자나 담당자가 속한 팀이 주도하는데, 이들 중 다수는 실제 개발자가 아니다.

애자일: 클라이언트-서버 아키텍처

분산 시스템의 가장 기본적인 형태로, 클라이언트-서버 모델은 서비스 공급자인 서버 간에 작업 또는 워크로드를 분할해 서비스 검색 클라이언트에 요청된 리소스를 제공한다.

단일 애플리케이션 아키텍처와 마찬가지로 클라이언트-서버 아키텍처에서는 여러 팀이 한 번에 서비스 작업을 수행하므로 모든 서비스를 함께 배포해야 한다. 그러나 네트워크 유도 분리는 어느 정도 디커플링을 제공하므로, 일반적으로 시스템에서 병렬 형태로 어느 정도 발전할 수 있다. 한 그룹은 클라이언트 부분을, 한 그룹은 서버를 처리한다.

클라우드 네이티브: 마이크로서비스 아키텍처

마이크로서비스 아키텍처는 고도로 분산돼 있다. 잘 정의된 버전 API를 통해서만 통신하는 많은 수의 독립 서비스로 일반적으로 10개 이상으로 구성된다. 어떤 경우에는 각 마이크로서비스는 한 팀에서 개발하고 유지 관리한다.

각 마이크로서비스는 독립적으로 배포할 수 있으며 각각 별도의 코드 저장소가 있다. 따라서 각 마이크로서비스 팀은 자체 선호 랭귀지와 운영 도구 및 데이터베이스 또는 큐 같은 데이터스토어를 사용해 매우 병렬적으로 작업하고 배포할 수 있다.

시스템이 배포되면 구성 요소가 서로뿐만 아니라 다른 자체 복제본으로부터 분리되므로 각 서비스의 복제본을 더 많이 배포해 시스템을 쉽게 확장할 수 있다. 운영상 마이크로서비스 배포는 완전히 자동화된 방식으로 관리돼야 한다.

차세대: 펑션 애즈 어 서비스/서버리스 아키텍처

서버리스로 잘 알려진 펑션 애즈 어 서비스$^{Functions-as-a-Service}$는 인프라를 프로비저닝할 필요가 없는 아키텍처이다. 각 비즈니스 로직은 별도의 기능으로, AWS의 Lambda, Azure Functions 또는 구글의 Cloud Functions와 같이 완전한 관리형 펑션 애즈 어 서비스$^{Functions-as-a-Service}$로 운영된다. 사전 프로비저닝, 확장 또는 패치 같은 작업은 필요하지 않다. 사용량 기반$^{pay-as-you-go}$/호출 기반$^{pay-per-invocation}$ 지급 모델이 있다.

유지관리

이 축에서는 시스템을 모니터링하고 계속 실행하는 방법을 평가한다. 이는 프로세스가 없는 것에서부터 사람의 개입이 거의 없거나 전혀 없는 완전한 자동화에 이르기까지 광범위한 영역이다. 프로세스가 없거나 임시 없음은 서버가 작동 중인지, 응답 시간이 얼마인지 확인하기 위해 매번 서버에 접속해야 한다는 것을 의미한다. 그리고 다소 난처한 점은 여전히 많은 사람들이 그렇게 하고 있다는 것이다. 알림^{alerting}이란 문제가 발생했을 때 경고할 수 있는 일종의 자동화를 의미한다. 하지만 일단 문제가 발생했을 때, 사람이 여전히 개입할 필요가 있기 때문에 이 새로운 세계에 충분히 빠르게 다가갈 수 없다. 종합적인 모니터링과 완벽한 관측성, 즉 시스템 동작을 관찰하고 분석해 문제가 발생했을 때 대처하는 것이 아니라 사전에 예측(예방)할 수 있는 클라우드 네이티브의 절대적 필수 요소다. 그림 5-7은 성숙도 매트릭스 평가에서 필자들이 추구하는 유지보수 접근법의 범위를 보여준다.

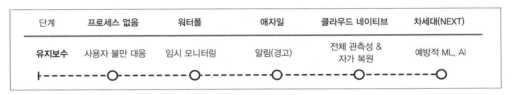

단계	프로세스 없음	워터폴	애자일	클라우드 네이티브	차세대(NEXT)
유지보수	사용자 불만 대응	임시 모니터링	알림(경고)	전체 관측성 & 자가 복원	예방적 ML, AI

그림 5-7 클라우드 네이티브 매트릭스의 유지보수 축

프로세스 없음: 사용자 불만 대응

개발 및 운영 팀은 사용자가 대부분의 문제에 직면했을 때에만 알림을 받는다. 대부분의 사용자가 문제에 직면하기 전에 문제들을 사전에 표시하거나 엔지니어가 문제를 해결하기에 불충분한 모니터링 방식이다. 시스템 다운타임은 클라이언트를 통해 혹은 우연하게 발견할 수 있다. 알림이 없다.

문제를 진단하려면 일반적으로 관리자가 서버에 로그인하고 각 도구와 애플리케이션 로그를 별도로 확인해야 한다. 따라서 여러 명의 사용자가 운영 환경에 대한 보안 접근이 필요하다. 시스템에 대한 수정 사항을 적용하면 수동 업그레이드 절차가 있다.

이는 스타트업이나 소규모 기업에서 흔히 볼 수 있는 상황이지만 단일 장애 지점(SPOF)나 개별 엔지니어만 존재하는 만큼 보안, 안정성 및 복원력 문제도 있다.

워터폴: 임시 모니터링

시스템 인프라 및 애플리케이션에 대해 부분적이며 대체로 수동적인 모니터링으로 구성된다. 여기에는 주요 서버의 무응답과 같은 기본적인 다운타임 이벤트에 대한 지속적인 모니터링 및 알림이 포함된다.

실시간 이슈는 일반적으로 운영 팀이 처리하며 운영 팀만 운영 환경에 액세스할 수 있다. 일반적으로 로그에 대한 중앙 액세스 권한은 없으며 엔지니어는 진단, 유지 관리 작업 및 문제 해결을 위해 개별 서버에 로그인해야 한다. 수동 업데이트 절차를 수행하기 위한 공식 런북runbook이나 문서 및 체크리스트가 존재한다. 이는 대기업에서 매우 흔하지만 보안, 안정성 및 복원력 문제를 완전히 완화하지는 못한다.

애자일: 알림(경고)

알림은 다양한 라이브 시스템 이벤트에 대해 미리 구성된다. 일반적으로 중앙에서 일부 로그 수집이 있지만 대부분의 로그는 여전히 별도의 위치에 있다.

운영 팀은 일반적으로 이러한 알림에 응답하며 문제를 해결할 수 없는 경우 개발자에게 에스컬레이션한다. 운영 엔지니어는 여전히 개별 서버에 로그인할 수 있어야 한다. 그러나 업데이트 프로세스는 부분적 또는 전체 스크립트로 작성될 수 있다.

클라우드 네이티브: 전체 관측성 & 자가 복원

전체 관측성과 자가 복원 시나리오에서는 시스템이 실행 중인 모든 서비스에 대한 정보를 지속적으로 수집하기 위해 로깅, 추적, 알림 및 메트릭에 의존한다. 클라우드 네이티브에서는 시스템을 관찰해 현재 상황을 확인해야 한다. 모니터링은 필자들이 이 정보를 보는 방식이다. 관측성은 우리가 설계한 속성을 시스템으로 명시해 외부 출력을 모니터링해 내부 상태를 식별할 수 있도록 한다. 대부분의 문제 응답은 자동으로 발생한다. 예를 들어 시스템 상태 점검은 실패가 감지될 경우 자동 재시작을 트리거할 수 있다. 대안으로 디스크 공간 부족과 같은 리소스 부족이 감지되는 경우 시스템이 자체 서비스를 점차적으로 저하시켜 스스로 생명을 유지할 수 있다. 넷플릭스Netflix가 이 문제로 유명하다. 상태 대시보드는 서비스 가용성을 확인할 수 있도록 비즈니스와 관련된 모두가 액세스할 수 있는 경우가 많다.

현재 "플랫폼"이라고도 부르는 운영 엔지니어는 자동으로 처리되지 않는 인프라 구조 및 플랫폼 문제에 대응한다. 라이브 애플리케이션 문제는 개발 팀 또는 시스템 안정성 엔지니어SRE가 처리한다. SRE 역할은 데브옵스 팀에 속한 개인이 수행하거나 전담 SRE 팀으로 분리

될 수 있다.

로그는 모두 한곳에 수집된다. 여기에는 트레이싱^{tracing} 출력을 포함하기도 한다. 운영, 개발자 및 SRE는 모두 로깅 위치에 액세스할 수 있다. 운영 서버에 대한 보안 액세스 권한이 더 이상 필요하지 않다.

모든 업데이트 프로세스가 완전히 자동화되므로 개별 엔지니어가 개별 서버에 액세스할 필요가 없다.

차세대: 예방적 ML, AI

차세대 시스템에서는 ML과 AI가 운영 및 유지관리 프로세스를 처리한다. 예를 들어, 시스템은 자동으로 용량을 확장해 장애를 방지하는 방법을 스스로 학습한다. 자가 복원은 시스템을 작동하고 유지보수하기 위한 최적의 방법이다. 더 빠르고 안전하며, 안정적이다.

전달

전달은 실제로 얼마나 빨리 제품을 출시하는지 여부와, 방식 자동화에 관한 모든 것이다. 성숙도 매트릭스는 6개월에서 12개월마다 전달하는 전통적인 메이저 버전 릴리즈에서 애자일로 주간에서 월간 릴리즈까지 더욱 빠르게 반복적으로 배포하는 형태로 이동한다. 클라우드 네이티브에 도달하면 매일 또는 하루에 여러 번 릴리즈할 수 있다. 그림 5-8은 성숙도 매트릭스 평가에서 필자들이 추구하는 전달 방식을 보여준다.

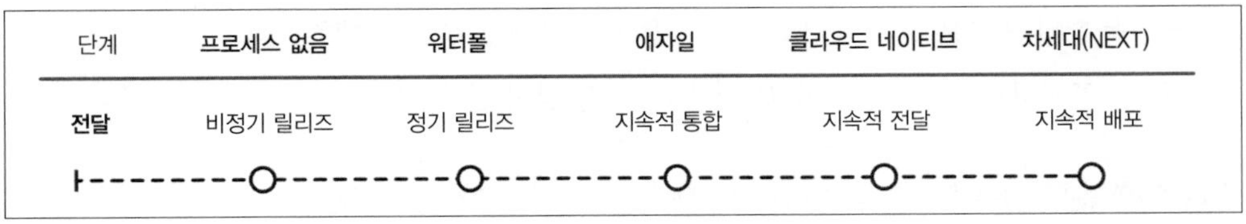

단계	프로세스 없음	워터폴	애자일	클라우드 네이티브	차세대(NEXT)
전달	비정기 릴리즈	정기 릴리즈	지속적 통합	지속적 전달	지속적 배포

그림 5-8 클라우드 네이티브 성숙도 매트릭스의 전달 축

프로세스 없음: 비정기 릴리즈

많은 소규모 조직에서는 변경의 시급성에 대해 IT 또는 경영진의 결정에 따라 새로운 기능 또는 수정을 위한 불규칙한 소프트웨어 릴리즈가 비정기적으로 운영 환경에 전달된다. 운영 환경 문제에 대한 수정과 같은 매우 시급한 문제의 경우 개발자가 즉시 프로덕션에 변경 사항을 전달한다.

이는 스타트업과 중소기업의 공통적인 상황이다.

워터폴: 정기 릴리즈

많은 조직에서 6개월 단위 릴리즈와 같은 예와 같이 주기적인 예정된 릴리즈를 수행한다. 이러한 빈번하지 않은 릴리즈의 내용은 매우 중요하며, 긴 계획의 결과다. 각 릴리즈에 대한 광범위한 아키텍처 문서는 회사의 아키텍트에 따라 작성된다. 전체 아키텍처가 준비되기 전에는 코딩이 수행되지 않는다. 릴리즈 내용에 동의하고 변경 사항이 있으면 변경 승인 위원회(CAB)의 대상이다. 빈번하지 않은 릴리즈의 주요 요인은 배포 전에 각 릴리즈에 대해 비용이 많이 드는 수동 테스트를 수행해야 한다는 것이다.

각 릴리즈에 순차적인 프로세스가 수행된다.

1. 시스템 및 소프트웨어 요구 사항은 제품 요구 사항 문서에 정리된다.
2. 분석 후 문서화된 모델, 스키마 및 비즈니스 규칙을 만든다.
3. 소프트웨어 아키텍처의 디자인을 마치면 관련 내용을 문서화한다.
4. 코딩이 이루어진다. 소프트웨어의 개발, 입증, 통합(즉, 다른 팀이 수행한 작업을 병합).
5. 통합된 새로운 코드의 테스트는 수동 테스트를 포함해 수행한다.
6. 소프트웨어 설치 및 마이그레이션은 운영 팀이 완료한다.

릴리즈 후 운영 팀은 릴리즈를 마친 시스템을 지원 및 유지관리한다.

애자일: 지속적 통합[CI]

지속적인 통합은 공식 릴리즈 일정은 그대로 유지될 수 있지만 엄격한 릴리즈 일정을 따르지 않고도 새로운 기능을 마음대로 출시할 수 있도록 보장하는 조직을 말한다. 운영 환경에 새로운 코드가 더 자주 릴리즈되는 경우도 발생한다.

CI를 사용하는 기술 조직은 일반적으로 다음과 같은 이점을 가진다.

- 모든 개발자가 코드를 추가하는 단일 코드베이스, 줄여서 소스 저장소^{source repository}가 있다. 이를 통해 병합 및 통합이 가끔씩이 아니라 지속적으로 이루어져 합병을 훨씬 쉽게 만드는 경향이 있다.
- 완전히 자동화된 빌드 프로세스로, 새 코드를 실행 가능한 애플리케이션으로 전환한다.
- 빌드의 일부로 모든 코드를 자동으로 테스트한다. 따라서 개발자는 버그가 진행되는 동안 버그를 수정해야 한다. 다시 말해, 테스트가 더 쉬워진다.
- 개발자가 매일 새 코드를 단일 저장소에 추가해야 하므로 버그가 진행되면서 버그가 점진적으로 병합되고 수정된다.
- 자동화된 방식으로 운영 환경 하드웨어를 배포하거나 테스트를 위해 코드를 배포할 수 있다.

클라우드 네이티브: 지속적 전달

지속적 전달은 새로운 기능이 하루에도 몇 번씩 높은 빈도로 운영 환경에 출시되도록 보장하는 조직을 설명한다. 그렇다 해서 새로운 기능이 모든 사용자에게 즉시 노출되는 것은 아니다. 실험 사용자 또는 미리보기 사용자 중 일부를 위해 일시적으로 숨겨지거나 보류될 수 있다.

CD를 사용하면 일반적으로 다음 내용을 알 수 있다.

- 개발자의 새 코드가 빌드 및 테스트 단계를 통해 자동으로 이동하는 이른바 "배포 파이프라인"
- 배포를 위한 새 코드의 자동 승인 또는 반려
- 기능, 통합, 부하 및 성능에 대한 철저한 테스트가 자동으로 수행된다.
- 개발자가 코드를 파이프라인에 넣으면 수동으로 변경할 수 없다.

- 개별 엔지니어는 운영 또는 라이브 환경의 서버를 변경할 수 있는 권한이 없다.

클라우드 네이티브 조직은 일반적으로 "CI/CD"라는 통합 및 구축 프로세스를 결합해 시스템을 지속적으로 개선한다. 또한 운영 환경 시스템에서 중단이 발생하도록 강제하는 방법인 "카오스 엔지니어링" 또는 사용자의 일부에 대한 "A/B 테스트"와 같은 라이브 테스트 방법을 사용해 운영 환경 시스템에서 테스트를 실행한다.

차세대: 지속적 배포

전달의 차세대 진화는 지속적 배포다. 여기서는 승인 과정 없이 프로덕션에 완전히 자동 배포된다. 즉, 고객에 대한 지속적인 변화 흐름만 볼 수 있다. 사용자 전환과 같은 특정한 핵심 메트릭이 부정적인 영향을 미치는 경우 시스템이 자동으로 새로운 변경 사항을 롤백 또는 제거한다.

프로비저닝

새로운 인프라스트럭처와 새로운 시스템을 어떻게 생성하는가? 모든 것을 얼마나 빨리 배포할 수 있으며, 이 프로세스가 얼마나 자동화돼 있는가? 프로비저닝은 다른 8개 영역을 선도하는 회사를 확인하기에 좋은 성숙도 매트릭스 축이다.

그림 5-9는 성숙도 매트릭스 평가에서 필자들이 추구하는 전달 접근 방식을 보여준다.

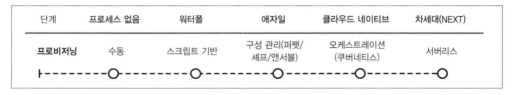

단계	프로세스 없음	워터폴	애자일	클라우드 네이티브	차세대(NEXT)
프로비저닝	수동	스크립트 기반	구성 관리(퍼펫/셰프/앤서블)	오케스트레이션 (쿠버네티스)	서버리스

그림 5-9 클라우드 네이티브 성숙도 매트릭스의 프로비저닝 축

프로세스 없음: 수동

수동 시스템에서 개발자나 운영 담당자가 서버에 로그인해 수동으로 또는 초보적인 스크립

팅을 통해 애플리케이션을 시작한다. 서버는 FTP와 같은 원시 파일 전송 메커니즘을 사용해 접속한다.

스타트업에서 흔히 볼 수 있는 상황이다. 느리고 노동집약적이며, 불안정하고 확장성이 없다.

개발자는 애플리케이션을 구축해 운영 팀에 넘겨 배포한다. 운영 팀은 응용 프로그램과 응용 프로그램의 모든 종속성을 실행할 시스템에 복사하기 위한 스크립트로 작성된 메커니즘을 갖게 된다. 또한 해당 시스템을 구성하기 위한 스크립트로 작성된 메커니즘이 있거나 미리 구성된 가상 머신이 있을 수 있다.

이 경우 개발 팀이 운영 환경에 "벽 너머로 애플리케이션을 던지기" 때문에 운영 팀이 사용하거나 사용할 수 있는 개발 팀이 다른 도구, 버전 또는 환경을 사용해 애플리케이션을 구축하고 테스트할 우려가 있다. 이로 인해 개발 팀이 테스트 또는 실시간 서버에 배치할 때 정상적으로 작동한 애플리케이션이 제대로 작동하지 않을 수 있다. 이는 나중에 개발자가 전달하는 애플리케이션에 버그가 있거나 운영 환경에 문제가 있을 때 혼란을 야기한다.

애자일: 구성 관리(퍼펫/셰프/앤서블)

구성 관리 기능이 있는 시스템에서는 특정 하드웨어 또는 가상 시스템에서 실행되도록 애플리케이션이 개발된다. 운영 엔지니어는 퍼펫, 셰프 또는 앤서블과 같은 도구를 사용해 표준화된 스크립트를 만들 수 있다. 이 스크립트는 개발에서 제공하는 애플리케이션에 맞게 운영 환경 시스템이 정확히 구성되도록 하기 위해 실행된다. 이 작업은 원하는 대로 빠르게 수행할 수 있지만 자동화는 제한적이다. 사람이 스크립트를 실행하려면 대부분 버튼을 눌러야 한다.

개발자는 서로 다른 간단한 도구를 사용해 로컬 테스트 환경에 구축하기도 한다. 따라서 개발자 환경과 운영 환경 간에 불일치가 계속 발생할 수 있으므로 실시간 시스템에 문제가 발생할 수 있다. 그러나 이는 임시 스크립트를 사용하는 경우에 비해 일반적인 방법은 아니지만 더 빠르게 해결할 수 있다.

클라우드 네이티브: 동적 스케줄링/오케스트레이션(쿠버네티스)

운영 환경의 애플리케이션은 모든 로컬 운영 종속성을 포함하는 개발에, 제공을 보장하는 패키지 유형인 컨테이너화와 쿠버네티스와 같은 상용이나 오픈소스 오케스트레이터의 조합을 통해 관리된다.

개발 환경과 라이브 환경 간 불일치의 위험은 애플리케이션의 모든 종속성과 함께 개발에서 운영 환경으로 애플리케이션을 컨테이너에 전달함으로써 감소하거나 제거된다. 그런 다음 운영 팀은 운영 환경에서 개발하고자 하는 최종 시스템을 설명하고 새로운 애플리케이션을 지원하도록 쿠버네티스 환경을 구성한다. 이를 선언형 구성^{declarative configuration}이라 한다.

그러한 시스템은 복원력이 뛰어나 자동화 및 추상화된다. 엔지니어와 애플리케이션 모두 하드웨어에 대한 세부 사항을 인지할 필요가 없다. 애플리케이션이 배치될 위치와 시점에 대한 상세 의사결정은 사람이 아니라 오케스트레이터 자체에서 이루어진다.

차세대: 서버리스^{Serverless}

모든 하드웨어 유지 보수 및 구성은 클라우드 프로바이더 플랫폼으로 완전히 자동화된 방식으로 수행된다. 코드는 개발자가 패키징하고 서버리스 서비스에 제출하며, 다양한 플랫폼에서 배포 및 실행될 수 있다. 동일한 기능이 테스트용으로 실행되거나 실행될 수 있다. 입력, 출력 및 종속성이 엄격하게 지정되고 표준화된다. 서버리스는 클라우드 네이티브 에코시스템 전반에서 빠르게 채택되고 있으며 표준 클라우드 네이티브 모범 사례로 자리매김 중이다.

인프라스트럭처

단일 서버에서 다중 서버로, 자체 데이터 센터에서 실행 중인 가상 머신에 이르기까지 모두가 알고 있다. 그런 다음 사내 인프라와 회사의 특정 요구 사항 및 사용 사례에 가장 적합한 프라이빗 또는 퍼블릭 클라우드 서비스가 혼합된 컴퓨팅 환경을 위해 하이브리드 클라우드로 전환할 수 있다. 그림 5-10은 성숙도 매트릭스 평가에서 필자들이 추구하는 다양한 인프라 옵션을 보여준다.

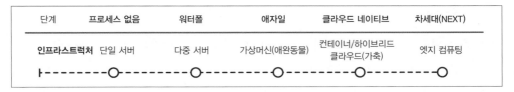

그림 5-10 클라우드 네이티브 성숙도 매트릭스의 인프라스트럭처 축

프로세스 없음: 단일 서버

단일 서버 환경에서는 단일 물리적 시스템에서 모든 운영 환경을 실행한다. 실행 환경은 사무실 책상 아래에 놓여 있는 오래된 데스크탑일 수도 있다. 서버 복원성이 없으며, 복사 및 붙여넣기 파일 전송을 사용해 서버에 배포한다. 설치 과정을 설명하는 몇 가지 기본 문서가 존재할 것이다.

워터폴: 다중 서버

여러 물리 서버 인프라스트럭처가 적당히 복잡한 애플리케이션을 처리할 것이다. 프런트엔드 및 클러스터된 데이터베이스와 같이 여러 개의 상호작용 애플리케이션으로 구성된 정교한 시스템을 가질 수 있다. 이중화는 한 시스템에 장애가 발생하면 다른 시스템이 대신하도록 보장한다. 아마도 이 모든 것은 코로케이션^{colocated} 데이터 센터에 존재할 것이다.

운영 팀은 수동으로 문제를 해결하며, 더 많은 랙^{rack} 공간을 확보하기 어렵기 때문에 새 인프라를 프로비저닝하는 데 며칠 또는 몇 주가 걸릴 수 있다. 컴퓨팅, 스토리지, 네트워킹 및 보안은 일반적으로 별도로 관리되며 작업에 별도의 요청이 필요하다. 새 인프라스트럭처는 티켓팅 시스템을 통해 주문되고 운영 부서별로 프로비저닝된다.

애자일: 가상 머신(애완동물)

가상 머신 기반 환경은 머신의 집합과 수동 서버 설정이 있다는 점에서 다중 서버 환경과 유사하다. 가상 머신은 시스템의 수가 적고 각 시스템과 정기적으로 상호작용해야 하는 개인적인 관계로 인해 "애완동물"이라고도 부른다. 그러나 표준화된 가상 시스템 이미지를 사용하면 이 작업이 더 쉬워진다. VMware와 같은 가상화 소프트웨어를 사용해 가상 머신 인스턴스를 관리할 수 있다. 각 물리적 서버에서 여러 가상머신 인스턴스를 실행해 비용 대비 효과적인 더 큰 시스템을 통해 리소스 활용률을 높이고 비용을 절감할 수 있다.

운영 팀은 새로운 인프라 리소스의 프로비저닝에 수동 또는 반자동 방식을 사용한다. 가상 머신은 변할 수 있다. 엔지니어가 해당 가상 머신에 접속해 새로운 소프트웨어를 설치하거나 수정을 통해 변경할 수 있다. 각 머신은 별도로 유지 관리되며, 하나가 죽으면 애완동물이 죽은 것처럼 고통스러울 것이다. 주로 개발 팀과 운영 팀 간의 이관 때문에 새로운 인프라를 프로비저닝하는 데 일반적으로 몇 시간 또는 며칠이 소요되기도 한다.

클라우드 네이티브: 컨테이너/하이브리드 클라우드(가축)

여기서 개별 머신은 문제가 되지 않는다. 큰 무리가 있으며 서로 교체 가능하기에 "가축"이라고 부른다. 일반적으로 환경 생성 및 유지보수를 완벽하게 자동화한다. 인프라에 장애가 발생하면 즉각적으로 쉽게 재생성할 수 있다.

가상 머신과 달리 이러한 위와 같은 경우는 직접 프로비저닝되지 않으며 API를 통해 노출되는 자동화된 프로세스를 통해서만 액세스된다. 이 자동화는 새로운 인프라를 프로비저닝하는 데 몇 분, 심지어 몇 초가 소요된다는 것을 의미한다. 컨테이너는 애플리케이션 패키징에 사용되므로 퍼블릭 또는 온프레미스에 관계없이 서로 다른 "하이브리드" 클라우드 환경을 포함해 애플리케이션을 어디서든 더 쉽게 실행할 수 있다.

차세대: 엣지 컴퓨팅

인프라스트럭처의 차세대는 엣지 컴퓨팅이다. 분산 컴퓨터 처리가 네트워크의 엣지다. 엣지 컴퓨팅은 애플리케이션, 데이터 및 컴퓨팅 성능 및 서비스를 중앙 집중화된 위치에서 벗어나 사용자에게 더 가까운 위치로 분산시킨다. 실제 이와 유사한 환경은 컴퓨팅 부하에 대한 마이크로서비스를 예로 볼 수 있다. 엣지 컴퓨팅은 결과를 빠르게 반환하고 적절한 데이터를 로컬에서 사용할 수 있는 애플리케이션에서 잘 작동한다.

점들의 연결

이제 9개의 성숙도 매트릭스 축을 읽고 문화에서 프로세스, 인프라에 이르기까지 당신의 현재 상황을 대략적으로 파악했을 것이다. 이제 각 개별 축에서 전체 빈 행렬로 답을 복사해 실시간 상태를 그래프로 표시할 때다. 그림 5-11은 매트릭스의 빈 버전을 제공하거나 https://container-solutions.com을 방문해 다운로드 가능한 버전을 찾을 수 있다.

단계	프로세스 없음	워터폴	애자일	클라우드 네이티브	차세대(NEXT)
문화	개인주의	예측이 가능한	반복적인	협력적인	실험적인
제품/서비스 디자인	임의적인	장기 계획	기능 기반	데이터 기반	전체 기반
팀	조직 없음, 단독 기여	계층 구조	교차 기능 팀	데브옵스/사이트 안정성 엔지니어링	내부 공급 사슬
프로세스	랜덤	워터폴	애자일 (스크럼/칸반)	디자인 싱킹 + 애자일 + 린	분산, 자체 구성
아키텍처	시행착오를 통한 출현	강하게 결합된 모놀리스	클라이언트-서버 아키텍처	마이크로서비스 아키텍처	펑션 아키텍처
유지보수	사용자 불만 대응	임시 모니터링	알림(경고)	전체 관측성 & 자가 복원	예방적 ML, AI
전달	비정기 릴리즈	정기 릴리즈	지속적 통합	지속적 전달	지속적 배포
프로비저닝	수동	스크립트 기반	구성 관리 (퍼펫/셰프/앤서블)	오케스트레이션 (쿠버네티스)	서버리스
인프라스트럭처	단일 서버	다중 서버	가상머신(애완동물)	컨테이너/하이브리드 클라우드(소)	엣지 컴퓨팅

그림 5-11 점을 연결하고 채울 수 있는 빈 클라우드 네이티브 성숙도 매트릭스 템플릿

매우 간단하다. 각 개별 축에 대해 설명한 위 절에서 답을 일치시켜 빈 행렬의 해당 위치에 점을 그린다. 그리고 말 그대로 각 현재 상태 지점에 선을 그려서 점들을 연결한다. 이러한 방식으로 그래프로 표현해 상태를 파악하면 그것이 귀중한 피드백이 되며 회사의 현재 상태를 시각적으로 파악할 수 있다.

자신을 알아야 하는 이 시점에서 성숙도 매트릭스를 사용한다. 현재 회사의 위치와 원하는 위치를 매핑하는 것은 마이그레이션을 준비하는 중요한 첫 단계다.

하지만 이런 유용한 데이터로 할 수 있는 일은 훨씬 더 많다! 트랜스포메이션 계획 중에 일반적으로 발생하는 문제와 각 시나리오에서 성숙도 매트릭스가 어떻게 보이는지에 대해서는 9장 "안티패턴" 및 "공통적 과제"를 참조하도록 한다. 하지 말아야 할 일에 대한 현장 가이드와도 같다. 다른 기업에서 관찰된 기존 시스템을 마이그레이션하고 진정한 클라우드 네이티브 엔티티로 전환하려는 일반적인 시나리오와 당신의 결과를 비교하면 크게 도움이 될 것이다. 만약 놀라울 정도로 유사하다면, 우리는 그 문제를 바로잡을 수 있는 패턴을 갖고 있는 것이다.

통합 축

클라우드 네이티브 접근 방식을 통해 기업은 기본 시스템의 요구 사항을 고려하지 않고 사용자 중심으로만 제품을 설계할 수 있다. 이를 통해 더 적은 위험으로 더 나은 제품을 제공할 수 있다. 바로 이것이 클라우드 네이티브의 진정한 핵심이다. 제품을 더 빠르고 저렴하게 제공할 수 있다는 것은 필연적인 긍정적 결과다. 회사는 클라우드 네이티브 성숙도 매트릭스 평가를 통해 지능적이고 유연하며 지속적으로 업데이트 가능한 상태 점검을 만든다. 이러한 이해와 관점을 바탕으로 기업은 지식을 바탕으로 클라우드 네이티브 트랜스포메이션 계획을 시작할 수 있으며 이후 일반적인 위험을 피할 수 있을 것으로 확신한다.

클라우드 네이티브 트랜스포메이션 프로세스 중에 발생하는 일반적인 문제를 식별하기 위해 성숙도 매트릭스를 사용하는 것은 13장에서 다시 살펴볼 것이다. 때때로 이러한 경우가 발생하기도 하므로 적절한 마이그레이션 경로를 구축하는 데 유용한 패턴 및 안티패턴의 중요한 원천이 된다. 먼저 클라우드 트랜스포메이션에서 해서는 안 되는 작업을 학습한 다음 올바른 경로를 매핑하는 데 도움이 되는 중요한 내용을 검토하는 것이 현명하다.

Interlude III

클라우드 네이티브 두 번째 시도

제니의 두 번째 위기 상황에서, 웰스그리드는 더욱 창의적인 방향으로 다시 클라우드 전환을 시도했다.

제니는 첫 번째 위기에서 웰스그리드가 클라우드 네이티브 트랜스포메이션을 위해 바로 조치를 취해야 했다. 안타깝게도 혼자만 풀타임으로 일했고, 내부에 파트타임으로 일하는 소규모 팀을 꾸려 클라우드 네이티브 트랜스포메이션을 이끌려던 그녀의 두 번째 계획은 전혀 효과가 없었다. 웰스그리드는 새로운 클라우드 기반 경쟁 업체의 도래에 대처할 수 있을 정도로 빠르게 준비하지 못하고 있다.

제니는 클라우드의 마이그레이션을 다른 기술 전환으로 취급하는 것이 문제임을 깨달았다. 해당 프로젝트를 새로운 데이터베이스로 이전하는 것과 같은 방식으로 작업했다. 하나의 접근방법이라 실패할 것이 분명했다. 제니는 클라우드 네이티브로 전환한다면 웰스그리드의 기존 시스템을 단순히 리프트 앤 시프트해 클라우드에서 실행하는 것보다 더 중요한 것이 필요함을 마침내 이해했다.

그래도 괜찮다. 팀원들은 시간을 낭비했긴 해도, 제니는 이 첫 번째 라운드에서 배울 점을 얻었다. 팀원들도 경험을 쌓았다. 두 번째에서는 더 많은 자원과 더 많은 인력에, 전용 예산

할당까지 필요하지만 이번에는 제대로 빠르게 진행될 것이라 확신했다. 그녀는 고위 경영진으로부터 들은 이야기를 바탕으로 웰스그리드의 경영진들이 물심양면으로 지원해주리라 생각했다.

제니는 기술 목표, 문서화, 비용 예측, 그리고 웰스그리드가 확인하고 싶어 하는 다양한 세부 사항들을 모두 고려해 중요한 계획을 준비하기 시작했다. 문서를 작성하는 데는 몇 주가 걸렸다. 그녀는 복잡한 도표를 작성하기 위해 엔터프라이즈 아키텍트들에게 물어봤고, 다른 프로그램 관리자 및 부서장들과도 만났다.

마지막으로 제니는 새로운 플랫폼을 구축하고 새로운 기술을 채택하기 위한 포괄적인 비전을 만들었다. 다시 말하자면, 의도한 대로 클라우드 네이티브를 구축하는 것이다.

그녀는 마감 일자를 정하고, 산출물을 모두 갖춘 이 계획을 웰스그리드의 CEO 스티브^{Steve}에게 맡겼다. 스티브는 이 시장에서 살아남기 위해 회사가 발전해야 한다고 생각했기에 제니가 마이그레이션을 주도하게 돼 기뻤다. 실제로 이사회는 회사가 클라우드로 전환할 시기가 됐는지에 대해 몇 가지 사전 논의까지 진행했으므로 지금이 적절한 시기라고 생각했다. 제니는 관련 지식이 많은 듯 보였고, 확실히 준비가 잘 돼 있다. 제니는 프로젝트를 시작할 수 있는 허가를 받았으며, 웰스그리드가 해당 계획을 지원하도록 예산과 권한을 위임받았다.

혁신 수용(Embracing Innovation)

클라우드 네이티브가 단순히 새로운 소프트웨어 제품군이나 완전히 새로운 운영 체제처럼 설치될 수 없다는 사실을 알게 된 제니는 훨씬 더 야심찬 계획을 세웠다.

원래 마이그레이션 작업은 진행해야 할 주요 장애물이었다. 팀은 현재 시스템에서 작업하기 위해 새로운 클라우드 플랫폼을 구축하지 못하고 있었다. 이에 제니는 "분할과 정복^{divide and conquer}" 전략을 고안했다.

그 계획은 노력을 나누는 것이다. 소수의 직원들로 구성된 레거시 플랫폼 팀이 있으며, 다른 모든 사람들은 새로운 시스템을 도입하기 위해 노력한다. 레거시 팀은 새로운 클라우드 네이티브 플랫폼이 구축될 때까지 플레이스홀더placeholder에 불과하기 때문에 신규 기능이나 관련 사항들을 천천히 제공할 것이다. 현재 기능 및 모든 새로운 기능에 대한 모든 업그레이드가 그 새로운 플랫폼의 일부가 될 것이다. 결국, 곧 없어질 이전 플랫폼으로 제품을 만드는 것은 말이 안 된다. 일단 새로운 플랫폼에서 실행 가능하다면 팀이 많은 양의 데이터를 빠르게 생산할 수 있기 때문에 지연된 시간을 빠르게 만회할 수 있으리라 생각했다.

한편 클라우드 네이티브 팀은 새로운 플랫폼을 구축하는 책임도 맡고 있다. 웰스그리드에서 모두 클라우드 네이티브상의 모든 것에 함께 노력을 기울이고 있다. 예산도 넉넉하다. 기술자들은 풀타임으로 동원됐다. 실제로, 현재 시스템을 유지하는 핵심 스태프를 제외하면 대부분 회사 개발자와 IT 인력으로 구성돼 있다. 이번에는 아무런 제약도 없다.

제니는 이 모든 것에 6개월이 소요될 것이라 웰스그리드 이사회에게 전한 상태다.

실험 시간

초반 3개월 동안에는 주로 탐구를 한다. 일반적인 워터폴 모델 예측 스타일로, 팀에서 이론적 연구를 통해 특징을 비교하면서 시작한다. 발생할 수 있는 모든 미래 상황을 예측하는 동시에 가능한 모든 시스템 아키텍처 결과를 미리 고려하려 한다. 진행 상황을 표준 웰스그리드 절차에 따라 철저하게 문서화한다.

아무도 순전히 구현 가능한 조합의 수를 예상하지 못했다. 수많은 프로젝트와 제품이 언제든 추가될 수 있다. 본 책을 집필할 당시 1,200개 이상의 오픈소스 및 상용 벤더 오퍼링이 존재했다. 생태계는 빠르게 진화하고 있으며, 클라우드 네이티브 컴퓨팅 파운데이션Cloud Native Computing Foundation은 매일 업데이트되는 클라우드 네이티브 "랜드스케이프landscape"를 제공 중이며 모든 것을 추적할 수 있다.

그렇기에 10개의 팀이 퍼블릭 또는 프라이빗 클라우드 구현에 사용할 수 있는 다양한 옵션에 대해 조사한 후, 다양한 방식으로 이를 수행하고 있다. 아무도 걱정하지는 않았다. 이러한 지금의 아이디어는 웰스그리드의 새로운 플랫폼을 위한 최선의 선택들을 탐구하는 작업이기 때문이다.

일부 팀은 실제로 간단한 애플리케이션을 클라우드에서 운영 중으로 일이 상당히 잘 풀리는 것처럼 보인다. 그러나 각 팀의 애플리케이션 실험은 다른 클라우드 환경, 다른 도구, 다른 기술들로 구성돼 있으며, 7개 팀의 방식이 저마다 크게 다르다. 웰스그리드의 기술 팀은 기능별로 조직돼 있기 때문에 팀별 실험은 도움이 되지 않는다. 각 팀은 전문화된 책임 분야를 위해 잘 작동하는 제품을 만들었다. 다른 팀에게는 그다지 좋지 않을 수도 있다. 비록 다른 그룹의 방식과는 다르더라도, 모두 자신들이 옳다고 생각하는 것에 대해 열심히 한다. 물론 모두 각자의 버전을 웰스그리드가 채택하기에 적합한 버전이라 믿는다. 사람들이 이케아를 직접 조립하면 훨씬 더 가치를 높게 평가하는 이케아 효과 편향^{IKEA effect bias}를 기억하자.

최상의 플랫폼에서 각 팀의 노력과 전문가의 의견 간 극명한 차이를 알게 되면 제니와 다른 각 팀의 프로젝트 매니저가 절충안을 도출하기 위해 최선을 다한다.

유감스럽게도, 여러 버전, 심지어 그중 몇 가지 버전도 하나의 통합 플랫폼으로 표준화할 수 있는 방법은 없다. 호환이 될 만큼의 충분한 공통점을 공유하지 않는다. 이 모든 것이 파악되고, 논의되고, 더 많은 것에 대해 논쟁할 때쯤 두 달이 더 지나갔다. 프로젝트 마감일이 임박했고, 회사 임원들은 어느 정도 성과를 볼 것으로 기대하고 있다.

이제 새로운 논쟁이 발생한다. 그렇다면 각 전문가 팀이 자체 클라우드를 구현하면 어떨까? 이전에는 적어도 근거 있는 자신만의 도구를 선택할 수 있었다. 모두들 지금까지 해온 노력을 낭비하고 싶지 않았다. 매몰비용 편향^{sunk cost bias[1]}을 기억하는가? 하지만 운영 팀은 궁극적으로 운영 환경에서 7개의 다른 팀을 지원하기는 고사하고 7개의 다른 플랫폼을 운영할 수 있는 방법이 없다. 만약 그렇게 되면 완전한 혼란을 초래할 것이다!

이 모든 것은 분석, 토의, 토론에 더 많은 시간이 걸린다. 결국 제니를 비롯한 일부 매니저들

---

1   매몰되는 비용을 회수할 수 없어 미래의 이익에 필요한 합리적인 선택을 어렵게 하는 것

은 6개월이 지났지만 약속한 클라우드 네이티브 플랫폼이 구축되지 않은 이유를 이사회와 CEO에게 설명했다. 웰스그리드의 경영진들은 계획이 회사 전체에 영향을 미치는 포괄적인 계획이라며 지지하고 있다. 6개월은 모든 것을 완성하기에 충분한 시간이 아님을 알게 됐다. 6개월 정도 더 시간을 들여 마무리해보자. 높은 완성도를 위해 조금 더 기다릴 수 있다.

계획 재수립

그럼 처음부터 다시 시작해보자. 이번에는 통일된 접근법을 시도해보자며 결정을 내렸다. 팀은 웰스그리드의 시스템 설계자 중 한 명과 협력해 계획을 세우고 다른 어떤 것을 만들기 전에 모든 사람이 같은 입장에 있는지 확인했다. 마이크로서비스와 쿠버네티스의 일부를 구현할 수 있을 것이다라고 모두가 확실하게 합의한 부분이다.

그래서 아키텍트는 모든 팀의 모든 엔지니어가 마이크로서비스를 실행하는 쿠버네티스를 구현할 수 있는 일관된 계획을 디자인한다. 큰 다이어그램으로 설치 방법을 매우 상세하게 설명했다. 도구 자체를 설치하기 전에 문서를 작성하는 데만 4개월이 소요된다. 훌륭한 문서를 본 시니어 매니저들은 매우 만족했다. 긍정적인 진전이다.

제대로 돼가고 있는 것일까? 이제 다음 단계는 쿠버네티스를 실제로 사용해 본 적이 없는 사람이 작성한 쿠버네티스 사용 계획을 모두가 실행하는 것이다. 아키텍트는 자신이 이해하지 못한다는 사실조차 이해하지 못한다. 그는 이렇게 해야 한다며 강력한 확신을 가지고 복잡한 도표를 만들고 발표했다. 이는 더닝-크루거 효과로 알려진 인지적 편향의 고전적인 실례며, 미숙련자들이 자신의 기술력을 과대평가하는 경향을 말하기도 한다.

효과가 없었을뿐더러 모두들 깜짝 놀랐다. 여기에는 마이크로서비스, 쿠버네티스가 있는데 이는 핵심적인 클라우드 네이티브 부분이다. 그렇다면 무엇이 문제일까?

인상적인 문서와 도구가 설치되어 있으며 고위 경영진을 위한 멋진 데모도 있다. 하지만 정확히 무엇을 보여주고 있는가? 쿠버네티스도 포함돼 있지만 현재 시점에서 대부분 웰스그리드 엔지니어로 구성된 클라우드 네이티브 팀이 최종적으로 실행한 애플리케이션은 매우 끔찍하다. 허점으로 가득 차 있고, 보안성이 부족하고, 자동화가 불가능하다. 컨테이너로 구성돼 있지만 2주에 한 번씩 문제가 생긴다.

모든 것이 잘못 구성됐다. 이러한 소위 "풀full 솔루션" 플랫폼은 복잡한 초기 구성이 많이 필요하기 때문에, 그들이 구축한 이 작은 플랫폼조차도 유지 관리하기가 매우 어려운 것으로 드러났다. 처음부터 클라우드 네이티브 애플리케이션을 효과적으로 개발하는 데 필요한 지속적 통합 및 지속적 개발 프로세스와 프랙티스를 만들려는 시도도, 운영 준비도, 모니터링도 없다.

개발자들은 어떻게 사용하는지 모른다. 운영 팀에서는 솔직히 그 사실을 두려워한다. 그리고 모든 사람들이 불평하고 있다. 왜냐하면 앞으로 더 많은 작업이 남아 있기 때문이다. 새로운 시스템이 훨씬 더 복잡하지만 그 복잡성을 처리하기 위한 자동화는 제자리걸음을 했기 때문이다. 이 시점에서 2%의 구현을 완료했을 수 있다. 클라우드 네이티브 팀은 K8s 클러스터에서 실행 중이라 주장할 수 있지만 실제로는 아무것도 제공되지 않는다. 그들은 마이크로서비스 아키텍처를 구축하려 했지만, 6개월이 지나도 운영 환경에는 단 한 개의 마이크로서비스도 없다.

엔지니어링 팀의 경영 신뢰도가 사상 최저 수준이다. 엔지니어들은 만들라고 지시받은 것을 만들고자 매우 열심히 일해왔기에 매우 불공평하다고 느낀다. 기술 프로젝트를 진행하기 전에는 항상 성공을 거두었는데, 이번 프로젝트는 마치지 못할 것 같아 정말 놀랐다.

문제는 이 프로젝트를 6개월 연장한 후 발생했다. 이제 회사 전체의 클라우드 네이티브 계획이 시작된 지 1년, 그리고 제니가 처음부터 웰스그리드를 클라우드로 전환하기 시작한 지 2년이 됐다. 전체 클라우드 네이티브 팀은 작업을 거의 마무리하지 못했다. 플랫폼의 30% 정도만 제공 중이며, 운영 준비 상태에도 미치지 못했다.

한편, 웰스그리드의 기존 플랫폼을 담당하게 된 아키텍처 팀은 이제 막 현상 유지에 들어갔다. 그들은 새로운 시스템이 온라인 상태가 될 때까지 기다렸기 때문에 고객이 요구하는 기능을 제공하기를 보류했다. 어쨌든, 그들은 의미 있는 새로운 작업을 할 수 없었을 것이다. 왜냐하면 많은 팀이 새로운 시스템을 구축하는 쪽으로 옮겼기 때문이다.

삼세번 만의 행운?

웰스그리드는 더 이상 기다릴 수 없다. 이러한 지연된 기능을 가능한 한 빨리 시장에 제공하거나 고객을 잃을 위험을 감수해야 한다. 고객은 새로운 기능과 경험의 품질이 지속적으로 증가하기를 기대한다. 만약 고객의 요구를 충분히 만족시키지 못한다면 고객들이 웰스그리드의 경쟁 업체 중 하나로 옮겨갈 것이다.

이때 경영진과 영업팀은 시장에서 오는 억눌린 압박이 너무 심해 결국 인내심을 잃는다. 제니를 미팅에 소환해 다음 메시지를 전달한다.

"아시다시피 우리는 충분히 지원했습니다. 6개월 동안 특정 결과물을 가져오기로 약속했는데도 아무 일도 일어나지 않았습니다. 당신에게 6개월을 더 주었지만 당신은 여전히 결과물을 내놓지 않았습니다. 앞으로 6개월 동안 무슨 일이 일어날지 우리에게 말할 수 없을 겁니다. 복잡한 문제임을 알고 있으며, 당신이 플랫폼을 전달할 거라 믿습니다. 하지만 실제로 이렇게 밀린 기능을 고객에게 전달해야 합니다. 방식은 상관없지만 앞으로 3개월 안에 다섯 가지 기능을 내놓아야 합니다. 어떻게 하실 겁니까?"

제니에게 세 번째이자 마지막 위기 상황이 도래했다.

웰스그리드가 전달한 메시지는 명확하다. "90일 안에 우리에게 가치를 보여라." 만약 그렇게 전달하지 못할 경우 제니는 직장을 잃을 수도 있다. 그녀를 따르던 엔지니어들도 불행해질 것이다. 멋진 신기술을 이용하며 일하지 못하게 되며, 지루한 낡은 레거시 시스템으로 기능들을 다시 만들어내야 하기 때문이다.

하지만 어떻게 해야 할까? 새로운 플랫폼은 아직 운영 환경이 준비되지 않았으며, 아무도 언제 준비될지 모르기 때문에 이러한 다섯 가지 기능을 새로운 클라우드 네이티브 플랫폼에 제공할 수 있는 실질적인 방법은 없다. 그래서 그들은 다른 일을 해야 한다. 문제는 무엇인가?

먼저 현재 시스템에 기능을 계속 출시하면서 새 시스템으로 전환하려고 했으나 효과가 없었다. 그다음엔 가능한 한 빨리 새로운 브랜드를 만드는 것에 집중하기 위해 현재의 시스템을 무시하면서 모든 것을 시도했으나 이조차도 효과가 없었다.

또 무엇이 있을까?

이것이 바로 클라우드 네이티브 컨설턴트들이 정체되거나 실패한 혁신을 구제하기 위해 종종 호출되는 시점이다. 하지만 고객의 조직이 필요로 하는 전반적인 접근 방법을 취하지 않는다면 외부 전문가를 소환하더라도 크게 도움되지는 않을 것이다. 즉, 주로 쿠버네티스 지식을 제공하는 컨설턴트들은 플랫폼을 빠르게 가동할 수 있겠지만, 이 회사는 여전히 클라우드 네이티브 퍼즐의 다른 필수 요소인 마이크로서비스 아키텍처, 팀 구성, 데브옵스, 계층 구조, 문화 등과 씨름할 것이다. 따라서 웰스그리드는 상황의 기술적 측면만을 다루는 컨설턴트를 부르지 않도록 주의해야 한다. 또한 경영 컨설턴트에게 문의해 조직 및 프로세스 측면에 도움을 받더라도, 회사에 크게 도움되지는 않을 것이다. 수백만 달러가 들고, 수년이 걸릴 대규모 혁신 계획을 해결책이라 내놓을 것이 뻔했기 때문이다.

필자들은 여러분에게 너무 많이 매달리게 하고 싶지 않다. 그리고 패턴에 관련된 책이다 보니 성공으로 가는 길이 있다고만 하면 충분하다. 또한 필자들은 관련된 모든 것을 독자 여러분께 알려주고 싶다. 다음 6장에서는 제니가 기능적인 클라우드 네이티브 플랫폼을 적시에 제공하지 못하게 하는 문제를 해결하는 데 도움이 될 몇 가지 도구를 소개한다. 이후의 장에서는 패턴 자체를 소개한다. 그런 다음, 11장과 12장에서 우리는 90일 이내에 실제로 시스템을 전달하기 위한 성공적인 패턴 디자인을 보여준다. 그럼으로써 현재 웰스그리드에 필요한 다섯 가지 기능을 무사히 웰스그리드에 제공해줄 수 있을 것이다.

6장

클라우드 네이티브 패턴을
이해하고 사용하기 위한 도구

앞서 웰스그리드가 클라우드 네이티브 트랜스포메이션을 두 번 시도하는 동안 무슨 일이 일어났는가? 웰스그리드는 새로운 클라우드 네이티브 시스템을 구축하는 데 많은 비용과 인력을 프로젝트에 투입했는데도 왜 그렇게 어려움을 겪고 있을까?

답은 간단하다. 클라우드 네이티브는 새롭고 복잡하기에 매우 다른 사고 방식을 필요로 한다. 이는 마이그레이션을 상당 부분 진행한 경우에만 나타난다.

클라우드 네이티브 트랜스포메이션의 첫 단계는 정말 쉽기 때문에 이후 발생하는 불가피한 어려움들이 모두를 놀라게 한다. 엔지니어들은 콘퍼런스에 참여해 구글 클라우드 플랫폼의 구루^{Guru}인 켈시 하이탑과 같은 사람들이 진행하는 발표와 데모를 통해 매우 빠르고 효율적으로 결과를 내는 것을 본다. 그리고 한 개의 컨테이너 또는 자바를 실행하는 몇 개의 컨테이너가 있는 간단한 애플리케이션을 직접 설치해본다. 아주 잘 동작할 것이다. 사실 꽤 간단하고 몇 시간 안에 끝낼 수 있기에 실행하는 데 문제가 없다고 느낀다. 대부분의 엔지니어들이 경영진에게 이렇게 말한다. "이 기술 정말 괜찮은데? 채택해야겠어! 훌륭한 기술인데도 너무 쉬우니 투자를 많이 하지 않아도 도입할 수 있겠어." 그래서 그들은 경영진의 승인을 받고 즐겁게 도입하며, 항상 해온 방식으로 일을 하면서 성공적으로 되기를 기대한다.

엔지니어로부터 시작된 클라우드 네이티브로의 이러한 바텀-업bottom-up 추진 방식은 대부분의 기업이 트랜스포메이션을 시작하는 두 가지 방법 중 하나다.

또 다른 유형의 추진 방식은 탑-다운top-down인데, 기업의 임원들은 클라우드 네이티브 기술이 얼마나 유행하는지 듣게 되며, 기술에 대해 전혀 알지 못하더라도 회사는 도입을 결정한다. 임원들은 전문 출간물에서 클라우드 네이티브가 얼마나 놀라운지에 대한 기사를 읽고, 벤더들로부터 제대로 된 제품에 투자하면 얼마나 쉽게 클라우드 네이티브를 도입할 수 있지를 듣는다. 이러한 이해 부족으로 인해 탑-다운top-down 방식의 시나리오에서는 데브옵스, 쿠버네티스 등의 한 가지 개념을 선택하는 경향이 있다. 그리고 기술 담당자에게 해당 기술을 적용하도록 지시한다.

두 시나리오 모두에서 실제 적용 전략은 없으며, 진행과정이 상당히 간단할 것이라는 잘못된 믿음과 이해 부족에 기초해 의사결정이 이뤄진다. 대규모 운영 환경으로 전환하기 시작하면서 복잡성이 기존과 극적으로 다르다는 것이 문제다. 어느 순간에는 이건 생각했던 것처럼 진행되지 않는다고 깨닫게 된다. 그림 6-1은 클라우드 네이티브 채택 곡선과, 단순함에서 복잡함으로 어떻게 변하는지, 그리고 "어?" 하는 순간이 불가피하게 발생하는 경우를 보여준다.

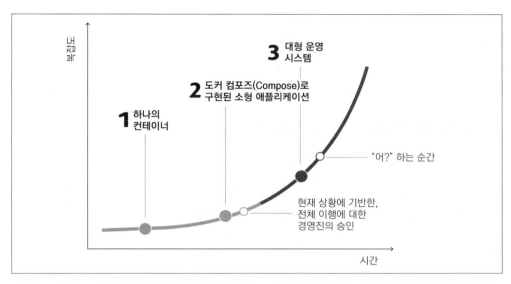

그림 6-1 클라우드 네이티브 채택 곡선은 단일 컨테이너와 컴포즈와 같은 외부 클라우드 플랫폼을 사용해 단순성을 유지하는 소규모 테스트 애플리케이션을 통한 초기 실험으로 트랜스포메이션 계획을 시작하면서 상당히 완만하게 시작된다. 하지만 이 작은 실험들을 실제 운영 시스템으로 전환할 때가 되면, 곡선은 빠르고 가파르게 변한다.

바로 웰스그리드에서 일어난 일이다.

웰스그리드가 처음으로 클라우드 네이티브를 채택한 시도는 전형적인 바텀-업^bottom-up 접근 방식이었다. 하지만 자원이 부족했기 때문에, 어려움이 나타나는 시점에 계획은 많이 진행되지 못했다. 제니의 엔지니어들은 비록 많은 것을 시도하고 멈춰야 했지만 시스템의 작은 부분들을 만드는 데 어느 정도 성공을 거두었다. 제니와 팀은 일이 꽤 수월할 것이라 생각했다. 그저 방해하는 유일한 요소는 집중할 시간이 부족하다는 점이며, 방해만 없다면 몇 달 안에 경험을 바탕으로 새로운 클라우드 네이티브 플랫폼을 구축할 수 있다고 전적으로 믿었다.

제니가 CEO와 이사회에 처음 접근해 클라우드 마이그레이션 계획에 대해 회사 전체의 지원을 요청했 다. 당연히 그들은 그녀의 요청을 승인했고 중요한 자원을 할당했다. 결국 웰스그리드에서도 탑-다운^top-down 압력이 쌓이게 됐다. 단지 엔지니어들이 먼저 행동했을 뿐이다.

두 번째 시도는 회사 전체가 최대한 빨리 새로운 시스템을 구축하는 데 초점을 맞추고자 현재의 시스템을 무시하면서 모든 노력을 기울이려고 한 것이다. 그것도 효과가 없었다. 사실 아주 심하게 잘못됐다. 어떻게 된 걸까? 그리고 그들이 할 수 있는 일이 또 뭐가 있을까?

너무나 많은, 현혹되기 쉬운 단순한 도구

왜 그럴까? 왜 웰스그리드는 두 번째 시도에서도 실패했을까? 그 이유는 CNCF(클라우드 네이티브 컴퓨팅 파운데이션)의 환경으로 가장 잘 설명된다. 현재 CNCF는 클라우드 네이티브 에코시스템과 그 환경을 대표하는 1,200개 이상의 프로젝트가 모니터링되고 있다. 그리고 매주 새로운 프로젝트들이 추가된다.

그림 6-2는 책을 집필 중인 있는 당시의 랜드스케이프를 아주 많은 옵션과 함께 보여준다. 모든 것들과 친숙해질 필요는 없지만 무엇을 하는지, 어떻게 동작하는지, 어떻게 잘 맞는지 기본을 이해해야 한다.

엄청나게 큰 랜드스케이프를 가장 기본적으로 파악한다는 것은 우선 다양한 도구의 기능을 제대로 이해하는 것을 의미한다. 다음으로, 모든 도구들이 어떻게 조화를 이루는지, 그다음 도구들끼리 어떻게 통합되는지, 그리고 어떻게 기존 시스템과 통합되는지 이해해야 한다. 마지막으로, 모든 도구를 성공적으로 사용하기 위해서는 어떤 개발 및 전달 프로세스를 사용해야 하는지 정해야 한다.

이 과정은 다양하고 새로운 지식을 필요로 한다. 단순히 클라우드를 위해 "리프트 앤 시프트"라는 새로운 기술을 설치하는 것이 아니다. 사용하는 도구를 업데이트하는 것뿐만 아니라 사용하는 방법을 혁신하는 것이다.

몇 가지 도구를 소개한다. 제니가 웰스그리드의 문제를 해결하는 데 도움이 될 몇 가지 사항들이다.

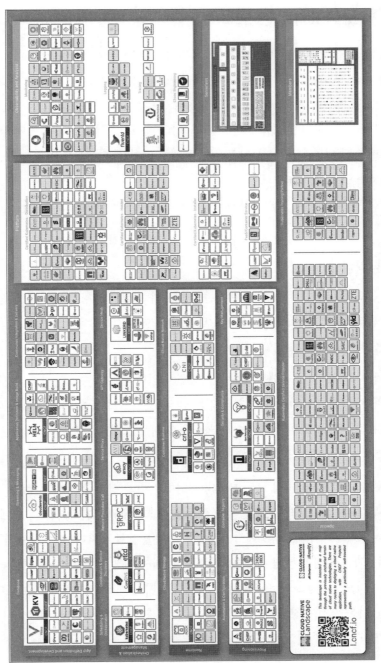

그림 6-2 클라우드 네이티브 컴퓨팅 기반 클라우드 네이티브 인터랙티브 랜드스케이프(2019. 11)

다른 방법을 모색하기 위한 도구

패턴에 몰입하기 전에 필자들은 먼저 이 새로운 지식의 일부를 정립해야 한다. 이 장에서 소개하는 두 가지 개념은 다음에 이어지는 패턴 디자인을 적용하기 위한 중요한 배경을 이해하는 데 도움이 될 것이다. 먼저 숙련도와 창의성의 중요한 차이점을 살펴보고, 왜 그것들을 정확하게 관리하는 것이 어떤 종류의 디지털 트랜스포메이션에서도 성공하는 데 핵심이 되는지를 알아본다. 웰스그리드가 시도하고 있는 것처럼 말이다. 다음으로 창의성과 숙련도를 언제 어떻게 적용할지, 무엇보다도 가장 중요한 둘 간의 균형을 어떻게 적절하게 맞출지에 대한 방법을 시각화하기 위해 맥킨지의 세 가지 지평 모델을 예시로 들기로 한다.

숙련도 대 창의성

웰스그리드는 매우 숙련된 회사다. 모든 것들이 회사의 핵심 비즈니스 미션을 일관성 있게 전달하는 데 최적화돼 있다. 안정성, 신뢰성 및 품질은 이윤을 창출하므로 어떤 시스템에서도 귀중한 자산이다.

대부분 회사들은 최대한의 효율성으로 예측 가능한 작업을 완성할 수 있는 능력인 숙련도를 높게 평가한다. 이것이 비교적 변수가 거의 없는 안정적인 컨텍스트에서 최대의 가치를 제공하는 방법이다. 이 컨텍스트에서 창의성과 혁신은 회의적인 시각으로 본다. 혁신은 고도로 체계적인 시스템에 미지의 것을 도입하고 위험을 초래한다.

그러나 봐왔듯, 상상 가능한 거의 모든 분야의 기업들은 더 이상 안정적이고 예측 가능한 환경의 사치를 누릴 수 없다. 새로운 기술에서 새로운 경쟁자에 이르기까지 모든 면에서 상황이 빠르게 변하고 있다. 이러한 상황에서 새로운 도전이 발생할 때마다 대응 및 변화할 수 있어야 한다. 혁신과 창의성을 통해 제품, 일하는 방식, 회사 내부 등 변화가 필요한 사항을 바꾸기 위해 일시적으로 숙련도라는 고효율의 알고리즘 기반 전달에서 벗어날 수 있다. 변화 후에는 새로운 다음 도전이 창의적인 반응을 요구할 때까지 개선된 제품/서비스를 능숙하게 제공하는 데 집중한다.

그렇다. 새로운 도전이 창의적인 반응을 요구하지 않을 때까지 숙련도는 굉장히 중요한 측정 요소다. 이제 당신은 새로운 상황에 적응해야 한다. 그런데 대부분 숙련도 모드에 갇혀 있기 때문에 적응에 어려움을 겪는다. 다시 말하자면, 성공한 많은 회사들은 핵심 제품/서비스의 능숙한 전달에 중점을 두는 방식으로 성공했다. 그들은 실제로 각자가 하는 일에는 능숙하지만, 정확히 그 일을 잘하게 되는 과정에서 다른 방법으로 일하는 방법은 잊어버렸다.

다행인 것은 기업이 이러한 현실을 인식하면 창의성을 향한 시정 조치가 가능하다. 그렇다면 무엇을 어떻게 해야 할까?

감자튀김 같이 드릴까요?[1]

본질적으로 동전의 양면과 같은 창의성과 숙련도 사이의 흐름을 개념화하는 유용한 도구를 그림 6-3과 같이 지식 퍼널^{Knowledge Funnel}이라 한다.

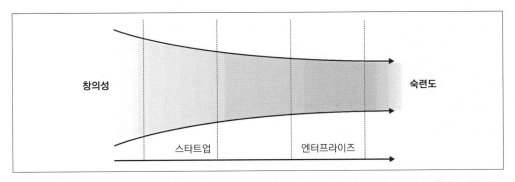

그림 6-3 로저 마틴의 지식 퍼널 개념은 매우 창의적인 스타트업에서 제품/서비스의 고도로 숙련된 엔터프라이즈 제공으로 이동하는 과정에 적용된다.

지식 퍼널은 로저 마틴이 그의 저서 "디자인 싱킹 바이블 비즈니스의 디자인: 경쟁우위를 갖는 혁신적 비즈니스를 디자인하는 법^{The Design of Business: Why Design Thinking is the Next Competitive}

---

1 오래전 미국 맥도날드 프랜차이즈에서는 햄버거를 주문할 때 점원이 손님에게 "감자튀김 같이 드릴까요?"라고 제안하는 마케팅 전략을 사용했다.

Advantage." 에서 소개했다. 마틴에 따르면, 모든 새로운 아이디어는 완전히 채택할 때까지 미스터리, 휴리스틱, 그리고 알고리즘의 세 가지 주요 단계를 거친다. 맥도날드 패스트푸드 음식점 관점에서 이 단계들을 살펴보려 하는데, 맥도날드가 회사에서의 완전한 숙련도를 보여주는 아주 훌륭한 예시이기 때문이다.

미스터리가 첫 번째 단계다. 새로운 아이디어가 좋다고 생각하지만, 어떻게 작동할지 또는 어떻게 실행할지에 대한 실제적인 이해는 없다.

1948년 캘리포니아 주 샌버나디노에서 리처드, 모리스 맥도날드 형제가 설립한 최초의 맥도날드 햄버거 식당을 상상해보자. 음식을 제공하는 사업이었지만 한 가지 놀라운 반전은 테이블에 앉아서 서비스를 기다릴 필요 없이 바로 카운터로 다가가 음식을 가져올 수 있다는 점이었다. 이것이 좋은 생각인지 그렇지 않은지 당시에는 아무도 몰랐다. 단순히 새로운 생각이었다.

휴리스틱은 미스터리 다음 단계다. 휴리스틱은 어떤 새로운 것을 발견하거나 또는 즉각적인 다음 목표에 도달하기 위한 실용적인 방법을 적용하는 문제를 해결하는 접근법이다. 휴리스틱은 최적의 상태나 완벽한 상태로 보장되지 않으며, 당분간 일을 충분히 잘 진행시키는 것에 집중한다.

최초의 맥도날드 식당이 성공했기에 이러한 새로운 아이디어가 분명하게 등장했다. 맥도날드 형제는 자연스럽게 확장을 생각했고, 총 4개의 장소를 갖게 될 때까지 새로운 지점을 오픈했다. 미국인들은 패스트푸드의 개념을 열심히 받아들이고 있었고, 그들은 계속해서 확장하기를 원했다. 그런데 다섯 번째 지점을 시작으로 문제가 생겼다. 햄버거의 품질은 규모의 성장과 함께 증가하지 않았다. 사실, 그들은 상황을 일관되게 유지할 수 없었기 때문에 품질이 점차 감소하고 있었다. 맥도날드 형제는 생산을 빠르고 질적으로 유지해야 한다는 것을 깨달았지만 규모를 어떻게 키워야 할지 몰랐다.

알고리즘 단계는 지식 퍼널의 다음 단계로 완전히 최적화되고 능률화된 숙련도를 나타낸다.

레이 크록은 최초의 맥도날드 식당이 밀크셰이크 믹서기 8대를 주문했다는 사실에 흥미를 느낀 레스토랑 공급 판매원이었다. 대부분의 식당은 믹서기를 기껏해야 한 대 또는 두 대 정도 보유했는데 크록은 이 새로운 장소가 일반적으로 필요한 햄버거 조인트보다 훨씬 더 많은 것으로 무엇을 하고 있는지 궁금했다. 그곳을 방문했을 때, 혁신적인 접근법에 바로 흥미를 느낀 크록은 매우 감명을 받았고, 단순하고 쉽게 복제하는 모델을 기반으로 하는 전국적인 레스토랑 체인으로 컨셉을 바꾸도록 창업자들을 설득했다.

크록은 결국 맥도날드 형제들로부터 브랜드를 샀고, 맥도날드를 오늘날의 위치로 만들었다. 본질적으로 완전한 알고리즘에 기반한 운영이다. 새로운 지점이 문을 열면 메뉴얼대로 운영된다. 각 지점은 맥도날드 레스토랑을 운영하기 위한 매우 구체적이며, 모든 단계가 명확하며 잘 정의된 지침을 받는다. 품질과 일관성, 그리고 무엇보다도 속도를 최적화하기 위해 이미 모든 결정은 내려졌다. 예를 들면 앨라배마 버밍엄의 빅맥, 부에노스아이레스, 바르셀로나, 베이징의 빅맥은 정확히 같은 맛이다.

요컨대 맥도날드 형제는 혁신적인 아이디어를 생각해 냈지만 숙련도가 적용됐을 때 어떻게 될 수 있는가를 알아본 사람은 크록이었다.

창의성, 숙련도, 그리고 엔터프라이즈

기업들이 단편적인 새로운 스타트업에서 알고리즘 기반의 숙련된 운영으로 발전할 때, 스타트업 방법, 즉 사업에 새로운 아이디어를 연구하고 소개하기 위해 미스터리 상태에 어떻게 재진입하는가를 종종 잊어버린다. 이는 맥도날드가 기존 메뉴인 햄버거, 감자튀김, 셰이크를 고집하는 것과 같을 것이다. 어쩌면 치킨 맥너겟은 커녕 지금은 유명한 트리플 패티 빅맥을 결코 발명하지 않았을 것이다. 맥도날드는 완전히 숙련된 방식으로 생산하는 혁신적인 새로운 메뉴 아이템을 계속 선보였기 때문에 필자들의 숙련도 대 창의성 탐구에서 훌륭한 예시가 된다.

이러한 개념이 패스트푸드를 넘어 비즈니스와 소프트웨어 세계에 어떻게 적용되는가? 그림 6-4는 개념을 시각화하는 데 도움을 준다.

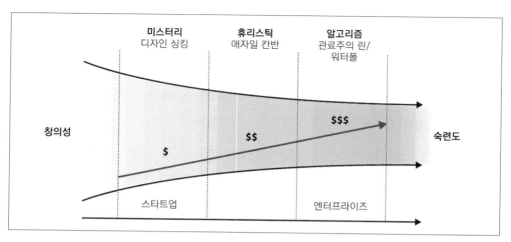

그림 6-4 스타트업에서 엔터프라이즈로 이동하는 다양한 단계와 미스터리에서 알고리즘 전달에 이르는 다양한 단계를 통한 창의성과 숙련도 사이의 흐름

그림 6-4에서도 미스터리, 휴리스틱, 알고리즘 단계를 볼 수 있다. 그럼 일반적인 기업에 어떻게 적용되는지 살펴보자.

미스터리: 본질적으로 스타트업들은 창조적인 단계에 있다. 새로운 것을 만들 때, 당신은 성공 여부를 알지 못한다. 스타트업 시작 단계는 거의 순수하게 창의적이다. 갖고 있는 아이디어를 개발해야 한다. 세상에는 많은 아이디어들이 있기에 많은 스타트업들이 있다. 이러한 아이디어의 대부분은 아마도 좋지 않을 것이다. 그래서 많은 스타트업들이 실패한다.

휴리스틱: 일단 새롭고 훌륭한 아이디어가 시장에서 성공을 거두면, 다음 단계로 넘어갈 때다. 회사를 세우고, 성장하고, 시장에서 성공을 거두려면 당신은 더 능숙해져야 한다. 이것은 본질적으로 창조적인 과정을 통한 아이디어가 얻는 방법에서 어떻게 하면 효율적으로 작동하게 할 수 있는지로 초점을 전환하는 것을 의미한다.

알고리즘: 실행 가능한 사업이 될 때까지 아이디어를 개선하고, 안정적이고 꾸준히 전달할 수 있다. 축하한다. 이제 완전한 엔터프라이즈 수준에 도달했다!

사업 개발의 세 단계가 각각 구체적인 특성이 있듯이, 조직이 각 단계를 거치면서 내부적으로 어떻게 기능하는지도 매우 다르다. 전혀 엉뚱한 아이디어에서부터 완전하게 정립되고 전달될 수 있는 비즈니스 가치까지의 경로를 따라 각기 다른 지점에서의 그룹 행동 미스터리를 탐구하는 책들이 있다. 특히 이 중 두 저서는 클라우드 네이티브 트랜스포메이션 패턴을 통해 창의성, 숙련도 두 가지 모두를 다루고 균형을 맞추는 방법에 대한 필자들의 생각을 결정짓는 데 도움을 줬다.

사피 바칼이 저술한 "룬샷: 전쟁, 질병, 불황의 위기를 승리로 이끄는 설계의 힘(Loonshots: How to Nurture the Crazy Ideas That Win Wars, Cure Diseases, and Transform Industries)"은 공통의 임무를 수행하는 회사, 개별 팀 또는 실제 어떤 그룹이 갑자기 새로운 아이디어를 수용하는 문화인 미스터리 모드에서 아이디어를 완강하게 거부하는 알고리즘 단계로 어떻게 변화하는지에 대한 설득력 있는 고찰이 담겨 있다. 마치 흐르는 물이 상태가 변하지 않는 얼음으로 변할 수 있는 것처럼 말이다. 바칼은 단계 전이의 과학적 분야를 바탕으로 집단행동이 소속 조직의 구조에 어떻게 영향을 받는지를 설명한다.

마찬가지로, 대니얼 코일의 "문화 코드: 최고의 팀은 무엇이 다른가?(The Culture Code: The Secrets of Highly Successful Groups)"는 어떻게 다양한 집단이 동일한 동질적 사고방식을 내면화하게 되는지, 그리고 어떻게 조직 내에서 혁신의 걸림돌로 이어질 수 있는지를 탐구한다.

일반적인 기업에서 라이프사이클상의 모습은 어떨까? 초기에는 연구, 디자인 싱킹, 온갖 창조적인 방법들을 사용하길 원한다. 왜냐하면 이 시간은 모두 탐색에 관한 것이기 때문이다. 성공적인 방향이 나타나면서, 당신은 제품이나 서비스 제공을 위한 당신만의 프로세스를 정의하기 시작한다. 그러나 프로세스에는 아직 유연성과 창의성이 있기 때문에 여전히 빠르게 피봇하고 방향을 바꿀 수 있다. 만약 일이 잘 안 풀린다면, 항로를 바꾸면 된다.

하지만 어느 순간, 핵심 가치 제안을 전달하기 위해 무언가를 연마했을 때 알고리즘 단계에 도달하게 된다. 피할 수 없는 이 결과는 일이 원활하고 일관되게 진행되도록 하는 관료주의에 기반을 둔다. 이는 알고리즘 단계에 도달했을 때 완전한 숙련도로만 상당한 수익을 창출할 수 있기 때문에 발생한다. 단순히 성공함으로써 조직 진화의 과정을 거치게 된다. 초기에 당신은 온갖 엉뚱한 일을 시도하는 소수의 미친 사람이었으며, 요점은 돈을 버는 것이 아니라 당신의 생각을 키우는 것이었다. 하지만 일단 당신의 아이디어가 효과가 있다는 것을 증명하고 나면, 당신은 사업을 성장시키고 싶어 한다.

이런 경우 기업들은 강력한 위계질서를 가진 워터폴 조직, 또는 어쩌면 도요타 생산 시스템과 같은 린 조직으로 되는 경향이 있다. 린 생산 모델은 주로 다른 모든 것을 줄임으로써 가치를 부가하는 것에만 초점을 맞춘다.

안타깝게도 린 생산 모델은 대체적으로 창의성을 버리는 것을 의미하는데, 더 이상 탐구할 아이디어가 없기 때문에 숙련된 시스템에서는 기능성이 없다. 이제 성공적인 제품이 있으며, 가능한 한 저렴한 가격으로 해당 제품을 계속 공급하기만 하면 된다. 아마도 그 제품은 시간이 지나며 개선되겠지만 이제는 모든 숙련도에 초점을 두며 더 이상 진화에 초점을 두지 않는다.

숙련도가 선천적으로 나쁘다거나 창의성이 좋다는 것을 의미하지는 않는다. 엔터프라이즈에서는 적절한 균형, 필요에 따라 전환할 수 있는 균형 모두를 필요로 한다. 항상 새로운 것을 개선하고 시도할 때는 최소한의 작은 부분의 노력이 필요하다. 왜냐하면 새롭고 다른 사업 방식으로 전환해야 하는 상황과 같은 중요한 변화나 혼란이 예기치 않게 일어났을 때 능숙함만 갖고 있다면 대응할 방법이 없기 때문이다.

그들의 터전에서 기존의 사업이 낯선 이방인들에게 도전을 받을 때, 불현듯 가진 것이 충분하지 않음을 깨달으면서 숙련도에서 지나친 창의성으로 변화한다. 한편, 스타트업들은 자원이 거의 없는 상태에서 직관에 의존하기에 그들이 갖지 못하는 숙련도를 과대평가하는 경향이 있다. 그들은 숙련도를 나타내는 안정성을 열망하지만, 이는 다른 문제로 이어진다. 많은 스타트업에서 너무 빨리 품질 도입에 뛰어들고, 알고리즘 기반 전달 모델을 너무 일찍 확립하려 하며, 아이디어를 완전히 개발하는 데 집중해야 할 때 스스로를 가두어 자원을 분산시킨다. 따라서 아직 완성되지 않은 제품의 숙련된 전달을 위해 창의성을 소홀히 한다.

그렇기에 당신은 숙련도와 창의성을 모두 필요로 한다. 하나가 다른 하나보다 더 좋거나, 더 중요한 것이 아니다. 중요한 것은 균형이다. 둘 다 필요하지만 동시에 필요하지는 않다. 둘 다 다르게 관리해야 하기 때문이다. 다음과 같은 상충되는 명령이기에 창의적인 동시에 능숙하게 작업하는 팀은 있을 수 없다.

- 숙련된 팀은 동일한 것을 반복적으로, 매우 효율적이고 신뢰성 있게, 그리고 가능한 한 최고 품질로 전달하기 위해 잦은 반복을 요구한다. 잦은 반복, 잦은 피드백, 매우 구체적인 규칙들의 작은 집합. 중요한 것은 기술과 반복에 있다.

- 반면에 창의적인 팀은 특정한 업무 목록이 없다. 그들의 작업은 퍼즐 풀기에 더 가까운 열린 사고를 요구한다. 이는 창의성이 혼돈과 같다는 것을 의미하지 않는다. 이면에는 여전히 지도적인 목적이 있고, 사용할 도구들이 있다. 혁신을 효과적으로 육성하기 위해서는 개방형 실험을 허용하는 공간의 안전과 목표, 그리고 강력한 지원이 있어야 한다. 자율성은 중요하다. 일단 목표가 수립되면 팀은 어떤 방법으로든 해결책을 찾도록 한다.

- 두 유형의 팀 모두 하나의 팀으로 구성되지만 조직의 팀 구조로 작동한다. 다른 점은 그들의 역할이다. 숙련된 팀들은 최종적인 현재 비즈니스 기반 구축 인력에, 창의적인 팀들은 연구와 다음 단계에 집중한다. 일반적으로 혁신/창의성 팀보다 더 많은 팀들과 전달 업무를 수행하게 될 것이다.

한 팀이 창의적이며 숙련된 접근법을 동시에 사용해 작업하도록 하는 것은 그야말로 헛된 일이다. 서로 다른 두 가지 의무사항이며 서로 충돌한다. 한 팀에게 반복적으로 진행 중인 비즈니스 기반 구축 프로세스를 최적화하는 동시에 혁신하도록 요청한다면 이는 어느 쪽이든 완전한 관심이나 최선의 노력을 받지 못하고 둘 다 어려움을 겪으리라는 것을 의미한다.

따라서 조직에는 두 종류의 팀이 모두 필요하며, 두 팀은 구별 및 분리돼야 한다.

두 팀은 물론 함께 일해야 한다. 제품의 최종 납품에 초점을 맞춘 숙련된 팀들은 회사의 미래를 내다보고 혁신에 관여하는 책임을 맡고 있는 창의적인 팀들에게 회사가 해결해야 할 실제 문제가 무엇인지 이야기해야 한다. 창의적인 팀은 개발 파이프라인에서 고객에게 유용한 정보를 숙련된 팀이 사용할 수 있도록 반환해야 한다.

이상적이며 역동적인 관계다. 잘 적응된 조직은 창의성이 증대된 시기와 숙련된 시기 사이에서 필요에 따라 움직일 수 있다.

이를 달성하는 것은 어렵지만 가능하다. 균형을 맞추기 위해서는 숙련된 팀과 창의적인 팀의 분리를 유지하면서 팀 간의 긴밀한 조율을 필요로 한다. 각각 다른 스타일의 관리가 필요하며, 지정된 두 명 이상의 챔피언이 관리를 위한 일종의 번역가 역할을 해야 한다.

조직 관점으로 말하면, 숙련도와 창의성을 통합하는 방법은 다음 도구를 사용한다. 바로 맥킨지McKinsey의 세 가지 지평 모델Three Horizons model이다.

세 가지 지평

창의성과 숙련도의 차이점과 이들 간의 관계를 이해한다면, 회사 내에서 세 가지 지평 모델을 사용해 신제품 개발에 투자를 혼합하고 균형을 유지하는 방법을 이해하면서 효율적이고 안정적이며 수익성 있게 제공하는 방법도 이해할 수 있다.

세 가지 지평은 당신의 회사의 현재 상태를 파악한 후 상황에 맞는 조치를 전략화하는 데 믿을 수 없을 정도로 유용한 도구로, 현재 상황에서 조치를 취하거나 이후 필요할 때 조치를 취할 수 있다. 올바르게 사용하기 위해 창의성을 혁신과 연구라는 두 개의 다른 범주로 구분한다. 바로 살펴보자. 그림 6-5는 세 단계를 보여준다.

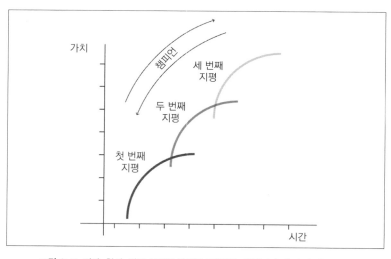

그림 6-5 전달, 혁신, 연구 사이의 관계를 보여주는 맥킨지의 세 가지 지평 모델

- **첫 번째 지평**: 첫 번째 지평은 현재 핵심 비즈니스, 즉 현금 흐름과 주요 수익을 제공하는 것을 대표한다. 또한 만들고 있는 모든 제품이나 서비스에 대한 논리적인 다음 단계의 개발을 포함한다.

- **두 번째 지평**: 두 번째 지평은 혁신에 대한 투자다. 세 번째 지평의 인큐베이터에서 작동하는 것으로 입증된 아이디어를 실제 고객용으로 제품화한다. 이는 새로운 기술과 아이디어를 기존 제품에 도입하거나 기존 제품 자체를 완전히 새로운 것으로 바꾸는 것을 의미한다. 이 시점에서 당신의 아이디어는 성공적인 사업 영역으로 성장해 나갈 것처럼 보일 것이다. 흥미롭게도, 클라우드 네이티브 자체는 현재 대부분 두 번째 지평에 있다. 클라우드 네이티브는 많은 조직에서 적용 중이지만 쉽지 않은 데다 완전히 안정적이지 않으며 구현을 위해서는 특별한 지식이 필요하다.

- **세 번째 지평**: 세 번째 지평은 연구다. 새로운 아이디어, 연구 프로젝트, 파일럿 프로그램에 대한 순수한 탐구를 말한다. 지금 제대로 사용할 수 있는 것은 아무것도 없다. 장기적인 관점에서 몇 년간 사용하거나 알아야 할 것들이 있다. 세 번째 지평은 앞으로 일어날 일에 대한 인식에 대한 것으로, 적어도 여기 왔을 때 약간의 이해가 필요하다. 세 번째 지평에서 발견한 것 중 일부는 추가 투자와 개발을 위해 두 번째 지평으로 옮겨질 것이다. 세 번째 지평에서 조사하는 모든 것이 사라지거나 유용하지 않을 수 있지만 괜찮다. 때로는 실험이 효과가 없을 수도 있다.

- **시간**: x축은 시간의 선형적 진행을 나타내지 않으며, 각 단계를 언제 적용할지 예를 들어 현재 또는 이후의 먼 미래를 알려주지 않는다. 기업은 동시에 세 가지 지평 내에서 작동돼야 한다. 이 모델에서 시간은 일반적인 벤처 기업의 라이프 사이클 과정의 세 가지 상호 관련 주기 사이에서 기업이 어떻게 움직이는지를 보여준다.

- **가치**: y축은 조직이 세 가지 지평을 동시에 다루고, 우리가 보기에 적절한 균형을 유지할 때 유기적으로 발생하는 가치의 성장을 나타낸다.

기업들은 일부 말도 안 되는 대규모 아이디어와 그것을 중심으로 주변에 회사를 만드는 창업자들로부터 출발한다. 성공을 거두면 더 많은 사람을 고용해야 하는데, 이는 모든 사람들이 함께 일할 수 있도록 구체적인 휴리스틱을 만들기 시작한다는 것을 의미한다. 실제로 성공한다면 불가피한 시점에 정해진 위치, 루틴, 프로세스와 함께 계층 구조를 형성할 테지만 일방통행식이다. 아무리 창의적이라 해도 프로세스가 없는 초기 스타트업의 혼란 상황으로 돌아가고 싶은 사람은 아무도 없다.

그러나 이것이 의미하는 바는 전 세계 대부분의 기업들이 운영과 이익을 모두 최적화하기 위해 규모의 경제를 사용한다는 것이다. 자연스레 모든 노력이 집중되는 곳이 된다. 극소수의 기업들만이 부가적으로 창의성을 유지하고 계속적으로 투자한다.

적응형 비즈니스는 숙련도와 창의성 사이에서 최적의 균형을 추구하면서 세 가지 지평 사이의 관계를 끊임없이 평가하고 재조정한다. 이를 조직 전체에 걸쳐 관리하기 위해서는 "챔피언"이라 불리는 사람들이 서로 다른 지평을 이해하고 세 가지 지평에 걸쳐 기술을 움직이는 것이 중요하다.

우리는 챔피언인가?

챔피언은 바닥을 단단히 고정시키는 동시에 가능한 다음 단계를 추진하고 다음에 닥칠 어떤 말도 안 되는 미래든 주시하는 사람이다. 추적해야 할 것도 많기에 공식적으로 해당 업무만 담당하는 사람이 있으면 좋다.

안정적인 시장에서 좋은 기업과 세 가지 지평 사이의 적절한 비율이 회사 노력의 대부분을 핵심 사업 전달에 쏟는 것을 의미함을 챔피언들은 잘 알고 있다. 비록 작지만 여전히 중요한 부분은 실용적인 혁신으로 향한다. 기본적으로 특징이나 기능 면에서 논리적이고 시장지향적인 다음 단계를 구축한다. 그렇기에 약간의 연구 비중이 남아 있게 된다.

물론, 이 비율은 "평소의 사업" 상황을 나타낸다. 파괴적인 낯선 이방인이 시장에 갑자기 나타날 때와 같이 비즈니스 환경이 변화할 때마다 변화의 유형에 직접 대응해 변화해야 한다.

챔피언이 부족한 기업이나, 챔피언이 무엇을 하는지, 왜 챔피언이 있어야 하는지조차 모르고 있는 기업은 종종 균형을 잃어버리곤 한다. 이는 의도치 않게 일어나는 일이기도 하며, 당면한 사업에 완전히 집중하고 창의성을 발휘하기 위한 혁신을 구축하는 것을 잊어버린 상태기 때문이다.

그림 6-6은 다른 상황에서 이러한 다양한 시나리오와 각 지평에 대한 적절한 비율 뒤에 일부 숫자를 배치한다. 이 숫자들은 숙련도, 혁신, 연구 사이의 관계를 증명하기 위한 근사치 숫자로, 정확히 일치해야 하는 명확하면서 빠른 정의가 아니라는 점에 유의하기 바란다. 단순히 클라우드 네이티브 트랜스포메이션에 성공했을 뿐 아니라 변화하는 상황에 대처하는 새로운 능력을 달성한 기업에서 관찰한 경험을 바탕으로 한다.

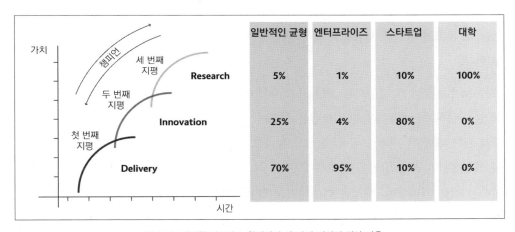

그림 6-6 다양한 비즈니스 환경에서 세 가지 지평의 권장 비율

- **일반적인 균형 관점**: 일반적으로 70%~80%의 노력을 전달에 투자하고, 15%~25%를 혁신에 투자하며, 적은 연구 예산(5%)을 유지하기를 원할 것이다.
- **엔터프라이즈/전체 숙련도에 집중**: 앞에서 말한 많은 기업들, 즉 순수한 숙련도를 추구하면서 창의적인 방법을 잊어버리는 기업들은 95/4/1에 더 가깝다. 사실상 대부분의 전통적인 워터폴 회사들은 훨씬 더 현실적으로 95/5/0이다. 상당수가 오로지 전달에만 집중하고, 현재 판매 중인 상품에만 관심을 갖는다.
- **스타트업/대부분 혁신에 집중**: 본질적으로 스타트업은 혁신형 기업이다. 이들은 제대로 된 제품을 만드는 중이므로 주로 중간에 존재한다. 그들은 세 번째 지평(10%)에 약간이나마 손을 댈 수도 있다. 물론 첫 번째 지평에 거주하기 위해 최대한 빠르게

일하고 있기 때문에, 이미 약간의 기초가 마련돼 있다(10%). 하지만 두 번째 지평이 그들의 홈 경기장(80%)이다.

- **연구**: 대학만이 연구에 시간과 노력을 100% 소비할 수 있는 거의 유일한 기관이다. 가까운 장래에 돈벌이에 대한 걱정 없이 순수한 탐구를 할 수 있는 곳은 이곳밖에 없다.

회사 자원의 5%를 연구에 바치는 것은 많은 것 같지는 않지만 중요하다. 그 5%는 지식을 얻고 필요할 때 창의성을 발휘할 수 있는 능력을 유지하는 것이다. 사고^{thinking}와 전략^{strategy}이 없을 때 문제가 발생한 기업들이 결국 곤경에 처하게 되면, 연구에서 전달로 바로 변경하려고 한다.

예를 들어, 클라우드 네이티브 전환 시 회사의 엔지니어들은 마이크로서비스 아키텍처를 전혀 알지 못하고, 배경이나 경험도 없는 상태에서 적용을 시도하고 결국 잘못된 접근으로 끝나게 된다. 그들은 제대로 된 일을 하고 있다고 인식할 정도로 마이크로서비스에 대해 충분히 연구했지만 서둘러 일을 처리하려 한다. 즉, 중간 단계를 건너뛰고 바로 직접 전달하려 한다는 것을 의미한다. 새로운 아이디어 전달을 중심으로 휴리스틱을 만들기 위한 실용적 개발 단계인 두 번째 지평을 건너뛰는 것이 속도를 높일 수 있는 방법으로 들릴 수도 있다. 어떻게 동작하고 서로 잘 맞는지 이해하는 시간을 들이지 않았기 때문에 실패의 레시피가 된다. 혁신 챔피언의 일은 이런 종류의 근시안적인 코너 커팅$^{corner\ cutting2}$을 방지하는 것이다.

이제 반대쪽을 보자. 때때로 숙련도는 혁신과 순수 연구에 대한 계획이 존재하는 대부분 기업에 필요하다. 그리고 필요하다면 일시적으로 0으로 갈 수도 있다. 예를 들어, 품질이 저하되는 주요 제품이 있다면 당분간은 전달에 완전히 집중해야 한다. 그러나 이는 일시적 중단이며, 일단 위기가 지나가면 건강한 회사, 특히 그 자리에 챔피언이 있는 회사라면 비율이 다시 균형을 이룬다.

그러나 많은 기업들이 수익에 초점을 맞추기 위해 혁신과 연구에서 모든 자원을 제외하는 것

---

2   쉽고, 싸고, 빠른 방법으로 무언가를 하는 것, 일을 대충 하는 것을 의미한다.

과 같은 또 다른 시나리오가 있는데 이는 완전히 잘못된 조치다.

이는 기업이 새로운 경쟁자 또는 전체 시장을 교란시키는 새로운 것을 도입한 이전 경쟁자의 존재로 심각한 사전 확신이 있을 때일 것이다. 그 기성 회사는 갑자기 시장 점유율을 급격히 잃어가고 있고, 회사의 지도자들은 당황하고 있다. 이 경우 가장 가능성이 높은 경로는 특히 개발 과정에서 비용을 절감하기 시작하는 것이다. 고난의 시기에는 연구개발 부서가 가장 먼저 피해를 본다. 그러나 이를 통해 회사는 새로운 시장에 적응하지 못하고 동등하게 강력한 경쟁자로 부상할 수 없게 될 것이라 보고 있다.

그렇다면 웰스그리드에서 무슨 일이 일어났을까?

무엇이 잘못됐는지 이해한 후 올바르게 나아가려면 이러한 도구들을 어떻게 사용해야 하는가?

필자들이 처음 웰스그리드를 만났을 때, 웰스그리드는 핵심 비즈니스 가치를 가능한 효율적이고 수익성 있게 전달하는 순익에 초점을 맞춘 고전적인 워터폴 프로세스 회사였다. 만약 웰스그리드를 가장 확신할 수 없는 혁신 챔피언이 있었다면, 이 사람은 숙련도에 투자하는 노력의 95%, 혁신에 투자하는 노력의 5%, 그리고 연구에 대한 0%로 세 가지 지평 비율을 분석했을 것이다.

제니와 제니의 팀이 처음으로 웰스그리드를 클라우드로 옮기려 시도한 것은 이 95/5/0의 컨텍스트에서다. 필자들이 봐왔듯, 효과가 없었다. 당시에는 기존 시스템에 항상 우선순위를 두었기 때문에 마이그레이션에 집중할 시간이 충분하지 않은 것으로 확인했다. 이제 이런 문제를 일으킨 훨씬 광범위한 세력을 더 깊게 이해할 수 있는 새로운 도구를 갖게 됐다.

근본적으로, 웰스그리드의 첫 번째 시도는 숙련된 사고방식으로 창의적이고 혁신적인 접근 방식이 필요한 클라우드 네이티브를 구현하려 시도했기 때문에 실패했다.

제니와 엔지니어들은 기존의 숙련된 시스템을 운영하기 위한 다른 모든 작업과 함께 스크럼 백로그에 클라우드 네이티브 기술과 도구를 넣었다. 그런 다음 항상 사용하던 프로세스와 동일한 유형의 프로세스를 사용해 실행하고 마감 시간, 스프린트, 스트레스에 따른 동일한 관리 방식을 따르려 시도했다. 많은 회사에서 스프린트를 개발 프레임워크로 사용한다. 스크럼은 스프린트를 전달하기 위해 보통 2주간의 목표를 세운다. 문제는 당신이 전달할 수 있는 한 빨리 달릴 때, 혁신에 대한 열린 마음으로 주위를 둘러보기가 어렵다는 것이다. 예측 가능한 창의적인 것은 불가능하다.

그래서 초기 시도는 효과가 없었다. 여기서 더 안타까운 비밀은, 제니의 팀이 새로운 시스템을 구축하는 데만 100% 임하더라도 실패했을 것이란 점이다. 아마도 다른 방향으로 시도했는진 몰라도, 두 번째 시도 역시 실패로 돌아갔다.

클라우드를 네이티브로 트랜스포메이션하려는 웰스그리드의 두 번째 시도는 기본적으로 완전히 반대였다. "이제 우리는 완전한 창의성을 발휘할 것이다!" 회사는 대부분의 인력 리소스를 혁신 프로젝트로 옮겼다. 즉, 기술자 대부분을 원래의 숙련된 시스템에서 새로운 시스템을 구축하기 위해 재배치했다. 트랜스포메이션에 자원을 배치하는 것은 훌륭한 첫걸음이다. 불행하게도 웰스그리드는 여러 잘못된 단계를 밟았고, 그 모든 것은 같은 것에 추가됐다. 여전히 숙련도 중심의 프로세스와 문화를 사용해 새로운 기술과 작업 방식을 제공하려 했다.

새로운 사고방식이나 행동 방식의 채택도 없었고, 창의적인 문제 해결을 위한 새로운 방법을 식별하는 디자인 싱킹 프로세스의 적용도 없었으며, 목적 설정도 없었다. 클라우드 네이티브 시스템을 구축하기 위한 두 번째 시도에서도 스크럼 또는 워터폴 구축 방식을 사용했다. 회사에 속한 엔지니어 대다수가 서로 다른 도구와 클라우드 공급자를 활용할 수도 있지만, 모두 오랫동안 능숙하게 성공을 거두어온 오래된 지식과 방법을 동일하게 사용하고 있었다. 바로 웰스그리드가 두 번 모두 잘못된 이유다.

클라우드 네이티브는 일을 하는 새로운 방법이다. 적어도 그것이 어떻게 작용하는지에 대한 이해가 부족한 사람들에게는 예측 불가능한 일이다. 웰스그리드의 대다수는 이런 지식이 없었다. 아마 제니조차도 클라우드 네이티브 아키텍처의 복잡성을 이해하지 못했을 것이다. 정말 웰스그리드의 어느 누구도 클라우드 네이티브 시스템을 실제로 구축한 경험이 없었다.

이해와 경험 부족은 물론 당연히 자신들이 익숙한 도구와 기술을 사용했다. 자신들이 모르는 것은 알지 못했다.

계획은 처음에는 꽤 잘 진전됐을지 모르지만, 필연적으로 시스템의 규모가 커짐에 따라 복잡성이 배가될 수밖에 없다. 전체 프로젝트가 더 이상 진행되지 않을 때까지 상황은 점점 더 느려지고 있다. 한편, 기존 시스템인, 하나의 웰스그리드가 여전히 계속 작동하고 있다. 1년 이상 된 고객에게 새로운 기능이나 기능이 제공되지 않는 등 피로도가 높아졌다.

이번이 세 번째 위기 지점이었다. 웰스그리드는 여전히 완전한 클라우드 네이티브 기업이 되기 위해 헌신하고 있었다. 그러나 웰스그리드에겐 오랫동안 지연된 새로운 플랫폼을 제공하기 위해 숙련도와 창의성의 중간 길인 올바른 길을 찾기 위해 일하면서 고객들에게 가치를 계속 전달하는 방법이 필요했다.

요약

디지털 트랜스포메이션은 궁극적으로 혁신과 실용주의, 창의성과 숙련도 사이의 균형을 필요로 한다. 일부 기업은 혁신을 시도하지만 숙련된 프로세스, 즉 역사적으로 잘 작동했지만 클라우드 네이티브 아키텍처에서는 작동하지 않는 오랜 관행과 신념으로 창의성을 제공하려 함으로써 혁신을 시도한다. 결과는 실패로 이어지거나, 기껏해야 기능이 떨어지며 부적절하게 구현된 시도로 이어진다. 몇 개의 쿠버네티스 클러스터에서 몇 개의 마이크로서비스가 실행될 수는 있겠지만 투자된 시간과 돈에 비하면 실질적인 가치는 제공되지 않고 있다.

다른 사람들은 혁신에 전력을 다하고, 새로운 시스템을 처음부터 완전히 포기하려 하고, 여전히 길을 잃는다. 이러한 회사들은 대부분 완전한 클라우드 네이티브는 말할 것도 없고 가장 창의적인 회사 중 하나인 구글과 같은 회사가 되기를 바란다. 일반적으로는 구글처럼 되려면 창의성에 만전을 기해야 한다며 잘못 생각할 것이다. 98%의 창의성 같은 것을 말해보자. 구글의 실질적인 초점은 기존 제품과 서비스를 능숙하게 제공하는 데 중점을 두고 있지만, 작지만 목표지향적이며 매우 영향력 있는 창의적인 계획에 의도적으로 투자한다.

우리가 이 장에서 사용해온 용어들을 종합해보면, 구글의 균형은 사실 2%의 창의성과 98%의 전달에 가까울 것이다. 요점은 균형이 존재하고, 균형이 그들에게 효과가 있다는 것이다. 성공한 대다수 기업의 진정한 문제는 그들이 효과적인 방법 안에서 어떻게 창의적이 될 수 있는지를 전혀 모른다는 것이다.

숙련도는 중요하다. 창의성도 중요하다. 어떤 것이 더 중요하지 않으며 둘 다 필요하다. 유능한 팀은 회사의 핵심 비즈니스 가치를 집중적이고 안정적이며 효율적으로 전달할 수 있는 방식으로 관리돼야 한다. 창의적인 팀은 다음 단계의 개방형 탐색을 위해 관리되고, 회사는 필요할 때마다 다음 단계에 대응하고 적응할 준비가 돼 있어야 한다.

웰스그리드가 숙련도에 초점을 맞춘 워터폴/애자일 프로세스를 이용해 창의적인 클라우드 네이티브 기업으로 트랜스포메이션을 시도한 것은 전혀 놀라운 일이 아니다. 무척 흔한 일이며 모든 규모의 기업에서, 그리고 모든 부문에서 여러 번 확인했다. 확실히 웰스그리드가 더 잘 안다면 다른 올바른 방식으로 일하려 할 것이다.

이제 그 올바른 방식이 무엇인지 살펴보도록 하자.

7장

전략 및 비즈니스 리스크 감소 패턴

클라우드 네이티브 패턴에 대한 책에 실린 "전략 및 비즈니스 리스크 감소"란 무엇인가?

기업들이 현재 직면한 가장 큰 위험 요인은 변화하는 환경에 충분히 빠르게 대응할 수 없다는 것이다. 당신의 분야와 상관없이 혁신적인 기업들은 언제든지 나타날 수 있고, 기존 경쟁자들 또한 방향을 전환하거나 매우 빠르게 새로운 시장을 선택할 수 있는 능력을 찾고 있다. 경쟁자가 6개월 내에 가능한 것을 당신은 12개월이 걸린다면 곤란할 것이다. 오늘날 리스크 감소는 일상에서 경쟁자들을 만나거나 이길 수 있는 시점에서 갑작스럽거나 예상치 못한 시장 상황 변화에 대응할 수 있는 능력이다. 그리고 당신은 전략을 통해 이러한 능력을 달성한다.

이 모든 것이 현실에서는 어떻게 펼쳐질까? 우리는 앞에서 웰스그리드가 현명한 조치를 했음을 확인했다. 회사의 장기적인 생존 능력은 변화하는 환경 조건에 적응해야 하며, 클라우드 네이티브 기업으로 전환하는 것이다.

그러나 웰스그리드는 클라우드 트랜스포메이션을 두 번 시도할 때 그렇게 좋지 않은 선택을 하기도 했다. 그래서 어쩌면 지금이 위험 감소 전략을 세우기 좋은 시기일지도 모른다.

이 장에서는 클라우드 네이티브 조직에서 전체 전략을 구체적으로 상세화하고 추진하는 패턴을 소개한다. 그리고 트랜스포메이션 기간뿐만 아니라 미래에도 위험을 줄이고 장기적인 성공을 위해 패턴들을 사용하는 방법과 다음 패턴을 알아보기로 한다.

- 동적 전략
- 가치 계층
- 비즈니스 케이스
- 경영진의 헌신
- 트랜스포메이션 챔피언
- 비전 우선
- 목표 설정
- 비즈니스 참여
- 주기적 점검
- 데이터 기반 의사결정
- 지속적 학습
- 학습 조직
- 중요 사항 측정
- 실행을 통한 연구
- 점진적 투자 확대
- 후회 없는 시도
- 선택과 위험 회피 Hedge
- 큰 도전
- 실험 비용 절감
- 벤더 락인탈피 전략
- 세 가지 지평
- 회고의 시간
- 지정된 전략가

하지만 먼저 이러한 패턴이 언제, 어떻게 작용하는지에 대한 장면을 설정해보자. 웰스그리드의 전략 및 의사결정 리더를 만나 불확실한 환경 속에서 회사를 이끌어가야 하는 상황을 간단히 살펴보기로 한다.

스티브를 만나다

스티브는 웰스그리드의 CEO이다. 항상 숫자와 비즈니스에 전문적인 사람이지만 엔지니어는 아니다. 그럼에도 스티브는 웰스그리드를 시장에서전반적으로 적절하며 튼튼한 상태를 유지하도록 신기술에 투자하는 것이 중요함을 인식하고 있다.

스티브는 워터폴 전달 방식을 따르는 계층 구조를 가진 전통 기업에서 경험을 쌓았다. 이렇게 일하는 방식은 익숙해져서 제2의 천성이 됐다. 그는 조직이 어떻게 운영되는지를 상세하게 추정^{assumption}한다. 물론 계층 구조도 존재한다. 어떤 사람들은 특정한 일을 처리하고, 명시적으로 재할당되지 않는 한 직원들은 각자의 위치를 유지한다. 새로운 것은 위험을 의미하므로 실험을 꺼린다.

이러한 회사는 모두 한 가지 일을 하며, 그 한 가지 일을 예측 가능하며 신뢰할 수 있게 수행하는 것이다.

스티브의 사업 중 하나는 은행을 운영하는 것이다. 그는 은행 사업자^{banker}며 은행 업무 방식에 깊은 전문지식이 있다. 그러나 은행은 더 이상 단순한 은행이 아닌 기술 회사다. 사업을 계속하려면 기술 회사처럼 행동해야 한다. 이 사실이 스티브와 웰스그리드의 다른 최고 경영진들에게 상당한 압박을 준다. 그들 모두 IT 트렌드가 회사에서 가장 중요하다 생각하는 고상하고 교양 있는 경영진들이다. 고위 임원을 위한 모든 간행물은 머신러닝, 자동화, 클라우드 등에 대한 투자를 권고한다. 그러나 도대체 그것들이 무슨 뜻일까? 스티브는 기술적인 측면을 다루기 위한 IT 부서를 두었다. 어떤 기술도 이해할 필요가 없었다. 사실 스티브는 개인적으로 기술에 자신이 없는 나머지, 스티브가 아이폰을 새로 바꿨을 때 아이들이 휴대폰 환경을 대신 설정해줬을 정도다.

스티브에게 좋은 소식은 웰스그리드가 지금 필요한 것은 심도 있는 기술 지식이나 문제에 관련된 어떠한 기술 지식도 아니다. 이 시점에서 웰스그리드가 스티브에게 필요로 하는 것은 전략이다.

전략 그리고 위임

스티브는 아직 기술을 알지 못하지만 은행 사업 경력은 실제로 웰스그리드가 클라우드로 트랜스포메이션하는 데 도움이 되는 모든 전략적 기술을 제공한다. 은행의 핵심 사업은 결국 대출 금리의 형태로 중간에서 이윤을 남기며 돈을 사고 파는 것이다. 실제로 어떤 일이 일어나고 있는가? 간단한 리스크 관리로 돈을 빌릴 적기를 알고, 돈을 빌려줄 적절한 고객을 선택한다. 스티브는 현재 상태를 분석하고, 원하는 목표를 세우고, 리스크를 최소화하기 위한 절차를 식별하고 평가해야 하는 것을 모두 알고 있다.

그러나 스티브에게 방해가 될 것이 한 가지 있는데 바로 스티브 본인이다.

스티브는 웰스그리드가 수행할 수 있는 모든 클라우드 네이티브 계획에 강력한 리스크 관리 기술을 도입한다. 그러나 그는 워터폴 전달 방법을 이용한 기존 계층구조라는 경험을 쌓았던 환경의 산물이다. 그 환경에서 경영진은 전략뿐만 아니라 많은 실행 세부사항까지 모든 결정을 내린다. 내부와 외부 전문가와 아키텍트 모두를 데려오거나, 많은 보고서와 문서를 만들고 숙고하는 데 오랜 시간이 걸린다. 일단 계획이 정해지면, 팀을 분리할 수 없는 상태에서 계획의 실행을 감독하기 위해 중간 관리자들에게 전달된다.

 워터폴, 예측 가능성, 계획 및 문서화가 좋지 않다는 의미가 아니다. 결코 그렇지 않다. 일관되고 안정적이며 효율적인 전달 환경을 조성하기 위한 도구로서, 적시에 올바른 방법으로 사용할 수 있다. 그러나 클라우드 네이티브 엔터티로 트랜스포메이션하기 위해 기업이 겪어야 하는 창의적이고 혁신적인 과정 중에는 해당 도구들이 적합하지 않다. 하지만 줄곧 창조적인 모드에 머무르지 않는다. 일단 새로운 시스템을 구축하고, 회사가 클라우드 네이티브 지식을 알게 되면 핵심 비즈니스 가치를 능숙하게 전달하는 데 다시 한번 집중할 수 있도록 균형 조정될 것이다.

웰스그리드와 같은 회사들은 역사적으로 수익성이 높은 업무 방식을 따르며, 안정적인 환경에서 운영된다. 시장은 오래전부터 안정적이고 합리적으로 예측 가능했으며, 그들이 하면 알려지기에 관리하기 용이했다. 또한 현명한 행동 방침을 결정하는 데 능숙했고, 최고의 구현을 위해 연구를 많이 한 후, 제 시간에 실현하기 위한 상세한 행동 계획(보통 2년 기간)과 예산에 따라 제품을 생산했다. 그 기간 동안 목표를 재평가하기보단 실행에 초점이 맞춰져 있었기 때문에 계획은 도중에 바뀌지 않았다.

이렇게 장기적이고 예측적이며 고정된 작업 방식을 정적 전략이라 부른다. 정적 전략은 꾸준하기에, 예측 가능한 세계가 오늘날 계속 급변하는 현실이 될 때까지 오랫동안 아주 잘 작동하는 비즈니스 방식이었다.

이제 전략 리더의 역할은 역동적인 전략을 만드는 것이다. 회사의 시장, 경쟁 업체 및 기타 환경적 요인을 관찰해 어떻게 대응하며 어떤 방향으로 나아가야 하는지에 대한 비교적 신속하고 단기적인 결정을 내리는 것을 의미한다. 필요에 따라 자유롭게 재평가되고 조정되는 빠르고 단기적인 움직임은 더욱 빠른 변화 조건에 대응하기 위해 바로 필요하다. 헨리 민츠버그의 긴급 전략 이론[1]에서 영감을 받은 동적 전략 패턴은 이러한 개념의 실용적 적용을 설명한다.

패턴: 동적 전략

오늘날의 기술 주도 시장은 어떤 비즈니스에 종사하든 끊임없이 변화하는 환경이므로 게임 계획도 이와 함께 바로 전환해야 한다(그림 7-1).

---

1   헨리 민츠버그의 원본 백서, "신중하고 비상한 전략에 관해"

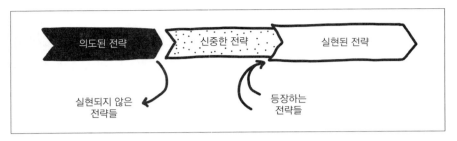

그림 7-1 동적 전략

기업은 클라우드 네이티브 트랜스포메이션을 시작했고, 플랫폼을 완전히 성공적으로 마이그레이션했거나, 로드맵을 따르고 있다. 전통적으로, 기업들은 전략을 설정하고 목표로 전환한 다음, 재평가 프로세스 없이 편안하게 장기 실행으로 진행하곤 했다. 오늘날의 환경은 불확실하며 끊임없이 변화하고 있다. 클라우드 네이티브는 이러한 현실에 대응해 지속적인 변동성을 처리하기 위한 민첩하고 확장 가능하며 빠른 프레임워크로 진화했다.

시장 변화나 새로운 정보에 충분히 신속하게 대응하지 않으면 회사는 더 이상 완전히 관련이 없는 낡은 전략에 따라 제품을 계속 만들 수 있다. 원래 전략은 전체적으로 실현될 수 있지만 그동안 경쟁자들은 더 나은 제품을 내놓을 수 있고, 기술이 바뀔 수 있다 보니 더 좋은 기회를 놓칠 수 있다.

궁극적으로 회사는 프로젝트 초기 계획과 정확히 일치할 수 있다. 하지만 결국 시장에 출시할 때는 실제로 필요한 것이 아님을 알게 된다.

- 새로운 기술이 끊임없이 도입돼 모든 분야에 예상치 못한 새로운 경쟁자를 불러온다.
- 낮은 수준의 프로젝트는 매우 높은 위험을 수반한다. 사업 초기에 내린 어떤 결정도 나중에 잘못된 결정임을 깨달을 가능성이 높다.

계획이 진전됨에 따라 상황을 지속적으로 재평가한다.

관련 제품이 여전히 수요가 있는지, 그리고 선택된 기술, 조직 구조 및 개발 프로세스가 가장 성공적인 전달을 위해 여전히 최선의 선택인지 확인한다. 항상 경쟁을 모니터링해 전달 계획을 조정하고 최적의 기능을 릴리즈해 시장에 미치는 영향을 극대화한다.

- 조정이 필요한 경우, 위험 요소를 줄이고 더 나은 결정을 내리기 위해 점진적 투자 확대 패턴을 사용한다.
- 시작부터 완료까지 클라우드 네이티브 효과를 실현하기 위해서는 동적 전략이 필수적이다. 이 패턴은 매우 필수적이므로 필자들이 생각한 트랜스포메이션 디자인에 포함돼 있다.
- 경영진이 전략을 검토하고 재평가할 수 있도록 회고의 시간을 사용한다.

결과적으로

경영진들은 환경이 변화할 때를 인식하고 회사가 올바른 방향으로 나아갈 수 있도록 전략적인 목표들을 조정한다.

+ 디지털 트랜스포메이션은 혁신과 지금 당장 회사의 이득이 될 요소를 제공하는 실용주의 사이에서 끊임없이 균형을 이루는 행위이다.

+ 만약 파괴적인 새로운 경쟁자가 예기치 않게 시장에 진입한다면, CEO와 이사회는 경쟁자를 따라잡기 위해 창의성을 향상시키는 방향으로 트랜스포메이션할 수 있다.

+ 품질에 문제가 있다면 상황이 개선될 때까지 리더들은 전달/인도 시 전략을 조정하고 방향을 재설정할 수 있다.

일반적인 함정

방향을 너무 자주 바꾸면 시간을 낭비하고 불안정성을 야기하며, 자원을 낭비할 수 있다. 회사의 전략가들은 리더들이 잠재적 전략 조정을 고려하고 있을 때 유용한 관점을 제공할 수 있다.

관련된 편향

불합리한 상승작용/매몰비용 오류

결정이 잘못됐음을 도중에 깨달았더라도, 프로젝트에 계속 투자하고 싶은 충동은 이미 너무 많이 진행했기 때문이다.

통제의 환상

외부 사건에 대한 자신의 영향 정도를 과대평가하는 경향이다. 수많은 복잡하고 긴급한 프로세스는 적절히 조정하기 어려우며 통제력이 낮다. 때때로 결과를 얻기 위해 약간의 불확실성을 포용해야 한다.

관련된 패턴

- 지정된 전략가
- 회고의 시간
- 세 가지 지평
- 경영진의 헌신
- 가치 계층

오늘날의 기술 주도 시장은, 당신이 어떤 사업에 종사하든 궁극적으로는 불확실한 환경이다. 전략이 있다면 항상 바뀌어야 한다. 동적 전략은 세상이 어떻게 변화하는지를 관찰하고, 지속적으로 진화하고 전략을 조정하도록 가르치는 트랜스포메이션 패턴이다. 그리고 이책임은 회사의 경영진 리더십에 있다.

별도 프로젝트로 트랜스포메이션하려던 것은 제니와 제니가 속한 팀이었기 때문에, 웰스그리드의 첫 번째 시도는 별로 중요하지 않았다. 어떤 전략도 전혀 없었으며, 윗쪽 경영진은 허락 등을 제외하면 거의 관여하지 않았다. 하지만 그렇게 하지 말았어야 했다. 이상적인 관점에서 제니는 이사회에 문제를 제시하고, 전략적 결정의 필요성을 증명하고, 결정을 요청하고, 전략적 결정을 실행할 수 있는 권한을 얻었어야 했다. 그러나 이런 일은 일어나지 않았다. 제니 팀은 최선을 다했지만 결국 6개월 동안 비틀거리고 넘어졌다.

하지만 모두 온보딩했던 상황인 두 번째 시도도 여전히 좋지 않았다. 웰스그리드의 리더십에는 사실 문제가 없었지만 그들은 흔한 정적 전략의 함정에 빠졌다. 범위 부여, 예산 할당, 마감 시간 설정, 전달할 팀, 그리고 원래의 목표를 재평가하기 위해 뒤돌아보지 않으면서 필요한지, 작동하는지 확인하려고 한다.

일단 수행 전략을 정의하면 중간 관리자들은 전략을 구체적인 목표와 실행 가능한 목표로 트랜스포메이션하기 위해 해당 내용을 전달받는다. 관리자들은 팀들에게 내용을 설명해주고 한 발 물러서서 팀들이 정확히 어떻게 실행할지를 결정하도록 해야 한다. 납기 일정이 바텀-업^bottom-up으로 공유된다. 팀들은 언제 무엇을 달성할 수 있을지에 대한 일정을 보고한다. 팀들은 기능적 결과를 전달할 때 원하는 도구를 선택하고 접근할 수 있는 자유가 있다. 너무 많은 자유가 혼란과 상충되는 기술로 이어지기에 일련의 회사 표준 내에서 자유가 주어진다. 이는 모두 상호 조정 안에서 동작해야 하는 하나의 사슬^Chain과 같다. 사슬 내 링크 중 어느 하나가 너무 빠르거나 너무 느리면 전체 처리량이 감소한다. 관련 내용은 8장에서 묘사되는 "실행에 가장 가까운 의사결정" 패턴에 자세히 설명돼 있다.

전략에 관한 의사결정은 빨리 이루어져야 하며, 권력, 그리고 다른 모든 종류의 의사결정에 대한 책임이 중간 관리 및 실행 팀에게 분배되므로 조직 전체에 걸쳐 의사결정을 인도하는 일관된 가치와 우선순위 공유가 필수적이다.

패턴: 가치 계층

조직의 가치가 명확하게 명시되고 우선순위가 정해져 회사 전체에 완전히 내재화됐을 때, 사람들은 동의나 허가/승인을 구하지 않고도 일상적인 의사결정을 할 수 있다.(그림 7-2).

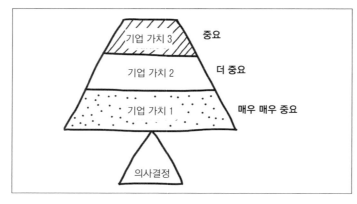

그림 7-2 가치 계층

회사의 클라우드 네이티브 트랜스포메이션은 이제 막 시작돼 불확실성이 크다. 사람들은 여전히 기술에 대해 배우고 있고, 조직 구조는 진화하고 있다. 팀들이 독립하며 변동되는 부분이 많다.

컨텍스트

기업의 가치와 우선순위에 대한 명확한 이해가 없다면, 직원들이 일상 업무를 회사 전략과 연결시킬 수 있는 쉬운 방법이 없다. 이런 상황에서 팀마다 서로 상반된 결정을 내리거나 우선순위가 낮은 업무에 상당한 노력을 낭비할 수 있다.

- 모든 이해관계자의 합의를 얻기란 시간이 많이 걸린다.
- 전통적인 조직에서는 관리자가 모든 결정을 내린다.
- 시장이 자주 변화하고 있으며, 새로운 경쟁자들이 예상치 못한 모습을 보이고 있다.
- 클라우드 네이티브 기술이 지속적으로 빠르게 진화하고 있다.

명확하게 명시된 값의 목록을 작성해 의사결정을 단순화하고 불확실한 환경에서 행동을 안내한다.

- 회사의 가치 파악: 우리에게 중요한 것은 무엇인가?
- 단순하고 명확하게 공식화한다.
- 중요도 순으로 순위를 매긴다.
- 조직 전체에 가치 계층을 전파함으로써 회사의 문화와 정체성에 통합한다.

결과적으로

조직의 팀과 개인은 확신을 갖고 의사결정을 내릴 수 있다.

+ 조직의 원칙과 우선순위는 명확하며 모두가 공통적으로 이해한다.

+ 사람들은 회사의 가치와 최고의 관심을 모두 반영하는 정보에 입각한 선택을 쉽게 할 수 있다.

+ 끊임없이 변화하는 환경에서 안정적이고 일정한 지향점이 있다.

− 너무 잦은 가치 계층 변화는 혼란과 혼돈을 유발할 가능성이 있다.

관련된 패턴

- 실행에 가장 가까운 의사결정
- 목표 설정
- 동적 전략
- 비전 우선

가치 계층 구조를 구축했다면 다음 단계는 클라우드 네이티브 트랜스포메이션에 투자함으로써 회사가 진정으로 이익을 얻을 수 있도록 하는 것이다.

패턴: 비즈니스 케이스

클라우드 네이티브 트랜스포메이션을 시작하기 전에 기업은 리더십 계획이 필요하며, 그 결과가 합리적인 투자인지를 확인해야 한다(그림 7-3).

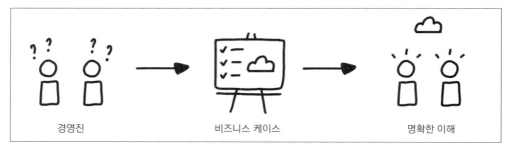

그림 7-3 비즈니스 케이스

기업은 시장 및 내부에서 클라우드 네이티브로 전환해야 한다는 압력을 받고 있다. 경영진은 클라우드 네이티브로 전환하는 방안을 검토 중이지만 클라우드 네이티브 기술과 문화에 대한 내부 지식이나 클라우드 네이티브의 장점에 대한 이해는 거의 없다.

컨텍스트

클라우드 네이티브 트랜스포메이션은 예산, 시간 및 팀 인재에 상당한 투자를 해야 한다. 그러나 너무 많은 조직들이 화두가 된 클라우드의 과대 포장에 휘말려 비즈니스 요구 사항과 목표에 정확히 부합하는 트랜스포메이션을 이해하지 못한 채 결정을 내린다. 이러한 조치를 취하기 위한 빠르고 중요한 내부 모멘텀을 이미 확립한 조직에 특히 위험성이 높다.

- 기존 모델은 조직이 어떤 희생을 치르더라도 불확실성을 최소화하기 위해 위험을 크게 회피하는 것이다.
- 변화를 피하는 문화는 새로운 기술이나 실험적인 접근을 피한다. 클라우드 네이티브 아키텍처는 기존의 접근 방식과 개념적으로 다르며, 신중한 초기 계획을 유연하고 변형 가능한 실험 기반 구현과 결합한다.

- 기술 팀들은 비지니스 케이스가 발생하기도 전에 트랜스포메이션에 착수하기를 바란다.
- 클라우드 네이티브는 복잡하며 이점이 쉽게 보이지 않는다.
- 현재 접근 방식에서 개발을 수행하는 데 실제로 얼마나 많은 비용이 드는지에 대한 기준선이 명확하지 않은 기업이 많은데, 새로운 접근 방식에서 비용 절감이나 시간 절감을 평가하기 어렵다.

따라서

공식적인 비즈니스 케이스를 만들어 경영진 팀을 교육하고, 트랜스포메이션이 회사의 목표에 어떤 도움이 될지 평가하고, 조직이 어디로 향할지에 대한 명확한 비전을 만들어라.

- 토론은 내부 및 외부 자원에 대한 정보 수집 인터뷰뿐만 아니라 비즈니스 이해당사자가 참여해야 한다.
- 비즈니스 속도, 탄력성, 확장성, 잠재적인 비용 절감, 제품 개선을 위한 고객 피드백을 신속하게 수행할 수 있는 기능 등 클라우드 네이티브의 주요 이점을 설명한다.
- 기술 및 조직의 변화를 포함해 트랜스포메이션의 현실적인 범위와 트랜스포메이션 비용을 평가한다.

결과적으로

클라우드 네이티브 트랜스포메이션의 비즈니스 케이스는 명확하다. 의사결정자들은 계획 완성 시 얻을 수 있는 이점을 명확하게 이해하고 있다. 즉 앞으로 나아갈 준비가 돼 있다.

+ 또한 대규모 프로젝트에 필요한 예산과 자원을 할당할 준비가 돼 있다.
+ 현대적인 시스템에서 작업하고자 하는 기술 직원의 채용 및 유지 능력 향상이 중요하다.

일반적인 함정

최근에 새로운 클라우드 네이티브가 아닌 인프라나 다른 현대화 노력에 투자했다면, 현재 클라우드 네이티브에 투자하기를 꺼릴 수 있다.

경영진은 트랜스포메이션의 비용, 시간 및 자원 요구를 과소평가한다. 왜냐하면 트랜스포메이션은 합리적으로 예측 가능한 범위에서 순수하게 기술적인 변화라 인식하기 때문이다. 이들은 IT 팀에 대한 오랜 협업과 신뢰의 역사가 있을 수 있지만, 클라우드 네이티브 트랜스포메이션의 경우, 일반적으로 IT 팀은 계획이 전체 비즈니스에 미치는 영향을 평가할 위치에 있지 않다.

관련된 편향

밴드웨건 편향

모두 쿠버네티스에 대해 이야기하고 있으니 우리도 하는 게 좋겠어!

현상 유지 편향

지금 당장은 모든 것이 괜찮으니 위험을 무릅쓰고 새로운 기술을 도입하거나 기존의 방식을 바꿔 큰 충격을 줄 필요는 없다.

타조 효과

경쟁은 우리 분야에서 안정적이다. 우리는 심각한 위기를 걱정할 필요가 없다.

모호성 효과

클라우드 네이티브는 복잡하며 이점이 쉽게 보이지 않으므로, 단순히 있는 그대로의 상태를 유지하는 것이 좋다.

매몰비용 효과

기업이 기존 인프라나 다른 현대화 프로젝트에 상당한 예산을 투자했다면, 우수하다고 증명된 새로운 아키텍처로 전환하지 않고, 계속 기존 환경에 투자하는 경향이 있을 것이다.

친혁신 편향

기술이 모든 문제를 해결할 수 있다는 믿음은 긍정적인 행동으로 나아가는 넛지로 사용될 수 있다. 혁신을 명백한 이익으로 보여줌으로써 승인 가능성을 증가시킨다.

관련된 패턴

- 경영진의 헌신

일단 진정한 비즈니스 케이스가 성립되면, 다음 단계로 빠르게 넘어간다.

패턴: 경영진의 헌신

충분한 리소스의 할당과 합리적인 제공 기간을 보장하기 위해 클라우드 네이티브 트랜스포메이션과 같은 대규모 프로젝트에는 최고 경영진이 상당히 헌신Commitment해야 한다(그림 7-4).

그림 7-4 경영진의 헌신

워터폴 또는 애자일 소프트웨어 개발 관행을 사용하는 기업은 트랜스포메이션을 지원하는 비즈니스 케이스를 통해 클라우드 네이티브를 채택하기로 분명히 결정했다.

클라우드 네이티브 트랜스포메이션은 인프라에서 프로세스, 문화에 이르기까지 조직의 모든 영역에서 변화해야 한다. 이러한 변화들은 조직의 예산과 시간에 큰 부담을 준다.

- 고객은 새로운 기능의 신속한 제공을 지속적으로 요구해 구조적인 변화에 대한 느슨함이 없다.
- 경영 성과를 손익계산서로 측정해 클라우드 네이티브 트랜스포메이션 등 장기적 구조개선에 대한 투자 인센티브를 감소시킨다.
- 경영진은 클라우드 네이티브 트랜스포메이션의 전체 범위를 이해하지 못할 가능성이 높다.
- 클라우드 네이티브를 성공적으로 적용하면 기능 개발 속도를 크게 높이고 기술 팀의 직무 만족도를 높일 수 있다.

기업에게 중요하고 경영진의 명시적인 지원을 받는 높은 우선순위 전략 계획으로 클라우드 네이티브 트랜스포메이션을 발표한다.

+ 트랜스포메이션 전략 및 적절한 리소스 및 예산을 할당한다.

+ 전략적 계획대로 클라우드 네이티브 트랜스포메이션을 공식적으로 발표한다. 이는 전사적 관점에서의 조직/인사 배치 및 인식을 형성하면서 모든 부서의 협업에 대한 기대를 설정한다.

회사는 공통 목표에 맞춰져 있으며 모두 트랜스포메이션을 위한 우선순위를 이해하고 있다.

+ 모든 부서는 통일되며 합의된 비전을 따르므로, 일관성이 없거나 충돌되는 구현을 초래하는 독립적인 이기주의(Silos)를 피한다.

− 각 경영진들의 헌신은 심경의 변화에 따라 실망감을 야기할 수 있기에 사후 그 결정을 번복하기 어렵게 만든다.

일반적인 함정

클라우드 네이티브 트랜스포메이션이 성공하기 위해 필수적인 조직 변경사항을 포함하지 않고 기술적 변화에만 초점을 맞춘다. 계획은 진정한 패러다임 변화가 아닌 또 다른 기술/인프라 업그레이드처럼 취급된다. 이러한 경우 경영진의 헌신은 계획의 잘못된 범위에 대해서만 존재한다.

관련된 편향

권위 편향

권위 있는 인물의 의견에 더 큰 정확성을 부여하고 해당 의견에 더 많은 영향을 받는 경향은 팀이 행동하는 데 도움이 될 수 있다. 클라우드 네이티브로 트랜스포메이션하기로 결정하는 데 앞장서는 사람들이 기술적 지식이 깊지 않더라도, 회사 내에서 변화를 주도할 수 있는 권한을 부여한다.

밴드웨건 편향

많은 사람이 집단 사고와 집단 행동과 관련된 같은 행동을 하거나 믿기 때문에 이 경우 일하는 경향이 계획에 대한 폭넓은 지지를 얻기 위한 넛지로 사용될 수 있다.

관련된 패턴

- 비즈니스 케이스

- 비전 우선
- 핵심 팀
- 목표 설정
- 트랜스포메이션 챔피언
- 내부 에반젤리즘

계획에 대한 경영진의 헌신은 필수적이지만, 이를 주도하기 위해서는 지정된 실무자가 필요하다.

그 사람이 트랜스포메이션 챔피언이다.

이론부터 실행까지

트랜스포메이션 챔피언 선정은 트랜스포메이션 초기 단계에서 중요한 이정표다. 11장 후반에 이 역할에 대해 더 자세히 알아본다. 간단히 이야기하면 트랜스포메이션 챔피언 선정 단계부터 현실이 되기 시작한다! 이제 트랜스포메이션을 진행하기 위한 첫 번째 기능 단계를 시작한다.

패턴: 트랜스포메이션 챔피언

누군가가 회사의 목표와 가치를 미래로 가져갈 수 있는 좋은 새로운 아이디어를 홍보할 때, 행동을 주도할 수 있도록 인식시키고 힘을 부여한다(그림 7-5).

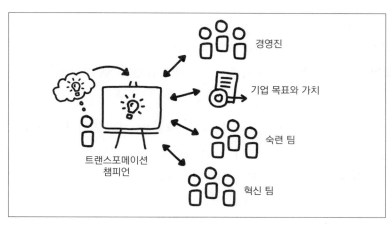

그림 7-5 트랜스포메이션 챔피언

회사가 빠르게 변하는 시장 상황을 따라잡기 위해서는 진화가 필요하다.

성공적인 기업은 자사의 핵심 상품 또는 서비스를 능숙하게 제공하는 데 주력하고 혁신하는 방법을 이따금 잊어버린다. 파괴적인 경쟁자가 나타나면 신속하고 효과적으로 대응하기가 어렵다. 조직 내에는 남보다 미래를 더 잘 보는 사람이 늘 적다. 이들 중 훨씬 작은 조직이나 파트는 조직적인 행동을 기꺼이 할 수 있지만, 대다수 조직들은 건강한 리더십을 장려할 기회를 낭비한다.

그러한 동기를 촉진하는 리더가 없으면, 계획이 무너졌을 때 경영진이 계획을 추진하고지 약간의 관료적인 압력을 행사한 후에야 계속된다.

- 변화는 불안감을 유발하므로 사람들은 변화를 피하는 경향이 있다.
- 클라우드 네이티브 아키텍처/기술에 대한 조직 내 지식이나 경험이 거의 없다.
- 완성된 제품/서비스를 제공하는 데 익숙한 기존 기업은 혁신에 어려움을 겪을 가능성이 높다.

움직임을 촉발시킨 사람 또는 그룹을 알아보고 그들을 트랜스포메이션 챔피언으로 지명한 후 계획 대변인으로 승인한다. 설득력 있는 이유가 있을 경우에만 이 역할에 다른 사람을 지명한다.

일을 담당한 사람이 올바른 트랜스포메이션 챔피언이 아니라는 조건이 있다. 일부 기술자들처럼 더 넓은 사업 관점을 볼 수 없거나, 챔피언이 거슬리게 보일 수도 있다. 이 경우 트랜스포메이션의 기술적 부분을 주도하도록 한 다음, 트랜스포메이션의 문화적, 조직적 측면에 대한 리드를 공유할 수 있는 파트너를 찾는다.

트랜스포메이션 챔피언은 트랜스포메이션과 회사 목표를 모두 이해했으며, 조직 내 관계가 좋으며, 트랜스포메이션을 촉진하려는 의욕이 강한 사람이나 소규모 팀이다. 그러나 권한이 주어지지 않는 한, 조직 전체에 걸친 효과적인 변화를 일으킬 수 없을 것이다.

- 챔피언을 새로이 만들지 않는다. 이미 그 자리에 있는 사람을 찾아본다.
- 챔피언 사용자/그룹에게 계획을 주도할 수 있는 권한을 부여한다.
- 챔피언으로서 부여된 역할을 공식화한다.

이행은 트랜스포메이션 계획을 구성하는 데 중점을 두며, 계획 추진을 챔피언이 담당한다. 트랜스포메이션 챔피언은 능숙하고 혁신적인 트랜스포메이션의 여러 갈래들과 연결돼 있으며, 그들 간 가교 역할을 할 수 있다.

+ 트랜스포메이션 챔피언은 조직 전체에 계획을 에반젤리즘한다.
+ 조직의 리더들은 챔피언에게 공적인 리딩 권한을 부여한다.
+ 회사는 현재 숙련도를 유지하면서 혁신을 반복적으로 공유할 수 있는 채널을 가진다.

일반적인 함정

트랜스포메이션 챔피언은 회사 내의 어느 곳에서나 나올 수 있지만 내부 계층이 강한 조직에서는 항상 고위 경영자를 리더 자리에 앉혀야 한다는 압력이 있다. 이 역할에서 잘못된 사람은 다양한 이유로 심각하게 트랜스포메이션을 방해할 수 있다.

관련된 편향

현상 유지 편향

클라우드 네이티브 계획이 모든 이에게 어떻게 도움이 될지를 내부 마케팅을 통해 공유하고 조직 변화에 대한 자연스러운 저항/불안감을 극복한다.

적대적 귀인 편향

내부 트랜스포메이션 리더들은 사람들이 새로운 클라우드 네이티브가 일자리를 빼앗거나 회사 내에서 자신의 위치를 위협할 것을 두려워한다는 저항에 부딪힌다. 정상적인 인간의 편향이기 때문에 그들의 진짜 의견이라 생각해서는 안 되지만, 이러한 편향에 따라 행동하는 사람들은 수동적으로 저항하거나 적극적으로 트랜스포메이션을 방해함으로써 실질적인 피해를 볼 수 있다.

관련된 패턴

- 비즈니스 케이스
- 경영진의 헌신
- 핵심 팀
- 비전 우선
- 목표 설정
- 내부 에반젤리즘
- 점진적 투자 확대

트랜스포메이션 챔피언의 첫 번째 임무는 초기 형태와 방향을 규정하면서 트랜스포메이션에 대한 큰 그림의 비전을 만드는 것이다. 정확하거나 상세할 필요가 없으며, 이 비전이 확정되지 않도록 하는 것이 중요하다. 동적 전략이란 진행하면서 필요에 따라 다듬고 조정함을 의미한다.

패턴: 비전 우선

첫 번째 단계에서 높은 수준의 트랜스포메이션 과정을 정의하면 불확실한 환경을 통해 올바른 경로를 설정하는 데 도움이 된다(그림 7-6).

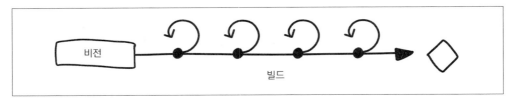

그림 7-6 비전 우선

회사는 클라우드 네이티브로 트랜스포메이션하기 위한 비즈니스 케이스를 수립하며, 경영진이 헌신함으로써 트랜스포메이션 계획으로 나아갈 준비가 돼 있다.

컨텍스트

회사는 명확하고 달성 가능한 비전을 정의해야 한다.

- 전체적이며 일관된 비전이 없다면, 다른 팀들이 자주 충돌하며 구조적인 결정을 내릴 것이다.
- 제한된 경험과 연구를 위한 여유 시간 및 유연성 부족은 "잘 알려진 방법"을 사용해 클라우드 네이티브 구현을 추구하게 한다.
- 많은 기업에서 아키텍트는 상세한 아키텍처를 작성할 책임이 있다. 그러나 많은 엔

터프라이즈 아키텍트가 클라우드 네이티브 접근법에 충분한 이론적 또는 실제적 경험이 부족하다.

- 현대 비즈니스 세계에서 널리 채택된 애자일 방법론은 조기에 결과를 도출하고 팀을 새로운 시스템에 빠르게 온보딩하도록 압박한다.

전체 시스템의 조직 구조와 아키텍처를 미리 정의하고 시각화한다.

- 외부에서 요청하거나, 몇 시간에서 며칠에 이르는 일련의 소규모 연구 및 프로토타이핑 프로젝트를 진행하며 밝혀질 수 있다.
- 구현 중에 특정 도구나 접근 방식을 지시하지 않고 선택의 자유를 허용하면서도 명확한 목표와 원하는 결과를 제공할 수 있을 만큼 비전을 구체적이며 높은 수준으로 유지한다.
- 정기적으로 비전을 재확인해 상태를 평가하고 필요한 경우 계획을 조정한다.
- 성공적인 비전 창출을 위해서는 트랜스포메이션 챔피언의 리더십과 결합된 경영진의 헌신이 필수적이다. 이는 팀이 따라야 할 방향을 의미한다.

모든 팀은 구현 단계에 대한 명확한 가이드 원칙을 가진다.

+ 팀이 하위 수준의 아키텍처를 수립하기 시작할 때 이를 작업의 백로그로 변환할 수 있다.

일반적인 함정

이미 알고 있는 방법으로 기존 기술/프로세스를 사용해 클라우드 네이티브로 전환을 시도한다.

관련된 편향

도구의 법칙

대체 접근법을 무시하거나 과소평가하는 익숙한 도구 또는 방법에 대한 과도한 의존. "당신이 가진 것이 망치뿐이라면 모든 것이 못처럼 보인다."

관련된 패턴

- 경영진의 헌신
- 트랜스포메이션 챔피언
- 핵심 팀
- 목표 설정

"비전 우선"에서 직접 "목표 설정"으로 이동한다. 책임이 조직의 경영진에서 중간 관리자/프로젝트 리더의 손으로 옮겨가기 시작하는 단계다. 이제 높은 수준의 비전을 명백하고 가시적인 목표와 행동으로 전환하기 시작한다.

패턴: 목표 설정

트랜스포메이션 비전을 수립한 후, 다음 단계는 계획대로 전진하기 위해 실용적 목표와 행동으로 옮기는 것이다(그림 7-7).

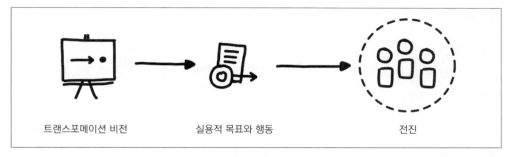

그림 7-7 목표 설정

회사는 클라우드 네이티브 기술을 채택하고 자사의 문화를 그에 맞게 변화시키는 데 전념한다. 비즈니스 케이스가 확립돼 있으며, 참여한 경영진들이 초기 동적 전략을 고안했다. 중간 경영진과 구성원들은 다음 단계를 밟을 준비가 돼 있다.

회사는 전반적인 클라우드 네이티브 지식 수준이 아직 낮으며, 트랜스포메이션 계획은 여전히 매우 높은 수준이다.

컨텍스트

트랜스포메이션에 대한 헌신과 비전이 있기에 구체적인 단계를 정의해야 한다.

- 조직 내에서 클라우드 네이티브 기술과 문화에 대한 지식이나 이해가 거의 없다.
- 변화는 불안과 불확실성을 야기한다.
- 변화는 또한 기회를 창출한다. 만약 같은 일을 계속한다면, 당신이 새로운 결과를 얻을 가능성은 무엇인가?
- 범위가 크게 변경되면 변경된 프로젝트에 대한 새로운 경영진의 헌신이 있어야 한다.

따라서

경영진은 자신의 팀을 위한 구체적이고 가시적인 목표로 트랜스포메이션하기 위해 높은 수준의 전략을 중간 관리자들에게 넘겨야 한다. 추측이 아닌 알려진 정보를 기반으로 전략과 목표를 계속 재정의한다.

중간 관리자는 목표를 설정한다. 목표 설정은 본질적으로 높은 수준의 비전을 명백하고 가시적으로 만든 다음 관련자들에게 우선순위를 설명함으로써 그들이 더 나은 결정을 내릴 수 있도록 하는 기술이다.

예를 들어, 기업은 며칠 내에 문제 정의, 구축, 전달 및 피드백 수집과 같은 완전한 실험 주기를 실행할 수 있다는 고도의 전략을 수립할 수 있다. 이 전략의 구체적이고 가시적인 목표는 컨테이너, 마이크로서비스, 동적 스케줄링 등의 클라우드 네이티브 기술을 사용하며, 지속적 통합/지속적 전달 개발 접근 방식을 따르는 것이다. 이러한 목표들은 차례로 더 구체적인 하위 영역으로 나눌 수 있으며, 세부적인 각 목표들이 만들어진다.

- 업계 시장 상황을 계속 주시한다.
- 새로운 정보를 파악하기 위해 새로운 조건에 대응해 전략을 계속 조정한다.
- 전략을 명확하게 가시적으로 수립하고, 관련된 모든 사람에게 우선순위를 설명해 더 나은 결정을 내릴 수 있도록 한다.

결과적으로

초기 전략이 지속적으로 개선 및 조정되면서 명확하고 가시적인 목표가 된다. 회사 내의 관련 팀들은 달성해야 할 것을 알고 있으며 상부에 지속적으로 새로운 정보를 제공한다.

- \+ 팀은 최신 방향과 우선순위를 알고 있다.
- − 시장 상황과 현재의 조건들을 확인하기 위한 비용이 발생된다. 시간과 노력이 필요하다.
- − 계속되는 전략 변화는 팀 내 혼선과 좌절감을 안겨줄 수 있다.
- − 특정 방향으로 추진력을 확보하고 나면 방향을 변경하기 어렵다.

일반적인 함정

- 경영진 자체는 팀의 중요한 투입 없이 회사의 나머지 부분에 지속적이고 세부적인 계획 및 목표를 설정하거나, 또는 클라우드 네이티브에 대한 지식이나 경험이 거의 없는 엔터프라이즈 아키텍트에게 구체적인 목표 설정을 지시한다. 이런 식으로 실험이 없는 정의된 목표는 정확할 가능성이 없으며 회사의 나머지 사람들이 동기부여를 전혀 느끼지 못할 것이다.
- 경영진은 중간 경영진에게 진행 상황을 면밀히 관찰하지 않고 지속적인 지원 제공 없이 클라우드 네이티브 트랜스포메이션을 실행하도록 요청할 것이다. 이러한 경우, 본격적인 트랜스포메이션에 할당하는 시간, 예산 및 기타 자원들의 전체 책임이 중간 관리자에게 전가되기 때문에 헌신이 부족하게 된다.
- 2~3년에 한 번씩만 전략을 조정하는 것이 가장 흔한 실수다. 장기적인 범위 내 예측 가능한 워터폴 계획 과정의 산물이며, 경영진은 시장과 회사의 실제 상황과 관계없이 "설정하고 잊어버리는" 정적인 전략에 익숙하기에 아주 오랫동안 하나의 전략을 고수할 것이다.

관련된 편향

실제로 대부분의 편향은 어떤 변화든 반대하며, 여기서 필자들은 "모든 변화를 만들어라!"라 말하고 싶다.

관련된 패턴

- 동적 전략
- 경영진의 헌신
- 비전 우선
- 점진적 투자 확대

- 후회 없는 시도
- 큰 도전
- 선택과 위험 회피
- 가치 계층

이러한 트랜스포메이션을 위한 가장 가치 있고 유용한 목표가 무엇인지 어떻게 알 수 있을까? 엔지니어링 팀이 기술 목표를 실행하기 시작함에 따라 비즈니스 팀도 참여해 올바른 기업 성과를 목표로 삼을 수 있도록 도와야 한다.

패턴: 비즈니스 참여

비즈니스 팀과 기술 팀은 효과적인 고객 피드백 순환^{loop} 구축을 위해 협업해야 한다(그림 7-8 참조).

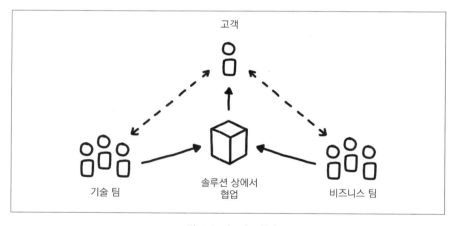

그림 7-8 비즈니스 참여

회사는 고객 피드백을 통해 배우고 꾸준히 제품을 개선하면서 고객에게 최대한 빨리 가치를 전달해야 한다.

개발자가 고객 대면 담당 업무를 하지 않을 경우, 기술 솔루션에만 국한될 수 있다. 그러나 기업인들은 완전한 기술 실험을 할 수 없다.

- 대기업 부서들은 자체 업무에 집중하는 경향이 있다.
- 개발 주기가 길면 고객 피드백을 의미 있는 방법으로 통합하기 어려울 수 있다.

따라서

개발 팀과 비즈니스 팀 간 긴밀한 협업을 통해 새로운 고객 가치를 테스트하고 신속하게 실행할 수 있는 경험을 정의한다.

반복되는 실험과 변경을 끝내려면 개발자 및 비즈니스 팀, 고객 등에 이르는 모든 사람을 포함해야 하며, 실험 결과로 다음 변화를 정의하고 추진해야 한다.

- 고객 피드백은 새로운 아이디어를 이끌어내며, 규모가 작아 빠른 전달이 가능하다. 신속한 전환을 통해 개발 팀과 비즈니스 팀 모두 더 빨리 학습할 수 있도록 돕는다.
- 개발 팀은 제품에 고객 피드백 측정을 포함해야 한다.
- 비즈니스 팀은 개발자와 협력해 고객에게 가치 있는 것을 정의해야 한다.

결과적으로

실제 고객의 필요와 요구에 따라 제품 또는 서비스가 빠르게 변할 수 있다.

+ 팀은 서로에게서 배운다.

− 소통과 협업을 정기적인 이벤트로 설정하고 전달 사이클로 구축하기 위한 노력이 필요하며, 그 과정에서 한 단계를 더 만들어낸다.

관련된 편향

지식의 저주

더 잘 아는 사람들이 잘 모르는 사람들의 관점에서 도출된 문제를 생각하기 극도로 어렵다는 것을 알게 될 때, 기술 팀은 비즈니스 담당자와 고객이 직면한 요구사항 및 이슈를 실행 가능한 산출물로 설명해야 한다.

더닝-크루거 효과

기술자들은 사업에 필요한 것이 무엇인지 안다고 생각하며 결정을 내린다. 그들의 전문 분야가 아닐 뿐만 아니라, 기술자들은 일반적으로 내향적이다. 또한 비즈니스 요구를 깊이 이해할 수 있는 관점을 부여하는 고객 대면 역할에 관여하지 않는다.

관련된 패턴

- 데이터 기반 의사결정
- 공동 창작을 위한 개인화된 관계
- 학습 루프
- 중요 사항 측정

트랜스포메이션을 진행하면서 목표를 지속적으로 재조정해야 한다. 비즈니스 환경은 예고 없이 변경될 수 있으며, 트랜스포메이션 목표를 그에 맞게 변경해야 한다.

패턴: 주기적 점검

비전과 목표를 자주 재평가해 비즈니스 환경이 변화함에 따라 올바른 방향으로 진행되도록 한다(그림 7-9).

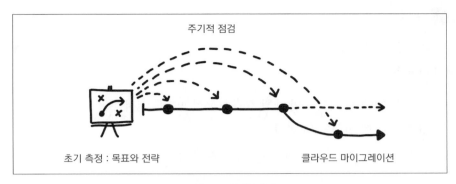

주기적 점검

초기 측정 : 목표와 전략

클라우드 마이그레이션

그림 7-9 주기적 점검

회사는 새롭고 변화하는 클라우드 네이티브 환경에 몰입하고 있다. 목표와 전략이 있으며, 핵심 팀이 진행 중인 트랜스포메이션이 전속력으로 전진하고 있다. 하지만 환경이 변함에 따라 사업 목표는 바뀔지도 모른다.

컨텍스트

팀들은 진행 방향을 평가하고 재평가하기 위해 멈추지 않고 실행에만 집중해 계획을 달성할 수 있을 것이다. 하지만 상황이 변했기 때문에 궁극적으로 필요한 목표는 달성할 수 없었다.

- 팀은 전략을 수립하고 방향을 선택한 다음, 환경이나 목표의 변화를 검토하지 않고 계속 작업하는 경향이 있다.
- 비전과 계획은 실제 상황에 맞게 조정돼야 한다. 독일의 군사전략가 헬무트 폰 몰트케는 "어떤 전투 계획도 적과의 접촉에서는 살아남지 못한다."라고 말했다.
- 항상 새로운 기술이 등장하면서 클라우드 네이티브 에코시스템이 빠르게 변화한다.
- 클라우드 네이티브 세계가 1년 안에 어떤 모습을 보일지 예측하는 것은 불가능하다.
- 전달에 대한 압박으로 팀들은 스스로를 둘러볼 기회 없이 그저 직진만 할 뿐이다.
- 팀이 성숙해짐에 따라 프로세스 자체의 조정이 필요할 수 있다.

당신이 속한 팀이 여전히 올바른 길을 가고 있는지 확인한다. 초기 전략적 의사결정과 관련된 현재 상황을 평가한다.

- 트랜스포메이션 기간 동안 매월 갭(gap) 분석 평가를 실시한다.
- 표준 평가 템플릿을 보유한다.
- 다른 의견을 제공하기 위해 외부 전문가를 초빙한다.

결과적으로

핵심팀은 정기적으로 모여 현재 상황을 평가하고 상황에 따라 방향을 조정할 수 있다.

+ 회고의 시간을 통해 발전된 모습을 축하한다.
− 잦은 조정으로 전체적인 전달이 방해될 수 있다.

관련된 편향

타조 효과

명백한 문제를 조사할 시간이 없다 보니 어떤 것을 무시하는 경향을 말하지만, 어쩌면 어떤 해결책을 낼 수 없을 정도로 잘 이해하지 못하는 것일 수도 있다.

긍정 혁신 편향

자신의 한계와 약점을 인식하지 못한 채 신기술이 모든 문제를 해결한다 생각하며 지나치게 낙관하는 경향이 있다.

관련 패턴

- 동적 전략
- 회고의 시간
- 지정된 전략가

- 세 가지 지평

최선의 결정은 정보에 입각한 결정이다. 클라우드 네이티브에서는 정보를 수집하고 통찰력을 도출해 전략과 다음 단계를 안내한다. 데이터 기반 의사결정 및 학습 루프 패턴은 회사에 실제적으로 통합하는 방법을 설명한다.

패턴: 데이터 기반 의사결정

수집한 데이터에서 패턴과 사실을 추출한 후 이를 통해 객관적인 의사결정을 유도한다(그림 7-10).

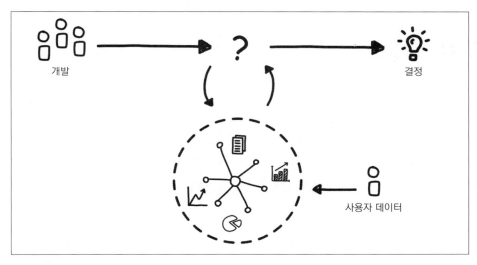

그림 7-10 데이터 기반 의사결정

회사가 클라우드 네이티브로 트랜스포메이션하고 있으며 복잡성과 구성 요소가 기하급수적으로 증가하고 있다. 각 구성 요소는 별도로 빌드된다. 경쟁사들은 매일 제품을 변경하고 있다.

관리자는 최신 클라우드 네이티브 시스템 환경에서는 적용되지 않을 수 있는 이전 경험의 기대치를 기반으로 결정을 내린다.

- 워터폴 개발 접근법에서 전형적으로 나타나는 6개월에서 1년 또는 그 이상의 긴 개발 및 릴리즈 주기는 고객에게 도달하는 시점에 더 이상 관련성이 없는 제품으로 이어진다.
- 소프트웨어 시스템과 사용자는 복잡한 시스템이다. 행동을 예측하기란 불가능하다.
- 계층적 조직에서 관리자는 모든 것을 알며, 모든 것을 결정함으로써 자신의 지위를 보호한다.
- 기술적으로 데이터 수집이 용이하다.
- 잘못된 것을 측정하면 나쁜 결과를 초래할 수 있다.

실제 사용자로부터 수집된 관측성, 중요 사항 측정 데이터를 바탕으로 제품 의사결정을 한다.

데이터 수집 도구를 고객에게 공개하기 전에 플랫폼과 모든 애플리케이션에 내장해 데이터를 자동으로 수집할 수 있다. 이때 개발자들은 사용자 피드백/데이터에 지나치게 의존하거나 신뢰하지 않도록 주의해야 한다. 사용자들은 급진적인 혁신과 관련해 개발자가 원하는 것이 무엇인지 모르는 경우가 많다.

- A/B 테스트 패턴을 적용해 다양한 옵션을 실제 고객에게 노출시킴으로써 평가한다.
- 마찬가지로, 학습 루프 패턴은 데이터 기반 의사결정을 기반으로 구축된다.
- 변경사항 릴리즈에 따른 피드백 및 클릭/비즈니스 측정 수집을 진행한다.

팀은 객관적인 측정에 근거해 신속하게 결정을 내릴 수 있다.

+ 의견이 갈리는 팀은 실험과 측정을 할 수 있다.

− 다수 의견을 따라가기가 더 쉽다.

− 올바른 것을 측정하고 해석하는 것이 항상 쉽지는 않다.

− 때때로 데이터와 사용자가 틀릴 때도 있다. 팀은 직관을 믿고 근본적인 변화를 주도해야 한다.

일반적인 함정

첫 번째 함정은 결정을 내리기 위한 불충분한 자료 수집이다. 팀은 필요한 것은 다 갖고 있다 생각하겠지만 실제로는 사각지대가 많으며 전체적인 모습이 다르다.

반면에 팀들은 사용자에게서 수집된 데이터에 지나치게 의존하게 되고 사용자들은 정작 원하는 것이 무엇인지 항상 알지는 못한다는 것을 잊게 된다. 인간의 직관은 수천 년의 진화에 바탕을 둔 귀중한 자원이며 특히 급진적 혁신의 과정에서 가치가 있다. 만약 트위터가 설립되기 1년 전인 2012년에 사람들에게 인터넷을 통한 SNS 서비스를 얼마나 원하거나 필요한지를 물었다면, 아마도 결과를 본 트위터 설립자들이 서비스를 만들겠다는 아이디어를 포기했을지도 모른다.

관련한 편향

도구의 법칙

익숙한 도구 또는 방법에 과도하게 의존해 새 접근법이나 대체 접근법을 무시하거나 과소평가한다. 이러한 맥락에서 매니저들이 오래된 기술/프로세스와 문화적 가정을 사용해 클라우드 네이티브로 옮기려는 경우가 있다. 예를 들어 고도로 분산된 팀에서 마이크로서비스를 구축하거나 구성 요소 서비스가 독립적으로 출시하는 대신 모두 함께 릴리즈돼야 한다고 요구하는 마이크로매니징 작업이 있다.

현상 유지 편향

만약 그들이 전에 계속 일해왔다면 왜 일을 바꾸는가?

적대적 귀인 편향

변화를 추진하는 다른 사람들이 적대적 의도에서 그렇게 하고 있다고 가정할 때 관리자의 입장을 비효과적이라 하거나 관련성이 없다 여긴다.

관련 패턴

- A/B 테스트
- 학습 루프
- 중요 사항 측정

패턴: 학습 루프

전달 프로세스에 피드백 수집을 구축하면 엔지니어와 제품을 사용하는 사람들 사이의 루프가 닫히고 고객이 제품 개발 주기의 중심에 서게 된다(그림 7-11).

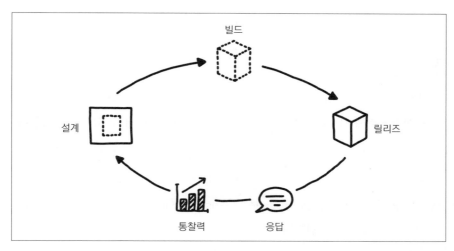

그림 7-11 학습 루프

회사는 클라우드를 통해 제공되는 컨테이너형 마이크로서비스라는 클라우드 네이티브의 분산형 아키텍처에 필요한 제공 접근 방식에 맞춰 문화를 트랜스포메이션하기 위해 노력하고 있다.

학습은 목표 설정, 실행, 점검의 3단계 주기로 이루어진다. 첫 번째 단계는 도전이나 문제를 식별하고 가능한 해결책을 고안하는 것이다. 2단계는 성공하거나 실패할 때까지 계획을 실행한다. 세 번째는 결과를 연구하는 것이다. 무슨 일이 일어났는지, 어떻게 일이 잘 풀렸는지 되돌아보는 것이다. 매우 긴 전달 프로세스에서 개발자가 새롭지 않다 생각하거나 더 이상 관련성이 없는 수 개월 후에야 학습된 교훈을 적용할 수 있는 경우 이 주기는 제한적으로 사용된다.

- 학습 루프는 닫힌 경우에만 조직의 컨텍스트에서 유용하다. 한 단계는 바로 다음 단계로 이어지고, 그다음에는 순환이 반복된다.
- 클라우드 네이티브를 채택하는 대부분의 기업은 제품 개발 속도 증가를 주요 동기로 꼽는다.

- 밀접하게 결합된 워터폴 접근 해제 주기는 최대 6개월에서 1년, 또는 2년이다.

사용자 피드백을 수집하고 전달 주기에 신속하게 다시 공급할 수 있는 메커니즘을 구축하고, 다시 고객 응답을 통해 기업이 정보에 입각한 더 나은 결정을 내릴 수 있도록 지원한다.

클라우드 네이티브에서 조직은 이 3단계의 학습 주기를 변화하는 시장 조건과 고객 요구에 빠르게 반복하고 적응할 수 있는 개발자에 대한 피드백 순환으로 매우 효과적으로 사용할 수 있다. 팀이 응용 프로그램의 일부를 구축하고 운영 환경에 빠르게 자주 배포하면 팀의 작업 산출물이 사용자들에게 즉시 전달된다. 해당 시점에서 고객 피드백이 수집되면 루프가 반복되며, 팀이 다음 작업 주기에 대한 목표를 설정함에 따라 팀이 검토할 수 있도록 이 단계에 직접 반영할 수 있다.

- 피드백을 사용해 고객이 원하는 대로 변경한다.
- 피드백을 수집하지 않으면 클라우드 네이티브의 시장 출시 시간이 단축된다.

클라우드 네이티브의 빠른 전달 주기에 데이터 기반 의사결정을 적용해 시스템 출력 데이터가 지속적으로 다시 투입되도록 한다. 물론 중단 없이 빠르게 진행할 수 있다.

- \+ 개발자가 개선 모멘텀을 포착해 더 많은 개선을 이끌어낸다.
- \- 복잡하고 올바른 통찰력을 제공할 수 있도록 세심하게 관측해야 한다.
- \- 고객이 원하는 것이 항상 실현 가능하거나 비용 면에서 효율적이지는 않다.

일반적인 함정

피드백을 수집하지만 이용을 막거나 의미 있는 통찰력을 얻는 데 사용하지 않는다. 엔지니어는 해당 지식을 향후 작업에 주입할 수 있도록 하기 위해 작업 결과에 관측성을 가져야 한다.

관련된 편향

계획 오류

피드백에 따른 변경/개선 범위가 실제로 전달 주기에 맞는지 확인한다.

관련 패턴

- 관측성
- 중요 사항 측정
- 회고의 시간
- 지속적 전달
- 지속적 배포
- 데이터 기반 의사결정

진공 상태에서는 이벤트가 발생하지 않는다. 효과적인 의사결정은 컨텍스트 인식뿐만 아니라 해석하고 최선의 대응을 정의하기 위해 컨텍스트를 파악해야 한다. 학습 조직 패턴 접근 방식을 회사 문화에 적용하면 조직 전체에 걸쳐 높은 수준의 이해를 형성하고 유지하는 데 도움이 된다.

패턴: 학습 조직

정보 획득, 통찰력 창출, 지식 전달에 능숙한 조직은 자신 있게 위험을 용인할 수 있고 실험과 혁신을 통해 어려운 문제를 해결할 수 있다(그림 7–12).

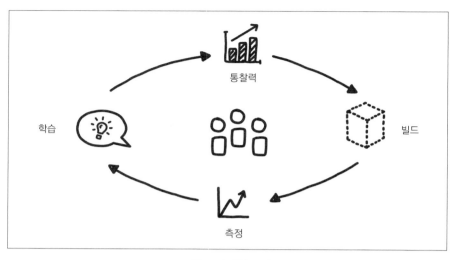

그림 7-12 학습 조직

회사는 클라우드 네이티브 트랜스포메이션을 시작했으니 혁신을 지원하고 불확실성을 수용하는 새로운 문화를 조직 내에 만들어야 한다. 새롭고 복잡한 클라우드 네이티브 기술 세계에서는 클라우드 네이티브의 트랜스포메이션에 대한 "올바른" 방법은 없다.

컨텍스트

워터폴이나 애자일 패러다임에서 클라우드 네이티브로 마이그레이션하는 조직은 일반적으로 매우 불확실하고 모호한 환경에서 작업할 수 있는 기술을 보유하고 있지 않다. 열린 마음, 위험을 실험하며 용인할 수 있는 의지, 그리고 무엇보다도 상세한 지도^{map} 없이 트랜스포메이션 과정에 들어갈 수 있는 능력이다.

기존에는 대형 프로젝트를 시작하기 전 관리자들에겐 모든 해결책과 전체 작업 견적이 필요하다. 일단 프로젝트가 승인되면 과정을 조정할 실제 가능성은 없다. 그러한 관료적인 습관은 변화를 제거함으로써 안정성을 강화하고 위험을 줄이지만, 혁신에 대한 요구와 충돌하며, 새로운 도구를 사용해 기존의 낡은 모놀리식 시스템과 조직을 다시 만들게 한다.

- 팀은 창의적인 기술보다는 숙련된 기술을 보유하고 있다.
- 혁신은 위험과 모호성을 용인할 수 있는 능력을 요구한다.
- 혁신 프로세스는 시간이 지남에 따른 실패와 개선에 달려 있다.
- 창의적이고 개방적인 방식으로 생각하거나 작업하도록 훈련받는 사람은 거의 없다.

따라서

현재 문화를 정직하게 살펴보자. 일상적인 조직 프로세스의 일부로 모호성과 위험을 수용하려는 의지를 구축한다.

명확한 예측을 통해 전체 세부 계획을 요구하기보단 동적 전략을 수용하고 팀이 효과적인 실험을 구성하도록 지원한다. 사람들이 위험을 감수할 수 있는 심리적 안정이 충분한지 확인한다.

- 리더는 모범을 보여야 하고, 실패하더라도 새로운 시도가 안전하다는 것을 모두에게 보여야 한다.
- 리스크 및 변화에 대한 당신과 회사의 현재 관계를 고려한다. 실험에는 허가가 필요한지? 실패하면 나쁘다고 여겨지는지?
- 변화를 불안의 원인이 아닌 기회로 취급한다.

결과적으로

팀들은 올바른 답을 향한 여러 방법을 실험하면서 공동의 해결책을 만들고 생산적인 피드백으로 서로에게 도전하고 있다.

+ 모두들 기꺼이 실패하면서 자율적으로 행동하는 방법을 배우고, 무엇이 잘못됐는지 파악해 학습할 수 있다.

− 인지 회복력 및 창의력 훈련은 가능하나 투자와 작업이 필요하다.

일반적인 함정

팀이 혁신적으로 일하고 실험하며 실패를 배우는 한편, 꾸준한 결과를 요구하는 숙련된 관리 방식을 사용하려 한다.

장기적인 정확한 예측 계획은 대부분의 기업에서 일반적이지만, 의미 있는 변화에서 가장 큰 장애물이기도 하다.

관련 편향

도구의 법칙

대체 접근법을 무시하거나 과소평가하는 익숙한 도구 또는 방법에 대한 과도한 의존. "당신이 가진 것이 망치뿐이라면 모든 것이 못처럼 보인다."

공유 정보 편향

그룹 구성원은 모든 구성원이 이미 익숙한 공유 정보에 대해 토론하는 데 더 많은 시간과 에너지를 소비할 가능성이 높다. 예를 들어, 팀 전체가 도커^{Docker} 교육을 다녀왔다면 도커에 대해 이야기하는 데 많은 시간을 할애하고, 마찬가지로 필요한 내용이지만 잘 알지 못하는 쿠버네티스에 대해서는 전혀 시간을 할애하지 않는다. 특히 새롭고 복잡한 환경에서 이런 문제를 줄이려면 팀은 항상 새로운 것을 배워야 한다.

관련 패턴

- 심리적 안정
- 공동 창조를 위한 개인화된 관계
- 창의성 관리
- 숙련도 관리
- 책임을 묻지 않는 원인 조사

- 학습 루프
- 생산적 피드백

물론 실제로 무슨 일이 일어나는지, 최선의 대응 방법을 이해하려면 올바른 것들을 보도록 한다.

패턴: 중요 사항 측정

직원들은 하는 업무가 어떻게 평가되는가에 따라 행동을 최적화한다. 잘못된 것을 평가하면 직원들은 잘못된 목표에 최적화된다(그림 7-13).

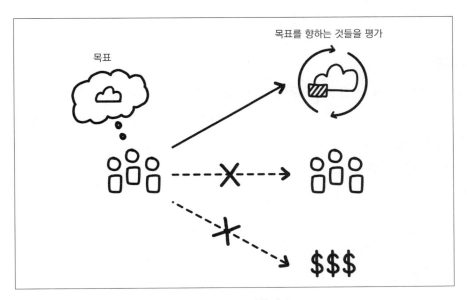

그림 7-13 중요 사항 평가

회사는 전략적이며 전술적인 목표가 있으며, 경영진은 회사의 성과 지표를 수립해 진행 상황을 측정하고 감시하고자 한다.

직원들은 평가에 근거해 작업 산출량을 최적화하는 경향이 있다. 측정을 잘못하면 잘못된 제품을 전달할 수 있으며, 효율을 발휘하지 못할 수 있다.

예를 들어 스크럼에서 기능 대신 속도를 측정하는 것은 스토리 포인트의 인플레이션으로 이어질 것이다. 핵심성과지표^{KPI}가 기업의 실제 요구를 반영하지 못하면 결과는 부실해진다. 이는 굿하트의 법칙$^{Goodhart's\ law}$의 한 예로서, "측정이 목표가 되면 올바른 측정을 불가능하게 한다"고 기술하고 있다. 정책의 효과를 예상한 다음 결과를 바꾸는 조치를 취하면 이런 일이 발생할 수 있다.

- 사람들은 최상의 측정을 위해 최적화하는 경향이 있다.
- 대부분의 방법론은 자체 측정 기준이 있다.
- 팀마다 목표가 다를 수 있다.

항상 조직의 전략적 및 전술적 요구에 맞게 성과 측정을 조정한다. 가장 중요한 KPI를 계속 측정하고 특정 동작이 일상화되면 중지한다. 한 번에 몇 개의 KPI만 측정하고, 현재 최악의 병목 현상과 관련된 KPI를 선택한다. 고객 가치의 우선순위를 주요 지표로 지정하면 고객 요구에 집중할 수 있다.

- 측정 가능하고 달성 가능한 KPI를 유지하되, 전달 진척에 맞춰 확장한다.
- 창의성과 숙련도에 따라 다르게 측정한다.
- 사이트 방문자 수와 같은 공허한 지표에 얽매이지 않도록 하고 고객 가치 측정에 집중한다.

관리자들은 목표와 연계해 KPI를 설정하고, 목표가 변화함에 따라 조정한다.

+ 모든 참여자의 높은 인지력이 요구된다.

+ 모든 이해관계자는 우선순위 및 목표가 명확하다.

- KPI가 자주 변경되면 팀에게 혼란을 줄 수 있다.

일반적인 함정

너무 많은 측정치를 갖는 것은 흔한 함정이다. 너무 많은 동시 목표를 달성하려 하면 효과적일 수 없다. 기업이 다양한 전략적, 전술적 목표가 있을 수 있지만 가장 중요한 목표만을 선택해야 한다. 그렇지 않으면 전혀 달성할 수 없는 위험을 감수해야 한다.

관련 편향

정보 편향

결과에 영향을 미칠 수 없는 경우에도 정보를 찾는 경향으로, A/B 테스트에서 테스트할 의미 없는 변수를 선택하게 된다.

확인 편향

대체적인 대안을 찾기보다는 기존 의견을 "증명"할 테스트 변수를 선택한다.

일치 편향

선입견 결과를 염두에 두고 이를 확인하는 테스트 결과가 있다면, 추가 정보를 찾는 대신 테스트를 중단한다.

파킨슨의 사소함의 법칙(바이크셰딩)

복잡하고 어렵지만 의미 있는 것보다 쉽고 중요하지 않은 것을 선택하고 평가한다.

관련 패턴

- 동적 전략
- 비즈니스 참여

- A/B 테스트
- 창의성 관리
- 숙련도 관리
- 학습 루프

측정을 그저 수동적인 데이터 수집이라 생각하면 안 된다. 연구도 마찬가지다. 팀원들을 시행착오를 통한 파악에 계속 참여하게 하고, 이를 통해 기술을 쌓게 한다.

패턴: 실행을 통한 연구

사람들은 때때로 당장의 의사결정을 회피하는 방법으로 연구개발R&D을 활용할 수 있다. 그렇기에 작은 실험을 통한 핸즈온Hands-on 학습은 자신감을 키우고 도약하는 과정을 만든다. (그림 7-14).

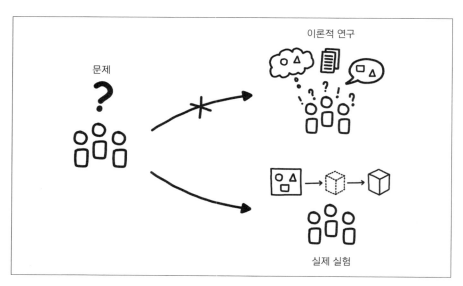

그림 7-14 실행을 통한 연구

도전은 새롭고 복잡해 정보가 부족하며, 회사는 빠르게 나아가기 위해 노력한다.

컨텍스트

새롭거나 생소한 환경에서는 사물을 지나치게 분석하거나 진척에 실패할 수 있다. 즉 분석 마비다.

이런 경향은 연구에 많은 시간을 할애하도록 한다. 왜냐하면 실제적인 결정을 내리는 것은 벅찬 일이기 때문이다. 과거에 실패가 처벌로 귀결된 환경에서 특히 그렇다. 새롭고 다양한 정보를 받아들이려는 노력은 버거울 수 있다. 결과적으로, 사람들은 정보에 입각한 의사결정을 할 수 있는 충분한 이해를 얻기 전에 이따금 하나의 아이디어에서 다음 아이디어로 건너뛸 것이다. 모든 데이터를 수집하는 것은 실제로 계획을 추진하는 것과 무관하며 비효율적이므로 미루게 되며, 연구를 위한 연구가 된다.

- 실패가 허용되지 않을 때는 위험을 피한다.
- 빠른 조치는 많은 위험을 수반한다.
- 행동 비용이 높으면, 사람들은 더 많은 정보를 지연시키고 기다리는 경향이 있다.
- 의존성이 많은 세상에서 조치를 취할 때 다른 사람이 필요하다.

따라서

완전한 분석과 연구 대신 작은 실험을 실행하고, 광범위한 사색과 철저한 연구보다 행동을 선택한다.

우리 모두 어디서부터 시작해야 할지에 대한 아이디어나 생각 없이, 이따금씩 거대한 일더미 앞에서 자신을 발견한다. 물론 아무것도 하지 않는 것이 가장 쉬운 선택이지만, 그리 멀리까지 이어지지는 않을 것이다. 그래서 이 모든 과제들을 "이해할" 수 있도록 철저한 계획을 세우고, 많은 독서와 구글링을 한다. 그러나 불확실한 환경에서는 모든 일을 하고 난 후에도 훨씬 더 영리해지지 않을 것이다. 최선의 조치는 그냥 첫 번째 일을 골라 하는 것이다! 그리고 또 다른 진행 상황에 대한 충분한 정보를 수집할 때까지 작업을 계속한다. 이 시점에서는 약간의 계획이 적절할 수 있다.

- 심층적 아키텍처 문서 대신 실험 및 개념 증명
- 짧은 기간과 낮은 비용으로 실행 위험 최소화

당신은 작고 반복적인 단계를 밟음으로써 경미하지만 가시적인 발전을 하고 있다.

+ 실험을 통해 알려지지 않은 것을 밝혀낸다.

+ 팀 동기부여 및 학습 참여를 향상시킨다.

+ 많은 실험에서 실패한다. 괜찮다.

+ 성숙도은 다소 낮으나 새롭게 등장하는 솔루션은 여전히 유효한 선택이 될 수 있다.

관련 편향

모호성 효과

정보가 없거나 수집하기 어려운 옵션을 피하는 경향.

정보 편향

실행에 영향을 미칠 수 없는 경우에도 정보를 찾는 경향. "분석 마비"는 매우 일반적이다. 두세 가지 가능한 조치가 있고 그중 하나가 해답이 매우 분명한데도 계속해서 더많은 질문에 대한 답을 찾아낸다.

파킨슨의 사소함의 법칙(바이크셰딩)

복잡하고 어렵지만 의미 있는 것보다 쉽고 중요하지 않은 것을 선택하고 평가한다.

관련 패턴

- 탐색적 실험
- 개념 증명
- 바퀴의 재발명 방지

- 실험 비용 절감
- 점진적 투자 확대

모든 종류의 위험 관리를 위한 실용적인 패턴

다음 단계도 명확하지 않고, 성공의 길도 분명하지 않기에 조직이 크게 변화하고자 전략을 수립해야 할 때마다, "점진적 투자 확대"는 전진하는 데 도움이 되는 패턴이다. 불확실성을 해소할 수 있는 도구를 제공하며, 다음 단계로 차근차근 논리적으로 움직임으로써 위험을 점진적으로 감소시킨다. 작동 방식은 세 가지 레벨의 위험 감수 즉, 적은 위험, 중간 위험, 높은 위험 수준을 통해 이루어진다. 순수한 전략 형성의 관점에서 "점진적 투자 확대"와 관련된 다음 단계 패턴인 "후회 없는 시도, 선택과 위험 회피, 큰 도전[2]"에 소개된 프로세스에서도 알아보기로 한다.

트랜스포메이션 디자인에서 올바른 기술 경로를 설정하는 경우, 반드시 이 세 가지 증분 단계인 탐색적 실험, 개념 증명, 최소 실행 가능 제품 플랫폼과 상관되는 다른 하위 패턴 집합이 있다. 이 내용은 9장에서 확인할 수 있다.

당연히 불확실성이 높은 프로젝트는 위험성이 매우 높다. 당신이 프로젝트 초기에 내린 어떤 결정도 나중에 잘못된 것으로 밝혀질 가능성이 높다. 워터폴과 같이 예측 가능한 환경에서는 실험/개념 증명을 하지 않고도 대규모 프로젝트를 시작할 수 있는데, 프로젝트 자체는 새롭지만 여전히 이전 프로젝트와 매우 유사하기 때문이다. 다음 조치가 명확하지 않은 불확실한 환경에서, 그리고 이후의 것이 완전한 미스터리인 이 전략은 주요 기술적, 조직적 의사결정을 너무 일찍 하도록 유도할 수 있으며, 이는 매몰비용 오류로 인해 나중에 되돌릴 가능성이 거의 없다. 이는 잘못된 해결책으로 이어지기도 한다. 이미 많은 투자가 이루어졌기 때

---

2 점진적 투자 확대와 관련된 패턴은 던컨 앙윈(Duncan Angwin)이 저술한 피어슨(Pearson)의 "Exploring Strategy: Text and Cases"에 실린 휴 코트니(Hugh Courtney)의 하버드 비즈니스 리뷰 기사인 "Strategy Under Uncertainty"과 같은 여러 중요한 자료에서 도출됐다.

문에 기존의 선택을 고수하고 해결책을 선택하는 데 관여한 핵심 인물들의 처벌을 초래할 수 있다.

그렇다면 이 분야에 대한 사전 지식이나 경험이 없을 때 어떻게 새로운 주요 계획을 착수하고 중대한 실수를 피하는가? 패턴은 우리가 불확실한 상황을 극복하는 데 도움이 되며, "점진적 투자 확대"는 이러한 과정의 문을 열어준다.

패턴: 점진적 투자 확대

불확실한 환경에서는 학습과 정보 수집에 대한 투자를 서서히 늘린다. 결국 위험을 줄이고 더 나은 정보에 입각한 결정을 내릴 수 있는 충분한 정보를 발견한다(그림 7-15).

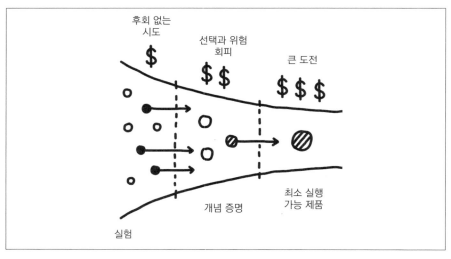

그림 7-15 점진적 투자 확대

당신은 트랜스포메이션의 시작점에 있으며, 경영진은 앞으로 나아가는 데 전념하지만 어떻게 진행할 것인지에 대한 지도가 필요하다. 회사는 클라우드 네이티브에 생소하고 팀은 클라우드 네이티브에 대한 지식이나 경험이 거의 없다.

매개변수를 이해하는 데 충분한 정보를 얻기 전에 중요한 결정을 내리는 것은 큰 위험을 수반한다. 그러나 아직 많은 지식이나 명확한 경로가 없는 초기 클라우드 네이티브 트랜스포메이션의 불확실한 환경에서는 "빅뱅Big Bang" 솔루션을 신속하게 도입하면 도움이 된다.

- 기존 환경에서는 전체 범위의 추정과 명확한 실행 계획에 따라 예산을 배정한다.
- 클라우드 네이티브 환경에서 높은 불확실성은 추정을 어렵게 한다. 다음 단계는 미리 정의하지 않고 한 번에 하나씩 공개한다.
- 경영진들은 이전에도 항상 그래왔기 때문에 여전히 문제를 잘 정의했다 생각하고, 합리적으로 예측 가능한 해결책이 있으리라 예상한다.

큰 결정을 일찍 내리지 말고, 큰 도전을 통해 충분한 정보를 얻을 때까지 일련의 작은 프로젝트를 느리게 점차 커지도록 수행한다.

어떠한 상황에서도 조직에 이익이 되는 작은 무위험 조치No-Risk Movements로 계획을 시작한다. "후회 없는 시도" 패턴을 참조한다. 일단 기본적 이해가 이루어지면, 조직의 트랜스포메이션 목표에 특히 관련성이 있어 보이는 분야에서 이해를 깊게 하는 행동으로 이동하고, 선택 분야를 좁히기 시작한다. "선택 및 위험 회피" 패턴을 참조한다. 결국 합리적으로 명확한 최선의 방법을 찾을 것이며, 회사는 합리적으로 확신하는 "큰 도전"에 헌신할 수 있다. 이는 클라우드 네이티브 환경에서 가장 큰 규모의 솔루션의 최소 실행 가능 제품의 빌드를 의미한다.

- 세 단계를 거쳐 점진적으로 이동한다. 먼저 기본을 배워라. 그런 다음 잘못된 선택을 제거하는 데 도움이 되는 더 상세한 조사와 실험을 통해 지식을 심화시켜라. 마지막으로 정보를 수집해 가장 가능성이 높은 방향을 결정하는 데 사용한다.
- 일단 큰 도전을 하고 나면, 상황이 안정될 때까지 진행 방향을 그대로 유지한다.
- 실험에서 밝혀진 새로운 정보로 인해 상황이 변하거나 시장이 변하면 동적 전략을 사용해 전략을 재조정할 수도 있음을 알아야 한다.

프로젝트는 크고 불균형적인 리스크를 감수하지 않고 점진적으로 개선되며 결정됐고, 불확실성 수준에 따라 각 단계에 적절한 예산과 자원이 할당됐다.

+ 다음 단계를 확인할 때 각 프로젝트에 필요한 리소스가 얼마나 되는지 알 수 있다. 더 크지도, 작지도 않게 바로 해당 리소스만큼 할당하는 것이다.

+ 프로젝트의 세부사항 수준, 범위와 컨텍스트에 대한 이해는 단계별로 점차 증가하며, 내재된 위험을 비례적으로 감소시킨다.

− 철저한 재정, 자원 계획을 가로막는 사업상 모호성이 크다. 모호함은 전형적으로 불안감을 준다.

일반적인 함정

모든 정보를 갖기 전에 큰 결정을 내린다. 즉, 위험을 발견하기 위한 충분한 실험을 하지 않거나 실험을 전혀 하지 않고 해결책에 착수한다. 반대로 위험을 최소화하기 위한 모든 것을 끊임없이 실험하면서 의사결정에 도달하거나 계획을 세우지 않는다.

관련 편향

불합리한 상승작용/매몰비용 오류

이미 내린 결정이 잘못됐다는 새로운 증명에도 불구하고, 프로젝트에 계속 투자하고 싶은 충동은 이미 너무 많이 진행했기 때문이다.

확인 편향

대체적인 대안을 찾기보다는 기존 의견을 "증명"할 테스트 변수를 선택한다.

모호성 효과

클라우드 네이티브는 복잡하며 이점이 쉽게 보이지 않으므로, 단순히 있는 그대로의 상태를 유지하는 것이 좋다.

제로 리스크 편향

위험을 크게 감소시키기보단 작은 위험을 0으로 줄이는 것을 선호한다. 사람들은 결국 완벽함을 추구하며 실험을 계속한다. 그래서 연구와 실험을 멈추지 않는다. 왜냐하면 충분히 기다린 후 계속 찾아보면 항상 더 나은 해결책이 있기 때문이다.

관련 패턴

- 후회 없는 시도
- 선택과 위험 회피
- 큰 도전
- 동적 전략

클라우드 네이티브 트랜스포메이션은 다양한 위험 요소가 내재된 대규모 프로젝트다. 완전히 잘못된 기술이나 조직을 일찍 가동시키면 약간의 시간과 돈을 잃는 것보다 훨씬 좋지 않을 수 있다. 지난 5년간 클라우드 네이티브 트랜스포메이션을 관찰한 결과, 2~3년 동안 만족스러운 결과를 얻지 못한 채 트랜스포메이션 속에서 고군분투하는 기업들을 볼 수 있었다. 또한 잘못된 도구로 혁신을 허용하지 않는 조직과 계속 싸우고 있었다.

내재된 위험도가 높고 지식이 거의 없는 상황에서 미지의 환경에서 가능한 솔루션을 어떻게 식별, 분류 및 조사하는가? "후회 없는 시도" 패턴은 시작할 곳을 보여준다.

패턴: 후회 없는 시도

시간과 돈을 거의 투자하지 않아도 되지만 지식을 늘리고 위험을 줄이며, 트랜스포메이션 시나리오 내, 외부 전체 조직에 혜택을 주는 작고 신속한 조치(그림 7-16).

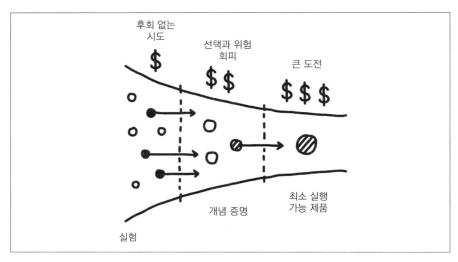

그림 7-16 후회 없는 시도

회사는 클라우드 네이티브 트랜스포메이션 계획의 시작 단계에 있거나, 명확하거나 쉬운 해답이 없으며 어려운 다른 기술적인 또는 조직적인 질문에 직면해 있다.

컨텍스트

적절한 정보가 부족하기 때문에, 팀은 교육적인 결정을 내릴 실질적인 방법이 없다. 그리고 필수적으로 반무작위적인 솔루션에 도박을 하고 최상의 결과를 기대해야 한다.

안타깝게도 전통적인 워터폴 조직의 경우, 관리자들은 큰 규모의 계획을 주도하는 데 그들의 성공 여부를 바탕으로 측정된다.

따라서 많은 사람들이 엄청난 보너스와 멋진 승진을 가져다줄 판도를 뒤집는 프로젝트에 뛰어들어 초기의 소규모 탐색적 단계를 무시한다. 일반적으로 상당히 안정적인 시장에서 알려진 기술로 운영되는 워터폴 조직에서는 그러한 전략이 통할 때도 있다. 그러나 매우 휘발성이 강한 클라우드 네이티브 환경에서는 명확한 성공이나 실패 없이 쉽게 재난으로 이어질 수 있고, 심지어 수년 동안 낭비를 초래할 수도 있다.

- 변화는 불안감을 유발하므로 사람들은 변화를 피하는 경향이 있다.
- 클라우드 네이티브 트랜스포메이션의 초기 단계에서는 클라우드 네이티브 아키텍처/기술/문화에 대한 조직 내 지식이나 경험이 거의 없다.
- 상황은 매우 불확실하며, 큰 헌신을 일찍 하면 많은 위험을 수반한다.

따라서

어떤 일이 있어도 신속하고 비용이 저렴하며 회사에 이익이 되는 1단계 위험 저감 조치를 취한다.

훈련과 코칭, 프로젝트 맥락에서 소규모 실험과 기술 연습을 포함한 운영 효율성의 일부 개선은 어떤 상황에서도 모든 기업에 이익이 될 것이다. 이러한 작지만 유익하고 실질적으로 위험이 없는 움직임은 클라우드 마이그레이션의 첫 번째, 매우 불확실한 기간 동안 특히 중요하며, 세 단계의 혁신 위험 관리 전략 중 첫 번째 단계를 형성한다.

- 클라우드 네이티브 매트릭스와 같은 심층적인 품질 평가는 조직에 현재 가치 있는 상황을 인식하도록 하지만 향후 움직임을 위한 격차 분석의 역할도 한다.
- 훈련 및 교육 제공은 직원들의 참여를 유도하고 지속적으로 새로운 지식을 배울 수 있다.
- 해커톤과 소규모 실험은 실제 행동을 통해 기술적 해답을 찾아낸다.

결과적으로

조직은 막대한 시간이나 돈을 투자하지 않고도 자각self-awareness과 지식을 얻는다. 리스크가 점차 낮아지고, 회사의 리더들은 트랜스포메이션 경로를 설정하는 다음 단계를 밟을 준비가 돼 있다.

+ 사람들이 지식을 더 많이 알게 되면 더 자신감을 느끼게 되며, 창의적이고 능동적으로 도전에 대처할 수 있는 능력이 향상된다.

− "후회 없는 시도"는 매우 저렴하고 유익하므로 회사가 이 단계에 너무 오랫동안 고착되면 트랜스포메이션이 지연될 수 있다.

일반적인 함정

일부 팀만을 위한 훈련과 교육 등을 한다. 모든 팀들을 위한 것은 아니다. 마찬가지로, 평가가 이루어지지만 결과를 조직 전체에 공유하지는 않는다. 사람들이 더 많이 알수록 더 많은 위험이 감소하므로 특정 그룹에만 정보 공유를 제한하지 않는다.

관련 패턴

- 점진적 투자 확대
- 선택과 위험 회피
- 큰 도전
- 학습 조직
- 조치를 통한 연구
- 탐색적 실험
- 실험 비용 절감

트랜스포메이션 초기에는 위험도가 높고 지식이 전무하기에 실험을 계속하기 쉽다. 특히 실험이 빠르고, 비용이 저렴하고, 유익하다면 후회는 없다. 연구하는 당신은 무슨 일이 일어나고 있는지 더 잘 이해할 수 있겠지만, 여전히 상당히 높은 위험이 수반되고 있다. 이 시점에서 큰 결정을 내리는 것은 여전히 불필요하게 높은 비용으로 이어질 수 있는 반면, 새로운 정보를 발견하지 못하는 추가적인 작은 실험은 시간 낭비일 뿐이다.

몇 가지 유망한 잠재적 솔루션이 확인되면, 내구성과 적합성을 어떻게 추가로 테스트할 것인가? "선택과 위험 회피" 패턴은 우리에게 "후회 없는 시도" 패턴을 따르는 다음 논리적 단계를 보여준다.

패턴: 선택과 위험 회피

연구를 통해 더 깊게 이해할 수 있었고, 몇몇 잠재적으로 유망한 트랜스포메이션 방법이 나타나기 시작했다. 가장 유망한 선택에 초점을 맞추고 추가로 개발해 리스크를 계속 감소시킨다(그림 7-17).

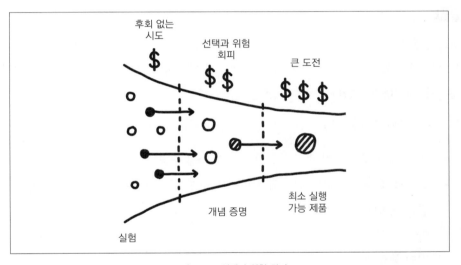

그림 7-17 선택과 위험 회피

일련의 작은 실험, 연구 프로젝트, 훈련을 실시함으로써 어느 정도 확신을 얻었지만 팀은 아직 변혁에 대한 중요한 결정을 내릴 만큼 자신이 없다.

당신이 연구하며 무슨 일이 일어나는지 더 잘 이해했겠지만, 중요한 결정은 여전히 명확하지 않다. 이 시점에서 큰 솔루션에 대한 헌신은 여전히 잘못된 솔루션을 선택할 수 있는 심각한 높은 위험을 수반하는 반면, 새로운 정보를 전혀 발견하지 못하는 추가적인 작은 실험은 시간 낭비일 뿐이다.

- 헌신을 해야 한다는 압력이 높아지고 있다.
- 실험을 계속하기엔 너무 쉽다.
- 당신이 얼마나 많은 연구를 하든지 간에 항상 약간의 불확실성은 있을 것이다.

새로운 길을 만들고 이해하는 것을 목표로 작은 전술 결정을 내린다. 롤백rollback 또는 포워드forward, 램프 업ramp up 또는 램프 다운ramp down이 가능하며, 새로운 계획을 작성하면서 일부 옵션을 제거하기도 한다.

목표는 지금까지 수행한 성공적인 실험 결과를 검증하는 것이다.

- 몇 주에서 몇 개월이 걸리는 중간 규모의 개념 증명 프로젝트를 수행한다.
- 실제로 작동하지 않더라도 해결 방법을 고수하는 이케아 효과와 매몰비용 오류와 같은 편향에 주의한다.
- 아직 헌신 없음! 여기서도 합리적으로 쉽게 방향을 바꿀 수 있는 능력을 유지하는 것이 중요하다.
- 벤더 중립적 접근 방식을 채택한다. 기업은 클라우드 네이티브 플랫폼을 위한 최고의 도구와 기술이 필요하며, 이러한 도구가 반드시 번들 솔루션에서 제공되는 것은 아니다.

필요한 대부분의 중요한 정보를 발견했고 다음에 어디로 갈지 나름 확신하고 있다.

+ 실험할 때 효과가 없는 것은 제외하고 효과가 있는 것을 드러내므로 위험이 감소한다.

+ 다음 단계는 극명하게 완화된다. 이 모든 작은 실험의 결과는 실제로 새로운 시스템의 아키텍처를 형성한다.

+ 지식과 경험을 쌓았으므로 다음 큰 단계, "큰 도전"을 수행할 준비가 돼 있다.

일반적인 함정

섣불리 "큰 도전"에 전념함으로써 너무 빨리 도약한다. 또는 그 반대로, "후회 없는 시도"의 형태로 끝없는 연구를 하고 있기에 절대로 도약하지 않는다.

관련 편향

정보 편향

실행에 영향을 미칠 수 없는 경우에도 정보를 찾는 경향. "분석 마비"는 매우 일반적이다. 두세 가지 가능한 조치가 있고 그중 한 가지 장점이 매우 분명함에도 계속해서 더 많은 질문에 대한 답을 찾아낸다.

확인 편향

대체적인 대안을 찾기보다는 기존 의견을 "증명"할 테스트 변수를 선택한다.

일치 편향

가능한 대체 가설을 테스트하기보다는 직접 단일 테스트를 통해 가설을 독점적으로 테스트하는 경향.

모호성 효과

누락된 정보가 결과의 확률을 "알 수 없는" 것처럼 보이게 하는 선택사항을 피하는 경향.

관련 패턴

- 점진적 투자 확대
- 개념 증명
- 최소 실행 가능 제품
- 큰 도전
- 후회 없는 시도

실험과 연구에서 충분한 정보가 발견되기 전에 너무 일찍 결정이 내려졌을 때, 이상보다 덜한 해결책에 전념하는 것은 쉽다. 이는 더 나은 솔루션으로 바꾸기 위해 높은 비용으로 반전을 감수하거나, 매몰비용 때문에 잘못된 솔루션을 고수하는 것을 의미한다.

반대로 때로는 팀이 큰 결단을 내리지 못하고 머뭇거리는 경우도 있다. 이는 종종 극히 유용한 정보만을 덧붙이는 연구에 시간과 자원을 낭비하거나, 심지어 같은 문제에 대한 다중 솔루션에 대한 병렬 투자로 이어진다. 이 두 가지 난관에 대한 답은 큰 도전을 하는 것이지만 적절한 시기에 해야 한다. 그러나 아직 약간의 불확실성이 있더라도 최종적으로 단일 솔루션을 선택해야 할 적기가 언제인지 어떻게 알 수 있을까? 연구를 끝내야 할 적기는 언제인가? 조직의 현재 접근법이 실제 문제를 해결할 수 있다고 어떻게 확신할까? "선택과 위험 회피" 다음 단계인 "큰 도전" 패턴은 그 방법을 보여준다.

패턴: 큰 도전

충분한 정보가 제공되면 클라우드 마이그레이션을 진전시키기 위한 중요한 솔루션을 구축한다. 연구보다는 실행에 초점을 맞춘다(그림 7-18).

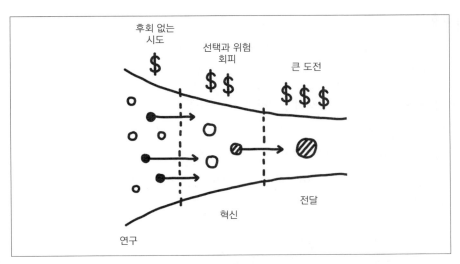

그림 7-18 큰 도전

기업은 큰 기술적 또는 조직적 결정에 직면해 있다. 실험과 연구를 마쳤으며, 주요 사항들이 검증됐으며, 팀은 회사의 요구와 문제 영역에 대한 충분한 수준의 지위를 갖고 있다. 여러 가지 주요 방향들이 여전히 열려 있다.

컨텍스트

큰 결정을 내리지 않고 연구와 실험을 계속하다 보면 팀들이 문제 해결에 집중하지 못하고 방향도 아직 정해지지 않아 상당한 자원 낭비로 이어진다. 이는 해결책에 대한 팀 간 명확한 정렬이 이루어지지 않고 있으며 안정적이고 집중적인 전달 방식이 확립되지 않았음을 의미한다.

- 워터폴에서는 팀에서 너무 많이 조사하고 모든 질문에 대한 모든 답을 찾으려 하는 경향이 있다.
- 어떤 다양한 결정이든 없는 것보다 낫다.
- 대기업은 위험을 싫어하므로 이에 따라 더 많은 연구를 추진한다.
- 워터폴 조직에서 관리자의 성공 여부는 주요 변경 사항을 결정하고 실행하는 능력에 따라 측정된다.

대규모 재구축, 아키텍처 변경, 마이그레이션, 신규 제품 구매 등과 같은 대규모 솔루션에 대해 조직적인 변화가 필요할 수 있음을 염두에 둔다.

"후회 없는 시도"로 옵션을 탐색하고, "선택과 위험 회피"로 성공의 기회를 더욱 높였다면 이제 올바른 장기적 해결책에 큰 헌신을 할 수 있게 됐다. 시장이나 다른 판도를 뒤집는 큰 변화가 없다면, 일단 헌신이 이루어진 후 시장이나 팀들이 연구 모드에서 실행 모드로 전환한다. 이를 통해 팀 간 조정이 이루어지고 방향에 대한 끝없는 논의 없이 빠른 제품 전달을 가능하게 한다.

- 팀에게 약속을 분명히 한다.
- 프로젝트의 경쟁적인 수행을 중지한다.
- 판단을 번복해야 하면 관련 비용을 평가하는 출구 전략을 고려한다.

선택한 방향에 전적으로 헌신한다. 이것이 헌신의 순간임은 모두에게 명백하다. 이 시점부터 실험을 멈추고 앞으로 나아간다. 시장 또는 전략 조건에 중대한 변화가 없는 한, 팀은 선택한 경로에 전념한다.

+ 단일 솔루션이 정해지면 팀은 솔루션을 만드는 데 중점을 둔다.
+ 의사결정 프로세스를 개선하지 않는 일에 노력을 낭비하지 않는다.
− 옳지 않은 결정이라 판명될 가능성은 항상 있다.

일반적인 함정

항상 대부분의 사람들은 "큰 도전"을 너무 일찍 한다. 때때로 결정에 따른 결과가 성공적이라면, 그 성공이 순전히 행운의 결과였다 하더라도 관리자들의 자신감을 강화시킨다. 다른 결정들이 그다지 좋지 않다면 관리자들은 실패를 숨기거나 성공을 보여주기 위해 열심히 일할 것이다. 이러한 상황에서 매몰비용 오류는 매우 강력한 요인이다.

조건이 바뀌고 변화가 있을 때 후회 없는 시도, 실험으로 돌아가는 것을 잊어버린다.

관련 편향

불합리한 상승작용/매몰비용 오류

결정이 잘못됐다는 새로운 증명에도, 프로젝트에 계속 투자하고 싶은 충동은 이미 너무 많이 진행했기 때문이다.

제로 리스크 편향

위험을 크게 감소시키기보단 작은 위험을 0으로 줄이는 것을 선호한다.

현상 유지

일단 어떤 일에 전념하면 주위를 둘러보지 않게 된다. 하지만 동적 전략을 통해 시장/환경 변화에 적응하려면 여전히 상황 인식을 유지해야 한다.

관련 패턴

- 점진적 투자 확대
- 후회 없는 시도
- 선택과 위험 회피
- 동적 전략
- 세 가지 지평
- 벤더 락인 탈피 전략

클라우드 네이티브 프로세스는 반복적이며, 변경사항에서 더 많은 변경사항으로 신속한 피드백과 데이터를 통합한다. 따라서 이러한 패턴은 루프로 작동하며, 필수적인 과정은 "조사, 반복^{iterate}, 통합, 반복^{repeat}"으로 요약할 수 있다. 이 방법론은 "점진적 투자 확대" 패턴의 핵심이다. "후회 없는 시도"는 가장 유망한 해결책/경로를 찾기 위해 되도록 많은 방법을 조사하는 것이다. 그다음 "선택과 위험 회피"는 최선의 옵션을 자세히 살펴보면서, 어떻게 버텨 내고 있는지 알아보기 위해 반복한다. 이는 가장 적합한 "큰 도전"을 결정하기 위한 더 많은 데이터를 제공한다. 이러한 패턴의 집합은 트랜스포메이션 계획과 같은 주요 상황의 위험을 제거하기 위한 방법으로 여겨지지만, 루프는 더 작은 규모와 결정에도 동일하게 적용된다.

실험은 당면한 문제가 아무리 크든 작든 조사와 제거를 통해 해결책의 점진적 단계를 통과하는 데 중요한 도구이므로, 당신이 속한 회사에서는 이러한 작지만 영향력 있는 조사를 지연시키는 장애나 병목 현상을 방지하는 모든 장벽을 제거해야 한다.

전통적인 조직에서 실험을 실행하기는 어렵다. 복잡한 모놀리식 소프트웨어 시스템에서 새로운 것을 시도하려면 실험을 실행하는 서버를 주문하고 설치하기 위한 광범위한 계획과 복잡한 설정이 필요하다. 결과를 얻기까지는 몇 달이 걸릴 수 있다. 각 실험에 십만 달러가 들고 몇 달이 걸린다면 애초에 허락을 받기 위한 수많은 회의와 서류 작업은 말할 것도 없고, 그렇게 되면 당신은 많이 실험하지 못할 것이다. 대부분의 경우, 팀은 실험을 완전히 건너뛰고 "큰 도전" 접근 방식이 수반하는 엄청난 위험을 무시한 채 바로 실행에 옮길 것이다.

패턴: 실험 비용 절감

누군가가 검증이 필요한 아이디어가 있을 경우, 실험을 하는 데 드는 비용은 최대한 낮춰야 한다(그림 7-19).

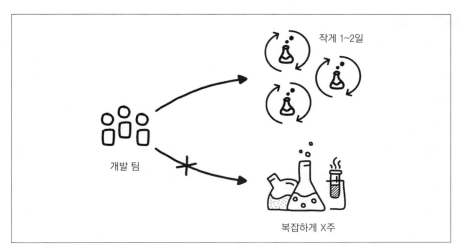

그림 7-19 실험 비용 절감

회사가 도구와 기술을 거의 이해하지 못한 채 클라우드 네이티브로 전환한다. 불확실성이 매우 높다. 항상 새로운 아이디어와 솔루션들이 나오고, 팀은 최고를 선택하기 위해 다양한 검증 실험을 해야 한다.

컨텍스트

실험에는 상당한 장벽이 있다. 허가가 필요하고, 관련 계획, 문서화, 조정 회의에는 시간이 많이 걸린다. 실제로 결과를 얻으려면 일반적으로 상당한 대기 시간이 필요하다. 엔지니어들은 실험을 건너뛰고 실행으로 바로 이동하는 경우가 있다.

- 어떤 실험이든 이미 그 방향으로 헌신을 많이 했기 때문에 프로젝트 취소로 이어질 가능성은 거의 없다.
- 비용이 높으면 실험 가능성이 적다는 것을 의미한다.
- 비용이 충분히 낮다면, 사람들은 실패로 이어져도 실험을 할 수 있다.
- 비용이 높을수록 실험을 포기하려는 의지가 낮아진다(비용 효과).
- 전통적인 조직은 모든 실험과 함께 광범위한 문서화가 필요하며, 이는 정의상 비용을 높인다.

실험을 위한 복잡하지 않으며 심리스^{seamless}한 프로세스를 배치한다. 실험이 조직의 프로세스와 진행 과정의 중심에 있는 경우 저렴하고 쉽게 접근할 수 있는 작업이어야 한다.

프로세스의 개요 및 공지 또는 정기적인 교육을 제공한다. 측정값으로 적절한 가설을 만든 다음 이를 테스트하기 위한 작은 실험을 디자인하는 방법에 대해 설명한다. 가볍고 완전 자동화되고 적은 예산만으로도 기술 인프라를 제공하면서 관리 승인 및 모든 작업에 대한 광범위한 문서와 같은 관료적인 장애물을 제거하는 것을 목표로 한다.

- 도구, 촉진 기법, 프로젝트 관리 구조 및 할당 지침 등 실험에 관한 프레임워크를 만든다.
- 그러한 촉진은 실험 결과를 더 빨리 얻고 이해할 수 있게 해준다.

더 많이 실험해야 한다. 복잡한 문제가 발생했을 때 광범위한 연구와 추측 대신, 빠른 가설/결과/분석 과정이 해결책을 제공한다.

+ 아이디어를 쉽게 시도할 수 있는 팀은 더 혁신적일 수 있다.
− 적게나마 실험에는 비용이 발생한다.

일반적인 함정

- 과잉 실험 가능성 − 사람들은 실험을 좋아한다. 분석 마비와 같이 비용이 너무 낮고 쉬우면 실험만 하고, 진행되는 것은 없다.
- "확실한 것"을 위해 시도 − 실험 승인과 문서화에서 긴 프로세스가 필요한 경우, 일반적으로 가설들을 테스트하고 결론을 수집하는 진정한 탐구보다는 제안된 계획이 기술되거나 의도한 대로 작동하고 있음을 확신시키기 위한 개념 증명과 비슷해진다.

관련 편향

불합리한 상승작용/매몰비용 오류

결정이 잘못됐다는 새로운 증명에도, 프로젝트에 계속 투자하고 싶은 충동은 이미 너무 많이 진행했기 때문이다.

정보 편향

실행에 영향을 미칠 수 없는 경우에도 정보를 찾는 경향. "분석 마비"는 매우 일반적이다. 두세 가지 가능한 조치가 있고 그중 한 가지 장점이 매우 분명함에도 계속해서 더 많은 질문에 대한 답을 찾아낸다.

파킨슨의 사소함의 법칙(바이크셰딩)

복잡하고 어렵지만 의미 있는 것보단 쉽고 중요하지 않은 것을 선택하고 평가한다.

관련 패턴

- 탐색적 실험
- 개념 증명
- 중요 사항 측정
- 심리적 안정
- 생산적 피드백
- 창의성 관리
- 책임을 묻지 않는 원인 조사

회사는 최고의 트랜스포메이션 경로를 찾기 위해 노력하지만, 차선의 선택도 주시해야 한다. 이러한 정보는 백업 계획을 평가할 때 유용하며, 특히 글로벌 솔루션들을 선택할지 여부를 결정하는 데에도 유용하다.

패턴: 벤더 락인 탈피 전략

퍼블릭 클라우드 또는 기타 주요 제품 공급업체는 클라우드 네이티브 플랫폼을 구축하고 운영하는 모든 측면을 처리할 수 있으며, 우수한 도구지만 벤더/기술/플랫폼을 투입할 때는 대체 솔루션 및 트랜스포메이션과 관련된 비용을 식별하는 것이 중요하다(그림 7-20).

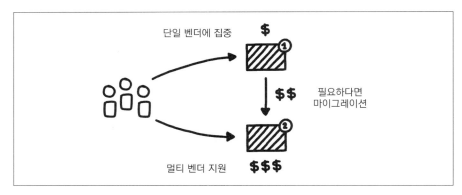

그림 7-20. 벤더 락인 탈피 전략

회사는 상업적 벤더 또는 오픈 소스 커뮤니티가 제공하는 도구/제품을 사용해야 하지만 단일 벤더에 락인되는 것을 두려워한다. 일부 산업은 회사 제품 개발에 사용되는 일부 핵심 플랫폼, 도구 또는 기술에 대한 여러 선택지를 지원해야 한다. 단일 도구나 기술에 완전히 전념하면 비용을 상승시키거나 기술 발전을 저해할 수 있다.

컨텍스트

단일 벤더 또는 단순히 하나의 대형 솔루션에 맡긴다면 가격이 저렴하며, 지속적인 안정성과 가용성에 대한 신뢰를 주지만, 능동적인 대체/백업 옵션을 유지하는 데 드는 비용은 엄청나게 비싸다.

이는 특정 벤더에 대한 완전한 의존으로 이어진다. 공급업체가 어려움에 처하거나 시장에서 더 나은 옵션을 사용할 수 있게 되면 회사는 트랜스포메이션할 여유가 없어 유지되지 못하거나 열등한 기술을 사용할 수 있다.

- 어떤 선택에도 위험이 따른다.
- 모든 결정은 번복될 수 있다. 단지 비용 문제일 뿐이다.
- 일부 산업에서는 각 솔루션마다 여러 벤더를 필요로 한다.

단일 벤더에 대한 계약을 맹목적으로 거부하기보단, 필요하다면 두 번째 마이그레이션에 대한 옵션과 비용에 대해 살펴본다. 그다음 최고의 도구를 가진 공급 업체로부터 얻을 수 있는 단기적인 이득과 필요한 경우 해당 도구로 마이그레이션해야 하는 장기적 위험 사이의 절충을 바탕으로 경험에 따른 결정을 내린다. 비용 절감과 생산성 향상은 위험을 능가할 수도 있다.

필요한 경우 마이그레이션 비용을 절감하는 아키텍처 변경 구현을 고려한다. 이러한 변경은 프로젝트의 초기 단계에서 수행될 경우 비용이 저렴할 수 있으며, 향후 마이그레이션의 위험을 상당히 줄일 수 있다.

- 만일의 경우를 대비해 마이그레이션 계획을 준비한다.
- 위험을 높이는 종속성을 감소시키는 것을 고려한다. 이때 AWS가 큰 도움이 될 수 있다.
- 폐쇄된 생태계^{ecosystem}는 우수한 도구/옵션 세트를 제공하기도 한다.
- 업계 표준이 될 수 있으며 일반적으로 사용되는 도구 및 기술에 투자한다.

팀은 각 도구를 통해 최대한의 성능을 발휘하고 이익을 얻는 데 집중할 수 있으며, 요구사항이 발생할 경우 대체 솔루션으로 마이그레이션하는 데 드는 비용을 알고 있다.

+ 다양한 백업 옵션을 잘 이해하고 있다.
+ 주요 마이그레이션 시나리오에 대한 상위 레벨의 계획이 수립된다.
− 도구를 하나만 사용할 때는 항상 위험이 있다.

일반적인 함정

서브–프라임Sub-prime 솔루션: 팀은 비상 시 이식성을 최적화하기 위해 다양한 도구와 함께 작동하는 솔루션을 찾고 평가하거나 구현하는 데 많은 노력을 기울일 수 있다. 대부분의 경우 결과 솔루션은 선택한 도구들 중에서 공통 분모가 가장 낮아야 하기 때문에 회사의 실제 요구에 최적이 아니다.

관련 편향

제로 리스크 편향

위험을 크게 감소시키기보단 작은 위험을 0으로 줄이는 것을 선호한다. 이 경우 옵션을 갑자기 완전히 마이그레이션할 필요가 없을 경우 값비싼 백업 솔루션을 구축/구매한다.

관련 패턴

- 퍼블릭 클라우드
- 프라이빗 클라우드
- 바퀴의 재발명 방지
- 오픈소스 기반 내부 프로젝트

전략적 모멘텀 유지

웰스그리드가 클라우드 네이티브로 가는 성공적인 길을 찾기가 매우 힘들었던 이유 중 하나는 아이러니하게도 그들이 일을 너무 잘해서 다른 일을 하는 방법을 잊어버렸다는 것이다. 즉, 그들은 능숙한 전달 과정이 너무나도 멋지고 효과적이었다. 그러나 알고리즘에 가까운 이 상태를 완벽히 만드는 과정에서 회사는 탐험과 실험에서 벗어나 창의성과 혁신에 대한 투자를 중단했다. "세 가지 지평"[3]은 이런 일이 다시는 일어나지 않도록 하는 패턴으로, 상황에 맞는 최대한의 숙련도로 운영되는 상황에서도 변화에 적응할 수 있도록 하는 패턴이다.

패턴: 세 가지 지평

자원을 전달, 혁신, 연구 사이에서 비례적으로 배분하면 조직은 변화에 대응하면서 핵심 비즈니스 가치를 안정적으로 전달할 수 있다(그림 7-21).

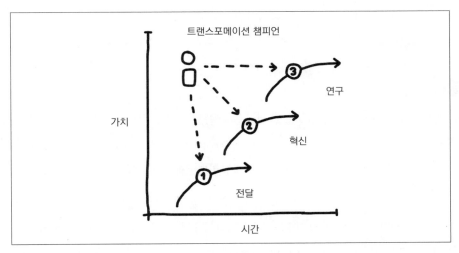

그림 7-21 세 가지 지평

기존 기업은 대규모 혁신 계획 실행을 목표로 하며 모든 팀은 기존 제품에 대한 점진적인 숙련된 작업에 전념하고 있다. 스타트업은 새로운 제품을 개발하고, 연구 및 혁신에 모든 자원을 바치고 있다.

---

3 이 패턴은 맥킨지 쿼털리(McKinsey Quarterly)의 기사 "영속적인 아이디어 : 성장의 세 가지 지평(Enduring Ideas: The three horizons of growth)"에 나온 개념에서 도출됐다.

일반적으로 기업들은 전달과 혁신 사이에서 올바른 균형을 유지하는 경우가 거의 없다. 기업들은 거의 모든 리소스를 첫 번째 지평에 할당하는 경향이 있으며, 이는 핵심 비즈니스 제품/서비스의 능숙한 제공에서 결국 정체로 이어진다. 스타트업들은 혁신에 오버커밋 overcommit하는 경향이 있는데, 이는 제품 품질 저하와 고객에 대한 제공 가치에 대한 집중 부족을 초래한다. 가장 먼 끝에는 세 번째 지평이 있으며, 예측 가능한 미래에 어떤 실질적인 해결책으로도 이어지지 않을 아이디어를 연구한다.

- 창의적이고 능숙한 팀은 특별 관리해야 한다.
- 스타트업은 혁신에, 기업은 점진적인 개선에 초점을 맞추는 경향이 있다.
- 복잡한 혁신은 대체로 또 하나의 다른 기술 기반 프로젝트처럼 보인다.

현재 제품 또는 서비스를 "전달"하고, 새로운 제품/서비스를 정제하거나 기존 제품/서비스를 대폭 개선하거나 12–24개월 내에 기존 제품/서비스를 크게 개선하는 "혁신", 장기 아이디어 및 기술을 "연구"하는 데 자원을 항상 할당한다. 챔피언은 팀 전체의 기술과 지식을 전환시킬 책임이 있다.

적응형 비즈니스는 숙련도와 창의성 사이의 최적의 균형을 추구하면서 세 가지 지평 사이의 관계를 끊임없이 평가하고 재조정한다. 조직 전체의 클라우드 네이티브 트랜스포메이션의 컨텍스트에서 세 가지 지평을 관리하기 위해서는 다양한 단계를 이해하고 회사의 팀과 리더가 필요에 따라 포커스, 기술, 전략을 배포할 수 있도록 지원하는 트랜스포메이션 챔피언을 보유하는 것이 중요하다. 트랜스포메이션이 완료되면 지정 전략가가 같은 역할을 수행해 회사의 균형을 유지할 수 있다. 맥킨지의 세 가지 지평 모델에 대한 자세한 설명은 6장을 참조한다.

- 숙련도인 첫 번째 지평에 70%~80%의 리소스를, 혁신인 두 번째 지평에 15%~25%의 리소스를, 연구인 세 번째 지평 연구에 3%~5%의 리소스를 제공한다.

- 품질 또는 운영 혁신 개선 등의 상황 변화 시 각 지평별 투자 규모를 조정한다.
- 혁신에 대부분 투자한 후 첫 번째 지평 프로젝트의 품질을 개선하기 위해 인력을 다시 이동시킨다.

결과적으로

회사는 항상 기존 제품을 고품질로 전달하면서 미래에 무슨 일이 일어나든 항상 준비돼 있다.

+ 지속적인 혁신

+ 지속적인 개선

+ 핵심 비즈니스 가치의 안정적인 전달

− 일부 리소스는 즉시 수익을 창출하는 제품에 할당되지 않는다.

일반적인 함정

기업은 스타트업에서 시작하지만 시간이 흐르면서 두 번째 지평와 세 번째 지평에서 작업할 수 있는 능력을 상실한다. 숙달된 작업으로 현재의 제품들을 전달하는 데 완전히 최적화돼 있기 때문에 발생한다. 시장이 바뀌거나 새로운 큰 기회가 생길 때마다, 길고 상세한 문서를 수반하며 마감 기한에 대한 끊임없는 압력하에 전달됐던 다른 숙련된 프로젝트처럼 도전한다. 회사가 매우 혁신적인 목표를 설정하더라도 팀은 자유로운 사고를 위한 공간과 실험과, 실수할 수 있는 심리적 안정이 주어지지 않으므로 계획들은 미흡하게 진행될 것이다.

관련 패턴

- 창의성 관리
- 숙련도 관리
- 동적 전략

- 트랜스포메이션 챔피언
- 지정된 전략가

마지막으로 설명할 두 가지 패턴은 세 가지 지평 모델에서 필수적이다. "회고의 시간Reflective Breaks"은 조직의 모든 사람이 한 발짝 물러설 수 있는 정기적인 기회를 보장하고 현재의 방향과 과정을 숙고하도록 한다. "지정된 전략가Designated Strategist"는 미래를 주시할 책임이 있는 사람을 임명하는 것을 의미한다.

패턴: 회고의 시간

변화하는 시장 상황 또는 기타 새로운 정보에 비추어 현재 전략을 검토하는 데 전념하는 비즈니스 전달 사이클에 주기적인 시간을 확보한다(그림 7-22).

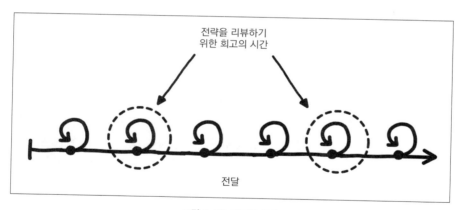

그림 7-22 회고의 시간

전략이 확립됐고, 실행 로드맵은 명확하다. 사람들은 계획에 따라 전달한다는 압박을 받고 있다. 환경은 여전히 자주, 그리고 급격하게 변하고 있다.

최대한 빨리 달릴 때는 상황을 평가하기 위해 주위를 살피는 것을 멈추고 단일 지점인 결승선에만 집중한다. 대부분의 최신 전달 프로세스는 사람들이 전달에 집중할 수 있도록 안정적인 압력을 만들기 위해 설계됐다. 주기적인 전략 검토와 창의적 사고를 위한 계획적이며 구조화된 시간은 따로 없다.

이는 숙련도와, 점진적인 변화의 빠른 전달을 위한 좋은 관리 방법이지만, 구조화되지 않고 개방적인 사고 시간을 필요로 하는 급격한 방향 변화의 기회를 배제한다.

- 압박을 받는 사람들은 반영하지 않는다. 빨리 달리기 위해, 당신은 나란히 보지 않고 똑바로 앞을 바라본다.
- 전달에 초점을 맞추면 새로운 아이디어를 창출하기는 어렵다. 혁신은 자유로운 사고 시간이 필요하다.
- 일반적인 애자일 환경은 끊임없는 케이던스cadence[4]에 새로운 기능을 제공해야 한다는 지속적인 압력을 발생시킨다.

따라서

조직 전체에 걸쳐 주기적으로 계획된 "타임아웃"을 비즈니스 사이클로 구축한다.

사람들은 "쉬는 것"이 일을 멈춘다 생각하지만, 클라우드 네이티브나 다른 큰 혁신 계획에서는 그렇지 않다. 클라우드 네이티브 전달 케이던스에는 조직 내 모든 사람이 다른 종류의 작업을 하기 위해 일상적인 책임에서 때때로 뒤로 물러날 수 있는 시간이 포함돼야 한다. 일상적인 책임을 전달하기 위한 압력을 일시적으로 줄이면 조직 내외부의 현재 상황에 대해 신중히 고려할 여지가 생긴다.

주기적으로 계획된 타임아웃을 조직 전체에 적용한다. 물론 이 주기는 기업의 구체적인 상황

---

4 원래 의미는 펜싱에서의 연속 동작의 리듬, 풋볼에서 쿼터백이 구호를 외칠 때 쓰는 박자, 볼링에서 스텝 사이의 소요 시간, 자전거에서 1분당 페달을 밟는 횟수 등 동작의 소요 시간 간격을 수치로 표시한 것으로 배포에서의 릴리즈 주기를 의미한다.

을 반영해야 하지만, 연중 분기별 중단 기간은 많은 조직에서 효과적일 수 있는 논리적인 접근 방식이다. 중단의 다른 예로는 애자일 조직이 매 4번째, 5번째, 6번째 또는 8번째 스프린트를 집중 전달 모드로 전환하기 전 "휴식" 기간을 만드는 경우가 있을 수 있다. 이번에도 타이밍은 개발 주기나 납품 일정 등 각 기업의 특정한 요소에 따라 달라진다.

회사의 리더들에게 회고의 시간은 전략에 대해 반성하고, 아키텍처를 검토하고, 백로그를 재고하고, 기본적으로 회사 전체의 계획을 재평가하는 기회이면서, 기존 환경을 검토하기 위한 행동에 집중하기를 잠시 멈추는 것이다.

개발 팀과 사업 팀에게는 새로운 기능 구축과 개선 반복 또는 판매와 마케팅 노력의 추구, 내부 회사 기능 관리와 같은 규칙적인 책임으로부터 시간을 빼앗는 것을 의미한다. 프로세스에서 제품에 이르기까지 작업의 일부로 매일 수행하는 모든 일을 되돌리고 점검할 수 있는 기회이다.

사람들은 돌아볼 시간이 없는 한 전략을 바꾸지 않는다. 아키텍처를 검토하고, 필요할 경우 조정하고, 다음 스프린트에서 모든 사람들이 바쁘게 업무를 수행하도록 할 때, 삶의 질을 높이는 비기능적 개선에 투자할 수 있는 기회다.

- 모든 레벨에서 회고하도록 한다.
- 경영진의 전략 검토, 중간 관리자의 목표 검토, 실행 팀의 백로그 검토 및 비기능 개선 등을 위해 회고의 시간을 활용한다.

결과적으로

팀은 실행에 집중하지만 회사의 모든 레벨에서 검토하고 조정할 수 있는 정기적인 기회를 가진다.

+ 회사는 대부분의 시간을 수익성 있는 제품/서비스의 집중적인 전달에 투자하지만 방향을 조정할 수 있다.

+ 주기적인 휴식은 혁신의 도가니로, 생각하고 창조하려면 자유로운 시간과 대역폭이 필요하다.

– 사람들은 이러한 회고의 시간에 대한 휴가 일정을 잡는 경향이 있으며, 일상 업무에 대한 회고의 기회를 충분히 이용하지 못할 수 있다.

일반적인 함정

항상 100% 집중력을 유지하려고 노력한다는 것은 사람들이 과로하고 주위에는 아무것도 보이지 않는다는 것을 의미한다. 때때로 회사가 회고의 시간을 가치 있게 생각한다고 주장하지만, 단지 전달 프로세스의 또 다른 부분으로 포함시킨다. 이 시간을 반성하기 위해 개인에게 의존하고 있음을 의미한다. 어떤 사람은 그렇게 할 것이고 어떤 사람은 그렇지 않을 것이다. 시간적 압박이 많다면, 사람들은 중요한 것보다 긴급한 것을 우선시할 것이다. 이것이 회사 전체의 사이클로 구축해야 하는 이유다.

관련 패턴

- 동적 전략
- 학습 조직
- 실행에 가장 가까운 의사결정
- 숙련도 관리
- 창의성 관리

패턴: 지정된 전략가

가능한 한 빨리 앞으로 달려갈 때는 주위를 둘러보기가 어려우므로 조직 내에서 상황 인식을 담당하는 한 사람을 선정한다(그림 7-23).

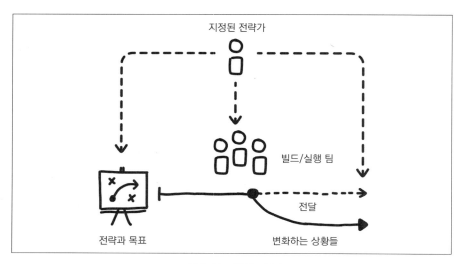

그림 7-23 지정된 전략가

회사는 전략과 명확한 실행 백로그를 갖고 있다. 팀 전체가 최고의 제품을 능숙하게 전달하는 데 주력하고 있다. 사업이 진행되면서 시장과 회사 상황이 달라지고 있다.

당신이 트랜스포메이션 전략을 정의하면 팀은 완전한 실행 모드로 들어갈 것이다. 그리고 목표를 재조정하지 않을 것이다. 이는 원래 목표의 달성으로 이어지지만, 상황이 진화하고 변화함에 따른 지속적인 평가가 이뤄지지 않는다. 전달 스트레스를 받는 사람들은 정해진 목표에만 집중해야 한다는 압력을 받기 때문에 주위를 둘러보거나 상황을 재평가할 수 없다. 문제는 당신이 주의를 기울이지 않고 있고 문제가 완전히 바뀌어 기존의 해결책이 더 이상 적용되지 않게 됐음을 발견하기 위해서는 결승점에 도착해야 한다는 것이다.

- 광범위한 전략적 업무와 심층적인 전술적 업무를 동시에 수행하는 것은 어렵다.
- 가장 널리 사용되는 소프트웨어 제공 방법론인 스크럼은 숙련도에 집중해 가능한 한 빨리 전달해야 한다는 압력을 유발한다. 기본적으로, 스크럼은 반성의 여지를 남기지 않는다.

경험이 풍부한 아키텍트나 관리자 중 한 명이 오로지 미래에만 전념할 수 있도록 하고 장기적 목표에 기초해 예정된 모든 업무를 평가하도록 한다.

지정된 전략가는 "모든 힘을 모으라"는 관점에서 전달 마감일 또는 소방수 모드에 말려들지 않도록 단기적인 헌신을 해서는 안 된다. 이 사람은 경영진이 배의 방향타를 돌리는 동안 배 꼭대기에 있는 까마귀 둥지에서 먼 바다를 유심히 관찰하는 선원처럼 조심스레 살피는 "전망대" 역할을 한다. 앞에 보이는 바위나 탐험할 수 있는 유망한 행선지를 제시하고 나서 회사의 전략적 리더십이 배를 어떻게 돌릴지를 결정한다.

- 전략가가 일상 업무에 종사하지 않는지 확인한다.
- 전략가는 경영진의 힘이 없다.
- 에반젤리즘할 수 있다.
- 고객의 요구와 비즈니스 목표에 모두 잘 연계된다.
- 균형이 중요하다.

여전히 전략적 관점을 유지하는 회사에서 팀들은 주로 전달에 집중할 수 있다.

+ 팀은 업무를 담당한다.
+ 전략가가 목표와 방향을 조정하는 조언자 역할을 한다.
− 전략가는 너무 많은 방향 변경을 제안함으로써 산만함과 지속적인 불안정을 조성할 수 있다.

일반적인 함정

지정된 전략가에게 파트타임 책임만 주고 전략적 분석과 계획과는 상관없는 다른 관련 업무를 부여한다. 긴급한 업무는 거의 항상 중요한 업무보다 우선순위가 높다.

관련 편향

권한 편향

더 정확성이 높은 내용을 권위 있는 인물의 내용과 무관한 의견에 귀속시키고 그 의견에 더 많은 영향을 받는 경향.

관련 패턴

- 동적 전략
- 세 가지 지평
- 주기적 점검

다음을 위한 준비

다음 세 장에서는 클라우드 네이티브를 위한 조직과 문화를 최적화하고 개발 프로세스를 발전시키며 새로운 인프라를 구축하기 위한 더 많은 패턴을 소개한다. 모두 당신이 할 일이고, 당신이 속한 회사를 변화시키는 과정에서 필요한 행동이다.

뒷장에서는 기술과 사용 방법을 다루고 있으며, 결국 업데이트해야 한다. 그리고 그보다 더 빨리 변화하는 기술을 사용하는 방법도 변화한다. 이와는 대조적으로 7장의 패턴과 내용은 크게 바뀌지 않는데, 이런 일을 어떻게 하는지 가르쳐주기 위함이다. 언제 어디서든 변화를 관리하기 위한 로드맵과 도구로 구성된다. 트랜스포메이션 도중에 갑자기 새로운 경쟁자가 등장할 때, 또는 클라우드 네이티브를 대체하기 위한 다음 패러다임 변화가 도래하는 몇 년 후가 될 것이다. 전략 및 위험 관리에 대한 이러한 패턴은 단순히 클라우드 네이티브를 준비하는 도구가 아니라 다음을 대비할 수 있도록 도와준다.

새로운 클라우드 네이티브 패턴이 끊임없이 등장하고 있다. 우리가 구축한 클라우드 네이티브 패턴 언어를 계속 공유하고 확장하려면 www.CNpatterns.org를 방문하기 바란다.

이곳에서는 최신 개발 패턴을 찾을 수 있을 뿐만 아니라, 온라인 커뮤니티를 통해 새로운 패턴을 토론하고 만들 수도 있다. 업계 전반의 사람들, 지식 리더 및 인플루언서를 초대하기도 하며, 클라우드 네이티브 코드와 아키텍처에 깊이 관여하는 엔지니어 및 관리자도 기여하고 참여하도록 초대하고 있다. 거기서 만나길 바란다!

8장

조직과 문화의 패턴

전통적인 조직은 정적 전략, 탑-다운top-down 의사결정, 팀이 지시된 경로를 벗어날 수 있는 자유가 거의 없고 기존 질서를 보호하고 강화하도록 구성됐다. 안 좋은 것이 절대 아니다! 예측 가능하고 안정적인 환경에서 잘 짜인 계획을 실행하기 위한 효율적인 구조지만, 탑-다운top-down 흐름은 오랜 시간이 걸린다. 다른 모든 것들도 느리고 릴리즈가 매년 한 번 정도만 일어난다면 괜찮다.

그러나 오래된 방식을 따라 새로운 클라우드 네이티브 시스템을 제공하려 시도하면 재앙이 된다. 계층적 조직 구조가 클라우드 네이티브 전달 방식을 따라갈 수 없기 때문에 모든 것들이 매우 빨리 무너질 것이다.

클라우드 네이티브 엔터티로서 성공하려면 조직은 선택의 자유, 위임 및 개인의 독립성과 책임을 수용해야 한다. 본질적으로 더 나은 방법이라서가 아니라 역동적인 전략을 뒷받침하는 더 나은 방법이기 때문이다. 클라우드 네이티브의 핵심 장점은 시장 또는 기타 환경 변화에 대응해 적응하기 위해 무엇을 하든지(또는 그렇게 하는 방식) 조정하는 능력이다. 변화가 몇 달마다 일어나지만 매번 여러 층의 관료체계를 통해 대규모 출시를 조정해야 한다면 기본적으로 전략적 변화를 저해한다. 마침내 시장에 내놓을 때쯤에는 시장(그리고 고객들 중 일부)이 이미 옮겨갔거나 앞서 나가 있을 것이다.

클라우드 네이티브 조직이 되기 위해서는 아마존 웹 서비스를 통해 쿠버네티스를 설치하는 것보다 더 중요한 것이 있다. 당신의 문화는 당신의 기술(우리가 제 2 장에서 깊이 논의한 것)과 함께 진화해야 한다. 문화는 사람들이 일상생활을 하도록 권장하는 방법에 더해지는 일관된 기본 행동 방식이다. 클라우드 네이티브 문화를 갖는 것은 팀이 독립적이고 스스로 결정을 내릴 수 있도록 해 더 적극적이고 실험적으로 실행하는 것을 의미한다. 본질적으로는 워터폴의 해체를 의미한다.

이 장에서는 일련의 패턴을 수집해 여러분의 진화를 클라우드 네이티브의 문화로 안내하고, 의존성을 줄이고 분산화로 나아갈 수 있도록 도와준다. 여러분은 불확실한 세상으로 발을 내딛었으며, 조금 두려울 수도 있다. 과거 세계는 선명하고 편안한 곳이었다. 여러분은 여기저기 여행하는 법을 알고 있었고, 또한 가고자 하는 수많은 방향으로 인도하는 지도들도 있었다. 하지만 이 새롭게 등장한 방향에 대한 여정은 변화가 극심하다. 게다가 고정된 이정표가 거의 없으며 지도도 전혀 없다. 하지만 여러분은 지도가 필요 없다. 결국, 이 새로운 영역에서 길을 찾는 유일한 방법은 방향을 잡고 본능적으로 항해할 수 있을 때까지 탐험하는 것이다. 아니면 지속적인 혁신을 위한 조직구조 최적화에 대한 사이먼 워들리Simon Wardley의 독창적인 에세이("개척자, 정착자, 마을 계획자 및 도둑에 대해On Pioneers, Settlers, Town Planners and Theft.")를 틀로 하고자 도시 계획자가 아닌 개척자가 돼야 한다.

> 개척자들은 훌륭한 사람들이다. 발견되지 않은 개념인 미지의 땅을 탐험할 수 있다. 당신은 그들을 경이롭다 여기지만, 그들은 많이 실패한다. 일의 절반은 제대로 작동하지 않는다. 여러분은 개척자들이 만드는 것을 믿지 않을 것이다. 그들은 소위 '미친' 생각을 현실에서 만든다. 그들의 혁신 유형은 우리가 핵심 연구라 부르는 것들이며, 미래의 성공을 가능하게 한다.

> …도시 계획자 역시 뛰어난 사람들이다. 그들은 어떤 것을 취해 규모의 경제를 이용해 산업화할 수 있다. 이는 엄청난 기술이 필요하다. 당신은 그들이 만드는 것을 신뢰한다. 도시 계획자들은 사물을 더 빠르고, 더 낫고, 더 작고, 더 효율적이고, 더 경제적이며, 충분히 좋게 만드는 방법을 찾는다. 개척자들이 구축하는 서비스를 구축한다.

이러한 패턴은 클라우드 속에 있는 이 새로운 세계에서 진정한 개척자로서 여러분만의 특별한 흔적을 만드는 데 도움을 줄 도구와 기술의 생존 키트^kit다.

다음 패턴은 클라우드 네이티브 문화와 조직 구조를 설명한다. 독자에게 유용하거나 도움이 될 것이라 생각하는 순서로 제시했지만 접근하기 위한 올바른(또는 잘못된) 순서는 없다. 패턴은 디자인을 위한 빌딩 블록이며 상황에 따라 다른 방식으로 결합될 수 있다.

이 장은 패턴 자체에 대한 소개를 의도했으며, 이 시점에서 서로 관련된 설명은 거의 없다. 개별 패턴을 고려할 때 어디에서 언제 적용할지가 아니라, 그것을 적용할지 여부를 결정한다. 모든 트랜스포메이션이나 조직에 모든 패턴이 적용되는 것은 아니다. 개념들이 도입되면, 우리는 패턴들이 어떻게 전형적인 클라우드 네이티브 트랜스포메이션에 적용되는지를 보여주는 디자인으로서 점진적인 순서와 컨텍스트에서 함께 맞출 것이다.

- 핵심 팀
- 빌드−실행 팀("클라우드 네이티브 데브옵스")
- 플랫폼 팀
- SRE 팀
- 원격 팀
- 공동 배치된 팀
- 담당 업무별 커뮤니케이션
- 창의성 관리
- 숙련도 관리
- 스트랭글 모놀리식 조직
- 점진적 온보딩
- 근본적인 혁신을 위한 디자인 싱킹
- 새로운 개발을 위한 애자일
- 최적화를 위한 린
- 내부 에반젤리즘

- 지속적인 교육

- 탐색적 실험

- 개념 증명^{PoC}

- 최소 실행 가능 제품^{MVP}

- 실행과 가장 가까운 의사결정

- 생산적 피드백

- 심리적 안정

- 공동 창조를 위한 개인화된 관계

- 책임을 묻지 않는 원인 조사

패턴: 핵심 팀

엔지니어들과 설계자들로 구성된 팀을 최고의 트랜스포메이션 경로를 발견하며 과정을 따라 구현하는 작업에 투입한다. 이렇게 하면 트랜스포메이션에 따른 위험을 줄이며 팀은 나중에 나머지 팀을 온보딩시키는 데 도움이 되는 경험을 얻는다 (그림 8-1).

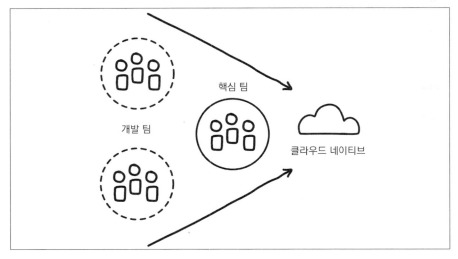

그림 8-1 핵심 팀

비전 우선^{Vision First}이 자리를 잡으면서 회사는 클라우드 네이티브 트랜스포메이션에 자원을 할당하고 초기 단계를 이끌 수 있는 최고의 팀을 선정한다.

컨텍스트

기존 팀 또는 팀이 새로운 클라우드 네이티브 시스템을 제공할 책임이 있지만 정규 임무를 수행하도록 요구하면 우선순위가 서로 상충되며 둘 중 하나를 전달하기 위해 고군분투한다.

이는 회사가 클라우드 네이티브 트랜스포메이션의 크기와 범위, 즉 필요한 시간과 리소스와 조직에 영향을 미치는 여러 가지 방법을 인식하지 못할 때 일반적으로 흔히 발생한다.

또한 표준 태스크의 백로그에 추가된 또 다른 시스템 업그레이드처럼 취급한다. 이는 클라우드 네이티브 트랜스포메이션 프로젝트에 대한 리소스 할당 부족과 이를 위해 일하는 엔지니어의 우선순위 상충으로 이어져 계획이 중단되거나 실패의 원인이 되는 경우가 많다.

- 긴급하고 중요한 작업을 수행하는 팀은 우선 긴급한 작업의 우선순위를 정하는 경향이 있으므로 클라우드 네이티브 트랜스포메이션과 같은 중요한 작업을 제외하게 된다.
- 클라우드 네이티브 기술은 새롭고 복잡하므로 학습과 실험을 위해 강도 높은 시간 투자를 요구한다.
- 클라우드 네이티브 적용 시 몇 가지 어려운 점들을 한 사람이 감당하기에는 너무 벅차다.
- 새로운 솔루션을 제공할 책임이 있는 팀이 솔루션에 대한 전폭적인 의지를 갖고 조직 전체에 걸쳐 이에 대해 나중에 에반젤리즘한다.

따라서

트랜스포메이션을 이끌 5~8명의 엔지니어와 설계자로 구성된 단일 핵심 팀을 구성한다.

- 팀의 책임에는 기술적 비전과 아키텍처의 소유권이 포함되며 최상의 트랜스포메이션 경로를 파악하기 위해 일련의 실험을 실행함으로써 트랜스포메이션의 위험을 감

소시킨다.

- 추후 핵심 팀은 경험을 사용해 다른 팀에 새로운 작업 방식을 도입하고 개발자 스타터 팩^{Dev Starter Pack} 자료를 만들 수 있다.
- 팀은 트랜스포메이션의 주요 부분이 완료된 후 플랫폼을 계속 개선할 수 있다.

결과적으로

핵심 팀은 트랜스포메이션의 가장 어려운 부분(최상의 마이그레이션 경로, 도구 및 기술을 식별한 다음 플랫폼의 최소 실행 가능 제품^{MVP} 버전을 구현)을 통해 신속하게 작업하고 나머지 팀에게 성공적인 클라우드 네이티브 채택을 향한 길을 열어준다.

+ 핵심 팀은 클라우드 네이티브 영역에서 지식과 경험을 쌓고 있다.
+ 이 지식을 활용해 애플리케이션의 비전과 아키텍처를 최적화할 수 있다.
+ 진척은 가시적이고 측정 가능하다.

일반적인 함정

클라우드 네이티브 작업의 복잡성을 과소평가하며 또 다른 기술 업그레이드로만 취급한다. 9장을 참조하라.

관련 편향

계획 오류

작업 완료 시간을 과소평가하는 경향이 있다.

관련 패턴

- 비전 우선
- 점진적 투자 확대

- 레퍼런스 아키텍처
- 데모 애플리케이션
- 빌드-실행 팀^{Build-Run Teams}
- 바퀴의 재발명 방지
- 점진적 온보딩
- 개발자 스타터 팩

패턴: 빌드-실행 팀("클라우드 네이티브 데브옵스")

개발 팀은 자신이 구축하는 서비스에 완전한 권한을 갖고 있으며, 생성뿐만 아니라 배포 및 지원을 수행한다. (그림 8-2)

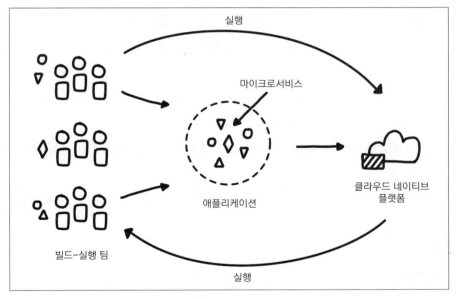

그림 8-2 빌드-실행 팀

이 회사는 애자일 관점의 교차 기능 팀 또는 워터폴 기반 기술 전문 팀을 보유하고 있으며 클라우드 네이티브와 호환되는 구조로 전환해야 한다. 개발 팀은 운영 환경에 아티팩트^{artifacts}를 배포하기 위해 운영 팀에 의존한다. 회사는 개발 팀에 대한 독립성과 표준화 사이의 적절한 균형을 찾고 있다.

컨텍스트

개발 팀이 애플리케이션을 구축하고 운영 환경에서의 지원을 담당할 때 플랫폼을 구축해 실행하려 하면 조직은 여러 가지 양립할 수 없는 플랫폼으로 끝날 수 있다. 이는 불필요하며, 가능할지라도 운영 비용이 많이 들고 플랫폼이 아닌 기능 전달에 중점을 두어야 하는 팀에서 시간이 걸린다.

- 개발 팀과 운영 팀 간의 상호 업무 인수인계로 운영 속도와 민첩성이 저하된다.
- 각 개발자 팀에 한 사람의 운영 팀 인력을 추가하면 십여 개의 조정 불가능한 플랫폼으로 끝나게 된다.
- 콘웨이의 법칙에 따르면 소프트웨어 아키텍처는 조직의 구조와 유사하기에 플랫폼이 독립적이기를 원한다면 애플리케이션을 개발하는 팀은 운영 플랫폼을 운영하는 팀과 분리 돼야 한다.
- 팀의 능력에는 한계가 있다. 개발 팀은 개발이다. 그들은 지식을 일정 수준으로 확장할 수 있지만, 운영은 아니다.
- 분리된 훈련/팀으로 클라우드 네이티브 내에서 운영 및 개발을 지속적으로 유지할 수는 없다.
- 너무 많은 자유는 혼란을 초래하지만 너무 많은 표준화는 혁신을 스트랭글한다.

따라서

동적 스케줄링으로 관리되는 마이크로서비스로 분산 시스템을 구축할 수 있는 자체 역량을 가진 팀을 만든다.

빌드-실행 팀은 분산 애플리케이션을 구축하고 배포한 다음 실행 중인 애플리케이션을 지원한다. 빌드-실행 팀은 모두 동일한 표준화된 플랫폼 서비스 세트를 사용하고 전체 회사의 모든 애플리케이션을 실행하는 단일 통합 플랫폼에 배포한다. 이 플랫폼은 이를 구현하고 지원하는 플랫폼 팀의 책임이다.

- 빌드-실행 팀은 사람들이 함께 앉는 데브옵스 팀이 아니다.
- 애자일에서는 개발 팀에도 소프트웨어 테스트 기능이 포함돼 있지만, 제품은 별도의 운영 팀으로 넘겨져 운영 환경으로 전달된다.
- 클라우드 네이티브 내에서 교차 기능 팀은 분산 시스템을 구축할 수 있어야 한다.
- 플랫폼 팀은 클라우드 네이티브 플랫폼 및 인프라를 구축, 배포, 제공 및 지원한다는 점에서 특정 종류의 빌드-실행 팀이지만 애플리케이션 개발 팀과 별도로 행동한다.

결론적으로

책임을 강력하게 분담한다. 빌드-실행 팀은 애플리케이션을 처리하며, 플랫폼 팀은 운영 플랫폼의 구축 및 유지 관리를 담당한다.

플랫폼 팀은 회사의 일부가 될 필요가 없다. Google/AWS/Azure 등과 같은 퍼블릭 클라우드는 자동화된 플랫폼으로 내부 플랫폼 팀을 불필요하게 만들 수 있다. 플랫폼 팀을 지정하면 일반적으로 모든 서비스/애플리케이션을 지원하는 글로벌향으로 대응한다. 빌드-실행 팀은 별도로 구성되며, 플랫폼 팀이 제공하는 표준화된 플랫폼에 의존한다.

+ 팀은 한정된 수준의 자율성과 본연의 태스크에 집중할 수 있는 능력이 있다.

+ 개발자는 호환성을 고려해 표준화된 플랫폼 위에서 실행할 컴포넌트를 선택할 수 있는 자유가 있다.

일반적인 함정

빌드–실행 팀에게 자체 플랫폼을 만드는 책임을 부여한다. 서비스를 위해 쿠버네티스를 팀의 고유한 방식으로 배치한다. 10여 개의 다른 팀들이 각기 다른 방식으로 플랫폼을 만들고 있다. 기본적인 데브옵스 원칙에 기반해 개발 팀에 지정된 플랫폼 팀 엔지니어 대신 운영 엔지니어를 배치한다. 이로 인해 각 팀은 자체 플랫폼을 갖게 되며 개발 및 조정하기가 어렵고 유지비가 많이 발생하는 경쟁적인 클라우드 네이티브 플랫폼을 생성한다.

관련 패턴

- 플랫폼 팀
- SRE 팀
- 바퀴의 재발명 방지
- 퍼블릭 클라우드

패턴: 플랫폼 팀

개발자가 인프라 구성 대신 애플리케이션 구축에 집중할 수 있도록 전체 조직이 사용하기 위한 단 하나의 일관되고 안정적인 클라우드 네이티브 플랫폼을 설계, 구축 및 실행하는 팀을 만든다. (그림 8-3)

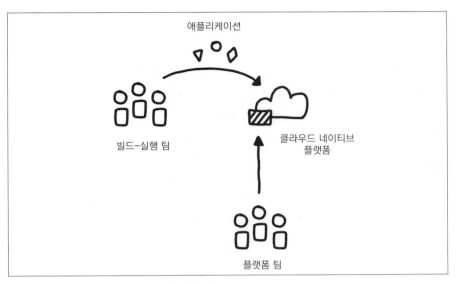

그림 8-3 플랫폼 팀

기업은 클라우드로 이동하고 마이크로서비스 아키텍처를 채택하고 있다. 많은 팀이 각기 다른 서비스를 구축하고 있으며, 애플리케이션을 실행하려면 인프라 생성을 위한 추가 도구가 필요하다.

컨텍스트

트랜스포메이션을 위한 공식 클라우드 네이티브 운영 플랫폼 구축을 담당할 단일 팀이 없다면, 서로 다른 마이크로서비스를 담당하는 각 팀은 자체 플랫폼을 구축해야 할 것이다.

이는 투입되는 노력을 중복시키고, 시간을 낭비하며, 무엇보다 배포 시간으로 인한 갈등이 발생한다. 각 서비스는 맞춤형 플랫폼에서 다른 접근 방식을 사용해 구축됐으므로 상충되는 요건을 가지며 불가능하지는 않더라도 하나의 통합 플랫폼에서 모든 것을 실행하기란 어려울 것이다. 운영은 어떤 종류의 프랑켄슈타인 솔루션을 고안하려고 하겠지만 성공 가능성은 희박하다.

- 조정되지 않으면 각기 다른 팀들이 다른 솔루션을 구축한다.

- 기본 클라우드로는 충분하지 않다. 복잡하며, 사용자 지정 구성이 필요하다.
- 표준화는 재사용 가능성을 극대화한다.
- 최선의 솔루션을 찾기 위해서는 선택의 자유가 필요하다.
- 사람들은 플랫폼의 부족으로 인한 장애물을 피할 수 있는 방법을 찾는 데 창의적이며 "그림자 IT$^{\text{shadow IT}}$" 효과로 이어진다.

따라서

플랫폼 팀은 클라우드와 애플리케이션 간의 모든 것(또는 현재 기술 랜드스케이프에서 쿠버네티스와 그 하위)을 처리하는 반면 개발자는 애플리케이션 자체 구축에 대해서만 책임을 진다(다시 말하지만, 현재 기술 랜드스케이프에서 쿠버네티스와 그 상위).

- 모든 개발 팀에서 사용할 기본 도구 및 샘플을 선택, 구축 및 구성하는 별도의 팀을 설정한다.
- 전체 조직에서 사용할 하나의 플랫폼을 구축한다.
- 표준 및 재사용 가능한 도구를 생성해 개발 작업을 단순화한다.

결과적으로

개발자는 플랫폼 팀이 플랫폼 자체를 실행하는 동안 개별 애플리케이션 서비스, 특징 및 기능을 구축하는 데 집중할 수 있다. 개발자는 사용자 지정 도구를 도입할 수 있지만 도구가 안정적인지 입증되지 않거나, 다른 개발 팀이 요청하지 않는 한 자체 애플리케이션의 일부로 지원해야 한다.

+ 일관되고 재사용 가능하며 무엇보다도 모든 서비스가 원활하게 함께 작동하도록 보장하는 안정적인 플랫폼이 있다.

+ 개발자를 위한 작업이 적다. 애플리케이션을 구축하는 데에만 집중할 수 있으며 그들이 실행할 플랫폼에 대해 걱정하지 않는다.

− 선택은 여전히 가능하지만 개발자가 도구를 선택할 수 있는 자유도 적다.

일반적인 함정

플랫폼 팀은 개발 팀을 위해 훌륭하고 유용한 플랫폼을 구축하는 주요 목표에 대해 잊어버리지만 99.999999%의 가용성으로 가장 훌륭하고 확장 가능하며 기술적으로 가장 놀라운 플랫폼을 구축하기 시작한다. 왜냐하면 그렇게 할 수 있기 때문이다.

여러분이 속한 회사가 멋진 3층짜리 사무실 건물을 짓기를 원하지만, 건축가가 100층짜리 초고층 빌딩에 대한 계획을 갖고 돌아온다고 상상해보자. 그러한 거대한 건물을 건설하기란 분명히 엄청난 시간과 돈을 낭비하는 것이다. 클라우드 네이티브 플랫폼에서도 마찬가지다.

관리자는 아키텍트 리더가 정면으로 직면하는 기술과 두려움을 완전히 이해하지 못하기 때문에 이러한 프로젝트가 승인된다. 대부분의 경우 초기에 플랫폼에서 실행될 애플리케이션 자체가 매우 기본적이기 때문에 초기 버전의 플랫폼은 상당히 기본적일 수 있다. 플랫폼의 품질과 확장성은 개발 팀과 애플리케이션이 성숙하고 성장하면서 점진적으로 구축돼야 하며 실제 플랫폼 요구 사항이 더 명확하게 나타난다.

관련 패턴

- 핵심 팀
- 빌드-실행 팀
- 레퍼런스 아키텍처

패턴: SRE 팀

SRE(사이트 신뢰성 엔지니어링) 팀은 개발 팀이 플랫폼이나 인프라가 아닌 애플리케이션을 유지 및 개선하는 데 도움이 된다(그림 8-4).

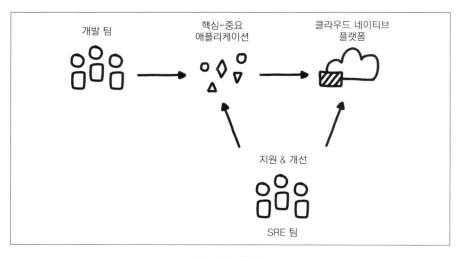

그림 8-4 SRE 팀

대기업은 품질과 가용성에 대한 수요가 매우 높고, 헌신적인 개선 팀을 구성할 수 있는 상당한 리소스를 갖춘 대규모의 핵심 애플리케이션을 보유하고 있다.

컨텍스트

플랫폼이 구축되면 운영 환경에서 내부 프로세스와 런타임 성능을 향상시키는 데 관심이 집중되기도 한다. 이는 시간이 지남에 따라 품질과 성능이 저하될 수 있다.

- 개발 팀은 기능, 운영 팀은 안정성, SRE 팀은 개선을 측정한다.
- SRE 팀은 가장 경험이 많고 지식이 풍부한 엔지니어가 필요하므로 운영에 비용이 많이 든다.
- 개발 팀에서 SRE로 최고의 엔지니어를 끌어올 때 기회비용이 발생한다.
- 개선이 이 팀의 우선순위라면 빌드–실행 팀의 책임/우선순위로 인해 책임 범위가 다소 감소된다.
- SRE는 애플리케이션에서 초기 빌드보다는 유지 관리 모드에 들어갈 때 더 관련이 있다.

신뢰도에 50%, 내부 프로세스 및 개발 관행에 대한 지속적인 개선에 50% 초점을 맞춘 팀을 만든다.

이 SRE 팀은 전체 사이트나 플랫폼의 가용성을 우려하고 있다. 그러나 각 개별 서비스에는 자체 운영 요구 사항도 있다. 서비스 가용성에 초점을 맞추기 위해 각 개별 빌드 팀에 SRE를 추가하면 도움이 될 수 있다.

- SRE 엔지니어는 더 나은 인프라 구축과 실행 시간 및 더 나은 사용자 지원을 위해 필요한 모든 것의 개선을 담당한다.
- SRE 팀이 오류 예산Error Budget을 짜면 개발 팀이 운영 모델을 정의하고 플랫폼 팀이 플랫폼을 개선하는 데 도움이 된다.
- 대부분의 작업은 수동 지원보다는 자동화다.
- SRE 팀은 18 개월마다 모든 수동 기능을 자동화해야 한다(플랫폼 팀의 책임으로 이동할 수 있다).
- 운영에 대한 지식과 경험이 풍부한 팀이지만 코드를 작성할 수 있는 장치도 갖추고 있다.

결론적으로

런타임의 안정성과 품질이 지속적으로 증가하며, 자동화도 증가한다.

+ 개발자는 인식한 운영 문제를 개발 사이클에 통합한다.

+ SRE 팀은 빌드−실행 팀 및 플랫폼 팀과 긴밀히 협력한다.

− 다른 프로젝트에서 최고의 엔지니어링 인재를 데려오므로 SRE 팀은 비용이 많이 든다.

일반적인 함정

성능 이득의 마지막 1%를 포착하기 위해 최고의 엔지니어 5명을 다른 작업에서 데려온다.

제품을 만드는 데 많은 고급 인력을 사용하지만 SRE 팀의 애플리케이션 개선에 이러한 실질적인 필요가 요구되지는 않는다. 돈과 기회비용 모두 많이 들지만, 사람들은 SRE 팀이 필요하다고 생각하기에 어쨌든 인재를 영입할 것이다. 왜냐하면 다른 회사들도 밴드웨건 효과에 따라 인재가 있기 때문이다. 그러한 회사에서는 SRE가 일반적으로 기대에 부응하지 못하고 더 환상적인 타이틀을 가진 평범한 운영 팀으로 영원히 남을 것이다.

관련 편향

방관자 편향

내부 프로세스 개선 담당자가 아무도 없을 경우 개선이 되지 않는다. 반대로 SRE 팀이 개선을 담당하고 있다면 빌드-실행 팀이 기여도를 최적화하는 데 어느 정도 책임이 있다.

밴드웨건 효과

모든 사람들이 쿠버네티스에 대해 이야기하고 있으니 우리도 하는 것이 좋겠다!

현상 유지 편향

잘 작동하니 그냥 내버려두자. 정상적으로 작동하는데 변경하면 위험할 것 같다.

관련 패턴

- 빌드-실행 팀
- 플랫폼 팀
- 자동화는 마지막에

패턴: 원격 팀

팀이 도시 전체 또는 각지에 걸쳐 분산돼야 하는 경우, 긴밀하고 자유롭게 소통할 수 있는 강력한 채널뿐만 아니라 정기적으로 개인 휴가/업무 시간을 적절히 조정한다(그림 8-5).

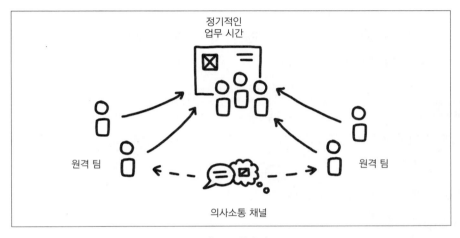

그림 8-5 원격 팀

한 회사가 복잡하고 상대적으로 어려운 사업 문제를 해결하고 있으며 많은 팀원들이 서로 원격으로 일하고 있다.

컨텍스트

많은 조직에서 원격 팀 구성원은 얼굴을 맞대고 만나는 경우가 거의 없을 것이다. 그러한 팀들이 해결하는 문제들이 합리적으로 잘 정의됐고 그리 복잡하지 않다면 상관없다. 그러나 클라우드 네이티브의 복잡한 세계에서 일어나는 문제는 종종 지저분하고 어려우므로 개방적이고 협력적인 접근이 필요하다.

협업 공동 창조를 위한 강력한 목표가 없다면 혁신적인 솔루션을 생성할 수 있는 팀의 능력은 일반적으로 개별 팀 구성원의 창의적인 능력으로 한정된다.

- 분산된 노동력은 점점 더 보편화되고 있으며, 팀 구성원은 국가, 대륙 또는 전 세계

에 흩어져 있을 수 있다.

- 클라우드 네이티브 접근법은 팀을 결정할 수 있는 자유와 함께 달성할 수 있는 목표를 부여받은 팀에 달려 있다.

- 예측 가능한 환경에서 안정적인 워크로드를 실행하려면 의사소통이 거의 필요하지 않다.

- 다른 사람과 대화하지 않고 문제를 해결하는 것은 협업이 아니라 개별적으로 문제를 해결한다는 것을 의미한다.

따라서

원격 팀을 연결할 수 있는 프로그램을 배치하고 물리적 및 가상적으로 가능한 모든 방법으로 이들을 하나로 묶는다.

복잡한 클라우드 네이티브 환경에서 문제는 종종 복잡하고 어렵기 때문에 보다 개방적이고 협업적인 접근 방식이 필요하다. 이런 식으로 일을 잘 하려면 직접 만나는 관계, 솔직한 피드백, 긴밀한 소통이 필요하다. 팀을 분산시켜야 한다면 정기적인 대면 회의 시간 등 구성원 개개인을 연결하는 방법이 우선되어야 효과적인 클라우드 네이티브 인력이 될 수 있다.

- 정기적으로 예정된 직접 팀 빌딩/워크숍/오프라인 세션을 개최한다.

- Slack과 같은 도구를 사용하여 여러 커뮤니케이션 채널을 열어 팀이 지속적이고 원할한 커뮤니케이션을 유지할 수 있도록 한다.

- 화상 회의, 원격 화이트보드 및 가상 피카[fika] 세션과 같은 다른 도구를 사용하여 구성원을 연결하고 긴밀하게 작업할 수 있도록 한다.

- 결국, 개인적인 교류, 식사 등을 대신할 수 있는 실질적인 대안은 없다.

- 가능한 경우, 팀이 성숙해지고 강한 내부 결속력이 형성될 때까지 팀을 분산시키지 않는다.

팀들은 서로 정기적으로 직접 만나 여러 채널에 참여하게 되고, 편리하고 유연한 의사소통을 진행하도록 한다. 아이디어는 개인에서 오는 것이 아니라 그룹 단위에서 생성, 검증 및 구현된다.

> + 생산성 향상 및 혁신은 공동 협력자와의 긴밀한 유대 관계에서 자연스러운 결과다.
> + 일상적인 교제 세션과 분기별 미팅처럼 정기적으로 예정된 이벤트는 계획하기 쉽다.
> − 외부 행사 참여를 통한 단체 휴가 등은 중요하지만 추가 운영 비용이 든다.

일반적인 함정

책상에 앉아 생산성과 함께 혼란스러운 시간을 보내는 것이다. 스웨덴 문화는 피카[fika]라 알려진 전통이 있다. 커피를 마시는 것으로 알려져 있지만 직장에서 피카는 다른 사람들과 유대할 수 있는 예정된 기회다. 일에 집착하는 일부 문화에서는 직장 동료들과 어울리기 위해 책상에서 벗어나면 실제 투입된 단위 시간 대비 하나의 낭비 요소로 여겨질 수 있다. 그러나 경제 협력 개발기구[OECD]의 최근 자료에 따르면 스웨덴의 시간당 생산성 증가율은 미국, 일본, 한국과 같이 오랜 근무 시간으로 알려진 국가와 비교해 더 높다고 알려졌으며, 부분적이나마 피카가 긍정적인 영향을 미쳤다고 나타났다.

연관 패턴

- 공동 배치된 팀
- 공동 창조를 위한 개인화된 관계
- 담당 업무별 커뮤니케이션

패턴: 공동 배치된 팀

함께 일하는 팀은 자연스럽게 더 긴밀한 관계를 형성하며, 더 나은 협업 문제 해결 능력을 개발해 더 큰 혁신을 촉진한다(그림 8-6).

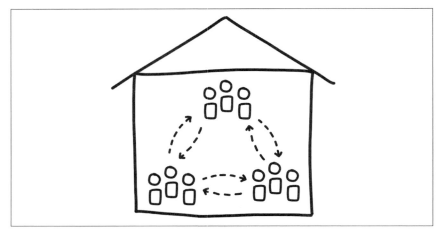

그림 8-6 공동 배치된 팀

클라우드 네이티브로 이동하는 조직에는 여러 사무실과 사무실 건물이 있다.

클라우드 네이티브로 이동하려는 팀에는 여러 물리적 위치에 개별 구성원이 있다.

컨텍스트

팀원들이 서로 다른 장소에 있다면 개인적인 관계보다는 의사소통을 덜 하고 일에 집중하는 경향이 있다. 이는 팀 문제 해결을 방해한다. 왜냐하면 개인은 팀원들과 협력해 문제를 해결하기보다는 개별적으로 해결하려 하며, 팀에 다시 해당 솔루션을 제공하기 때문이다.

- 창조적인 팀은 특히 개인 관계가 더 높은 수준일 경우 더 효과적이다.
- 복잡한 의사소통은 직접 하는 것이 좋다.
- 클라우드 네이티브는 새로운 작업 방식과 창의적인 문제 해결을 요구하는 패러다임 전환이다.

개발 팀의 모든 구성원은 동일한 물리적 위치에서 일하고 매일 만날 것이다.

모든 회의 및 협업은 화이트보드, 펜 및 종이 등을 사용해 먼저 수행한다. 팀은 위치에 따라 선정될 것이다. 팀이 같은 사무실에 있는 경우 구성원을 인접한 자리에 앉도록 한다.

- 개인적인 관계를 강화하기 위한 주기적인 팀 빌딩 이벤트를 진행한다.
- 팀이 서로 직접 대화하도록 장려한다.
- 페어 프로그래밍 pair programming 을 고려한다.

결론적으로

높은 수준의 신뢰와 근접성은 자연스럽게 협업을 증가시킨다.

+ 신속하고 효과적인 의사소통이 가능하다.
− 팀이 분산되면 항상 가능하진 않다.
−개인적인 갈등의 가능성이 있다.

일반적인 함정

사람들이 함께 앉아 있다고 하면, 그들은 한 팀이며 함께 일하는 데 효과적일 것이다. 팀을 구축하려는 노력은 꾸준히 필요하다. 통합 팀을 만드는 구체적인 방법은 공동 창조를 위한 개인화된 관계를 참조한다.

관련 편향

밴드웨건 효과

다른 사람들이 똑같은 일을 하기 때문에(또는 믿기 때문에) 자신도 따라 하면 그룹에서 위험할 수 있다.

방관자 효과

다른 사람들이 비상 상황에서 행동할 것이라 생각하는 경향은 팀 맥락에서 공식적으로 "소속"되지 않은 한 작업에 대한 책임을 자발적으로 수행하는 사람이 없다는 것을 의미한다.

지식의 저주

동일한 지식과 경험을 공유하는 사람들의 그룹은 그룹 밖의 다른 사람들이 동일한 지식에 접근할 수 없다는 것을 잊어버리는 경향이 있다. 공유 정보 편향 그룹 구성원은 모든 구성원이 이미 익숙한 정보(즉, 공유 정보)를 논의하는 데 더 많은 시간과 에너지를 할애한다. 예를 들어, 팀 전체가 도커 교육을 다녀왔다면 도커에 대해 이야기하는 데 많은 시간을 할애하고, 마찬가지로 필요한 내용이지만 잘 알지 못하는 쿠버네티스에 대해서는 전혀 시간을 할애하지 않는다. 특히 새롭고 복잡한 환경에서 이런 문제를 줄이려면 팀은 항상 새로운 것을 배워야 한다.

관련 패턴

- 공동 창조를 위한 개인화된 관계
- 원격 팀
- 창의성 관리
- 지속적인 교육
- 담당 업무별 커뮤니케이션

패턴: 담당 업무별 커뮤니케이션

비슷한 기술을 갖고 있지만 서로 다른 팀에 속한 사람들의 그룹을 만들어 회사 전반에 걸쳐 아이디어를 교차시키고 귀중한 전체 조직 관점을 제공한다(그림 8-7).

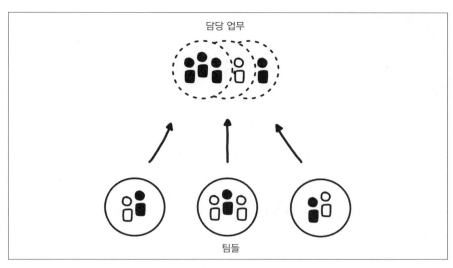

담당 업무

팀들

그림 8-7 담당 업무별 커뮤니케이션

한 회사가 계층적 워터폴 접근법에서 빠르게 진화하며 복잡한 클라우드 네이티브 세계로 이동하고 있다. 전통적인 조직에서 의사결정과 지식 공유는 계층 구조에 따라 수행되며 관리자나 리드 건축가는 할당된 프로젝트의 모든 것을 알 책임이 있다. 그러나 클라우드 네이티브에서는 엔지니어가 마이크로서비스에 대한 소유권을 부여받으며 신속하고 독립적으로 결정을 내려야 한다. 배포 프로세스가 완전히 자동화되고 있다.

컨텍스트

변화하는 클라우드 네이티브 세계에서 팀별로 애플리케이션 서비스에 대한 소유권을 나누면 관리자는 효과적인 조언을 제공할 수 있을 만큼 충분히 알지 못하기에 좋은 결정을 내릴 수는 없다. 또한 관리자는 지식과 통제에 대한 환상이 있다. 즉, 대부분의 관리자는 자신이 무엇을 모르는지 알지 못하기에, 팀의 능력과 효율성은 관리자의 능력 범위 내에서만 역량이 발휘될 수 있다.

- 클라우드 네이티브 기술은 복잡하며 학습하는 데 시간이 걸린다.
- 클라우드 네이티브에서 대부분의 전달 결정은 자동화된 전달 프로세스 중에서 또는

매우 가까운 곳에서 이루어진다.

- 팀 간 종속성 및 변경 사항의 전달 지연에 대한 허가를 받아야 한다.

일반 관리 계층 외부에서 작동하는 도메인 특정 집단을 만든다.

특정 집단을 사용해 특정 기술 및 조직 정보를 공유하고 복잡한 의사결정을 위한 관점과 조언을 제공한다.

- 특정 집단의 구성원은 다른 팀에 속한다.
- 회의는 정기적으로 열리며 개방적이다.
- 특정 집단은 자문 및 조정 역할을 하지만 의사결정 권한이 없다.
- 모든 담당 업무 조직의 구성원은 업무 영역을 잘 알고 있다.

이 회사에는 기존 조직을 교차시키는 단체들이 있다. 특정 영역에서 가장 가까우며 가장 잘 아는 사람들이 실험하며, 변경하기 위한 영역을 식별하는 데 도움이 된다.

+ 특정 집단의 구성원은 아이디어를 공유하고 문제에 대해 서로 조언한다.

+ 관리자는 개입 능력이 제한돼 있다.

일반적인 함정

특정 집단의 회의는 대화식 및 토론지향적이어야 하지만 너무나 많은 사람들이 "이 슬라이드 토크를 보면서 점심 식사"를 하는 행동 등을 한다. 이러한 수동적인 형식은 의사소통과 아이디어의 자유로운 교환을 방해한다.

관련 편향

지식의 저주

동일한 지식과 경험을 공유하는 사람들의 그룹은 그룹 밖의 다른 사람들이 동일한 지식 기반에 접근할 수 없다는 것을 잊어버리는 경향이 있다.

공유 정보 편향

그룹 구성원은 모든 구성원이 이미 익숙한 정보(즉, 공유 정보)를 논의하는 데 더 많은 시간과 에너지를 할애한다. 예를 들어, 팀 전체가 도커 교육을 다녀왔다면 도커에 대해 이야기하는 데 많은 시간을 할애하고, 마찬가지로 필요한 내용이지만잘 알지 못하는 쿠버네티스에 대해서는 전혀 시간을 할애하지 않는다. 특히 새롭고 복잡한 환경에서 이런 문제를 줄이려면 팀은 항상 새로운 것을 배워야 한다.

관련 패턴

- 공동 배치된 팀
- 원격 팀
- 공동 창조를 위한 개인화된 관계

패턴: 창의성 관리

혁신을 담당하는 팀은 정해진 일정에 따라 특정 결과를 제공해야 한다는 압력 없이 솔루션에 대한 방법을 실험하는 개방형 자유가 필요하며 때로는 도중에 실패할 자유도 필요하다(그림 8-8).

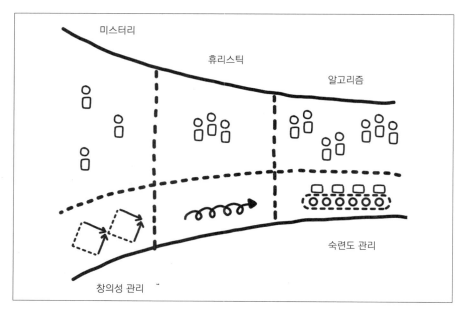

그림 8-8 창의성 관리

이 회사는 세 가지 지평(첫 번째 지평인 숙달, 두 번째 지평인 혁신, 그리고 세 번째 지평인 연구)에 모두 투자하고 있다. 일부 팀은 첫 번째 지평의 핵심 가치를 전달하고 숙련도를 향상시키기 위해 노력 중이다. 다른 팀들은 창의적인 접근이 필요한 혁신 프로젝트에 전념하고 있다.

컨텍스트

유망한 미래 제품을 식별하고 구축하는 팀이 때때로 기업의 베스트셀러와 동일한 방법을 사용해 관리한다. 가장 흔한 것 중 하나인 스크럼은 무엇이 지어질지를 명확히 하는 데 도움을 주고 최대한 빨리 생산하도록 압력을 준다. 반성하지 않은 상태에서 수많은 문자열을 실행하면 대부분의 창의성이 개발 프로젝트에서 사라진다.

언제 정확히 무엇을 발명할지 말할 수 있는 발명가는 없다.

- 창조적 사고는 탐구할 시간과 자유, 실패해도 문제 없는 상황을 요구한다.
- 스타트업은 창의성을 관리하는 경향이 있다.

- 기업은 숙련도, 속도 및 전달 품질을 강력하게 촉진하는 경향이 있다.
- 스크럼과 이와 유사한 방법론은 전달하기 위한 압박을 생성하고, 자유로운 사고를 감소시킨다.

따라서

목적 또는 원하는 결과를 제시해 혁신을 담당하는 팀을 관리한다. 팀에게 새로운 아이디어를 창출할 방향성을 전달한다. 이 팀은 업무, 실패에 안전 및 탐구 자율성을 지원하기 위해 시간, 자금 및 기타 자원을 요구할 것이다. 팀의 역동성은 마감일과 전달 관리보다 더 중요하다.

클라우드 네이티브 기업에는 창의적인 사상가가 필요하다. 이 새로운 기술 중심 환경에서 혁신적이고 유연하며 높은 반응성을 바란다. 조직 내의 많은 팀들이 핵심 비즈니스 제품 전달에 집중할 수 있지만 최소한 한 팀은 혁신을 담당해야 한다. 그 팀의 임무는 회사의 다가올 미래에 대한 다음 단계를 조사하고 분석하는 일이므로 기존 시스템 내에서 프로세스를 실행하는 팀과 다르게 수행해야 한다.

- 창의성을 증대시키기 위해서는 심리적 안정이 필수적이다.
- 목적은 실용적이며 달성 가능해야 한다.
- 창의적인 팀은 혁신에 전념해야 하며 정기적인 전달 작업이 없다.
- 혁신 챔피언Innovation Champions은 첫 번째 지평, 두 번째 지평, 세 번째 지평 사이를 오가며 가치 있다고 입증되는 프로젝트를 추진하는 업무를 담당한다. 이 역할은 지정된 전략가 또는 공식적으로 책임질 수 있는 다른 사람이 담당할 수 있다.

결론적으로

혁신은 회사를 번창하게 하고, 혁신 팀은 숙련된 팀과 분리된다.

+ 창의적 팀은 발명할 수 있는 기회와 실패할 수 있는 권한을 가질 수 있다.
− 전달에 대한 확실성은 없지만 프로젝트는 항상 시간 제한적이다.

– 기대되는 결과를 예측하기는 어렵지만, 성공의 회고를 측정하기는 쉽다.

일반적인 함정

창의성을 너무 멀리한다. 디지털 트랜스포메이션은 혁신과 실용주의 사이의 균형이다. 새로운 파괴적 경쟁자로 인해 진화해야 할 압박에 직면했을 때, 일부 기업은 혁신에 몰두하고 방향을 잃는다. 그들은 균형의 요점을 놓치고 있다. 모든 것이 창의적이어서는 안 된다. 예를 들어, 구글은 세계에서 가장 혁신적인 기업 중 하나지만 2%의 창의력과 98%의 서비스 제공 방식을 따른다. 구글처럼 되기를 원하는 회사들은 구글이 98%의 창의성을 갖고 있다고 생각하면서 다른 요소들을 뒤로 돌린다. 실제로 구글은 최적의 서비스 전달을 강력하게 추진하고 있다.

창의적인 팀을 능숙한 방식으로, 즉 정해진 일정에 따라 특정 산출물을 전달할 수 있도록 관리하면 전달에 대한 압력을 유발하고 창의적으로 생각하는 능력을 감소시킨다. 능숙한 관리하에 창의적인 팀은 다양한 작업을 수행함으로써 혁신의 환상을 창출하기 위해 열심히 노력하지만 의미 있는 돌파구를 창출하는 경우는 거의 없다.

관련 편향

공유 정보 편향

혁신 팀이 서비스 제공 압력(즉, 창의성 대신 숙련도를 위해 관리됨)에 따라 기능하고 있다면 이미 아는 것에 집중함으로써 일을 가속화하려 할 우려가 있다. 이러한 컨텍스트 안에서는 새로운 가능성이나 시도되지 않은 가능성을 시험해볼 시간이 없다고 느낄 수 있다.

관련 패턴

- 세 가지 지평

- 숙련도 관리
- 학습 조직
- 실험 비용 절감

패턴: 숙련도 관리

안정적이며 고도의 반복 또는 알고리즘 작업을 제공하는 팀은 고품질 및 최적의 효율성을 위해 관리해야 한다(그림 8-9).

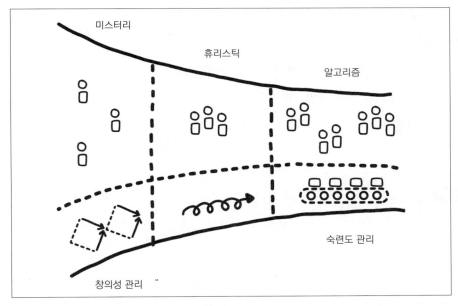

그림 8-9 숙련도 관리

트랜스포메이션이 진행 중이다. 일부 팀은 새로운 시스템을 구축하기 위해 창의적으로 노력하는 반면, 다른 팀은 기존 시스템이 회사의 핵심 제품/서비스를 제공하도록 유지하는 데 초점을 맞추고 있다.

또는 클라우드 네이티브 트랜스포메이션이 끝나고 플랫폼에 온보딩된 모든 팀은 자신이 무엇을 하는지 잘 알고 있다. 그들은 고객들에게 최대한 빨리 훌륭한 제품을 제공할 준비가 돼 있다.

안정적이고 확장 가능한 제품을 제공하는 팀에게 너무 많은 혁신과 탐색의 자유가 주어지면, 제품 품질을 손상시키거나 개발 비용을 증가시키는 새로운 위험을 도입할 수 있다.

대부분의 경우 새로운 클라우드 네이티브 플랫폼은 모든 팀을 수용할 수 있을 만큼 아직 준비되지 않았거나 안정적이지 않은 반면, 대부분의 팀들은 오래된 시스템을 유지해야 하고 새로운 추가 변경분을 릴리즈해야 한다. 이러한 팀들이 너무 일찍 혁신을 시작할 수 있도록 허용하면 생산성과 제품 품질에 상당한 비용을 초래할 수 있다.

- 기존 기업들은 대개 창의력이 부족하기 때문에 창의성을 갈망한다.
- 스타트업들은 창의성이 뛰어나면서도 일정하게 제공되는 제품을 만들기 위해 숙련도를 갈망한다.
- 전형적인 기업 문화는 능숙하고 알고리즘적인 작업 방식을 강력하게 지원한다.

따라서

실행 팀은 항상 운영된 방식으로 운영한다. 반복성에 초점을 맞추며 품질 및 제공 속도를 최적화한다.

조직이 클라우드 네이티브 엔터티로 변모함에 따라 대부분의 팀은 결국 더 유연하고 직관적인 클라우드 네이티브 문제 해결 방식으로 진화해야 할 것이다. 그러나 전환기에는 새로운 플랫폼이 구축되는 동안에도 기존 시스템에서 핵심 비즈니스의 전달을 담당하는 팀이 있을 것이다.

클라우드 네이티브 기술로 변경한 지 얼마 안 됐기 때문에, 숙련된 팀을 유지하고 운영하는 것이 중요하다.

시스템(또는 신제품)이 혁신 단계를 벗어나 꾸준하게 생산하면 일반적으로 대부분의 리소스를 연구 및 실험에서 벗어나 숙련된 접근 방식으로 되돌릴 수 있다.

- 기존 제품 라인을 고품질의 상태로 유지하는 것이 비즈니스에 중요하며 가치 있음을 알게 한다.
- 적절한 시점에 새로운 시스템에 온보드될 것이라 약속한다.
- 최상의 결과 및 최고 품질의 제품에 팀이 자부심을 느끼도록한다.
- 능숙한 팀을 관리하려면 잦은 반복과 피드백 및 강한 소속감이 필요하다.
- 두 가지 유형의 팀이 모두 필요하며 조직에 중요하다는 점을 강조한다. 창의적 작업이 더 많은 보상을 받는다는 인식이나 현실을 피한다.

결과적으로

회사의 수익 창출 제품/서비스를 능숙하게 제공하는 팀은 이를 최적화해야 한다. 능숙한 팀과 창의적인 팀은 사랑받고 인정받는다.

+ 대규모나 빈번한 방식으로 시장이 변화하면 필요한 경우 회사는 창의성과 혁신으로 인력/팀 리소스를 전환할 수 있다. 그러나 창의적인 팀에 비용이 많이 들기에 모든 것들이 안정적이고 예측 가능해지면 숙련된 팀으로 되돌아가도록 한다.

- 일부 팀은 기존 코드 기반에서 영구적으로 작업해야 할 수 있다("마지막 단계에서 리프트 앤 시프트" 참조).

일반적인 함정

새로운 클라우드 네이티브 도구와 방법으로 모든 팀을 동시에 훈련하려 한다. 팀이 새로운 시스템에 온보딩하기 전이라면 오래된 시스템이 여전히 운영 중이므로 좌절감을 낳거나, 심지어는 팀원들 사이에서 양쪽을 다 처리해야 한다는 두려움 또는 소외됐다는 심정에 대한 분개를 낳을 수 있기 때문이다. 또한, 팀원들이 새로운 기술을 연습할 기회를 갖기 전에 훈련시키면 괜한 낭비며, 어쨌든 같은 훈련을 나중에 또 해야 할 것이다. 새로운 시스템으로 이전할 적절한 시점이 될 때까지 기존의 숙련된 시스템을 위해 팀들을 잘 관리한다.

관련 패턴

- 창의성 관리
- 마지막 단계에서 리프트 앤 시프트
- 스트랭글 모놀리식 조직

패턴: 스트랭글 모놀리식 조직

새로운 도구, 기술 및 인프라가 트랜스포메이션 계획 과정이 점차적으로 진행되듯 조직 및 팀도 제대로 작동하도록 진화해야 한다(그림 8-10).

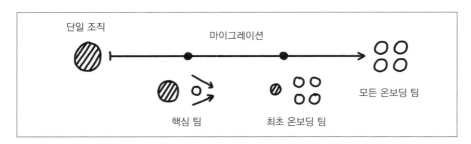

그림 8-10 스티랭글 모놀리식 조직

클라우드 네이티브 트랜스포메이션이 진행 중이다. 일부 팀은 클라우드 네이티브로 이동 중이며 다른 팀은 한동안 클라우드 네이티브로 이동하지 않을 수 있다.

컨텍스트

기존 회사를 클라우드로 이전하는 데는 수년이 걸릴 수 있으며 점진적으로 진행한다.

거의 작동하지 않는 두 가지 유형의 움직임이 있다. 첫째, 모든 사람을 한 번에 옮기려는 것은 좋은 훈련에 도움이 되지 않는다. 새로운 기술에서 확고한 배경이 없다면 덜 효과적이라 팀은 시간이 지나면서 좌절하거나 클라우드 네이티브에서 잘 작동하지 않는 오래된 습관에 다시 빠질 것이다. 문화적, 조직적 변화가 클라우드 네이티브 기술과 함께 동등하게 진화하도록 지원하지 않는다면 또한 좌절감을 불러일으킬 것이다.

둘째, 모든 사람들이 클라우드 네이티브로 이동하는 동안 조직의 한 부분이라도 레거시로 남겨두면 클라우드 네이티브로 이동하지 않는 팀이 교착 상태에 빠지게 된다. 일부가 레거시 시스템을 돌보기 위해 남겨진다면, 멋진 새로운 기술을 활용할 수 없으므로 최신 개발자 기술을 쌓을 수 없을 것이다. 이는 당연히 기술자를 고용하고 유지하는 데 어려움이 있을 뿐만 아니라 좌절, 원망, 동기 저하로 이어진다.

- 클라우드 네이티브 트랜스포메이션은 오랜 시간이 걸린다.
- 무언가를 배우면 배운 내용을 매우 빨리 적용해야 한다.
- 기술 및 조직/문화 불일치는 좌절로 이어진다.
- 사람들은 미래의 개선을 위한 희망에서 동기가 부여된다. 희망이 결핍되면 좌절한다.

따라서

팀을 기존 조직 구조에서 점진적 온보딩 패턴에 맞춰 새로운 조직으로 점진적으로 이동한다. 팀을 재구성하고 새로운 온보딩 직전에 완전히 준비됐을 때 계층 구조에서 클라우드 네이티브 플랫폼으로 변경한다.

이는 마틴 파울러^{Martin Fowler}의 아키텍처적 스트랭글러 패턴의 조직 버전이다.

프로세스와 모놀리스처럼 특수하게 만들었으며, 팀과 같은 워터폴 문화 유물을 천천히 스트랭글한다.

기존 시스템과 새로운 시스템은 마이그레이션 프로세스 도중 공존할 수 있다. 일단 완료되면, 레거시 시스템의 나머지 부분은 새로운 클라우드 네이티브 플랫폼(마지막 단계에서 리프트 앤 시프트)에 이관될 수 있다. 기존 모놀리스가 더 이상 없어질 때까지 점차적으로 마이크로서비스로 리팩토링하면 유지관리자들은 클라우드 네이티브를 경험할 수 있다.

- 지속적인 교육
- 실험 촉진
- 계층 구조에서 담당 업무 및 위임으로 전환한다.
- 팀이 바로 클라우드 네이티브로 이동할 계획이 없다면 훈련 및 재구조화를 피한다.
- 모든 레거시 팀에 대한 계획을 작성하지만 팀의 이동이 가까워질 때만 실행한다.

결과적으로

오래된 시스템은 새로운 시스템이 구축되는 동안 항상 작동하며 팀은 점차 이전된다. 팀은 실제로 움직일 때에만 재구성되며 재훈련을 받는다. 기존 플랫폼에 있었을 때 탁월한 성능을 발휘한 다음, 새로운 플랫폼으로 이동해 동일한 기능을 제공할 수 있다.

+ 모든 팀에 대한 명확한 계획이 있다.

+ 조직/문화적 변화는 기술 변화와 일치한다.

+ 본래의 문화와 새로운 문화는 공존하지만 전체 클라우드 네이티브 트랜스포메이션이 완료될 때까지 일시적으로만 유지된다.

− 팀 간의 잠재적 충돌이 발생한다.

− 기존 팀은 변화가 부족하면 실망할 수 있다.

관련 패턴

- 실행과 가장 가까운 의사결정
- 담당 업무별 커뮤니케이션
- 마지막 단계에서 리프트 앤 시프트
- 점진적 온보딩
- 숙련도 관리
- 지속적인 교육
- 내부 에반젤리즘

패턴: 점진적 온보딩

새로운 플랫폼이 가동되기 1–3개월 전에, 피드백을 통합하고 프로세스/자료를 개선하기 위해 각 집단 간에 비정기적으로 한 번에 몇 팀씩 교육시킨다. (그림 8-11).

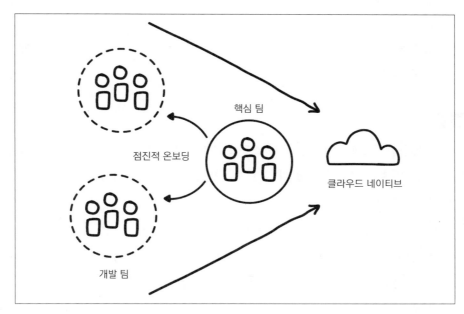

그림 8-11 점진적 온보딩

위에서는 최고 경영진과 이사회로부터 클라우드 네이티브 플랫폼을 최대한 빨리 활용하라는 압박이, 아래에서는 개발 팀으로부터 신기술로 이동하라는 압박이 있다. 이 회사는 새로운 시스템을 구축하는 데 상당한 시간과 돈을 썼고, 직원 모두가 보상을 받기를 바란다. 개발자들은 새로운 기술을 배우고 사용하기를 원한다.

컨텍스트

너무 많은 팀을 한꺼번에 온보딩시키면 핵심 팀을 압박하고 플랫폼을 지속적으로 개선할 수 있는 능력을 감소시킨다. 그러나 너무 일찍 교육시키면 팀이 불안감을 느끼며 가능한 한 빨리 배운 내용을 활용하고자 하는 욕구가 생길 것이다(새 시스템을 사용할 수 있을 때까지 오래

기다려야 할 경우 좌절감을 느낄 수 있다.).

- 낮은 품질의 도구를 대규모로 출시하는 팀은 도구를 개선하기 위해 애쓸 것이다.
- 사람들은 인내심이 거의 없으며 최근 학습을 적용하기를 바란다.
- 만약 여러분이 새로운 것을 배운다면, 배운 지식을 곧 활용해야 할 것이다. 그렇지 않으면 배운 지식을 잊어버릴 우려가 있다.
- 능력 있는 사람들은 새롭고 흥미로운 기술로 작업할 기회를 위해 다른 회사에 이직할 수도 있다.

따라서

클라우드 네이티브 트랜스포메이션에서 소규모 조직 변경을 일찍 시작한다. 다른 팀에 온보딩할 자료를 준비한 후 팀이 준비될 때 천천히 실행한다. 조직의 나머지 부분은 3~12개월의 기간에 걸쳐 점차 온보딩한다.

- 온보딩하기 1~3개월 전에 팀 교육을 시작한다.
- 온보딩을 단순화하기 위해 개발자 스타터 팩 및 모든 관련 교육 자료를 준비한다.
- 한 번에 2~5팀씩 온보딩하고 플랫폼 개선을 위한 피드백을 활용하려면 중간에 휴식을 취한다.
- 최근 온보딩한 팀의 피드백을 기반으로 플랫폼 및 온보딩 자료를 지속적으로 개선한다.

결과적으로

팀을 온보딩할 때 핵심 팀에 지원 가능하며 진행에 따라 프로세스를 향상시킬 수 있다. 플랫폼에 온보딩한 처음 몇 팀은 나중에 온보딩한 팀을 교육하고 지원하는 데 도움이 될 수 있다.

- 일부 팀은 1~3년 동안 합류하지 못할 수도 있다.
- 규모에 대한 인식이 느리다.

관련 패턴

- 핵심 팀
- 개발자 스타터 팩
- 지속적인 교육
- 레퍼런스 아키텍처

패턴: 근본적인 혁신을 위한 디자인 싱킹

어떤 급진적인 신규 아이디어나 큰 문제에 직면하든지 간에, 먼저 디자인 싱킹을 통해 강력한 솔루션 목록을 브레인스토밍^{brainstorming}하고 실제 탐색을 위한 최선의 가능성으로 범위를 좁히는 과정으로 사용될 수 있다. (그림 8-12)

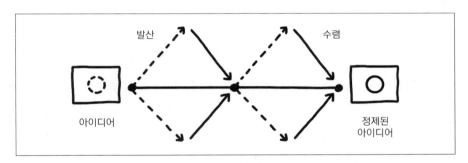

그림 8-12 급진적인 혁신을 위한 디자인 싱킹

필자들은 사업을 바꿀 수 있는 큰 아이디어나 쉽지 않은 문제가 있다. 가능한 해결책도 있지만 많은 불확실성도 있다.

컨텍스트

문제에 직면했을 때, 사람들은 일반적으로 가장 좋은 해결책이 아니거나 모든 이해 관계자를 포함하지 않더라도 만족스러운 첫 번째 해결책을 찾는 데 필요한 최소 시간만을 소비한다.

이는 합리적인 해결책으로 이어지지만 훌륭한 해결책을 찾을 수 있는 기회를 놓치기도 한다.

- 인지 에너지 보존의 법칙은 사람들로 하여금 첫 번째 좋은 해결책을 선택하게 한다.
- 개발자는 일반적으로 기술 솔루션에 대한 의사결정자다.
- 개발자들은 비즈니스나 시장 상황에서 훈련되지 않는다.
- 우아함과 아름다움은 또한 내부 시스템과 관련이 있다.

따라서

기본적인 첫 번째 아이디어의 경계를 다시 생각하고 대안을 모색하기 위해 다양하고 수렴적인 일련의 사고 연습을 통해 디자인 싱킹한다.

아이디어화/브레인스토밍에 이어 애플리케이션 실험이 이어진다. 디자인 싱킹에 대한 자세한 설명은 이 패턴의 범위를 넘어섰지만, 디자인 싱킹 워크샵을 실행하기 위한 지침은 온라인(https://mitsloan.mit.edu/ideas-made-to-matter/design-thinking-explained)에서 찾을 수 있다.

- 첫 번째 아이디어를 기반으로 10-20개의 새로운 솔루션/문제/아이디어를 만들고, 목록을 2~3개의 가장 좋은 솔루션으로 좁힌다. 그다음 가장 좋은 2~3가지를 새롭게 10-20가지 정도를 가능한 변형으로 확장하고 반복한 다음, 다시 가장 유망한 2~3개의 실험을 선택하고 구현한다.
- 정기적인 디자인 싱킹 워크샵을 개최한다.
- 워크샵을 통해 큰 아이디어/문제를 개선한다.
- 주요 이해 관계자를 초대한다.
- 우수한 솔루션이 나타날 수 있도록 협업을 촉진한다.

결과적으로

아이디어를 철저히 탐구한다. 실제 개발이 거의 필요하지 않기에 초기 탐색 비용은 여전히 낮다(후회 없는 시도).

– 너무 많은 사람들이 참여하면 의사결정 과정이 느려진다.

일반적인 함정

디자인 싱킹 워크샵을 운영해본 경험이 없는 사람들은 스크럼 계획 연습처럼 워크샵을 운영하게 될 수도 있다. 이따금 새롭고 급진적인 아이디어에 대한 광범위한 탐색과 평가를 돕는 대신, 기존의 선도 솔루션을 재확인해 실행 계획 세션이 효과적으로 가능해진다. 올바르게 주도된 디자인 싱킹 워크샵에서 새로운 솔루션을 찾지 않아도 되지만, 주된 목적은 문제에 의문을 제기하고 가능한 다양한 솔루션들을 브레인스토밍하는 것이다.

관련 편향

모호성 효과

누락된 정보가 결과의 확률을 "알 수 없는" 것처럼 보이는 옵션을 피하는 경향이 있다.

확인 편향

대안을 진정으로 탐구하기보다는 기존 의견을 "증명"할 테스트 변수를 선택한다.

관련 패턴

- 비즈니스 참여
- 비전 우선
- 탐색적 실험
- 개념 증명
- 실험 비용 절감

패턴: 신규 개발을 위한 애자일(혁신의 시간)

개발 주기마다 별도의 시간을 만들어 숙련도와 혁신의 균형을 맞춘다(그림 8-13).

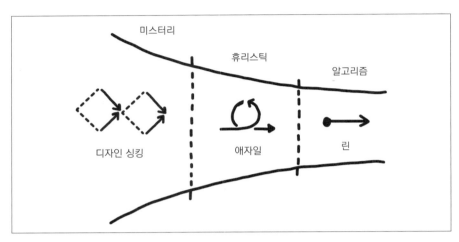

그림 8-13 신규 개발을 위한 애자일

전략이 정의되면 실험 이후 솔루션 방향을 선택한다. 아직 많은 불확실성이 있으며 팀 내에서 모든 지식을 사용할 수 있는 것은 아니다.

컨텍스트

팀들은 끝없이 정보를 연구하고 수집하거나, 매우 일찍 전달한 후 최적화하기 시작한다. 첫 번째 경우, 가치는 고객에게 늦게 전달되거나 혹은 전혀 전달되지 않아 결국 품질이 떨어진다. 두 번째 사례에서는 솔루션이 너무 단순하고 낙후돼 고객 문제를 해결할 기회를 놓친다.

- 생산성 향상을 목표로 하는 많은 프로세스들은 혁신을 추진함으로써 시도한다.
- 급진적인 혁신과 숙련된 전달은 같은 방식으로 수행될 수 없다.
- 배포 없는 혁신은 학문적 연구이다.
- 혁신 없는 배포는 시장 변화에 맹목적이다.

따라서

연구와 개발을 번갈아 실행한다.

개념 증명 실험 및 기타 연구 활동을 실행하는 시간의 약 20~30%를 사용한다. 발견한 솔루션을 구현하고 품질을 높이기 위해 남은 시간을 사용한다.

- 스크럼에서 매 3~4회 스프린트^{sprint}를 연구에 사용해야 한다.
- 칸반 백로그^{Kanban backlog}의 20~30%는 혁신 및 개선 작업에 전념해야 한다.
- 솔루션이 명확하지 않다면 실험이나 개념 증명을 사용해 옵션을 발견하고 제거한다.

결과적으로

전달과 혁신은 분리돼 균형을 이루고 있다.

+ 팀은 여전히 비교적 쉽게 제품 방향을 변경할 수 있다.
+ 제품의 품질은 지속적으로 증가한다.
− 3분의 1은 당장 돈을 벌지 못한다.

일반적인 함정

개념 증명과 혁신을 위한 공간을 남기지 않고 교과서적인 스크럼을 사용한다. 이로 인해 팀이 고갈되며, 제품 개발 초기에 지나치게 납품에 집중하게 된다.

관련 편향

현상 유지 편향

전에는 이런 식으로 하는 게 항상 효과가 있었으니까, 계속 그렇게 하도록 한다. 최적이 아닐 수도 있지만, 우리는 이 방식이 효과가 있음을 알고 있다(효과가 있는 것을 바꾸면 위험할 것 같다).

관련 패턴

- 세 가지 지평
- 개념 증명
- 탐색적 실험
- 동적 전략
- 창의성 관리
- 회고의 시간
- 점진적 투자 확대

패턴: 최적화를 위한 린

안정적인 시스템이 의도된 가치와 기술 혁신의 대상이 아닌 가치를 제공하는 경우, 반복성을
강조함으로써 전달 및 유지보수 프로세스를 지속적, 점진적으로 개선해 시스템을 개선하는
데 주력한다(그림 8-14).

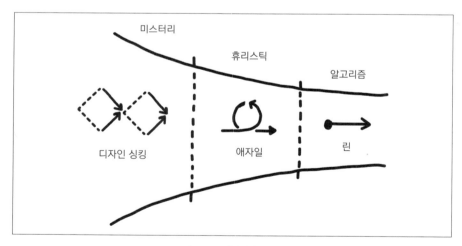

그림 8-14 최적화를 위한 린

제품은 안정적이고 수요가 많다(보스톤 컨설팅 그룹^{BCG}의 성장-공유 매트릭스의 "캐시 카우"). 제품은 점진적인 개선과 지원 상태에 있다. 제품에 사용되는 기술은 잘 알려져 있으며 이해하기 쉽다. 모든 역량이 그 팀에서 나타난다.

컨텍스트

기술에서는 혁신과 진화가 불가피하다. 그러나 효율적인 시스템이 안정적인 가치를 제공하며 유지보수 비용이 낮다면 혁신할 필요가 거의 없다. 그리고 이따금 우리는 다른 숙련된 시스템에서 팀이 불필요한 시간과 예산을 소비하면서 제품을 지속적으로 불안정하게 만드는 새로운 도구와 솔루션을 계속 도입하고 있음을 알게 된다.

- 반복성은 지루함으로 이어진다.
- 품질은 투자를 요구한다.
- 창의성과 숙련도는 서로 다른 관리 프레임워크를 필요로 한다.
- 숙련도와 숙달에는 반복성과 표준이 필요하다.
- 실험을 생성하기 위한 자유와 심리적 안정에서 창의성이 발현된다.

따라서

진행 중인 작업을 줄이고, 전달 프로세스 최적화에 초점을 맞추고, 품질 및 속도를 측정하며, 두 가지 모두를 개선해야 한다.

린 관리 방식은 고객에 대한 숙련도와 가치를 최적화하면서 최종 제품/서비스에 가치를 제공하지 않는 모든 것을 제거하고 지속적인 점진적 개선을 보장한다.

- 최적화 및 새로운 기능 백로그와 함께 칸반을 사용한다.
- 중요한 모든 것을 측정한다.
- 비용 대 성능 비율을 최적화한다.
- 숙련된 프로세스를 최적화한다.
- 반복 가능한 작업을 자동화한다.

서비스 제공은 빠르고 능숙하다. 시스템은 안정적이며 품질은 지속적으로 상승하고 있다.

> + 효율적인 시스템을 파괴하지 않는다.
>
> + 점차 품질이 향상된다.
>
> − 매우 제한된 혁신이다.
>
> − 어떤 사람들은 지루해한다.

관련 편향

친혁신 편향

"이 새로운 도구/기술은 우리가 사용하던 지루하고 오래된 도구보다 더 나을 것이다!"

관련 패턴

- 숙련도 관리
- 중요 사항 측정
- 세 가지 지평

패턴: 내부 에반젤리즘

계획에 대한 이해,·수용 및 지원을 창출하기 위해 맨 처음 회사 전체에 걸쳐 혁신에 대한 많은 정보를 제공한다(그림 8–15).

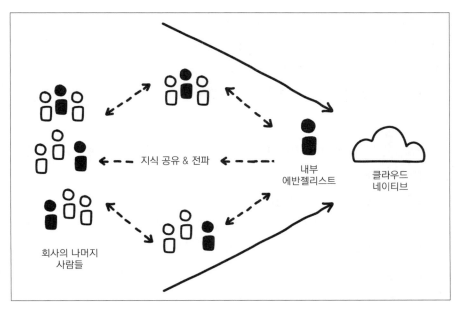

그림 8-15 내부 에반젤리즘

클라우드 네이티브 변환이 진행 중이며, 핵심 팀은 도전을 이해하고, 오래된 애플리케이션과 새로운 애플리케이션을 탑재할 수 있는 명확한 방법으로 고품질 플랫폼을 구축하기 위해 열심히 노력하고 있다. 나머지 팀들은 아직 전환에 관여하지 않았으며, 그들이 클라우드 네이티브 기반 새로운 플랫폼에 모두 선승하기까지는 몇 달, 심지어 1년이 걸릴 수도 있다.

컨텍스트

계속되는 클라우드 네이티브 트랜스포메이션에 대한 정보가 거의 없다면 사람들은 좋은 아이디어라 생각하지 않는다. 잘못된 일이라 생각하기 때문에 변화에 저항한다. 새롭고 무섭기 때문에 저항한다. 변화는 불안을 야기하며, 대부분의 사람들은 일반적으로 클라우드에 대해 잘 알지 못한다. 명료하지 않으면 사람들은 상상을 통한 부정적인 정보(부정적인 귀인 편향)로 무지의 격차를 채우는 경향이 있으며, 직업이 달라진다거나 심지어 사라질 것이라 두려워할 수도 있다.

대부분의 사람들은 전통적인 워터폴 계층 구조에서 전환 과정에 들어간다. 조직에서 관리자는 그들에게 해야 할 일을 늘 말했다. 그러나 클라우드 네이티브 팀은 매우 독립적이므로 모든 구성원이 적극적으로 참여해야 한다. 제대로 배우려는 동기가 없다면, 소수의 팀만이 클라우드 네이티브 작업 방식을 완전히 받아들일 것이기 때문에 그 결과는 회사에 재앙이 될 수 있다.

- 사람들은 발을 끌거나 이니셔티브를 적극적으로 방해하는 등 저항할 수 있는 많은 방법이 있다.
- 모두 다르게 행동하도록 권장해야 한다.
- 처벌은 행동을 멈추는 데 효과가 있지만 새로운 행동으로 사람들을 고무시키고 참여시키는 효과는 없다.
- 사람들은 자동으로 새로운 이야기를 받아들이고 내재화할 때까지 새로운 메시지를 받지 않는다. 새로운 이야기를 듣게 하려면 많은 접점이 필요하다.
- 부정적인 귀인 편향: 변화에 대해 말하지 않으면 진전이 이루어지지 않는다고 가정한다. 아무 일도 일어나지 않는다.

따라서

회사 전반에 걸쳐 수용, 지원 및 흥미를 창출하기 위해 변화에 대한 긍정적이고 명확하며 풍부한 정보를 공유한다.

조직의 기술 및 문화를 변형시키는 것은 집단적 움직임이다. 직원들이 좋은 생각인지 아닌지 확신하지 못한다면 이해를 도와야 한다. 부정적인 귀인 편향은 이때 많이 나타날 수 있다 (충분한 정보가 없으면 부정성으로 격차를 채운다). 해결책은 항상 많은 정보로 공백을 메우는 것이다. 즉, 일어나는 일뿐만 아니라, 이러한 변화가 조직 전체에 어떻게 도움이 될지 알려준다.

- 이벤트를 조직하고, 뉴스레터를 보내 데모를 보여준다. 본질적으로 내부 마케팅을 한다.

- "이것 또는 다른" 방식보다는 긍정적이고 영감을 주는 방식으로 이야기를 반복한다.
- 내부 에반젤리즘은 헌신적이고 지식이 풍부한 관련자가 주도해야 한다. 이 사람은 지식을 공개해 참여하게끔 한다. 참여한 사람들에게 움직임을 창조한다.
- 에반젤리스트는 필수적으로 사업 자체와, 지금 하는 일에 대한 좋은 지식을 보여 줘야 하는데, 그들의 의견은 정보에 근거하며 사려 깊은 판단에 따른 것이라 신뢰한다.
- 트랜스포메이션 챔피언은 이 역할이 가능한 후보자지만, 트랜스포메이션 자체를 이 끄는 직무에서 벗어나지 않는 경우에만 가능하다.

결과적으로

조직 전반에 걸쳐 변화되며, 사람들이 참여하거나 지원하려는 동기를 느낀다. 불확실성에 대한 두려움을 통해 발생하는 저항을 완화할 수 있는 충분한 시간과 기회가 있다.

+ 사람들은 아이디어에 익숙해질 시간이 있었다.
+ 메시지는 매우 단순하게 시작한다. 프로젝트 및 수용 진행 여부에 따라 점차 상세하게 이야기한다.
+ 작은 프로젝트와 실험은 에반젤리즘의 기회다.

일반적인 함정

실제로 조직 전체에 걸쳐 그 주도권을 홍보하는 사람은 없다. 기술자들은 놀라운 시스템을 구축하면서 해킹을 하고 있을 수도 있지만, 그다음에는 관련 내용을 절대 말하지 않는다. 다른 사람들에게 말하는 것이 그들의 역할이 아니라 생각하지만, 무언가를 만드는 일의 일부는 성공시키는 것이다. 단지 어느 날 시스템을 굴리는 것이 아니라, 당신이 무엇을 하는지, 그리고 왜 그런지 다른 사람에게 말해준다. 클라우드 네이티브 트랜스포메이션을 가장 잘 이해하는 방법은 플랫폼 구축뿐만 아니라 내부 고객에게 판매해야 하는 내부 스타트업으로 보는 것이다.

클라우드 네이티브 트랜스포메이션의 관리 버전은 매우 비싸다. 포괄적인 도구를 구입해 회사의 요구에 딱 맞는 소규모 맞춤 솔루션을 구축한 멋진 팀을 포함해 모든 사람에게 강요하는 것은 전환 시 실제로 가장 큰 문제 중 하나며 내부 에반젤리즘을 쉽게 피할 수 있다. 하지만 그렇게 하는 회사는 극히 적다.

관련 편향

지식의 저주

트랜스포메이션 정보는 사람들에게 여러분이 이해할 수 있게 말해야 한다. 클라우드 네이티브 트랜스포메이션 정보를 조직 전체에 알릴 때 메시지를 단순화해야 함을 이미 알고 있을 것이다. 그러나 당신은 주도권에 깊이 관여하고 있다. 전문지식 수준이 10점 만점에 9점인 상태라면, 다른 사람이 2점 정도 이해할 테니 다른 사람과 이야기할 때 메시지를 5~6점으로 줄여 말한다.

부정적 귀인 편향

다른 사람들이 트랜스포메이션에 대해 아무것도 듣지 못한다면, 어떠한 진전도 없으며 아무것도 일어나지 않을 것이라 추측한다.

관련 패턴

- 트랜스포메이션 챔피언
- 경영진의 헌신

패턴: 지속적인 교육

지속적으로 새로운 방법을 도입하고 기존 방법을 개선해 팀이 클라우드 고유 지식과 기술을 지속적으로 개발할 수 있도록 지원한다(그림 8-16).

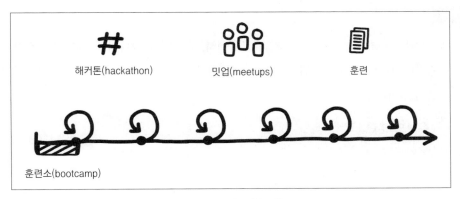

그림 8-16 지속적인 교육

이 회사는 클라우드 네이티브로 이전 중이며, 일부 팀은 클라우드 네이티브 기술이나 프로세스를 사용해본 적이 없다. 이전의 환경에서는 지식과 학습이 안정되고 합리적이며 선형적이었다(조금 배우고 지식을 많이 활용한다).

다른 팀들은 이미 클라우드 네이티브 플랫폼 또는 마이크로 서비스를 구축하는 데 깊숙이 관여하고 있으므로 기본 클라우드 네이티브 지식을 얻었지만 전체 전환을 지원할 수 있을 만큼 충분히 발전하지는 못했다.

컨텍스트

사람들은 조직의 클라우드 네이티브 이니셔티브가 제공하는 가능성이나 다양한 솔루션을 완전히 이해하지 못한 상태로 참여한다. 새로운 기술에 비해 현재의 도구와 기술이 시대에 뒤떨어진다고 여긴다. 이렇게 되면 생산성은 저하되고, 변화는 느려진다.

- 일부만 스스로 배우도록 동기를 부여받는다.
- 사람들은 그룹에서 더 잘 배운다.
- 공식적인 교육은 새로운 정보에 대한 초기 노출/경험 후에 더 효과적이다.
- 대부분은 완전히 이해하려면 몇 번 반복적으로 배워야 한다.
- 클라우드 네이티브 생태계가 빠르게 변화하고 있다.

신규 탑승자나 신규 가입자를 위한 기초 교육에서, 숙련된 엔지니어를 위한 지속적인 고급 교육까지 회사 내 모든 사람을 위한 클라우드 네이티브에 대한 교육 프로그램을 구축하고 지속적으로 운영한다.

- 온보딩 훈련소^{bootcamp}
- 해커톤
- 주기적 지식 업데이트
- 경영교육
- 온라인 자기 학습 기회
- 책, 블로그 게시물 및 기타 읽기
- 페어 프로그래밍, 화이트보드 등을 이용한 현장 학습

결과적으로

팀은 지식을 지속적으로 새로 업데이트한다.

+ 새로운 정보를 쉽게 전달할 수 있는 방법이다.

+ 변화를 시도할 때 많은 영감이 발생한다.

+ 개발자는 기술 변화에 더 잘 적응할 수 있다.

+ 개발자가 기술 변화에 더 잘 적응할 수 있기에 피할 수 없는 기술 변화가 최소화될 것이다.

+ 모범 사례와 성공적인 기술 사용 방법을 보급함으로써 성공을 복제하고 실수를 피할 수 있다.

− 빈번한 교육과 비용은 비례한다.

일반적인 함정

대부분의 기업에서 클라우드 네이티브 플랫폼에 온보드한 팀은 일반적으로 불완전하며 단순

한 일부 교육만 받을 수 있다.

더 일반적인 문제는 초기 클라우드 네이티브 플랫폼을 구축하는 데 6개월에서 12개월을 소비하면 클라우드 네이티브 전문가라 여겨지는 엔지니어들이다. 동료들보다 클라우드 네이티브 분야에 대해 훨씬 더 많이 알겠지만, 진정한 전문가가 되려면 훨씬 더 많이 배워야 한다. 클라우드 네이티브 분야 및 기타 혁신 분야에서 일하는 엔지니어들은 교육을 무기한 계속해야 한다.

관련 편향

권한 편향

더 큰 정확성을 인지된 권위 있는 인물의 의견에 귀속시키면 정말 전문가인지 아닌지를 떠나 그 의견에 더 많은 영향을 받는다. 회사는 핵심 의사결정에서 핵심 팀의 전문 지식에 지나치게 의존할 수 있는데, 핵심 팀은 아직 충분한 지식과 경험을 갖고 있지 않을 수 있다.

관련 패턴

- 학습 조직
- 내부 에반젤리즘
- 데모 애플리케이션
- 점진적 온보딩

패턴: 탐색적 실험

확실한 해결책이 없는 복잡한 문제를 다룰 때, 가능한 대안을 평가함으로써 배우는 일련의 작은 실험을 실행한다(그림 8-17).

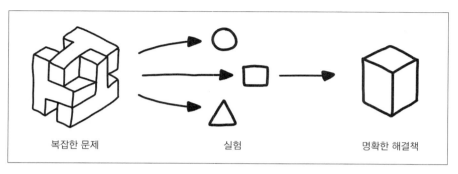

| 복잡한 문제 | 실험 | 명확한 해결책 |

그림 8-18 탐색적 실험

도전은 새롭고 복잡하기에 팀은 기존 지식을 사용하거나 간단한 연구를 통해 해결할 수 없다 (즉, 구글링할 수 없음). 다음 단계를 수행할 수 있는 정보가 충분하지 않아 결정을 적절하게 하기 어렵다.

아직 완전히 이해하지 못하는 해결책에 너무 일찍 착수한다. 팀은 다음 세 가지 중 하나를 수행할 수 있다. 이 솔루션에 익숙하기에 문제에 적합하지 않은 알려진 솔루션을 선택하거나, 아무것도 이끌어내지 못하는 해결책에 대한 장시간의 분석(분석 마비)을 수행하거나, 또는 사용 가능한 첫 번째 솔루션(가용성 편향)으로 이동한다.

- 워터폴에서는 행동을 취하기 전에 모든 질문에 답해야 한다.
- 사람들은 일을 함으로써 가장 잘 배운다.
- 어려운 문제는 팀이 더 잘 해결한다.

문제 영역을 탐색한다. 누락된 정보를 발견하고 대안을 평가하기 위해 일련의 소규모 과학 스타일 실험을 하는 등 중요한 결정을 지연시킴으로써 위험을 완화한다.

각 실험에는 실험으로 증명되거나 반증될 수 있는 가설이 있어야 한다. 가설이 반증되면, 실험 자체는 성공했다 할 수 있다. 결과가 만족스럽지 않은 경우에는 책임을 부여하거나 실험

318

에 참여한 사람들을 처벌하는 것을 피하는 것이 중요하다.

- 하나의 문제/아이디어를 확인하고 2~5개의 작은 (몇 시간에서 며칠 걸리는) 실험을 선택한다.
- 질문할 가설을 정의한다. 애초에 나의 문제는 무엇인가, 이것이 해결책인가, 비용은 어느 정도 들며, 감당할 수 있는가?
- 가능한 대체 솔루션을 식별하고 비교한다.
- 성공 또는 실패에 대한 명확하고 측정 가능한 기준을 수립한다. 데이터를 수집해 평가한다.

결과적으로

팀에게 시간을 부여하고, 복잡한 문제를 만났을 때 솔루션을 실험하는 프로세스를 제공한다.

+ 팀은 실험을 통해 학습하며, 향후 의사결정과 작업에 도움이 된다.

+ 실험으로 작고 빠른 성공을 보여줌으로써 새로운 방향으로 작고 쉬운 첫걸음을 내딛을 수 있다.

− 실험에 드는 비용이 값싸고 실행하기 쉬울 때, 실험을 중단하고 결정/진행할 때가 언제인지 판단하기 어려울 수 있다.

일반적인 함정

알려진 문제이거나 해결책이 간단하다면 실험은 시간 낭비일 뿐 실제 작업에서 벗어나는 일이다. 실험을 위한 실험을 피한다.

항상 테스트할 가정과 평가할 도구가 많기 때문에, 결정을 내리지 못하면 끝없는 실험과 분석 마비로 이어질 수 있다.

크고 어려운 문제를 해결하는 대신 전술 실험(제공 서버, 선택할 도구)에 중점을 둔다.

여러 가지 옵션이 있지만 현실적으로 하나만 이용할 수 있을 때나, 이미 경로가 결정돼 있다면 실험은 시간 낭비다.

곧 새로운 시스템으로 이동하지 않을 팀에 실험을 도입하면 불안감을 조성할 수 있다.

관련 편향

확인 편향

대안을 확인하는 대신 어떤 사실을 증명하기 위해 실험을 진행할 위험이 있다. 하나의 가설만 시험 중이라면 실험이 아니다. S1이 생각하기 더 쉬우므로 해결책으로 뛰어든다. 이 책의 전체 목적은 S2를 가리키는 것이다(4장. 행동과 편향 참조).

공유 정보 편향

모든 사람은 이미 일반적으로 알려진 것에 대해서만 이야기하고 덜 알려진 대안을 고려하거나 실험하지 않고 해결책을 선택한다.

정보 편향

행동에 영향을 미치지 않을 때에도 정보를 찾는 경향이 있다. 분석 마비를 피하기 위해 실험을 제한하고, 실험 끝에 결정을 내려야 한다.

이케아 효과

만약 팀이 실험을 하면, 두 가지 이유로 아이디어에 대한 더 큰 헌신이 있을 것이다. 첫째, 그들이 스스로 실험했으므로 실험을 포기하기 꺼릴 수 있다.

둘째, 새로운 클라우드 네이티브 시스템의 초기 부분을 구축하는 데 참여하면 전체 전환 이니셔티브에 대한 더 큰 소유권과 지원을 창출할 수 있다.

불합리한 에스컬레이션escalation / 매몰비용 효과

결정을 내리기 전에 실험을 작게 유지하면 적은 투자로만 이루어졌기 때문에 주어진 실험의 결과를 쉽게 떨어뜨릴 수 있다.

현상 유지

이를 넛지로 사용할 수 있다. 작고 빠른 성공을 보여줌으로써 여러분은 현재 상태에서 작고 쉬운 첫 걸음을 내딛을 수 있다.

파킨슨의 하찮은 법칙, a.k.a. 바이크세딩

간단하지만 시험하고 평가하는 데 중요하지 않은 것을 선택하는 것은 복잡하고 어렵지만 의미 있는 다른 것보다 중요하다.

관련 패턴

- 개념 증명
- 실험 비용 절감
- 급진적인 혁신을 위한 디자인 싱킹
- 학습 조직
- 책임을 묻지 않는 원인 조사
- 창의성 관리

패턴: 개념 증명

미래에 중대한 영향을 미칠 수 있는 솔루션에 완전히 전념하기 전에, 실행 가능성을 입증하고 더 나은 이해를 얻을 수 있는 작은 프로토타입을 제작해야 한다(그림 8-18).

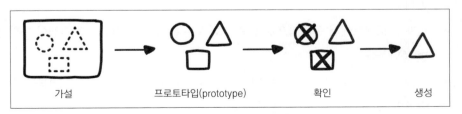

| 가설 | 프로토타입(prototype) | 확인 | 생성 |

그림 8-18 개념 증명

실험을 통해 올바른 해결 방법을 찾아냈지만 여전히 큰 미지수다. 여러분은 지금 이 해결책을 채택할 것인가 말 것인가의 결정 지점에 있다.

컨텍스트

일부 초기 실험이 가능한 변환 경로를 발견하면 테스트해야 할 때다. 현재 전념하던 실험이 잘못되면 이니셔티브가 계속됨에 따라 큰 문제와 비용 낭비를 야기할 수 있다.

여러분은 이 시점에서 아직 충분히 알지 못한다. 나중에 대안으로 전환하려면 매우 복잡해질 것이기에 현재로선 모든 헌신을 하기에는 엄청난 위험을 수반한다. 프로세스에서 너무 일찍 이해하지 못하는 솔루션을 채택하면 이 솔루션 위에 추가 기능을 계속 구축해야 하므로 복잡해진다.

- 헌신하겠다는 약속이나 설명보다는 직접 작업하는 것이 회의론자들에게 가치를 입증하는 데 더 효과적이다.
- 초기 결정을 변경하면 마이그레이션 프로젝트 후반부에서 비용이 많이 든다.

따라서

솔루션의 생존 가능성을 입증하는 기본 기능 프로토타입을 구축한다. 개념 증명^{PoC}을 시작하기 전에 답변이 필요한 질문을 정의한다. 답을 알았으면 작업을 중지한다.

- 며칠에서 몇 주 정도 걸릴 것이다.
- 가장 원시적인 버전을 구축한다. 다 끝나면 폐기할 준비를 한다. (여러분이 만든 것을 폐기해야 함을 의미하지는 않지만, 초기 품질이 의도적으로 낮을 때 폐기한 후 처음부터 재건하면 더 저렴하고 쉬울 수 있다.)
- 현재 프로젝트에서 구체적으로 필요한 어려운 문제만 해결하고, 해결책이 명확해지면 중단한다.
- 이 솔루션이 향후 개발에 어떤 영향을 미칠지에 대한 비즈니스 관련 정보를 수집할 수 있도록 기능적인 것을 시연해본다.

마이그레이션 초기 단계에서 전체 프로젝트에 대한 위험이 감소된다. 중요한 지식과 경험은 실험 과정에서 얻어진다.

> + 여러분은 얻은 지식을 통해 솔루션이 작동함을 증명했으며, 이제 전체 프로젝트에 어떻게 부합하는지 이해한다.
> + 이제는 올바른 결정을 했다며 합리적으로 확신한다.
> − 개념 증명을 시도할 때마다 매번 비용이 든다.

일반적인 함정

기존 신념(확인 편향)을 시행하는 데 사용할 수 있으며, 대부분의 개념을 증명하는 방법이다. 안타깝게도 단 하나의 옵션만 테스트한다.

팀은 개념을 증명하는 데 3일이 걸리며 답을 얻었지만, 완전히 기능을 갖춘 버전에 도달할 것이다. 이는 시간 낭비다. 일단 이해한 후, 솔루션이 실행 가능하다 판명되면 플러그를 뽑고 계속 진행하라. 엔지니어에게 이를 수행하기란 특히 어렵다.

기본 실험으로 의도된 것이었음에도 원형을 생산하려 한다.

관련 편향

매몰비용 오류

일단 어떤 일에 이만큼의 노력을 기울인다면, 이미 답이 나왔음에도 계속 진행하고 싶을 뿐이다.

확인 편향

여러분은 이미 정답을 알고 있으므로 자신의 의견을 뒷받침하는 정보를 포용한다고 생각한다(의견을 반증할 수 있는 불편한 사실을 무시하면서).

관련 패턴

- 탐색적 실험
- 최소 실행 가능 제품^{MVP}
- 점진적 투자 확대
- 회고의 시간
- 선택 및 위험 회피
- 큰 도전
- 목표 설정

패턴: 최소 실행 가능 제품 플랫폼

탐색적 실험과 개념 증명을 통해 성공을 위한 실현 가능한 길을 발견하면, 기본적이면서도 완전한 기능 및 생산성을 갖춘 간단한 버전(운영 중인 1-3개의 소규모 애플리케이션을 실행할 준비된 플랫폼)을 구축한다(그림 8-19).

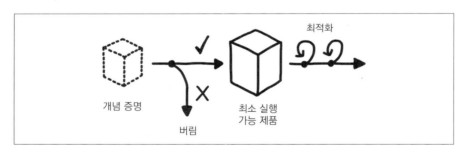

그림 8-19 최소 실행 가능 제품 플랫폼

목표는 명확하고, 기술은 이용할 수 있으며, 지식은 존재하며, 모든 주요 질문들은 일련의 개념 증명으로 답을 얻을 수 있다. 지금이 바로 플랫폼을 구축할 때다. 개발 팀은 보류 상태며, 새로운 플랫폼이 새로운 애플리케이션을 구축하고 오래된 애플리케이션을 재조정하기를 기다리고 있다.

첫 번째 릴리즈에 너무 많은 기능을 추가하려 하면 시간이 매우 오래 걸려 운영 환경 릴리즈가 지연될 것이다.

전통적인 워터폴 접근법에서는 완성했으며 모든 것이 준비된 경우에만 새로운 플랫폼을 운영 환경에 사용할 것이다. 완벽하게 기능을 갖춘 클라우드 네이티브 플랫폼을 구축하려면 최대 3년이 걸릴 수 있지만 클라우드 네이티브 구성 요소가 독립적으로 작동하므로 플랫폼이 완전히 구축되기 전이라도 운영 환경에서 애플리케이션을 실행할 수 있다. 100% 완료될 때까지 플랫폼이나 기능을 사용하지 않으면 기회를 잃는 것이다.

- 전체 시스템을 구축하는 데 걸리는 시간 중 일부를 할애해 최소 기본 기능을 구축할 수 있다.
- 중요한 기능 목록에서 항상 삭제할 것이 있다.
- 맞춤형 복합 솔루션은 구축 및 유지가 어렵다.

짧은 시간대에 유용하거나 운영 환경에서 가능한 최소한의 기능을 갖춘 시스템을 정의하고 구축한다. 실제 피드백을 받기 시작하려면 사용자 반응을 기반으로 작업을 개선할 수 있도록 무언가를 빨리 출시하는 것이 중요하다.

- "최소 유용성"은 회사마다 다를 수 있다.
- 최소 실행 가능한 클라우드 네이티브 플랫폼 제품을 제작하는 데 2~6개월이 걸릴 것이다.
- 기본 사항과 좋은 품질을 구축해 사용자 지원의 필요성은 줄이되 지나친 요구는 하지 않는다.
- 확장성이 중요하다.
- 플랫폼을 완전한 기능으로 만들기 위해 2~3단계를 추가로 계획한다.
- 실험과 개념 증명을 사용해 최소 실행 가능 제품을 정의한다.

- 실제 생활에서 스트레스 가정 – 사람들이 이것이 왜 필요하며 사용하기를 원하는 지에 따라 작동하는 시스템을 구축한다.

플랫폼의 첫 번째 최소 실행 가능 제품이 준비됐다. 소수의 개발 팀이 몇 가지 애플리케이션을 운영 환경에 제공할 수 있다. 플랫폼 팀은 플랫폼의 규모와 기능을 확장해 나머지 조직으로 계속 확장할 계획이다.

+ 최종 제작 버전이 아직 개발 중인 동안에도 팀은 클라우드 네이티브 플랫폼을 사용하는 기본을 배우기 시작할 수 있다.

− 최소 실행 가능 제품은 최종 플랫폼의 20~40%를 나타낸다. 완전한 운영 환경 준비 플랫폼을 구축하기 위해서는 여전히 노력을 더 많이 해야 한다.

− 핵심 팀은 이 버전을 지원하면서 이를 대체할 운영 환경 플랫폼을 계속 개발해야 한다.

관련 편향

기본 효과

핵심 팀은 첫 번째 팀에 선승하기 전에 가능한 최적의 플랫폼을 구성해야 한다. 사용자들은 제공되는 기본 옵션과 설정을 단순히 "일하기 위한 방법"으로 받아들이는 경향이 있으며, 모험적인 소수의 사람들만이 옵션들을 바꾸거나 맞춤화하려 할 것이다.

관련 패턴

- 탐색적 실험
- 개념 증명

패턴: 실행과 가장 가까운 의사결정

변경 조치에 가장 가까운 사람은 변경과 관련된 모든 결정을 내릴 수 있는 첫 번째 기회를 얻는다(그림 8-20).

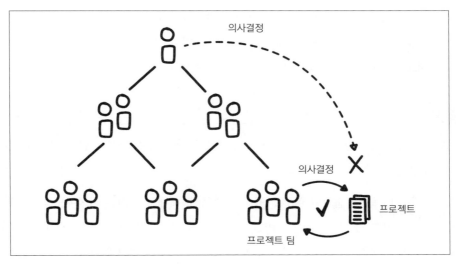

그림 8-20 실행과 가장 가까운 의사결정

클라우드 네이티브 트랜스포메이션이 진행 중이며, 불확실성이 크다. 사람들은 여전히 기술에 대해 배우고 있는데 기술 자체가 계속 발전하고 있고, 시장은 자주, 그리고 불규칙적으로 변화하고 있다. 각 팀은 자체 마이크로 서비스를 제공하며, 직접 움직이는 부분도 많다. 관리자와 주요 설계자는 광범위하고 높은 수준으로 제품을 이해하기만 할 뿐 실제 개발 과정의 기초가 되는 기술적 세부사항에 대해서는 거의 파악하지 못하고 있다.

컨텍스트

클라우드 네이티브에서는 명령 체계를 통한 의사결정을 지속할 수 없다. 계층 구조를 사용해 충돌을 해결하고 의사결정 과정에서 합의하려면 너무 오래 걸리며, 결정을 내리는 관리자의 능력에 따라 해결책 수준이 한정된다.

엔지니어들은 관료 체계에서 허가를 얻는 데 너무 많은 시간과 노력이 필요하므로 구현되지 않는 우수한 솔루션을 찾을지도 모른다. 그래서 그 방법을 포기하고 그들이 하던 대로 계속 진행할 것이다.

- 최근의 기술 변화 속도는 기하급수적으로 증가하고 있다.
- 시장에서 예기치 않은 새로운 경쟁자가 나타나면서 자주 변화하고 있다.
- 전통적인 조직에서 관리자는 모든 결정을 내리고 엔지니어에게 지침을 제공한다.
- 변화에서 멀어질수록 시간이 지남에 따라 결정이 느려진다.

따라서

되도록 모든 변화에 대한 의사결정 권한을 부여한다. 일반적으로 개발 팀이 결정을 내리는 것이 가장 좋다.

여러분의 팀은 더 큰 팀 집단의 일부로 일하기 때문에, 때때로 여러분 이외에도 다른 사람들과 함께 결정해야 한다. 예를 들어, API를 변경하려면 API 사용자에게 알려야 하며, 사용자가 API 변경에 반대할 수도 있다. 따라서 마이크로서비스 내부에서 일어나는 일은 전적으로 개발 팀의 영역이지만, 들어가고 나가는 것은 이를 소비하는 팀의 영역이기도 하다.

- 사람들이 이러한 결정을 내릴 수 있도록 보안 및 규정을 마련한다.
- 업무 완전 분리: 전략 담당 임원, 목표 수립 담당자, 엔지니어는 최선을 다해 업무를 자유롭게 수행할 수 있다.
- 실패해도 괜찮다는 것을 조직의 가치에 주입한다.
- 충돌 해결을 위해 계층적 관리를 사용한다.

결과적으로

경영진은 비전과 목표를 만드는 권한을 중간 관리자에게 위임하고, 중간 관리자는 기술 결정 권한을 실행 팀에게 위임한다.

+ 먼저 팀 내에서, 그리고 집단 내에서 갈등을 해결하려면 강력한 인센티브가 있어야

한다.

– 특정 서비스를 소비하는 모든 팀과 조율하려면 시간과 노력이 필요하다.

일반적인 함정

실패에 대한 처벌은 대부분의 조직에서 가장 큰 실수다. 클라우드 네이티브에서는 의사결정이 빠르게 자주 발생하며 실수는 불가피하다. 실수한 사람들을 처벌하면 새로운 것을 시도하려는 의지를 대폭 감소시키고 오류를 피하기 위해 더 천천히 움직일 것이다. 게다가 모든 혁신을 늦추거나 죽일 수 있는 허가를 요청할지도 모른다. 누군가가 같은 방식으로 계속 실패하면 개입해야 한다. 그러나 회사 문화는 결과와 상관없이 실패를 허용해야 한다.

관리자, 특히 임원들은 책임을 지고 해결책을 지시하는 데 익숙하다. 클라우드 네이티브에서 팀의 리더는 해결책에 대한 방법을 실험하는 팀의 경로가 항상 명확하지는 않다는 것을 알아야 한다. 외부에서 본다면 이는 진보의 결여처럼 보일 수 있다. 사람들이 스스로 이러한 결정을 내리도록 하는 데는 인내가 필요하지만, 상사들은 종종 좌절감을 느껴 너무 빨리 문제를 "수정"하기 위해 뛰어들어 팀의 진보와 학습을 탈선시킨다.

이 함정에서 우리는 결과에 너무 조급한 CEO나 전략을 이해하지 못하는 중간 관리자들을 발견한다. 어느 상황에서든 CEO는 중간 관리자들을 제치고 팀을 극소수로 이끌 수밖에 없다고 느낀다. 이는 팀 내 혼란을 부추기고 중간 감독을 해치는 동시에 CEO를 전술적 지옥으로 끌고 간다.

때때로 집행 팀은 전략을 짜는 데 너무 느리다. 이에 대해 나머지는 대개 관성에 안주하거나 그들만의 지도 조직 전략을 만들어내기도 하는데, 이는 결국 근시안적인 경우가 많아 더 많은 문제를 야기한다.

도구의 법칙

친숙한 도구 또는 방법에 지나치게 의존해 대안을 무시하거나 과소평가한다. "당신이 가진 것이 망치뿐이라면 모든 것이 못처럼 보인다."

관련 패턴

- 담당 업무별 커뮤니케이션
- 동적 전략
- 책임을 묻지 않는 원인 조사
- 실행을 통한 연구
- 가치 계층

패턴: 생산적 피드백

사람들은 행동에 대한 건설적인 정보를 받은 대가로 동일한 것을 제공하는 것이 편안하다고 느낄 때 더 적극적이고 창의적이다(그림 8-21).

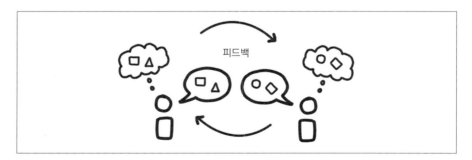

그림 8-21 생산적인 피드백

여러분에겐 창의적이거나 혁신적인 일이 필요한 팀이 있다.

사람들은 종종 편향에 눈이 멀어 문제를 깨닫지 못하고 자신이 만들어낸 거품 속에서 산다.

클라우드 네이티브 트랜스포메이션 과정에서 항상 능숙한 방식으로 작업해온 팀들은 혁신에 대한 과제를 안고 있다. 창의적인 경험이 없다 보니 새로운 문제를 해결하기 위해 과거의 해결책을 계속 사용할 것이다.

외부적 관점이 부족하면 자신의 확인 편향에 눈이 어두워지고 자신의 선입견에 맞게 결과를 해석해 프로젝트를 매우 좋지 않은 결과로 이끌게 될 것이다. 동시에 조직 내의 다른 사람들은 문제가 발생하기 전에 문제를 분명히 볼 수 있다.

- 판단 경향은 고정돼 있다.
- 사람들은 대체로 그렇게 하라고 지시받지 않는 한 긍정적인 피드백을 하지 않는다.
- 공감 없는 피드백은 공격받는다고 인식될 수 있다.
- 피드백을 받지 않은 사람들은 무언가를 시작하기가 어려울 수 있다.
- 기존 팀은 이미 관계를 돈독히 해왔으니 그들의 행동을 바꾸기는 어려울 것이다.
- 중요한 피드백은 어느 수준의 개인적인 관계가 필요하다.

안전한 환경을 만들고 사람들이 건설적인 방식으로 긍정적, 부정적, 심지어 대립적인 피드백을 줄 수 있는 방법을 단순화한다.

팀원 간의 인맥을 구축하기 위한 팀 활동을 촉진한다. 피드백이 자유롭게 흐를 수 있는 상호 신뢰감을 쌓는 데 도움이 된다.

- 사람들에게 건설적인 피드백을 제공하는 방법을 가르치는 교육을 하거나 도구를 제공한다.
- 프로젝트에서 일대일 또는 그룹 회의, 매주 전자 메일 업데이트와 같은 기회를 만들

어 건설적인 피드백을 제공한다.

- 누군가 잘하고 있다면 마음껏 칭찬한다.
- 누군가가 잘못된 접근법을 취하고 있는 것 같다면 건설적인 방식으로 그들과 대화한다.
- 모든 것을 어떻게 하는지를 모델화하고자 누군가가 리더 역할을 해야 한다.
- 심리적 안정은 생산적인 피드백의 필수 전제 조건이다.

결과적으로

사람들이 피드백을 통해 업무 방식 및 행동을 배우고 개선할 수 있으며, 피드백에 감사를 느끼므로 생산성이 높아진다.

- 비용이 수반된다. 정직하고 건설적인 피드백을 개인적인 관계와 심리적 안정에 의존한다.
- 개인적인 갈등의 위험성이 높지만, 빨리 진행하고 싶다면 이 기회를 잡아야 한다. 사람들은 피드백이 없어도 스스로 배우겠지만 훨씬 더 오래 걸릴 것이고, 스스로 배우지 못하는 내용도 있을 것이다.

일반적인 함정

효율적인 전달 시스템에서, 생산적 피드백의 프로세스는 알고리즘적이며 혁신이 필요 없기 때문에 가치가 거의 없다. 시간이 지남에 따라 "그냥 입 다물고 네 일이나 해라"가 무언의 규칙이 되며, 이는 전통적인 기업 문화의 일부가 된다. 그러나 클라우드 네이티브 트랜스포메이션에 필요한 창의적 환경에서는 생산적 피드백이 필수적이다. 사람들은 자신이 어떻게 행동하는지 잘 알지 못한다. 피드백이 없으면 다른 정보가 없기 때문에 최선의 추측을 하며 잘못된 방향으로 계속 나아갈 수 있다. 이러한 상황을 팀에는 문제없지만, 다른 이해관계자들에게 필요한 것에는 맞지 않는 새로운 플랫폼을 구축하는 큰 조직에서 항상 볼 수 있지만 진행 중인 작업을 피드백에 노출시키지 않다 보니 이 문제는 맨 마지막에 나타난다.

관련 편향

사각지대 편향

사람들은 다른 사람들의 편향을 알 수 있지만, 자신의 편향을 발견할 수 없다.

확인 편향

대안을 모색하기보다는 기존 의견을 "증명"하려 한다.

관련 패턴

- 심리적 안정
- 공동 창조를 위한 개인화된 관계
- 학습 조직
- 책임을 묻지 않는 원인 조사

패턴: 심리적 안정

팀원들이 처벌이나 조롱당할 우려 없이 말할 수 있거나, 우려를 표하거나 어느 정도는 실수해도 괜찮은 상황이라면 자유롭고 창조적으로 생각할 수 있으며 위험을 감수할 수도 있다(그림 8-22).

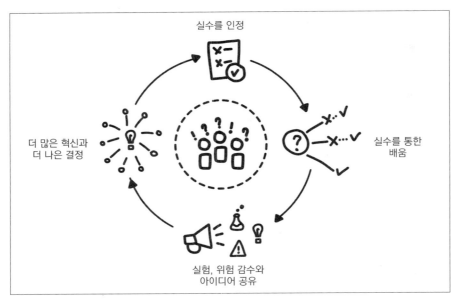

그림 8-22 심리적 안정

한 회사가 클라우드 네이티브로 복잡한 여행을 하려 한다. 경로는 불확실하며 팀이 결코 마주친 적이 없는 문제들로 가득 차 있다. 팀에서는 협력적인 문제 해결 접근법을 취하고, 함께 배우며, 창의적으로 생각하도록 서로를 독려해야 한다.

대부분 안정성을 지원하도록 설계된 전통적인 기업에서, "신중하게" 질문하거나, "엉뚱한" 아이디어를 제안한다 해보자. 관리자는 말할 것도 없고, 팀 동료에게 어려운 피드백을 줄 테니 자신의 의견을 말하기를 두려워한다. 일련의 의견은 일반적으로 무시받고 조롱당하거나 처벌받을 수도 있다.

그러한 환경에서 사람들은 자신의 생각이 다른 사람들에게 공감을 얻을 것이라 확신할 때까지 보수적으로 행동하는 경향이 있다. 이는 최고의, 최신 아이디어가 채택될 기회가 결코 없다는 것을 의미한다.

그리고 새로운 아이디어들이 대체로 처음에는 엉뚱하며 위험해 보이기 때문에, 팀은 정말로 혁신할 기회를 얻지 못한다.

- 실험은 정직한 평가가 필요하다.
- 실패에 대한 두려움은 새로운 도구 또는 기술을 사용하기 꺼려질 수 있다.
- 새로운 것을 발견하려는 시도 중 대부분 실패할 것이다.
- 계층적 조직에서 모든 수준의 사람들은 자신의 담당 업무에 해가 될 수 있을 정보를 숨기는 경향이 있다.
- 실험 시 안전하게 실패할 수 있는 능력이 부족하면 위험을 최소화하고자 모든 결과의 경우의 수를 분석하는 데 시간을 낭비해야 한다.

따라서

어떤 그룹 구성원도 아이디어, 질문, 우려를 제기하거나, 실수하더라도 처벌받거나 굴욕감을 느끼지 않을 공유 가치를 만든다.

직장에서 팀 간의 심리적 안정은 구성원들이 처벌이나 굴욕감을 받지 않고 마음껏 생각이나 걱정, 실수를 표현할 수 있어도 괜찮다고 믿는다는 것을 의미한다. 이에 따라 그룹 전체의 의견에서 벗어나더라도 새롭거나 다른 생각을 기꺼이 표현할 수 있다. 사람들은 안정감을 느낄 때 더 개방적이고, 회복력이 있고, 의욕이 넘치고, 집요해진다. 해법 발견과 상이한 사고와 마찬가지로 유머 감각은 창조성의 기초가 되는 인지 과정으로 장려된다. 이는 시도하고 실패한 후, 다시 시도하는 데 필요한 자신감을 만들어낸다. 또한 시도하기도 전에 절대적으로 효과가 있을 해결책을 찾으려 하는 등 시간을 낭비하는 위험 회피 행동을 차단한다. 어쨌든 클라우드 네이티브에는 솔루션이 존재하지 않는다.

- 많은 발견들은 처음에는 이상해 보이고 얼핏 보기에 멍청해 보인다.
- 신뢰성이 높은 환경에서 사람들은 자신감을 가질 것이다.
- 창의성은 높은 신뢰 환경에서 훨씬 더 자주 발생한다.

사람들은 자신의 아이디어가 존중받을 것임을 알기에 새로운 방법이나 접근법을 제안할 수 있다.

> + 팀 구성원은 부끄러움이나 당혹감을 두려워하지 않고 "야성적이고 다소 미친" 아이디어를 제시할 수 있다.
> + 실험에 실패하더라도 책임을 묻지 않는 원인 조사를 통해 배운다면 더 많은 개선을 제공할 수 있다.
> − 조직에서 심리적 안정을 창출하려면 의도적으로 시간과 노력을 투자해야 한다.

관련 패턴

- 생산적 피드백
- 책임을 묻지 않는 원인 조사
- 학습 조직
- 창의성 관리
- 공동 창조를 위한 개인화된 관계

패턴: 공동 창조를 위한 개인화된 관계

복잡한 문제에 대한 해결책은 높은 수준의 대인 관계를 가진 팀들이 협력적으로 만드는 것이 가장 좋다(그림 8-23).

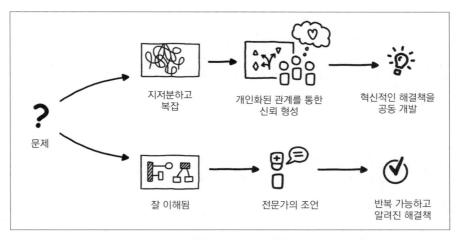

그림 8-23 공동 창조를 위한 개인화된 관계

팀은 창조적인 구현 방법을 연구 중이지만 여전히 부분적으로만 알고 있다. 즉각적인 해답은 없으며, 미래는 명확하거나 예측 가능하지 않다. 팀은 개인의 전문 지식을 바탕으로 한 명확한 역할과 책임이 있다.

컨텍스트

불확실한 환경에서는 과거에 작동했던 것이 작동하지 않을 수 있으므로 기존 솔루션을 재사용하려 하기보다는 발명해야 한다.

- 창의성은 신뢰와 자원봉사 정보가 필요하다.
- 일반적으로 사람들은 문제를 해결하기 위해 기존 지식을 사용한다.
- 사람들은 전문가에게 자발적으로 정보를 제공하지 않을 것이다.
- 신뢰하거나, 개인적인 접점이 있을 때만 자발적으로 제공한다.
- 새로운 솔루션은 매우 협력적이며 창의적인 소규모 팀들이 가장 잘 달성할 수 있다.

따라서

앞으로 나아갈 명확한 길이 없는 복잡한 환경에서 창의적인 솔루션에 협력하기 위해 강력한 팀에서는 개인화된 관계가 필요하다. 창의성이 아닌 공동 창조가 목표다. 창의성은 개방적이며 어떤 것으로 이어지지 않을 수도 있지만 공동 창조는 결과를 생성한다.

클라우드 네이티브는 모든 팀원이 참여하는 미래 솔루션에 대해 협업하는 공동 창조적 관계에 더 적합하다. 회원 개개인의 전문가의 조언에 의존하기보다는 사람들이 함께 문제를 해결하고 있다.

공동 창조 팀은 서로 함께 생각하며, 그룹 이해와 경험에서 이끌어내므로 훨씬 더 혁신적이고 창의적이다. 상호 신뢰를 쌓고, 추가 정보를 자발적으로 공유하고, 한 그룹 내에서 같이 위험을 감수하며 업무에 집중한다.

- 긴밀한 관계를 구축하려면 말 그대로 팀 구성원 간의 물리적 거리를 줄인다. 팀들은 가능할 때마다 같은 작업 공간을 공유해야 한다.
- 신뢰 구축 경험으로 사람들을 모아 개인 관계를 구축한다.
- 그룹 내에서 같이 일하며, 협업 및 공동 개발을 장려한다.

결과적으로

팀은 사람들이 정보를 효과적으로 공유하도록 돕는 신뢰 관계를 구축해 새로운 솔루션을 공동 창조한다.

+ 팀원 각자 솔루션을 만드는 데 돕고 있다.
+ 팀 전체가 개개인보다 더 창의적이다.
+ 사람들은 저마다 전문성이 있지만 더 넓은 팀 목표에 기여한다.
− 사람들을 모이게 하는 사회적 행사, 추가 활동 등이 필요하다. 돈과 시간 뿐만 아니라 투자를 필요로 하는 심리적 안정과 조직 문화 측면도 존재한다.

일반적인 함정

사람들이 함께 앉으면 한 팀이며, 함께 일하면 효과적일 것이라 가정한다. 따라서 팀을 효과적으로 구성하기 위한 어떠한 노력에 투자하지 않은 상태에서 사람들이 혁신하기를 기대한다.

구루^guru 찾기: 해결책을 찾고 요구사항을 파악할 때, 팀은 깊은 지식이나 경험을 가진 개인, 즉 위에서 지식을 전달하는 "전문가"에게 눈을 돌릴 수 있다. 개인 및, 지식에 해박한 개인에 대한 기존의 지식에 의존하면 혁신과 창조적 사고를 현저히 방해한다. 그러나 일단 이해하기 쉬운 지식을 전달하는 전문가 관계는 규모의 경제에서 유용하다. 즉, 용어와 이름, 경영 전략에 따라 포장돼 모든 사람에게 배포될 수 있다.

관련 편향

방관자 효과

다른 사람들이 비상 상황에서 행동할 것이라 생각하는 경향이 있다. 중복되는 책임과 매우 관련이 있다. 워터폴 조직에서 작업이 공식적으로 누구에게도 속하지 않는다면 아무도 담당을 자원하지 않을 것이다.

도구의 법칙

친숙한 도구 또는 방법에 지나치게 의존해 대안을 무시하거나 과소평가한다. "당신이 가진 것이 망치뿐이라면 모든 것이 못처럼 보인다."

권한 편향

더 큰 정확성을 권위 있는 사람의 의견에 귀속시키고 그 의견에 더 많은 영향을 받는 경향이다. 이런 맥락에서, 더 많은 경험을 쌓은 전문가가 올바른 해결책을 알려주길 바라는 욕망을 가진 당신의 지식은 후퇴하고 있다.

관련 패턴

- 원격 팀
- 공동 배치된 팀
- 담당 업무별 커뮤니케이션

패턴: 책임을 묻지 않는 원인 조사

문제가 발생했을 때 관련자가 아닌 사건에 집중하면 처벌을 두려워하지 않으면서 실수로부터 배울 수 있다(그림 8-24).

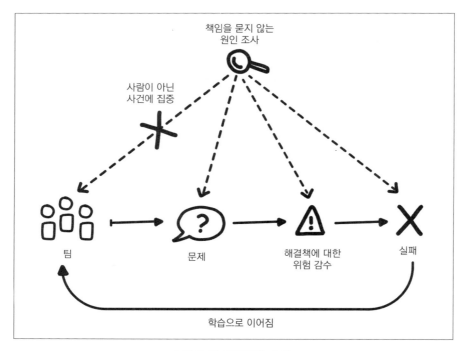

그림 8-24 책임이 없는 조사

기업은 지속적인 혁신에 자원을 투자하면서 기존 제품이나 서비스를 제공 중이다. 불확실한 부분이 많고, 기술을 파악하고 새로운 비즈니스 기회를 모색하기 위해서는 실험이 필요하다. 실험 결과 중 대부분은 자연스레 막다른 골목으로 이끈다.

컨텍스트

문제가 발생하거나 실험이 실패한 후에도 원인 조사가 이루어지지 않으면 팀은 개선되지 않아 유사한 실수를 계속할 가능성이 있다. 많은 조직에서 관련 없는 것을 원인이라 생각할 수 있고, 그에 대한 비난은 어떤 문제와 관련된 모든 사람에게 향한다. 이는 대부분의 혁신적 조치가 상당한 위험을 수반하므로 보통 수준의 성과로 이어진다.

- 일단 실패로 인한 처벌을 받게 되면, 사람들은 무조건 위험을 회피하려는 경향을 갖게 된다.
- 워터폴 조직은 안정성을 보장하기 위해 문제가 있는 사건과 관련된 팀 또는 개인을 처벌하는 경향이 있다. 참신함은 사라진다.
- 위험 없는 혁신은 없다.

따라서

관련자들보다 문제에 집중함으로써 무엇이 잘못됐는지 이해한다.

무엇이 잘못됐는지, 왜 잘못됐는지, 앞으로 어떻게 피해갈 것인지를 이야기한다. 실수한 사람들을 벌하지 말고, 대신 경험에서 배우도록 격려하면 사람들은 위험을 감수하는 데 필요한 심리적 안정성을 느낀다.

- 관련자들 모두에게 무슨 일이 있었는지 알아본다.
- 나머지 팀과 결과를 공유한다.
- 향후 유사한 문제를 피하고자 가능한 해결책을 찾는다.
- 사람들이 아닌 문제에 초점을 맞춘다. 누가 무엇을 했는지 묻지 않는다.
- 동일한 실수가 반복적으로 발생하면 누가 연루돼 있는지 파악하고 개인적인 약속 / 책임을 도입한다.

결과적으로

사람들은 시도하고 실패한 후, 다시 시도할 수 있는 자율성과 자신감을 갖게 된다.

+ 팀들은 반복되는 실수를 피하는 방법을 배우면서 항상 발전하고 있다.

+ 위험을 감수하기 전에 "효과가 보장되는" 솔루션을 찾고자 시간과 노력을 낭비하지 않으므로 훨씬 빠른 진행이 이루어진다.

— 실패한 이유가 나오지 않으면, 어떤 사람들은 문제가 발생하면서 문제를 해결하는 데 개인적인 책임을 지지 않아 실패할 수도 있다.

일반적인 함정

실험의 본질은 문제의 핵심을 증명하거나 반증함에 있다. 이런 맥락에서 가장 큰 함정은 실험을 진행하는 사람들을 비난하고 처벌하는 것이다. 이는 실패에 대한 두려움으로 이어지고 혁신을 현저히 감소시킨다. 처벌을 경험한 대부분의 사람들은 결과를 확신할 때에만 후속적으로 실험을 하기 때문이다.

관련 편향

확인 편향

대안을 진정으로 탐구하기보다는 기존 의견을 "증명"할 테스트 변수를 선택한다.

집합 편향

만약 당신이 선입견된 결과와, 이를 확인하는 테스트 결과를 염두에 두고 있다면, 추가 정보를 찾기보다는 테스트를 중단할 것이다.

관련 패턴

- 심리적 안정
- 학습 조직
- 창의성 관리
- 숙련도 관리

요약

이 장에서는 조직 문화와 구조를 둘러싼 패턴을 소개했다. 먼저 패턴 자체를 적용하기 전에 패턴 자체에 독자를 노출시키는 것이 목적이었다. 11장과 12장에 요약된 변환 설계에 이 패턴들을 결합시킴으로써, 웰스그리드와 같은 회사가 어떻게 처음부터 끝까지 차근차근 패턴들을 변형 설계로 적용할 수 있는지를 보여준다. 이 디자인은 회사가 네 단계를 거쳐 유연하고 대응력이 뛰어나며, 무엇보다도 필요에 따라 능숙하고 혁신적으로 일할 수 있는 자신감 있는 조직으로 점차 변화하도록 한다.

설계 문맥에서 작업할 때, 이 장은 전략, 개발 및 인프라에 대한 패턴을 재평가하는 다른 장과 함께 특정 패턴을 참조하고 작업하기 위한 더욱 심층적인 자원으로서의 기능을 설명한다.

새로운 클라우드 네이티브 패턴이 끊임없이 등장하고 있다. 우리가 구축한 클라우드 네이티브 패턴 언어를 계속 공유하고 확장하려면 www.CNpatterns.org를 방문하기 바란다.

이곳에서는 최신 개발 패턴을 찾을 수 있을 뿐만 아니라, 온라인 커뮤니티를 통해 새로운 패턴을 토론하고 만들 수도 있다. 업계 전반의 사람들, 지식 리더 및 인플루언서를 초대하기도 하며, 클라우드 네이티브 코드와 아키텍처에 깊이 관여하는 엔지니어 및 관리자도 기여하고 참여하도록 초대하고 있다. 거기서 만나길 바란다!

9장

개발 및 프로세스 패턴

클라우드 네이티브 트랜스포메이션은 조직에게 흥미로운 시간이다. 컷팅―엣지^{cutting-edge} 방식을 사용하는 최신 기술로 개발하고 싶지 않은 사람은 잘 없을 것이다. 그러나 이러한 새로운 기술과 개발 방식 도입은 처음엔 제법 균형을 잃게 할 수도 있다. 당신이 하는 모든 것을 바꿀 뿐만 아니라, 어떻게 할지도 바꾼다. 이는 엄청난 문제를 일으킬 수 있다. 느린 전달, 제품/서비스 품질 저하, 팀 및 프로젝트 관리의 어려움은 물론, 당신의 트랜스포메이션 환경에 유일무이한 아주 새로운 문제가 될 수 있다.

클라우드 네이티브 자체가 여전히 부상하고 있기에 클라우드 네이티브 프로세스는 계속 구체화되고 있다. 이 말은 아직 사람들이 걷는 길보다 훨씬 더 획기적인 길이 아니라는 의미기는 하다. 기초 지식이 올바른지 확인하고, 시스템 아키텍처가 미래의 성장, 확장 및 지속적인 변화를 지원할 수 있는지 확인하는 것이 중요하다.

이 장에서 패턴은 새로운 패러다임에서 제품 또는 서비스를 설계, 구축 및 제공하는 방법을 설명한다. 이를 통해 빠르고 역동적이며 대응력이 뛰어난 클라우드 네이티브 전달 모델인 마이크로서비스, 지속적인 통합, 기타 프로세스지향 도구 및 방법은 팀이 빠르고 반복적인 일상의 변화를 제공하며, 독립적이고 사전 예방적이며 자율적으로 가능하도록 한다. 이들은 단독으로 또는 함께 활용할 때 소프트웨어를 구축하는 다른 방법보다 본질적으로 우수하지는 않다. 그들이 하는 일은 불확실한 상황에 대처하기 위한 더 나은 전술과 프로세스다. 이 장에서는 당신에게 이를 실천하기 위한 실질적인 방법을 제시한다.

다음 패턴은 클라우드 네이티브 개발 및 프로세스를 설명한다. 독자들에게 유용하거나 도움이 될 것이라 필자가 생각하는 순서로 제시했다. 하지만 접근 방법에 옳고 그른 순서는 없다. 패턴은 디자인을 위한 빌딩 블록building block이며 상황에 따라 다른 방식으로 결합될 수 있다.

이 장에서는 패턴 자체를 소개하므로 패턴에 대한 의도적인 설명은 거의 없다. 개별 패턴을 고려할 때 해당 패턴을 적용해야 하는 위치와 시기뿐만 아니라 적용해야 하는지 여부도 결정한다. 전체 패턴이 모든 트랜스포메이션이나 조직에 적용되는 것은 아니다. 11장과 12장에서는 일반적인 클라우드 네이티브 트랜스포메이션에서 패턴을 적용하는 방법을 보여주는 하나의 디자인으로서 점진적인 순서와 맥락에 맞게 개념화한다.

- 오픈소스 기반 내부 프로젝트
- 분산 시스템
- 테스트 자동화
- 지속적 통합
- 재현 가능한 개발 환경
- 장시간 테스트를 배제하는 CI/CD
- 마이크로서비스 아키텍처
- API를 통한 커뮤니케이션
- 레퍼런스 아키텍처
- 아키텍처 도안
- 개발자 스타터 팩
- 데모 애플리케이션
- 시작 단계부터 보안을 고려한 시스템
- 스트랭글Strangle 모놀리식 애플리케이션

- 자동화는 마지막에
- 바퀴의 재발명^{Reinventing the Wheel}[1] 방지
- A/B 테스트
- 서버리스

패턴: 오픈소스 기반 내부 프로젝트

회사의 핵심 비즈니스 가치와 직접적으로 관련 없는 모든 소프트웨어 요구사항에 오픈소스 솔루션을 사용한다(그림 9–1).

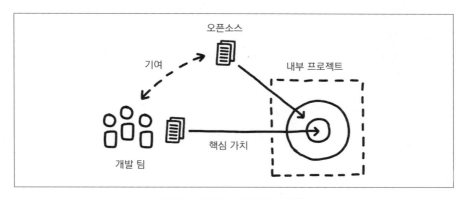

그림 9–1 오픈소스 기반 내부 프로젝트

이 회사는 많은 소프트웨어를 구축했지만 대부분의 소프트웨어는 일반적인 요구 사항을 다루며, 적은 비율만 실제 핵심 비즈니스 제품/서비스 제공과 관련이 있다.

1　이전에 다른 사람들이 만든, 최적화된 기초적인 방식을 복제하는 것

내부적으로 엄격한 프로젝트의 경우 시간을 절약하기 위해 원칙과 절차를 무시하는 경향이 있다. 한편, 오픈소스 커뮤니티에서는 클라우드 네이티브 환경에서 비즈니스 사용 사례를 해결하기 위한 새로운 도구를 지속적으로 제안하고 있다.

회사의 핵심 비즈니스 영역에 포함되지 않은 내부 프로젝트는 필수적인 작업 시간을 빼앗는다. 게다가 최고 품질로 구축해야 하는 우선순위를 거의 부여받지 못하며 유지 보수 우선순위가 항상 가장 낮다. 시간이 지남에 따라 제한적이거나 손실되는 이러한 혁신은 시대에 뒤떨어지고 품질이 저하된다. 한편 시장은 전속력으로 나아가고 있다.

- 공개할 수 있는 무언가가 없으면 좋은 인센티브를 얻기 힘들다.
- 회사 밖에서도 유사한 과제를 안고 있는 팀이 많다.
- 좋은 개발자는 흥미로운 기술에 매력을 느낀다.
- 내부 프로젝트에서는 외관 개선이나 프로세스 개선을 위한 예산을 거의 받지 못한다.
- 대부분의 주요한 클라우드 네이티브 도구들은 쿠버네티스와 같은 오픈소스 프로젝트다.

회사 핵심 비즈니스("비밀 소스")를 다루지 않는 모든 소프트웨어는 처음부터 오픈소스가 가능하다.

- 가능하면 오픈소스 소프트웨어^{oss}를 사용한다.
- 신규 프로젝트는 기본적으로 OSS가 가능해야 한다.
- 내부 프로젝트에도 OSS 거버넌스 및 개발 관행을 사용한다.
- 자신이 선택한 오픈소스 제품에 기여하도록 하자.
- OSS 프로젝트를 홍보하고 마케팅한다.

기능에 차이가 있는 경우 내부적으로 새로운 솔루션을 구축하는 대신 기존 오픈소스 프로젝트를 사용해 다시 기여한다. 또는 자신만의 오픈소스 솔루션을 만들고 다른 사용자가 사용, 기여 및 개선할 수 있도록 한다.

+ 프로젝트가 더 잘 보이므로 코드 품질이 더 높아진다.

+ 다른 사람의 기여를 통해 프로젝트가 지속적으로 개선될 수 있다.

+ OSS에 기여하면 회사의 기술 명성이 높아진다.

− 통제력을 잃는다.

− 경쟁 업체도 사용할 수 있다.

일반적인 함정

쿠버네티스, 리눅스 및 기타 많은 오픈소스 프로젝트에 전혀 기여하지 않고 사용하는 것. 오픈소스 프로젝트는 다양한 개발자 및 기업이 이를 수용해 개선 및 확장에 도움을 줄 때 가장 좋다.

관련 패턴

- 바퀴의 재발명Reinventing the Wheel 방지

패턴: 분산 시스템

소프트웨어가 완전히 독립적인 일련의 서비스로 구축되면 시스템은 설계에 따라 빠르고 탄력적이며 확장성이 높다(그림 9-2).

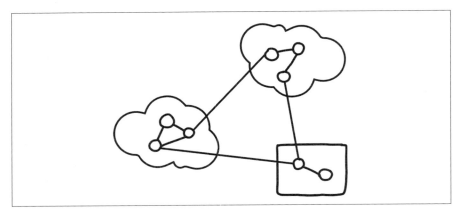

그림 9-2 분산 시스템

핵심 아키텍트의 능력 이상으로 시스템 복잡성이 증가했지만, 여전히 추가적인 개선이 필요하다.

컨텍스트

시스템이 단일 아키텍트/엔지니어의 능력 이상으로 확장되면 기능을 추가하기가 어렵고 시간이 많이 소요된다. 이전 소프트웨어 시스템이 개선됨에 따라 더 많은 사람들이 팀에 합류하면, 시스템의 기술이 지속적으로 깊어져 모든 변경에 따른 취약성과 예측할 수 없는 부작용으로 이어진다. 이로 인해 새로운 기능 추가에 대한 두려움이 생기고 개발이 정체된다.

- 복잡한 시스템을 파악하는 인간의 정신 능력은 유한하다.
- 단일 시스템에서는 구성 요소 간의 복잡한 관계를 완전히 이해한 사람이 시스템을 변경/승인해야 한다.
- 거의 모든 소프트웨어 시스템이 작은 단일 시스템에서 시작한다.

따라서

다른 컴퓨터에서 실행되고 API를 통해 통신하는 여러 독립적인 구성 요소인 마이크로서비스로 소프트웨어 시스템을 구축한다.

350

각 구성 요소의 개발, 전달 및 스케줄링은 완전히 독립적이며, 다른 구성 요소에 영향을 주지 않지만 모든 구성 요소가 실패할 수 있다. 분산형 시스템은 초기 설계 및 구현이 훨씬 더 복잡하지만, 초기 작업 시 투자하면 확장이 훨씬 간편해지고 개선, 새로운 기능 및 변화에 따라 진화할 수 있다.

- 시스템을 마이크로서비스 구성 요소인 작은 조각으로 분할한다.
- API를 정의한다.
- 비용이 적게 들며, 프로비저닝이 간편하고 빠른 가상머신을 더 많이 사용한다. 퍼블릭 클라우드가 가장 효과적이다.

결과적으로

많은 분할된 구성 요소로 인해 복잡성은 증가하지만, 탄력성과 확장성이 뛰어난 시스템이 만들어진다. 각 구성 요소는 시스템을 무한정 확장하며 훨씬 작은 독립 조각으로 분할될 때까지 더 복잡해질 수 있다.

- 이 정도로 복잡하다면 시스템을 완전히 이해할 수 있는 사람이 아무도 없을 테니 유지하기가 어렵다.
+ 높은 수준의 자동화와 우수한 관측성을 통해 문제를 예방할 수 있다.

일반적인 함정

사람들은 클라우드를 진정한 패러다임의 변화로 인식하지 못하고 단순히 애자일 도구를 새로 설치하는 것이라 여긴다. 이들은 항상 작동하던 방식을 사용해 클라우드 네이티브를 구현하려 한다. 따라서 새로운 시스템이 제대로 작동하더라도 콘웨이 법칙으로 인해 기존 단일 애플리케이션과 유사해진다.

관련 편향

통제에 대한 환상

다른 외부 이벤트에 대한 영향도를 과대평가하는 경향은 분산 시스템과 같은 매우 복잡한 시스템에서 흔히 볼 수 있으며, 특히 클라우드 마이그레이션의 불확실한 상황에서는 더욱 그렇다. 엔지니어는 마이크로서비스를 구축하는 방법을 알고 있으며, 관리자는 데브옵스를 수행하는 데 필요한 사항을 알고 있다고 생각한다. 그러나 실제로는 통제에 대한 환상일 뿐이다. 복잡하고 새로운 프로세스가 많아 조종하기조차 어렵고 통제력도 떨어진다. 때로는 결과를 얻기 위해 약간의 불확실성을 수용해야 한다.

관련 패턴

- 아키텍처 도안
- 레퍼런스 아키텍처
- 마이크로서비스 아키텍처
- 인프라 자동화
- 서버리스
- 스트랭글Strangle 모놀리식 애플리케이션

패턴: 테스트 자동화

릴리즈된 제품의 품질을 일관되게, 지속적으로 향상시키도록 사람이 수동으로 테스트하던 방식에서 자동화된 테스트 프레임워크로 전환해 개발자가 고객 요구에 맞게 기능을 개선하는 데 시간을 더 할애하게끔 해서, 훨씬 빨리 제공할 수 있도록 한다(그림 9-3).

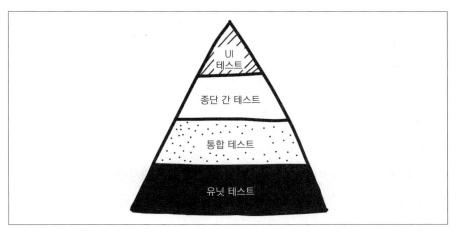

그림 9-3 테스트 자동화

CI와 CD가 도입돼 진행 중인 상태다. 레거시 코드는 마이크로서비스에 맞게 리팩토링되고 있으며, 팀에서는 하루에 몇 번 정도 변경 사항의 전달을 목표로 하고 있다.

사람은 너무 느리고 일관성이 없기 때문에 운영 환경에 배포되는 파이프라인에서 차단 요인이 된다.

사람이 수행하는 작업은 팀이 전달할 수 있는 변경 가능한 경우의 수를 크게 줄이고 작업 수행에 필요한 시간을 늘릴 것이다.

- 사람은 결코 컴퓨터만큼 빠를 수 없다.
- 테스트 품질 저하는 전달 프로세스의 신뢰를 떨어뜨리며, 테스트는 시간 낭비다.
- 사람들은 전달 내용을 우려할 경우 변경을 지연시키고 결합하는 경향이 있다.
- 테스트가 느리게 진행되면 사람들은 테스트를 자주 하지 않는 경향이 있다.

따라서

제품 변경 사항을 운영 환경에 적용하는 데 필요한 모든 테스트를 자동화한다.

대부분의 기능은 고속 및 로컬 유닛 테스트를 사용해 테스트해야 하며, 통합 테스트로 구성 요소가 함께 잘 작동하는지 확인할 수 있으며 테스트 적용 범위의 일부만 시스템 사용자 인터페이스 레벨에 있으면 된다. 모든 장기 실행 및 수동 테스트는 점진적으로 리팩토링되고 자동화되어야 하며, 운영 환경에 대한 변경 사항의 일관된 흐름을 차단해서는 안 된다.

- 테스트 피라미드를 사용한다.
- 장기간 테스트가 릴리즈를 차단해서는 안 된다.
- 수동 및 장기 실행 프로세스는 백그라운드에서만 발생시킨다.
- 테스트를 지속적으로 추가 및 변경한다.
- 테스트 주도 개발test-driven development을 고려한다.
- A/B, 카나리아, 블루/그린 등과 같은 고급 테스트 방법을 운영 환경에 추가한다.

결과적으로

팀은 전달 프로세스에서 대부분의 문제를 파악함으로써, 변경 사항이 운영 환경에 적용될 것이라 신뢰할 수 있다.

- \+ 팀은 변화를 제공하고 위험을 감수할 준비가 돼 있다.
- \+ 개발자가 테스트를 작성하므로 코드에 대한 더 깊은 통찰력을 얻을 수 있다.
- \− 수동 테스트를 담당하는 팀이 있을 경우, 새로운 책임을 위해 재교육이 필요할 수 있다.

일반적인 함정

실제 릴리즈를 제외한 모든 것을 자동화한다. 수동 단계를 거치면 프로세스가 상당히 느려지지만, 일부 비즈니스(예: 금융/은행)는 법률상 책임 있는 관리자가 변경 사항을 수동으로 승인하도록 해야 가동 준비가 된다. 이러한 수동 승인이 법적으로 규제되는 경우, 승인 전후의 모든 것을 완전히 자동화해야 한다.

관련 패턴

- 장시간 테스트를 배제하는 CI/CD
- 중요 사항 측정
- 관측성
- A/B 테스트
- 셀프 서비스
- 빌드–실행 팀

패턴: 지속적 통합

반복적인 소규모 변경 사항을 자주 통합하면 전반적인 전달 속도가 빨라지고 코드의 품질이 향상된다(그림 9-4).

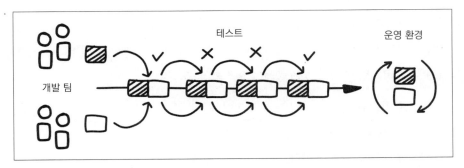

그림 9-4 지속적 통합

많은 개발자들이 동일한 코드베이스 내에서 작업하고 있으며 변경 사항을 통합해야 한다.

컨텍스트

개발자 팀이 모든 기능이 완료될 때만 통합되는 기능 집합에서 작업할 경우 통합 프로세스가 매우 복잡해지는 경향이 있다.

코드베이스 변경은 매우 크며, 그동안 다른 개발자들은 더욱 복잡하게 통합할 수 있는 별도의 대규모 변경 사항을 통합했다. 생산성을 높이기 위해 개발자는 간혹 중간 통합^{interim}을 지연시키며, 출시 직전에 단일 "빅뱅" 통합으로 이어진다. 중간 통합에 쉽게 잡을 수 있었던 사소한 버그나 충돌이 이제 전체 릴리즈를 지연시킬 수 있다.

- 시간에 따라 희미해지는 변경에 대한 기억으로 인해 통합이 지연되면 어려움이 가중될 수 있다.
- 변화가 적을 때 충돌 가능성은 더 작다.
- 동일한 작업을 자주 실행하면 자동화에 대한 인센티브가 생성된다.
- 리포트를 사용할 수 없는 경우 시스템에 대한 신뢰성이 떨어지기 쉽다.

따라서

모든 개발자는 하루에 한 번 이상 변경 사항을 통합한다.

모든 변경 사항은 각 마이크로서비스에 대한 메인 코드베이스에서 통합된다. 작업 일수가 1일 미만인 비교적 간단한 코드를 통합하기 쉬워진다. 메인 코드베이스는 모든 개발자가 사용할 수 있는 최신 코드가 작동 중인지 확인하기 위해 지속적으로 재구성 및 테스트되므로 새로 통합된 다른 코드와 예기치 않은 충돌을 최소화할 수 있다.

- 테스트 자동화 및 유닛 테스트를 도입한다.
- 각 변경 사항을 작성하고 즉시 테스트한다.
- 깨진 빌드를 즉시 수정한다.
- 코드베이스의 동일한 메인 라인에 커밋한다.
- 리포트 기능이 우수해야 한다.
- 토글 기능을 사용한다.

결과적으로

통합은 아무것도 아니다. 제품은 항상 릴리즈가 가능한 상태다.

+ 코드는 항상 품질, 테스트 및 기능성이 우수하다.

+ 협업이 쉬워진다.

+ 큰 문제를 일으키기 전에 사소한 버그와 충돌을 해결한다.

− 약간의 오버헤드가 있다.

일반적인 함정

많은 팀에서는 젠킨스^{Jenkins} 또는 다른 지속적 통합 빌드 도구를 실행한 다음 모든 변경 사항마다 전체 제품의 빌드를 수행하는 것을 지속적 전달^{CD, continuous delivery}로 간주하지만, 실제로는 적절한 CD 설정의 단일 요소일 뿐이다. 주요 목표는 모든 변경 사항을 빠른 시간에, 일찍 통합하는 것이다. 이를 위해서는 모든 팀 구성원이 동일한 지점에 코드를 커밋하고, 우수하고 신뢰할 수 있는 테스트 제품군, CD 빌드 시 발생하는 모든 장애에 대한 신속한 대응 등이 필요하다. 전체 CD는 코드 품질과 팀 민첩성을 크게 향상시킬 수 있지만, 일반적으로 부분적인 구현은 미미한 실제 가치만을 제공한다.

관련 패턴

- 지속적 전달
- 지속적 배포
- 실행과 가장 가까운 의사결정
- 빌드−실행 팀

패턴: 재현 가능한 개발 환경

개발자는 스핀업^{spin up}이 용이하고 운영 환경 도구와 가능한 가깝게 일치하는 환경에서 매일 작업을 테스트해야 한다(그림 9−5).

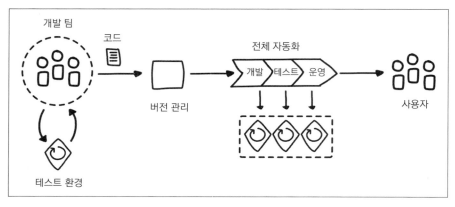

그림 9-5 재현 가능한 개발 환경

개발자들은 컨테이너 기반 마이크로서비스를 구축해 컨테이너 기반 플랫폼에 배포한다. 각 마이크로서비스는 하나의 팀이 구축하며, 이렇게 모인 마이크로서비스들은 더 큰 시스템으로 해석된다. 많은 팀에 많은 개발자들이 있다.

공유 환경 및 데이터베이스는 양호한 상태를 유지하기 어렵고 종속성에 따른 지연을 초래한다.

개발자는 자체 테스트 환경을 만들 수 없는 경우 코드를 제출하기 전에 적절한 테스트를 하지 않거나, 공유 환경에서 테스트하면 팀 동료의 작업에 영향을 줄 수 있다. 이는 이해하기 어려워진다는 의미이며, 다른 개발자들에게 영향을 미친다.

개발 환경과 최종 운영 환경 간의 차이는 운영 환경에서만 버그를 발생시킬 수 있다.

이러한 모든 시나리오에서는 품질과 개발자 생산성이 저하된다.

- 로컬 테스트로 코드 해석interpretation 문제를 줄일 수 있다.
- 개발자 환경에 대한 설정이 너무 느리면 개발자는 동일한 환경을 재사용할 것이다.
- 새로 고쳐지지 않으면 로컬 환경에서는 구성 변동이 발생하는 경향이 있다.
- 공유 환경은 종속성을 생성해 지연을 초래한다.

- 개발자는 쉽고 빠른 경우 많은 테스트 환경을 만드는 경향이 있다.
- 개발자는 동시에 테스트해야 하는 여러 가지 변경 사항이 있는 경우가 많다.
- CI 및 CD는 각 변경 사항을 철저히 테스트하지 않으면 달성하기 훨씬 어렵다.

개발자가 애플리케이션을 테스트할 수 있는 개발 환경을 만들기 위해 완전 자동화되고 빠른 프로세스를 수립한다. 각 개발자는 최종 운영 환경과 유사한 자체 환경 또는 여러 환경을 가질 수 있어야 한다.

- 운영 환경과 동일하거나 최소한이라도 유사한 도구를 제공한다.
- 클라우드에서 작업을 수행할 수 있지만 비용 관리가 필요하다.

각 개발자는 팀원들을 방해하지 않고 자체적으로 테스트를 실행할 수 있다.

+ 생산성과 제품 품질이 높다.

– 높은 비용으로 많은 하드웨어가 생성되어야 할 수 있다.

– 클라우드 환경에서 개발자가 임시로 생성한 자원을 삭제하지 않을 경우 많은 사용료가 발생할 수 있다.

관련 편향

방관자 효과

다른 사람이 문제를 해결하기를 바라면서 아무것도 하지 않는다.

관련 패턴

- 컨테이너 기반 애플리케이션

- 위험을 줄이는 배포 전략
- 빌드–실행 팀
- 장시간 테스트를 배제하는 CI/CD
- 지속적 통합
- 지속적 전달
- 실행과 가장 가까운 의사결정
- 셀프 서비스

패턴: 장시간 테스트를 배제하는 CI/CD

중요하지 않은 장시간 실행 테스트를 백그라운드에서 실행함으로써 운영 환경으로의 전달을
차단하지 않는다(그림 9-6).

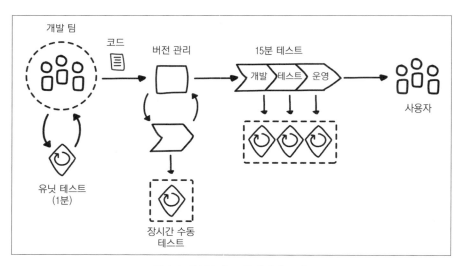

그림 9-6 장시간 테스트를 배제하는 CI/CD

CI/CD가 구성돼 있으며 대부분의 테스트가 자동화돼 있다. 몇 시간 또는 더 걸릴 수 있으
며, 수동 실행이 필요한 경우도 있다.

소프트웨어 전달에 대한 클라우드 네이티브 접근 방식의 주요 목표는 변경 사항을 신속하게 제공하는 것이다.

장시간 실행 성능 테스트, 신뢰성 테스트, 수동 및 기타 유형의 전체 시스템 테스트는 너무 오래 걸리며, 몇 시간 동안 전달이 지연돼 CI/CD의 가치가 저하될 수 있다. 하루에 수십 번, 심지어 수백 번 전달하던 것이, 몇 번으로 빈도가 줄어든다. 마찬가지로, 버그나 문제를 고치는 데 수 분 걸리던 것이 몇 시간이나 걸리게 된다.

- 수동 개입은 매우 긴 지연을 유발할 수 있다.
- 빈번한 통합을 위해서는 빠른 빌드/테스트 사이클이 필요하다.

따라서

프로세스에서 가장 빠른 테스트를 가장 빨리 실행한다. 일반적인 전달 프로세스 이외의 수동 테스트 또는 몇 분 이상 걸리는 테스트를 모두 스케줄링한다. 그러나 기능에 중요한 테스트가 있는 경우에는 차단 테스트로 실행해야 한다.

리스크 완화는 아키텍처의 핵심 요소가 테스트 자동화이듯, 클라우드 네이티브에서 마찬가지로 중요한 목표다. 이 두 가지가 충돌할 필요는 없다. 적절한 테스트를 수행하는 동시에 팀이 신속하고 지속적으로 출시할 수 있도록 해야 한다. 단기 실행 테스트는 배포 전 프로세스에 통합할 수 있으며, 장기 실행 테스트는 운영 환경으로 전달을 차단하지 않고 백그라운드에서 실행할 수 있다.

- 전달 후 주기적으로 테스트를 실행하고, 문제를 발견하면 변경 사항을 롤백하거나 문제를 해결한 후 새 릴리즈에서 롤포워드^{roll forward}한다.
- 장시간 테스트를 병렬로 실행한다.
- 테스트 자동화를 더 작은 테스트 세그먼트로 분할한다.

테스트는 전달을 지연시키거나 방해하지 않는다. 끊임없이 변화하는 테스트의 적절한 균형을 이뤄 제품의 품질이 향상된다.

+ 장시간 차단하지 않는 장기 테스트에서는 속도가 느려지지 않고 문제가 발견된다.

+ 빠르고 쉽게 릴리즈할 수 있다.

+ 개발자는 하루에 여러 번 배포할 수 있다.

− 일부 문제는 운영 환경으로 이어질 수 있다.

− 강력한 롤백/롤 포워드 규약 및 절차가 필요하다.

관련 패턴

- 지속적 통합
- 지속적 전달
- 지속적 배포
- 테스트 자동화
- 재현 가능한 개발 환경

패턴: 마이크로서비스 아키텍처

대규모 단일 애플리케이션을 제공하는 팀 간의 조정coordination 비용을 줄이려면 독립적으로 구축 및 운영되는 모듈식 서비스 제품군으로 소프트웨어를 구축해야 한다(그림 9-7).

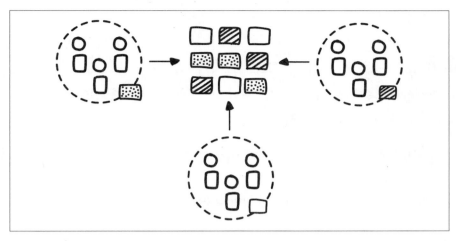

그림 9-7 마이크로서비스 아키텍처

회사가 클라우드 네이티브로 전환하기로 결정한 후, 기능 개발을 가속화하고 클라우드 리소스 사용을 최적화하는 방법을 모색한다. 개발/엔지니어링 인력의 규모는 작은 규모에서부터 중소기업이라면 몇십 명, 대기업이라면 몇천 명까지 다양하게 구성될 수 있다.

컨텍스트

대규모 팀이 개발한 대규모 단일 애플리케이션을 전달하려면 길고 복잡한 조정과 광범위한 테스트가 필요하므로 타임 투 마켓Time to Market 시간이 길어진다. 이러한 애플리케이션에 하드웨어를 사용하면 비효율적이며 리소스가 낭비된다.

- 사람들은 고통스러운 순간을 지연시키는 경향이 있다. 통합과 전달은 일반적으로 번거로우며, 시스템 수명이 증가함에 따라 빈도가 감소하는 경향이 있다.
- 대형 단일 시스템은 크기와 복잡성이 증가함에 따라 점점 더 이해하기 어렵다.
- 모듈형 애플리케이션보다, 개발자 모두가 이해할 수 있을 정도로 작은 경우 단일 애플리케이션으로 작업하는 편이 쉽다.
- 작은 단일 애플리케이션은 비교적 쉬운 문제에 대한 가장 빠르고 간단한 해결책이 될 수 있다.

- 콘웨이 법칙: 아키텍처는 조직 구조를 닮는 경향이 있다.

애플리케이션을 느슨하게 결합된 소규모 마이크로 서비스로 분할해 다른 구성 요소와 독립적으로 빌드, 테스트, 배포 및 실행할 수 있다.

- 소규모 팀과 독립 팀들은 별도의 모듈에서 작업하고 팀 전체에서 제한된 조정만을 통해 이를 전달한다.
- 독립적인 구성 요소를 통해 여러 팀이 각자의 속도로 진행할 수 있다.

새로운 시스템은 독립적인 연결이 복잡한 다수의 소규모 웹 구성 요소들로 이루어진다.

+ 더 빠르게 움직이는 팀은 더 느린 팀으로 인해 제약을 받지 않는다.
+ 팀은 특정 서비스를 전달하기 위한 가장 적절한 도구를 선택할 수 있다.
− 독립성과 선택의 자유를 얻을 수는 있지만, 표준화의 감소와 특정 유형의 재사용성으로 인한 트레이드오프로 이루어진다.

일반적인 함정

이율배반적인$^{all-or-nothing}$ 생각: 다음 단계로 넘어가기 전에 하나의 서비스가 제대로 작동하도록 하는 데 집중하는 대신 모든 구성 요소를 한 번에 구축하려 한다.

컨테이너화, 자동화 또는 CI/CD를 구축하기 전에 먼저 마이크로서비스로 이동한다. 따라서 수백 개의 작은 모놀리스 애플리케이션들을 구동한 후, 모두 수동으로 배포해야 한다.

팀 조직 구조를 재구성하지 않았기에 여전히 모든 마이크로서비스를 단일 전달 방식으로 구축하고 있다.

관련 편향

밴드웨건 효과

대다수 사람들이 하고 있기 때문에 무언가를 하려는 경향이다. 모든 콘퍼런스에서 화제가 되는 기술을 논의할 때 또는 가트너가 특정 기술을 차트에 올릴 때, 모든 사람이 자신의 사례와 어떻게 관련되는지 이해하지 못했는데도 채택하기로 결정한다.

친혁신 편향 Pro-innovation bias

혁신의 한계나 구현 상황에 대한 이해 없이 혁신의 유용성과 적용 가능성에 지나친 낙관론을 가지는 것

관련 패턴

- 빌드-실행 팀
- 지속적 통합
- 지속적 배포
- 바퀴의 재발명 방지
- API를 통한 통신
- 동적 스케줄링

패턴: API를 통한 통신

고도로 분산된 시스템에서 마이크로서비스는 안정적이고 강력하게 분리된 API를 통해 서로 통신해야 한다(그림 9-8).

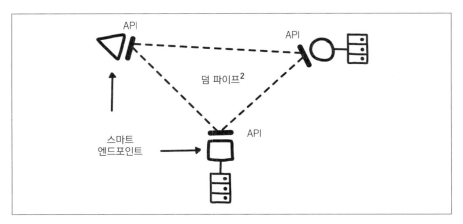

그림 9-8 API를 통한 통신

한 회사가 마이크로서비스 애플리케이션을 만들고 있다. 일부 팀은 단일 마이크로서비스에서 작업하고, 다른 팀은 여러 마이크로서비스에서 작업한다. 팀은 독립적이며 기술 및 조직 수준에서 팀 간 종속성을 줄이는 것을 목표로 한다.

컨텍스트

마이크로서비스 간의 API가 제대로 정의되지 않았으며 완전히 분리돼 있지 않으면 개발 또는 전달 시 더욱 긴밀한 결합이 필요하다. 따라서 서비스 대 서비스 및 조직 수준에서 팀 간 종속성이 발생한다. 이러한 프로세스는 여러 서비스 제공을 위한 공동 개발로 이어지고 팀 간에 긴밀한 협업이 필요하기 때문에 처음부터 단일 애플리케이션을 분리하려는 움직임을 근본적으로 불식시킨다.

따라서 조직의 속도와 민첩성이 저하되며, 독창적인 단일 아키텍처와 조직 구조가 효과적으로 재창조된다.

- 긴밀한 결합은 데이터를 직접 공유하기 위한 간단한 결정에서 시작된다.
- 콘웨이 법칙: 소프트웨어 애플리케이션의 아키텍처는 회사의 조직 구조를 반영하도

---

2   가치가 낮은 단순 연결 수단

록 진화한다.
- 여러 마이크로서비스에서 작업하는 단일 팀은 지름길을 선택하게끔 하며 take shortcuts, 강한 결합 tight coupling을 도입할 수 있다.

따라서

마이크로서비스는 단순하고 일관적이며 안정적인 API를 사용한다. 네트워크를 통해서만 서로 통신해야 한다.

- 이전 버전과의 호환성을 통해 안정적인 API를 구축한다.
- 대부분의 서비스 로직을 서비스 자체 내에 배치해 API를 단순하고 쉽게 유지 관리할 수 있도록 한다.
- 스마트 엔드포인트, 덤 파이프(대부분의 비즈니스 로직은 API가 아닌 마이크로서비스 자체에 있다).
- 각 마이크로서비스가 다른 마이크로서비스 데이터에 직접 액세스하지 않도록 한다.
- API를 위한 버전 제어 및 버전 관리가 있는지 확인한다.

결과적으로

마이크로서비스는 분리되고 독립적으로 유지된다.

+ API를 보존하기만 하면 필요할 때 기존 마이크로서비스를 쉽게 교체할 수 있다.
− 네트워크를 통한 통신 속도가 느려질 수 있으며 설계가 더 복잡하다.

일반적인 함정

일부 팀은 나중에 다시 네트워크 기반에서 API를 리팩토링할 기회가 있으리라 생각하고, 처음부터 제대로 만들기보다는 빠르고 쉬운 것을 선택한다. 결국 이러한 리팩토링은 신뢰할 수 없으며, 종속성이 매우 빠르게 증가하는 결과를 초래한다. 잘 정의되고 강력하게 분리되는 API를 실행하지 않음으로써 이전에 절약한 작업보다 훨씬 더 많은 작업을 추후 해야 할 것이며, 이러한 혼란을 없애는 데 시간이 많이 걸릴 것이다.

관련 패턴

- 마이크로서비스 아키텍처

패턴: 레퍼런스 아키텍처

모든 팀이 애플리케이션/구성 요소를 구축하는 데 사용할 수 있는 표준화된 시스템 아키텍처를 펼쳐 놓은 쉽게 접근할 수 있는 문서를 제공한다. 이를 통해 더 높은 아키텍처 일관성을 보장하고 더 나은 재사용성을 통해 개발 비용을 절감할 수 있다(그림 9-9).

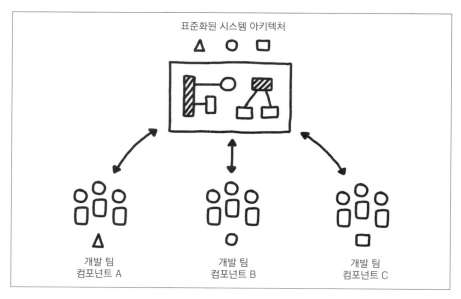

그림 9-9 레퍼런스 아키텍처

핵심 팀은 초기 플랫폼을 설정한 후, 이를 테스트할 몇 가지 애플리케이션의 마이그레이션을 설계한다. 나머지 팀은 곧 마이그레이션을 시작할 것이다. 이를 위해서는 플랫폼 아키텍처를 이해해야 한다.

클라우드 네이티브로 전환한 팀은 아직 경험이 없으며, 클라우드 네이티브 시스템을 설계하는 올바른 방법에 대한 명확한 레퍼런스가 없다. 플랫폼 표준화를 위한 적절한 계획 없이 트랜스포메이션이 진행되면, 각 팀은 해당 플랫폼이 담당하는 특정 작업에서 전혀 다른 아키텍처를 선택할 가능성이 높다.

이렇게 하면 구성 요소를 이해하기 어렵고 유지 관리가 더욱 복잡해지며, 여러 플랫폼 간의 학습 곡선^{learning curves}이 가팔라지기 때문에 팀 간에 개발자를 이동시키기가 더욱 어려워진다. 또한, 지식과 쉬운 솔루션이 없는 경우, 팀은 편견에 따라 이미 잘 알려진 방식으로 되돌아감으로써 트랜스포메이션의 가치를 현저히 떨어뜨릴 수 있다.

- 기존 아키텍처를 더 쉽게 재사용할 수 있다.
- 일부 팀에서는 원래 버전에서 확장하지 않는다.
- 모든 자유가 주어진다면, 팀들은 다양한 아키텍처를 고안해낼 것이다.
- 한 팀 내에서 전체 시스템을 고려하기란 어렵다.

회사에서 사용할 아키텍처 원칙을 문서화한다. 팀에게 시스템에서 소프트웨어를 구축하는 표준화된 방법을 교육시키고, 팀 간의 일관성을 보장하기 위한 아키텍처 검토 프로세스를 만든다.

아키텍처를 조기에 표준화하면 혼란을 방지하며, 훨씬 신속하게 채택할 수 있는 길이 마련된다. 이는 비전 우선 패턴의 확장이다. 계획을 진전시키기 위해 수많은 무작위 결정을 내리는 대신 분산형 시스템 소프트웨어를 구축하는 방법을 이해하는 사람들이 적절한 기술적 결정을 내리는 데 결정적인 도움이 됐다.

처음부터 명확한 아키텍처 지침과 함께 좋은 참조 포인트를 제공하면 팀이 더 나은 방식으로 프로젝트를 시작할 수 있으며 잉여 비용을 방지할 수 있다.

- 팀이 도구를 선택할 수 있는 유연성을 제공할 수 있도록 아키텍처를 충분히 고급화한다.
- 데모 애플리케이션을 구현 예제로 사용한다.
- 시스템을 사용할 모든 사용자를 일률적으로 교육할 수 있는 절차를 만든다.
- 팀들이 마이크로서비스를 개선해 표준화된 플랫폼에서 최적의 운영을 하도록 검토하고 지원한다.
- 권장 언어 및 도구를 포함한다.
- 창의적인 실험을 하는 것이 아키텍처 설계를 하지 말아야 한다는 의미는 아니다.

결과적으로

구성 요소는 모든 팀과 프로젝트에서 한결같다. 플랫폼과 선호되는 애플리케이션 아키텍처 스타일에 대한 동의를 명확하게 이해했다. 플랫폼의 현재 상태를 알고 있으며, 개선을 위해 열려 있다.

+ 개선 및 유지 관리가 용이하다.
+ 새로운 제품을 탑재하기 더 용이하다.
− 선택의 자유를 제한할 수 있다.

일반적인 함정

팀이 기본 설정으로 표준화된 플랫폼을 그대로 수용하고 특정 작업에 맞게 개선하거나 확장하지 않는다.

관련 편향

기본 효과

여러 옵션 중에서 선택할 수 있는 경우, 사람들은 이미 설정된 기본값을 선호하는 경향이 있다. 이러한 이유로 문제에 대한 해결책으로 기본값이 사용자 정의 옵션보다 더 자주 채택되기 때문에 올바르고 최적인 기본값을 고려해야 한다. 아마존 웹서비스, 애저 등과 같은 클라우드 플랫폼에 내장된 도구와, 직원에게 제공되는 내부 도구 모두에 해당된다. 스타터 팩^{Starter Pack} 패턴이 있는 이유기도 하다.

관련 패턴

- 비전 우선^{Vision First}
- 아키텍처 도안
- 담당 업무별 커뮤니케이션

패턴: 아키텍처 도안

여기서 시스템의 기본 아키텍처에 대한 높은 수준의 개요 스케치 그림은 한 페이지 정도의 내용을 대체하며, 오개념을 방지할 수 있다(그림 9-10).

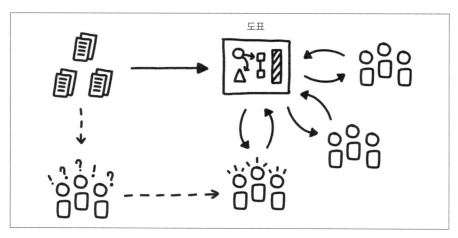

그림 9-10 아키텍처 도안

회사는 클라우드 네이티브 채택 단계에 있다. 전략을 설정한 후 아키텍처를 정의한다. 이제 회사는 아키텍처를 논의하고 개선할 수 있는 쉬운 방법이 필요하다.

아키텍처가 매우 복잡하며, 복제하기 어려운 경우나 혹은 경우에 따라 일부분이 완전히 누락되는 경우 기술 솔루션에 대해 신속하고 효과적인 대화를 나누려 할 것이다. 단어를 사용해 복잡한 기술적 토론을 설명하려면 시간이 많이 걸리고 혼란스러울 수 있으며, 나중에 많은 오해를 불러일으킬 수 있다. 이로 인해 구현 시 편차가 발생할 수 있으며, 제품 품질이 저하되고 유지 관리가 더욱 어려워질 수 있다.

- 사람마다 다른 방식으로 정보를 파악한다.
- 시각화는 사람들이 더 창의적으로 생각할 수 있도록 도와준다.
- 시각적 또는 공통 언어는 기술 토론 중에 시간을 절약하고 정보의 양을 늘리는 데 도움이 된다.

화이트보드에 높은 수준의 아키텍처를 그린다. 모든 팀 구성원에게 도안을 반복적으로 작성하는 방법을 가르친다.

팀 토론 및 모든 내부 문서에서 도안을 일관되게 사용한다. 각 하위 구성 요소에 대해 유사한 도안을 반복적으로 작성한다.

- 그리기 쉬운 간단한 요소를 만든다.
- 도안을 20가지 요소로 제한한다.
- 도안과 유사한 디지털 버전을 만든다.
- 하위 구성 요소에 대해 동일한 그래픽 언어를 사용한다.
- 쉽게 참조할 수 있도록 도면의 버전을 중앙에서 사용할 수 있도록 유지하고 업데이트한다.

모든 팀원이 몇 초 만에 아키텍처의 일부를 그릴 수 있다. 협업 개선을 위한 기반에는 공통적인 시각 언어가 존재한다.

+ 프로젝트 내내 일관된 비주얼을 사용한다.

+ 아키텍처의 구성 요소를 이해하고 서로 어떻게 관련돼 있는지를 내재화된다.

− 아키텍처의 표준화된 표현은 팀 내 창의적 사고를 자극하고 제품 개발 초기 단계에서 적합성을 이끌어낼 수 있다.

일반적인 함정

무척 간단하면서도 매우 유익하므로 반드시 해야[No Regret Move] 하지만, 순환 및 참조를 위한 하나의 통일된 아키텍처 버전을 생산하는 기업은 거의 없다. 따라서 팀과 개인이 자신만의 버전을 만들며 혼란을 초래할 수 있다.

또한 그들이 아키텍처를 만들 때, 너무나 복잡한 시각적 표현으로 인해 아무도 이해할 수 없게 될 우려가 있다.

관련 패턴

- 분산 시스템
- 근본적인 혁신을 위한 디자인 싱킹
- 내부 에반젤리즘
- 정기 점검

패턴: 개발자 스타터 팩

새로운 클라우드 네이티브 시스템에 신규 팀이 신속하고 안전하게 온보딩onboarding할 수 있도록 재료, 가이드 및 기타 리소스 등과 같은 "스타터 키트"를 제공한다(그림 9-11).

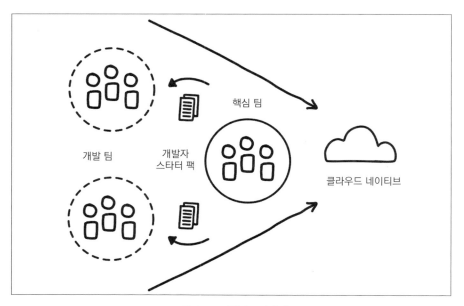

그림 9-11 개발자 스타터 팩

새로운 클라우드 네이티브 플랫폼이 운영 환경 준비 상태에 가까워지고 있다. 이제 팀을 온 보딩시킬 차례다.

클라우드 네이티브에 탑승하는 팀은 도구나 기술을 잘 모르다 보니 일반적으로 다소 부족한 온보드 재료를 받는다. 이로 인해 시간이 낭비되며, 최악의 경우 팀들은 정보를 알기 힘들거 나, 플랫폼에 맞게 설계되지도 않았으며 균일하지 않은 자체 클라우드 네이티브 방식을 개발 해야 한다.

- 공개적으로 사용할 수 있는 자료가 제한돼 있다.
- 사람들은 새로운 기법에 대한 명확한 지침이 제공되지 않을 경우 이미 알려진 기법 을 사용한다.
- 팀들이 불충분한 교육을 받은 경우 지원 팀에게 도움 요청이 쇄도한다.
- 사람들은 기본 선택을 받아들이는 경향이 있기에 기본값을 잘 지정하면 전반적인 품질이 향상된다.

개발자가 즉시 작업을 시작하는 데 필요한 모든 것을 클라우드 네이티브에 온보딩할 수 있도 록 제공한다.

최적의 경우, 신규 개발자는 첫 번째 변경 사항을 커밋하고 온보드 이후 첫날에 테스트 환경 에 배포할 수 있어야 한다.

- 이 클라우드 네이티브 "스타터 키트" 자료에는 도구 구성, 버전 컨트롤 저장소, CI/ CD 파이프라인, 실습을 위한 데모 애플리케이션, 대상 플랫폼 설명, 교육 등을 포 함해야 한다.
- 이 모든 것은 온보딩 다음 단계에 앞서 준비해야 한다.

클라우드 네이티브 방식은 핵심 팀이 계획한 대로 채택되며 일관성이 있다.

+ 새롭게 온보딩한 개발자가 문제를 해결할 수 있는 도구와 자신감을 가질 수 있기에 온보딩 후 핵심 팀의 작업과 문제가 줄어든다.

− 개발 팀이 학습할 수 있는 자유가 줄어든다.

일반적인 함정

팀은 제공된 스타터 팩을 시작점으로 사용하기보단 최고의 솔루션으로 사용한다. 추후 더 나은 솔루션이 필요해질 때 솔루션이 제공되면 혁신하는 경향이 있다. 즉, 이들은 스타터 팩을 "이렇게 하면 된다"는 의미로 받아들이고 대안을 모색하지 않는다.

관련 편향

지식의 저주

핵심 팀은 한동안 이러한 작업을 해왔기 때문에 클라우드 네이티브 기술 및 도구에 익숙하지 못한 상태였다. 그들은 정확히 무엇을 해야 하는지 알기에 왜 다른 사람들이 이 지식을 이해하지 못하는지 헤아리기 힘들다.

기본 효과

여러 옵션이 주어지면 제공된 기본값을 선택하는 경향이 있다. 사람들은 기본값을 받아들이며, 조정하거나 맞춤화하려 하지 않는다. 탁월한 기본 옵션을 제공함으로써 최적의 선택으로 나아가는 데 도움이 될 수 있다.

관련 패턴

- 점진적 온보딩
- 레퍼런스 아키텍처

376

- 데모 애플리케이션
- 전체 운영 환경 준비 상태

패턴: 데모 애플리케이션

새로운 클라우드 네이티브 시스템에 온보딩한 팀은 자체 클라우드 네이티브 애플리케이션을 구축하기 위한 교육적인 시작점으로 데모 애플리케이션을 받는다(그림 9-12).

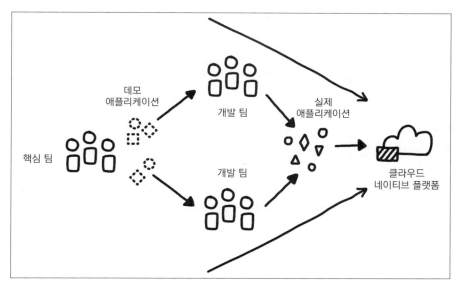

그림 9-12 데모 애플리케이션

핵심 팀은 초기 플랫폼을 구축했으며 나머지 조직도 클라우드 네이티브에 온보딩할 준비가 됐다. 개발자는 플랫폼 교육을 통해 배우고, 곧 클라우드 네이티브로 애플리케이션을 이동해야 한다. 클라우드 네이티브 경험 수준이 낮다.

새로 클라우드 네이티브로 온보드된 팀은 지식이 제한돼 있고 클라우드 네이티브 애플리케이션을 만든 경험이 없다. 클라우드 네이티브 시스템을 사용하지 않은 곳에서 활용한 기존의 기술과 접근 방식을 적용하는 경향이 있다. 따라서 클라우드 네이티브와 충돌하는 최적의 아키텍처와 긴밀하게 연결된 상호 의존적인 애플리케이션을 다시 생성할 수 있다. 이로 인해 애플리케이션이 제공하는 전반적인 품질이 저하되며, 클라우드 네이티브의 개발 속도 이점을 얻을 수 없다. 애플리케이션을 다시 아키텍처링하는 것은 처음부터 올바른 방식으로 구축하는 것보다 훨씬 어렵다.

- 사람들은 새로운 문제를 해결하기 위해 알려진 방법을 사용하는 경향이 있다.
- 아무것도 없는 것보다는 무언가에서 시작하기가 훨씬 쉽다.
- 사람들은 예시를 실행하고 경험함으로써 배운다.

클라우드 네이티브 방식에 완벽하게 맞는 단순하고 기능적인 여러 가지 애플리케이션을 구축할 수 있다.

새로운 팀이 클라우드 네이티브 설정에 참여할 때 이러한 애플리케이션을 알리고 사용할 수 있도록 한다. 데모 애플리케이션을 최신 상태로 유지하고 핵심 팀이 개발한 최신 모범 사례에 맞게 조정한다.

- 애플리케이션은 기본이지만 UI 및 데이터베이스와 함께 완벽하게 작동하며, API를 통해 통신하는 서비스와 함께 마이크로서비스 아키텍처를 기반으로 구축된다.
- 팀이 학습한 대로 새로운 도구와 방법을 통합해 애플리케이션을 확장함으로써 지속적으로 개선한다.
- 깔끔하고 고품질 코드를 강조한다.
- 테스트는 자동화로 구성돼야 한다.
- 애플리케이션은 CI/CD를 사용해 제공되며, 제공 스크립트는 애플리케이션의 일

부다.
- 빌드—실행 팀이 제공한 워크플로우를 연습해 항상 가동 및 실행한다.

새로운 시스템으로 이동하는 팀들은 새로운 기술을 연습할 수 있다. 완전한 엔터프라이즈 애플리케이션을 제공할 준비가 가능해진다.

+ 개발자는 올바른 위치에서 시작할 수 있다.
+ 핵심 팀은 자신의 지식을 적용할 수 있다.
+ 아키텍처의 일관성이 향상된다.
− 데모 애플리케이션이 창의성을 제한할 수 있다(기본 효과).
− 핵심 팀은 데모 애플리케이션을 작성하는 데 시간을 소비한다.

일반적인 함정

클라우드 네이티브로 전환하고, 이전 기술과 프로세스를 사용해 분산 아키텍처 애플리케이션을 제공하려 한다. 대부분의 경우 마이크로서비스로 설계된 애플리케이션을 볼 수 있지만, 긴밀하게 결합된 이러한 애플리케이션은 동시에 모두 제공되므로 기본적으로 마이크로서비스만의 단일 구조가 전달된다.

관련 편향

도구의 법칙

익숙한 도구 또는 방법에 지나치게 의존해 대안을 무시하거나 과소평가한다. "당신이 가지고 있는 것이 망치뿐이라면 모든 것이 못처럼 보인다."

기본 효과

처음에 미리 선택한 옵션이 제공되는 경우 더 나은 옵션을 탐색하는 대신 기본 설정으로 유지되는 경향이 있다.

관련 패턴

- 개발자 스타터 팩
- 점진적 온보딩
- 학습 조직
- 빌드–실행 팀

패턴: 시작 단계부터 보안을 고려한 시스템

설계에 따른 분산 시스템이 깨지지 않도록 초기 버전부터 플랫폼에 보안을 구축한다(그림 9–13).

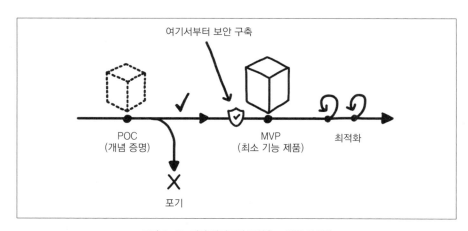

그림 9–13 시작 단계부터 보안을 고려한 시스템

회사는 클라우드 네이티브로 전환 중이며, MVP 플랫폼을 구축하고 클라우드 네이티브 조직 구조를 수립하는 과정에 있다. 분산 시스템, 마이크로서비스 아키텍처 및 CI/CD가 사용되

고 있다. MVP는 몇 달 내에 운영 환경에 들어갈 계획이다.

팀은 프로젝트에서 비교적 늦은 단계까지 보안 설정을 지연하는 경향이 있다. 그러나 클라우드 네이티브에는 많은 새로운 도구과 보안 기술이 필요하며, 일반적으로 팀은 분산 시스템 작업에 능숙하지 않다. 플랫폼이 가동되기 직전에 보안 기능을 구현하게 되면 운영 시 보안이 취약해지거나 상당한 지연이 발생한다. 그렇기에 좋은 보안 조치를 취하는 편이 좋다.

- 경계 보안perimeter security으로는 분산 시스템의 보안을 보장할 수 없다.
- 추후 보안을 추가하려 할 때 더 어려워진다.
- 클라우드 네이티브 환경에서는 새롭고 생소한 다양한 도구와 방법들이 필요하다.

첫날부터 MVP를 보안성이 뛰어난 시스템으로 구축한다.

스타터 팩 및 데모 애플리케이션에 보안 테스트를 내장하고 CI/CD 프로세스 중에 보안 테스트를 테스트 제품군의 필수 요소로 실행한다. 이렇게 하면 필요한 시간을 들여 보안 사례를 만들고 플랫폼에 온보딩하는 팀을 위한 예시를 제공할 수 있다.

- 양질의 지속적인 보안 교육을 제공한다.
- 자동화된 보안 테스트를 실시한다.
- 클라우드 네이티브 시스템의 모든 도구의 보안을 검토한다.
- 모범 사례를 통해 컨테이너, 클러스터, API, 액세스 권한 등을 보호할 수 있다.

시작부터 보안이 최우선이며 플랫폼 전체에 걸쳐 구성된다. 빌드–실행 팀과 플랫폼 팀은 안전한 분산 시스템을 구축하기 위한 명확한 가이드 원칙이 있다.

+ 처음부터 보안을 추가하기 위한 추가 비용은 없다.

+ 팀은 분산 보안에 능숙하다.

관련 패턴

- 분산 시스템
- 테스트 자동화

패턴: 스트랭글 모놀리식 애플리케이션

기존의 단일 애플리케이션 부분을 하나씩 점진적으로 분할해 서비스로 재설계한 후 시간이
지남에 따라 새로운 클라우드 네이티브 플랫폼으로 이동시킨다(그림 9–14).

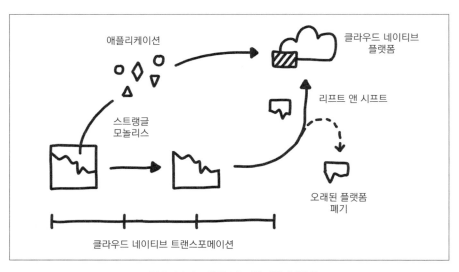

그림 9–14 스트랭글 모놀리식 애플리케이션

모놀리스 애플리케이션을 마이크로서비스 아키텍처로 전환하고 있다. 새로운 플랫폼이 준
비 중이거나 곧 준비를 마치며, 모놀리스 애플리케이션을 마이크로서비스로 분할하기 위한
전략을 준비하고 있다.

수년 또는 심지어 수십 년에 걸쳐 구축된 거대한 모놀리스 애플리케이션의 재구축은 수년이 걸릴 수 있는 대규모 프로젝트다. 일부 회사에서는 이 모든 작업을 동시에 수행하려 하지만, 처음부터 대형 모놀리식 애플리케이션을 다시 쓰는 일도 큰 위험을 수반한다.

이 작업을 수행할 수 있는 클라우드 네이티브 경험이나 지식이 거의 없지만 기대했던 만큼 개발되고 작동할 때까지 새로운 시스템을 사용할 수 없다. 처음부터 새 시스템을 구축하는 데는 1년 이상이 걸릴 수도 있다. 현재 플랫폼에서 최소한의 개선 사항이나 새로운 기능이 제공되므로, 비즈니스에서 시장 점유율을 잃을 우려가 있다.

또한 첫 번째 시도에서 모두 잘못할 위험도 크다. 첫 번째 프로젝트에서 전체 애플리케이션을 포함한다면, 매몰비용 오류로 인해 한발 물러나 다시 시작하기가 매우 어렵다. 그렇게 하는 것이 최선의 해결책일지라도 마찬가지다.

- 팀들은 아직 모놀리식 애플리케이션을 마이크로서비스로 분할하는 방법을 알지 못한다.
- 처음 무언가를 할 때 실수를 하게 된다. 실행보다는 학습 경험이다.
- 모놀리식 애플리케이션에는 거대한 원인 속에 예상치 못한 문제가 숨어 있다.
- 적절한 범위 내에서 마이그레이션하면 문제가 나타났을 때 처리할 수 있지만, 모든 작업을 한 번에 수행하려 하면 계획이 무력화된다.
- 20/80 원칙: 80%를 완료하는 데 20%의 시간이 걸리고 마지막 20%를 완료하는 데 80%의 시간이 걸린다(마지막 1%는 처음 99%만큼 많은 시간이 소요되므로 메인프레임 mainframe에서 1%를 유지한다. – 마지막 단계에서 리프트 앤 시프트 패턴 참조).

클라우드 네이티브 플랫폼이 준비되면 모놀리식 애플리케이션에서 소규모 요소들을 꺼내 한 번에 하나씩 다시 설계한 다음 새로운 플랫폼으로 이동한다.

새로운 기능의 비즈니스 가치는 훨씬 더 빠르게 달성되며, 느슨하게 결합된 서비스의 클라우드 네이티브 아키텍처는 향후 리팩토링 작업이 간단함을 의미한다. 이는 마틴 파울러^{Martin} ^{Fowler}의 고전적인 교살자 패턴의 클라우드 네이티브 버전이다.

- 단계적으로 장기간에 걸쳐 진행하는 것이 중요하다.
- 먼저 최종 기능 플랫폼을 구축한다.
- 자주 바뀌는 부품과 추출하기 쉬운 부품에 우선순위를 부여한다.
- 데모 애플리케이션을 생성한다.
- 일관된 프로세스를 위해 복제할 수 있으며, 최대한 빠르고 쉽게 진행할 수 있도록 플랫폼으로 조각을 마이그레이션할 수 있는 간단한 방법을 문서화한다.
- 실행 중이지만 전혀 변하지 않는 것들은 기존 시스템에 두고 맨 마지막에 이동한다.

결과적으로

기존 애플리케이션과 새로운 애플리케이션이 함께 작동하는 혼합된 환경이 존재한다. 팀은 모놀리식 애플리케이션 부분들을 재설계하는 데 점점 더 능숙해지고 있다.

+ 시간이 지남에 따라 부분을 이동시킬 수 있는 계획이 마련돼 있다.

− 일부 팀은 여전히 이전 환경에서 작업하고 있다. 회사 전체가 1일 차에 모두 쿠버네티스 환경으로 이동하지는 않는다.

− 두 가지 운영 모델이 마련돼 있으며, 이러한 모델은 자체적인 문제를 일으킬 수 있다.

일반적인 함정

하나의 거대한 리아키텍처^{re-architecture} 프로젝트로서 한꺼번에 진행하려 한다. 수십 개 혹은 수백 개의 조각으로 된 단일 애플리케이션을 재설계한다.

마지막 남은 부분 대신에 처음부터 모놀리식 애플리케이션 전체를 리프트 앤 시프트한다.

관련 편향

친혁신 편향 Pro-innovation bias

새로운 기술이 모든 오래된 문제를 해결할 수 있다는 믿음이다.

계획 오류 Planning fallacy

프로젝트를 완료하는 데 필요한 시간을 과소평가하는 인간의 경향이다. 특히 처음 클라우드 네이티브로 이동하는 불확실한 상황에서 작동된다. 필요한 시간과 리소스를 예측하고 싶지만, 클라우드 네이티브로 전환하는 데 실제로 어느 정도 시간이 소요되는지 알 수 없다. 그래서 1년 이상 걸리는 경우를 몇 주 간의 작업으로 추정하는 사람도 있다.

관련 패턴

- 마지막 단계에서 리프트 앤 시프트
- 아키텍처 도안
- 데모 애플리케이션
- 숙련도 관리

패턴: 자동화는 마지막에

완전히 해결된 문제 솔루션을 수동으로 몇 번 실행한 후에 프로세스를 자동화한다(그림 9-15).

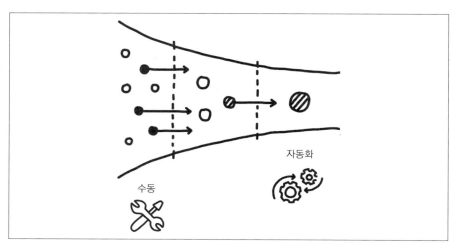

그림 9-15 자동화는 마지막에

팀은 변동하는 대규모 사용자를 지원해야 하는 복잡한 시스템을 구축하고 있다. 문제와 도메인을 완전히 알 수 없다. 새로운 해결책을 알아내기 쉽지 않다.

자동화는 클라우드 네이티브의 성공을 위해 필수적이지만, 사람들은 시작부터 실제 문제가 드러나기 전에 완전하고 자동화된 솔루션을 만들려 하는 경향이 있다. 실험보다는 학문적인 접근 방식을 택한다. 이는 문제가 완전히 이해되지 않을 때 잘못된 것을 자동화하는 결과로 이어진다. 아니면 이 난관을 "거짓말만 하고, 헛소리만 하고, 더 빨리"라고 묘사하는 빌 게이츠를 다른 말로 표현한다(Or, paraphrasing Bill Gates, who describes this conundrum as "Crap in, crap out, only faster.").

- 대학에서는 문제를 "제대로 된^{right}" 방식으로 해결하도록 가르친다.
- 엔지니어는 수동 작업보다 자동화를 선호한다.

문제를 잘 이해하고, 솔루션을 만들고, 문제를 해결한 다음 자동화, 확장, 최적화 및 개선을 할 수 있다.

문제를 자동화하기 전에 먼저 수동으로 문제를 해결한다. 팀은 문제를 직접 경험하고 식별하기 위해 솔루션을 수동으로 확인해야 한다. 수동 작업 시간이 많이 필요하고 자동화하기 쉬운 작업인 가장 쉬운 것에 먼저 집중한다.

- 프로세스를 수동으로 몇 번 실행한다.
- 단계가 포함된 문서인 블루프린트를 생성한다.
- 실험 후 MVP(최소 실행 가능 제품) 버전으로 자동화를 먼저 수행한다.
- 최적화하고 확장한다.
- 지속적으로 개선한다.

결과적으로

제대로 된 것만 자동화된다. 중요하며, 시간이 걸리는 모든 작업은 결국 자동화된다.

+ 확장된 작업은 이해하기 쉽고, 적용된 프로세스가 된다.
− 공정은 당분간 수동이다.

관련 편향

밴드웨건 편향

다들 자동화가 중요하다고 하니, 즉시 하는 게 좋겠다!

관련 패턴

- 탐색적 실험
- 개념 증명
- 최소 실행 가능 제품
- 자동화는 마지막에

패턴: 바퀴의 재발명 방지

완벽한 도구를 직접 제작하는 대신 실제 핵심 비즈니스가 아닌 요구에 따라 오픈소스를 사용하거나 상용 솔루션을 구입한다(그림 9-16).

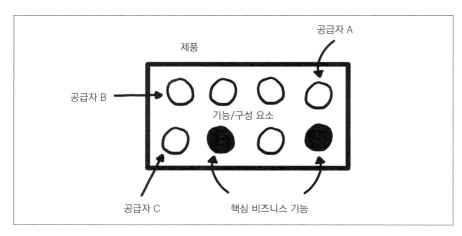

그림 9-16 바퀴의 재발명 방지

팀은 클라우드 네이티브 전환 중이며, 일부 기능이 누락됐다. 팀은 자체적인 솔루션을 만들수 있지만 즉시 사용할 수 있는 솔루션은 시장에서 구할 수 있다.

컨텍스트

많은 개발 팀은 합리적인 대안을 사용할 수 있는 경우에도 자체 도구나 솔루션을 만드는 경향이 있다. 자체 솔루션은 비용이 많이 들고 구축 속도가 느리며, 유지 관리가 어려우며 빠르게 노후화된다. 그들은 업계의 개발 제품을 이용하지 않으며, 비용이 많이 든다.

- 핵심 제품을 제작하는 데 내부 개발이 가장 중요하다.
- 핵심 비즈니스가 아닌 도구는 많은 관심을 끌지 못한다.
- 비즈니스 논리나 사용자 상호 작용이 아닌 모든 것이 핵심 비즈니스는 아니다.
- 모든 기성 제품은 회사 또는 이를 만드는 커뮤니티의 핵심 비즈니스다.

- 클라우드 네이티브 에코시스템은 매우 빠르게 성장하고 있다.
- 많은 엔지니어가 "더 잘 안다"고 생각한다.
- 오픈소스는 많은 개발자를 끌어들인다.

따라서

완벽하게 맞지 않은 경우일지라도 가능하면 기성 도구를 사용한다.

일반적으로 상업적이든 오픈소스든 기성 제품은 자체 제작 가능한 제품보다 품질이 우수하고, 유지 관리가 용이하며, 자주 확장된다. 개발 시간의 대부분을 핵심 비즈니스 기능에 할애한다. 이를 통해 경쟁 업체와 차별화되는 핵심 비즈니스 부분에 대한 투자에 소요되는 시간과 노력을 대폭 늘리는 동시에 나머지 부분은 쉽게 유지 관리 가능하며, 최신 업계 표준에 부합하도록 보장할 수 있다.

- 가능한 경우 타사 라이브러리, 기성 제품 및 기존 아키텍처를 사용한다.
- 핵심 비즈니스 전달에 내부 리소스를 집중한다.
- 다른 제품을 사용할 수 없는 경우에만 구축한다. 핵심 비즈니스와 관련이 없는 경우 오픈소스 솔루션을 선호한다.
- 되도록 최대한 실현 가능한 솔루션을 찾는다. 각각의 개별적인 비즈니스 기능을 다루는 다양한 오픈소스 솔루션을 활용해 작동하는 모듈들의 복잡한 환경을 유지하는 데 이끌 수 있다.

결과적으로

팀은 핵심 비즈니스에 집중할 수 있다.

+ 타사는 제품 릴리즈 시 새로운 기능을 지속적으로 소개한다.
+ 기성 제품의 품질은 일반적으로 더 높다.
+ 외부 제품 및 사용자 지원이 있다.
+ 공통 도구를 사용할 때 직원을 채용하기가 더 쉽다.

- 일부 예외적인 문제는 기성 솔루션으로는 해결할 수 없을 정도로 매우 특별하다.
- 타사 제품은 가격이 비싼 경우가 많다.
- 기능상의 제어권이 줄어든다.

일반적인 함정

자체 솔루션을 구축하고 유지하는 데 드는 비용을 과소평가한다. 초기에는 빠르고 쉬워 보이지만 개발자들은 일반적으로 예측을 너무 낙관한다. 자신만의 도구를 구축하려면 항상 오래 걸리고 어려우며, 이는 결국 초기에 예상했던 것보다 훨씬 더 큰 규모로 비용이 많이 들지도 모른다.

관련 편향

통제에 대한 환상

엔지니어는 회사가 필요한 것을 가장 잘 알고 있으며 외부 벤더에서 제공하는 것보다 더 나은 솔루션을 구축할 수 있을 것이라 생각한다.

계획 오류

프로젝트를 완료하는 데 필요한 시간을 과소평가하는 인간의 경향이다.

관련 패턴

- 오픈소스 기반 내부 프로젝트
- 벤더 락인 탈피 전략
- 퍼블릭 클라우드

패턴: A/B 테스트

실제 고객 사용 조건에서 제품의 여러 버전(기능, 새로운 기능, UI 등)을 비교해 어떤 것이 더 잘 동작하는지 유용한 데이터를 신속하게 얻을 수 있다(그림 9-17).

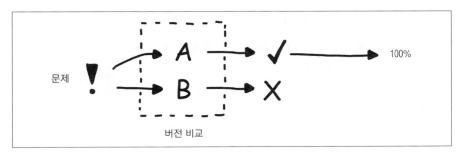

그림 9-17 A/B 테스트

기업이 클라우드 네이티브 인프라를 구축해 고객에게 유용한 기능을 제공하는 것을 목표로 하고 있다. 팀은 능숙하고, 모든 기술과 프로세스가 준비돼 있다.

컨텍스트

고객이 변화에 어떻게 대응할지 예측할 수 있는 실질적인 방법은 없다. 실제 고객 사용 데이터가 없는 경우 설계 및 구현 결정 시 추측과 직관에 근거해야 한다. 우리의 직관은 완벽하지 않으며 편견으로 가득 차 있기 때문에, 실현 가능한 최상의 결과를 얻지 못할 수도 있다.

- 사람들은 필요한 것과 원하는 것이 무엇인지 항상 알지 못한다.
- 측정 및 피드백에 따라 제품을 조정하지 않은 상태에서 신속하게 제공하면 아무런 변화를 주지 못한다.
- 알 수 없는 환경에서는 논리적 의사결정이 불가능하다.
- 가능한 솔루션의 조합과 변형에는 제한이 없다.

문제를 해결할 수 있는 여러 솔루션을 준비해 클라이언트 기반에서 임의의 작은 비율로 솔루션을 제공한다. 고객에 대한 가치 측면에서 고객의 반응을 측정하고 그에 따라 솔루션을 선택한다.

- 구글의 유명한 예로 툴바[3]에서 파란색으로 41가지 색조를 테스트해 가장 많은 소비자가 클릭하게끔 했다. 구글의 경우 클릭은 수익과 동일하기 때문이다.
- 오바마Obama 캠페인은 가장 효과적인 메시지를 선택하기 위해 A/B 테스트를 사용해 더 많은 돈을 모았다.
- 비즈니스 담당자에게 A/B 테스트 경험을 직접 실행할 수 있는 기회와 접근 가능한 방법을 제공해야 한다.

이제 실제 환경에서 추정 사항을 쉽게 테스트할 수 있다.

팀은 두 가지 아이디어, 구현 전략 중 어떤 것이 더 나은지에 대해 추측 및 가정하는 대신 두 개 이상의 버전으로 간단한 프로토타입을 신속하게 구성하고 실제 고객의 소규모 부분 집합subsets에 배포할 수 있다. 고객의 반응에 따라 더 적절하고 선호되는 솔루션을 선택할 수 있다. 이렇게 하면 최상의 옵션만 완벽하게 구현되므로 비용이 절감되는 동시에 많은 옵션을 테스트할 수 있다.

+ 고객은 자신의 요구에 대한 응답을 본다.
+ 일부 기능이 작동하지 않으면 이전 버전으로 쉽게 롤백할 수 있다.
− 사용자 응답 데이터를 무턱대고 따를 경우 통찰력이 떨어질 수 있다.
− 일부 혁신적인 솔루션은 고객의 동의를 얻는 데 시간이 걸리고, A/B 테스트는 이러한 제품을 조기에 폐기할 수 있는 위험을 초래한다.

---

3   구글 엔지니어인 마리사 메이어(Marissa Mayer)와 그녀의 연구 기반 디자인 결정 개요

일반적인 함정

결과를 다음 A/B 테스트 비교의 기준으로 삼아 순차적 접근 방식을 취한다. 이 "승자 독식" 접근 방식은 다른 맥락에서 더 나은 선택이 될 수 있는 "실패" 변수를 조기에 제거할 우려가 있다. 물론 이는 테스트하기 전에는 알 수 없다! 그러나 비교 후 "실패" 변수를 자동으로 거부하면 해당 변수를 더 이상 실험할 기회가 없어진다. 해결책은 다변량^{multivariate} 테스트가 있다. A/B 비교 대신 서로 다른 테스트 그룹에 랜덤하게 노출되는 변수의 A/B/C 또는 A/B/C/D 조합을 사용할 수 있다.

관련 편향

확인 편향

진정한 대안을 찾기보다는 기존 의견을 "입증할 수 있는^{prove}" 테스트 변수를 선택한다.

일치^{Congruence} 편향

이를 확인할 선입견 결과와 테스트 결과를 염두에 두고 있다면 추가 정보를 찾는 대신 테스트를 중단한다.

정보 편향

결과에 영향을 미칠 수 없는 경우에도 정보를 찾는 경향이 있다. A/B 테스트에서는 의미 없는 변수를 선택해 테스트할 수 있다.

파킨슨의 사소함의 법칙/"바이크쉐딩^{Bikeshedding}"

복잡하고 어렵지만 의미가 있는 것 대신 테스트하고 평가할 수 있는 쉽지만 중요하지 않은 것을 선택한다.

관련 패턴

* 중요 사항 측정

- 관측성
- 학습 루프
- 비즈니스 참여

패턴: 서버리스

곧 실현될 미래는 클라우드에서 이벤트 중심의 즉각적인 확장이 가능한 서비스 또는 기능이다(그림 9–18).

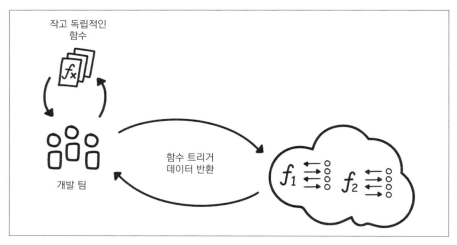

그림 9–18 서버리스

팀은 확장성이 뛰어난 시스템을 구축하거나 통합 유지 보수 작업이 필요한 도구를 사용하고 있다. 작업은 체계적이며 반복 가능하고, 짧은 버스트에 대한 확장이 필요할 수 있다.

컨텍스트

개발자의 시간을 낭비할 수 있는 자잘한 작업들이 많을 수 있다. 상용구 코드 작성, 인프라 설정, 그리고 나중에 그들이 만든 모든 것을 유지하는 것이다. 반면, 밀리초 내에 대응할 수 있는 확장 메커니즘을 만들기란 매우 어려운 일이다. 첫 번째 도전은 개발자의 노력과 설정 및 유지 보수와 관련된 추가 비용을 낭비하는 결과로 이어진다. 두 번째는 일반적으로 매일 사용하든 블랙프라이데이에만 사용하든 간에 비용을 지불해야 하는 컴퓨팅 리소스의 초과 프로비저닝을 초래한다.

- 서버리스^{Serverless}는 클라우드 컴퓨팅의 최신 실행 모델이다.
- 일부 애플리케이션은 하드웨어 요구 사항을 빠르고 크게 변경할 수 있다.
- 수동으로 스케일업/다운하기는 어렵다.
- 소프트웨어 구성 요소(마이크로서비스)는 항상 더 작아진다.
- 서버 및 컨테이너 스케줄러 유지 관리는 비용이 많이 드는 작업이다.

따라서

서버 없는 플랫폼에서 개별적으로 트리거할 수 있는 완전한 독립 실행형 함수로 작은 코드 조각을 패키징한다. 함수는 하나의 입력 소스를 가져오고 하나의 출력을 반환한다. 모든 기능을 병렬로 실행할 수 있다. 함수는 독립적 구성이며 반복 가능하다.

분산형 시스템의 리더와 전문가들은 서버리스 기술이 애플리케이션 인프라의 다음 진화 단계로, 마이크로서비스 너머에 있는 지평선이라 믿고 있다. 서버리스 아키텍처는 "서버가 없는" 구조로, 사용자가 개별 머신을 관리할 필요가 없으며 신경 쓸 필요도 없다. 인프라는 완전히 추상화된다. 대신 개발자들은 퍼블릭 클라우드 프로바이더의 관리형 서비스를 통해 컴퓨팅, 네트워크 및 스토리지 리소스의 거의 무제한 메뉴 중에서 선택할 수 있다. 서버리스란 최고의 추측에 기반한 사전 구매한 서비스 대신 실제 실시간 사용량에 따라 계산되는 진정한 종량제다. 따라서 비용 효율적인 애플리케이션 개발이 가능해지며, 속도가 이점이 된다. 개발자들은 최종적으로 서버를 관리하거나 데이터베이스를 샤딩^{sharding}하기보다는 코드 작성에 집중할 수 있게 된다.

현재 서버리스 선정에는 운영 제어, 이미 고도로 복잡하거나 훨씬 더 복잡한 분산 시스템 도입, 효과적인 모니터링 등 많은 과제가 있다.

현재로서는 세 가지 지평Three Horizons 패턴의 두 번째 지평인 혁신과, 세 번째 지평인 리서치 범주에 속하지만, 클라우드 네이티브의 선두에 있는 일부 기업은 이미 서버를 사용하지 않고 있다. 현재의 과제를 해결하기 위해 숙련된 엔지니어를 전담할 수 있는 이들은 운영 오버헤드를 획기적으로 줄이고 데브옵스 주기를 더욱 간소화하는 동시에 확장성과 복원력을 높일 수 있다.

서버리스는 기본적으로 클라우드 네이티브와 같은 강력한 기능을 제공한다.

- 실행 중에만 리소스를 소비하는 함수다.
- 시작 시간이 매우 짧다.
- 확장성이 뛰어나다.
- 저렴하게 사용할 수 있다.

결과적으로

일부 소프트웨어 작업은 어떤 규모에서든 매우 빠르게 실행될 수 있으며, 나머지 시스템은 컨테이너화된다.

+ 일부 도구 및 작업이 함수로 실행된다.
+ 함수를 실행하려면 오버헤드가 거의 없어야 한다.
+ 개발자는 인프라 프로비저닝에 대해 재차 생각할 필요가 없다.
− 현재 아키텍처 제약으로 인해 전체를 서버리스 애플리케이션으로 만들기는 어렵다.

일반적인 함정

지원되는 최신 기술을 기반으로 초기 물리적인 클라우드 네이티브 플랫폼을 구축하기도 전에 서버리스와 같은 고급 기술을 구현하려 한다. 먼저 컨테이너 기반 마이크로서비스 애플리케이션을 오케스트레이션하고 다음 단계를 걱정하는 것이 좋다.

관련 편향

밴드웨건 효과

다른 많은 사람이 하고 있기 때문에 무언가를 하려는 경향이다. 예를 들어 모든 사람들이 요즘 차세대 핫한 기술로 서버리스에 대해 이야기하고 있다. 어떤 기능이 있는지, 사용 사례에 적합한지 정확히 확신할 수 없더라도 먼저 한번 물어보는 게 좋다.

관련 패턴

- 마이크로서비스 아키텍처
- 컨테이너 기반 애플리케이션
- 분산 시스템
- 세 가지 지평
- 퍼블릭 클라우드

요약

9장에서는 클라우드 네이티브 개발 및 프로세스에 대한 패턴을 소개했다. 11장과 12장에 설명된 트랜스포메이션 디자인에 이 패턴들을 결합하고 적용하기 전에 해당 패턴 자체를 독자에게 알리고자 했다. 뒤에서는 웰스그리드 같은 회사가 패턴들을 어떻게 처음부터 끝까지 차근차근 트랜스포메이션 디자인으로 적용하는지를 보여준다. 이러한 디자인을 통해 회사는 네 가지 단계를 거쳐 유연하고 대응력이 뛰어나며, 무엇보다 자신감 있는 조직으로 성공적으로 전환돼 필요에 따라 능숙하고 혁신적으로 작업할 수 있게 된다.

패턴에 익숙해지고 이를 디자인에 적용할 준비가 된 9장에서는 전략, 조직/문화 및 인프라에 대한 패턴을 설명하는 다른 장과 함께 개별 패턴을 참조하고 작업하기 위한 더욱 심층적인 리소스로 활용한다.

10장

인프라스트럭처 및 클라우드에 대한 패턴

이전에는 인프라에 한 가지 의미가 있었는데, 사내 하드웨어 프로비저닝이다. 클라우드 컴퓨팅은 이러한 정의를 획기적으로 확장했다. 오늘날 엔터프라이즈 시장 인프라는 퍼블릭 또는 프라이빗 클라우드, 사내 또는 외부 클라우드, 가상화, 컨테이너화 또는 서버리스(서비스로서의 기능) 컴퓨팅 또는 모든 조합을 의미한다.

이에 비해 레거시 인프라는 물리적 기반으로, 느린 속도로 기업의 변화를 막는 듯 보였다. 서버를 구입하고, 보관하고, 구성, 프로비저닝 및 유지보수하는 데는 신경 쓸 것이 많았고, 상당한 시간과 비용이 들었다. 여전히 일부 회사에서는 자체 서버를 소유하면 몇 가지 이점이 있지만 대부분의 경우 클라우드를 도입하는 편이 더 낫다. 신속하고 대응력 있는 방식으로 소프트웨어를 제공하기 위한 전략, 조직, 문화 및 프로세스에 대해 취하고 있는 모든 추상적인 변경 사항과 현재 얻게 되는 모든 유연성을 적절하게 민첩한 인프라를 통해 물리적 수준에서 지원해야 한다.

클라우드 네이티브로 트랜스포메이션하려면 과정을 신속하게 조정할 수 있는 능력을 갖춰야 한다. 점점 불확실해지는 환경에서 안정성을 확보하는 가장 좋은 방법은 변화에 신속하게 대응하는 것이다. 모순처럼 들리지만, 끝까지 들어보자. 시장에 혼란 요인이 발생할 경우 대응하는 데 시간이 오래 걸린다는 생각이 들면 지속적인 불안감이 생긴다. 하지만 몇 달 안에 위험에 대응할 수 있다면 위험이 어떻게 느껴질지는 중요하지 않다. 무슨 일이 발생하든 간단히 처리할 수 있다. 어떤 일이든지 해결 가능하다는 확신이 들 것이다. 따라서 변동이 많은 환경에서는 자이로스코프가 안정된 중심에서 빠르게 회전하는 방식으로 안정성을 향상시킨다.

과거에는 기업들이 새로운 기술을 도입할 때 큰 고통과 어려움을 겪었다. 그 후 같은 일을 또다시 겪기 전까지, 10년이나 20년 동안은 안정된 시간을 보낼 수 있었다. 그 시절은 지나갔다. 2007년에 첫 아이폰이 출시됐다. 기본적으로 10년 전만 해도 상상도 할 수 없던 것들을 당연하게 여기게 됐음을 생각해보자.

의사소통, 항해, 쇼핑, 택시 타기 등 인간의 모든 경험에 대해 생각해보자. 혁신은 계속 가속화되고 있으며, 변화는 극도로 빠르게 일어나고 있다. 어떤 변화가 일어날지는 알 수 없지만, 우리는 그에 대비할 수 있다.

소프트웨어 도구는 불가피하게 변경된다. 인프라도 마찬가지다. 중요한 것은 더 이상 소프트웨어를 어디서 만드는가가 아닌 어떻게 만드는가다. 어떤 면에서 인프라는 클라우드 네이티브 트랜스포메이션과 관련된 모든 문제 중 가장 쉽게 해결할 수 있는 문제며, 이를 지원하는 패턴이 있다. 또한 클라우드에 예상치 못한 위험이 있다. 이미 사용 가능한 도구를 사용하는 대신 사용자 지정 도구를 만드는 것도 위험 요인이 될 수 있다. 주요 벤더와의 커미트먼트, 공급업체와의 중요한 계약 등 이 모든 것들은 사내 데이터 센터만큼 무거운 기반^{anchor}이 될 수 있으며, 다른 방식으로 빠르게 이동하는 것을 여전히 방해한다. 올바른 인프라 구조를 선택하고 이러한 위험을 피할 수 있도록 지원하는 패턴이 있다.

다음 패턴들은 클라우드 네이티브 개발 및 프로세스를 설명하고 해결책을 제시한다. 필자들은 독자들에게 유용하거나 도움이 될 것이라 생각하는 순서대로 제시했지만, 접근하는 데 올바르거나 잘못된 순서는 없다. 패턴은 디자인을 위한 빌딩 블록이며 상황에 따라 다른 방식으로 결합될 수 있다.

10장은 패턴 자체를 소개하며, 이 시점에서 패턴과 관련된 의도적인 설명은 거의 없다. 개별 패턴을 고려할 때 결정사항은 단순히 언제 어디에 적용할 것인가가 아니라 적용할지의 여부다. 모든 패턴이 모든 트랜스포메이션이나 조직에 적용되는 것은 아니다. 개념이 소개되면, 11장과 12장에서는 일반적인 클라우드 네이티브 트랜스포메이션에서 패턴이 어떻게 적용되는지를 보여주는 디자인으로서 점진적인 순서와 컨텍스트에 맞게 개념과 패턴을 맞출 것이다.

- 프라이빗 클라우드
- 퍼블릭 클라우드
- 인프라스트럭처 자동화
- 셀프 서비스
- 동적 스케줄링
- 컨테이너 기반 애플리케이션
- 관측성
- 지속적 전달
- 지속적 배포
- 전체 운영 환경 준비 상태
- 위험을 줄이는 배포 전략
- 마지막 단계에서 리프트 앤 시프트

패턴: 프라이빗 클라우드

인터넷 또는 회사 소유의 사내 인프라에서 운영되는 프라이빗 클라우드 접근 방식은 AWS와 같은 클라우드 컴퓨팅 서비스의 이점을 제공하는 동시에 특정 사용자에게만 액세스를 제한할 수 있다(그림 10-1).

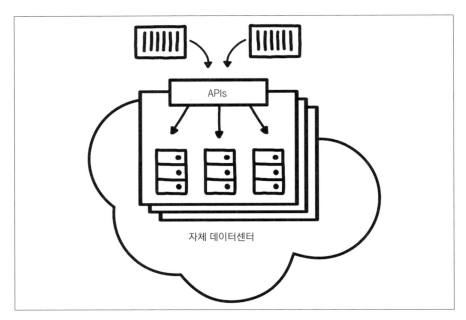

그림 10-1 프라이빗 클라우드

법적으로 퍼블릭 클라우드를 사용할 수 없는 규제 수준이 높은 비즈니스에 속한 기업이나 최근 새로운 사내 인프라에 대규모 투자를 한 모든 분야의 기업이다. 프라이빗 클라우드의 컨텍스트에서 서비스는 단일 조직의 전용 사용을 위해 사내 인프라는 아니더라도 반드시 프라이빗 인프라를 통해 프로비저닝되며 일반적으로 내부 리소스를 통해 관리한다.

컨텍스트

지정된 하드웨어를 특정 애플리케이션에 연결하면 이동성과 복원성이 저하된다. 애플리케이션 수명 주기에서 운영 팀의 특정한 수동 개입을 통한 개발은 배포가 오랜 시간 지연되며 품질이 저하될 것이다.

- 퍼블릭 클라우드 데이터에 두려움을 많이 느낄 것이다.
- 퍼블릭 클라우드 공급업체는 대규모 인프라 운영에 대한 지식과 경험이 풍부하다.
- 세계 대부분의 지역에서 퍼블릭 클라우드를 거의 모든 산업에서 허용한다.

- 프라이빗 클라우드는 회사의 완전한 관리하에 있으므로 다양한 방식으로 최적화하며, 퍼블릭 클라우드에서는 불가능한 다양한 사항을 사용자 정의할 수 있다.
- 프라이빗 클라우드를 계속 가동시키려면 능숙한 지원이 필요하므로 일반적으로 제한된 팀이 관련된 모든 지식을 갖춰야 한다.

따라서

물리적 인프라 설정을 애플리케이션 자체에 필요한 프로비저닝과 분리한다.

모든 서버와 나머지 인프라를 API 집합을 통해 완전히 자동으로 관리되는 단일 대형 시스템으로 취급한다. 하나 이상의 퍼블릭 클라우드에서 필요한 것과 동일한 도구 세트를 사용해 향후 마이그레이션을 용이하게 하도록 한다.

- 애플리케이션 실행과 관련된 모든 것을 완벽하게 자동화한다.
- 사내 인프라를 클라우드처럼 취급한다. 하드웨어를 사용자로부터 완전히 추상화해야 한다.
- 물리적 서버, 네트워크, 스토리지 등을 개별적으로 설정한다.
- 전체 API를 통해 애플리케이션을 배포하고 유지 관리한다.
- 전용 하드웨어가 필요한 경우에도 클라우드의 일부로 간주해 완전히 자동화되도록 한다.

결과적으로

씨게이트Seagate는 비싸지만 호스팅에 대한 추가적인 제어 및 보안을 통한 프라이빗 클라우드 구성으로 클라우드 네이티브 아키텍처의 이점을 누리고 있다. 애플리케이션은 퍼블릭 클라우드에서 실행되는 것과 동일한 방식으로 프라이빗 클라우드에서 실행된다.

+ 개발자는 스스로 인프라를 구축할 수 있으며, 제공 속도가 더 빠르다.
+ 플랫폼과 데이터를 완벽하게 제어할 수 있다.
− 프라이빗 클라우드는 소유 비용이 많이 들며 빠르게 구식이 된다.

일반적인 함정

프라이빗 클라우드가 기존 하드웨어와 마찬가지로 사내에 있는 경우에는 진정한 클라우드 플랫폼으로 취급되지 않는다. 사람들은 이전 사내 인프라에서 항상 사용하던 기술을 사용해 새로운 시스템을 구축하려 한다.

관련 패턴

- 퍼블릭 클라우드
- 인프라 자동화
- API를 통한 통신
- 분산 시스템
- 바퀴의 재발명 방지

패턴: 퍼블릭 클라우드

자체 하드웨어를 사용하는 대신, 가능하면 퍼블릭 클라우드 공급업체에서 관리하는 하드웨어에 의존한다(그림 10-2).

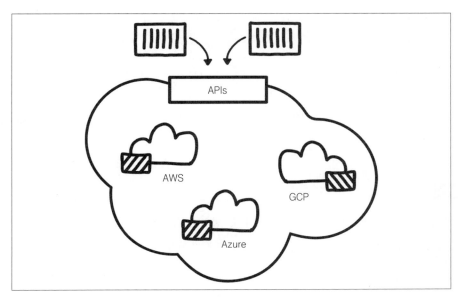

그림 10-2 퍼블릭 클라우드

마이크로서비스로 이동 중이므로 지속적으로 코드 기반을 확장하고 있다. 팀에서는 지속적 전달을 위한 자동화가 필요하다. 수작업의 양은 줄어들고 있지만 하드웨어 유지보수에 드는 비용은 증가한다.

컨텍스트

하드웨어 조달, 설치 및 유지보수는 전체 조직의 속도를 저하시키는 병목 현상이 된다.

대부분의 기업에서 인프라 및 하드웨어는 핵심 사업이 아니므로 유지보수 및 개선에 많은 투자를 하지 않는다. 그러나 퍼블릭 클라우드 공급업체는 서비스를 최적화하기 위해 많은 비용과 인재를 투자한다.

또한 하드웨어를 소유할 경우 비용이 더 많이 들기 때문에 최대 소비를 위해 초과 프로비저닝해야 한다. 블랙 프라이데이^{Black Friday} 트래픽이 10배 이상 높은 경우 일 년 중 나머지 364일 동안 10배의 용량을 유지해야 한다. 탄력적인 용량 확장은 없다.

- 프라이빗 클라우드는 비즈니스에 중요한 우선순위가 아니다 보니 빠르게 구식이 된다.
- 프라이빗 클라우드를 퍼블릭 클라우드만큼 훌륭하게 만들 수 있는 충분한 리소스가 없다.
- 일부 비즈니스 영역에서는 보안 문제와 명시적 데이터 규정으로 인해 퍼블릭 클라우드를 사용할 수 없다.

따라서

인프라를 위해 완벽한 자동화를 소유, 관리 및 생성하기보다는 아마존, 마이크로소프트, 구글 등과 같은 퍼블릭 클라우드 공급업체로부터 하드웨어 관리 및 임대 용량을 넘겨받는다.

- 완전한 자동화에 의존한다.
- API를 사용해 퍼블릭 클라우드에 연결한다.

결과적으로

온디맨드 방식으로 확장 및 축소할 수 있는 퍼블릭 클라우드 공급업체로부터 완전히 자동화되고 확장 가능하며 탄력적인 인프라를 임대할 수 있다. 실제로 사용하는 리소스에 대해서만 비용을 지불한다.

- 통합 서비스를 활용한다.
- 퍼블릭 클라우드 공급업체는 최신 소프트웨어 및 서비스로 지속적으로 업그레이드한다.
- 관리형 데이터베이스, 머신러닝 프레임워크 및 모든 종류의 SaaS와 같은 기본 제공 서비스를 공급업체가 지속적으로 구축하고 있다.

관련 패턴

- 프라이빗 클라우드

- 바퀴의 재발명 방지
- 벤더 락인 탈피 전략
- 서버리스
- 인프라 자동화
- 동적 스케줄링

패턴: 인프라 자동화

운영 작업의 절대 다수를 자동화해야 한다. 자동화는 팀 간 종속성을 줄여 더 빠른 실험을 가능하게 하므로 더 빠른 개발이 가능해진다(그림 10-3).

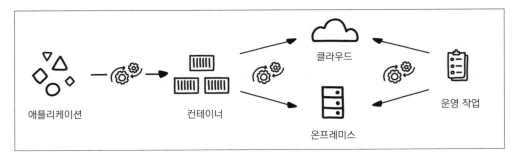

그림 10-3 인프라 자동화

기업이 클라우드 네이티브로 트랜스포메이션해 마이크로서비스 아키텍처, 지속적 전달 등과 같은 클라우드 네이티브 패턴을 채택하고 있다. 팀은 독립적이며 플랫폼 팀의 빠른 지원 서비스를 필요로 한다. 대부분의 운영 작업은 운영 팀의 요청으로 수행된다.

컨텍스트

인프라를 수동 또는 반자동으로 프로비저닝하면 팀 간의 의존성이 높아지고 결과를 기다리는 시간이 길어져 실험에 지장을 주므로 개발 속도가 느려진다.

- 기존 운영 팀은 충분한 자동화 수준을 갖추고 있지 않으며, 높은 작업 부하로 인해 새로운 기술을 배울 시간이 없다.
- 퍼블릭 클라우드는 인프라 리소스의 완전한 자동화를 제공한다.
- 개발 팀과 운영 팀 간의 수동 요청 및 인수인계는 매우 느리다.
- 수동 시스템의 운영 엔지니어 수는 인프라 수요 증가에 비례해 확장해야 한다.
- 이미 바쁜 운영 부서가 참여하면 실험과 연구가 더 오래 걸리고 더 많은 리소스가 필요하다.

따라서

운영 팀은 50% 이상의 시간을 운영 작업 자동화에 할애하고 모든 수동 인프라 프로비저닝 및 유지보수 작업을 제거한다.

운영자가 수행하는 변경 사항과 운영 환경에 제공하는 작업 사이에 필요한 수작업은 제공 속도를 크게 줄이고 팀 간 종속성을 가져올 것이다.

- 인프라 자동화 스크립트를 회사의 나머지 코드베이스와 동일하게 중요하게 다룬다.
- 컴퓨팅, 스토리지, 네트워킹 및 기타 리소스, 운영체제 패치 및 업그레이드, 인프라 위에서 실행되는 시스템의 배포 및 유지보수 등을 완전히 자동화할 수 있다.

결과적으로

개발자는 인프라 리소스를 기다리는 시간을 줄이고 빠른 실험을 수행해 실행 중인 시스템을 빠르고 쉽게 확장할 수 있다.

+ 운영 팀은 반복적인 지원 작업에 훨씬 적은 시간을 소비함으로써 지속적인 시스템 개선에 더 많은 시간과 리소스를 투자할 수 있다.
+ 완벽한 자동화를 통해 운영 직원당 기하급수적으로 많은 리소스를 프로비저닝할 수 있다.

일반적인 함정

모든 것을 자동화해야 하는데 "나중"으로 미룬다. 애초에 제대로 구축하지 않은 것을 개선하기는 어렵다. 팀은 수동 단계를 수행하는 데만 몰두한다. 괜한 일이지만 모든 작업을 계속 실행하기 위한 수동 단계를 계속 수행해야 하기 때문에 개선할 시간이 없다.

관련 편향

현상 유지 편향^{Status quo bias}

항상 수동 프로비저닝을 해왔기 때문에 계속 같은 방식으로 작업을 진행한다. 최적이 아닐 수 있지만 효과가 있음을 알고 있으며, 효과가 있는 것을 바꾸려 하면 불안감을 느낀다.

관련 패턴

- 동적 스케줄링
- 플랫폼 팀
- 테스트 자동화
- 퍼블릭 클라우드
- 프라이빗 클라우드
- 셀프 서비스

패턴: 셀프 서비스

클라우드 네이티브에서는 팀 간의 인계 없이 모든 사용자가 프로비저닝 및 배포를 수행할 수 있다(그림 10-4).

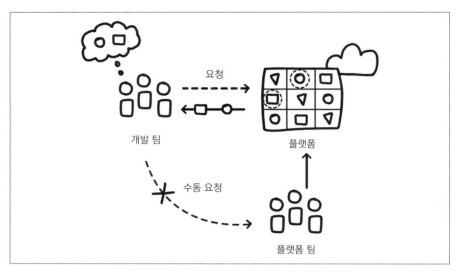

그림 10-4 셀프 서비스

회사는 워터폴 모델/애자일로부터 이동 중이며, 별도의 운영 및 개발 팀 내에서 마이크로서비스, 지속적 전달 및 퍼블릭 또는 프라이빗 클라우드 설치를 목표로 하고 있다. 각 팀은 많은 실험과 개념 증명^{PoC}를 실행하고 실험 비용을 절감하도록 한다.

기존 조직에서는 하드웨어를 프로비저닝하거나 유지보수 작업을 수행하려면 양식을 작성해 운영 팀에 전달하고 운영 팀이 대신 작업할 때까지 기다려야 한다. 각 핸드오버는 몇 시간, 며칠, 심지어 몇 주 단위로 지연됨으로써 전체 시스템이 느려진다. 또한 이 프로세스는 개발자로부터 프로덕션에 이르기까지 잦은 릴리즈를 방해하며, 지속적 전달이 없어 고객에게 전달하고 피드백을 받는 학습 루프가 없다.

- 수동 작업은 기본적으로 클라우드 네이티브에 비해 속도가 너무 느리다.
- 사람들이 스스로 할 수 있다면 더 많은 것을 할 것이다.
- 잘못된 것을 자동화하는 조기 최적화는 이런 상황에서 특히 좋지 않을 수 있다.

회사 전체에서 소프트웨어 개발과 관련된 모든 것은 셀프 서비스여야 한다. 즉, 다른 팀에 인계하지 않고도 모든 사용자가 인프라를 프로비저닝하거나 애플리케이션을 자체적으로 구축할 수 있어야 한다.

셀프 서비스는 필수다. 모든 것의 자동화가 바로 이를 실현하는 방법이다.

- 플랫폼을 중심으로 완벽한 자동화를 구현한다. 모든 수동 또는 반자동 프로세스가 완전히 자동화돼야 한다.
- 직원들이 자동화 업무를 할 수 있도록 UI 및 API를 만든다.
- 모든 개발자에게 적절한 보안 제한 내에서 액세스를 허용한다.
- 최소 실행 가능 제품[MVP] 단계 중에 시작한다. 전제 조건으로 모든 클라우드 네이티브 도구가 필요하다.

결과적으로

언제든 필요한 일이 있으면 운영 팀에 인계하지 않아도 알아서 할 수 있다.

+ 결과를 기다리는 시간이 줄어듦으로 실험 비용이 절감된다.
+ 의존성이 감소한다.
– 기능적인 셀프 서비스는 훨씬 높은 품질의 인터페이스가 필요하며, 이는 훨씬 더 높은 비용이 든다.
– 비전문가가 사용하는 잘못된 행동에 대해 보호되도록 자동화된 시스템으로, 중요한 만큼 비용도 발생한다. 인프라에 대한 전문가가 있다면 완벽한 시스템을 필요로 하지 않겠지만, 대부분의 사람들은 전문가가 아니다.

일반적인 함정

어떤 일이 일어날지 완전히 이해하기도 전에 너무 일찍 자동화하면 이러한 상황에서 나타날 수 있는 가장 큰 위험으로 이어질 수 있다. 실제로 하지 않아도 되는 일에 대한 셀프 서비스다. 장기적으로는 자동화를 목표로 하더라도, 너무 일찍 즉각적인 조치를 취하지 않는다. 시간과 비용을 크게 낭비하는 잘못된 작업을 자동화할 수 있다.

레거시 시스템에서 셀프 서비스를 자동화한다. 이 작업은 대체로 너무 어렵고 비용이 많이 들며 새로운 인프라에서 집중력을 빼앗긴다. 수작업 절차가 잘 정비돼 있다면 수작업 절차를 계속 사용하는 편이 더 좋다.

관련 편향

친혁신 편향 Pro-innovation bias

"자동화가 좋으니 모든 것을 자동화하자!" 자동화는 좋지만 잘못된 것을 자동화해서는 안 된다.

관련 패턴

- 자동화는 마지막에
- 최소 실행 가능 제품
- 관측성
- 동적 스케줄링
- 빌드−실행 팀
- 테스트 자동화

패턴: 동적 스케줄링

배포된 컨테이너 기반 애플리케이션의 마이크로서비스 배포 및 관리를 구성해 실행 시 임의의 시스템에 할당하려면 일반적으로 오케스트레이터orchestrator인 쿠버네티스가 필요하다(그림 10−5).

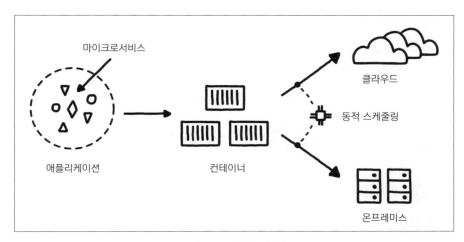

그림 10-5 동적 스케줄링

하나의 애플리케이션에는 수십 개의 독립적인 마이크로서비스가 있으며, 개발 팀은 이를 다양한 프라이빗 및 퍼블릭 클라우드 플랫폼에 하루에 여러 번 배포하고자 한다.

컨텍스트

기존 하드웨어 접근 방식은 "이 애플리케이션은 이 서버에서 실행됨"을 가정한다. 이는 클라우드에서 실행되는 분산 시스템에서는 현실적이지 않다. 특정 하드웨어 부분에 특정 마이크로서비스를 연결하면 시스템의 안정성과 복원력이 크게 저하되고 하드웨어의 사용이 저조해진다. 어떤 것을 개선하고자 할 때마다 연관된 것들을 여러분에게 알려줄 누군가를 통해 안전하게 변경을 할 수 있다.

시장에서는 기업이 고객에게 몇 시간 또는 몇 분 만에 가치를 신속하게 전달할 것을 요구하고 있다. 그러나 수동 또는 반자동 절차를 사용해 특정한 정적 서버에 애플리케이션을 배포하는 기존 방식으로는 각 구성 요소를 하루에 한 번 또는 그 이상 여러 환경에 별도로 배포하려는 개발 팀의 증가하는 요구를 지원할 수 없다.

- 소프트웨어 시스템을 전체적으로 더욱 분산시킴으로써 여러 플랫폼에서 실행 가능해야 한다.

- 동적 스케줄링 도구(즉, 쿠버네티스, 노매드, 도커 스웜과 같은 컨테이너 오케스트레이터)의 완성도가 높아지고 있으며, 일반적인 용도로도 사용할 수 있다.
- 소규모 애플리케이션은 임의의 시간에 장애가 발생할 수 있다.
- 첨단 기술 기업은 대규모의 다양한 개발, 테스트 및 운영 환경에 하루에 수천 번을 배포한다.
- 수백 개의 구성 요소가 있는 시스템에서 각 구성 요소가 실행되는 위치를 지정하면 코드의 복잡성이 증가한다. 이는 빌드 시에 지정해야 하기에 비실용적이다.
- 분산 시스템이 런타임에 어떻게 동작할지 예측하기란 현실적으로 불가능하다.
- 모든 주요 퍼블릭 클라우드는 서비스로서의 관리형 동적 스케줄링이 존재한다.

따라서

모든 애플리케이션 스케줄링은 오케스트레이션 시스템을 사용해 완전히 자동으로 수행해야 한다.

동적 스케줄러는 호스트 클러스터 간에 애플리케이션 컨테이너의 배포, 확장 및 운영을 자동화하는 플랫폼의 형태로 컨테이너 관리 기능을 수행한다. 이를 통해 스케줄러가 시스템의 최신 상태를 파악하고 여러 구성 요소를 동일한 하드웨어에 넣을 수 있으므로 훨씬 더 효율적인 하드웨어 사용이 가능하다. 또한 상태 점검 및 자가 치유 요소를 추가하고 대상 하드웨어를 추상화해 개발을 단순화함으로써 복원력을 훨씬 높일 수 있다.

- 교차-기능 팀은 이러한 도구를 효과적으로 사용하는 방법을 이해하고 표준 개발 프로세스의 일부를 담당해야 한다.
- 동적 스케줄링은 문제가 생긴 응용프로그램을 자동 스케일링하고 재시작해 안정성과 복원력을 부여하기도 한다.

결과적으로

개발자는 분산 시스템을 구축한 후 구성 요소를 배포하면 실행 및 통신하는 방법을 서로 정의한다.

+ 애플리케이션을 스케일업 및 스케일다운할 수 있다.

+ 비기능적인 부분은 자동으로 다시 시작하고 복원할 수 있다.

- 분산형 시스템에서는 높은 비용을 부담하는 재해 복구 및 재해 유지보수를 위한 메커니즘에 투자한다.

- 유지보수가 더 복잡하다.

- 퍼블릭 클라우드가 이를 처리할 수 있도록 하더라도, 동적 스케줄링은 단일 서버를 실행하는 것보다 기하급수적으로 복잡하다.

일반적인 함정

컨테이너, 마이크로서비스, CI/CD, 전체 모니터링 등 아키텍처의 다른 모든 부분이 완벽하게 제자리에 있는지 확인하기 전에 쿠버네티스(또는 다른 오케스트레이션 도구)를 배치하려 한다. 동적 스케줄러를 단독으로 사용한다면 최소한의 가치를 창출하는 반면 인프라의 복잡성과 유지보수 비용이 크게 증가할 것이다.

관련 편향

밴드웨건 효과

다른 많은 사람이 하고 있기 때문에 무언가를 하려는 경향이 있고, 최근 모두가 쿠버네티스에 대해 이야기하고 있다. 정확히 어떤 기능이 있는지 또는 사용 사례에 적합한지 잘 모르더라도 먼저 한번 물어보는 게 좋다.

친혁신 편향 Pro-innovation bias

혁신의 한계나 구현 방법을 이해없이 혁신의 유용성과 적용 가능성에 대해 지나치게 낙관적인 태도를 보이는 것은 새롭고 최첨단이기 때문이다. 기본적으로, 쿠버네티스가 스케줄링 문제를 모두 해결해줄 것이라고 생각한다.

관련 패턴

- 마이크로서비스 아키텍처
- 분산 시스템
- 컨테이너 기반 애플리케이션
- 플랫폼 팀
- 빌드-실행 팀

패턴: 컨테이너 기반 애플리케이션

필요한 종속성이 모두 포함된 컨테이너에 패키징된 애플리케이션은 기본 런타임 환경에 의존하지 않으므로 모든 플랫폼에서 중립적으로 구애받지 않고 agnostically 실행 가능하다(그림 10-6).

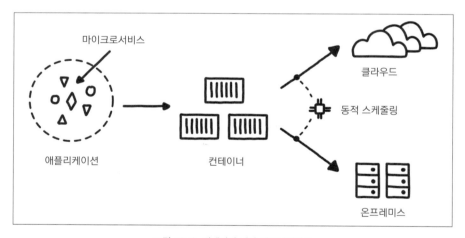

그림 10-6 컨테이너 기반 애플리케이션

팀은 스케일업 및 스케일다운 가능한 배포 애플리케이션을 만들고 있다. 한편, 별개의 팀은 마이크로서비스를 구축하고 있으며, 다양한 개발 및 테스트 환경을 통해 운영 환경까지 신속하게 처리해야 한다. 개발 중에는 개인용 노트북과 같은 다양한 런타임 환경이 있으며 테스트, 통합 및 운영 환경을 위한 프라이빗 및 퍼블릭 클라우드도 다양하다.

컨텍스트

애플리케이션이 서로 다른 환경 사이에서 균일성에 의존한다면 전달 속도가 느려질 수 있다. 많은 온프레미스 또는 퍼블릭 클라우드를 넘어 여러 시스템에서 서로 다른 도구와 버전의 일관성을 유지하기란 어렵고 시간이 많이 걸리며 위험하다.

- 안정된 모든 환경은 결국 표류하는 경향이 있다.
- 수천 대의 컴퓨터를 수동으로 관리하기란 불가능하다.
- 환경 간의 차이를 찾고 수정하기 어렵다.

따라서

애플리케이션의 코드와 실행에 필요한 모든 종속성, 런타임, 시스템 도구, 라이브러리 및 설정 항목들을 일관된 단위로 패키징하면 모든 컴퓨팅 환경에서 신속한 애플리케이션을 안정적으로 실행 가능하도록 배포할 수 있다.

이렇게 하면 런타임 환경에 대한 종속성이 최소화된다. 한 번만 구축하면 어디서나 빠르고 쉽게 배포할 수 있다.

- 도커^{Docker}와 같은 업계 표준을 사용한다.
- 올바른 버전 관리와 단순하고 신속한 배포를 보장한다.
- 모든 의존성을 포함한다.
- 모든 환경은 동일한 기본 도구를 사용한다.
- 컨테이너가 로컬 또는 다른 환경에서 실행 가능한지 확인한다.

결과적으로

애플리케이션의 모든 부분이 컨테이너에 패키징돼 있으며 어디서든 쉽게 시작할 수 있다.

+ 도커와 같은 컨테이너 도구를 사용하면 효율성이 향상된다.

– 많은 개별 컨테이너가 시스템 복잡성을 증가시킨다.

– 컨테이너 이미지를 관리하려면 추가적인 노력이 필요하다.

일반적인 함정

컨테이너 이미지를 수동으로 작성, 관리하거나 릴리즈된 컨테이너 이미지의 버전을 관리하지 않으면 런타임 개발 중에 여러 환경에서 차이가 발생할 수 있으며, 이로 인해 불안정성이 발생하고 애플리케이션의 품질이 저하된다.

관련 패턴

- 마이크로서비스 아키텍처
- 재현 가능한 개발 환경
- 분산 시스템

패턴: 관측성

클라우드 네이티브 분산 시스템은 시스템의 동작을 이해하고 잠재적인 문제 또는 인시던트를 예측하기 위해 실행 중인 모든 서비스의 동작을 지속적으로 파악해야 한다(그림 10-7).

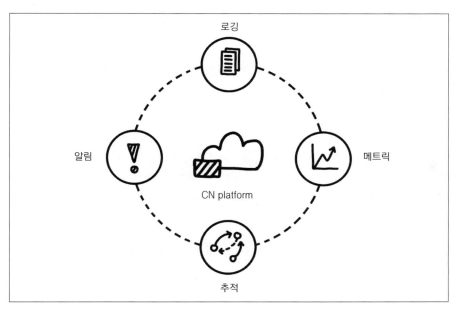

그림 10-7 관측성

팀들은 마이크로서비스로 이동 중이며, 더 많은 구성 요소들이 점점 늘어나고 있다. 기존의 응답형 모니터링으로는 서비스 장애를 인식할 수 없다.

기존의 시스템 관행은 모든 시스템을 100% 가동 및 실행하는 것이 목표이므로, 모니터링은 사후 대응적이다. 즉, 구성 요소에 어떠한 일도 발생하지 않도록 하며, 문제가 발생하면 알려준다. 서버 장애의 경우 기존 모니터링에서는 이벤트가 발생하며 자동이더라도 응답은 수동으로 트리거된다. 이러한 가정^{assumption}은 분산 시스템에 유효하지 않다.

- 분산 시스템은 정의상 100% 안정적이지 않다. 부분이 너무 많으면 일부는 임의로 오르내린다.
- 시스템의 모든 것이 언젠가는 무너질 최악의 상황을 대비해 시스템에 복원력이 내장돼 있다.

- 애플리케이션 담당자의 수가 그대로 유지되더라도, 컴포넌트의 수는 계속 증가한다.
- 항상 비용이 발생한다. 무언가를 얻으면 어떤 방식으로든 비용을 지불해야 한다. 복잡해지면 그만큼 관리해야 한다.
- 클라우드 네이티브 시스템에서는 수동 대응이 그리 빠르지 않다.

따라서

시스템에서 실행 중인 모든 서비스에 대한 정보를 항상 수집하려면 로깅, 트레이싱, 얼러팅 및 메트릭을 기록한다.

- 중앙 집중식 계획 시스템에서 분산형 자치 시스템으로 전환한다.
- 개별 서비스 및 전체 시스템의 서비스 가용성 및 행동 트렌드를 지속적으로 분석한다.
- 특정 하드웨어 부분보단 구성 요소의 기능적 동작에 초점을 맞춘다.
- 되도록 많은 측정 기준을 일관되게 수집한다.
- 트렌드를 분석한다.
- 모든 이해 관계자가 시스템 상태에 접근할 수 있도록 인터페이스를 작성한다. 시스템 유지 관리 또는 개발에 관여하는 사용자는 언제든지 시스템 동작을 관측할 수 있어야 한다.

결과적으로

시스템 상태에 대한 지속적인 개요가 있으며 모든 관련자에게 공개된다.

+ 분석 및 사전 예방적 모니터링을 통해 트렌드를 파악할 수 있으며, 이를 통해 장애를 예측할 수 있다.

− 특정 단일 장애를 대응하기는 매우 어렵다.

일반적인 함정

여러 팀이 원하는 대로 작업하도록 하면 표준화가 부족하므로 10개의 서로 다른 팀이 10가지 방법으로 운영 환경에 배포를 진행할 수 있다. 이러한 상황에서 관측성을 만들어내려는 것, 즉 수많은 출처에서 의미 있는 방식으로 행동 통찰력을 기록, 분석 및 조정하기란 기본적으로 불가능하다.

관련 패턴

- 중요 사항 측정
- 바퀴의 재발명 방지
- 퍼블릭 클라우드
- 전체 운영 환경 준비 상태
- 학습 루프

패턴: 지속적 전달

짧은 빌드/테스트/전달 주기를 유지한다는 것은 코드를 운영 환경에 배포할 준비가 항상 돼 있고 고객에게 즉시 기능을 제공할 수 있음을 의미한다. 고객의 피드백은 개발자에게 신속하게 전달된다(그림 10-8).

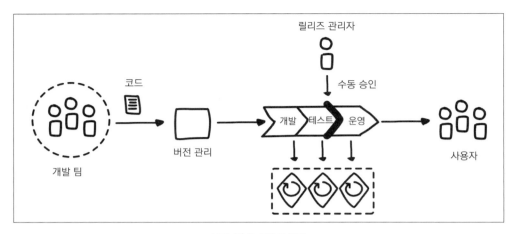

그림 10-8 지속적 전달

팀은 지속적 통합을 수행 중이므로 각 변경 사항은 매우 짧은 시간 내에 자동으로 작성 및 테스트된다. 개발자는 하루에 한 번 이상 변경 사항을 커밋한다. 각 팀은 마이크로서비스 아키텍처를 사용해 분산 시스템을 구축하고 있다.

분산 시스템의 전체 품질 테스트는 배포한 전체 시스템을 사용 가능할 때만 수행할 수 있다. 다중 팀의 빈번한 배포를 통해 복잡성을 줄이고 품질을 높이고자 테스트하며 노력한다. 그런 다음 운영 팀에게 광범위한 테스트를 위해 인계한 후 전달한다.

일반적으로 긴 간격으로 대규모 배포하는 것은 쉽지 않고 시간이 많이 소요되기 때문에 팀들은 배포 횟수를 최소화하려는 경향이 있다. 따라서 서비스 간의 통합이 어려워지고, 팀의 독립성이 저하되고, 시장 출시 시간이 느려지므로 결국 제품이나 서비스를 구축하는 데 드는 비용이 높아진다.

- 어려운 일이 더 자주 발생하는 경우 작업을 자동화할 수 있는 인센티브가 더 많다.
- 일부 문제는 자동화로 파악할 수 없다.
- 사람들은 자주 실행 가능하며 실패하는 경우가 거의 없을 때 작업에 대한 신뢰를 얻

는다.

- 사람들은 품질이 낮거나 신뢰할 수 없는 보고가 있을 경우 신속하게 신뢰를 잃는다.
- 팀 자체에서 제공하는 작은 변경 사항을 쉽게 수정하거나 되돌릴 수 있다.
- 개발자는 비교적 최근 변경 사항에 대한 기억이 생생하다.

따라서

모든 서비스가 지속적, 독립적으로 전달되는 운영 환경으로 모든 변경 사항을 전달한다.

릴리즈 속도 및 빈도 증가와 함께 전체 자동화를 사용해 번거로움을 줄인다.

- 구축 과정에서 수동 전달이 발생하지 않는다.
- 이제 완전한 자동화가 가능하다.
- 이제 테스트 자동화가 가능하다.
- 제품은 항상 릴리즈 가능한 상태에 있다.
- 고객에게 피드백을 받으면 번거롭지 않고 빠르기 때문에 실험에 더 효과적이다.

결과적으로

기업은 언제든지 고객에게 릴리즈할 수 있다.

+ 고객과 함께 매우 빠르게 기능을 테스트할 수 있다.
− 일부 장애는 자동화 도중 몰래 발생한다.
− 매우 높은 수준의 자동화가 매우 중요하다. 수동 단계에서는 프로세스가 느려지고 문제가 발생한다.

관련 패턴

- 지속적 통합
- 지속적 배포

- 학습 루프
- 빌드-실행 팀
- 테스트 자동화
- 장시간 테스트를 배제하는 CI/CD

패턴: 지속적 배포

지속적 배포는 지속적 통합, 지속적 전달 사이클에서 허용한 코드를 운영 환경에 자동으로 원활하게 푸시[push]한다(그림 10-9).

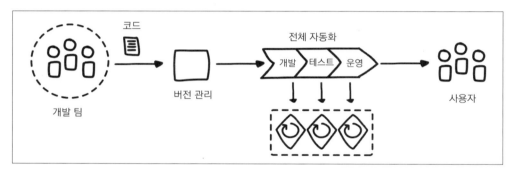

그림 10-9 지속적 배포

팀은 마이크로서비스를 사용해 지속적으로 전달하며 분산 시스템을 구축하고 있다. 완전 자동 전달에 대한 규정이나 다른 제한은 없다.

컨텍스트

이따금 운영 환경에 빠르고 자동화된 방식으로 변경 사항이 전달되지만, 그다음에 문제가 발생한다.

CI/CD를 사용하는 대다수 팀은 여전히 맨 마지막에 휴먼 게이트[Human gate]가 존재한다. 즉, 변경 사항을 실행하기 전에 운영 팀이 자동화된 테스트나 수동 테스트, 또는 수동 배포나 광범위한 테스트를 수행할 때까지 기다려야 할 수도 있다. 즉, 실제 환경에서 변경 사항을 테스트하지 않고 도구와 프로세스의 잠재적 차이로 인해 배포 시 높은 확률로 위험을 초래한다. 시장 출시 시간이 늦어지고 위험과 복잡성으로 인해 릴리즈가 지연된다.

- 모든 인계점이 프로세스를 지연시키고 위험을 초래한다.
- 일부 업계는 개발 및 배포 중에 역할을 정의하는 규정이 있다. 예를 들면, 금융 부문 규정에서 흔히 볼 수 있듯 지정된 책임자가 수동으로 릴리즈를 승인해야 한다.
- 빈번한 전달은 고객의 요구사항을 더 잘 인지하는 데 도움이 된다.

따라서

완전히 자동화된 배포 프로세스를 생성함으로써 항상 운영 환경에 모든 변경 사항을 적용한다. 점진적인 배포 전략을 사용하고 장애 완화에 대비한다.

소스 코드 저장소에 커밋된 모든 변경 사항은 비즈니스 요구 사항과 관련 규정에 따라 언제든지 테스트하고 운영 환경에 제공할 수 있어야 한다.

- 시스템 전체에 걸쳐 완전한 자동화를 구축한다.
- 팀 또는 서비스 종속성이 허용되지 않는다.
- 릴리즈 관리자에게 관련 컨텐츠와 위험에 대한 개요나 좋은 사례가 있는지 확인한다.
- 수동 전달 단계가 필요한 규제 제한의 경우 릴리즈 검토 지점 전후에 모든 것을 자동화하면, 버튼 하나만으로도 릴리즈 포인트를 간단하게 만든다. 릴리즈 관리자에게 충분한 정보를 제공해 신속하고 확실한 의사결정을 내릴 수 있도록 한다.

결과적으로

고객에게 전달하는 속도가 매우 빠르다. 변경 사항은 매일 또는 심지어 매시간 고객에게 전달되고 있다. 개발자가 실제 라이브 피드백을 신속하게 받아 제품을 더욱 빠르게 학습하고 개선할 수 있도록 하는 동시에 지속적으로 고객에게 더 높은 제품 또는 서비스 가치를 제공한다.

- \+ 실험을 신속하게 수행 가능하며, 필요한 경우 다시 변경할 수 있다.
- \− 여전히 어떤 문제들이 발생할 가능성이 있다.
- \− 기능 릴리즈 케이던스^{cadence}에 대한 제어력이 떨어진다.

일반적인 함정

적절한 자동화 수준 없이 지속적 전달을 시도한다. 모든 수동 단계 또는 핸드오프^{handoff}는 프로세스 내부에 상당한 속도 제약을 야기한다.

관련 패턴

- 지속적 통합
- 지속적 전달
- 테스트 자동화
- 학습 루프

패턴: 전체 운영 환경 준비 상태

플랫폼에 CI/CD, 보안, 모니터링, 관측성 및 운영 환경 준비에 필수적인 기능이 완벽하게 프로비저닝됐는지 확인해야 한다(그림 10-10).

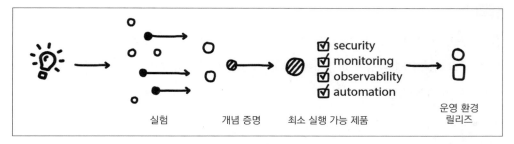

실험   개념 증명   최소 실행 가능 제품   운영 환경 릴리즈

그림 10-10 전체 운영 환경 준비 상태

핵심 팀은 클라우드 네이티브 플랫폼을 강화하고 있다. 새로운 플랫폼으로 이전하는 최초의 몇 가지 애플리케이션에 곧 완전한 운영 환경을 전달하려 한다.

새로 구축한 클라우드 네이티브 플랫폼이 실제로 준비되기 전에 서둘러 운영 환경으로 전환하려는 기업이 너무 많다. 일반적으로 컨테이너 스케줄링 플랫폼을 설치했지만, 유지보수 및 소프트웨어 제공과 관련된 필수적인 자동화 요소가 여전히 누락돼 있다. 이는 실행 시스템의 품질 저하를 초래하고 긴 전달 주기를 필요로 한다. 플랫폼 공급 업체는 자사 툴의 운영 환경 준비 상태를 여러 번 확인하지만, 운영 환경에서 중요한 전체 시스템 납품 및 유지보수 사이클을 고려하지 않는다.

- 최근 일반적인 클라우드 네이티브 플랫폼에는 부분적인 플랫폼만 포함되며 상당한 추가 구성과 자동화가 필요하다.
- 일반적인 전체 클라우드 네이티브 플랫폼에는 10개에서 20개의 도구가 포함돼 있다.
- 기본 플랫폼을 완전히 실행 가능할 경우 전달에 대한 부담이 있다.
- 유지보수 자동화가 제대로 이루어지지 않을 경우, 플랫폼 팀은 팀원들과 함께 지원 업무를 담당하게 될 수도 있다.

플랫폼으로 처음 마이그레이션하는 모든 애플리케이션의 주요 요소뿐만 아니라 플랫폼의 모든 주요 요소를 운영 환경에 적용해야 한다. 스케줄러, 관측성, 보안, 네트워킹, 스토리지 및 CI/CD를 포함하며, 최소한 기본적인 유지 관리 자동화가 돼 있어야 한다.

- 시스템을 자동화한다.
- 유지보수를 자동화하거나, 최소한 문서화돼야 한다.
- 플랫폼의 기본 최소 실행 가능 제품[MVP] 버전만으로는 충분하지 않다. 관측성, CI/CD, 보안 등이 구성돼 있어야 한다.

결과적으로

새로운 플랫폼은 기능적이고 유지보수가 가능하며 주요 작업이 자동화된다. 플랫폼 팀은 플랫폼을 사용하는 개발 팀이 만족하도록 지원하면서 플랫폼을 계속 확장할 수 있다.

+ 플랫폼의 모든 주요 요소가 준비돼 있다.
− 제품 출시가 지연될 수도 있다.

일반적인 함정

가장 일반적인 함정은 완전한 기능을 갖춘 자동화된 CI/CD 구성 없이 운영 환경으로 전환하는 것이다. 이러한 현상은 관리자가 플랫폼 팀에게 운영 환경에 전달하도록 압박하기 때문에 종종 발생한다. 그래서 라이브로 전환하기 위한 계획을 세운 후 여유 시간이 있을 때 CI/CD 설정을 완료한다. 아쉽지만 모두 알다시피, 여유 시간은 생기지 않을 것이다. 사용자가 새로운 시스템을 접할 때까지 압박이 계속될 것이다. 또한 CI/CD 자동화의 부재는 빌드−실행 개발 팀이 더 많은 애플리케이션을 도입함에 따라 플랫폼 팀들이 가장 많은 시간을 할애하는 소비자가 될 것이다. 그러므로 애플리케이션을 수동으로 배포하는 일이 너무 바쁘기 때문에 전달 자동화를 위한 시간이 충분하지 않다는 악순환이 반복된다.

관련 패턴

- 최소 실행 가능 제품 플랫폼
- 관측성
- 시작 단계부터 보안을 고려한 시스템
- 테스트 자동화

패턴: 위험을 줄이는 배포 전략

운영 환경 시스템에 변경 사항이 도입됐을 때 문제가 발생할 가능성을 줄이기 위해 릴리즈 전술을 사용한다(그림 10-11).

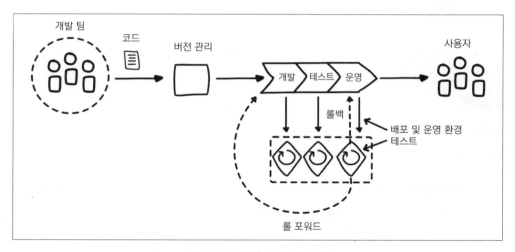

그림 10-11 위험을 줄이는 배포 전략

고가용성^{HA} 요구 사항이 있는 클라우드 네이티브 시스템이 있다. 각 팀들은 마이크로서비스를 구축해 자주 릴리즈하고 있다.

배포는 비행기가 이륙하는 것과 같다. 비행에서 가장 위험한 부분이다. 일반적으로 시스템 장애는 정상 작동 중에는 일어나지 않지만 유지보수 및 업데이트 중에 발생한다. 그 이유는 변경은 항상 위험을 수반하기 때문이다. 그리고 이러한 변경은 시스템에 변화를 도입하는 시기다.

배포는 가장 빈번하고 일반적인 유형의 변경이며, 주의 깊게 처리하지 않으면 많은 불안정을 초래할 수 있다. 클라우드 네이티브에서 자주 배포해야 하므로 이 부분이 중요한 관심 영역이다.

- 유지보수 작업은 위험 요소이다.
- 클라우드 네이티브에서는 배포 빈도가 높다.
- 복잡한 분산 시스템에 대한 변경이 미치는 영향은 예측이 불가능하며 계단식 오류를 초래할 수 있다.
- 현대의 웹 사용자들은 100% 가용성과 높은 수준의 시스템 응답성을 기대한다.

배포가 발생할 때 최종 사용자에게 미치는 영향을 줄이기 위해 다양한 고급 릴리즈 전략을 사용한다.

새로운 버전의 애플리케이션을 운영 환경에 더 안전하게 릴리즈할 수 있는 방법은 다양하며, 비즈니스 요구 사항과 예산에 따라 선택이 가능하다. 클라우드 네이티브에 적합한 옵션은 다음과 같다.

- **재생성**Re-create: 먼저 기존 버전 A가 종료된 후 새 버전 B가 롤아웃된다.
- **램프드**Ramped(롤링 업데이트 또는 증분 업데이트라고도 한다): 버전 B는 서서히 롤아웃되고 점차 버전 A를 대체한다.
- **블루/그린**Blue/Green: 버전 B가 버전 A와 함께 릴리즈된 다음 트래픽이 버전 B로 전환된다.

- **카나리**Canary: 일부 사용자에게 버전 B를 릴리즈한 후 전체 롤아웃으로 진행한다.
- **섀도**Shadow: 버전 B가 안정화될 때까지 버전 A와 함께 실제 트래픽을 수신한다. 성능이 입증되면 모든 트래픽을 B로 이동시킨다.

개발/스테이지 환경으로 릴리즈할 때 일반적으로 재생성 또는 램프드ramped 배포를 선택하는 것이 좋다. 운영 환경에 직접 릴리즈할 경우 램프드 또는 블루/그린 배포가 적합하지만 새 플랫폼에 대한 적절한 테스트가 필요하다. 블루/그린 및 섀도shadow 전략은 두 배의 리소스 용량이 필요하므로 비용이 더 많이 들지만 사용자가 영향을 받을 위험을 줄인다. 애플리케이션을 철저히 테스트하지 않았거나 소프트웨어에서 운영 부하를 처리할 수 있는 능력이 부족할 경우 카나리 또는 섀도 릴리즈를 사용해야 한다.

섀도 릴리즈는 특히 메시지, 뱅킹 등과 같은 변화가 있는 액션으로 외부 종속성을 호출할 때 가장 복잡하다. 그러나 100% 가용성을 유지하면서 로딩 시 실시간 시스템 성능을 모니터링할 수 있기 때문에 새로운 데이터베이스 기술로 마이그레이션하는 것과 같은 일반적인 클라우드 네이티브 상황에서도 유용하다.

지오로케이션Geolocation, 언어, 장치 플랫폼 또는 브라우저 기능과 같은 매개 변수로 필터링된 특정 기록 정보를 기준으로 새 기능을 테스트해야 하는 경우 A/B 테스트 기술을 사용할 수 있다. A/B 테스트 패턴을 참조한다.

- 다른 기술과 함께 사용되는 동적 스케줄링은 애플리케이션 업데이트 중에도 인프라를 안정적으로 유지할 수 있도록 다양한 배포 전략을 지원한다.
- 중복성과 점진적인 롤아웃을 통해 리스크를 줄인다.
- 시스템의 작은 부분을 독립적으로 배치해 폭발 반경을 제한한다.

결과적으로

배포/유지 관리 중에 시스템에 대한 위험을 예측하고 관리한다.

+ 개발 팀이 빈번하게 배포한다.

+ 사용자는 높은 가용성과 원활한 응답성을 얻을 수 있다.

− 설정이 복잡하고 비용이 많이 들 수 있다.

− 기술이 복잡하면 새로운 위험을 초래할 수 있다.

관련 패턴

- 동적 스케줄링
- A/B 테스트
- 장시간 테스트를 배제하는 CI/CD
- 재현 가능한 개발 환경

패턴: 마지막 단계에서 리프트 앤 시프트

기존 시스템을 처음부터 클라우드로 완전히 리프트 앤 시프트하려 함으로써 클라우드 네이티브 트랜스포메이션에 접근하려 해선 안 된다. 그러나 맨 마지막 단계에서 일부 온전한 부분만 옮기는 것은 현명한 판단일 수 있다(그림 10-12).

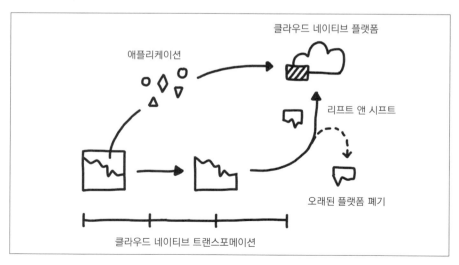

그림 10-12 마지막 단계에서 리프트 앤 시프트

기존 애플리케이션을 대부분 다시 설계하고 새 플랫폼으로 이동한다. 일부 오래된 부분은 남아 있지만, 안정적이라 자주 바뀌지 않는다.

기업은 클라우드 네이티브 트랜스포메이션이 단순히 기존 시스템과 프로세스를 클라우드로 마이그레이션하는 것이라 생각해 먼저 클라우드 네이티브 트랜스포메이션에 접근하는 경우가 많다. 너무나 흔히 일어나는 일이라 리프트 앤 시프트라는 이름이 생겼다. 트랜스포메이션을 시작할 때 이를 시도한다면 분명히 동작하지 않는다. 조직은 클라우드 네이티브를 통해 성공하기 위해 기술뿐 아니라 구조, 프로세스 및 문화도 변경해야 한다.

조직에서는 초기 단계부터 리프트 앤 시프트 작업을 수행할 때 애플리케이션에서 크게 변하는 부분이 없으므로 간단한 프로젝트가 될 것이라 생각한다. 그러나 대부분의 경우, 결국 예상 시간과 예산의 3배가 필요한 값비싼 대규모 계획이 된다. 이는 기본 플랫폼과 관련된 복잡성과 클라우드 운영에 필요한 새로운 지식 때문이다. 이러한 고통스러운 경험은 다음과 같은 리팩토링 계획을 지연시키거나 없던 일로 할 수도 있다.

- 애플리케이션을 재구축/리팩토링하기 위한 비용이 많이 드는 프로젝트는 애플리케이션의 추가적인 개선을 방해할 수 있다.
- 빠르게 "클라우드로 전환"할 수 있을 것 같다.
- 퍼블릭 클라우드 공급업체는 트랜스포메이션 계획 초기에 리프트 앤 시프트를 통해 이전하도록 부적절한 장려책을 제안할 수 있다.

계획 맨 마지막에 재설계하지 않고도 데이터 센터에서 새로운 클라우드 네이티브 플랫폼으로 작동하는 안정적인 레거시 애플리케이션을 이동할 수 있다.

클라우드 네이티브를 통해 성공하려면 조직은 기술뿐 아니라 구조, 프로세스 및 문화도 변경해야 한다. 그러나 클라우드 네이티브 트랜스포메이션이 거의 끝나갈 때 레거시 시스템의 나머지 부분을 새 플랫폼으로 이동하는 것이 유용할 수 있다. 따라서 레거시 플랫폼을 지원하는 데 드는 추가 비용을 피할 수 있을 뿐 아니라 적어도 기존 애플리케이션을 위한 새로운 플랫폼의 이점을 얻을 수 있다.

성공적인 리팩토링의 마지막에, 거의 변경되지 않는 애플리케이션이 몇 개 남아 있을 때 팀은 쌓이는piling 비용과 리팩토링에서 얻을 수 있는 몇 가지 이점을 무시한 채 리팩토링을 계속한다.

- VMS 및 모놀리스와 같은 기존 기술을 새 플랫폼에서 그대로 유지한다.
- 최소한의 노력만 들인다.
- 남아 있는 오래된 애플리케이션을 쉽게 스트랭글할 수 있는 방법을 만든다.
- 거의 변하지 않지만 쉽게 폐기할 수 없는 애플리케이션만 리프트 앤 시프트한다.

결과적으로

이전 플랫폼을 폐기하고, 서버를 종료하고 데이터 센터 계약을 끝낼 수 있다.

+ 새로운 플랫폼의 일부 기능을 통해 이점을 얻을 수 있다.
− 그러나 레거시 애플리케이션/서비스를 업데이트/재설계할 수 있는 기회를 놓쳤다면, 이는 향후 계속 동일하게 유지될 가능성이 높다.
− 일부 팀은 오래된 기술을 고수한다.

일반적인 함정

지금까지 가장 일반적인 방법은 기존 시스템 전체를 AWS 또는 다른 클라우드 공급업체로 올바르게 이동하는 것이다. 모든 프로세스와 절차는 정확히 동일하게 유지되며, 현재는 사내가 아닌 클라우드 기반 인프라에 있다. 이러한 종류의 초기 리프트 앤 시프트는 일반적으로 예상보다 훨씬 더 많은 비용과 노력이 필요한 대규모 작업이다. 또한 새로운 시스템을 개선하고 업데이트하기 위해 리팩토링을 계속할 계획이 있지만 팀은 변경으로 인한 피로감을 느끼고 동일한 애플리케이션에서 다른 주요 리팩토링 프로젝트를 시작하려면 불안감을 느끼게 된다.

또 다른 일반적인 문제는 클라우드 네이티브에서 리팩토링되지 않은 몇 개의 기존 애플리케이션을 실행하기 위해 서로 다른 두 개의 플랫폼을 수년간 유지해야 한다는 것이다.

관련 편향

현상 유지 편향

이런 식으로 하면 효과가 있는데, 왜 굳이 지금 무언가를 바꾸었을까?

기본 효과

전체 시스템을 새로운 퍼블릭 클라우드 플랫폼으로 리프트 앤 시프트할 때 특정 요구 사항과 상황에 맞는 최적의 도구와 옵션을 찾기보단 공급업체가 패키지/구성한 도구와 옵션을 따르기만 하면 된다.

밴드웨건 효과

클라우드로의 전환을 서두르는 이유는 다른 기업에서도 해당 부분에 클라우드를 도입하고 있기 때문이다.

관련 패턴

- 스트랭글 모놀리식 애플리케이션
- 최적화를 위한 린^{Lean}
- 아키텍처 도안

요약

10장에서는 클라우드 네이티브 인프라에 대한 패턴을 소개했다. 본 장의 목적은 독자들이 11장과 12장에 요약된 트랜스포메이션 설계에 적용하기 전에 먼저 패턴 자체에 노출시키는 것이다. 여기서 웰스그리드와 같은 회사가 어떻게 패턴을 처음부터 끝까지 단계별로 적용할 수 있는지 보여준다. 이 설계는 회사가 4가지 단계를 거치면서 유연해지고 대응력이 높아짐에 따라 신뢰할 수 있는 조직으로 성공적으로 전환됨으로써 필요에 따라 능숙하고 혁신적으로 작업할 수 있도록 한다.

패턴에 익숙해진 후, 설계에 적용할 준비를 마쳤다면 이 장에서는 전략, 조직/문화 및 개발/프로세스에 대한 패턴을 제시하는 다른 장과 함께 개별 패턴을 참조하고 작업하기 위한 더욱 심층적인 리소스로 동작한다.

새로운 클라우드 네이티브 패턴이 끊임없이 등장하고 있다. 우리가 구축한 클라우드 네이티브 패턴 언어를 계속 공유하고 확장하려면 www.CNpatterns.org를 방문하기 바란다.

이곳에서는 최신 개발 패턴을 찾을 수 있을 뿐만 아니라, 온라인 커뮤니티를 통해 새로운 패턴을 토론하고 만들 수도 있다. 업계 전반의 사람들, 지식 리더 및 인플루언서를 초대하기도 하며, 클라우드 네이티브 코드와 아키텍처에 깊이 관여하는 엔지니어 및 관리자도 기여하고 참여하도록 초대하고 있다. 거기서 만나길 바란다!

11장

패턴 적용 1부: 트랜스포메이션 디자인 스토리

이 장에서는 클라우드 네이티브 트랜스포메이션을 위한 상세 설계 방법을 살펴본다. 이 장 전체에서 배치한 패턴의 순서를 선택한 이유를 설명한다. 이야기가 길고 여러 내용을 포함하고 있어 두 장으로 나눴다. 1부는 필자들이 연구하고, 실험하고, 프로토타입으로 만든 시점까지, 사전 계획 준비에서부터 가장 적합한 변환 경로를 성공적으로 밝혀낼 때까지의 기간을 다룬다. 2부는 경로를 검증하고 운영 환경에 필요한 클라우드 네이티브 플랫폼을 구축하기 시작하며, 새로운 작업 방식으로 모든 사용자를 새로운 시스템에 온보딩한 후 이전 시스템을 종료하는 단계로 전환한다.

지금까지 여러 장에서 웰스그리드가 클라우드 네이티브 트랜스포메이션을 여러 번 시도했지만 매번 실패하는 것을 지켜봤다. 지금 하고자 하는 이야기는 어떻게 하면 제대로 할 수 있을지에 관한 것이다. 즉, 그들이 관련 내용을 더 잘 알았더라면 웰스그리드가 무엇을 했을지를 말한다. 필자들은 패턴을 사용해 길을 보여주며, 여러분은 길을 따라가면서 알게 될 것이다.

우선 지금까지의 이야기를 간단히 복습해보자.

웰스그리드가 클라우드 네이티브로 전환하려는 첫 번째 잘못된 시도는 극히 일반적인 전략이다. 즉, 전환을 사소한 기술 변화로 간주한다. 많은 회사에서 이와 같은 방식을 시도함으로써 마찬가지로 실패한다. 이 기술은 새롭고 복잡한 분산 아키텍처에 달려 있으므로 즉시 웰스그리드에서 아무도(또는 소수의 거대 기술 기업을 제외한 다른 회사에 속한 거의 모든 사람)이 기술을 실제로 이해하거나 경험하지 못한다. 기존 시스템에 대한 일상적인 작업을 하면서, 사이드 프로젝트로 완전히 전환하기 위해 기술에 대한 배경 지식이 없는 소규모 팀을 꾸리는 일이 웰스그리드에게 전혀 효과가 없음을 알게 됐다.

웰스그리드의 사람들, 제니와 스티브뿐만 아니라 다른 사람들도 방향을 바꾸려 노력했다. 두 번째 시도를 위해 그들은 조직 전체를 클라우드로 전환하고자 큰 팀을 꾸리거나 큰 예산을 할당하는 등 모든 노력을 기울였다. 불행하게도 이러한 전면적인 접근은 더 이상 효과가 없었다. 첫째, 많은 팀들이 너무 많은 실험을 시도하며 너무나 많은 가능한 해결책을 생각해냈지만 그중 어느 것도 들어맞지 않았다. 계획이 시작된 지 6개월이 지난 후(기존 마감일)에도 그들은 클라우드 네이티브 플랫폼에 근접하지 못했다.

그렇기에 다시 시도했다. 시스템 설계자(쿠버네티스에 대한 경험이 전혀 없는)를 호출해 통합된 접근법을 설계함으로써 너무 많은 플랫폼을 정리하려 했다. 그는 안타깝게도 모든 것을 잘못 이해한 인상적인 도표를 생각해냈다. 더욱 아쉬운 점은, 웰스그리드의 직급 내에서(코너 오피스에서 중간 관리자, 엔지니어까지) 어떻게 클라우드 네이티브가 동작하는지에 대한 이해가 부족해, 얼마나 잘못됐는지를 아무도 알지 못했다. 그래서 모든 사람들이 새로운 아키텍처긴 하지만 여전히 비기능적인 아키텍처를 구현하기 위해 노력하기 시작했다. 다시 말하지만 모두가 열심히 일했다. 6개월이 더 흘렀다. 여전히 아무것도 전달되지 않았다.

한편, 원래의 시스템을 유지보수하는 기존 팀의 엔지니어들은 기존 업무가 잘 수행되도록 할 수는 있었지만 새로운 기능은 제공할 수는 없었다. 팀의 인원이 부족했으며, 언젠가 이전 시스템이 교체될 예정인데 새로운 기능에 투자할 이유가 있을까 싶었다. 처음에는 아무도 이 문제를 걱정하지 않았다. 새로운 클라우드 네이티브 시스템은 속도가 매우 빠르기에 웰스그리드의 기능 부채를 매우 단기간에 상환할 것이라 생각했으나 약속된 6개월 제공 시간은 1년으로 바뀌었지만 여전히 새로운 플랫폼을 준비하지 못했다.

이는 웰스그리드의 고객에게 새로운 기능이나 기타 의미 있는 개선 사항이 없던 한 해를 의미하며 시장 점유율을 잃을 위험이 매우 크다는 의미기도 했다. 영업 및 마케팅 팀은 CEO와 이사회와 대화를 나눈 CFO의 의견을 듣고 마침내 다음과 같은 최후통첩을 내렸다. 서둘러 필요한 다섯 가지 새로운 기능이 있다. 어떤 플랫폼을 사용하든 신경 쓰지 않는다. 그냥 일단 제공해달라.

이제 웰스그리드는 무엇을 할까?

1단계: 사고

트랜스포메이션 설계의 1단계는 아이디어, 전략 및 목표에 관한 것이므로 사고[Think]라 한다.

대부분의 회사들은 매우 유사한 관점에서 이 단계에 진입할 것이다. 매우 높은 숙련도에 초점을 맞춘 애자일 같은 구현 방법에 워터폴을 사용하고 있다. 이는 회사에서 대부분의 재능과 자원을 매우 안정적인 핵심 비즈니스 제품이나 서비스를 제공하는 데 전념하고 있음을 의미한다. 여기저기서 어느 정도 실험을 진행하고 있겠지만, 확실히 내부 우선 순위는 아니다. 전환에 전담하는 팀이나, 기존 시스템에 창의성을 주입하도록 설계된 프로그램이 없을 것이다. 간단히 말해 창조적인 방법을 잊어버린 회사일 가능성이 높다.

이에 대해 몇 가지 수치를 제시하면, 이 시점에서 전달, 혁신 및 연구 사이의 투자 분포는 95/5/0이다. 95%는 핵심 제품을 최대한 효율적으로 제공하는 데 초점을 맞추고 있다. 현재 진행 중인 혁신에는 5%라는 소액이 남아 있다. 이것이 무엇이든 간에, 주로 핵심 제품의 시스템 개선을 목표로 하며, 머지 않아 결실을 맺을 것이다. 0% 연구는 언젠가 큰 성과를 거둘 수도 있고, 그렇지 않을 수도 있는 어떤 말도 안 되는 아이디어에 들어가보는 것이다.

이러한 배경에서 트랜스포메이션을 향한 첫 번째 동요가 발생한다. 필자들이 생각하는 첫 번째 패턴 집합은 프로세스를 시작하는 데 제시한다. 처음에는 조직의 리더가 효과적인 전략적 사고를 통해 의사결정을 내린다. 그러고 나서 전략을 비전과 목표로 전환해 프로세스를 다음 단계인 실행으로 옮긴다.

챔피언 진입

중요한 혁신은 항상 같은 장소에서, 또는 같은 사람에게서 시작된다. 바로 트랜스포메이션 챔피언이다.

움직이는 거대한 시스템은 일반적으로 방향을 바꾸는 데 느리다(관성의 법칙이라고도 알려진 뉴턴의 첫 번째 물리 법칙을 생각해보자). 웰스그리드는 다른 규모 있고 성공적인 회사와 마찬가지로 많은 시간을 투자해 핵심 비즈니스 프로세스를 최대한 능숙하게 만들었다.

7장에서 보았던 바와 같이, 이러한 인상적으로 높은 숙련도를 달성하는 문제는 혁신 능력이 그에 상응하는 하락을 초래하는 경향이 있다. 성공한 모든 기업은 한때 스타트업이었고, 스타트업은 창의성이 전부라 해도 과언이 아니다. 그러나 궁극적인 목표는 제품이나 서비스를 능숙하게, 심지어 알고리즘적으로 제공하는 것이다. 왜냐하면 이윤이 존재하기 때문이다. 일단 성공한 기업은 대개 최대한 효율적으로 운영에 전적으로 집중한다. 괜찮다, 좋다. 하지만 그들이 완전히 숙련도에 초점을 맞출 때, 창의성의 한 조각을 살려두기를 잊어버린다.

따라서 웰스그리드와 유사한 기업, 즉 혁신을 통해 수익을 부정하는 위협에도 불구하고 진로를 바꾸기로 결정할 때, 기업은 상당한 저항을 극복해야 한다. 변화를 자극하기 위해서는 파괴적인 이방인 같은 기폭제가 필요하듯, 지역 사회의 반응을 관리하기 위해서는 그에 상응하는 세력, 즉 은유적인 마을 시장이 필요하다. 클라우드 네이티브 트랜스포메이션에서 이 사람은 트랜스포메이션 챔피언이며, 모든 것을 챔피언이 먼저 시작한다. 지도력에 대한 그들을 향한 신뢰 및 그들을 따르려는 의지가 있어야 한다.

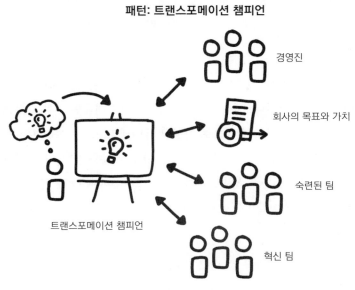

그림 11-1 트랜스포메이션 챔피언

트랜스포메이션 챔피언은 변혁과 회사 목표를 모두 이해하고, 조직 내에서 잘 연결돼 있으며 변혁을 촉진하려는 의욕이 강한 사람(또는 때로는 작은 팀)이다. 그러나 그들이 회사 지도자에게 인정받아 권한을 부여받지 않은 이상, 조직 전체에 효과적으로 변화를 자극할 수 없을 것이다.

모든 회사에는 이런 사람들이 있다. 그들은 대부분의 사람들보다 미래를 더 명확하게 보며, 결과적으로는 항상 무언가를 바꾸고 싶어 한다. 이는 진정한 챔피언의 특징이다. 그들은 단순히 아이디어를 갖고 있는 것이 아닌, 행동하려 노력한다. 챔피언들은 새로운 아이디어가 회사의 목표와 가치에 적합한지 확인하면서 새로운 아이디어를 홍보하는 데 능숙하다. 그런 사람들을 특별히 육성하거나 훈련시켜야 하지만 조직 전체를 발전시킬 주요 계획을 성공시키려면 그들의 존재가 매우 중요하다.

이 첫 번째 패턴은 트랜스포메이션 챔피언을 만드는 것이 아니라 이미 보유 중인 트랜스포메이션 챔피언을 발견하는 것으로, 도중에 챔피언을 인식하는 방법이다. 이 사람들은 자기 선택을 하는 경향이 있으며, 꽤 자주 전체 일의 방아쇠가 된다.

그러므로, 주위를 둘러보자! 클라우드 네이티브에 대해 상담하고자 방문하는 모든 기업에는 필자들이 그 자리에 있다는 사실에 무척 흥분해하는 한 사람이 있다. 애초에 우리더러 오라고 한 사람이 바로 이 사람이다.

일단 고객을 상대하면, 필자들의 첫 번째 질문은 그 사람이 계획을 주도할 것인가, 아니면 다른 리더를 지명할 것인가로 까다로울 수 있다. 모든 사람이 대규모 전환 프로젝트를 관리하기에 적합하지는 않다. 그러나 일반적으로 자청한 에반젤리스트는 여러분의 사업을 이끌 수 있는 적임자가 될 것이다. 진정으로 설득력 있는 이유가 있을 때만 다른 사람을 임명하는 것이 중요하다(설득력 있는 이유를 들자면, "우리 회사의 고위 관리자는 항상 큰 프로젝트를 주도합니다."는 포함하지 않는다. 필자들을 믿어라. 이제 클라우드 네이티브로 들어가려는 당신은 다른 방식으로 작업을 수행해야 할 때다).

챔피언을 찾는 여러분은 그들을 찾을 수 있을 것이다. 이 모든 트랜스포메이션에 영감을 준 누군가는 회사의 엔지니어, 매니저, CEO일 수 있다. 이 사람을 찾는 것 자체는 어렵지 않다. 그들은 존재한다. 진정한 문제는 대개 일을 제대로 할 수 있는 힘이 없다는 것이지만, 간단한 해결책은 단순히 그들에게 힘을 실어준 다음 방해가 되지 않도록 하면 된다!

일단 그들을 찾아 그들을 공인된 트랜스포메이션 챔피언으로 임명한 후 이 사실을 알려야 한다. 이러한 트랜스포메이션은 회사에서 지원하는 계획이며 동기 부여를 받은 몇몇 직원의 별도 프로젝트가 아니므로, 참여한 사람에게 감사를 전하고, 활약을 기대하겠다는 분명한 메시지를 전달해야 하며 이는 무척 중요하다. 챔피언은 모든 사람에게 마이그레이션의 일부로 해야 할 타당한 내용을 말할 수 있지만, 경영진이나 상급자의 전폭적인 지원을 받지 않는 한 사람들은 그들을 무시하고 아무것도 하지 않거나 심지어 그들의 노력을 방해할 수도 있다.

그런데 웰스그리드의 트랜스포메이션 챔피언은 제니며, 전형적인 예시기도 하다. 제니는 시장이 영구적으로 변화하는 방식에 대비하기 위해 회사가 해야 할 일을 알게 되자 곧바로 계획을 실현시키기 위해 나섰다.

여러분은 왜 트랜스포메이션 챔피언이 필수적인 패턴인지, 제니가 좋은 예시라면 왜 웰스그리드의 노력이 한 번이 아닌 세 번이나 실패했을까 하는 의문을 가질 수도 있다. 결국, 제니는 무슨 일이 일어나야 하는지를 알았다. 회사는 경쟁력을 유지하기 위해 클라우드 네이티브로 옮겨야 했다. 심지어 그녀는 많은 엔지니어링 직원들의 실질적인 도움이야 말할 것도 없고 CEO와 이사회의 전폭적인 신뢰와 지원을 받아 전체 트랜스포메이션 계획을 진행하게 됐다. 무엇이 빠졌을까?

빠진 부분은 동적 전략이다.

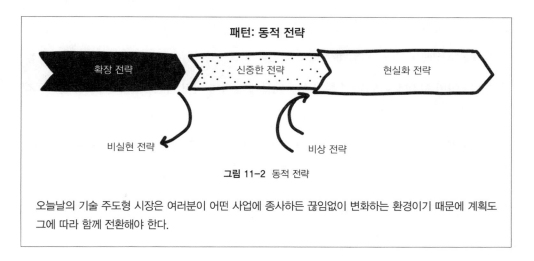

그림 11-2 동적 전략

오늘날의 기술 주도형 시장은 여러분이 어떤 사업에 종사하든 끊임없이 변화하는 환경이기 때문에 계획도 그에 따라 함께 전환해야 한다.

웰스그리드의 첫 번째 변환 시도는 제니의 팀이 부업 프로젝트로 시도할 때까지 실제적인 전략이 전혀 없었다. 하지만 두 번째 시도에서는 모든 사람들이 온보딩함에 따라 전략이 만들어졌지만 상황은 여전히 빗나갔다. 그러나 동적 전략 패턴을 적용했다면 훨씬 더 빨리 동일한 실수를 범했을 것이다. 단순히 일이 제대로 되지 않는다는 것을 알아내고자 1년을 허비하는 대신, 두 달 만에 그 과정을 통해 움직일 수 있었을 것이다. 그래도 고통스러웠을 테지만, 적어도 속도는 빨랐을 것이다.

동적 전략은 시작부터 완료까지 클라우드 네이티브를 올바르게 수행하기 위해 필수적이다. 실제로 매우 중요한 패턴으로, 필자들의 트랜스포메이션 설계에 있는 다른 모든 패턴들 위에서 처음부터 끝까지 유지할 수 있는 매우 필수적인 패턴이다. 이제 다음 패턴 집합을 살펴보면서 올바른 시작으로 트랜스포메이션하기 위한 더욱 구체적인 단계에 대해 알아보자.

적용 준비

비록 기업들이 이 새로운 패러다임을 개척하는 방법을 배워야 할 때일지라도, 우리는 과거를 잊으라는 말은 하지 않는다. 우리는 지금까지 웰스그리드의 경험을 통해 많은 것을 배웠고, 패턴을 사용해야 한다. 첫 번째 교훈은, 여러분의 조직이 뭔가를 시작했다면 과거의 무언가를 계속하지 말라는 것이다. 이는 전형적인 매몰비용 오류, 즉 비합리적인 확대다. 사람들이 그 결정이 아마도 잘못됐을 것이라는 새로운 증거를 제시했음에도, 누적된 사전투자에 근거해 의사결정에 대한 증가된 투자를 정당화하는 현상이다. 이는 안타깝게도 클라우드 네이티브로 트랜스포메이션하는 기업에서 매우 빈번하게 일어난다.

사람들은 이미 이전에 너무 많이 투자했기 때문에 분명히 어떤 가치도 가져오지 않을 프로젝트를 일상적으로 추진한다.

따라서 동적 전략을 사용해 처음부터 여기서 일시 중지한 후 재평가해 해체 비용을 들이지 않도록 하라. 지금이 질문할 때다. 무엇이 필요한가? 바로 비즈니스 케이스 패턴이다.

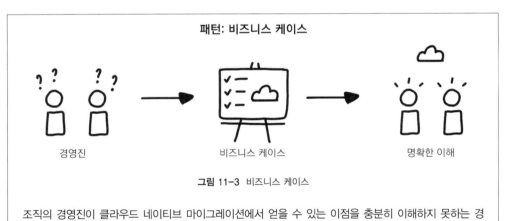

패턴: 비즈니스 케이스

경영진   비즈니스 케이스   명확한 이해

그림 11-3 비즈니스 케이스

조직의 경영진이 클라우드 네이티브 마이그레이션에서 얻을 수 있는 이점을 충분히 이해하지 못하는 경우, 우수한 비즈니스 케이스를 통해 망설임 없이 프로젝트를 이해하고 지원할 수 있다.

때로는 클라우드 네이티브 트랜스포메이션이 실존적 위협에 대한 올바른 대응일 경우에도 비즈니스 케이스가 어려운 경우가 있다. 기존 모델은 조직이 위험을 크게 회피하는 것으로,

이는 모든 비용에서 불확실성을 최소화함을 의미한다. 워터폴에서 모든 것을 계획하는 데 오랜 시간이 걸리는 이유이다. 이 프로세스는 미리 생각할 수 있는 모든 문제를 식별하고 완화하도록 설계됐다. 따라서 새로운 기술이나 실험적인 접근방식을 기피하는 문화라면 클라우드 마이그레이션을 제안하는 것이 어려울 수 있다. 클라우드 네이티브는 복잡한 데다 처음에는 이점을 쉽게 알 수 없다. 따라서 이러한 모든 이유로 일부 기업은 위험과 장점에 대해 이야기하기를 피하게 된다. 이러한 상황에서 비즈니스 케이스는 사실적이고 객관적이며 위협적이지 않은 방식으로 대화를 용이하게 한다.

그러나 대부분의 경우 비즈니스 케이스는 이미 착수하고자 하는 계획에 착수하기 전에 중요한 현실 점검 사항이다. 너무나 많은 조직에서 비용/이익을 제대로 분석하지 않고 클라우드 네이티브 시류에 편승하고 있다(사실, "밴드웨건 효과"라 알려진 인지적 편향은 클라우드의 과대 광고에 휘말린 기업들이 비즈니스 요구와 목표에 어떻게 부합하는지를 정확히 이해하지 못한 채 의사결정을 내리는 방법을 정확히 설명한다).

따라서 비즈니스 케이스 평가에는 비즈니스 이해관계자, 내부 및 외부 주제 전문가와의 정보 수집, 상호 의견 및 조직의 지향점에 대한 명확한 비전이 포함돼야 한다.

적어도 지금 당장은 아니지만, 클라우드 네이티브로 옮기는 것이 실제로 기업이 할 수 있는 올바른 일은 아니라는 사실을 드러낼 수 있다. 클라우드 네이티브가 적절한 조치가 아닐 가능성이 높은 경우도 있으며, 비즈니스 케이스를 통해 작업하는 조직은 이러한 사항이 드물게라도 일어남을 인지해야 한다.

- 기업이 생존을 위해 어려움을 겪고 있으며, 전환에 할당할 예산이나 시간이 없는 경우
- 당장 클라우드 네이티브로는 해결할 수 없는 위기가 닥친다면, 이는 "올바른 움직임이지만, 지금은 아닌" 경우이다. 클라우드 네이티브는 이 경우 우선 순위를 갖지 못하지만 상황이 해결되면 동적 전략에서 결정을 재검토할 수 있다.
- 아무것도 변하지 않는 아주 안정적인 시장에서. 하지만 이런 시장들은 매우 드물고, 그 규모가 항상 줄어들고 있기에 위험성이 큰 결정이다.

클라우드 네이티브를 전혀 사용하지 않아도 상관없는 가장 좋은 예시는, 비즈니스의 소프트웨어 부분이 정말로 간단하고 제한적이며, 클라우드 네이티브로 중요한 가치를 추가할 수 없으며, 일을 지나치게 복잡하게 만들 때다. 그러나 대기업들은 마이그레이션의 혜택을 받을 실질적인 IT를 보유해야 하기에 주로 중소기업에 적용된다.

다른 모든 사람은 클라우드 네이티브에 투자를 시작해야 한다. 유일한 문제는 속도다. 일부는 천천히 해도 괜찮을 수 있겠지만, 다른 사람들(예: 낯선 위험에 처한 사람들)은 더 서둘러야 한다.

클라우드 컴퓨팅과 클라우드 네이티브 간의 차이를 명심하라. 클라우드는 가상 인프라(하드웨어/서버), 스토리지, 데이터베이스 등의 주문형 전달을 지칭하는 반면, 클라우드 네이티브는 아키텍처 접근 방식(방법론)이다. 모놀리스도 자동화, 소비되는 리소스에 대해서만 지불할 수 있는 기능 및 퍼블릭 클라우드 플랫폼에 내장된 기타 세부 사항을 활용함으로써 이점을 얻을 수 있다. 매우 적은 변경이나 업데이트가 필요한 기존 코드 기반에서 안정적인 모놀리스를 실행하는 모든 기업은 모놀리스를 마이크로서비스로 재구성하기 위해 비즈니스 케이스를 매우 열심히 살펴봐야 한다(계속 읽어보라! 기능적 모놀리스를 클라우드로 이동시키는 데 도움이 되는 많은 패턴이 있다!).

비즈니스 케이스에서, 전환 설계의 다음 단계는 경영진의 헌신 패턴이다.

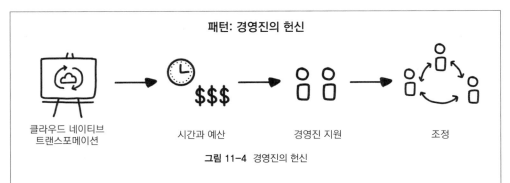

패턴: 경영진의 헌신

클라우드 네이티브 트랜스포메이션 → 시간과 예산 → 경영진 지원 → 조정

그림 11-4 경영진의 헌신

충분한 자원의 할당과 합리적인 제공 기간을 보장하기 위해 클라우드 네이티브 트랜스포메이션과 같은 대규모 프로젝트에는 강력한 경영진의 헌신이 필요하다.

이 패턴의 기능은 회사의 경영진에게 명시적인 지원을 받아 클라우드 네이티브 트랜스포메이션을 최우선 전략 계획으로 설정하는 것이다. 클라우드 네이티브 트랜스포메이션을 핵심 전략 계획으로 공표하면 조정 및 인식이 형성되는 동시에 조직 내 모든 부서의 협업에 대한 기대도 가능해진다.

혁신을 위한 경영진의 헌신은 두말할 나위 없이 마이그레이션의 중요한 순간이다. 이는 소수의 의욕적인 직원들이 주도하는 소규모 엔지니어링 프로젝트가 아니라 전체 기업의 노력임을 입증하며, 고위 경영진들이 그 뒤에 서 있다. 이는 여러 가지 이유로 필요하다. 첫 번째이자 가장 분명한 것은 회사 최고 경영자들의 헌신이 프로젝트에 적절한 수준의 자원과 예산을 할당하도록 한다. 명확하지는 않지만 마찬가지로 중요한 것은 전체 지원을 발표함으로써 조직 전체에 변화가 오고 있음을 알리고, 클라우드 네이티브 트랜스포메이션이 회사의 가치 계층 구조에서 공식적인 부분을 차지한다는 점이다. 그 프로젝트가 최우선 과제가 될 필요는 없겠지만, 이는 정말 현실이다.

웰스그리드의 첫 번째 시도는 부분적이나마 경영진의 헌신 부족으로 인해 실패했다. 제니는 경영진의 허락을 받았지만 지원은 받지 못했다. 프로젝트에 추가 예산이나 자원이 제공되지 않았으며, 회사의 대부분 사람들이 전혀 모르는 작은 노력으로 남아 있었다. 바로 이것이 모든 것이 패턴으로 표현되는 정확한 이유다. 경영진의 이러한 헌신에는 전환 전략(앞으로 나올 패턴)의 준비, 프로젝트의 공고 및 적절한 자원 및 예산 배분을 포함해야 한다.

제니가 첫 번째 시도에서 경영진의 헌신을 받았더라면 계획이 전혀 다르게 진행됐을 것이다. 여전히 실패할 수도 있지만, 훨씬 더 빠르게, 실제 전략에 따라 실패했을 것이다. 그러면 학습된 교훈에 따라 재구성이 가능하다.

한 조직이 마이그레이션 여정의 첫 번째 단계에 서 있을 때, 리더가 길을 인도하는 것이 중요하다. 왜냐하면 클라우드 네이티브 대상에 도달하면 회사가 동일한 회사가 아니기 때문이다. 다른 방식으로 구축되고, 다른 방식으로 경쟁하며, 일반적으로 완전히 새로운 방식으로 행동할 것이다. 그리고 변화에 대비하고자 CEO와 이사회는 자신 있게 길을 이끌어야 한다.

그렇기에 경영진이 헌신하는 순간은 진정으로 변화가 시작되는 순간이다.

비전 및 핵심 팀

트랜스포메이션 챔피언(다행히도. 제니는 웰스그리드에서 공식적으로 역할을 지명할 만큼 똑똑했다)을 지명한 후, 비즈니스 케이스를 통해 클라우드 네이티브에 대한 강력한 필요성을 확립하고 실현되도록 하기 위한 경영진의 헌신을 달성했다. 이제 실제 전환 계획을 세울 때다.

이제 두 가지 일이 일어나야 한다. 적절한 마이그레이션 전략을 만들고 전달할 팀을 선정해야 한다. 클라우드 네이티브로 옮기기 위해 첫 시도를 했을 당시, 웰스그리드는 둘 다 갖고 있지 않았다. 일부러 그런 것이 아니라, 대부분의 기업이 트랜스포메이션을 시작할 때 저지를 법한 동일한 실수를 했을 뿐이다(단순히 일반적인 애자일 백로그 작업에 전환 추가). 기능적으로, 이는 기존 팀이 새로운 시스템을 구축하는 동시에 정규적인 임무도 담당함을 의미한다. 제니의 팀은 많은 것을 만들 기회가 없었다. 그러나 팀이 그보다 더 많은 시간을 할애하거나 작업 시간이 길어지더라도, 마찬가지로 전달할 수 없었을 것이다. 제한된 경험과 연구 공간 부족 및 유연성이 결합된 "잘 알려진 방법"을 사용해 클라우드 네이티브 구현을 추구하게 된다. 즉, 워터폴, 애자일 또는 둘의 조합에서 호환되지 않는 접근 방식을 사용해 클라우드 네이티브를 전달하려 한다. 앞서 살펴본 바와 같이 계획이 흔들린다.

여기에 영향을 미치는 두 가지 인지적 편향 요인은 모호성 효과다. 미지의 상황에 직면한 사람들은 일반적으로 과거에 효과가 있었던 방법을 사용해 이미 잘 아는 일을 하면서 되돌아갈 것이다. 마찬가지로 악기의 법칙이 있으며, 알맞은 도구를 찾기보다는 익숙한 도구를 선택하게 한다. 새로운 도구와 기술을 탐구할 수 있는 시간과 기회가 거의, 혹은 전혀 없을 때, 무슨 일이 일어날지 추측해보라. 그렇다. 사람들은 생각하지도 않고 편안한 도구를 집어들 것이다.

또한 전반적인 일관된 비전과 이를 전달하는 핵심 팀이 없으면 서로 다른 팀들은 자주 충돌하는 아키텍처적인 결정을 독립적으로 내릴지도 모른다. 바로 웰스그리드의 두 번째 시도가 이러했다.

이러한 두 가지 문제를 모두 피하려면 비전 우선, 목표 설정 및 핵심 팀 패턴을 사용해 올바른 경로를 설정한다. 이는 추상적 전략에서 구체적인 실행으로 점진적으로 전환하는 것으로, 체인을 하향 조정해 중간 관리 및 기술 팀으로 전환한다. 하지만 먼저, 스티브와 나머지 웰스그리드의 경영진들은 떠나기 전에 해야 할 패턴이 한 가지 더 있다. 바로 '실행과 가장 가까운 의사결정'이다.

권한 위임

전통적인 조직들은 모두 책임을 위임하며, 권한을 위임하지는 않는다. 중요한 실행 결정을 실제로 수행하는 담당자에게 위임하는 경우가 거의 없다. 이러한 패턴은 변화가 일어나는 곳에 결정을 가까이 두는 것이며, 클라우드 네이티브 문화로 성공적으로 진화하기 위한 핵심이다.

과거에는 전략 → 비전 → 실행으로 흘러갔다. 모든 계획은 첫 단계에서 이루어졌고 거의 항상 위계질서 사슬의 맨 꼭대기에서 이루어졌다. 일단 당신이 비전으로 넘어가면, 계획은 끝났다. 전략은 세워졌으며, 실행은 뒤따르는 것이다. 동적 전략 패턴에서 봤듯 정적 전략은 클라우드 네이티브에서는 작동하지 않는다.

어떤 면에서 행동 패턴에 가장 가까운 결정 패턴은 동적 계획과 위임에 관한 것이다. 이면에 있는 간단한(그러나 쉽지 않은) 아이디어는 행동할 사람이 행동의 시점에서 결정을 내리는 것이다. 따라서, 만약 여러분의 팀이 특정한 마이크로서비스를 제공할 책임이 있다면, 마이크로서비스를 중심으로 계획을 세우는 것은 여러분의 책임이다. 여러분의 상사도, 프로젝트 매니저도, 시스템 설계자도, 멋진 사무실에서 여러 번 비행기를 타고 올라오는 사람들도 아니다. 바로 당신이다.

이 패턴을 구현하기 좀 까다로워지는 부분이 바로 여기에 있다. 전통적인 조직에서 관리자는 일반적으로 계획 및 의사결정의 대부분을 수행한다. 전통적인 조직에서, 관리자들은 일반적으로 대부분을 계획하며 의사결정을 한 후, 실행할 미리 지정된 일련의 업무를 엔지니어링 팀에게 넘겨준다. 그러나 클라우드 네이티브 속도는 팀들이 상사와 상의할 필요 없이 작업 중인 모든 작업에 대해 신속하게 결정할 수 있는 능력에 달려 있다. 경영자들은 계획을 위해서 기존의 통제 지위를 기꺼이 포기해야만 한다.

다시 한번 말하지만 클라우드 네이티브에서는 엔지니어가 자신이 작업 중인 작업에 대한 계획을 세우고 의사결정을 내리게 된다. 그들은 프로젝트 매니저에게서 정해진 대로 정확히 이행하라는 일련의 명령을 받지 않는다.

만약 그들이 더 나은 방법을 발견하면 다른 방법을 시도하기 위한 허가를 구할 필요가 없다. 클라우드 네이티브에서 결정권은 그 일을 하는 사람에게 달려 있다.

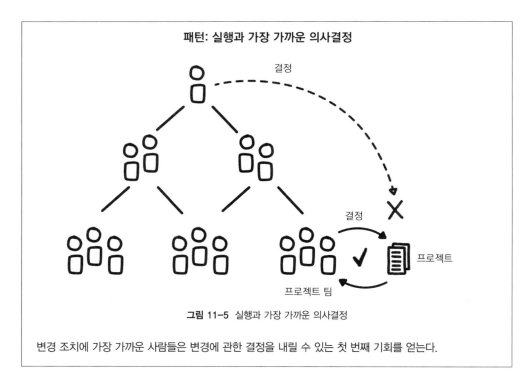

그림 11-5 실행과 가장 가까운 의사결정

변경 조치에 가장 가까운 사람들은 변경에 관한 결정을 내릴 수 있는 첫 번째 기회를 얻는다.

동적 전략과 마찬가지로, 실행에 가장 가까운 의사결정도 트랜스포메이션의 모든 단계에 적용되는 것이 아니라 전체 조직에 걸쳐 영구적으로 적용되는 슈퍼 패턴이다. 실행에 가장 가까운 의사결정과 밀접하게 짝을 이룬 또 다른 슈퍼 패턴인 심리적 안정이다. 이는 조직 전체에 걸쳐 사람들이 발언 때문에 처벌받거나 굴욕을 당하지 않고 생각, 우려, 실수를 표현해도 괜찮다고 느끼도록 해야 한다.

심리적 안정이 결여된 작업 환경에서 팀원들은 전체 그룹 의견과 다를지도 모를, 새로운 또는 다른 아이디어를 제안하기를 주저하며, 일반적으로 위험을 회피하는 방식으로 행동할 것이다. 클라우드 네이티브는 독립적이고 상이한 사고를 통해 혁신적인 솔루션을 마련하고자 협력하는 팀들에 의존하기 때문에, 이러한 종류의 공동 창작 작업이 가능하도록 하는 환경을 조성하는 데 심리적 안정이 필수적이다.

팀이 실험할 때 안전하게 실패할 수 있는 능력이 부족하면, 그들은 위험을 최소화하기 위해 미래의 모든 결과를 철저히 분석하는 데 시간을 낭비해, 창의성과 속도를 모두 떨어뜨린다. 그러나 심리적으로 안정적인 작업 환경에서 사람들은 기꺼이, 그리고 열정적으로, 다음 아이디어를 생각해내려고 애쓰면서 실패할지 모르더라도 다시 시도한다(야성적일 수도 있지만, 게임을 변화시킬 수도 있다). 그리고 팀이 잘못된 결정을 내릴 수도 있는 시기를 알릴 때(정직하지만 건설적으로) 자신 있게 결정을 내릴 수 있을 것이다.

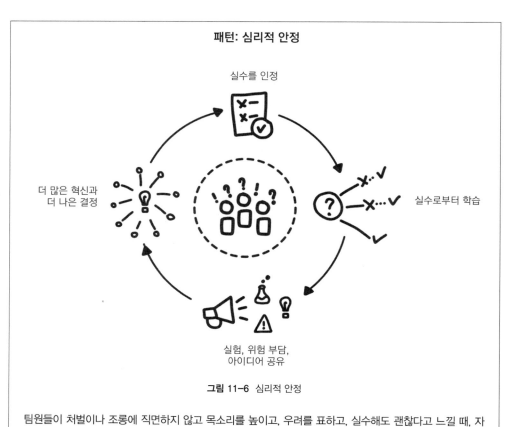

패턴: 심리적 안정

실수를 인정

더 많은 혁신과
더 나은 결정

실수로부터 학습

실험, 위험 부담,
아이디어 공유

그림 11-6 심리적 안정

팀원들이 처벌이나 조롱에 직면하지 않고 목소리를 높이고, 우려를 표하고, 실수해도 괜찮다고 느낄 때, 자유롭고 창의적으로 생각할 수 있고, 위험을 감수하는 데 개방적일 수 있다.

이러한 혁신에 힘을 실어주는 문화 패턴이 자리잡으면, 회사는 이제 클라우드 네이티브 트랜스포메이션을 향한 첫 번째 구체적인 발걸음을 내딛을 준비가 돼 있다. 이때 핵심 팀이 필요하다.

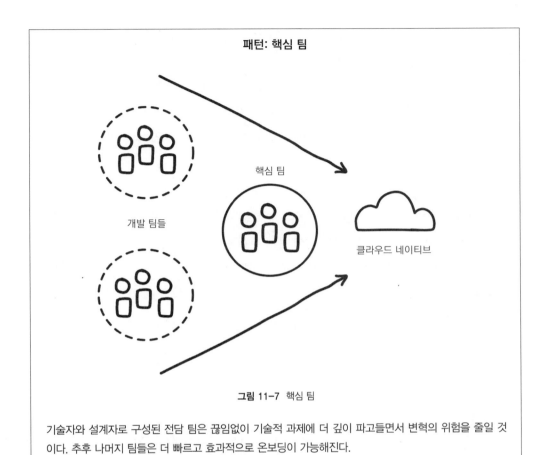

패턴: 핵심 팀

개발 팀들

핵심 팀

클라우드 네이티브

그림 11-7 핵심 팀

기술자와 설계자로 구성된 전담 팀은 끊임없이 기술적 과제에 더 깊이 파고들면서 변혁의 위험을 줄일 것이다. 추후 나머지 팀들은 더 빠르고 효과적으로 온보딩이 가능해진다.

전반적인 혁신을 주도하기 위해 상대적으로 소규모인 팀을 직접 뽑는 것을 의미하며, 이렇게 만들어진 핵심 팀은 특히 초기 단계를 담당한다.

핵심 팀은 어떻게 생겼는가? 일반적으로 5~8명의 엔지니어(소프트웨어 아키텍트를 포함) 정도로 소규모로 구성된다. 팀 책임에는 기술 비전 및 아키텍처의 소유권, 일련의 개념 증명Proof of Concepts을 실행해 전환 위험 요소 제거, 최소 실행 가능한 제품의 플랫폼 버전 생성, 나중에 다른 팀의 온보딩 및 안내가 포함된다(걱정하지 마라, 이 모든 것에 대한 패턴이 있다).

본질적으로, 핵심 팀은 트랜스포메이션에서 가장 어려운 부분을 빠르게 반복한다. 높은 수준의 비전을 수립한 후, 그 비전을 구체적이고 실행 가능한 목표로 바꿈으로써 시작한다. 이들은 클라우드 네이티브 패러다임에 대한 자신의 지식과 경험을 구축하기 위해 연구 및 실험한다. 즉, 자신이 얻은 지식을 활용해 혁신 비전과 아키텍처를 진행하면서 조정한다. 나중에, 이해를 마친 핵심 팀이 다른 팀들을 새로운 작업 방식으로 온보딩하는 것을 돕는다. 이들의 지식은 회사의 나머지 부분에 원활하고 성공적인 클라우드 네이티브 채택을 위한 길을 열어준다.

팀은 트랜스포메이션이 완료되면 함께 머무르는 경우가 많다. 왜냐하면 조직이 클라우드 네이티브 지식의 주요 저장소가 됐기 때문이다. 때로는 핵심 팀 또는 팀의 일부분이 플랫폼 팀을 구성하기도 한다. 또는 새로운 시스템이 운영 환경에서 실행되면 플랫폼을 지속적으로 개선하는 임무를 계속 수행할 수 있다. 이는 향후 어떤 미래에도 대비할 수 있도록 혁신 및 연구 모드를 유지할 수 있다.

일단 핵심 팀이 선정되면, 해야 할 첫 번째 과제는 높은 수준의 혁신 계획을 설명하는 비전 우선이다.

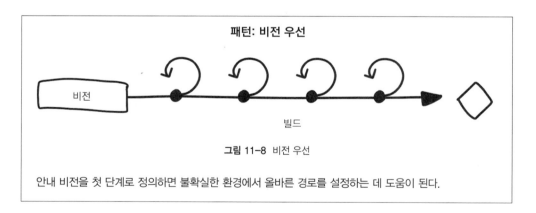

패턴: 비전 우선

비전

빌드

그림 11-8 비전 우선

안내 비전을 첫 단계로 정의하면 불확실한 환경에서 올바른 경로를 설정하는 데 도움이 된다.

비전 우선에서 핵심 팀은 특정 실행 가능 단계로 변환할 수 있는 명확하고 달성 가능한 비전을 정의해야 한다. 이 비전은 전체 시스템의 아키텍처를 정의하고 시각화한다. 핵심 팀은 클라우드 네이티브 학습 곡선에서 아직 초기 단계에 있으므로 컨설턴트와 같은 외부 리소스의 도움으로 이러한 비전을 만들 수 있다. 이는 비전 단계가 빠르게 움직이는 데 분명히 도움이 될 것이다.

시간이 허락할 경우, 핵심 팀은 각자 몇 시간에서 며칠에 이르는 일련의 소규모 연구 및 프로토타이핑 프로젝트를 통해 비전/디자인을 찾아낼 수 있다. 이 DIY 접근법은 어쨌든 핵심 팀이 겪어야 할 학습을 재촉하므로 이상적이지만, 트랜스포메이션의 초기 단계를 완료하는 데 더 오래 걸릴 수도 있다.

그러나 경험 많은 컨설턴트라면 올바른 방향으로 조정하면서 학습을 뛰어넘을 수 있으므로 이 두 가지의 조합이 두 세계의 장점일 수 있다.

비전 우선은 어느 길로 가든지 향후 1~2년 동안 회사의 기술 및 조직 로드맵을 개략적으로 설명한다. 팀원들은 이러한 비전을 만들려면 비전을 돌에 새기는 것이 아닌, 전략과 마찬가지로 역동적인 비전이 필요하다는 점을 기억해야 한다. 이 시점에서, 그들은 성취하고자 하는 것에 대한 완전한 그림을 가지고 있지 않으며, 초기 비전은 그저 처음에 가장 잘 추측해보는 것에 불과하다. 이 초기 아이디어는 트랜스포메이션이 진행되며 새로운 정보를 발견함에 따라 진화가 필요하므로 이에 집착하지 않는 것이 좋다.

대답해야 할 질문은 본질적으로, 우리가 어디로 가고 있는지다. 구현 중에 선택의 자유를 허용할 수 있을 정도로 높은 수준의 답변을 유지하는 것이 중요하다(즉, 아직 도구를 선택하지는 말라). 그러나 동시에 명확한 지침을 제공할 수 있을 만큼 세부적인 사항이 필요하며, 이는 일반적인 함정을 피하는 데 도움이 된다.

클라우드 네이티브 트랜스포메이션 비전을 만들려면 먼저 아키텍처 요소의 이름을 지정해야 한다. 이 단계에서 특정 도구 또는 서비스 공급자를 선택하지 않도록 한다.

포함하기에 좋은 것들

"마이크로서비스" 및 "클라우드 내 컨테이너형 플랫폼"과 같은 광범위한 개념을 설명하는 기술 용어

피해야 할 것들

어떤 특별한 도구나 기술에 전념하는 것, 여러분이 어떤 대단한 것들을 들어봤든 간에

말이다(걱정하지 마라. 우리는 패턴을 적용해 올바른 선택을 할 수 있다).

핵심 팀은 일단 비전 우선 패턴을 제시하면, 구체적인 목표로 바꾸기 위해 빠르고 직접적으로 움직인다. 여기서 구체적인 아키텍처와 성숙도 매트릭스 클라우드 네이티브 표준으로 나아가기 위한 일련의 단계를 만들기 시작한다(5장 참조).

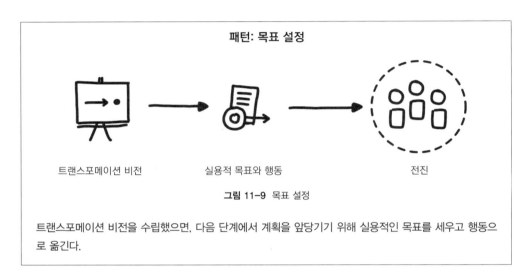

패턴: 목표 설정

트랜스포메이션 비전   실용적 목표와 행동   전진

그림 11-9 목표 설정

트랜스포메이션 비전을 수립했으면, 다음 단계에서 계획을 앞당기기 위해 실용적인 목표를 세우고 행동으로 옮긴다.

목표 설정 패턴은 이론적 전략 계획에서 구체적이고 실용적이며 무엇보다도 모든 실행 가능한 단계를 클라우드 네이티브 목표 선으로 이동하는 중추적인 역할을 한다.

이 모든 것은 주로 회사의 고위 경영진, CEO 및 이사회의 손에 맡겨진 경영진의 의사결정 단계에서 시작됐다(조직의 어느 부서에서나 나올 수 있는 트랜스포메이션 챔피언을 제외하고). 여정은 추상적이며, 사례를 수립한 후 트랜스포메이션 계획에 전념하는 과정을 거쳤다. 주요 결과는 다음과 같은 확고한 결정을(우리는 클라우드 네이티브가 되길 원하며 이를 실현하기 위한 자원을 제공할 용의가 있다) 내리는 것이었다.

그러고 나서 전략을 현실로 바꾸고자 핵심 팀을 꾸렸다. 첫째, 비전을 정의한 후(혁신을 위한 높은 수준의 로드맵) 이를 아키텍처 및 달성 가능한 목표 집합으로 변환한다. 우리는 데브옵스 팀 구조를 원하고, 컨테이너와 마이크로서비스로 재구성해야 하며, 모든 것을 관리할 수 있는 오케스트레이션 플랫폼을 설치하고 싶다.

이러한 목표를 실용적으로 달성할 수 있는 단계를 만들어야 할 때가 왔다. 구체적인 목표를 (우선은 기본 플랫폼이 필요하므로, 실험하며 PoC를 시도해본다) 달성하기 위한 과제의 프레임워크 가 실행된다. 그림 11-10은 우리가 지금까지 따라온 패턴을 보여준다.

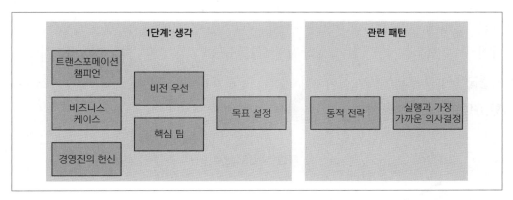

그림 11-10 1단계: 생각. 클라우드 네이티브 트랜스포메이션 설계의 첫 번째 단계는 전략과 목표 설정을 다룬다.

따라서 아이디어에서 전략으로, 목표로 발전함으로써 1단계를 마쳤다. 이제 2단계, 설계로 전환해 클라우드 네이티브 플랫폼을 구축하기 위한 요소를 파악해보자.

2단계: 디자인

1단계에서는 클라우드로의 전환을 위한 첫 번째 기본적인 로드맵을 제시했다. 마이크로서비스 아키텍처는 빌드-실행 팀이 클라우드에서 컨테이너형 애플리케이션을 제공하는 높은 수준의 비전이다. 잠깐, 이것이 다 뭐냐고 당황하지 말라. 이 모든 패턴은 다른 패턴과 함께 우리가 비전에서 전달로 이동하는 데 도움이 된다. 한번 살펴보자.

1단계와 2단계 사이의 전환 지점은 조직을 적어도 일시적으로 분할하는 것이다. 핵심 팀은 새로운 플랫폼 설계와 구축에 착수하고 나머지 직원은 당분간 평상시와 같이 사업을 계속한다.

이 두 경로는 별도의 패턴 집합과 접근법이 필요하다. 핵심 팀은 창의적인 팀으로 관리되며, 해답과 방법을 실험하고 연구할 수 있는 목적과 자유가 주어진다. 나머지 팀들은 새로운 플랫폼이 준비될 때까지 기존 시스템에서 가치를 쌓는다.

숙련된 팀에게 짧은 시간을 주지 말고 당분간 한 가지 패턴만 준다(핵심 팀이 혁신하는 동안 숙련 팀은 회사에서 돈을 벌기 위해 분주한다). 대부분의 팀은 결국 클라우드 네이티브의 유연하고 직관적인 문제 해결 방식으로 발전해야 한다. 그러나 전환 과정에서 숙련된 팀들이 클라우드 네이티브 기법으로 바꾸지 않고, 항상 운영해왔듯 능숙하게 운영해 나가는 것이 중요하다.

그들이 변하는 부분은 많지 않기에(아직일 뿐, 그들의 시간은 곧 다가온다!) 지금 당장 논의해야 할 유일한 것은 그동안 어떻게 그들을 가장 잘 관리할지 여부다.

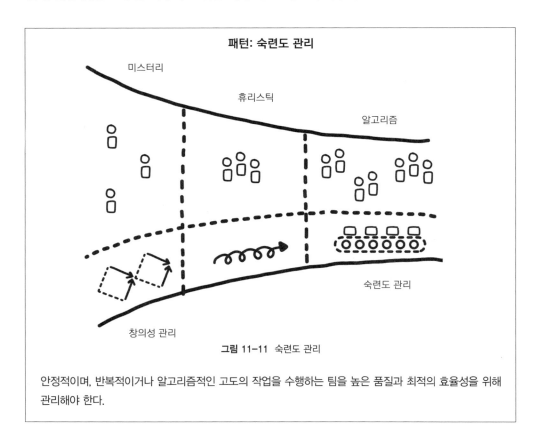

그림 11-11 숙련도 관리

안정적이며, 반복적이거나 알고리즘적인 고도의 작업을 수행하는 팀을 높은 품질과 최적의 효율성을 위해 관리해야 한다.

필자들은 이를 설계 단계라 명명했지만, 탐구 또는 혁신 단계라도 할 수 있다. 이제는 핵심 팀이 창의적인 연구에 몰두할 때인데, 혁신을 창출하기 위해 적절하게 관리해야 한다.

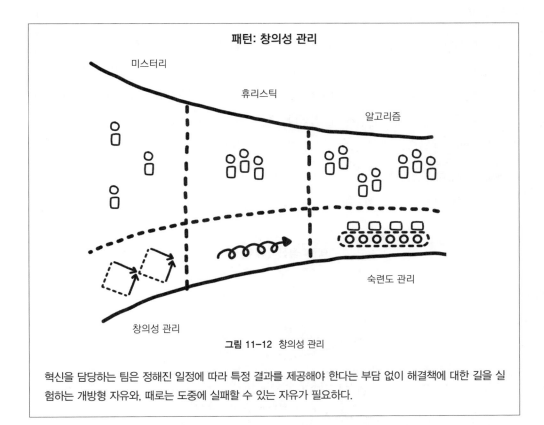

패턴: 창의성 관리

그림 11-12 창의성 관리

혁신을 담당하는 팀은 정해진 일정에 따라 특정 결과를 제공해야 한다는 부담 없이 해결책에 대한 길을 실험하는 개방형 자유와, 때로는 도중에 실패할 수 있는 자유가 필요하다.

클라우드 네이티브로 전환하려는 첫 시도에서, 웰스그리드는 기존의 팀으로 하여금 기존 정규 임무도 책임지면서 새로운 시스템을 구축하도록 한다는 매우 일반적인 실수를 저질렀다. 분명한 문제는 기존 시스템에 대한 긴급한 문제-회사를 위해 돈을 벌고 있는 문제-가 항상 새로운 것을 건설하는 것보다 우선시된다는 것이다. 그런 이유로 핵심 팀은 트랜스포메이션에만 집중해야 하며, 팀이 학습과 실험을 위해 상당한 시간을 투자해야 하기 때문에 관련이 없는 업무로 인해 주의가 산만해져서는 안 된다.

그러나 핵심 팀이 홀로서야 하는 가장 중요한 이유는 그들이 새로운 다른 일을 하기 위해 오랜 시간 동안 해왔던 방식에서 벗어나고 있기 때문이다. 이는 팀을 완전히 새로운 방식으로 관리해야 함을 의미한다.

7장의 내용과, 숙련도와 창의성에 대한 이야기를 기억하는가? 핵심 팀은 일할 수 있는 개방된 시간이 필요하며, 이는 조직 내 다른 사람들에게도 도전거리가 될 수 있다. 관리자는 예측 가능한 하향식 실무 방식으로 사용자가 관리할 수 있는 책임을 감독하는 데 익숙하다. 창의성을 위한 관리는 혁신 촉진에 더 가깝다. 즉, 목표를 정의하고 적절한 환경을 제공한 다음, 한 발짝 물러남으로써 혁신을 육성할 기회를 제공한다. 촉진 기능을 관리할 수는 없다.

실제로, 핵심 팀은 위험을 최소화하면서 새로운 클라우드 네이티브 시스템에 대한 설계 선택을 어떻게 현명하게 시작할까? 바로 점진적으로 투자를 확대하는 방법이다.

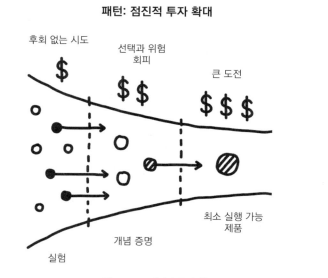

그림 11-13 점진적 투자 확대

불확실한 환경에서 학습 및 정보 수집 활동에 대한 투자를 서서히 늘려야 한다. 그럼으로써 위험을 줄이고 정보에 입각한 의사결정을 내릴 수 있는 충분한 정보를 찾아낼 수 있다.

관련 하위 패턴: 후회 없는 시도, 선택과 위험 회피, 큰 도박

워터폴의 예측 세계에서는 큰 프로젝트를 시작할 때, 일반적으로 중요한 결정을 즉시 내릴 수 있다. 프로젝트 자체는 새로울 수도 있지만, 이전 계획과 거의 비슷할 것 같다. 하지만 이제 핵심 팀은 아주 기본적인 지도 하나만으로 클라우드로 나아가고 있다. 아직 클라우드 네이티브 지식을 구축하는 초기 단계인 데다 성공 확률이 낮은 프로젝트는 위험 부담이 매우 크기 때문에 다음 행보는 명확하지 않다. 이 불확실한 환경에서 결정을 일찍 내리면 잘못된 선택이 될 가능성이 높다.

점진적 투자 확대는 혁신의 핵심 포인트인 클라우드 네이티브 위험 관리를 위한 슈퍼 패턴이자 일반적인 전략이다. 이 패턴은 논리적으로 다음 단계를 한 단계씩 이동함으로써 불확실성을 해결할 수 있는 도구를 제공한다. 작동 방식은 세 단계로 이루어진 위험 감수 단계를 거치는 것이다(적은 위험, 중간 위험, 높은 위험). 순수 전략 형성의 관점에서 이들은 후회 없는 시도, 선택과 위험 회피, 큰 도박의 하위 패턴이다. 5장에서 점진적 투자 확대 슈퍼 패턴과 하위 패턴에 대해 더 자세한 내용이 있다.

그러나 전환 설계를 만드는 데 이러한 패턴은 세 가지 기술적 패턴과 상관관계가 있다. 적절한 순서로 적용하면, 전환 위험을 줄이기 위한 실용적인 단계인 탐색적 실험, 개념 증명 및 최소 실행 가능 제품 플랫폼이다. 우리는 지금 이 계획 단계에서 중요한 다른 패턴들과 함께 이러한 패턴들을 마주하게 될 것이다. 주로 새로운 클라우드 네이티브 사고 방식을 채택하고 작업을 수행하는 것에 관한 패턴이다.

이 패턴들의 게이트웨이는 분산 시스템 슈퍼 패턴이다. 나머지 트랜스포메이션은 본질적으로 분산 시스템 아키텍처의 최적화된 클라우드 네이티브 버전을 구현하는 것이기 때문이다. 탐색적 실험 패턴은 클라우드 네이티브 탐험의 초기 프레임워크를 설정한다. 그런 다음 분산 시스템 슈퍼 패턴과 핵심 팀이 사용할 모든 관련 패턴 퍼즐 조각의 포장을 푼다.

분산 시스템과 친구

이 책에서 다룬 가장 기술적인 주제로(클라우드 네이티브 아키텍처를 함께 구성하는 광범위한 기술과 방법론) 다시 돌아온 것을 환영한다. 핵심 팀은 특정 트랜스포메이션 계획에 대한 각 패턴에 최상의 구현을 찾기 위해 실험하고 있지만(이 책의 속편을 위해 우리가 보유한 기술적 세부 수준) 기본은 변하지 않고 있다. 이 모든 것은 분산 시스템에서 시작된다.

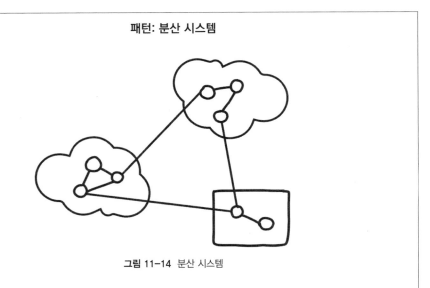

패턴: 분산 시스템

그림 11-14 분산 시스템

소프트웨어가 완전히 독립적이고 느슨하게 결합되는 일련의 서비스로 구축될 때, 결과 시스템은 설계상 매우 빠르고 탄력적이며 확장성이 높다.

모놀리식 소프트웨어 시스템의 개발은 소수의 최상위 설계자와 관리자만이 이해할 수 있는 단순한 복잡성에 따라 제한된다(그러나 이조차도 보장되지 않음). 실제로 구조가 단순하고, 몇 가지 요소들이 하나의 코드베이스에서 자원을 공유하므로 일을 빨리 시작하기 위한 단일 구조로서 새로운 소프트웨어 프로젝트를 시작하는 편이 좋아 보일 수 있다.

그러나 시스템이 확장되면서 주요 구성 요소의 크기와 복잡성이 계속 증가하고 있다. 시간이 지남에 따라 다양한 병목 현상이 발생하는데 주로 데이터 공유, 다른 구성 요소의 호출 기능 및 다른 팀으로 유지되는 팀 등 모든 레벨에 대한 의존성의 형태로 개발된다. 이 모든 것은 작업 자체보다 조정 시의 오버헤드가 커지는 만큼, 어떤 변화를 생산하는 데 필요한 조정의 수준을 증가시킨다. 필자들은 3일 동안 일곱 팀이 3시간이 걸리던 작은 변화 하나를 발표해야 하는 시스템을 봐왔다.

이 모든 것이 결국 기능적으로 추가적인 시스템 성장을 불가능하게 만든다. 주요 해결책은 전체 시스템의 확장일 수도 있지만, 그중 일부분만 자원이 부족할 수도 있으므로 매우 비싼 하드웨어를 구입해야 한다(그리고 시간이 지나면서 동일한 문제가 단순히 다시 발생할 수도 있다).

분산 시스템은 초기에 설계하고 구현하는 것보다 훨씬 복잡하지만 초기 작업에 투자하면 개선하거나, 새로운 기능 및 변경으로 성장하고 발전하기가 훨씬 간단하다. 이는 훨씬 낮은 수준의 조정 오버 헤드 때문이다. 동일한 3시간의 코드 변경 작업은 사람이 개입하지 않더라도 10분 만에 생산을 진행할 수 있다.

분산 시스템은 구성 요소가 서로 메시지를 전달해 독립적으로 실행, 통신 및 조정 중인 모든 시스템을 말한다. 과거 이러한 서버들은 온프레미스 형태였지만, 시스템이 클라우드로 이동하기 시작했다. 그 후 클라우드 네이티브는 클라우드 컴퓨팅 모델을 완전하게 최적으로 사용하는 소프트웨어 개발 접근 방식으로 부상했다. 클라우드 네이티브 애플리케이션은 API를 통해 통신하고 컨테이너에 패키징되는 모듈형 서비스 구성요소(마이크로서비스)로 구축된다. 컨테이너 자체는 오케스트레이터(쿠버네티스)를 통해 관리되며, 신속한 변화를 위한 데브옵스 프로세스와 지속적인 통합/연속 전달$^{CI/CD}$ 워크플로우를 통해 탄력적인 클라우드 인프라에 동적으로 구축된다.

그렇다, 정말 많긴 하지만 걱정하지 마라. 지금 우리가 당장 걱정해야 할 것은 일반적인 개념인 구축 중인 시스템의 고수준 청사진인데, 말 그대로 하나를 그려낼 수 있도록 필자들이 충분히 이끌어준다.

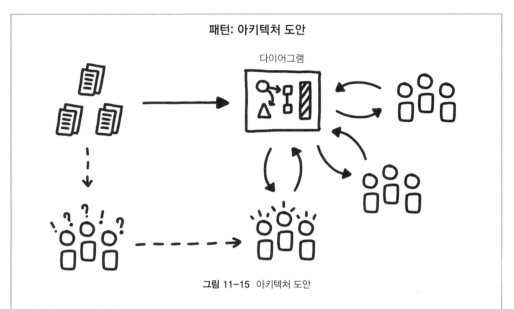

패턴: 아키텍처 도안

다이어그램

그림 11-15 아키텍처 도안

이 경우 시스템의 기본 아키텍처에 대한 대략적인 스케치로서 천 개의 단어를 대체하고 시간을 절약하며 오해를 방지할 수 있다.

분산 시스템은 본질적으로 복잡하므로 시각화 및 기술하기가 어렵지만 논의는 훨씬 더 어렵다. 아키텍처 도안은 쉽고 저렴하지만 매우 효율적이고 고전적인 "후회 없는 시도"로, 간편하게 수행할 수 있다. 순환 및 참조를 위해 새로운 클라우드 네이티브 시스템 아키텍처의 단일, 통합 및 공식 버전을 생성한다. 이는 핵심 팀의 모든 사람들이 메모리에서 30초 이내에 그릴 수 있을 단순하고 일관된 시각적 이미지를 만들어낸다.

아키텍처 도안은 모든 이해관계자가 아키텍처 구성 요소와 서로 어떻게 관련되는지 깊이 이해하는 데 크게 도움이 된다. 또한 사고의 일관성을 제공하며, 토론이 훨씬 쉬워진다.

분산형 클라우드 네이티브 시스템에 대한 명확한 청사진을 제시하면서 이를 구성하는 패턴을 살펴보자. 그림 11-16은 클라우드 네이티브 분산 시스템 설계 방식과, 분산 시스템 패턴의 기초가 되는 기술적, 구조적 및 프로세스지향 패턴을 보여준다.

- 마이크로서비스 아키텍처 및 컨테이너 기반 애플리케이션은 클라우드 네이티브 아키텍처의 기본 기반이다.
- 동적 스케줄링, 인프라 자동화, 테스트 자동화 및 관측성은 클라우드 네이티브 시스템의 핵심 기술적 측면을 설명한다.
- 지속적 통합[CI] 및 지속적 전달[CD]은 구현을 위한 프로세스다.
- 시작 시스템 보안은 모든 것을 안전하게 유지하는 방법을 설명한다.
- 재현 가능한 개발 환경은 핵심 팀이 모든 부품을 조립하는 데 필요한 작업 공간을 설명한다.

이 모든 패턴의 축소판 그림 버전은 부록 A: 패턴 라이브러리^{Library of Patterns}에서 제공되며, 9장, 개발 및 프로세스를 위한 패턴 및 10장, 인프라 및 클라우드를 위한 패턴의 전체 버전을 독자들에게 알려준다. 책의 첫 부분 전반에 걸쳐 이러한 모든 기술적 측면, 특히 마이크로서비스, 컨테이너 및 동적 스케줄링(쿠버네티스)에 대해 설명했으므로, 핵심적인 세부 사항을 핵심 팀에 맡기고, 전환 설계는 상세한 실행보다는 아키텍처 수준에서 계속 진행되도록 한다.

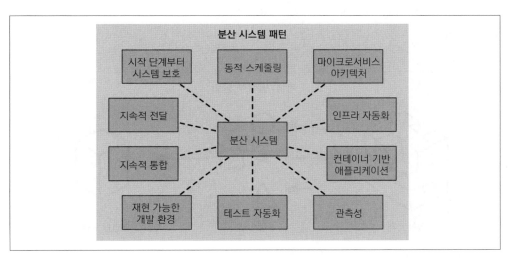

그림 11-16 분산 시스템 패턴은 클라우드 네이티브 아키텍처 및 개발 프로세스의 필수 요소로 통합된다.

탐색적 실험

이는 조직의 기술적 전환을 위한 실질적인 첫걸음이다. 이 시점에서 핵심 팀은 아직 클라우드 네이티브 지식이 부족해 가장 일반적인 방향성을 파악할 수 없으며, 미지의 정보를 조사할 수 없다 보니 이론적인 연구를 먼저 시작한다(다른 사람들이 무엇을 했는지, 사례 연구, 백서를 읽는 것). 확실히 후회 없는 시도를 한다는 것은 훈련이나 배움의 기회와도 같다. 복잡한 문제이므로 단순히 구글을 검색해서 찾을 수 있는 명확한 해결책은 없다. 그럴싸해 보이지만 당신의 특정 사용 사례에 맞지 않는 해결책일 확률이 높기 때문이다.

트랜스포메이션의 범위는 매우 넓다. 서로 다른 퍼즐 조각들을 모아 일관된 플랫폼을 만들어야 하는데, 지금은 제대로 된 조각들이 어떤 모습인지도 제대로 이해하지 못하고 있다.

어떻게 올바른 조각을 찾을 수 있을까? 바로 실험을 통해 가능하다. 다른 도구, 기술 및 아키텍처 조합에 대한 신속하며 저렴한 소규모 조사를 통해 무엇이 효과가 있는지, 결정적으로 무엇이 효과가 없는지 알 수 있다. 핵심 팀원들은 이해와 기술을 쌓으면서 일을 하며, 상당한 지식을 배운다. 비교적 짧은 시간, 보통 1~2개월 후에, 이러한 새로운 지식과 실험 프로세스는 팀이 선택의 분야를 좁히고 전환 목표를 달성하기 위한 가장 적합한 방향을 찾는 데 도움이 된다.

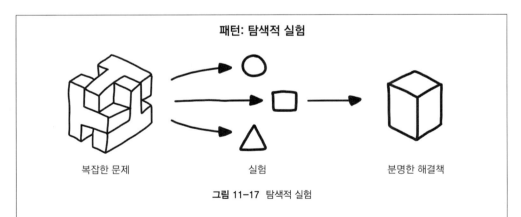

패턴: 탐색적 실험

복잡한 문제   실험   분명한 해결책

그림 11-17 탐색적 실험

사용할 수 있는 명백한 해결책이 없는 복잡한 문제를 다룰 때는 일련의 작은 실험을 실행해 가능한 대안을 평가하고 실행함으로써 학습한다.

이제는 클라우드 네이티브의 기본 구성 요소를 사용해 작업할 때다(마이크로서비스 아키텍처, 컨테이너 기반 애플리케이션, 지속적 통합, 지속적 전달 및 다양한 유형의 자동화). 우리는 마이크로서비스 아키텍처부터 시작하기로 한다. 이유는 다른 모든 것을 주도하기 때문이다.

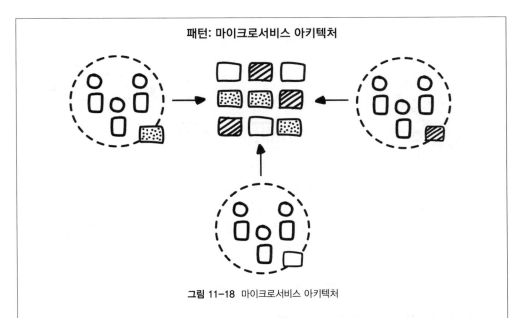

패턴: 마이크로서비스 아키텍처

그림 11-18 마이크로서비스 아키텍처

대규모 모놀리식 애플리케이션을 제공하는 팀 간의 조정 비용을 줄이기 위해 독립적으로 구축, 배치 및 운영되는 모듈형 서비스 제품군으로 소프트웨어를 설계하라.

마이크로서비스는 애플리케이션이 서로 완전히 독립적이고 API를 통해 통신하는 작은 모듈형 요소들의 집합으로 제공되는 분산 시스템 아키텍처의 구현이다. 소프트웨어를 만드는 유연하고 탄력적이며 확장 가능한 방법이지만 매우 복잡한 방법이기도 하다. 클라우드 네이티브 작업 방식에서 팀은 설계에서 전달에 이르기까지 하나의 서비스를 제공해야 하며, 소규모 개선 작업을 반복하면서도 실행 중인 서비스를 지원해야 한다.

애플리케이션을 실행하기 위해 모든 마이크로서비스를 컨테이너에 패키징한다. 컨테이너는 코드, 런타임, 시스템 도구, 라이브러리 및 설정 등 애플리케이션을 실행하는 데 필요한 모든 것을 포함하는 경량 독립 실행형 소프트웨어 패키지이다.

이들은 모든 의존성을 가진 코드를 패키징해 어떤 컴퓨팅 환경에서도 실행할 수 있는 일종의 "표준 단위" 소프트웨어다.

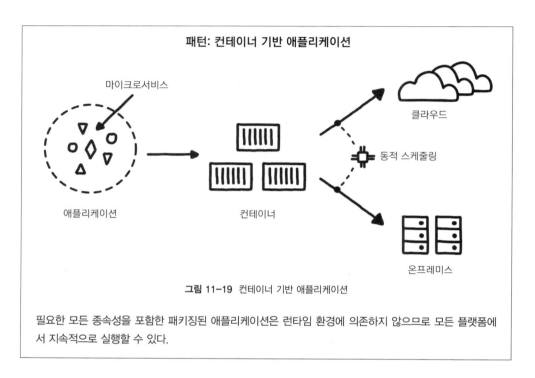

패턴: 컨테이너 기반 애플리케이션

마이크로서비스

애플리케이션

컨테이너

클라우드

동적 스케줄링

온프레미스

그림 11-19 컨테이너 기반 애플리케이션

필요한 모든 종속성을 포함한 패키징된 애플리케이션은 런타임 환경에 의존하지 않으므로 모든 플랫폼에서 지속적으로 실행할 수 있다.

퍼블릭이든 프라이빗이든 클라우드에서 실행하려면 컨테이너형 마이크로서비스를 정리하고 관리하며 언제 어디서 실행해야 하는지 알려야 한다. 이는 동적 스케줄러, 즉 오케스트레이터(쿠버네티스는 가장 잘 알려져 있고 널리 사용되지만 유일한 조정 옵션과는 거리가 멀다)의 작업이다.

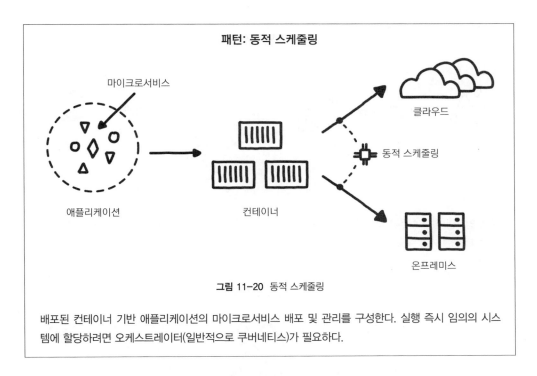

패턴: 동적 스케줄링

마이크로서비스

애플리케이션

컨테이너

클라우드

동적 스케줄링

온프레미스

그림 11-20 동적 스케줄링

배포된 컨테이너 기반 애플리케이션의 마이크로서비스 배포 및 관리를 구성한다. 실행 즉시 임의의 시스템에 할당하려면 오케스트레이터(일반적으로 쿠버네티스)가 필요하다.

클라우드에 최적화된 소프트웨어 구축은 복잡하지만 몇 가지 장점이 있다. 현재 사람이 관리하거나 따라잡을 수 있는 것보다 훨씬 더 많은 이동 요소가 있기 때문에 클라우드 네이티브 컴퓨팅에는 완전한 자동화가 필요하다. 자동화된 인프라는 서버 프로비저닝, 구성 관리, 빌드, 배포 및 모니터링을 수동으로 개입할 필요 없이 최고 속도로 처리한다. 마찬가지로, 테스트 자동화는 제품 변경에 필요한 모든 테스트가 개발 프로세스에 내장되도록 보장한다.

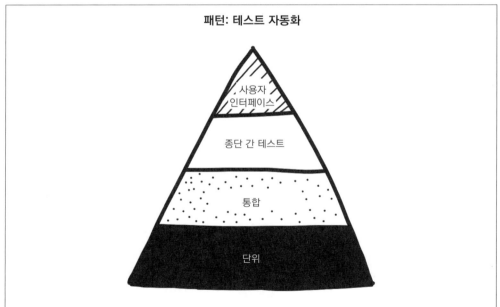

패턴: 인프라 자동화

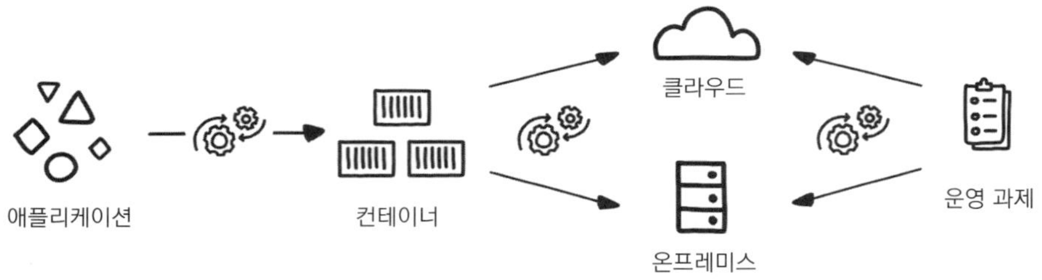

애플리케이션 → 컨테이너 → 클라우드 / 온프레미스 ← 운영 과제

그림 11-21 인프라 자동화

운영 업무의 절대 다수를 자동화해야 한다. 자동화는 팀 간 의존성을 감소시켜 더 빠른 실험을 가능하게 하며, 더 빠른 개발 속도로 이끈다.

패턴: 테스트 자동화

사용자 인터페이스
종단 간 테스트
통합
단위

그림 11-22 테스트 자동화

사용자(수동)로부터 자동화된 테스트 프레임워크로 테스트에 대한 책임을 전환해 개발자가 고객 요구사항을 충족하기 위해 더욱 신속하게 기능을 제공하고 개선하는 데 집중할 수 있도록 한다.

자동화를 최대한 활용하려면 핵심 팀이 지속적 통합 및 지속적 전달을 워크플로우로 채택해야 한다.

지속적 통합[CI]은 개발 팀이 작은 변경을 구현하며, 코드를 버전 제어 저장소에 자주 체크하지 않도록 유도하는 코딩 철학 및 일련의 실행 방식이다. CI의 기술적 목표는 항상 최고 품질이며 항상 출시할 준비가 된 애플리케이션을 구축, 패키지 및 테스트하는 일관되며 자동화된 방법을 수립하는 것이다.

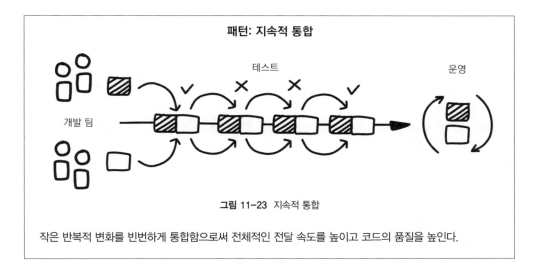

패턴: 지속적 통합

그림 11-23 지속적 통합

작은 반복적 변화를 빈번하게 통합함으로써 전체적인 전달 속도를 높이고 코드의 품질을 높인다.

지속적 통합이 끝나는 곳에서 지속적 전달[CD]이 시작된다. CD는 선택한 인프라 환경으로의 애플리케이션 전달을 자동화한다. 대부분의 팀은 개발 및 테스트 환경과 같은 운영 파이프라인 외부의 여러 환경에서 작업하며 CD는 코드 변경을 촉진하는 자동 변경을 보장한다.

그런 다음 CD 자동화는 웹 서버와 데이터베이스에 필요한 모든 서비스 호출을 수행하며, 애플리케이션을 배치할 때 절차를 실행한다.

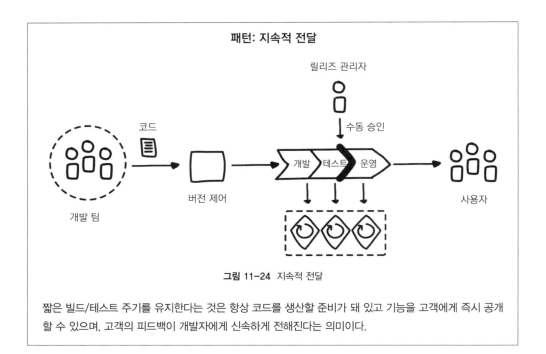

그림 11-24 지속적 전달

짧은 빌드/테스트 주기를 유지한다는 것은 항상 코드를 생산할 준비가 돼 있고 기능을 고객에게 즉시 공개할 수 있으며, 고객의 피드백이 개발자에게 신속하게 전해진다는 의미이다.

더 나은 통합: 지속적 통합 및 전달은 서로 중요하며, 클라우드 네이티브 접근 방식에 매우 필수적이므로 일반적으로 단일 용어로 사용된다. 함께 사용되는 CI/CD는 애플리케이션 변경 사항이 CI/CD 파이프라인을 통해 실행되는 지속적인 구현을 가능하게 한다. 테스트 자동화를 통과한 빌드를 인프라 자동화를 통해 운영 환경에 직접 구현한다. 이러한 상황은 매일 또는 매 시간 스케줄에서 자주 발생한다.

그러나 개발자가 각 변경 사항을 철저히 테스트하지 않는다면 CI와 CD를 얻기 어렵다. 재현 가능한 개발 환경 패턴은 핵심 팀이 CI/CD 프로세스를 적용할 때 이러한 모든 새로운 도구와 기술을 연습할 수 있는 조건을 정의한다.

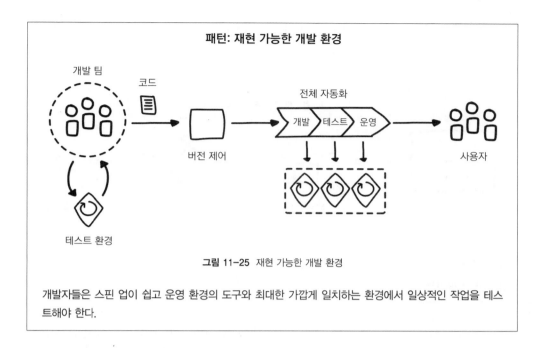

패턴: 재현 가능한 개발 환경

그림 11-25 재현 가능한 개발 환경

개발자들은 스핀 업이 쉽고 운영 환경의 도구와 최대한 가깝게 일치하는 환경에서 일상적인 작업을 테스트해야 한다.

이제 핵심 팀이 자동화 및 클라우드 네이티브 방법론을 사용해 실험 중인 컨테이너형 마이크로서비스를 조정하는 방법을 배웠다. 다음은 무엇일까?

개념 증명

이제 당신이 연구를 통해 현재 무슨 일이 일어나는지 이해하는 데 도움이 됐겠지만, 현 시점에서 결정을 내리는 데는 여전히 꽤 위험하다. 탐색적 실험을 중지하고 다음 단계를 밟을 때가 언제인지 어떻게 알 수 있을까?

비결은 그것을 균형 상황으로 보는 것이다. 당신은 일을 진전시킬지, 아니면 더 신중해질지를 저울질하고 있다. 진실의 순간은 아마도 클라우드 네이티브의 황무지로부터 몇 가지 선택의 길이 보이기 시작할 때 올 것이다. 여러분은 아직 더 많은 정보를 수집해야 하지만, 더 깊이 있는 정보가 필요한 일부 유망 영역을 식별할 수 있게 됐다.

이 시점에서 가장 유망한 분야에 대한 이해를 심화시키는 과정인 다음 단계로 넘어가야 할 때다. 이제 개념 증명 패턴이 필요한 시점이다.

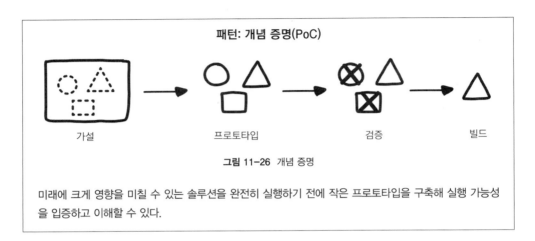

패턴: 개념 증명(PoC)

가설 → 프로토타입 → 검증 → 빌드

그림 11-26 개념 증명

미래에 크게 영향을 미칠 수 있는 솔루션을 완전히 실행하기 전에 작은 프로토타입을 구축해 실행 가능성을 입증하고 이해할 수 있다.

여러분은 이 시점에서 아직 벤더나 오픈 소스 솔루션에 대해 어떠한 확신을 할 만큼 충분히 알지 못한다. 한 가지 경로에 대한 완전한 헌신은 이 솔루션 위에 더 많은 기능을 계속 구축한다는 것을 의미하므로, 지금 당장 어떤 결정을 내리든 엄청난 위험이 따른다. 더 나아갈수록 진로를 바꾸기가 더 어려워진다.

그러나 여러분은 유망해 보이는 몇 가지 잠재적 트랜스포메이션 경로로 분야를 좁혔다. 개념 증명 연습을 통해 아키텍처와 도구 세트에 대한 다양한 옵션을 더 깊이 연구해야 할 때며, 앞으로 좀 더 많은 위험이 있다. 개념 증명은 지금까지 핵심 팀이 운영해온 단순한 실험보다 더 복잡하기에 비용과 시간 투자가 늘어난다. 그러므로 만약 당신이 가장 잘 아는 개념 증명에 실패한다면 약간의 고통은 있겠지만 끔찍한 비극은 아니다. 필요하면 되돌릴 수 있다(안 되는 것에 대한 귀중한 통찰력을 얻는 이점은 말할 것도 없다).

개념 증명은 재미있다! 핵심 팀이 실험을 통해 확인한 잠재적 솔루션 중 하나를 선택하고 실행 가능성(또는 결여 여부)을 입증하기 위한 기본 프로토타입을 제작함으로써 엔지니어에겐 팔을 걷어붙이고 멋진 클라우드 네이티브 장난감을 갖고 놀 수 있는 진정한 기회다. 실패해도 여전히 괜찮다는 것을 기억하라.

개념 증명: 취약한 옵션 제거

개념 증명 단계에서 명심해야 할 사항은 클라우드 네이티브 생태계가 매우 젊다는 것이다. 지금도 얻을 수 있는 불확실성과 지식이 많고, 도구에도 상당한 차이가 있다. 현재 클라우드 네이티브는 20세기 초 미국에만 100개 이상의 자동차 제조업체가 존재했던 자동차 산업의 탄생과도 비슷하다. 현재 전 세계적으로 주요 제조업체는 20개도 안 되는데, 대부분의 제조업체에 대해 들어본 사람은 많지 않을 것이다.

따라서 구조 조정과 통합이 이루어질 것이다. 매달 주요 새로운 도구들이 클라우드 네이티브 생태계에 도입되면, 도구들이 항상 서로 잘 맞지 않는다. 개념 증명의 전체 요점은 이러한 도구 중 10~20개를 선택하고 함께 작동하는 방법을 알아보는 것이다. 선택 가능한 가장 안전한 베팅으로는 클라우드 네이티브 컴퓨팅 재단의 "졸업 프로젝트"가 있는데, 쿠버네티스와 같이 잘 정립된 도구로 장기적으로 주변에 있을 가능성이 높으며, 그 주변에는 많은 관련/지원 도구와 자원이 많이 구축돼 있다.

빠르고 지저분한 것이 개념 증명의 주제다. 개념 증명은 여러분이 피할 수 있는 가장 원시적인 버전을 만드는 데 며칠에서 길게는 몇 주가 걸릴지도 모른다. 현재 프로젝트의 특정 요구사항과 관련된 어려운 문제에만 초점을 맞추고, 해결책이 명확해지면 중단한다. 멋진 UX를 만드는 것을 걱정하지 말고 제대로 작동하도록 하라. 가능하다면, 이 솔루션이 비즈니스에 어떤 영향을 미칠지 정보를 수집하고자, 기능적인 것을 실제로 보여주기 위해 시연해보라.

하지만 무엇보다도, 논점을 증명했다면 버릴 준비를 하라. 그렇다 해서 모든 힘든 일을 완전히 헛되이 만들라는 뜻은 아니다. 하지만 여러분은 아마도 그래야 할 것이다. 초기 품질이 의도적으로 낮다면, 폐기한 후 재건하는 것이 더 저렴하며 쉽다. 이렇게 하면 여러분이 방금 힘들게 배운 개념 증명 수업을 적용하면서, 새로운 일을 제대로 할 수 있는 기회를 얻을 수 있다. 그렇지 않으면, 아마도 여러분이 잘못한 모든 것들을 고치는 데 많은 시간을 소비해야 할 것이다. 그 위에 새로운 것을 짓기 시작하기도 전에 말이다.

그림 11-27은 핵심 팀이 회사의 클라우드 네이티브 트랜스포메이션을 위한 최상의 설계를 연구하기 시작한 시점부터 2단계:설계에서 다루었던 패턴의 지도를 보여준다. 회사는 창의성을 위해 팀원들을 관리 중이다. 나머지 회사들은 계속 기존 시스템을 사용해 실험하고, 필요할 경우 실패할 수 있다. 핵심 팀은 새로운 클라우드 네이티브 플랫폼에 도입할 분산 시스

템의 모든 측면을 조사하기 위해 탐색적 실험을 실시한다. 학습 곡선이 평평해지고, 개념 증명을 통해 더욱 심층적인 조사를 할 수 있는 몇 가지 괜찮은 후보를 찾을 때까지 말이다.

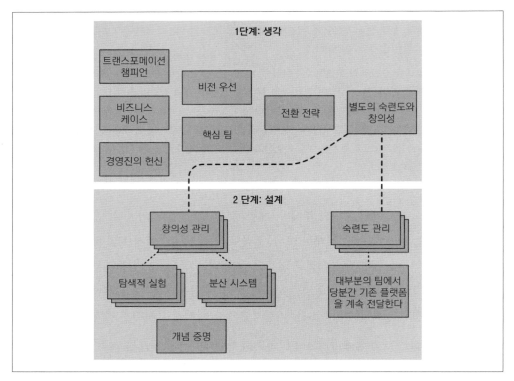

그림 11-27 2단계:설계 클라우드 네이티브 트랜스포메이션 설계 패턴

당신이 확실하게 가능성 있는 올바른 트랜스포메이션 경로를 개념 증명 프로세스에 매핑했으면, 실제로 구축할 준비를 마쳤다!

지금까지 클라우드 네이티브 트랜스포메이션을 위한 설계에서는 전환 준비(처음에는 전환이 필요한지 여부 파악 포함)에 대해 다뤘다. 그다음 점진적이고 반복적인 접근법을 사용해 올바른 길로 가는 방법을 실험함으로써 트랜스포메이션 시 위험을 제거하는 방법을 자세히 살펴봤다. 이제 개념 증명을 통해 가장 좋은 플랫폼을 공개했으므로 실제 구현을 위해 패턴을 적용하는 파트 2로 넘어간다.

12장

패턴 적용 2부: 클라우드 네이티브 트랜스포메이션 디자인

클라우드 네이티브 트랜스포메이션을 위한 세부 디자인 패턴의 후반부까지 진행하느라 고생했다. 이 장에서는 처음부터 끝까지 패턴을 배열하고 진행하며, 필자들이 이와 같이 선택한 순서와 이유를 설명하기로 한다. 이 장의 내용 역시 긴 편이고 다양한 패턴을 포함하는 과정이기에 두 장으로 나눴다. 1부에서는 사전 계획 준비에서부터 우리가 연구, 실험 및 프로토타입을 통해 가장 적합한 트랜스포메이션 경로를 밝혀내는 데까지의 기간을 다뤘다. 2부에서는 실제 시스템 운영 환경에 필요한 클라우드 네이티브 플랫폼을 구축해 경로를 검증하기 시작한다. 새로운 작업 방식으로 모든 사용자를 새로운 시스템에 온보딩한 후, 이전 시스템을 종료함으로써 마무리한다.

3단계: 빌드

디자인 단계인 2단계는 트랜스포메이션에서의 주요 전환점으로 마무리된다.

일련의 개념 증명^{PoC}으로 목표가 명확해지고, 기술을 이용 가능하며, 상당한 지식과, 모든 주요 질문에 대한 해답을 얻었다. 지금이 진정한 플랫폼을 구축할 때다. 개발 팀은 새로운 플랫폼에 새로운 애플리케이션을 구축하고 오래된 애플리케이션을 리팩터링하기를 기다리고 있다.

최소 실행 가능 제품^{MVP} 플랫폼 패턴은 새로운 클라우드 네이티브 시스템을 디자인한 다음 실제로 운영 가능한 기능을 갖춘 버전을 구축하는 가교 역할을 한다. 개념 증명(PoC)에서 어느 유력한 후보가 나왔는지에 대한 최종 테스트이다.

이 역시 핵심 팀에게는 중요한 순간으로, 팀을 나누거나 통합하는 시점이기 때문이다. 몇몇 멤버들은 플랫폼 팀을 구성하기 위해 분리되기도 한다. 나머지 핵심 팀원들은 첫 번째 테스트 애플리케이션을 준비하며 회사의 나머지 모든 팀들을 위한 자료를 준비하는 데 집중했다 (오래된 시스템을 계속 유지하는 다른 팀원들에게 필자들이 말했다. "너희 차례가 거의 다 왔어"라고!).

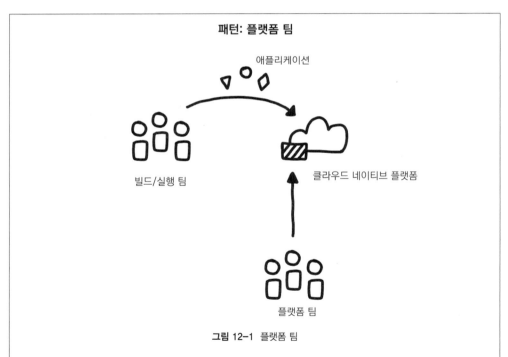

패턴: 플랫폼 팀

애플리케이션

빌드/실행 팀

클라우드 네이티브 플랫폼

플랫폼 팀

그림 12-1 플랫폼 팀

개발자가 인프라를 구성하기보단 애플리케이션 구축에 집중할 수 있도록 전체 조직이 사용할 수 있는 일관성 있고 안정적인 단일 클라우드 네이티브 플랫폼을 디자인하고, 구축 및 실행을 감독하는 팀을 만들어라.

플랫폼 팀은 클라우드 네이티브 시스템 아키텍처의 필수적인 구성 요소다. 또한 조직 내 다른 모든 엔지니어링 팀과 구조적 관점에서 별개의 조직이다.

클라우드 네이티브 개발자는 분산 시스템을 위한 구축 방법을 알고 있다. 네트워크와 보안, 그리고 모든 다른 필수품을 구축하는 방법을 알고 있기에 분산 시스템의 모든 부분이 애플리케이션의 일부가 된다. 그러나 이러한 애플리케이션을 어딘가에 배치하긴 해야 한다. 기업들이 흔히 저지르는 실수는 개발자들이 단순히 애플리케이션을 구축하는 것뿐만 아니라 자신이 운영하는 플랫폼을 데브옵스라는 이름으로 책임지길 기대한다. 여러 면에서 해롭지만, 더 큰 한 가지 문제가 있다. 만약 하나의 표준 통합 플랫폼이 없다면, 각 애플리케이션 팀은 각기 다른 버전을 구축할 것이다.

이렇게 하면 서로 다른 도구로 7개의 서로 다른 시스템을 구현하게 되고, 심지어 다른 클라우드에서도 실행하게 된다. 모든 것은 무작위적이며, 이것들을 표준화된 운영 플랫폼으로 리팩터링하는 것은 불가능하다. 이것이 바로 우리가 웰스그리드가 두 번째 트랜스포메이션 시도를 할 때 봤던 일이다.

이 모든 일반적인 문제가 애초에 발생하지 않도록 플랫폼 팀 패턴을 갖는다. 플랫폼 팀은 엔지니어링 팀으로부터 한쪽으로 떨어져 앉아 플랫폼을 안정적으로 유지하기 위해 필요한 모든 기능을 제공할 수 있도록 디자인 및 유지 관리에 만전을 기한다. 개발자는 프로비저닝이나 기타 인프라 세부 정보에 대해 걱정할 필요가 없으며 플랫폼에 구축하기만 하면 된다. 플랫폼 사람들은 쿠버네티스 이하를 취급하고, 개발자들은 쿠버네티스 위에서 API로 작업한다. 새로운 서버리스 및 서비스 메시 패러다임이 클라우드 네이티브 스택에 점점 더 많이 채택되고 균형이 바뀌면서 이러한 구분선이 바뀔 수 있다.

떠오르는 패턴: 서비스 메시

서비스 메시는 서비스 간 통신을 관리하기 위해 애플리케이션에 내장된 전용 인프라 계층이며 클라우드 네이티브의 가장 최근 방식 순방향 반복 중 하나다. 완전한 서비스 메시 패턴을 작성하기는 다소 이르지만, 자세한 관찰은 확실히 새로운 혁신이 된다.

도커와 쿠버네티스는 포장과 배치를 표준화함으로써 배치의 운영 부담을 줄여주지만, 런타임은 해결하지 않는다. 하지만 애플리케이션이 실행되면 어떻게 되는가? 완전히 독립적이고 자율적인 마이크로서비스라도 효율적으로 협력하기 위해서는 어떤 종류의 조직 표준과 일치해야 한다. 서비스 메시 패러다임은 이러한 격차를 해소하고 도커와 쿠버네티스가 배포를 표준화했던 것과 같은 방식으로 마이크로서비스 애플리케이션의 런타임 운영을 표준화하기 위해 부각됐다.

(서비스 메시는 더욱 지능적이고 적응력이 뛰어난 네트워킹 역할을 하는 배치에서도 서비스를 제공한다. 서비스 메시와도 같은 것이 없다면, 당신은 마이크로서비스 코드에 효과적인 네트워킹 또는 배포 지식을 추가해야 할지도 모른다).

서비스 메시는 클라우드 네이티브 스택의 강력한 새로운 구성 요소로 부상하고 있다. 넷플릭스, 구글, 티켓마스터와 같은 트래픽이 많은 회사들은 그들의 운영 애플리케이션에 서비스 메시를 추가했다(사실상 구글은 오픈소스 서비스 메시 도구인 이스티오(Istio)를 만들었다). 가트너와 다른 산업 연구 회사들은 2년 이내에 서비스 메시가 운영에서 마이크로서비스를 운영하는 모든 조직에 요구 사항이 될 것이라 조언한다.

필자들은 현재의 트랜스포메이션 디자인에 이 기술을 포함시킬 준비가 돼 있지 않다. 이 시기에 웰스그리드와 같은 회사가 받아들이기에는 충분히 성숙하지 않다. 그러나 사람들이 곧 쿠버네티스를 논의하기 위해 사용 중인 것처럼, 흥분과 경외심을 느끼며 이스티오(Istio)와 린커디(Linkerd)에 대해 이야기하게 되리라 예측한다. 이는 사물이 얼마나 빠르게 진화하는지를 보여주는 대표적인 사례로, 클라우드 네이티브의 핵심은 우리가 소프트웨어를 만들고 제공하는 방법이지 어딘가에 있는 것이 아니라는 점을 거듭 강조하는 이유이다.

플랫폼 팀이 제 역할을 잘할 때 표준화와 개발자 자유가 둘 다 갖춰진다. 강력한 표준화는 일관된 도구와 기대치를 제공함으로써 지원 및 유지관리 비용을 제한하고 조직 전반에 걸쳐 개발 속도를 높인다는 장점이 있다. 그러나 너무 많은 표준화는 개발자가 새로운 도구와 접근 방식으로 실험할 수 있는 어떤 능력도 정지시킨다.

요령은 자유와 분리 사이의 균형을 찾는 것이다. 당신은 규모의 경제를 위해 표준화를 원하지만, 마이크로서비스 아키텍처의 기본 원칙은 작업에 가장 적합한 도구 선택이다. 따라서 플랫폼 팀의 주요 지시를 통해 표준화를 최적화하는 동시에 개발자가 자신의 업무에 가장 적합하고 적절한 도구를 선택할 수 있는 플랫폼을 구축한다.

플랫폼 팀의 첫 번째 임무는 플랫폼의 최소 실행 가능한 제품 버전을 만드는 것이다. 모든 팀 구성원이 핵심 팀의 일원으로 개념 증명 프로세스를 거쳤다면 클라우드 네이티브 플랫폼 스택에 돌입하기 전에 확인된 모든 후보의 내/외부를 잘 알고 있어야 한다. 최소 실행 가능 제품MVP 플랫폼 패턴이 필자들이 제시한 트랜스포메이션 디자인에 들어간다.

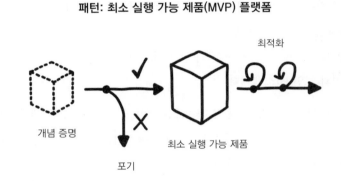

패턴: 최소 실행 가능 제품(MVP) 플랫폼

그림 12-2 최소 실행 가능 제품 플랫폼

일단 탐색적 실험과 개념 증명이 성공할 가능성이 있는 경로를 발견했으면, 1~3개의 작은 애플리케이션을 실행하는 기본적이지만 완전한 기능을 갖춘 운영 가능한 플랫폼의 간단한 버전을 구축하라.

최소 실행 가능 제품MVP은 베어본bare-bones 시스템으로, 아주 짧은 시간 안에 최소한의 유용한 기능을 갖도록 만들어졌다. 빠른 트랜스포메이션이 관건인데, 사용자들 앞에 플랫폼을 최대한 빨리 배치해 피드백을 받아 개선하는 것이 중요하기 때문이다. "최소한의 유용성"은 회사가 느끼는 필요성에 따라 달라질 수 있지만, 적어도 실제 비즈니스 기능을 제공해야 한다. 확장성은 매우 중요하다. 이 버전이 궁극적으로 운영 환경에 들어가지 않더라도 플랫폼 기능과 용량을 계속 확장하는 방법을 이해해야 한다.

최소 실행 가능 제품MVP을 최종 버전 플랫폼과 혼동하지 마라. 아직 목적지에 도착하지 않앗다! 최소 실행 가능 제품^{MVP}은 몇 사람이 몇 달 안에 할 수 있는 아주 기본적인 일로서, 미래 발전의 밑거름이 되기 위한 것이다. 일단은 운영 준비가 돼 있어야 한다. 요점은 컴퓨터 시스템의 구성을 실제 조건에서 테스트하는 것이지만 소수의 사용자만 있는 소규모 환경에서 테스트해야 한다. 확실히 올바른 방향을 향한 주요 단계라고는 하지만 작동 여부는 운영 준비를 마친 것과 관련은 없다. 최소 실행 가능 제품^{MVP}은 기능 완성도와는 거리가 멀다. 보안, 모니터링 및 관찰이 가능하다지만 가장 기본적인 버전일 뿐이다.

이 모든 작업을 수행하려면 베어본$^{bare-bones}$ 버전인 최초의 기본 버전을 제작하는 데 2개월에서 6개월이 걸릴 것이며, 처음부터 지속적인 통합과 지속적 전달이 있어야 한다. 그 후, 사용자 응답에 기초해 진행하면서 플랫폼의 기능을 최대한 향상시키기 위한 추가 2-3단계를 반드시 계획하라. 최소 실행 가능 제품^{MVP}에 포함해야 할 전체 기능의 두 가지 중요한 측면은 출발부터 관측성과 보안 시스템이다.

조직에서 컨테이너형 워크로드와 동적 마이크로서비스 아키텍처로 트랜스포메이션함에 따라 더 이상 사후 모니터링만으로는 충분하지 않다. 관측성은 애플리케이션의 성능에 대한 더 나은 통찰력을 제공하기 위해 내장돼야 한다.

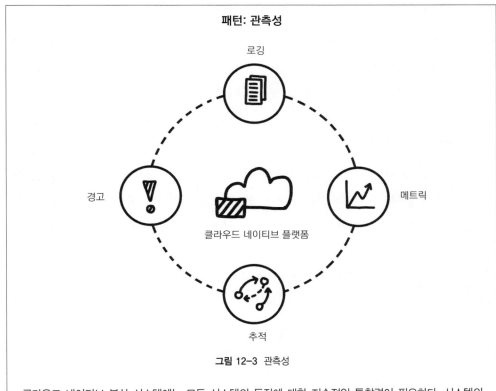

패턴: 관측성

로깅

경고

클라우드 네이티브 플랫폼

메트릭

추적

그림 12-3 관측성

클라우드 네이티브 분산 시스템에는 모든 시스템의 동작에 대한 지속적인 통찰력이 필요하다. 시스템의 동작을 이해하고 잠재적인 문제나 사고를 예측하기 위해 서비스를 실행한다.

클라우드 네이티브에서는 시스템을 관찰하며 무슨 일이 일어나는지 확인해야 한다. 모니터링은 우리가 이 정보를 어떻게 보는가 하는 것이지만 관측성은 우리가 외부 출력의 감시를 통해 내부 상태를 식별할 수 있도록 필자들이 시스템으로 디자인하는 속성이다. 게다가 당신은 최소 실행 가능 제품[MVP] 시스템의 어떤 단일 구성 요소가 언젠가 무너질지도 모른다는 가정을 하고 일하고 있기에 시스템에 회복력을 구축했다. 따라서 각 개별 구성 요소를 추적하기보다는 시스템 수준에서 사물을 이해함으로써 최적화할 수 있다.

100개 컨테이너 시스템에서 하나의 컨테이너가 고장 나봤자 별일 아니다. 쿠버네티스가 다시 실행시키겠지만, 당신은 시스템 행동의 추이를 분석하기 위해 그러한 이벤트가 일어났다는 사실을 기록하기를 원한다.

관측성은 마이크로서비스 아키텍처의 핵심 요소 중 하나다. 잘 디자인한 서비스는 효율적인 시스템 모니터링을 가능하게 하는 메트릭 정보를 노출하고 고객과 상호작용하며 각 부분을 추적한다. 관측성은 엔지니어가 시스템 및 애플리케이션 아키텍처를 조정해 더욱 안정적이고 탄력적으로 작업하는 데 필요한 정보를 제공한다. 이를 통해 개발자들에게 피드백 루프를 제공해 변화하는 시장 상황과 고객 요구에 신속하게 대응하고 반복할 수 있다.

관측성과 마찬가지로 보안 역시 처음부터 플랫폼에 직접 포함시켜야 한다. 경계 보안 조치는 분산된 시스템에서는 작동하지 않는다. 안타깝게도 인수 팀은 프로젝트의 비교적 늦은 단계까지 보안 설정을 미루다가 마지막에 뭔가를 시도하려는 경향이 있다.

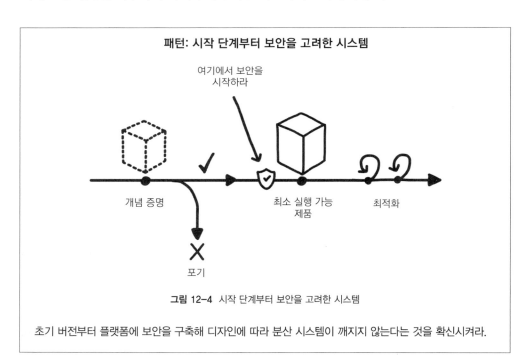

그림 12-4 시작 단계부터 보안을 고려한 시스템

초기 버전부터 플랫폼에 보안을 구축해 디자인에 따라 분산 시스템이 깨지지 않는다는 것을 확신시켜라.

클라우드 네이티브 시스템의 복잡한 보안 요건을 처리하는 유일한 방법은 첫날부터 최소 실행 가능 제품^{MVP}을 보안성이 높은 시스템으로 구축하는 것이다. 즉, 팀에 대한 심층적인 보안 교육을 제공하고, 신중하게 선택한 도구를 함께 사용해 격차를 확인하는 방법을 검토하고, 컨테이너, 클러스터, API, 액세스 권한 등을 보호하기 위해 최선의 선택을 하고, 자동화된 보안 테스트가 워크플로우의 일부임을 확인해야 한다.

최종 시스템 버전에서 반드시 충족해야 할 요건들을 고려할 때까지, 모든 부품을 맞춤 제작할 필요는 없다.

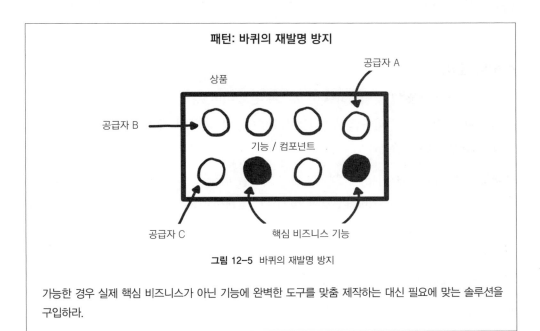

패턴: 바퀴의 재발명 방지

그림 12-5 바퀴의 재발명 방지

가능한 경우 실제 핵심 비즈니스가 아닌 기능에 완벽한 도구를 맞춤 제작하는 대신 필요에 맞는 솔루션을 구입하라.

모든 플랫폼을 맞춤형으로 구축할 필요는 없다. 클라우드 네이티브는 새롭긴 하지만 그렇게 새로운 것만은 아니다. 예를 들어, SaaS$^{Software-as-a-Service}$와 같이 실행할 수 있는 기존 도구와 서비스가 많이 있다. 플랫폼을 조립할 때는 가능하면 기존 도구를 사용하라. 특히 핵심 비즈니스에 속하지 않는 기능에 대해서는 기존 도구를 사용하라. 딱 맞지는 않더라도 필요에 맞는 솔루션을 선택하라. 상용 또는 오픈소스인 타사 제품은 일반적으로 사용자가 직접 구축할 수 있는 것보다 더 나은 품질, 더 나은 유지 관리 및 확장성을 제공한다.

기본적인 최소 실행 가능 제품^{MVP}을 완전히 구축한 후 구매한 제품 일부를 사용하게 됐더라도 상당히 큰 성과를 이뤘다. 예산, 시간 및 작업에 대한 상당한 투자를, 이제 예산을 세우고 개선하는 데 투자했다. 최소 실행 가능 제품^{MVP} 플랫폼이 준비되면 최소 실행 가능 제품 기능을 확장해 더 나아가기 전에 현재 트랜스포메이션 전략을 일시 중지하고 검토해 전략이 여전히 유효한지 확인해야 한다. 만약 어떤 이유에서든 여전히 회사가 잘못된 방향으로 진행하고 있다면 지금 당장은 고통스러울 수 있다. 뭔가를 버리고 다시 시작하기란 참으로 고통스러울 것이다. 하지만 몇 달이 지났을 때보다 지금 인지하고 발견하는 것이 훨씬 낫다.

온보딩 준비

최소 실행 가능 제품^{MVP}을 달성하면 큰 뉴스가 될 것이며, 중대한 트랜스포메이션 이정표가 될 것이다. 이제 실제 클라우드 네이티브 플랫폼에서 운영 중인 애플리케이션을 몇 개 확보하라! 지금은 축하 분위기와 더 많은 홍보/전파를 전하기에 좋은 시간이다.

플랫폼 팀은 최소 실행 가능 제품^{MVP}의 운영 준비를 위해 계속 노력하는 한편, 숙련된 팀들이 여전히 레거시 제품을 개발하고 기존 방식으로 고객에게 가치를 전달하고 있다. 대부분의 경우 그들이 하는 일을 계속해야 하지만, 최소 실행 가능 제품(MVP) 플랫폼 달성에 가까워지면, 점차적으로 온보딩할 팀들을 준비하기 시작할 때가 된다. 이제 나머지 조직들을 새로운 시스템에 온보딩시킬 수 있는 방법을 준비해온 핵심 팀에 대해 알아보자.

온보딩 준비는 팀을 교육시키고 새로운 시스템으로 옮기는 것보다 더 중요하다. 이제는 기업에서 새로운 클라우드 네이티브 접근 방식을 반영하기 위해 조직 문화를 광범위하고 영구적인 방식으로 변화시키는 시점이다. 여기서 주목하라. 이 부분이 실제로 전체 트랜스포메이션에서 가장 중요하다. 이제 여기서 기술과 조직 모두 스트러글하는 길고 느린 과정을 시작한다.

이쯤 되면 회사에 큰 변화가 온다는 말이 사내에 거의 확실히 퍼졌다. 직원들은 하는 일이 바뀔지도 모른다는 불안감을 느낄 것이다. 사람들은 얻을 수 있는 정보가 거의 없을 때, 부정적인 귀속 편향이 사람들로 하여금 변화가 그들에게 좋지 않을 것이라 가정하게 한다. 사실 인지 편향의 대다수는 이런저런 정보가 부족해 일어나므로 사전 온보딩$^{pre-onboarding}$ 기간에 풍부한 정보를 공유함으로써 불안감을 줄이도록 한다.

직원들에게 배울 수 있는 기회를 주는 것도 중요하지만, 똑같이 중요한 것은 점진적이고 장기적인 과정임을 그들이 확실히 이해하도록 하는 것이다. 트랜스포메이션 계획에 대한 정보를 경영진의 헌신 단계에서부터 팀들이 실제로 온보딩하도록 예정된 시간까지 공유하는 일이 사소한 절차가 될 것이다. 토대가 제대로 마련되면 모두 기대하면서 변화에 대비할 수 있을 것이다.

내부 에반젤리즘은 실제 적용 수개월 전에 시작해야 하는 선 적용 과정을 관리하는 열쇠다. 최소 실행 가능 제품^{MVP} 단계 시작 동시에 내부 에반젤리즘을 시작하는 것은 좋은 움직임이다.

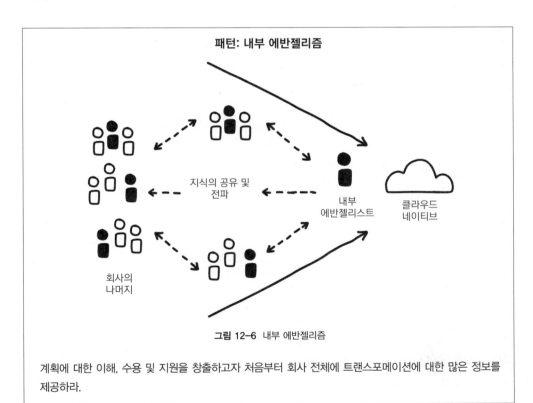

그림 12-6 내부 에반젤리즘

계획에 대한 이해, 수용 및 지원을 창출하고자 처음부터 회사 전체에 트랜스포메이션에 대한 많은 정보를 제공하라.

계획의 처음 6개월에서 12개월 동안, 핵심 팀만이 트랜스포메이션에 적극적으로 관여하지만, 기대 중인 다른 사람들은 적절한 에반젤리즘을 통해 돕거나, 관여하고 싶어 한다. 이러한 즐거움을 활용해 참여를 이끌어라. 조직 전반에서 일반적인 클라우드 네이티브 지식 수준을 높여라.

트랜스포메이션 챔피언은 내부 에반젤리즘을 책임지는 사람으로 가끔 "와서 피자도 먹고 마이크로서비스에 대해 배워!"처럼 말하며, 조직 전체에 걸쳐 점심 행사나 학습을 통해 일반 지식을 쌓기 시작한다. 이때는 전용 훈련보다 컨테이너가 어떻게 작동하는지, 쿠버네티스가 무엇을 하는지 등 기초 교육에 중점을 둔다. 누구나 참여할 수 있는 정기적인 공개 세션은 '내부 에반젤리즘'의 일환이어야 한다. 천천히 쌓이는 지식을 실제로 적용할 때 배운 개념에 익숙함과 편안함을 느끼게 된다.

한편, 트랜스포메이션 챔피언은 내부 뉴스레터, 해커톤 및 정기 데모 세션을 후원해 플랫폼 개발 현황을 모두에게 지속적으로 알리고 조직 전반에 걸쳐 클라우드 네이티브 계획에 대한 인식과 참여를 촉진하기 위한 내부 마케팅 노력을 지휘한다. 이때 이와 같은 전술은 외부적으로도 확장될 수 있으며, 실제로도 확장돼야 한다. 이는 회사가 더 나은 기술적 명성을 쌓기 위해 조직 밖으로 전파할 수 있는 좋은 기회다. 흥미롭고 도전적인 직업을 찾는 훌륭한 기술자들에게 회사를 더 매력적으로 알릴 것이다.

내부 에반젤리즘이 부족하던 웰스그리드는 두 번째 트랜스포메이션 시도도 수포로 돌아갔다.

대부분의 엔지니어링 팀들을 트랜스포메이션 노력에 투입할 때에도, 나머지 조직들은 무슨 일이 일어나고 있는지에 대한 통찰력을 갖고 있지 않았다. 영업·마케팅 팀은 경쟁사가 새로운 고객 기능을 도입하려 할 때 회사의 오퍼링이 개선되지 않고 있다는 사실만 알 수 있었으며, 아무도 '비즈니스 참여'를 생각하지 않아 좌절감이 컸다(패턴 참조). 마지막으로, 트랜스포메이션을 중심으로 내부 에반젤리즘이 일어나지 않았기 때문에 편향이 작용했을 가능성이 높았다. 즉 현상적 편향, 적대적 귀속 편향이었다. 따라서 트랜스포메이션에 대한 내부 저항을 만들어내고 더 나아가 트랜스포메이션을 지연시키거나 실패하게 만들었다.

내부 이벤트는 애초에 그 모든 일이 일어나는 것을 막을 수 있는 기회다. 모든 사람을 새 시스템에 온보딩시킬 때가 언제인지 일정과 계획을 이야기하면, 모든 사람에게 정보를 제공하고, 참여하며, 어느 정도 기대를 갖게 한다. 정확한 시간 프레임 예측에 대해 걱정하지 말라. 사람들은 확실하게 일어나리라는 사실을 알고 있을 때, 전환이 지연되더라도 개의치 않는다.

올바른 시기와 올바른 경로에 적용

최소 실행 가능 제품^{MVP} 플랫폼이 완전한 운영 준비 상태에 가까워질 때, 우리는 트랜스포메이션 과정에서 또 하나의 결정적인 순간에 도달했다. 이제는 숙련된 팀들을 새로운 시스템으로 적극적으로 이동시키고, 사용 방법을 철저히 교육시켜야 할 때다.

온보딩에는 적절한 방법뿐만 아니라 접근하는 적절한 시기도 중요하다. 정식 온보딩은 클라우드 네이티브 빌드-실행 팀을 서서히 재구성한 후 새로운 방식으로 작업하도록 교육하는 시기로, 실제 마이그레이션 직전에 시작해야 한다. 이 시기는 팀에게 매우 중요한 기간이며, 말 그대로 클라우드 네이티브 트랜스포메이션의 순간이기도 하며, 팀원들을 적절히 이동시키기 위해 어느 정도 수준의 시간과 주의를 요구한다.

한 번에 몇 팀만 포함되는 예정된 온보딩 대상이 과정에 적극적으로 참여하고 있으며, 다른 모든 팀은 차례가 올 때까지 그대로 남아 있다. 사람들은 새로운 기술을 배울 때, 사용 방법에 대해 흥미로워하기에 이는 중요하다. 만약 사람들이 새로운 지식을 적용하려고 할 때, 6개월이나 1년씩 기다려야 한다면, 정말로 좌절한다. 또한 사용하지 않았더라도 이러한 기술들은 빠르게 잠식된다.

필자들은 구성 요소 하위 패턴의 애플리케이션을 통해 이러한 진화를 진행시킬 수 있는 수퍼 패턴인 점진적 온보딩 방식을 갖고 있다.

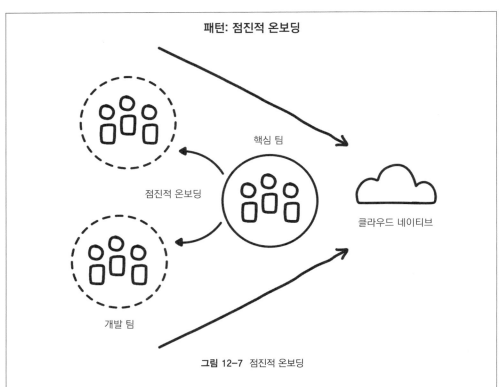

그림 12-7 점진적 온보딩

새 플랫폼이 가동되기 1~3개월 전에 각 집단 사이에 피드백을 통합하고 프로세스 및 도구를 개선하기 위해 한 번에 몇 팀 정도를 교육시켜라.

점진적 온보딩 패턴의 주요 목표는 클라우드 네이티브 트랜스포메이션을 위한 조직 변화를 조기에, 작게 시작하며, 천천히, 꾸준히 성장하는 것이다. 기존 소프트웨어에서 작업하는 팀은 개발자 스타터 팩 패턴에 설명된 교육, 교육 자료 및 경험에 대한 접근 권한을 부여받아 새로운 플랫폼을 서서히 도입하며, 데모 애플리케이션 패턴에서 설명했듯 연습 프로젝트를 수행함으로써 스킬을 쌓기 시작한다.

이 모든 과정은 한 번에 2~3개 팀 정도에서 매우 점진적으로 일어난다. 이를 통해 핵심 팀이 새로운 그룹과 심도 있게 협력하고, 서두르지 않고 새로운 클라우드 네이티브 지식과 기술을 완성할 수 있도록 완벽하게 지원할 수 있는 시간이 주어질 것이다.

또한 창의성 팀은 플랫폼과 온보딩 재료를 개선하고자 피드백을 통해 적용 그룹들 사이에서 잠시 중단을 취한다. 이전 패턴에서 레퍼런스 아키텍처를 기억하는가? 여기서도 유용하게 쓰인다.

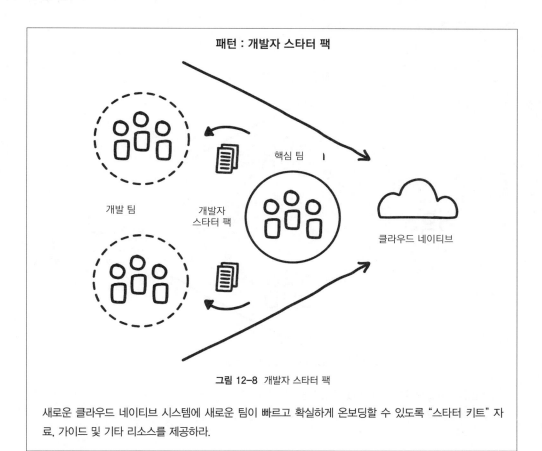

패턴 : 개발자 스타터 팩

개발 팀

개발자 스타터 팩

핵심 팀

클라우드 네이티브

그림 12-8 개발자 스타터 팩

새로운 클라우드 네이티브 시스템에 새로운 팀이 빠르고 확실하게 온보딩할 수 있도록 "스타터 키트" 자료, 가이드 및 기타 리소스를 제공하라.

클라우드 네이티브에 온보딩하는 팀은 도구나 기술을 알지 못하며, 일반적으로 매우 열악한 적용 자료가 제공된다. 그들이 스스로 문제를 해결하려 함으로써 시간을 낭비한다. 더욱이, 온보딩 자원이 매우 부족할 경우, 자체 클라우드 네이티브 프랙티스를 구축해야 할 수도 있다. 불가피하게 이에 대한 정보가 없을 것이고, 플랫폼에 제대로 들어맞지 않을 것이다. 각 팀이 스스로 이를 파악해야 하기에 팀 간 프랙티스에 차이가 있을 것이다.

클라우드 네이티브에 온보딩된 개발자에게 즉시 작업을 시작하는 데 필요한 모든 것을 제공하라.

클라우드 네이티브 "스타터 키트" 재료에는 도구 구성, 버전 제어 저장소, CI/CD 파이프라인, 연습용 예시 애플리케이션, 대상 플랫폼 설명, 교육 등을 포함해야 개발자 스타터 키트에는 연습할 데모 애플리케이션이 포함돼야 한다.

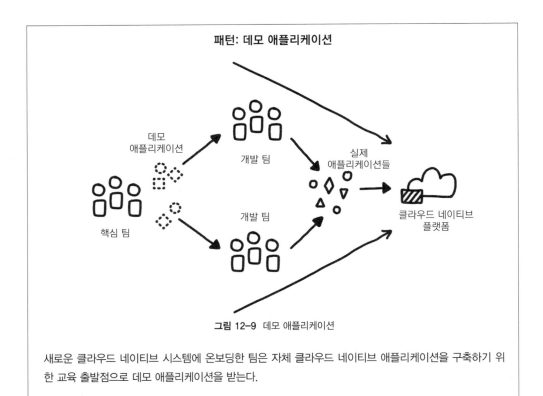

그림 12-9 데모 애플리케이션

새로운 클라우드 네이티브 시스템에 온보딩한 팀은 자체 클라우드 네이티브 애플리케이션을 구축하기 위한 교육 출발점으로 데모 애플리케이션을 받는다.

이러한 도구들은 온보딩 절차를 쉽고 효과적으로 만드는 데 매우 유용하다. 그러나 앞에서 언급한 바와 같이, 이 단계에서 중요한 부분은 조직 문화를 전통적 문화에서 클라우드 네이티브 문화로 트랜스포메이션하는 것이다. 이는 새로운 클라우드 네이티브 도구와 기술로 팀을 교육하는 동안에도 새로운 작업 방식을 교육 중임을 의미한다.

당신은 이런 무척 다른 과정과 방법론에 맞도록 구조적으로, 문화적으로 패턴들을 리팩터링하며, 심지어 처음에는 그들이 이전에 일했던 세계와는 완전히 정반대로 보일 수도 있는 새로운 사고방식을 도입 중이다.

여기서 "점진적"이라는 단어가 중요하다. 반복 교육은 온보딩 준비 패턴의 기초가 되며, 매우 일반적인 배경 노출에서 클라우드 네이티브 개념에 이르기까지 시간이 지남에 따라 진보한다. 제공되는 교육은 온보딩 단계에 적합해야 한다.

한 팀이 6개월 이상 새로운 플랫폼에 배치될 예정이 아니라면 마이크로서비스, 도커 컨테이너, 쿠버네티스와 같은 개념에 대한 기본 소개가 좋다. 하지만 그들에겐 아직 선진적인 훈련이 필요 없다. 새로운 시스템으로 활발하게 이동할 때를 위한 실전 교육의 기회를 절약할 수 있다.

이러한 점진적인 교육 과정은 클라우드 네이티브 트랜스포메이션의 일환으로 개발자들이 겪어야 할 필수적인 문화적 변화를 형성하고 추진하는데, 바로 빌드-실행 팀으로의 트랜스포메이션이다.

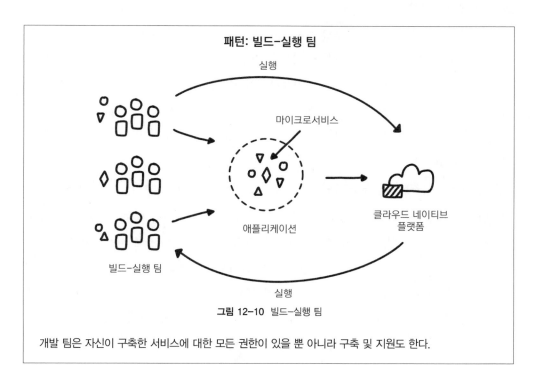

패턴: 빌드-실행 팀

그림 12-10 빌드-실행 팀

개발 팀은 자신이 구축한 서비스에 대한 모든 권한이 있을 뿐 아니라 구축 및 지원도 한다.

전통적인 소프트웨어 개발에서 개발자 팀은 운영 환경에 아티팩트를 배치하기 위해 운영 팀에 의존한다. 이 핸드오버는 운영 속도와 민첩성을 죽인다. 그러나 각 개발자 팀에 운영 담당자를 배치해 이를 해결하려 하면 결국 10개의 서로 다른 조정 불가능한 플랫폼으로 귀결된다. 콘웨이의 법칙은 우리에게 소프트웨어 아키텍처가 조직의 구조를 닮게 될 것이라 말한다. 따라서 독립적인 플랫폼을 원한다면 애플리케이션을 개발하는 팀은 운영 환경 플랫폼을 운영하는 팀과 분리돼야 한다.

새로운 클라우드 네이티브 시스템에 적용하는 대부분의 팀들은 워터폴 접근방식을 통해 아티팩트를 벽 위로 던짐으로써 다음 팀에게 전달하게 된다. 애자일은 개발자와 테스터 간의 벽을 허물고 교차 기능을 갖춘 팀을 만들어냈지만, 여전히 운영 팀에 대한 배치의 손길이 남아 있다. 데브옵스는 이 프로세스를 나누는 벽을 더 허물었지만, 이해를 통해 가장 일반적으로 구현하는 모델은 클라우드 네이티브 개발 프랙티스와 적절하게 일치하도록 진화해야 한다.

빌드-실행 팀 패턴은 클라우드 네이티브에 최적화된 데브옵스 팀을 위한 구체적인 공식이다. 이 팀은 자신의 서비스를 운영에 배치하고 그 후에 지원에 필요한 모든 것을 구축 및 테스트할 수 있어야 한다. 빌드-실행 팀은 클라우드 네이티브 애플리케이션을 개발할 때 "구축, 실행"을 정의한다. 하지만 해당 애플리케이션이 실행되는 플랫폼이나 인프라는 그렇지 않다. 빌드-실행 팀은 구축하고 있는 마이크로서비스에 대한 요구사항을 전적으로 책임지고 통제한다. 단순히 디자인와 배치뿐만 아니라 그들이 구축하는 서비스나 구성 요소의 운영 측면에도 참여한다.

기존 조직에서 하드웨어를 프로비저닝하려면 일반적으로 양식을 작성하고 이를 운영 부서로 전송한 후, 해당 부서에서 당신을 대신해 하드웨어를 프로비저닝할 때까지 기다려야 한다. 각 핸드오버는 시간, 일, 심지어 주 단위까지 지연을 발생시키며, 전체 시스템의 속도를 감소시킨다. 말할 필요도 없이 이러한 접근 방식은 클라우드 네이티브 빌드-실행 팀에서는 근절되므로 셀프 서비스 패턴은 빌드-실행 팀 패턴의 필수적인 파트너다. 셀프 서비스는 개발자가 다른 사람에게 양도하지 않고 인프라를 프로비저닝해야 하며, 자체 애플리케이션을 배치할 수 있도록 모든 수동 또는 반자동 방식의 완전한 자동화를 강조한다.

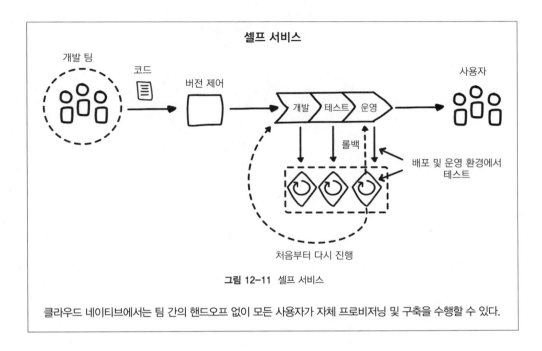

그림 12-11 셀프 서비스

클라우드 네이티브에서는 팀 간의 핸드오프 없이 모든 사용자가 자체 프로비저닝 및 구축을 수행할 수 있다.

셀프 서비스 프로비저닝 및 구축 기능은 개발자가 운영으로도 자주 릴리즈하도록 하기도 한다. 그렇지 않을 경우, 지속적 전달이 없으며, 고객에게 제공하는 학습 루프가 없으므로 사용자 피드백을 통합해 개선점을 창출할 수 없다.

셀프 서비스는 전통적인 소프트웨어 개발 프로세스에서 클라우드 네이티브 닌자로 팀을 탈바꿈시키는 최종 작품이다. 그림 12-12는 트랜스포메이션의 중요한 점진적 적용 단계에 들어가는 패턴을 보여준다.

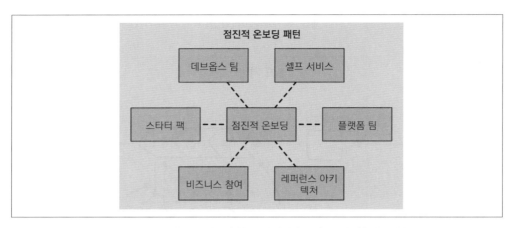

그림 12-12 점진적으로 온보딩하는 슈퍼 패턴과 그 일부로서 적용되는 패턴

그리고 이는 3단계: 빌드[Build]의 마지막 단계다. 플랫폼 팀이 기능적인 최소 실행 가능 제품 [MVP]을 완전한 운영 준비 플랫폼으로 확장하면 핵심 팀은 온보딩 준비 활동을 처리한 후, 때가 되면 점진적 온보딩 과정을 시작한다. 그림 12-13은 지금까지의 진척 상황을 보여주며, 운영 준비라는 문을 열고 4단계: 실행[Run]에 들어간다.

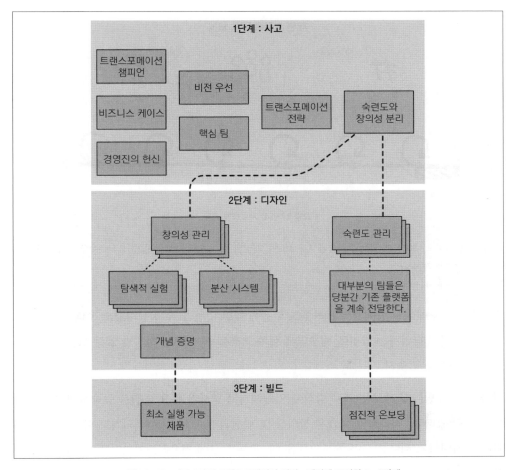

그림 12-13 지금까지의 트랜스포메이션 여정—패턴에 표시된 1~3단계

4단계: 실행

플랫폼을 완성함으로써 운영 준비를 마쳤다. 온보딩이 한창이다. 이제 어떻게 되는 걸까?

자, 여기 필자들이 이미 사전-온보딩 중에 적용했던 패턴이 하나 있으며, 앞으로 진행할 주요 지시사항이기도 하다. 바로 지속적인 교육이다.

패턴 : 지속적인 교육

해커톤

밋업

훈련

부트캠프

그림 12-14 지속적인 교육

팀이 클라우드 네이티브 지식과 기술을 지속적으로 개발할 수 있도록 새로운 방법을 지속적으로 도입하고 기존 방법을 개선하라.

초기 트랜스포메이션 팀에게는 클라우드 주제에 대한 일반 교육을 실시했고, 이후 새로운 시스템에서 실제 작업하는 방법을 배우면서 심화 교육을 실시했다. 하지만 일단 성공적으로 적용하면, 교육을 멈추지 않는다.

안타깝게도, 팀들이 새로운 업무 방식에 익숙해지고 회사가 주요 초점을 능숙하게 전달하도록 유도함에 따라, 지속적인 학습은 창의성 및 혁신과 때때로 뒷전이 되기도 한다. 기업들은 과거에 거대하고 새로운 도구를 도입했을 때, 모두 도구에 적응하고자 2일 동안 대규모 교육을 받고 2주 동안 학습 곡선을 그리며 일을 하는 방식에 익숙해진다. 그 후, 모든 사람들은 도구에 대해 배움으로써 교육에 대해서는 잊는다.

그러나 클라우드 네이티브는 결코 쉬지 않는다. 지속적인 교육은 팀이 늘 학습하고, 지속적으로 개선하며, 업데이트하고, 반복하는 것의 핵심이 된다.

팀원들이 개발자 스타터 키트를 조사하고 데모 애플리케이션으로 실습하면서, 새로운 플랫폼을 이용한 작업에 신뢰를 쌓고 있다. 긍정적인 상승 추세를 유지하는 한 가지 방법은 비즈니스를 참여시키고 피드백 루프가 제자리에 있는지 확인하는 것이다.

이 두 가지 패턴 모두 회사의 새로운 업무 방식에 비즈니스 요구를 통합하는 과제를 해결한다. 개발자들이 고객 대면 동료들을 참여시키지 않은 상태에서 빠른 반복을 실행할 때, 개발자들이 고안한 기능은 기술 솔루션으로만 제한될 수 있다. 반대로 비지니스 팀은 회사의 핵심 제품/서비스에 고객 가치를 추가하고자 그들의 아이디어를 조사하고 전체 기술적 실험을 실행할 수는 없다. 학습 루프를 끝내려면 개발자에서 고객까지 모든 사람이 실험을 하고 변화를 따라야 한다. 그럼으로써 결과를 통해 다음 변경을 정의하고 추진할 수 있다.

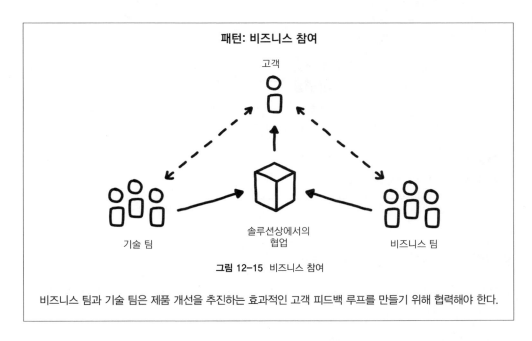

그림 12-15 비즈니스 참여

비즈니스 팀과 기술 팀은 제품 개선을 추진하는 효과적인 고객 피드백 루프를 만들기 위해 협력해야 한다.

이를 위해서는 새로운 고객 가치를 테스트하고 신속하게 실행하기 위한 실험을 정의하기 위해 개발 팀과 비즈니스 측 사람들 간의 긴밀한 협업이 필요하다. 비즈니스 참여 패턴은 이를 구체화하기 위한 실용적인 방법을 설명한다. 개발 팀은 고객 피드백을 제품에 측정해 비즈니스 팀이 통찰력을 얻고, 비즈니스 팀은 개발 팀과 협력해 전달해야 할 가장 가치 있는 것을 정의해야 한다. 이러한 통찰력을 미래의 특징이나 기존 특징에 통합하는 실용적인 방법이 학습 루프 패턴이다.

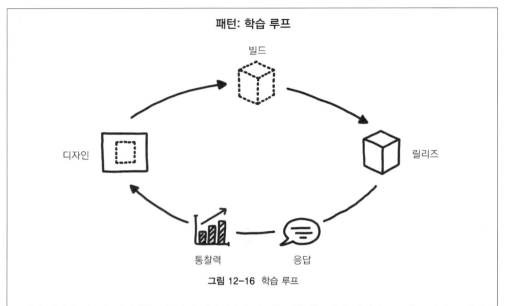

패턴: 학습 루프

빌드

릴리즈

응답

통찰력

디자인

그림 12-16 학습 루프

전달 과정에 피드백 컬렉션을 구축하면 엔지니어와 제품을 사용하는 사람 사이의 루프가 끝나며, 고객이 제품 개발 주기의 중심에 놓이게 된다.

오래된 모든 것들을 스트랭글하라

일이 순탄하게 진행되고 있다. 새로운 클라우드 네이티브 플랫폼을 가동 중이며, 대부분의 팀은 실현을 위한 교육을 받았거나 교육 과정에 참여하고 있다. 이제 레거시 비즈니스 애플리케이션을 이전할 때가 됐다. 오래된 시스템을 돌보기 위해 남은 숙련된 팀들이 이 소식을 들으면 매우 기뻐할 것이다.

수년 동안 지속된 거대한 모놀리스를 다시 디자인한다는 것은 복잡한 프로젝트다. 어떤 회사들은 새로운 플랫폼에 있는 최신 코드베이스의 기능을 다시 만들려 함으로써 한 번에 모든 것을 하려 한다. 클린 슬레이트Clean slate가 매우 매력적이기에 어느 정도 직관적인 의미가 있다. 그러나 대규모 모놀리식 애플리케이션을 처음부터 다시 작성하는 경우에도 많은 위험이 따른다.

당신은 새로운 시스템을 개발해 예상대로 작동하기 전까지 새로운 시스템을 사용할 수 없다. 물론 회사는 이를 실제로 해낼 수 있는 클라우드 네이티브 경험이나 지식도 거의 없다. 웰스 그리드 이야기에서 알아봤듯, 처음부터 새로운 시스템을 구축하는 데는 1년 이상이 걸릴 것이며, 이 기간 동안 현재 플랫폼에서 최소한의 개선사항이나 새로운 기능이 제공될 것이기에 비즈니스는 시장 점유율을 잃을 위험이 있다.

웰스그리드와 다른 사람들은 이러한 모든 종류의 이유로 인해 클라우드에 모놀리스를 다시 만들려 해서는 안 된다. 해결책은 대신 천천히 해체하는 것이다. 이렇게 하면 클라우드용으로 기능 및 사용자 문화를 적절히 재디자인하면서 단계별로 다시 생성하므로 전체 애플리케이션을 한 번에 다시 쓰는 그린필드 접근 방식에 내재된 중대한 리스크를 피할 수 있다. 그럼으로써 새로운 기능성의 비즈니스 가치를 훨씬 더 빨리 달성할 수 있으며, 느슨하게 결합된 서비스의 클라우드 네이티브 아키텍처는 미래의 리팩터링 작업이 단순해짐을 의미한다.

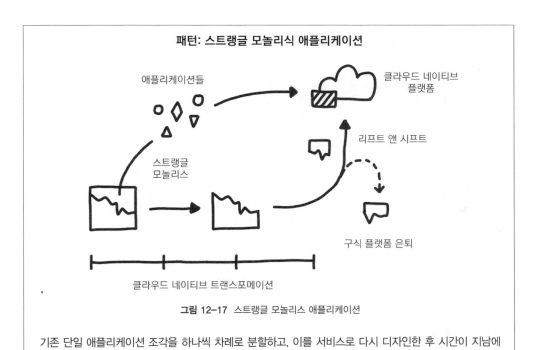

그림 12-17 스트랭글 모놀리스 애플리케이션

기존 단일 애플리케이션 조각을 하나씩 차례로 분할하고, 이를 서비스로 다시 디자인한 후 시간이 지남에 따라 새로운 클라우드 네이티브 플랫폼으로 이동하라.

스트랭글 모놀리식 조직 패턴은 스트랭글 모놀리식 애플리케이션 패턴을 보완한다.

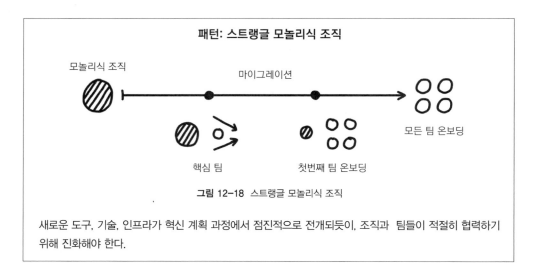

패턴: 스트랭글 모놀리식 조직

그림 12-18 스트랭글 모놀리식 조직

새로운 도구, 기술, 인프라가 혁신 계획 과정에서 점진적으로 전개되듯이, 조직과 팀들이 적절히 협력하기 위해 진화해야 한다.

기존 기업을 클라우드로 마이그레이션하는 데는 올바른 방식으로 진행하면 몇 년이 걸릴 수 있으며, 천천히, 점진적으로 진행된다. 그렇다 보니 회사들이 대체로 모든 사람들을 한 번에 이동시키는 안타까운 선택을 한다. 이 경우 좋은 훈련을 하기가 어렵다. 새로운 기술에 대한 확실한 배경이 없다면, 팀들은 새로운 시스템에 더디게 적응하게 될 것이다. 그들이 당면한 모든 문제를 해결하도록 핵심 팀에 엄청난 압력이 가해질지도 모른다. 또는 과부하된 지원팀의 도움을 구하기보단 일부는 자신들이 생각하는 최선의 방법을 찾아내려 하거나, 클라우드 네이티브에서는 잘 작동하지 않는 오래된 습관에 의지하게 될 것이다.

이는 클라우드 네이티브 트랜스포메이션에 필요한 문화적, 조직적 변화가 기술과 함께 동등하게 진화하는 것을 지원하지 않을 때 일어나는 현상이다. 우리는 사전 온보딩과 점진적 온보딩 단계에서의 패턴을 따름으로써 애초에 문제를 피할 수 있다.

"세컨드 클래스" 엔지니어를 만들지 말라.

두 번째 좋지 않은 사례는 상대적으로 일반적이지 않지만 충분히 중요한 현상을 자주 만난다. 이는 기업이 상대적으로 온전하게 유지될 상당한 레거시 코드베이스를 보유하고 있는 경우에 발생한다. 클라우드에 포팅돼 클라우드에서 배포되지만 변경되지 않은 상태로 유지된다. 이 레거시 코어는 기술자들이 유지하고 돌봐야 할 것들이다.

이 경우 기업은 조직의 한 부분을 단순히 레거시로 남겨두고 다른 모든 사람이 클라우드 네이티브로 이동함으로써 이중적인 문화를 창출한다. 이 경우 회사 내 세컨드 클래스 시티즌(second-class citizen)[1]을 만드는데, 클라우드 네이티브로 절대 이동하지 않을 팀들이 제자리걸음하게 된다. 만약 그들이 레거시 시스템을 돌보기 위해 남겨진다면, 멋진 신기술과 결코 함께하지 못할 테니 최신 개발 기술 지식을 쌓지 못할 것이다. 이는 당연히 엔지니어를 유지하는 데 어려움이 발생할 뿐 아니라 좌절과 분개 동기부여 감소로 이어진다.

이러한 초기 패턴은 팀들이 새로운 플랫폼을 적극적으로 제공하기 전에 새로운 팀 구조와 작업 방식을 위한 토대를 마련한다. 이런 요소들이 자리를 잡으면 다음 단계는 자연스레 모놀리스 자체와 함께 전문적인 프로세스와 기존의 산물들을 천천히 스트랭글하는 것이다.

이전 시스템과 새로운 시스템, 둘 모두 트랜스포메이션 과정 동안 잘 공존할 수 있다. 일단 마이그레이션이 완료되면 기존 시스템의 나머지 부분들은 마지막 단계에서 리프트 앤 시프트 패턴 사용해 새로운 클라우드 네이티브 플랫폼으로 포팅될 수 있으며, 오래된 모놀리스가 더 이상 존재하지 않을 때까지 점차적으로 마이크로서비스로 리팩토링할 수 있다. 이후 레거시 시스템 유지 관리자, 즉 숙련된 팀이 최종 그룹으로서 새로운 시스템에 온보딩해야 한다.

---

1   사람들이 그들을 대하는 방식 때문에 중요하지 않다고 느끼는 사람

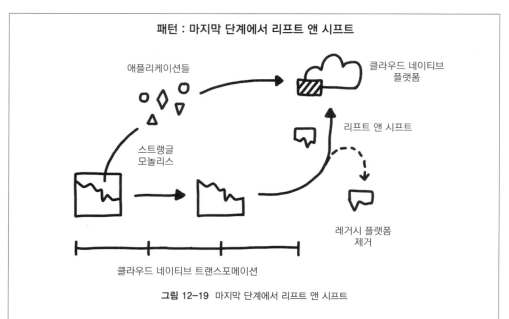

패턴 : 마지막 단계에서 리프트 앤 시프트

애플리케이션들

클라우드 네이티브
플랫폼

리프트 앤 시프트

스트랭글
모놀리스

레거시 플랫폼
제거

클라우드 네이티브 트랜스포메이션

그림 12-19 마지막 단계에서 리프트 앤 시프트

기존 시스템을 클라우드로 완전히 리프트 앤 시프트함으로써 클라우드 네이티브 트랜스포메이션에 접근하지 않는 것이 중요하다. 하지만 맨 마지막에 온전한 조각들을 옮기는 일은 현명한 선택일 수 있다.

리프트 앤 시프트는 트랜스포메이션의 시작 부분에서 행한다면 나쁜 동작이지만, 맨 마지막 단계에서는 실제로도 매우 좋은 동작이 될 수 있다. 때때로, 다른 모든 것이 옮겨진 후에도 기존 코드베이스의 기능적인 부분을 또는클라우드 네이티브 플랫폼에 맞도록 리팩터링하기가 엄청나게 어렵다는 것을 알게 된다. 만약 기능이 안정적으로 잘 동작하며 약간의 변화가 필요한 강력한 시스템이라면 그냥 유지하라. 하나의 서버에 위치해 늘 작동하도록 패키징하고, 이전 조각과 소통하는 데 필요한 새로운 조각을 만들어라. 이는 본질적으로 이전 데이터베이스와 직접 통신함으로써 구식 시스템에 대한 인터페이스 역할을 하는 하나 이상의 마이크로서비스일 수도 있고, 더 나아가 구식 API에 대한 인터페이스 역할을 할 수도 있다.

창의성 유지

새로운 시스템이 가동 중이며, 모든 팀은 새로운 기능과 개선점을 빠르고 반복적으로 전달하기 위해 새로운 기술을 잘 활용하고 있다. 지금은 다시 완전히 숙련된 모드로 돌아가고 싶은 유혹 때문에 사실 위험한 시간이기도 하다. 즉, 제품이나 서비스를 제공하는 데 전적으로 집중하지만, 혁신과 창의성은 점차, 그러나 불가피하게 잊어버릴 수도 있다.

이 단계에서 핵심 팀은 성공적으로 새로운 시스템을 제공했으며, 온보딩한 모든 사람들을 도왔다. 이들은 혁신 노력의 선두에 머물며, 기업에서 창의성을 살리는 일을 담당할 이상적인 후보들이다. 이게 현실에서 어떻게 작용할까?

6장 클라우드 네이티브 패턴 이해 및 적용을 위한 도구에서는 숙련된 제공과 지속적인 혁신의 균형을 맞추기 위한 세 가지 지평 모델을 도입했다.

클라우드 네이티브는 매우 중요하므로 그 자체로 패턴이 된다.

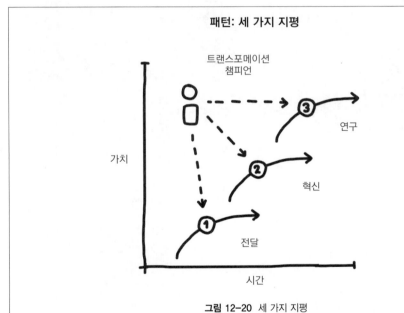

그림 12-20 세 가지 지평

전달, 혁신 및 연구 사이에 리소스를 동적으로 분산시킴으로써 조직이 핵심적인 비즈니스 가치를 안정적으로 제공하면서 변화에 대응할 수 있게 된다.

핵심 팀은 이제 두 번째 지평와 세 번째 지평, 혁신과 순수 연구에 창의성을 투자하고 실천한다. 그들은 앞으로 몇 년 동안 회사가 관심을 가질 수 있는 차세대 기술과 방법론을 확인하고 시도하기 위해 노력한다. 대부분의 다른 팀들, 즉 새로운 시스템에서 일하는 대부분의 팀들은, 실제로 전달에 초점을 맞추고 있기 때문에 대체로 첫 번째 지평에 머물러 있다.

세 가지 지평 모델의 장점은 상황이 변했을 때 대응 가능하도록 재조정하는 능력이다. 전달, 혁신, 연구 사이의 투자 분포는 필요에 따라 간단히 이동할 수 있다. 그림 12-21은 클라우드 네이티브 트랜스포메이션 계획을 통해 이러한 동적 분포가 어떻게 변화하며, 창의적 혁신과 연구에 대한 투자 수준과 숙련된 전달 수준을 어떻게 반영하는지 보여준다.

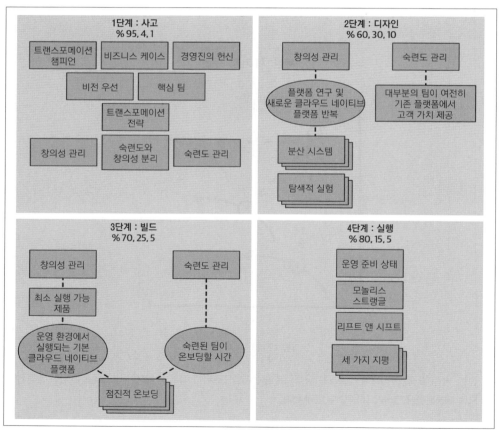

그림 12-21 패턴에 나타난 바와 같이, 트랜스포메이션 디자인의 각 단계는 전달, 혁신, 연구 사이의 투자 분배를 어떻게 재조정하는지를 보여준다.

이러한 다양한 관계는 필자들의 트랜스포메이션 디자인을 통해 입증된다. 이전에 필자들이 속한 곳은 상당한 시간 동안 거의 100%에 가까운 초점을 전달에 쏟고 혁신이나 연구에는 아주 작은 금액만 투자하는 회사였다. 기능적으로 어떻게 창의적이 되는지 잊어버린 상태였다.

웰스그리드는 필자들이 만든 허구적인 예시지만, 세계의 수많은 실제 회사들을 정확하게 묘사하고 있다. 그러므로 지금 당장은 전달, 혁신, 연구에 투자하는 숫자가 본질적으로 각각 100, 0, 0이 될 것이다.

트랜스포메이션 초기에는 1단계 "사고" 패턴을 적용해 비즈니스 케이스를 조사하고 클라우드 네이티브 계획에 대한 경영진의 헌신을 얻어 다른 확립된 패턴을 적용하기 시작한다. 이 단계에서 숫자는 95/4/1^{2}로 소량 이동한다. 회사의 리더와 소규모 핵심 팀이 트랜스포메이션을 계획하고 디자인하는 동안 대부분의 조직이 구식 시스템에 대한 가치를 전달하는 데 집중하기 때문이다.

그러나 트랜스포메이션을 진행함에 따라 더 많은 투자 계획이 생기며, 조직 전체의 사람들이 참여하기 시작한다. 트랜스포메이션의 정점에 있는 2단계 "디자인"과 3단계 "빌드"는 혁신 모드인 두 번째 지평에서 회사가 더 많은 비율로 관여하고 있는데, 이는 사람들이 클라우드 네이티브 시스템으로 이동하면서 단순히 다르게 일하는 것이 아니라 다르게 생각하는 방법을 교육받고 있기 때문이다. 또한 2단계는 세 번째 지평 숫자(60/30/10)가 비교적 높은데, 가장 좋은 이동 경로를 식별하는 데 너무 많은 연구와 실험이 진행되고 있기 때문이다. 이는 회사가 의도적인 변화를 겪고 있기 때문에 전반적으로 혁신적인 시간이다. 즉, 초점이 순수한 전달에서 매우 일시적으로 옮겨졌다는 뜻이다.

최소 실행 가능 제품^{MVP}을 운영할 준비가 되면 첫 번째 지평/숙련도가 높은 방향으로 다시 균형을 잡기 시작한다. 대부분의 팀은 꾸준한 전달 모드로 돌아오지만 혁신과 연구에 상당한 관심을 기울이고 있다. 두 번째 지평의 노력은 향후 1년 정도 내에 돈벌이(또는 저축) 사업이 될 수 있는 현실적인 개선을 지향하고 있다. 서버 없는 서버 채택이나 A/B 테스트 구축

---

2   이 숫자들은 허구적인 예에 대한 가설이지만, 저자들이 만난 고객 회사들과 다른 조직들이 자원을 어떻게 할당했는지에 대한 관찰에 근거한다. 물론 비율은 조직마다 다를 것이다.

등 제품의 미래를 지속적으로 개선하기 위한 모든 종류의 실제적인 탐색이다. 세 번째 지평은 대부분 순수 연구로서 기술적 준비 상태 면에서 몇 년 뒤가 될지 모르지만 결국에는 가치가 있을 법한 것들에 대한 인식을 유지하고 있다.

이 80/15/5 배포 비율을 전후로 클라우드 네이티브 기업들이 애쓰기에 좋은 위치를 차지하고 있다. 대부분의 중점 사항(80%)은 회사의 수익을 주도하는 제품 또는 서비스를 제공하는데 있지만 여전히 상당한 양의 투자가 이루어지고 있다.

혁신(15%)과 순수 연구(5%)다. 균형 유지가 핵심이며, 이를 위해 상황 인식을 유지하고 필요에 따라 숙련된 전달과 혁신 및 연구에 대한 투자 사이의 비율을 조정하기 위해 동적 전략을 사용하는 주기적 점검 패턴을 적용한다.

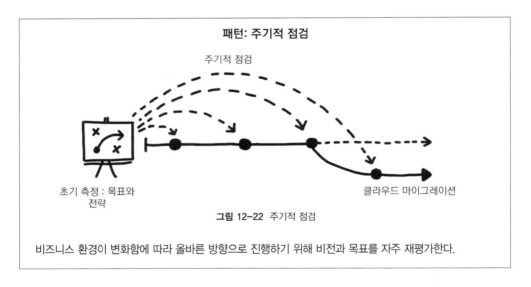

패턴: 주기적 점검

주기적 점검

초기 측정 : 목표와 전략

클라우드 마이그레이션

그림 12-22 주기적 점검

비즈니스 환경이 변화함에 따라 올바른 방향으로 진행하기 위해 비전과 목표를 자주 재평가한다.

트랜스포메이션 과정에서 효율적인 방식이 아직 유기적으로 등장하지 않았다면 현 시점에서 적용할 창의성을 키울 수 있는 다른 패턴이 있다. 어느 쪽이든, 이 패턴들은 트랜스포메이션을 마친 후에도, 회사의 수명을 연장시킨다. 새로운 시스템이 주로 숙련된 운영 모드로 트랜스포메이션되더라도 전체 조직에서 창의성과 혁신을 지속하기 위한 추가적 지원이다. 이 두 가지 패턴은 실험 비용 절감과 공동 창조를 위한 개인화된 관계다.

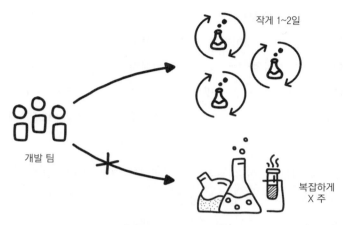

그림 12-23 실험 비용 절감

누군가 검증할 아이디어가 있다면 실험을 하는 데 드는 재정적, 조직적 비용을 최대한 낮춰야 한다.

패턴: 공동 창조를 위한 개인화된 관계

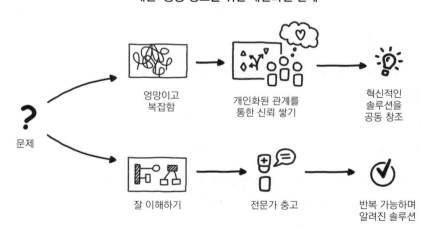

그림 12-24 공동 창조를 위한 개인화된 관계

복잡한 문제에 대한 해결책은 높은 수준의 대인관계를 가진 팀들이 협력적으로 만들어 나가야 가장 좋다.

종료?

모든 팀이 새로운 시스템에 온보딩해 클라우드 네이티브 방식으로 작업한다. 즉, 빌드–실행 팀은 CI/CD 및 기타 클라우드 네이티브 방법을 사용해 새로운 기능을 신속하게 개발하고 점진적으로 개선한다. 훨씬 순수한 창의성을 위해 헌신하는 팀들과 함께 지속적인 혁신에 대한 의미 있는 투자는 물론 전달에 초점을 맞추고 있다. 모든 것이 순조로우며, 모두가 자신감을 느끼고 있다. 이제 낡은 데이터 센터를 폐쇄해야 할 때다. 축하한다. 트랜스포메이션 여정의 마지막에 도착했다!

멋지게 달성했음을 축하하며, 먼 길을 온 사람들과 서로 감사를 나누고자 잠시 멈춰라. 또한 끝은 시작에 불과하다는 것을 인식하라. 당신은 트랜스포메이션을 끝냈지만, 이는 더 긴 여정의 이정표일 뿐이다. 클라우드 네이티브의 길은 계속된다.

그리고 마침내 필자들이 바로 여기서 비밀을 알게 됐다. 클라우드 네이티브 트랜스포메이션은 마이크로서비스 및 핵심 팀과 쿠버네티스에 국한된 것이 아니며, 워터폴/애자일에서 진화하는 것도 아니다. 진정한 변혁은 거의 변화를 마주하지 않는 조직이, 그리고 어쩌면 변화를 두려워하는 조직이, 필요에 따라 신속하고 자신 있게 방향을 바꿀 수 있는 적응형 조직으로 변화하는 것이다.

도구가 준비돼 있으며 단순히 쿠버네티스를 의미하지는 않는다. 이제 동일한 패턴의 프레임워크를 사용해 원하는 작업을 수행할 수 있다. 새로운 제품을 만들거나 새로운 기술을 도입하려는 경우에도 새로운 프로세스를 적용하면 된다. 비즈니스 케이스로 시작해 핵심 팀을 정의하고, 최소 실행 가능 제품^{MVP}을 위해 방법을 실험하고, 완성으로 가는 여정으로….

당신은 클라우드 네이티브의 세계에 대비할 준비가 됐지만, 더 나아가서 이후에 벌어질 어떤 것에 대한 준비든 마친 상태라 할 수 있다.

13장

공통적인 트랜스포메이션 난관

이제 전형적인 클라우드 네이티브 혁신 과제와 시나리오를 살펴봐야 할 때다. 이러한 상황은 일반적으로 마이그레이션 계획이 중단되거나 잘못됐을 때 일어난다. 사실 필자들은 이와 같은 상황을 대비하고자 매우 자주, 매우 다양한 유형과 규모에 걸쳐서, 분석 속도를 높이고 이해를 증진시키기 위한 프로파일을 개발했다. 모든 조직에는 고유한 요구와 상황이 존재하므로 모든 트랜스포메이션 경로가 세부사항에서 서로 다르다는 점에 유의해야 한다. 따라서 이러한 시나리오는 세분화된 수준의 분석이 아닌 더욱 광범위한 "빅 픽처" 프로파일을 나타낸다.

각 시나리오에는 해당 상황을 발견했을 때 일반적으로 결과가 어떻게 표시되는지를 나타내는 클라우드 네이티브 매트릭스 그래프가 있다. 조직 상태와 마이그레이션 준비 상태를 평가하는 도구로 매트릭스를 소개한 6장을 기억하는가? 현재 상태를 평가하고 그래프로 표시하면서 진행해왔다면, 결과를 이 장에서 설명한 시나리오와 비교할 수 있다. 하지만 실제로 클라우드 마이그레이션 계획이 계획한 대로 진행되지 않는 이유를 알아보기 위해 이 책을 읽는 경우에만 일치하는 항목을 찾을 수 있다. 프로세스의 시작 단계에 있다면, "클라우드 네이티브 트랜스포메이션을 계획할 때 하지 말아야 할 것"에 대한 교훈을 얻어보자.

각각의 문제를 탐구한 후, 필자들은 디자인 솔루션의 일부로 적용할 수 있는 패턴들의 이름을 짓는다. 패턴은 특정 단계에서 특정 문제만 다룬다는 점을 명심하라. 필자들이 설명하는 일련의 패턴은 전체 디자인에 적합하며 전체 프로세스를 전체적으로 처리하고 트랜스포메이션 디자인 역할을 하는 더 큰 패턴 세트다. 시작부터 끝까지의 로드맵은 11장 및 12장을 참조한다.

너무 이른 리프트 앤 시프트 진행

필자들이 리프트 앤 시프트 실수를 접하는 경우, 이와 같은 결과를 겪는 기업은 거의 항상 소프트웨어 개발에 전통적인 워터폴 접근법을 취하고 있다(즉, 웰스그리드와 매우 유사한 회사).

조직은 작업 스프린트와 같은 일부 애자일 프로세스를 채택했을 수도 있지만, 대기업에 배어 있는 계층 구조와 관료적인 업무 방식은 여전히 진행 중이다.

이와 같은 기업들은 한때 사업의 적절한 전략적 목표로 인식됐던 대규모 계획과 대규모 도전을 오히려 쉽게 생각하는 경향이 있다. 클라우드 네이티브 트랜스포메이션을 위해 리소스를 투자할 용의가 있지만 단순히 기존 시스템과 프로세스를 클라우드로 마이그레이션하는 것을 의미한다는 잘못된 믿음으로 운영되고 있다. 안타깝게도, 더 많은 정보에 입각한 의사 결정을 안내할 수 있는 회사 내부에 클라우드 네이티브 이해나 경험은 거의 없다. 너무 흔한 일이라 리프트 앤 시프트라는 이름이 붙었고, 여러분이 트랜스포메이션을 시작할 때 이와 같이 시도한다면 나중에 분명히 작동하지 않을 것이다. 클라우드 네이티브로 성공하기 위해서는 조직의 기술뿐만 아니라 구조, 프로세스, 문화까지 변화시켜야 한다.

리프트 앤 시프트를 회사의 엔지니어들이 제안 및 결정할 수 있는데, 엔지니어들은 몇몇 콘퍼런스에 참석했거나 클라우드 네이티브 제품을 사용해보고 싶어 한다. 그렇다 보니 대형 클라우드 공급업체 중 하나에 계정을 만들었을 가능성이 높다. 즉, 자유롭게 시작할 수 있다. 컨테이너를 한두 개 설치해보며 장난을 친 적이 있다. 거기서부터 시작해 작은 실험 애플리케이션까지 만들었을지도 모른다. 모든 것이 순조롭기에 엔지니어들은 전면적인 트랜스포메이션을 해낼 수 있다고 자신한다. 이를 바탕으로 엔지니어들은 본격적인 클라우드 마이그레이션으로 나아가기 위해 경영진의 승인을 얻고자 한다(친숙하게 들리는가? 이것이 바로 웰스그리드가 실패한 첫 번째 변신 시도를 감행한 방법이었다). 그들은 클라우드 인프라로 이동해 쿠버네티스를 활용한 놀이를 정당화할 수 있도록 기존의 모놀리스 부분 내 일부(일반적으로 너무 많지는 않지만 4개에서 6개) 구성 요소로 분할할 것이다.

 앞서 1장에서 논의한 바와 같이, 기존 클라우드 네이티브 전문지식을 보유하고 있거나 트랜스포메이션을 위한 외부 지침을 채용한 기업은 클라우드에 최적화할 목적으로 모든 것을 재설계하기 전에 모놀리식 시스템이나 애플리케이션을 먼저 클라우드로 이전함으로써 실질적인 이점을 얻었다. 그러나 이러한 트랜스포메이션의 목적은 진정한 마이크로서비스 아키텍처로 트랜스포메이션하는 것과 같은 추가적인 혁신의 출발점으로 클라우드 네이티브 트랜스포메이션을 빠르게 시작하는 데 있다. 우선 사내 데이터 센터를 폐쇄하라. 그러나 새로운 클라우드 플랫폼에 맞게 프로세스, 조직 구조 및 최고 수준의 발전이라는 측면에서 해야 할 중요한 작업이 여전히 남아 있다.

요점은 리프트 앤 시프트가 작동하는 상황은 전략적인 것이 아닌 전술적인 움직임으로 이루어질 때라는 점이다. 예를 들어, 어떤 때는 리프트 앤 시프트가 작은 규모로, 클라우드 벤더의 작동 방식에 대해 더 잘 이해하기 위해 실험으로 수행할 수 있는 정확한 방법이 될 수 있다. 잘못된 행동이 아니라 단지 목표나 최종적인 움직임으로써 잘못된 것일 뿐이다. 리프트 앤 시프트가 트랜스포메이션 전략의 핵심으로서, 시작점을 전략적인 방향으로 잡아서는 안 된다.

또는 CEO와 이사회가 클라우드를 기본으로 트랜스포메이션해 대규모지만 특별히 복잡하지는 않은 업그레이드한 기술을 중간 관리자에게 넘겨줘야겠다고 결정했다면, 트랜스포메이션 드라이브는 아마도 탑 다운top-down 방식으로 내려올 것이다. 이때 회사가 프로젝트에 예산을 투입하고 주요 클라우드 공급업체로부터 완전한 솔루션을 구매할 수 있겠다며 잘못된 기대를 하기도 한다. 이전에 기술을 점검했을 때마다 항상 그렇게 작동했다. 모든 도구를 설치한 후, 모두가 새로운 도구에 익숙해져야 할 2주 동안은 힘들겠지만 순조로운 항해 후에… 과연 어떤 상황이 일어날까?

이 두 시나리오는 이해할 수는 있겠지만 모두 결함이 있다는 동일한 가정에 기초한다. 현재 시스템이 잘 작동하기에 클라우드에서 다시 생성할 수 있어야 한다(벤더들은 이러한 과정을 실제로 어떻게 진행할지 결정할 수도 있다. 대체로 그렇다. 결함이나 문제가 별로 없으리라 강조하지만, 여기에 서명 부탁해… 고맙다!)

두 경우 모두에서 마이그레이션 계획 시, 본질적으로 기존 시스템("리프트")을 취하고 모든 것을 다소 온전하게("시프트") 클라우드로 이동한다.

그러나 두 경우 모두 계획, 설계, 개발 프로세스 등과 같은 조직적, 문화적 측면 등 기타 기타 모든 것을 포함하므로 변한 것은 없다. 기술은 클라우드를 기반으로 하지만 회사 자체는 예전과 똑같다.

두 경우 모두 몇 달 동안, 그리고 아마도 나중에 몇백만 달러/파운드/유로로 가능한 기존 시스템을 이전하기 위해 고군분투하고 나서야, 그들이 쿠버네티스와 클라우드 인프라가 있다는 것을 깨달은 회사는 당황해한다. 아무것도 작동하지 않는다. 아니면 아마 대부분 정상적으로 작동 중일 수도 있지만, 이전보다 더 빠르거나 더 나아지지는 않을 것이다.

그림 13-1은 성숙도 매트릭스에서 작동하는 것을 그래프로 나타낸 것이다.

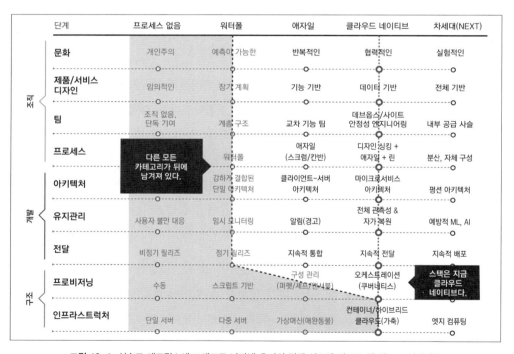

그림 13-1 성숙도 매트릭스에 그래프로 나타낸 초기의 전체 시스템 리프트 앤 시프트 시나리오

이 시나리오에서 우리가 보는 것: 편안한 작업 방식인 현재의 시스템을 클라우드로 이동하기 위한 리프트 앤 시프트 전략을 시도한 워터폴 또는 애자일 문화, 아키텍처, 디자인 및 프로세스를 갖춘 회사. 성숙도 매트릭스에서 인프라는 컨테이너/하이브리드 클라우드로 이전했지만 다른 모든 범주는 워터폴/애자일 상태에 뿌리를 두고 있다.

앞으로 일어날 일: 우선 운영비가 오른다. 이익을 얻는 사람은 거의 없으며, 시간과 돈을 낭비할 것이다. 이제 여러분은 늘 그랬듯 시스템상의 값비싸고 복잡한 도구들이 잔뜩 있지만, 더 빠르거나 더 저렴하지 않다. 게다가 여러분은 조직을 진정으로 변화시키기 위해 실질적이고 지속적인 변화를 위한 동기와 모멘텀을 활용할 기회를 놓쳤다.

더 나은 접근 방법: 각 클라우드 네이티브 상태를 위해 모든 진행 사항에 집중한다. 이는 대부분 조직에 아키텍처와 프로세스에서 출발하는 동시에 문화를 점진적으로 진화시키는 것을 의미한다.

 다시 강조하지만 리프트 앤 시프트는 그 자체가 완전히 결함이 있는 접근은 아니다. 초기에는 전략이라기보다는 시야를 갖는 전술로 추구돼 가치가 있다. 그러나 전체 혁신 전략에 따른 리프트 앤 시프트는 나중에 재앙을 일으킬 수 있는 발판을 마련한다. 마이그레이션 종료 후 새로운 플랫폼을 운영 환경에 투입하면 일반적으로 원본 시스템 일부가 여전히 필요하기도 하다. 이러한 레거시 구성 요소가 안정적이며 거의 변경되지 않는다면, 계획 마지막 단계에서 리프트 앤 시프트를 사용해 클라우드로 이동할 수 있다. 부록 A 패턴 라이브러리의 "마지막 단계에서 리프트 앤 시프트"를 참조하기 바란다.

실용적인 패턴 솔루션: 클라우드 마이그레이션의 어떤 측면에서도 앞으로 나아가기 전에 현재 상태에 대한 객관적이고 철저한 평가가 필수적이다. 일단 "비전 우선"부터 시작한다(대표적으로 CEO/Board 제품 및 지원이 없는 경우 비즈니스 케이스 및 경영진의 헌신 패턴을 먼저 수행한다). 그다음 핵심 팀을 명명한다. 당신은 명확한 비전과 높은 수준의 아키텍처 방향, 그리고 두 가지 모두를 구현할 수 있는 도구를 갖춘 팀을 꾸림으로써 이 초기 패턴의 집합을 진행할 수 있다.

클라우드를 단순히 애자일의 확장으로 취급

소프트웨어 개발 실행을 워터폴에서 애자일로 바꾸는 것은 엄청난 패러다임의 변화다. 대부분의 회사들은 스스로를 진정한 애자일 조직으로 재생성하기 위해, 소프트웨어 개발 및 제공 시 하는 많은 방법들을, 프로세스의 구축에서부터 직원들의 자리까지 변화시켜야 한다는 것을 이해하지만 아쉽게도 그들은 회사를 애자일에서 클라우드 네이티브 실행으로 진행하는 데 이와 같은 이해를 확장하지 못하고 있다.

이 특별한 시나리오는 워터폴과 애자일 실행 사이에서 상당히 좋게 전환한 회사가 클라우드 네이티브 이동이 제2의 진정한 패러다임 변화임을 인식하지 못하는 경우에 발생한다. 대신 회사는 클라우드 네이티브가 "애자일을 하기 위한 새로운 방법일 뿐"이라 믿고 있다.

클라우드 네이티브 트랜스포메이션은 그 자체로 중대하고 심각한 변화로 취급하는 것이 아닌, 기존 개발 백로그에 추가되는 기술 관련 작업들이라 취급한다. 새로운 클라우드 네이티브 시스템을 제공하려는 웰스그리드의 첫 번째 시도에서 알 수 있듯, 이러한 접근 방식은 비효율적이다.

이는 리프트 앤 시프트 시나리오와 유사하지만 동일하지는 않다. 이 시나리오에서 조직은 클라우드 네이티브 플랫폼을 구축하는 데 더 실질적인 진전을 이루지만 아직 클라우드 플랫폼에 대한 소프트웨어를 제공할 수 없다. 최악의 경우, 거의 아무것도 제대로 작동하지 않는다. 그나마 잘 풀리면 기본적으로 모든 것이 작동하지만 실제 가치는 존재하지 않는다. 이 회사는 모든 비용을 들여 만든 제품 속도와 데이터 기반 설계를 얻지 못하고 있다. 전체적인 느낌은 새로운 시스템이 예전보다 훨씬 낫지도 나쁘지도 않다(그리고 나서 회사 임원들은 방금 중요한 사항을 얼마나 놓쳤는지 전혀 알지 못한 채 "그 컨테이너들은 우리가 처음에 생각했던 것만큼 그렇게 좋은 아이디어는 아니네."라 말한다.)

그림 13-2는 리프트 앤 시프트를 시도하는 것과 클라우드 네이티브 혁신을 단순히 또 다른 기술 업그레이드처럼 취급하는 것 사이의, 다소 미묘하지만 유의미한 차이를 잘 보여주고 있다.

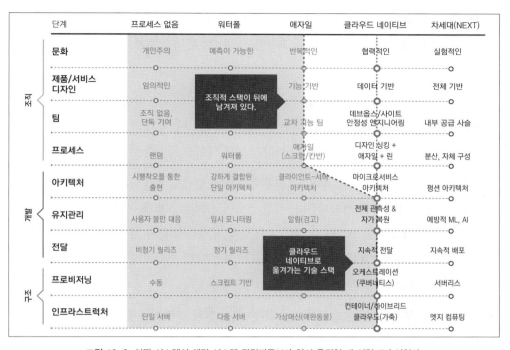

단계	프로세스 없음	워터폴	애자일	클라우드 네이티브	차세대(NEXT)
조직					
문화	개인주의	예측이 가능한	반복적인	협력적인	실험적인
제품/서비스 디자인	임의적인	조직적 스택이 뒤에 남겨져 있다.	기능 기반	데이터 기반	전체 기반
팀	조직 없음, 단독 기여		교차 지능 팀	데브옵스/사이트 안정성 엔지니어링	내부 공급 사슬
프로세스	랜덤	워터폴	애자일 (스크럼/칸반)	디자인 씽킹 + 애자일 + 린	분산, 자체 구성
개발					
아키텍처	시행착오를 통한 출현	강하게 결합된 단일 아키텍처	클라이언트–서버 아키텍처	마이크로서비스 아키텍처	평션 아키텍처
유지관리	사용자 불만 대응	임시 모니터링	알림(경고)	전체 관측성 & 자가 복원	예방적 ML, AI
전달	비정기 릴리즈	정기 릴리즈	클라우드 네이티브로 옮겨가는 기술 스택	지속적 전달	지속적 배포
구조					
프로비저닝	수동	스크립트 기반		오케스트레이션 (쿠버네티스)	서버리스
인프라스트럭처	단일 서버	다중 서버	가상머신(애완동물)	컨테이너/하이브리드 클라우드(가축)	엣지 컴퓨팅

그림 13-2 어떤 시스템이 해당 시스템 관련자들보다 앞서 움직일 때 이런 모습이었다.

이 시나리오에서 우리가 보는 것: 클라우드 네이티브 전환 부분은 애자일 코치의 범위 내에 배치돼 이들이 주도한다. 진정한 패러다임 변화지만, 애자일은 이를 단순한 플랫폼 반복으로 본다. 쿠버네티스를 설치하고 스프린트 2회, 완료!

앞으로 일어날 일: 쿠버네티스, CI/CD, 마이크로서비스와 같은 클라우드 네이티브 도구에서의 결과는 단순히 애자일 접근 방식의 일반적인 확장으로 취급하지만 그렇지 않다. 작은 조각들을 더 빨리 만들 수도 있지만, 여전히 촘촘하게 연결된 모놀리식 애플리케이션의 일부로 6개월마다 제품들을 동시에 출시한다면, 여러분은 클라우드 네이티브의 핵심을 완전히 놓치고 있다.

워터폴의 예측 문화는 여러분이 어디로 가고 있는지 제대로 이해하지 않으면 조치를 취하지 않는 장기적인 계획을 지시한다. 이것이 여러분이 위험을 피하는 방법이다. 애자일을 채택한 기업은 훨씬 빈번하게 전달하며, 소규모 작업으로 장애 발생 위험을 줄임으로써 리스크를 관리한다. 비록 여러분이 속한 회사가 제품을 더 빨리 만들고 있지만, 아직까지 매우 계층적인 조직 구조 내에서, 모든 관료주의와 고착화된 방어적 분위기 속에서 예측 가능한 것을 만들어내고 있다.

신속한 변화를 위한 프로세스와 문화가 클라우드 컴퓨팅을 최대로 활용할 수 있을 만큼 충분히 빠른 대응력과 유연성을 갖추지 못하는 이유다. 애자일이 이 작업을 수행할 수 있었다면 클라우드 네이티브 방식을 통해 새로운/다양한 접근 방식을 개발할 필요가 없었을 것이다.

더 나은 접근 방법: 모든 제품을 같은 날 전달하기 위해 병렬로 개발되는 긴밀하게 결합된 접근방식에 사용됐던 문화를 변화시킨다. 우선 컨테이너 기반 실험을 하면 애자일 백그라운드를 맡았던 팀이 계층 기반 모놀리스 내에서 더 이상 운영하지 않을 경우 어떻게 생각하고 다르게 작업해야 하는지 이해하는 데 도움이 된다. 그런 다음 협업적이고 분산된 클라우드 네이티브 방식으로 진화하도록 돕는다.

실용적인 패턴 솔루션: 비전 우선부터 시작한다. 핵심 팀과 플랫폼 팀을 명명한다. 매우 기초적일 수 있지만 클라우드 네이티브의 주요 요소를 포괄하는 하나의 작은 컨테이너 측면 실험부터 시작해 점진적인 트랜스포메이션을 위한 작은 단계를 수행한다(탐색적 실험, 최소 실행 가능 제품, 개념 증명). 플랫폼 팀의 문화는 새로운 플랫폼을 반영하기 위해 자연스럽게 진화하기 시작하겠지만, 모두가 그렇다는 확신이 들게끔 해야 한다.

불균형 액세스를 통한 "스파이킹" 클라우드 네이티브 혁신

실제로 필자들이 보는 가장 일반적인 시나리오, 즉 세 가지 요인 중 하나로 인해 야기되는 동일한 상황이다. 불균형한 접근은 성숙도 매트릭스의 어느 지점에서나 일어날 수 있다. 잘못된 마이그레이션을 지원하기 위해 호출될 때 클라우드 네이티브 트랜스포메이션을 추적하는 데 중요한 다른 관련 영역으로 이동하지 않고 일반적으로 마이크로서비스, 오케스트레이션/쿠버네티스 또는 데브옵스 등의 세 가지 영역 중 하나에서만 크게 진보한 조직을 발견하게 된다.

이 시나리오에서는 모든 축을 연결하는 성숙도 매트릭스 선을 그리면 균일한 선에서 하나의 날카로운 "스파이크"를 발견하게 된다. 특히 문제가 되는 "스파이크" 영역은 다를 수 있지만 최종 결과는 같다. 즉, 마이그레이션이 정체돼 결국 실패할 가능성이 있다.

이는 회사의 단일 조직에서 계획을 수립하거나 추진할 때 주로 발생한다. 다른 그룹은 참여하지 않으므로 마이그레이션 진행은 원래 그룹에 영향을 미치는 영역에서만 이루어진다. 그 조직의 구성원들은 다른 이해관계자나 조직의 다른 모든 부서의 역할을 고려하지 않고 그들의 관점에서 중요한 일만 하면서 일방적으로 마이그레이션을 진행한다.

CEO와 이사회가 클라우드를 기반 운영을 결정한 상황에서 전환 방식이 탑-다운^{top-down}이라면 데브옵스로 이동하는 팀을 보게 될 것이다. 데브옵스 접근법 채택은 좋은 선택이지만, 이 경우 팀원들은 그것이 무엇을 의미하는지 잘 이해하지 못한다. 경영진은 단순히 운영 인력을 개발 팀에 추가하고, 계획을 끝마치기 위해 상황을 재구성할 것이다. 좌석 할당 외에, 프로세스, 전달 및 제품/서비스 디자인 관행은 이전처럼 진행된다. 그리고 이러한 임의의 발상 하나를 정했을 때 그들에겐 미래에 대한 전략이 없다. 클라우드 네이티브 트랜스포메이션이 무엇을 의미하는지 또는 어떻게 이를 실현하는지 알지 못한다. 그림 13-3은 이를 보여준다.

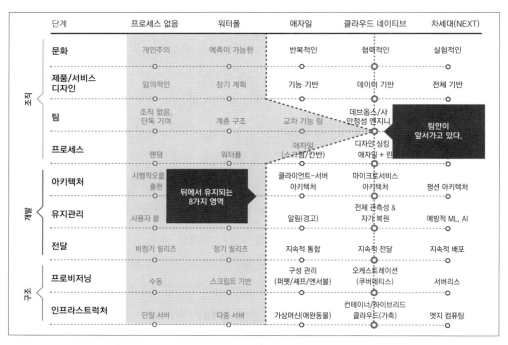

단계	프로세스 없음	워터폴	애자일	클라우드 네이티브	차세대(NEXT)
조직					
문화	개인주의	예측이 가능한	반복적인	협력적인	실험적인
제품/서비스 디자인	임의적인	장기 계획	기능 기반	데이터 기반	전체 기반
팀	조직 없음, 단독 기여	계층 구조	교차 기능 팀	데브옵스/사 안정성 엔지니	팀만이 앞서가고 있다.
프로세스	랜덤	워터폴	애자일 (스크럼/칸반)	디자인 싱킹 애자일 + 린	
개발					
아키텍처	시행착오를 출현	뒤에서 유지되는 8가지 영역	클라이언트-서버 아키텍처	마이크로서비스 아키텍처	펑션 아키텍처
유지관리	사용자 불		알림(경고)	전체 관측성 & 자가 복원	예방적 ML, AI
전달	비정기 릴리즈	정기 릴리즈	지속적 통합	지속적 전달	지속적 배포
구조					
프로비저닝	수동	스크립트 기반	구성 관리 (퍼펫/셰프/앤서블)	오케스트레이션 (쿠버네티스)	서버리스
인프라스트럭처	단일 서버	다중 서버	가상머신(애완동물)	컨테이너/하이브리드 클라우드(가축)	엣지 컴퓨팅

그림 13-3 불균형한 마이그레이션이 조직 구조에 대해서만 탑-다운(top-down)으로 촉진될 때, 팀은 데브옵스를 시작하되 다른 모든 것은 변경하지 않도록 지시받는다.

그림 13-4는 그러나 클라우드 네이티브 이동을 개발자들이 주도하고 있다면 마이크로서비스만 급격하게 앞서며, 회사의 나머지는 뒤처지고 있는 상황을 보여준다.

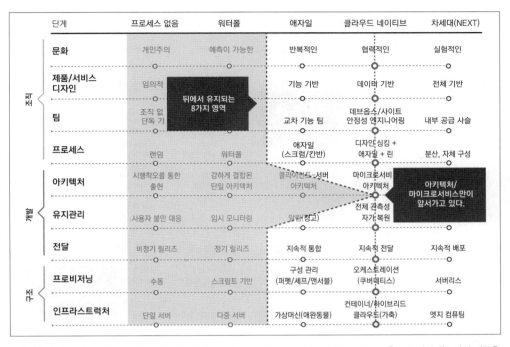

그림 13-4 개발자 팀이 주도해 마이그레이션을 시작하면, 개발자는 마이크로서비스 아키텍처 구축으로 앞서가는 반면 이들을 지원해야 하는 모든 영역은 변화 없이 남아 있다.

만약 운영 팀이라면 "우리는 쿠버네티스가 필요하다"고 할 테고, 프로비저닝/오케스트레이션 축은 그림 13-5와 같이 성숙도 매트릭스에 남겨진 회사의 나머지 전체 요소보다 먼저 도약한다.

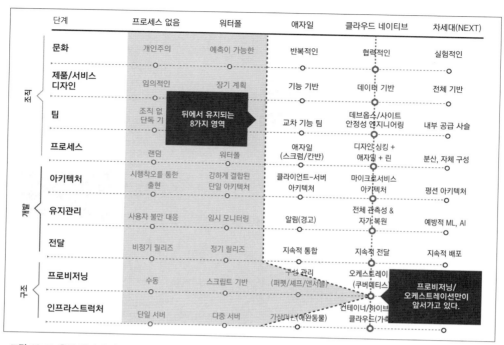

단계		프로세스 없음	워터폴	애자일	클라우드 네이티브	차세대(NEXT)
조직	문화	개인주의	예측이 가능한	반복적인	협력적인	실험적인
	제품/서비스 디자인	임의적인	장기 계획	기능 기반	데이터 기반	전체 기반
	팀	조직 없 단독 기	뒤에서 유지되는 8가지 영역	교차 기능 팀	데브옵스/사이트 안정성 엔지니어링	내부 공급 사슬
	프로세스	랜덤	워터폴	애자일 (스크럼/칸반)	디자인 씽킹 + 애자일 + 린	분산, 자체 구성
개발	아키텍처	시행착오를 통한 출현	강하게 결합된 단일 아키텍처	클라이언트-서버 아키텍처	마이크로서비스 아키텍처	평션 아키텍처
	유지관리	사용자 불만 대응	임시 모니터링	알림(경고)	전체 관측성 & 자가 복원	예방적 ML, AI
	전달	비정기 릴리즈	정기 릴리즈	지속적 통합	지속적 전달	지속적 배포
구조	프로비저닝	수동	스크립트 기반	구성 관리 (퍼펫/셰프/앤서블)	오케스트레이션 (쿠버네티스)	프로비저닝/ 오케스트레이션만이 앞서가고 있다.
	인프라스트럭처	단일 서버	다중 서버	가상머신(애완동물)	컨테이너/하이브 클라우드(가축)	

그림 13-5 운영 팀이 초기에 불균형한 마이그레이션을 추진할 때, 운영 팀은 쿠버네티스를 수용하는 반면 나머지 조직들은 각자 기존 방식을 계속 유지한다.

문제의 고립된 구상이 실제로 순조롭게 진행 중이더라도, 여전히 문제가 되는 시나리오다. 예를 들어, 개발 팀이 회사의 운영 부분과 같이 다른 중요한 사항을 이해 관계자들에게 관여하게 하거나 알리지 않고 마이크로서비스를 시도하기로 결정하는 상황을 생각해보라. 엔지니어링 팀이 마이크로서비스를 이해하고 자체적인 제한된 환경에서 적절하게 구현하고 있지만, 나머지 조직은 관여하지 않으므로 결국 문제가 된다. 그리고 엔지니어들은 클라우드 네이티브 아키텍처에 대해 잘 모르다 보니 나머지 조직에 미치는 영향을 고려할 수 없다.

그들이 고려하지 못한 사항은 그러한 마이크로서비스들을 배치할 곳이 없다는 것이다. 고립된 상태로 운영했기 때문에 대상 클러스터를 구축 및 유지 관리하는 운영 팀이 없다. 따라서 운영 팀과 상의하지 않고 중단하거나, 개발 팀이 제대로 구성되지 않은 클러스터를 프로비저닝할 수 있다. 아무도 그런 엉망진창 결과물을 유지할 수 없을 것이다.

그러나 주요 문제는 누가 불균형을 초래하든 다음과 같이 적용된다. 만약 조직 개편이 없다면, 콘웨이의 법칙은 마이크로서비스가 분할되는 방식이 회사의 조직 구조를 반영하기 위해 불가피하게 도래할 것이라 규정하고 있다. 그렇게 되면 그들이 버린 것과 정확히 같은, 전적으로 의도하지 않은 모놀리스 재창조로 이어질 것이다.

이 시나리오에서 우리가 보는 것: 한 기업이 클라우드로 이동하기로 하고 조직의 다른 모든 영역에 미치는 영향을 고려하지 않고 하나의 새로운 프랙티스나 기술(마이크로서비스, 데브옵스, 쿠버네티스)을 채택했다. 이 한 영역은 균일하지 않은 매트릭스 선의 스파이크처럼 보인다.

앞으로 일어날 일: 각 팀원들이 전혀 고려하지 않았던 온갖 종류의 문제들에 상당히 빨리 부딪힐 테니, 이러한 계획들이 성공으로 이어지는 경우는 드물다. 뒤이어 팀들이 문제를 인식하더라도, 문제 해결을 위해 무엇을 해야 할지 이해할 만큼 충분히 알지 못한다.

더 나은 접근 방법: 고위 관리자 또는 경영진/이사회 리더십이 개입해 클라우드 네이티브 트랜스포메이션을 전사적 우선 순위로 정의해야 한다. 특정 책임 영역을 이전하는 동시에 작업이 진행되도록 이사회에 모든 하위 부서들을 참여하게 한다.

실용적인 패턴 솔루션: 우선 전용 리소스, 정의된 비전 및 (처음에는 너무 상세하지 않은) 진행상 계획을 포함한 트랜스포메이션에 대한 전폭적인 지원을 구축해야 한다. 경영진의 헌신, 비전 우선 및 레퍼런스 아키텍처 패턴, 그리고 핵심 팀이 모든 것을 실행하게끔 한다. 여기서 아키텍처를 수립하기 위한 패턴과 탐색적 실험, 개념 증명, 최소 실행 기능 제품 등 모든 주요 디자인 결정들을 적용한다. 소외된 이해관계자들도 참여해야 하므로 비즈니스 참여, 트랜스포메이션 챔피언, 내부 에반젤리스트 패턴이 필요하다.

새로운 시스템, 오래된 구조

때때로 회사는 팀을 제외한 모든 영역에서 클라우드 네이티브로 전환하려 한다. 여기서는 성숙도 매트릭스라는 의미에서의 "팀"을 말한다. 조직 내에서 책임을 할당하는 방식과, 커뮤니케이션과 협업이 어떻게 이루어지는지 중요하지만 잘 이루어지지 않을 수도 있다. 달성한 매트릭스 축에서 9점 만점에 8점이라 해도, 안타깝게도 클라우드 트랜스포메이션에 관한 한 합격점이 아니다.

이러한 특별한 도전은 새로운 클라우드 기술 전환 과정에서 문화가 진화하지 못할 때 발생한다. 전형적으로 두 가지 방식 중 하나로 발생하는데, 두 가지 모두 잘못 보존된 워터폴 문화의 유물들이다. 매우 강력한 조직 계층 구조를 유지하거나, 팀을 기술별로 그룹화(어느 시스템을 제공하는지에 따라 그룹화)하고 있거나 여부에 따른다. 클라우드 네이티브는 구조 조정 팀이 생성에서 운영까지 서비스를 개발, 전달 및 지원할 수 있는 "빌드, 실행" 그룹이 교차 기능화가 되길 요구한다. 즉, 마이크로서비스 기반 애플리케이션을 구축하고 프로세스에서 마이크로서비스에 필요한 인프라를 정의할 수 있다(마이크로서비스와 인프라-애즈-코드(IaC)로서 생각한다).

이전 시나리오의 문제 영역에서는 마이크로서비스, 쿠버네티스, 데브옵스 및 다른 모든 영역을 원활하게 실행할 수는 있다. 안타깝게도 나머지 시스템을 아무리 잘 구축했더라도 클라우드에서 기술 스택을 완전히 현대화할 수 있지만 수십 년 동안 해온 방식과 동일한 방식으로 제품을 생산할 수 있다는 잘못된 믿음을 고수하고 있다.

이 시나리오는 이전과 정반대 시나리오다. 여기서는 클라우드 네이티브 트랜스포메이션 프로세스에서 회사의 모든 영역이 한 영역인 팀[Team]을 제외하면 모두 뒤처져 있는 일종의 '역 스파이크'를 볼 수 있다. 그림 13-6은 이러한 상황이 얼마나 인상적인지를 보여준다.

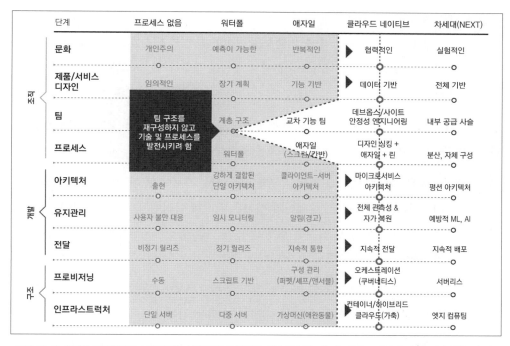

단계	프로세스 없음	워터폴	애자일	클라우드 네이티브	차세대(NEXT)
조직 문화	개인주의	예측이 가능한	반복적인	▶ 협력적인	실험적인
제품/서비스 디자인	임의적인	장기 계획	기능 기반	▶ 데이터 기반	전체 기반
팀	팀 구조를 재구성하지 않고 기술 및 프로세스를 발전시키려 함	계층 구조	교차 기능 팀	데브옵스/사이트 안정성 엔지니어링	내부 공급 사슬
프로세스		워터폴	애자일 (스크럼/칸반)	디자인 싱킹 + 애자일 + 린	분산, 자체 구성
개발 아키텍처	출현	강하게 결합된 단일 아키텍처	클라이언트-서버 아키텍처	▶ 마이크로서비스 아키텍처	펑션 아키텍처
유지관리	사용자 불만 대응	임시 모니터링	알림(경고)	▶ 전체 관측성 & 자가 복원	예방적 ML, AI
전달	비정기 릴리즈	정기 릴리즈	지속적 통합	▶ 지속적 전달	지속적 배포
구조 프로비저닝	수동	스크립트 기반	구성 관리 (퍼펫/셰프/앤서블)	오케스트레이션 (쿠버네티스)	서버리스
인프라스트럭처	단일 서버	다중 서버	가상머신(애완동물)	▶ 컨테이너/하이브리드 클라우드(가축)	엣지 컴퓨팅

그림 13-6 워터폴 조직의 "역 스파이크"는 직원들이 팀 단위로 서비스를 빌드할 때, 실제로 어떻게 일하는지에 대한 부분을 제외한 모든 영역에서 클라우드 네이티브를 향해 성공적으로 나아가고 있다.

매트릭스 그래프가 이와 같이 보인다면, 당신이 완전히 계층적인 워터폴 프로세스로 마이크로서비스를 제공하려 시도하거나, 여전히 프로세스가 완전히 독립적으로 제공되지 않아 전문 팀들 간의 방어적 대응이 필요함을 의미한다.

계층 구조에서 마이크로서비스(데브옵스도 해당)를 적용하면, 실제로 처음에는 작동하는 것처럼 보일 수 있다 보니 당신은 아마 새로운 시스템에 무언가를 성공적으로 제공 중일 것이다. 하지만 당신이 실제로 하고 있는 일은 하위 프로세스를 간소화할 뿐이다! 종단 간 릴리즈 주기를 단축하지 못했으며, 고객에게 더 빠른 서비스를 제공하지 못하고 있는 상황임은 확실하다. 이 방식을 시도하는 것은 고립된 사고의 한 예로서, 부분을 최적화하면 자동적으로 전체를 최적화할 것이라 잘못 믿는 것과 같다. 그러나 성숙도 매트릭스의 모든 영역을 최적화하지 않는 한 기업은 혁신적인 비즈니스 가치를 찾지 못할 것이다.

마찬가지로, 데이터베이스 관리자, QA, 백엔드, 프런트엔드 등과 같이 기술별로 세부적으로 전문가 팀을 나눔으로써 전달 단계 중 의존성을 생성한다. 따라서 상호의존성이 높은 전문가 팀을 통한 다양한 소규모 독립 서비스의 분산 시스템을 구축하려는 시도는 클라우드 네이티브 원칙에 완전히 위배된다.

당신이 만약 클라우드 컴퓨팅 시스템의 이점을 얻기를 바라지 않는다면 당신은 그저 많은 시간과 노력을 소비한 것이다. 이 경우 팀 구조를 조정해야 한다.

이 시나리오에서 우리가 보는 것: 고전적인 콘웨이의 법칙, 즉 시스템 아키텍처가 조직의 구조를 닮게 된다는 원칙. 다시 말해, 콘웨이의 법칙은 시스템 아키텍처가 결국 변명의 여지 없이 회사 조직도를 어떻게 닮게 될지를 설명한다. 팀원들의 전문적 기술에 따라 팀을 조직한다면, 결국 어떤 종류의 계층적 구조가 나타날 것이다.

이것이 의미하는 바는, 조직 구조를 바꾸지 않고 마이크로서비스를 도입하려 하면, 시간이 지나면서 마이크로서비스가 함께 표류하는 경향이 있다는 점이다.

필연적으로 강한 결합은 개발, 빌드 또는 배포 단계 중 하나 이상의 단계에서 나타날 것이다. 그럼으로써 더 많은 조정으로 이어질 수 있으며, 팀들의 독립성을 감소시킬 것이다. 그리고, 보일 것이다. 바로 모놀리스!

앞으로 일어날 일: 여러분은 이전의 모놀리스를 다시 만들었을 뿐이며, 모놀리스가 지금 클라우드 상에 있을 뿐이다. 마이크로서비스와 컨테이너, 쿠버네티스가 있지만 당신은 낮은 레벨에서 매우 강한 의존성을 가진 계층적 시스템을 구축하기 위해 도구를 사용했고, 단일 전문 팀, 그리고 프로세스의 각 지점에서 잠재적인 병목현상이 발생할 수 있는 계층적 시스템을 구축하기 위해서도 도구를 사용했다. 각 진전 단계마다 핸드오프가 있어야 할 테니 작업이 점점 더 느려진다.

더 나은 접근 방법: 클라우드 네이티브로 트랜스포메이션하려면 공동의존적이고 전문화된 워터폴 팀을 협업 관점의 데브옵스 팀으로 완전히 재구성한다. 각각의 완전한 기능을 갖춘 팀은 자신이 구축한 모든 서비스에 대한 계획, 아키텍처, 테스트, 개발 및 운영 능력을 포함

한다. 물론 플랫폼 팀이 구축해 운영하는 클라우드 네이티브 플랫폼 자체에 대한 책임이 있는 것은 아니다.

실용적인 패턴 솔루션: 빌드 실행 팀("클라우드 네이티브 데브옵스") 패턴을 적용한다. 이를 통해 각 팀은 자체적인 계획, 아키텍처, 테스트, 개발 및 운영 능력을 보유하게 되며, 동일한 팀 내에서, 또는 여러 팀 간에 협업이 이루어질 수 있다. 가장 중요한 것은 마이크로서비스와 컨테이너를 운영하기 위한 플랫폼을 구축하는 플랫폼 팀과 애플리케이션을 구축하는 개발자 팀이 따로 있어야 한다. 이러한 방식으로 개발^{Dev}은 운영^{Ops}으로 인계할 필요 없이 플랫폼에 직접 자동으로 배치할 수 있다.

이러한 팀들은 공동 창출을 위한 개인화된 관계 또한 맺고 있으며, 이를 실현하기 위해 공동 창조를 위한 개인화된 관계(또는 최소한 원격 팀을 최적화하는 방법) 패턴을 적용할 때 가장 효과적일 것이다.

잘못된 구현 순서

워터폴 조직은 예측 문화 때문에 대체로 구현 순서 자체에는 문제가 없다. 안타깝게도 클라우드로 이전하는 많은 기업은 클라우드 네이티브 요소 간의 상호작용을 고려하지 않는다. 다시 말해, 기업은 자신들이 모르는 것을 모른다! 기업이 아는 것은 마이크로서비스를 원하며, 컨테이너화, 오케스트레이션, 자동화 등을 하지 않아 구현 시 일어날 수 있는 대혼란을 모른 채 그 유일한 축으로 전진한다는 것 정도다.

이러한 현상은 여러 다른 방식으로 발생할 수 있지만, 가장 일반적인 것은 CI/CD가 있기 전에 마이크로서비스 아키텍처를 시작하거나 기업들이 마이크로서비스를 컨테이너에 포장하지 않고 운영하려 할 때다.

이렇게 되면 결과는 말 그대로 수백 개의 미니 모놀리스들이 동시에 가동되며, 모든 것을 수동으로 배포해야 한다. 악몽은 기본적으로 일어나고 있다. 왜냐하면 모놀리식 팀 구조가 다

시 한번 콘웨이의 법칙을 통해, 강한 팀 간 의존성으로 나타나고 있기 때문이다. 그림 13-7
은 혼돈을 완전히 묘사하지 않았다.

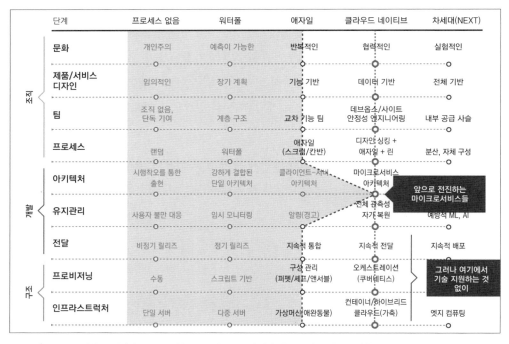

그림 13-7 클라우드 네이티브 도구, 기술, 프로세스를 주입하지 않고 문화를 바꾸지 않은 상태에서 클라우드 네이티브
애플리케이션 아키텍처를 구현하려 할 때 발생하는 현상

이 시나리오에서 우리가 보는 것: 일반적인 클라우드 네이티브가 아닌 기업은 몇 개월마다 또
는 애자일로 진행하고 있다면 몇 가지 컴포넌트를 몇 주마다 운영 팀에 전달하기 위해 고군
분투하고 있다. 이들은 다른 클라우드 네이티브 컴포넌트를 관리하거나 실행할 필요성을 전
혀 고려하지 않고 마이크로서비스로 이동하기로 결정했다.

앞으로 일어날 일: 마이크로서비스로 구성된 컴포넌트의 수가 대폭(5~10개에서 100~300개로)
늘어난다. 한편, 전달에 필요한 시간은 월 또는 주 단위에서 일 단위 또는 시간 단위로 대폭
감소한다. 이 많은 구성 요소를 크게 단축된 시간 내에 저글링한다는 것은 품질과 시스템 안
정성 모두 크게 영향을 받는다는 것을 의미한다. 높은 수준의 자동화 없이 수백 개의 마이크

로서비스를 컨테이너가 아닌 플랫폼에 맞추려고 하면 매우 비효율적이며, 최악의 경우 추후 재앙이 될 수도 있다.

결과는 이 무수한 마이크로서비스 관리라는 자연스러운 결과로 불가피하게 릴리즈가 조정 및 스케줄링될 것이다. 그러면 전달 과정이 점점 더 번거로워지며 복잡해짐에 따라, 스케줄을 조정한 전달이 더 길고 긴 간격으로 일어나기 시작할 것이다. 먼저, 일을 깔끔하게 하기 위해 퇴근 전에 릴리즈를 할 테고, 상호의존성이 증가하는 듯 보이고, 분류에 시간이 걸리다 보니 일주일에 한 번, 그다음엔 그보다 긴 주기로 전달할 것이다. 이는 클라우드 네이티브의 목적인 의존성을 감소시킴으로써 빠르고 효율적인 진행이 불가능하다. 각 마이크로서비스를 독립적으로, 빠르고, 빈번히 전달할 수 있는 효과적인 능력이 없다면, 애플리케이션은 시간이 지남에 따라 모놀리식으로 발전할 것이다.

더 나은 접근 방법: 움직이는 부품이 너무 많기 때문에 인프라 구조에 대한 의존성을 줄여야 한다. 이러한 상황에서는 컨테이너화 패키지가 필수적이며, 패키지 기반의 완전한 자동화를 구현해야 한다. 동시에 각 팀이 코드가 준비되는 즉시 독립적으로 전달로 이동할 수 있도록 팀 간의 의존성을 해소해야 한다.

실용적인 패턴 솔루션: 소규모 애플리케이션 한 가지를 실험하도록 한다. 전체 애플리케이션을 성숙도 매트릭스의 모든 축에 걸쳐 꾸준히 진행하고자 탐색적 실험, 실행에 따른 연구 등 필요한 연구를 수행할 핵심 팀을 배정한다. 아키텍처/마이크로서비스뿐만 아니라 컨테이너, 오케스트레이션, CI/CD 및 이러한 수직적 환경에서의 작업을 지원하는 비계층적 빌드-실행 팀 문화도 배치한다. 이를 확립한 후에는 11장, 12장에 수록된 전형적인 트랜스포메이션 디자인으로 한 발짝 다가설 수 있는 좋은 상태가 돼야 한다.

운영 준비가 되지 않은 플랫폼, 여하튼 운영으로 간다

AWS와 Azure와 같은 퍼블릭 클라우드 플랫폼은 물론 OpenShift와 같은 사내 플랫폼은 전체 종단 간 솔루션으로 제공되지만 플러그 앤 플레이Plug & Play와는 거리가 멀다는 점에 유의한다. VMware의 모든 기능(또는 기타 완전히 성숙한 기술 솔루션)에 익숙한 기업들은 구성이 부분적으로 수동적이며, 필요한 모든 요소가 존재하지도 않는다는 사실에 놀라며 불쾌함을 느꼈다.

제1장에서 필자들이 했던 은유를 기억해보자. 구매한 TV를 집으로 가져와 상자를 열었는데 케이블도, 전원 코드도, 리모컨도 없다는 것을 알게 된다. TV 작동에 필수적인 주변 장치들은 하나도 없다. 이때 TV는 말 그대로 스크린일 뿐이다. 방향을 잡은 여러분은 다음과 같은 단계를 따른다. "이제 가서 이 부품을 사와, 그리고 TV를 조립하면 괜찮아질 거야." 클라우드 플랫폼에서는 완전한 솔루션이라 주장하지만, 필요한 것 중 절반은 누락돼 있다. 공급업체의 플랫폼이 완전한 솔루션이라 믿었기에 누락되거나 불완전한 부품을 제작하거나 구입하기 위한 인력, 예산, 시간을 할당하지 않았다.

이 시나리오에서 가장 좋지 않은 예는 팀들이 운영 환경에서 마이크로서비스를 실행할 준비를 마쳤는데 강력한 관측성과 모니터링의 우선순위를 정하지 못하는 경우다. 그들은 어떤 종류의 이벤트 기반 경고 장치를 갖고 있을 가능성이 있다. 왜냐하면 이전의 유사한 상황에서 항상 작동했기 때문이다. 이전에는 서버가 다운되면 팀원들은 이를 고치고자 서버에 들어가곤 했다. 그러나 마이크로서비스 및 컨테이너로 이동하면 로컬 스토리지에 더 이상 액세스할 수 없게 된다. 컨테이너는 몇 초 만에 오르락내리락하면서 흔적도 남기지 않는다. 이제 이상 징후를 감지하는 동적 모니터링이 필요하다. 실제 문제가 발생할 때만 트리거되는 기존 경고에 의존한다면 로그인할 때쯤에는 방금 발생한 일에 대한 증거가 전혀 없을 것이다.

특히 많은 독립 유닛을 운영하는 마이크로서비스는 감시가 필요하고, 기록이 모두 남아야 한다. 마이크로서비스의 수동 유지관리는 비용이 많이 드는 데다 매우 비현실적이며 당신 역시 이 방법을 쓰지 않을 것이다. 그러나 유지관리 작업을 자동으로 처리하기 위해 바로 사용할 수 있는 플랫폼을 구성하기란 복잡하며, 경험이 부족한 엔지니어의 능력을 벗어난다.

그림 13-8은 다소 빈약하지만, 다른 매트릭스가 어떻게 생겼든 플랫폼 품질에 차이가 있다면 클라우드 네이티브 시스템이 돌아가지 않는 이유를 나타낸다.

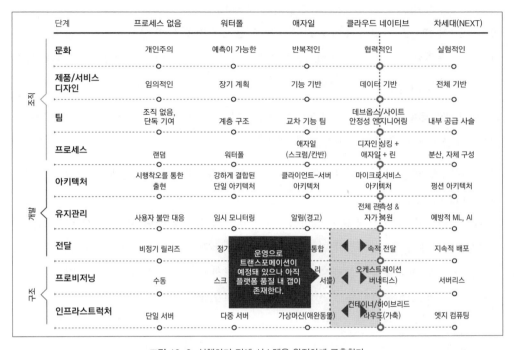

단계		프로세스 없음	워터폴	애자일	클라우드 네이티브	차세대(NEXT)
조직	문화	개인주의	예측이 가능한	반복적인	협력적인	실험적인
	제품/서비스 디자인	임의적인	장기 계획	기능 기반	데이터 기반	전체 기반
	팀	조직 없음, 단독 기여	계층 구조	교차 기능 팀	데브옵스/사이트 안정성 엔지니어링	내부 공급 사슬
	프로세스	랜덤	워터폴	애자일 (스크럼/칸반)	디자인 씽킹 + 애자일 + 린	분산, 자체 구성
개발	아키텍처	시행착오를 통한 출현	강하게 결합된 단일 아키텍처	클라이언트-서버 아키텍처	마이크로서비스 아키텍처	펑션 아키텍처
	유지관리	사용자 불만 대응	임시 모니터링	알림(경고)	전체 관측성 & 자가 복원	예방적 ML, AI
	전달	비정기 릴리즈	정기	통합	속적 전달	지속적 배포
구조	프로비저닝	수동	스크	서블	오케스트레이션 버네티스)	서버리스
	인프라스트럭처	단일 서버	다중 서버	가상머신(애완동물)	컨테이너/하이브리드 라우드(가축)	엣지 컴퓨팅

> 운영으로 트랜스포메이션이 예정돼 있으나 아직 플랫폼 품질 내 갭이 존재한다.

그림 13-8 실행하기 전에 시스템을 완전하게 구축한다.

이 시나리오에서 우리가 보는 것: 운영 환경에 적합하지 않은 모니터링, 보안, 스토리지, 네트워킹 등에 제한된 베어 플랫폼이 존재하는 경우. 또는 필자들은 회사가 적절한 도구를 설치하지만 작동하는지 여부는 결코 확인하지 않는 경우를 때때로 보기도 한다. 운영으로 전환하기 이틀 전까지 아무도 모니터링에 사실상 신경 쓰지 않는다는 점이다. 보안 및 기타 기능 요구사항도 동일하다.

앞으로 일어날 일: 생각보다 많은 것이 잘못될 수 있다. 아무도 무슨 일이 일어났는지 혹은 왜 일어났는지 전혀 알지 못한다. 많은 경우 감지된 이상 징후에 대한 자동 응답은 시스템의 휴먼 핸들러에게 경고를 받기 전에 실행되므로 무엇이 잘못됐는지 추적하기가 더욱 어려워

진다.

더 나은 접근법: 도구를 강화한다. 처음부터 이벤트 알림뿐만 아니라 동적 모니터링 및 이상 징후 탐지를 구축한다. 보안 검토를 진행하고 부하 테스트를 구현한다. 모든 사용자가 볼 수 있는 완전히 액세스 가능한 중앙 저장소의 모든 로그 수집과 상태 대시보드를 포함해 완전한 관측성을 구축한다. 클라우드 네이티브의 "셀프 힐링 self-healing" 기능을 활용해 장애 발생 시 자동 재시작을 지속적으로 점검해본다.

실용적인 패턴 솔루션: 전체 조직에 롤아웃을 실시하기 전, 하나의 완전한 프로토타입으로 플랫폼을 안정적이고 운영 가능한 단계로 끌어올린다.

필자들이 추천하는 접근 방식은 모든 주요 구성 요소를 기본 기능 수준에서 통합하고, 최소 실행 가능 제품을 먼저 구축하는 전용 플랫폼 팀을 두는 것이다. 플랫폼을 준비하면 개발자 스타터 팩을 구축하는 데 필요한 경험을 바탕으로 시스템을 개선할 수 있는 선행 팀 한둘이 점진적으로 온보딩한다. 마지막 단계는 개발자들이 도구 세트를 효과적으로 사용할 수 있도록 하는 광범위한 교육 프로그램을 운영하면서, 장기적인 사용을 위해 플랫폼을 더욱 세분화하면서 학습 피드백을 통합하고, 전체 조직에 점진적으로 확산시킨다.

그린필드 신화, 또는 "전부가 아니면 전무" 접근법

이 시나리오에서는 예를 들어 COBOL을 실행하는 메인 프레임과 같이 깊은 레거시 코드베이스를 가진 워터폴 조직도 볼 수 있다. 모든 모놀리식 시스템을 유연하고 기능적으로 클라우드 네이티브 시스템으로 리팩터링하려면 엄청난 양의 작업과 조직적 변화가 필요하다. 이해할 수는 있지만, 이는 단순히 새로운 시스템을 처음부터 새로 만들고자 낡은 시스템을 완전히 폐기하는 것이다. 완전한 그린필드 프로젝트는 기존 프로젝트와 함께 작업할 때보다 더 저렴하고 빠르고 효율적이어야 한다. 그렇지 않은가?

COBOL의 예는 약간 극적이긴 하지만 요점은 많은 사람들이 이렇게 생각한다는 점이다. 또한 클라우드 네이티브 그린필드^{greenfield}의 이점이 있다는 이야기도 있는데, 이유는 파괴적 기업들은 등장할 때부터 매우 성공적이며, 매우 빠르기 때문이다.

이 "all or nothing(전부 아니면 전무)" 식의 접근에는 문제가 많다. 기존 코드 기반은 폐기할 필요는 없다. 그렇다. 어쩌면 느리고, 변화도 느리고, 코드 자체도 느리고, 확실히 언젠가는 교체해야 한다. 하지만 제자리에서 잘 작동 중인 한, 건드리지 말아야 한다.

이는 웰스그리드가 클라우드 네이티브로 트랜스포메이션하기 위한 두 번째 시도에서 실수한 부분이다. 즉, 기존 시스템은 제쳐두고, 다른 모든 사람들이 새로운 클라우드 네이티브 플랫폼을 구축하기 위해 허둥대는 동안 기존의 스켈레톤 크루^{skeleton crew, 해골 승무원}에게 시스템을 존속시켜 생명 유지를 맡긴 꼴이다.

그러나 웰스그리드가 발견한 것처럼, 이전 시스템을 종료하기 위해서는 먼저 완벽하게 작동하면서 기존 시스템이 제공하는 기능의 100%를 다시 생성하는 시스템을 만들어야 하며, 새로운 기능을 구현하기 전에 먼저 모든 것이 완벽하게 작동해야 한다. 필자들은 웰스그리드처럼 회사의 모놀리스를 20개의 마이크로서비스로 재설계해 완전히 새로운 그린필드 시스템에 전달하려던 회사들을 계속해서 봐왔다. 회사들은 버려질 것 같은 오래된 모놀리스와는 아무런 연결도 짓지 않았다. 또한 새로운 플랫폼이 구축되기까지 1년 혹은 그 이상, 이전 플랫폼을 확장하거나 업그레이드하기 위한 어떤 노력도 하지 않는다.

결국 그들이 깨달은 것은, 새로운 시스템을 운영에 적용하기 전 20개의 모든 조각들을 만든 후, 조각들을 완전히 교차 기능 가능하도록, 서로 대화하고 적극적으로 협력해야 한다는 점이다. 이런 일은 거의 없을 것이다.

그림 13-9는 "all or nothing(전부 아니면 전무)" 접근 방식이 체계적이지 못한 이유와, 어째서 불균일한 마이그레이션 시도를 야기할 수 있는지를 보여준다.

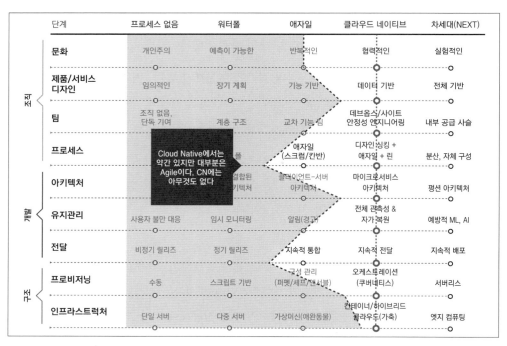

단계	프로세스 없음	워터폴	애자일	클라우드 네이티브	차세대(NEXT)
문화	개인주의	예측이 가능한	반복적인	협력적인	실험적인
제품/서비스 디자인	임의적인	장기 계획	기능 기반	데이터 기반	전체 기반
팀	조직 없음, 단독 기여	계층 구조	교차 기능 팀	데브옵스/사이트 안정성 엔지니어링	내부 공급 사슬
프로세스	폴		애자일 (스크럼/칸반)	디자인 싱킹 + 애자일 + 린	분산, 자체 구성
아키텍처	결합된 아키텍처		클라이언트-서버 아키텍처	마이크로서비스 아키텍처	평션 아키텍처
유지관리	사용자 불만 대응	임시 모니터링	알림(경고)	전체 관측성 & 자가복원	예방적 ML, AI
전달	비정기 릴리즈	정기 릴리즈	지속적 통합	지속적 전달	지속적 배포
프로비저닝	수동	스크립트 기반	구성 관리 (퍼펫/셰프/앤서블)	오케스트레이션 (쿠버네티스)	서버리스
인프라스트럭처	단일 서버	다중 서버	가상머신(애완동물)	컨테이너/하이브리드 클라우드(가축)	엣지 컴퓨팅

조직 / 개발 / 구조

Cloud Native에서는 약간 있지만 대부분은 Agile이다. CN에는 아무것도 없다

그림 13-9 여러 병목 현상과 함께 조정되지 않은 트랜스포메이션을 나타내는 계획의 진행 라인이 모든 곳에 어떻게 존재하는지 주목한다.

"전부 아니면 전무" 시도, 즉 모놀리스를 처음부터 마이크로서비스로 재구축하는 것은 분명히 나쁜 움직임은 아니다. 그린필드는 좋은 방법이 될 수 있지만 당신이 무엇을 하고 있는지 알아야 한다. 대부분의 회사는 그렇지 않다. 클라우드 네이티브는 너무나 새롭다.

이는 실제로 파레토 원칙을 잘 보여주는 사례로, 프로젝트 과정 중 80%는 간단하며, 전체 시간의 20%가 소요될 것이라 예상한다. 안타깝게도 마지막 20%는 가장 어렵고 복잡하므로 마무리에 나머지 80%의 시간이 걸린다. 이 시나리오에서 파레토 원칙은 마이크로서비스에 새로운 플랫폼을 전달하는 데 매우 오래 걸릴 것이라 시사한다.

이 시나리오에서 우리가 보는 것: 대규모의 코드 기반을 갖춘 존경받는 기업들이 이제는 이를 폐기하고 새로운 클라우드 네이티브 시스템을 구축해야 할 때다. 6개월에서 1년 정도 걸리는 헌신적인 노력 끝에, 회사가 가진 전부는 완전히 새로운 시스템을 구축하려는 정지된 시도뿐이다. 그중 어떤 것도 실행할 준비가 돼 있지 않다. 한편 오래된 시스템에는 전혀 발전이 없었다.

앞으로 일어날 일: 혼돈, 혼란, 그리고 크게 좌절하는 불행한 팀. 모든 COBOL 엔지니어들에게 쿠버네티스로 옮기도록 배정하고 잘 될 거라 기대할 수는 없다. 달까지 메인 프레임을 띄워달라고 부탁하면 어떨까? 그 편이 차라리 효과적일 것이다.

더 나은 접근 방법: 11장과 12장의 트랜스포메이션 디자인을 참조하라.

실용적인 패턴 솔루션: 우선, 기존 레거시 시스템의 어떤 부분이 안정적인지 알아본다. 변화가 거의 또는 전혀 필요하지 않다면 최소한 한 번은 유지하는 편이 낫다. 많은 경우 가치가 매우 낮고 변경 시에 드는 비용이 상당할 수 있기 때문에 일반적으로 마이크로서비스나 클라우드로 이동할 가치가 없다. "고장 나지 않았다면 고치지 말라"의 대표적인 예. 필자들은 심지어 이 상황을 위한 패턴도 있다. 마지막 단계에서 리프트 앤 시프트다.

한편, 8장에서 설명한 트랜스포메이션 디자인을 따를 수도 있다. 새로운 클라우드 네이티브 플랫폼 구축을 담당하는 소규모 전담 핵심 팀과 함께 시작한다. 나머지 엔지니어들은 새로운 시스템의 운영 준비를 마칠 때까지 기존 시스템에서 계속 작업한다.

깨지지 않았다면… 브리지를 연결하라.

중요한 점은, 여러분이 작업과 연관된 깊은 레거시 시스템을 갖고 있으며, 고치거나 바꿀 필요가 거의 없고 완전히 안정돼 있다면 시스템을 다시 만들려 하지 말라. 수십 년 걸리는 작업이 아니더라도 수년에 걸쳐 만들어진, 구식 시스템에는 5–6백 라인의 코드가 있을 수 있다. 그것을 다시 구축할 수는 없으며 그럴 시도조차 하지 말아야 한다. 그린필드 신화를 구매했다는 이유만으로 정상적으로 작동 중인 전체 모놀리스를 처음부터 다시 구축하려면 비용이 많이 들고 불필요하다. 처음부터 다시 시작하는 대신 레거시 코드베이스를 그대로 유지하면서 클라우드에 대한 맞춤형 브리지를 구축하는 쪽이 더 저렴하고 빠르고, 훨씬 더 쉽다.

마이그레이션의 목표는 고객에게 가치를 제공하는 속도와 빈도를 높이는 것이다. 마이크로서비스에서 모든 코드를 보유한 것은 아니기에 가장 많이 변화 중인 부분과, 엔지니어링 노력 중 대부분이 집중될 부분에 초점을 맞추면 생산성이 크게 향상된다. 그리 필요하지는 않지만 기존 코드 베이스의 안정적이며 기능적인 레거시 부분을 다시 활용하게 된다.

따라서, 그 조각을 하나의 서버에 설치해 계속 작동하도록 포장한다. 그러면 기존 코드와 대화하는 새로운 세그먼트를 디자인하고 만들 수 있다. 작은 그린필드 플랫폼을 만든 다음 천천히 한 번에 한 조각씩 옮겨가며 이동하면서 플랫폼을 리팩터링하고 재구성한다. 이는 매우 느리고 반복적인 장기 프로세스로써, 전체 레거시 시스템을 클라우드에 리프트 앤 시프트하는 것은 아니다. 하지만 당신을 목적지에 데려다줄 것이다.

플랫폼 팀의 부족

"공식적인" 클라우드 네이티브 계획 이전에 여러 팀이 자체적으로 실험에 나서기도 한 것은 대기업에서 특히 매우 흔한 일이다. 이러한 현상은 기술 콘퍼런스에서 클라우드 네이티브 도구와 접근 방식을 시험해보는 데 들떠 있을 때 발생한다. 회사 내 IT 팀은 제공할 것이 없다 보니, 살짝 옆길로 새 스스로 작업을 시도하기 시작한다. 이는 섀도 IT라는 고유 이름까지 생길 정도로 흔한 현상이다. AWS나 Google 클라우드 서비스 또는 Microsoft Azure에서 신용 카드만 있으면 사용할 수 있기에 이 모든 작업이 너무 쉽긴 하지만 이 단계에서는 이런 일이 일어나기 쉽다. 팀들이 실험하며 배우고 있고, 허가를 기다리지 않아도 되기에 실험에 드는 비용이 크게 줄어든다.

그러나 조직적인 전사적 계획이 자리를 잡지 못하면 결국 좋은 일로만 끝나는 경우가 많다.

서로 다른 일곱 팀이 저마다 자신들만의 클라우드 네이티브 플랫폼을 자랑스럽게 제작했지만, 7개의 다른 플랫폼을 유지할 수는 없다. 너무 비싸며 말이 안 된다. 팀들은 작동시키고자 고군분투하겠지만 계층적인 조직 구조와, 각 팀마다 특기가 있다 보니 그들은 서로를 제대로 알지 못한다. 서로 다른 팀원들은 효과적인 해결책을 찾기 위해 함께 일하거나 서로 대화할 필요가 없다. 심지어는 회사에서 다른 누군가가 자신들과 같은 일을 하고 있다는 사실을 알지 못한다. 이 모든 것은 분리된 팀들이 얻은 경험을 조직에서 포착하거나 배울 방법이 없음을 의미한다.

안타깝게도 이는 해결하기에 꽤 어려운 문제다. 유연성과 표준화 사이의 균형을 찾아야 한다. 강력한 표준화는 지원 및 유지관리 비용을 제한하므로 훌륭하지만, 반대로 클라우드 네이티브의 중요한 측면인 실험과 연구를 제한한다. 또한 융통성 있는 방향으로 나아간다는 것은 모든 사람들이 생각하는 다양하고 무작위적인 것들을 지지할 수 없다는 것을 의미한다. 그렇기에 좋은 조직은 새로운 것에 대한 실험과 연구를 가능케 하면서 어느 정도 표준화하는 방법을 찾는다.

이 시나리오에서는 우리가 보는 것: 여러 데브옵스 팀이 동일한 퍼블릭 클라우드 또는 여러 클라우드에 별도의 비표준화된 설정이 존재하는 회사. 7개의 서로 다른 시스템이 각기 다른 방식으로 구축 및 배치돼 있고, 다른 도구를 사용하고 있다. 모든 것이 무작위다. 아직 해가 되진 않았다.

앞으로 일어날 일: 이러한 독립 프로젝트 중 어느 하나라도 적절한 지식 없이, 다른 이해관계자가 참여하지 않은 상태에서 만들어진 사용자 정의 설정을 통해 운영에 들어간다면, 운영, 보안, 컴플라이언스, 사용성 및 기타 우려 사항을 적절히 고려해 일관된 설정으로 리팩터링하기는 어려울 것이다.

하나의 악성 플랫폼으로 인해 이 방식이 어렵다면, 단일 시스템에서 실행 가능하도록 7가지 다른 버전을 조정하라. 표준화된 플랫폼의 모든 운영용 작업에 이것들을 리팩터링하기란 기본적으로 불가능하다. 그러한 플랫폼은 존재하지 않는다. 게다가 팀들은 각기 택한 접근 방식이 최고며, 회사가 채택해야 할 접근 방식이라 믿는다.

더 나은 접근 방법: 적절하게 구현한 클라우드 네이티브 아키텍처에서 플랫폼 팀은 영구적이다. 단순히 첫 번째 과제였던 초기 플랫폼의 성공적인 생성으로 작업이 끝나지 않기 때문이다. 일단 트랜스포메이션의 주요 부분을 가동하면 팀은 플랫폼을 개선하고 최적화하기 위한 개선 작업을 계속한다. 끊임없이 전담으로 개선하는 팀만이 지속적으로 기술적 과제에 더 깊이 파고들 수 있다.

실용적인 패턴 솔루션: 5~8명의 엔지니어와 아키텍트로 구성된 공식 플랫폼 팀을 할당한다. 이 팀은 플랫폼 구축에 전념하고 있으며, 연구, 실험, 기술 구현에 필요한 충분한 자원을 받는다. 한편, 내부 에반젤리즘은 통일된 플랫폼을 개발 중임을 나머지 조직에 알린다. 사이드에 자체 스컹크웍스^{skunkworks} 플랫폼을 구축한 팀이라면 누구나 초대 가능하게끔, 학습 조직과 담당 업무별 커뮤니케이션 패턴을 적용함으로써, 되도록 경험을 공유하며 새로운 플랫폼에 기여한다.

교육과 적용 계획 부족

때로는 조직이 클라우드 마이그레이션을 올바르게 시작하는 경우도 있다. 즉, 개념 증명^{PoC}과 더 나아가 최소 실행 가능 제품^{MVP}을 실험하고 구축함으로써 클라우드를 기본적으로 익힐 수 있는 소규모 트랜스포메이션 팀을 선정한다. 그리고 나서 핵심 팀은 플랫폼을 확장하고, 운영을 준비하며, 회사의 나머지 조직에 트랜스포메이션을 전하기 위해 팀만의 새로운 기술을 사용한다.

모두 들떠서는 오픈할 준비가 돼 있다. 유일한 문제는 새로운 클라우드 네이티브 시스템에서 곧 일할 다른 300명의 개발자들을 교육하고 온보딩할 계획이 없다는 것이다. 심지어 대다수 직원들은 신입 개발자들이 오고 있다는 사실을 알지 못했다!

이야기가 믿을 수 없을 정도로 근시안적으로 들리겠지만, 필자들은 실제로 종종 충격적인 일이 일어나는 상황을 목격한다. 새로운 시스템을 설계하고 구축하는 데 너무 많은 중점을 두다 보니, 일단 준비를 마치면 어떻게 실제로 사용할지에 대해서는 전혀 생각하지 않는다. 트랜스포메이션은 자신의 작업에 대한 좁은 시야를 가진 엔지니어가 주도하며, 전략적 관점에서 생각하지 않기에(바로 이 상황이 지정된 전략가 패턴이 생긴 이유) 일어나는 경우가 많다.

아쉽게도 해결책은 쉽지 않다. "여기 위키와 몇몇 문서들이 있어. 월요일에 쿠버네티스에서 보자!" 새로운 클라우드 네이티브 시스템에서 클라우드 네이티브 스타일로 작업할 개발자를 모집하면 가파른 학습 곡선을 그릴 수 있다. 이들을 제대로 온보딩시키려면 플랫폼이 완성되기 훨씬 전에 전용 훈련과 사전 예방 교육을 시작해야 한다.

적절한 교육이 부족하면, 여러 문제들 중에서 비효율적인 플랫폼과 도구 사용을 우선적으로 야기한다(또 다른 문제: 이 거대한 변화에 맹목적으로 기습당했다고 느끼는 불행한 개발자들). 새로운 시스템을 사용할 개발자들을 적절하게 교육시키지 못하면 애초에 트랜스포메이션을 통해 창출되는 전반적인 가치가 급격히 감소할 것이다.

이 시나리오에서 우리가 보는 것: 실제 운영에 들어가기 일주일 전에 일을 어떻게 해야 할지 모르는 300명의 엔지니어가 있음을 깨닫는다. 이때 매니저들이 미친 듯이 "클라우드 네이티브 팀 훈련"을 구글링하기 시작한다. 컨설턴트들은 정확히 이런 종류의 절박한 전화를 받으려 애쓴다.

앞으로 일어날 일: Go-live 날짜가 뒤로 밀려서 교육 윈도우를 만들거나, 새로운 시스템 내에서 가장 좋은 운영 방법을 모르는 미숙련 기술자들과 프로젝트를 진행하게 되는 경우다. 불행히도 후자가 일반적으로 일어나는 결과다. 출시 날짜를 연기한다면 플랫폼 소유자의 평판을 해칠 것이기 때문이다.

모두가 동시에 새로운 기술, 새로운 프로세스, 새로운 플랫폼을 위한 가파른 학습 곡선에 적응하고자 허둥지둥하면서 각종 실수가 발생한다. 그들은 현재의 지식과 경험을 바탕으로 결정을 내릴 것이다. 왜냐하면 좋은 교육이나 온보딩 없이도 주로 해야 할 일이기 때문이다. 이렇게 되면 회사가 이러한 트랜스포메이션을 통해 얻을 수 있는 가치를 떨어뜨릴 뿐만 아니라, 결국 모놀리스, 수동 테스트, 지연된 전달 등을 재도입하기 시작할 것이다.

더 나은 접근 방법: 처음부터 마이그레이션 전략의 일부로 교육 계획 시 우선순위를 정의한다. 팀을 점진적으로 온보딩시키고자 조기 채택자가 후기 팀을 훈련시키도록 도울 수 있다. 타이밍이 중요하다. 훈련 마지막 순간까지 기다리면 분명히 재앙이 될 것이다. 하지만 너무 일찍 훈련시켜도 좋지 않다. 교육을 받은 후 오랫동안 새로운 지식을 적용할 수 없다면 의욕이 꺾일 것이다. 새로 배운 기술은 실행에 옮기지 않으면 금방 사라진다.

여기서 교육은 단순히 온보딩만을 위한 것이 아니며, 플랫폼과 애플리케이션 운영 준비를 마친 후에도 오래 지속되는 것이 중요하다. 교육은 일단 시작하게 되면 의도적인 지원, 조직, 그리고 팀이 기술을 최신 상태로 유지하도록 계획해야 하는, 지속적이면서 끝이 없는 과정이다.

실용적인 패턴 솔루션: 8장의 웰스그리드의 트랜스포메이션 디자인은 마이그레이션의 중간 단계에서 훈련을 어떻게 시작하는지를 적절하게 보여준다. 첫째, 플랫폼 팀은 초기 디자인과 구축을 시작하는 데 필요한 교육을 받는다. 플랫폼을 구축해 완전히 가동하는 데는 4~6개월이 걸린다. 이때가 플랫폼에서 처음 몇 팀을 훈련시키기 위한 점진적 온보딩을 시작하는 포인트다. 기능적인 "방법" 교육이 아닌, 개발자 스타터 팩의 예제와 자습서를 포함한 아키텍처 원리와 문화를 완전히 온보딩한다. 온보딩을 마친 첫 번째 물결의 팀들은, 다음 팀들이 오게끔 도울 수 있다. 지속적인 교육은 팀이 새로운 시스템을 성공적으로 적용했더라도 자신의 기술을 최신 상태로 유지할 수 있도록 보장한다. 그리고 지정된 전략가 패턴은 그동안 모든 것이 정상 상태를 유지하게끔 돕는다.

요약

공통적으로 발생하는 이러한 문제들을 해결하기 위해 제시한 패턴에서 반복되는 많은 부분을 발견했을 것이다. 이 현상을 설명하는 데 도움이 되는 또 다른 레오 톨스토이의 인용구가 있다.

"행복한 가정은 모두 비슷하고, 불행한 가정은 제각기 불행하다."

톨스토이는 가족들이 얼마나 불행한지를 이야기하고 있다. 모든 사람들이 얻는 것과 같은 기본적인 실존적 빌딩 블록을 갖고 있는 듯 보이는가? 다만 그들은 이것들을 비뚤어진 방식으로 조립해 그들만의 특정한 불행과 기능 장애의 가족 요새를 만든다. 한편, 행복한 가정은 모든 종류의 유사한 만족이다.

클라우드 네이티브 트랜스포메이션에서도 동일한 방식으로 작동한다. 필자들은 이 장에서 설명하는 9가지 공통적인 도전 과제가, 상당히 다른 종류의 기업에서 고유한 마이그레이션 프로젝트의 일부로라도 항상 발생하는 상황을 목격한다. 그러나 이러한 과제를 해결하는 방식으로는 동일한 패턴을 반복해서 보여주는 이유는, 작동하기 때문이다.

다행히도, 트랜스포메이션 여행을 하는 당신이 충분히 일찍 이 책을 접하게 되면, 회사의 마이그레이션 스토리가 합리적으로 행복한 결말을 맺을 수 있도록 패턴(그리고 언제, 어떻게 적용해야 하는지에 대한 컨텍스트)을 갖추게 될 것이다. 8장은 당신의 주요 지도가 될 수 있지만, 13장은 하지 말아야 할 것에 대한 예시를 들었으며 관련 내용 역시 중요하기에 유심해서 보도록 하자.

만약 그렇지 않다면, 글쎄, 늦는 것이 안 하는 것보다 낫다. 매몰비용은 생각하지 말고 배운 모든 것을 사용해 전략을 다시 생각하라. 여기서 필자들은 이번에는 중국 속담으로 인용구 예시를 들어보겠다. 이 상황을 완벽하게 포착하는 말이라 생각한다. "나무를 심기에 가장 좋은 시기는 20년 전이다. 두 번째로 좋은 때는 지금이다."

만약 당신이 잘못된 마이그레이션 중이기에 여기에 있다면, 우리는 당신이 이러한 시나리오들 중 하나 혹은 그 이상에서 스스로 인식한 후, 필자들이 제안한 패턴들을 통해 있는 그대로의 모습으로 돌아갈 수 있는 길을 찾기를 바란다.

14장

1년 내 은행 구축: 스타링 뱅크 사례 연구

그렉 호킨스

그렉 호킨스는 기술, 핀테크, 클라우드, 데브옵스에 관한 독립 컨설턴트다. 그는 2016~2018년 영국 모바일 전용 챌린저 뱅크인 스타링 뱅크의 최고기술책임자CTO로 활동했는데, 이 기간 동안 핀테크 스타트업은 은행 라이선스를 취득해 양대 모바일 플랫폼에서 100K 다운로드 마크를 통해 제로에서 스매싱(대성공) 단계로 넘어갔다. 그는 오늘날 스타링 은행의 수석고문으로 남아 있다. 스타링은 처음부터 풀 스택 뱅킹 시스템을 구축해 일반 대중의 정보가 클라우드 환경에 전체 배포된 최초의 영국 당좌계좌 은행이 됐다. 2018년에 이어 2019년에도 영국 최고의 은행으로 뽑힌 스타링은 27,000명이 넘는 소비자를 대상으로 실시한 설문조사에서 출시 1년 만에 수백 년 경력의 하이 스트리트High Street(영국 내 지명) 주요 은행을 제치고 1위에 올랐다.

스타링 스타트업은 처음부터 클라우드 네이티브가 가능했지만, 대부분의 기업은 기존 운영 시스템을 클라우드로 이전하는 방안을 모색하고 있다. 어디서부터 시작하든 복잡하고 도전적인 과정이다! 필자들은 그린필드 클라우드 네이티브 시스템 구축이 어떤 모습인지를, 같은 패턴을 사용하기도 함으로써 여러 종류의 트랜스포메이션 디자인을 구성할 수 있는 방법을 설명하기 위해 스타링의 이야기를 부분적으로 실었다.

그렉 호킨스는 스타링의 CTO로서 클라우드 네이티브 플랫폼의 구축을 감독했다. 그는 수석 고문으로 남아 스타링 은행이 금융 서비스 산업을 혁신으로 계속 이끌 수 있도록 은행의 성장 및 첨단 서비스 형성을 돕고 있다. 그렉과 스타링 기술 팀이 1년 만에 클라우드 네이티브 은행을 만든 이야기다.

이는 필자들이 작은 규모의 은행을 1년 안에 건설하기 위해 어떻게 활용했는가에 대한 이야기다. 처음부터 완전히 클라우드 네이티브였다. 말하자면 그 해 치열한 구축 전에 우리는 주로 은행 라이선스 신청서 준비와 사업 부문을 마련하기 위해 몇 년 전부터 기초를 다져야 했다. 기술적으로 잘못된 출발도 두어 번 있었는데, 2016년 초에 내가 스타링에 입사해 기술 스택을 구축하기 시작했을 때, 필자들은 이미 우리에게 도움이 되지 않는 것에 대한 아이디어가 있었으나, 도움이 되긴 했다. 물론 우리는 1년 후에도 멈추지 않았다. 오늘날의 스타링을 만든 많은 기능들이 나중에 나왔다. 작업은 결코 끝나지 않았지만 처음부터 우리는 결제와 카드 사용이 가능한 실제 영국 당좌계좌를 갖고 있었고, 이를 클라우드 네이티브로 만들었다.

처음에는 은행을 클라우드에 완전히 배치해야 하는 방법과 이유에 대해 규제 기관과 자주 회의를 했다. 허용될 것이라는 확신과는 전혀 거리가 멀었다. 우리는 영국에서 클라우드 뱅킹을 시작하면서 클라우드 소프트웨어로 작동하는 것이 합법적임을 알기도 전에 모든 소프트웨어를 처음부터 구축했다.

어느 정도 빡빡한 구축 기간은 실제로 규정에 따라 필자들 책임이 됐다. 일단 당신이 임시 은행 라이선스(또는 제한되는 은행 라이선스)를 받았다면 앞으로 1년 동안 고객을 등록해야 하며, 그렇지 않으면 은행 라이선스를 잃게 되고 처음부터 다시 시작해야 한다. 그래서 우리의 타임라인 뒤 또 다른 은행 관련 스타트업 사업자와의 지연으로 인해 발생할 경쟁상의 불이익이 있었다.

비록 필자들이 클라우드 뱅킹을(그리고 비슷한 시기에 시작하는 몇몇 다른 도전자 은행들도) 따라가면서 새롭게 개발 중인 과정이었지만, 클라우드를 위한 구축 지식은 이미 상당했다. 오토스케일링 그룹과 같은 원시적 요소들은 잘 알려져 있었고, 관련 아키텍처 패턴은 넷플릭스 같은 회사들이 잘 확립했다. 쿠버네티스와 테라폼은 당시 꽤 새로운 것이었다. 몇 가지 좋지 않은 경험 후에 당시의 것들이 필자들의 목적에 너무 미숙하다고 판단했기에, 아마존 웹 서비스가 다른 많은 서비스를 구축하는 데 의존하는 빌딩 블록인 IaaS^Infrastructure-as-a-Service를 사용해 직접 구축했다. 이는 Elastic Compute Cloud^EC2와 클라우드포메이션^CloudFormation과 같은 서비스로, 관련 AWS 리소스 컬렉션을 구축하고, 이를 질서정연하고 예측 가능한 방식으로 프로비저닝할 수 있었다.

다행히도 자금이 넉넉한 스타트업이었기에, 비용을 절감하고 AWS 청구서를 절약하려 애쓰기보단 개발자들에게 필요한 모든 것을 마련해줬다. 필자들은 비용을 주시했지만 너무 세밀하게 관리하지는 않았다. 첫 번째 결정은 아키텍처였는데, 스타트업이 발전함에 따라 우리가 빠르게 변화하고 탄력성을 유지할 수 있는 방식으로 구축하는 것을 목표로 했다.

스타링의 경우, 클라우드 네이티브가 비즈니스 계획의 핵심 요소였다. 그러나 어떤 조직에서든지 프로젝트가 성공하기 위해서는 경영진의 헌신과 변화하는 비즈니스 상황에 대응하여 계획과 전술을 조정하기 위한 동적 전략을 갖는 것이 필수적이다.

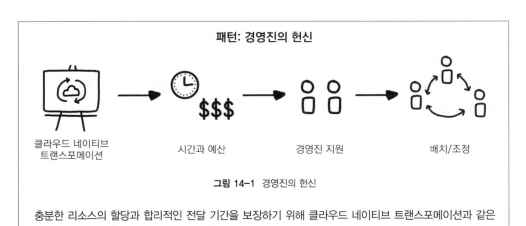

패턴: 경영진의 헌신

클라우드 네이티브 트랜스포메이션 → 시간과 예산 → 경영진 지원 → 배치/조정

그림 14-1 경영진의 헌신

충분한 리소스의 할당과 합리적인 전달 기간을 보장하기 위해 클라우드 네이티브 트랜스포메이션과 같은 대규모 프로젝트에는 강력한 경영진의 헌신이 필요하다.

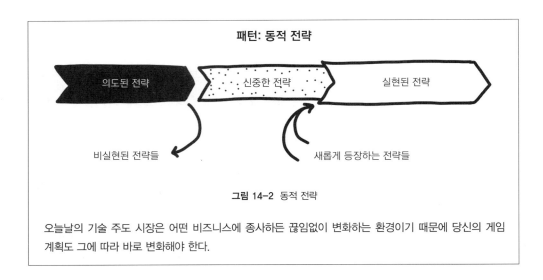

패턴: 동적 전략

의도된 전략　　　신중한 전략　　　실현된 전략

비실현된 전략들　　　새롭게 등장하는 전략들

그림 14-2 동적 전략

오늘날의 기술 주도 시장은 어떤 비즈니스에 종사하든 끊임없이 변화하는 환경이기 때문에 당신의 게임 계획도 그에 따라 바로 변화해야 한다.

아키텍처를 멋지게

필자들의 선택을 이끈 핵심 가치 계층은 탄력성이나 회복성보다 보안이었다. 현실에서는 이러한 가치관이 얽히고 겹치지만, 명확한 체계가 있었기에 어떻게 진행할지 구체적인 결정을 내릴 수 있었다. 당신에게 중요한 것은 어느 정도의 인식 없이는 복잡하고 빠르게 변화하는 환경에서 전진할 수 있는 결정을 내리기가 어렵다는 점이다. 그리고 경제적인 관점에서 속도라는 두 번째 가치 계층은 필자들이 결정을 서두르게끔 했다. 소프트웨어 아키텍처뿐만 아니라 속도를 우선시하는 조직 자체에 대한 접근법이 필요했다. 그렇기에 다양한 분야에서 마이크로서비스 아키텍처를 일부 모놀리식 방식으로 의도적으로 완화했다.

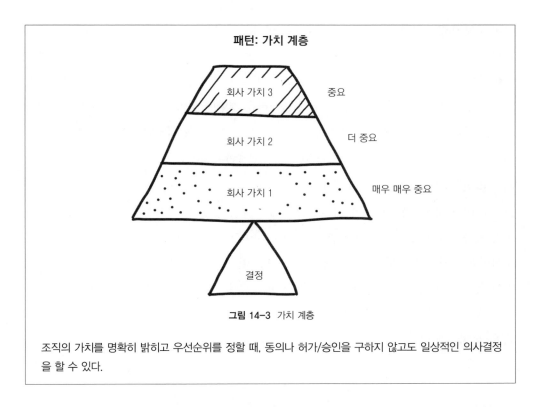

패턴: 가치 계층

회사 가치 3 — 중요

회사 가치 2 — 더 중요

회사 가치 1 — 매우 매우 중요

결정

그림 14-3 가치 계층

조직의 가치를 명확히 밝히고 우선순위를 정할 때, 동의나 허가/승인을 구하지 않고도 일상적인 의사결정을 할 수 있다.

모놀리스는 빠른 시작을 가능케 한다. 당신은 모든 다른 마이크로서비스들과, 공유해야 하는 모든 공통점들 사이의 모든 상호관계를 관리할 필요가 없기 때문이다. 문제는 모놀리스가 시간이 지남에 따라 느려진다는 점이다. 모두가 같은 일을 하며 서로의 발을 밟고 있다. 이해 당사자가 많으며, 긴밀하게 연결된 시스템에서 어떤 것이든 바꾸기가 점점 더 어려워진다. 게다가 작은 실수들이 엄청난 의미를 갖는다면 두려워질 것이다.

이와는 대조적으로, 마이크로서비스는 처음에는 전체적인 복잡성 때문에 매우 느리지만, 그다음에는 작업에 능숙해질수록 더 빨라진다. 그리고 모두가 같은 코드베이스에서 서로의 발을 밟음에 따라 느려지는 상황이 일어나지 않는다. 그렇기에 필자들은 계획과 아이디어를, 아마 전 세계 모든 사람들이 그렇겠지만 이 두 세계를 최대한 활용하고자 했다. 빨리 시작하고 빨리 안정시키기 위해.

양쪽의 장점을 포착하기 위한 필자들의 접근 방식은 일종의 마이크로서비스, 또는 어쩌면 미니서비스^{miniservices} 아키텍처를 따르는 것이었지만, 다양한 면에서 모놀리식하게 행동하는 것이었다. 예를 들어, 30개 정도의 마이크로서비스를 갖고 있음에도, 모든 마이크로서비스들을 개별적으로 출시하기보다는 동시에 출시하는 경향이 있었다. 시간이 지나며 달라지겠지만, 거의 3년이 지난 지금도 필자들이 60~70명의 개발자를 확보한 상태에서 약간이나마 비껴갈 때도 있긴 하지만 거의 동일한 방식으로 진행하고 있다.

이는 단지 마이크로서비스 스타일의 조직 구조가 더 쉽고, 지속 가능한 변곡점일 수도 있다. 그리고 이는 마이크로서비스가 대규모 조직의 문제를 상당히 우아하게 해결하기 때문에 의미가 있다. 그러나 스타트업일 때라면, 만약 당신이 2–5명의 개발자 팀을 보유할 때 마이크로서비스에 필요한 모든 비용을 산출한다면, 당신은 아무런 이득도 없으며 상처만 입게 될 것이다. 그리고 당시 필자들이 있었던 곳에 바로 그 두 명의 엔지니어를 두고 시작했다. 물론 그 팀은 성장했다. 운영 상태에 돌입했을 때는 20명 정도까지 늘어났지만, 초창기 동안에는 한 자릿수에 머물렀다.

패턴: 핵심 팀

이는 핵심 팀 패턴의 완벽한 예로서, 5~8명의 엔지니어로 구성된 소규모 팀과 함께 클라우드 네이티브 플랫폼을 구축할 수 있다는 결과를 의심하지 마라. 스타링이 그렇게 했다!

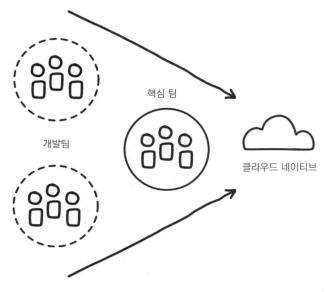

그림 14-4 핵심 팀

엔지니어와 아키텍트로 구성된 팀에서 최고의 트랜스포메이션 경로를 발굴하고 그 과정을 따라 구현하는 업무에 투입한다. 이는 팀이 나중에 나머지 팀들이 온보딩하는 데 도움이 되는 경험을 얻는 동안 트랜스포메이션에 내재된 위험을 감소시킨다.

비록 분산된 마이크로서비스 아키텍처와 같은 노선을 따라 조직하기에 필자들은 너무 작았지만, 조직이 더욱 마이크로서비스다운 능력을 빌드하고 구축하기 위한 아이디어였기에, 꾸준히 변화를 위해 설계했다. 필자들은 독립적으로 관리할 수 있는 별도의 독립적인 서비스를 구축하기로 했지만 편의상, 적어도 처음에는 모놀리식하게 행동하고, 나중에 함께 출시하기로 했다. 그렇게 함으로써 초창기 모놀리스의 단순성을 얻고, 조직이 성장하거나 상황이 변화하거나 시간이 지날수록 조직의 구조가 더 명확해짐에 따라 마이크로서비스의 독립적 관

리로 이동할 수 있는 능력을 얻게 된다. 물론, 그 위험성은 운동하지 않던 근육들이 위축되는 것이고, 만약 당신이 실제로 제품들을 독립적으로 출시하지 않는다면, 어떻게 더 이상 당신이 할 수 있다고 알 수 있을까? 이런 종류의 트레이드오프는 스타링처럼 큰 프로젝트를 전달하는 데 가장 중요한 요소며, 이러한 접근 방식이 처음에 빠르게 움직이도록 필자들을 도와줬다. 만약 당신이 모놀리스를 충분히 전달한다면, 그러한 종류의 정체나 마비조차도 막기 위한 것이 필자들의 관심사다.

클라우드 네이티브에서 마이크로서비스는 조직의 여러 부분이 다른 사람에게 병목 현상을 일으키지 않고 독립적으로 활동할 수 있도록 함으로써 이러한 마비를 방지할 수 있도록 도와준다. 또한 회복력을 강화한다. 만약 당신의 모든 서비스가 다른 모든 서비스들의 실패를 용인할 수 있다면(만약 그들 모두가 독립적으로 살거나 죽을 수 있다면), 당신은 기본적으로 많은 내결함성과 자연적인 회복력을 갖고 있다는 것이다.

마이크로서비스의 소프트웨어 구조도, 이를 구축하는 회사의 조직 구조를 반영하게 된다는 콘웨이의 법칙을 준수할 수 있는 엄청난 유연성을 당신에게 선사한다. 시스템 아키텍처가 조직 구조와 일치하며, 조직을 반영하도록 서비스 소유권을 쉽게 조정할 수 있다. 안타깝게도 폭발적으로 성장하고 있는 소규모 신생 기업의 경우 조직의 구조는 반 정도밖에 형성되지 않았을 테니 아마도 매우 불안정할 것이다. 필자들은 가끔 콘웨이의 법칙이 스타트업에 적용하기에는 다소 엉망이라 생각한다. 따라서 콘웨이의 법칙을 준수하는 데 에너지를 쏟기보단, 성숙해지는 조직 구조에 따라 가능한 한 많은 유연성을 유지하고 나중에 고민하도록 미루는 것이 최선이다.

필자들은 의사결정에서 상당 부분을 유연성과 단순성을 서로 교환함으로써 이끌었다.

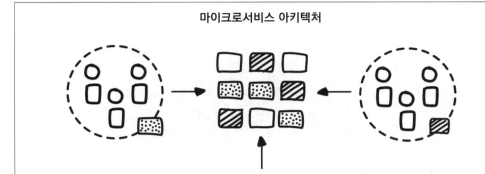

그림 14-5 마이크로서비스 아키텍처

대규모 모놀리식 애플리케이션을 제공하는 팀 간의 조정 비용을 줄이려면 소프트웨어를 독립적으로 구축, 배포 및 운영하는 하나의 모듈형 서비스 군으로 빌드한다.

이러한 원칙들은 변화를 위해 설계하면서 준수했던 것들이다. 즉, 다른 팀들이 서로 다른 요소에 대한 소유권이나 책임을 떠맡게 되는 시점부터, 개발자가 상당히 적은 시점에서 팀들이 모든 것을 처리할 수 있는 유연성이 필요하기에 아무도 단일화된 서비스에 특화되지 않는다. 회사가 커지며 층과 위치가 달라지면 당신은 다른 세상 안에 있게 된다. 목표는 새로운 조직의 커뮤니케이션 구조를 지원하기 위해 소프트웨어를 재설계하는 것이 아닌 소유권만 가져가도록 설계한다.

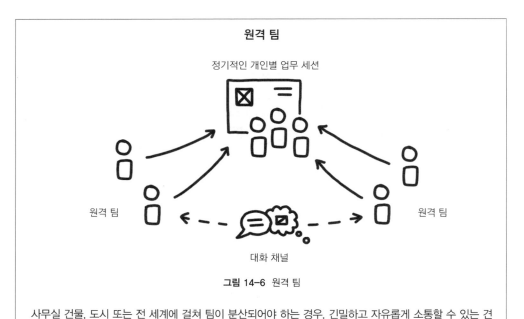

원격 팀

정기적인 개인별 업무 세션

원격 팀

원격 팀

대화 채널

그림 14-6 원격 팀

사무실 건물, 도시 또는 전 세계에 걸쳐 팀이 분산되어야 하는 경우, 긴밀하고 자유롭게 소통할 수 있는 견고한 채널뿐만 아니라 정기적인 개인별 휴가/업무 세션을 구축해야 한다.

어떻게 만들었는지가 중요하다. 필자들이 만든 기술 스택은 오히려 요점을 벗어났다. 왜냐하면 상황은 너무 많이 변하며, 너무 빨리 변하고 있고 모든 회사가 다르기 때문이다. 클라우드 네이티브를 사용한 전체 아이디어는 실제로 무엇을 사용해 구축하는지가 아닌, 어떻게 구축하는지 여부다.

아키텍처가 정말 중요하지만 필자들은 기술력이 있는 사람들을 위해 도커 이미지 안에 자바 서비스를 빌드한 후, 로그 적재 및 메트릭 퍼블리싱을 위한 사이드카와 함께 CoreOS를 실행하는 EC2 인스턴스에 1:1로 배포했다. GitHub, Quay.io, 아티팩트 저장소, 슬랙과 같은 다양한 클라우드 서비스를 이용했으며, Circle과 TeamCity를 CI/CD에 사용했다. 인프라 코드는 CloudFormation이었고, 롤링 배포 도구는 우리 자체였다.

애플리케이션 구축

일단 초기 플랫폼 아키텍처를 결정했다면, 이제 정확히 무엇을 실행해야 할지 알아내는 시간이다. 모바일 전용 은행은 유일한 고객 인터페이스였고, 매우 중요하므로 아이폰용과 안드로이드용 두 개의 모바일 앱을 선택했다.

필자들은 두 가지 이유로 코드를 공유하려 하지 않았다. 첫째, 필자들에겐 필연적으로 하드웨어에 대한 상당히 깊은 네이티브 액세스가 필요했다. 둘째, 아이폰을 위해 글을 쓰는 가장 좋은 사람들은 아이폰을 먹고 마시고 자고, 아이폰을 사랑하고, Swift에서 글을 쓰는 사람들이다. 안드로이드도 마찬가지다. 다양한 기술들이 두 플랫폼 모두를 목표로 삼으려 하지만, 두 가지 모두 진정 열성적으로 사랑한 엔지니어 그룹은 없었다 보니 두 개의 코드베이스를 갖고 있던 필자들은 옳은 결정을 했다고 생각한다.

그 결과, 클라우드 네이티브 최적화를 위해 중요하다고 생각했던 다섯 가지 원칙에 따라 은행을 구축했다.

IT 부서 없음

스타링에서 우리는 IT 부서가 없는 최초의 은행이 되고 싶었다. 스타링에 합류하기 위해 함께 온 사람들은 은행업이 전통적으로 소프트웨어를 어떻게 제공하는지에 대한 경험이 풍부했다. 좋지는 않았는데, 가장 큰 문제는 비즈니스와 IT의 차별화다. 일반적으로 당신은 비즈니스 현업들에게 스펙을 쓰도록 할 것이다. IT 부서에게 전달된다면 IT 부서들은 내용을 번역하고 전달하려 한다. 그러고 나서 비즈니스 부서 벽에 전달될 테고, 비즈니스 현업은 몇 가지 인수 테스팅 후 결국 그들이 원하는 것을 얻지 못한다는 사실을 알게 되며 약간의 불평을 하고, 전체 사이클이 또다시 돌아간다.

필자들은 효율성뿐만 아닌 이러한 모든 종류의 문제를 보고, 우리 조직을 그런 식으로 만들고 싶지 않았다. 스스로를 은행 라이선스를 가진 기술 회사라 생각하지만 기술을 시도해야 할 은행이 아니다.

더 현명한 현직 은행들 중 일부는 이런 상황을 고치려 했지만 그리 잘하지는 못했다. 이들은 애자일^{Agile} 트랜스포메이션을 단순한 IT 계획으로 보고 있으며, 이는 비즈니스에 따라 용인될 뿐이다. 따라서 유닉스 팀이나 방화벽 팀과 같은 계층이 아닌, 엄격하게 전문화되지 않도록 팀을 재구성할 수도 있지만 궁극적으로 핵심 비즈니스에 포함되지 않는 제품 또는 기능 중심의 팀을 구성할 수도 있다. 비즈니스와의 커뮤니케이션은 비즈니스 분석가들이 중재해야 하는데, 비즈니스 분석가들은 이제는 제품 소유주라 불릴지도 모른다. 이는 여전히 이전처럼 문제점이 많다.

클라우드 네이티브는 현대적인 소프트웨어 개발 및 제공이라는 진정한 패러다임 변화를 나타낸다. 이전에는 대부분의 회사가 진정한 애자일 조직으로 거듭나기 위해서는 소프트웨어를 개발하고 제공하는 방법, 즉 프로세스를 구축하는 방법부터 사람들이 앉아 있는 위치, 서로 대화하는 방법까지 많은 것을 바꿔야 한다고 주장했다. 안타깝게도 대다수는 이와 같은 동일한 이해를 애자일 방식에서 클라우드 네이티브 방식으로 전환하도록 확장하지는 않는다.

이러한 특정 시나리오는 모든 조직에서 언제든지 발생할 수 있지만, 애자일 프랙티스를 채택한 기업이 클라우드 네이티브로 트랜스포메이션하는 것을 두 번째 진정한 패러다임 전환이라 인식하지 못할 때 가장 자주 발생한다. 대신, 이들은 클라우드가 "신속하게 대처하는 새로운 방법"이라 믿으며, 클라우드를 범조직적 변화가 아닌 기술적 변화로 간주하고 있다(512페이지, "클라우드를 단순히 애자일의 확장으로 취급"을 참조하라).

클라우드 네이티브 트랜스포메이션은 그 자체로 중대하고 심각한 변화라 취급하기보단 기존 개발 백-로그에 추가되는 기술 관련 작업으로 취급한다. 웰스그리드의 새로운 클라우드 네이티브 시스템 제공에 실패한 첫 번째 시도에서 봤듯, 이 경우 작동하지 않는다. 스타링 은행도 동일한 현상을 확인했을 때, 전통적인 은행들이 클라우드로 트랜스포메이션하려 할 때 효과가 없었던 사례를 관찰함으로써 위기를 성공적으로 피했다.

그래서 우리는 완전히 다른 길을 갔다.

우선 스타링을 구조화했다. 실제로 은행의 새로운 기능 일부를 납품하는 직원들이 대부분 엔지니어링 팀들이었는데, 당신이 일반적인 회사의 "비즈니스" 종말이라 여기는 조직원들도 포함시켰다. 그래서 우리의 교차 기능 팀들은 정말로 교차 기능이 있었다. 스타링은 인프라 전문지식, 자바 전문지식, 아이폰 전문지식, 안드로이드 전문지식, 아마도 UX, UI, 제품 전문지식, 그리고 비기술인력을 보유하게 될 것이다. 또한 고객 요구에 대한 기반을 유지할 수 있을 것이다. 예를 들어, 언젠가 전달 팀 중 한 팀이 CFO를 갖고 있었다!

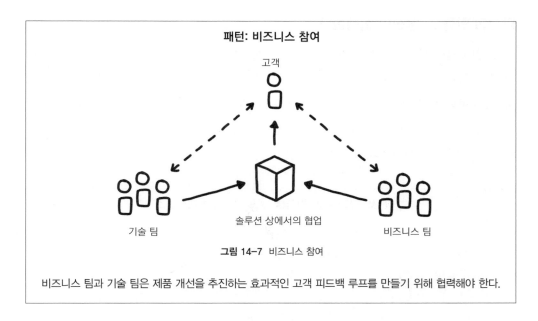

패턴: 비즈니스 참여

고객

기술 팀

솔루션 상에서의 협업

비즈니스 팀

그림 14-7 비즈니스 참여

비즈니스 팀과 기술 팀은 제품 개선을 추진하는 효과적인 고객 피드백 루프를 만들기 위해 협력해야 한다.

이 혼합된 팀들은 같은 목표를 위해 함께 일하고 있을 뿐만 아니라, 팀원들이 하는 다양한 일들은 바로 그 사업체에서 나온 사람들로부터 온다. 결제 업무에서 직불금을 관리하는 데 어려움을 겪고 있거나 직불금이 전날 밤 운행되는 데 문제가 있었다면, 어떤 고위층에서도 조치가 필요한지 결정을 내리는 사람이 없다. 엔지니어가 문제를 실제로 인식하는 사람 바로 옆에 앉아 있기에 문제를 고칠 수 있다. 물론 우선순위 사항은 경영진 위원회에서 정하지만, 전달 팀의 엔지니어들에게는 팀의 우선순위를 정하거나, 팀의 백로그들을 관리하는 데는 꽤 많은 재량권이 존재한다.

따라서 비즈니스와 IT 사이의 거리는 매우 높은 수준으로 해소된다. 필자들은 가능한 한 프로젝트가 아닌 제품에 중점을 둔 팀을 만들려고 한다. 그럼으로써 우리는 다음 세대에게 온갖 죄를 뒤집어씌우지 않는다. 게다가 이는 팀이 자연스레 많은 일을 맡고 있음을 의미한다. 왜냐하면 팀에서는 새로운 것을 제공할 뿐만 아니라 모든 오래된 것을 운영해야 하는 책임도 있기 때문이다.

당신이 만들고, 당신이 실행한다

다음 안내 원칙으로 이어진다. 데브옵스의 진정한 의미는 당신이 구축하고 운영하는 것보다 더 중요하다. 스타링에서 엔지니어가 되기는 쉽지 않다. 상상하고 설계하고, 빌드하고, 실행하고, 지원하고, 고치고, 향상시키고, 어떻게 사용되는지, 어떻게 남용되는지, 폐기하는 방법, 어떻게 보고하는지, 감사인이 어떻게 접근할지 등 모든 측면에서, 당신은 진정으로 책임을 지며 작업 중인 시스템의 소유자기 때문이다.

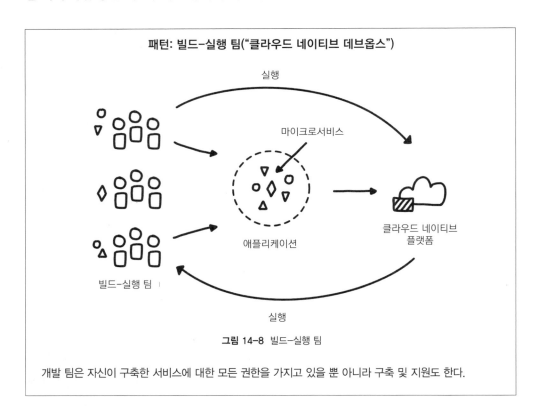

그림 14-8 빌드-실행 팀

개발 팀은 자신이 구축한 서비스에 대한 모든 권한을 가지고 있을 뿐 아니라 구축 및 지원도 한다.

여기서 진짜 요점은 책임감이다. 스타링의 엔지니어들은 사고 대응의 최전선에 있다. 기존의 은행에서는 운영 시에 보통 무슨 일이 일어나고 있는지 전혀 모른다. 당신이 무언가를 전달할 수도 있고 두 달 후에 운영에 들어갈 수도 있지만, 당신은 작동 여부를 전혀 알지 못하며, 어떤 로그도 보지 못한다. 클라우드 네이티브 접근 방식 이전에, QA 부서에 이를 전송하면 품질과 지원 가능한 코드를 제공할 정도로 진지하게 받아들일 동기가 거의 없다. 반면 클라우드 네이티브 방식에서는 메트릭과 로그를 관찰하며 지원 가능 여부를 확신할 수 있는 반면, 뜻밖의 일이 일어나 새벽 4시에 잠에서 깨지는 않을 것이다. 따라서 엔지니어들에게 요구하는 책임의 수준은, 스타링이 빠른 속도로 어떻게 잘 전달할 수 있는지에 대한 핵심 부분이라고 생각한다.

지속적 전달

스타링이 생각하기에 지속적 전달은 아마도 스타링 은행을 설립했을 때 정한 원칙들 중 가장 중요한 것 같지만, 이에 대해 말하는 것은 가장 덜 중요할 수도 있다. 하지만 빠른 업무가 가능하다는 사실은 중요하다. 아마존만큼 빠르지는 않지만 그럼에도 스타링은 매일 1-5회 사이에 전체 백엔드를 출시하고 배치한다. 또한 매일 AWS CloudFormation 유형도 변경하므로 상당히 많은 인프라 변경 작업을 수행할 수 있다. 스타링은 1~2주마다 모바일 앱을 릴리즈한다.

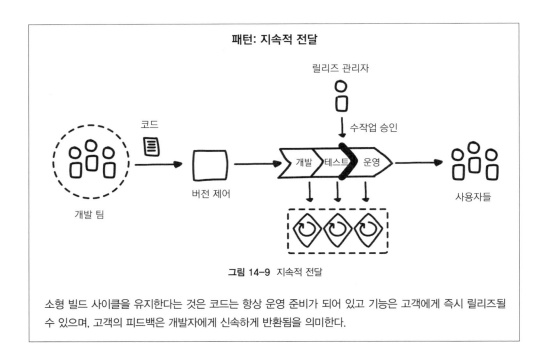

하지만 실제 금액보다 더 중요한 것은 따로 있다. 만약 하루라도 릴리즈하지 않고 지나가면, 이미 걱정부터 하게 된다. 이러면 많은 이유로 필자들에게 커다란 빨간 깃발이다. 출시 없는 날은 비즈니스에서 가장 중요한 기능 중 하나를 실천하지 못한 날이다 보니, 할 수 있다는 확신이 덜한 날이다. 다음 출시에는 추가적으로 리스크가 누적되는 날이다. 당사의 모든 소프트웨어 프로세스는 릴리즈를 작게 유지함으로써 릴리즈 위험을 최소화하고, 변경사항을 소규모 및 증분적으로 유지함으로써 변경 위험을 최소화하기 위해 구축된다. 만약 릴리즈할 수 없다면 점점 더 많은 변화를 일으켜 더 위험한 릴리즈를 초래하게 될 테고, 이런 상황을 꺼린다.

릴리즈 없는 날도 기회를 놓친 것이다. 필자들은 자주 릴리즈를 통해 추가 진단이나 작업을 수행하고, 이해하지 못하는 영역에서 발생하는 상황에 대한 통찰력을 얻는다. 빌드할 때마다 최신 버전의 도커 이미지 종속성 및 모든 종류의 항목을 사용하므로 언젠가는 오래된 종속성에 더 취약할 수 있다.

마지막으로, 어딘가에 뭔가가 분명히 깨진, 빨간 깃발 상태인데 그렇지 않다면 왜 릴리즈하지 않는 것일까? 어딘가에 마비된 프로세스가 있고, 사고 대응 능력이 떨어졌음을 시사한다. 이 모든 자동화의 가장 큰 장점 중 하나는 우리가 새벽 4시에 도착해 버그를 확인해 롤백할 필요가 없다는 것이다. 실제로는 개발자 몇 명을 더 깨워 수정하거나 롤아웃할 수 있고, 자동화된 QA를 통해 새벽 5시까지 하는 일이 옳다고 확신할 수 있다.

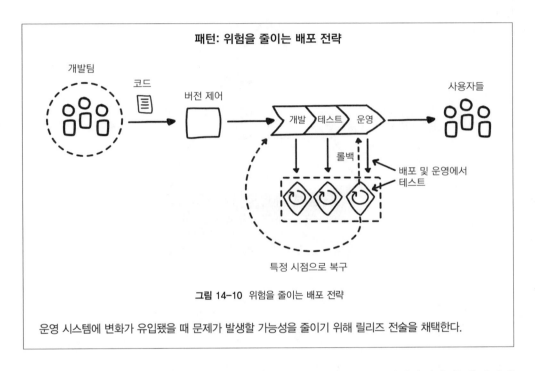

그림 14-10 위험을 줄이는 배포 전략

운영 시스템에 변화가 유입됐을 때 문제가 발생할 가능성을 줄이기 위해 릴리즈 전술을 채택한다.

필자들이 스타링에서 하는 한 가지 흥미로운 일은 변화가 일어날 때 엔지니어링 슬랙 채널에서 하는 주인의식 획득 세레모니다. 지속적 전달에 따르면 이론적으로는 무의미하다. 모든 테스트가 녹색으로 바뀌고 사인오프가 완료되면 바로 진행해야 한다. 하지만 우리는 진정한 주인의식 때문에 세레모니를 진행한다. 이렇게 공개적으로 말할 수 있다. "자, 이제 모든 자동화 과정을 거쳤는데 모든 것이 좋은 것 같다. 하지만 이 문제에 대한 책임자는 누구일까? 나, 그리고 당신, 그리고 당신이다. 맞지?" 그러고 나서 재미로 버튼을 누르고, 실제 발매 시에는 슬랙에 관한 애니메이션 gif로 발표한다. "롤링"을 주제로 하는 어떤 것이든 될 수 있고 일부는 꽤 창의적이다. 유명한 만화 캐릭터인 롤러스케이트를 탄 스포츠 말이다. 사람들이 좋아하는 이미지를 이리저리 춤추게 하다 보니 가끔 채널을 보다 보면 누가 릴리즈를 하는지 알 수 있다.

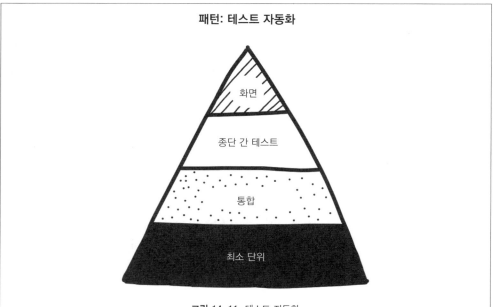

패턴: 테스트 자동화

그림 14-11 테스트 자동화

개발자가 보다 신속하게 기능을 제공하고 고객 요구사항을 충족시키는 데 집중할 수 있도록 사람(수동)에서 자동화된 테스트 프레임으로 테스트 책임을 트랜스포메이션하라.

변덕스러운 것은 제쳐두고, 이 세레모니에서 정말 중요한 것은 헌신이다. 은행에서는 언제 코드가 사라졌는지 전혀 모를 테니 주인의식을 가질 수는 없을 것이다. 테스트 자동화와 함께 코드는 운영에 들어간다. 퇴근하는 길에 지하철의 턴스틸 역^{Turnstile Station}을 통과해서 누군가 스타링 카드를 사용하는 상황을 보고, 당신이 짠 코드가 방금 그 안에 들어갔다는 사실을 아는 것 등은 상당한 동기부여가 될 수 있다.

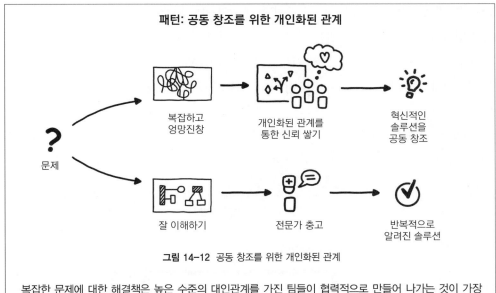

패턴: 공동 창조를 위한 개인화된 관계

복잡하고
엉망진창

개인화된 관계를
통한 신뢰 쌓기

혁신적인
솔루션을
공동 창조

?

문제

잘 이해하기

전문가 충고

반복적으로
알려진 솔루션

그림 14-12 공동 창조를 위한 개인화된 관계

복잡한 문제에 대한 해결책은 높은 수준의 대인관계를 가진 팀들이 협력적으로 만들어 나가는 것이 가장 좋다.

모든 것을 클라우드로

스타링이 클라우드 은행이라 말하는 것은 진심이다. 필자들이 클라우드에서 하는 모든 처리는 모든 잔고, 계정, 서비스, API, 모든 것이 있다. 초기에는 이것이 순전히 AWS였지만, 필자들이 직면한 규제 및 실거래 관점 과제를 해결하기 위해 기술적으로 성숙함에 따라 점점 더 클라우드에 중립적인 상황이 되고 있다. 이식 가능하게 구축하고 오픈 소스 기술을 활용함으로써 벤더 중립을 유지할 수 있으며, 여러 클라우드 공급 업체에서 중복 실행하기 이전 조차도 AWS 종료 계획을 유지한다.

예를 들어 하드웨어 보안 모듈과 같은 물리적 하드웨어를 호스팅해야 하는 경우에만 기존 데이터 센터의 공간을 사용한다.

핵심 서비스뿐만 아니라 많은 도구들도 클라우드 서비스로 구성된다. 우리는 100개 이상의

SaaS^{Software-as-a-Service} 서비스를 사용 중이며, 핵심이 아닌 비즈니스 기능을 최대한 아웃소싱하고 있다: SMS 전달과 같은 많은 고객 지원 기능과 항목은 어느 정도 클라우드 통합(멀티 클라우드)에 의존하고 있다. 여러 가지 이유로 훌륭한데, AWS를 실행하지 않아도 되는 것은 매우 중요하다. (추가 참고: 이는 필자들의 재해 복구 계획을 복잡하게 만든다. AWS를 잃어버렸다면 소프트웨어를 실제로 제공하는 데 사용하는 도구의 절반을 잃게 될 가능성이 높기 때문이다. AWS에 의존하는 모든 서비스가 돌이킬 수 없을 만큼 즉각적으로 사라졌고, 당신이 은행을 재건하려 한다고 가정해보자. 그래, 정말 큰일이다. 필자들은 이를 고려해야 한다.)

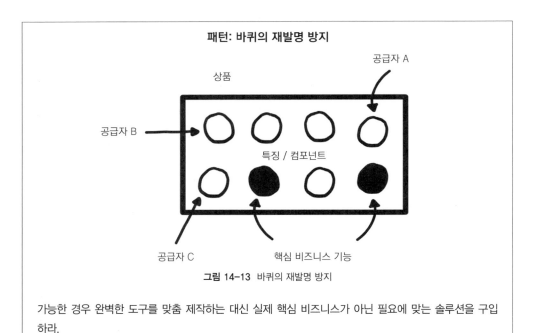

그림 14-13 바퀴의 재발명 방지

가능한 경우 완벽한 도구를 맞춤 제작하는 대신 실제 핵심 비즈니스가 아닌 필요에 맞는 솔루션을 구입하라.

이러한 클라우드 장점과 이익의 대부분은 잘 알려져 있지만, 클라우드 마이그레이션을 고려하는 기업들로부터 충분한 평가를 받지 못한다고 생각하는 한 가지 이점은 실험 능력이다. 만약 당신이 AWS에 있고 100대의 서버를 갖고 무언가를 시도하고 싶다면, 일단 한 시간 동안 시험해본 후 쓸모없다고 판단하면 멈춰라. 누가 신경 쓰는가 비용이 들지 않는다. 기존 내부 인프라로는 그런 일을 할 수 없다!

패턴: 실험 비용 절감

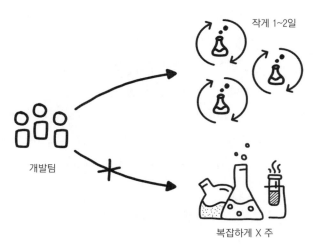

작게 1~2일

개발팀

복잡하게 X 주

그림 14-14 실험 비용 절감

누군가 검증할 아이디어가 있을 때 주변에서 실험을 하는 데 드는 비용(재정적, 조직적)은 최대한 낮춰야 한다.

패턴: 탐색적 실험

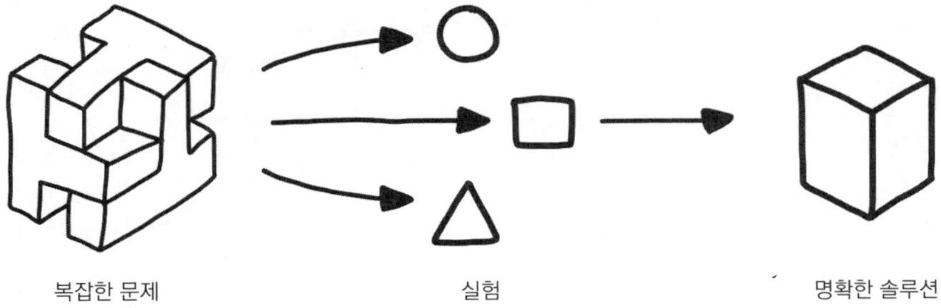

복잡한 문제

실험

명확한 솔루션

그림 14-15 탐색적 실험

사용할 수 있는 명백한 해결책이 없는 복잡한 문제를 다룰 때는 일련의 작은 실험을 통해 가능한 대안을 평가하고 실행함으로써 학습한다.

회복력 있는 아키텍처

마지막 원칙은 약간의 기술을 요하지만 회복성을 위해 구축할 때 중요한 것이 무엇인지 요약한다. 독립형 시스템SCS, self-contained systems은 분산 시스템 아키텍처 접근법 또는 매니페스트 비슷한데, 이는 마이크로서비스와 대체로 동일하다. 실제로 독립형 시스템은 마이크로서비스 촉진보다 필자들의 아키텍처에 더 큰 영향을 미쳤다. 독립적으로 배포할 수 있는 유닛이고, 중앙 집중식 인프라의 부족으로 야기된 클라우드 네이티브의 분산 시스템에서 벗어나지 않으며, 기술 선택 능력 등에서 마이크로서비스와 많은 개념을 공유한다. 그러나 상대적으로 모듈/코드 크기("마이크로" 비트)보다는 독립성을 더욱 강조한다.

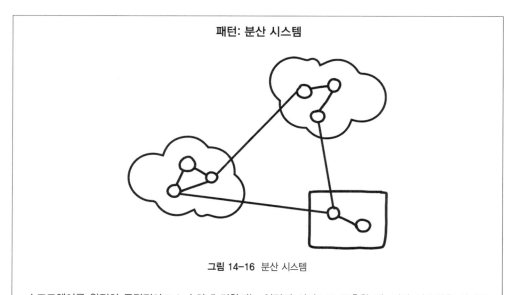

패턴: 분산 시스템

그림 14-16 분산 시스템

소프트웨어를 완전히 독립적이고 느슨하게 결합되는 일련의 서비스로 구축할 때, 결과 시스템은 설계상 매우 빠르고 탄력적이며 확장성이 높다.

독립형 시스템은 서비스에 대한 필자들의 접근 방식에 영감을 줬다. 실제로 마이크로서비스보다는 작은 미니 서비스를 호출해야 한다. 직원들이 약 30명으로, 아주 작은 아키텍처를 가진 수천 개의 마이크로서비스를 운영하는 조직이 있다. 필자들은 동기 부여뿐만 아니라 분리와 추상화를 위한 많은 개발 언어 기능을 이미 쓸모 없는 것이나 과거의 것으로 간주하는 관점에서 시작했겠지만, 필자들은 이를 받아들이지 않았다. 독립형 시스템 서비스는 마이크로 서비스보다 크거나 작을 수 있다. 또한 각각 자율적이고 독립적으로 배포할 수 있고, 저마다 고유한 데이터베이스를 가지고 있으며 인프라를 공유하지 않는다. 쿠버네티스 클러스터나 공통 데이터 계층도 없다.

독립형 시스템의 의미는 애플리케이션을 필요한 기능으로 분할해 각각을 독립형 시스템으로 만든다. 전체 애플리케이션은 본질적으로 클라우드를 통해 독립적으로 제공되는 더 작은 독립형 Self-contained 소프트웨어 시스템들의 협력 공동체가 된다. 각 독립형 시스템은 사용 가능한 다른 시스템에 의존할 필요 없이 기본 유스케이스를 자체적으로 수행할 수 있는 자율 웹 애플리케이션이다. 독립형 시스템 접근 방식은 "Conwayization" 궤도에 매우 잘 들어맞는다. 작거나 큰 구성 요소로 인해 일이 더 단순해지며 대부분의 경우 언어 또는 데이터베이스에서 제공하는 기능을 더 세밀한 마이크로서비스 아키텍처로는 사용할 수 없는 곳에서 이용할 수 있다. 결국 지속될 수 없는 커다란 모놀리스지만 책에 실을 만큼 상당히 미묘한 클라우드 네이티브 아키텍처 철학이므로 불변 인프라와 혼돈을 알아보자!

필자들에게 불변 인프라는 언제든 서버를 다운시킬 수 있는 충돌 안전 아키텍처를 의미한다. 서버에는 수 분 내에 자동으로 복원 가능한 상태나 구성이 없다. 마음대로 서버를 날려버리고 다른 서버를 대신 사용할 수도 있다. 우리는 저마다 혼돈 원숭이 Chaos Monkey를 갖고 있으며 운영 환경에서 하루에 4~5대의 서버를 다운시킨다. 운영 서버를 다운시키는 것이 안전한 작업으로 간주된다. 때때로 데이터베이스 장애를 조치하고자 보다 표적화된 테스트를 수행해야 하는 경우가 있는데 이를 위해 창의성을 발휘해야 할 때가 있다. 또한 이유가 있다면 운영 환경에서 합성/복합 부하를 사용한다. 서비스가 확장되리라 확신할 수 있는 충분한 카드 트래픽이 없던 적이 있었기에 매일 인프라에서 수십만 개의 가짜 카드 인증을 실행해 모든 것이 존재하는지 확인했다. 갑작스러운 급증이 발생한 경우 실제 부하를 위한 공간을 확보하기 위해 가짜 부하를 되돌릴 수 있다.

무중단 릴리즈를 수행하며 불변 인프라를 보유하고 있기 때문에 주로 서버를 죽이면^{Kill} 된다. 어딘가에서 일부 설정을 업데이트한 다음 서버를 하나씩 죽이면 새로운 버전을 적용할 수 있다.

필자들은 아키텍처를 회복력 있게 설계했지만 하루가 끝날 무렵조차도 우리의 시스템이 회복력이 있음을 인지했는데, 우리가 계속 시스템을 파괴하고 있기 때문이다.

필자들은 자체 비즈니스 요구에 맞게 몇 가지 방식으로 순수한 독립형 시스템 아키텍처를 벗어 났으며 결국 자체 아키텍처에 대한 접근 방식으로 DITTO[1]라는 이름을 만들었다.

DITTO : 다른 사람들에게 멱등한 일을 하라. 이는 기본적으로 독립적인 시스템으로, 마이크로서비스를 제공한다. 독립적으로 배포 가능한 서비스를 자율적으로 운영하고 상호 작용하는 방식을 관리한다. 느슨한 결합("202 Accepted를 통해 HTTP를 통한 비동기, 서비스 검색을 위한 DNS")과 회복성(멱등성과 광범위한 재시도 프로세싱)을 보장하면서 운영적으로 단순하게(버스나 외부 캐시가 없고 "서비스 가방"만으로) 모든 것을 유지하는 방법을 다룬다.

다시 말하지만 이는 트레이드 오프의 원칙적 선택에 불과하다. 예를 들어, 회복성, 단순성, 배포 이식성 등 어떤 좋은 운영적 특징을 가져야 하는 시스템을 고려해 특수한 외부 컴포넌트를 적용하는 대신 서비스에 직접적으로 몇몇 기능을 구축하는 등 약간의 개발 복잡성을 받아들인다.

그리고 정말 그게 다야

스타링이 무엇을 원하는지 주의 깊게 생각하고, 최적의 속도와 회복성을 위해 클라우드에서 이를 완전히 설계하는 방법을 신중하게 생각하라. 클라우드 네이티브에 대한 근본적 동기는

---

1   사실 이에 대한 공적은 이전의 필자들이 만들었던 약자어 LOASCTDITTEO(Lots of Autonomous Services Continually Trying To Do Idempotent Things To Each Other)에 그다지 감명받지 않았던 아드리안 코크로프트(Adrian Cockcroft)에게 돌아가야 한다. 필자들은 아직도 옛날 버전이 마음에 든다.

필자들이 더 빠르게 움직일 수 있다고 믿었기 때문이다. IaaS(서비스 인프라), 데브옵스 및 지속적인 전달을 사용해 기술 팀에서 혁신 문화를 유기적으로 성장시킬 것이라 믿었다.

결국 필자들이 도달한 곳은 지속적 전달과 데브옵스+DITTO 아키텍처다. 둘 다 불가피한 버그가 존재했지만, 실수하더라도 우리에게 회복성 있는 최고의 시스템을 제공했다.

이 모든 것을 통해 우리는 수많은 영국 은행 업무를 먼저 처리할 수 있을 만큼 충분히 빠르게 움직일 수 있다. 구글 페이와 애플 페이의 인앱 프로비저닝 제공, 클라우드를 통해 영국 대중이 사용할 수 있는 첫 번째 당좌계좌 등등.

아키텍처는 우리를 여기로 데려왔다. 혼돈은 우리를 정직하게 한다.

15장

정글에 온 것을 환영한다: 아디다스 클라우드 네이티브 트랜스포메이션 사례 연구

다니엘 아이히텐

아디다스는 유럽에서 가장 큰 스포츠웨어 제조업체로 세계에서 두 번째로 크다. 빠르고 경쟁이 치열한 시장에서의 점유율을 유지할 뿐만 아니라 더욱 성장시키겠다는 야심찬 계획으로, 경쟁 우위를 선점하기 위해 클라우드 네이티브 기술로 눈을 돌렸다.

대니얼 아이히텐 아디다스 플랫폼 엔지니어링 담당 선임 이사는 자신이 말하는 IT 정글을 통해 클라우드로의 성공적인 여정을 이끄는 데 일조했다.

정글에 온 것을 환영한다.

우리는 속도를 낼 수 있는 플랫폼이 필요했다. 이는 제품의 개발 속도뿐만 아니라 내부 IT를 위한 솔루션을 제공하는 속도도 의미한다. 그렇기에 목표는 말이 되는 곳이면 어디든 사방으로 속도^{Speed}였다.

내가 아디다스에서 IT를 설명할 때 정글이라 비유하곤 한다. 요즘 IT 부서는 많은 것을 구축하고 있는 사람들뿐만 아니라 IT 정글을 헤쳐 나가는 데 도움을 주는 가이드들도 같이 배치된다. 우리를 이런 IT 정글을 헤쳐 나가고자 하는 그들을 가이드하고 그들이 길을 잃지 않도록 돕기 위한 비즈니스 쪽의 파트너에 더 가깝다고 여기곤 한다. 진짜 정글에 있다면 흥미롭겠지만 꽤 위험할 수도 있고, IT 정글도 마찬가지다. AR^{증강현실}, VR^{가상현실}, 블록체인, 컨테이너 등 모든 열광적인 일들을 할 때든, 단순히 팀을 위해 클라우드 네이티브 및 서버리스를 한다고 할 때 만약 잘못된 가정을 하거나 잘못된 방향으로 틀면 회사는 큰 위기에 빠질 수 있다.

정글에는 살고 있는 동물들이 살고 있으며, 아디다스 IT 정글에 있는 동물들 중 하나는 우리의 전통적인 핵심 IT 시스템인 코끼리다. 이는 우리가 개발 중인, 몇십만 줄 혹은 때로는 몇백만 줄의 코드를 포함하고 있는 엔터프라이즈 Java 애플리케이션이다. 코끼리로 비유한 이유는, 코끼리는 매우 몸집이 크며, 성장하는 데 많은 시간이 걸리기 때문이다. 만약 여러분이 새로운 코끼리를 창조하고 싶다면, 보통 이 코끼리가 제대로 성장하기까지 2년여의 시간이 소요되는 긴 프로젝트가 될 것이기에, 코끼리들을 통제하고 적절히 돌보는 훈련을 받은 특별한 조련사가 필요하다.

코끼리는 많은 일을 할 수 있고, 크고 무거운 물건들을 움직일 수 있다. 매우 강건한 생명체이나 키우기 번거롭고, 매우 느리고, 새로운 것을 하기 위해 훈련시키기 어렵다.

동물 왕국의 반대쪽 끝에는, 가장 작은 생명체인 개미가 있다. 개미들은 마이크로서비스인데, 매우 바쁘게 많은 일을 동시에 진행하므로 많은 일들을 할 수 있다. 이 작은 생명체들은 하나하나 똑똑하지는 않지만, 모두 함께 놀라운 일을 해낼 수 있다. 개미는 실제로 코끼리가 할 수 있는 것과 같은 하중을 움직일 수 있지만, 완전히 다른 방식으로 일한다. 코끼리가 할 수 있는 것을 백만 개의 작은 조각으로 자르고, 각각의 개미는 한 조각을 가져간다. 이들을 어떻게 통제하고 지휘 하느냐가 과제다. 자연에서 개미들은 페로몬을 통해 의사소통을 한다. IT 개미인 마이크로서비스는 모든 작은 생명체들에게 명령을 내리며, 그들을 조정하는 시스템으로 통제된다.

그 사이에 육식동물인 악어와 재규어가 있다. 아디다스 악어에는 SAP 시스템, 엔터프라이즈 리소스 계획 및 데이터 처리 소프트웨어가 있다. 그들은 2억년 전과 똑같아 보인다. 그리고 IT 정글의 가장 최근 방문자는 고객 관계 관리에 특화된 소프트웨어-애즈-어-서비스^{SaaS}를 제공하는 재규어인 세일즈포스다. 이 두 가지 모두 여러분이 많이 볼 일이 없다 보니 위험한 생명체다. 그들은 대부분 눈에 띄지 않지만, 당신의 예산을 모두 먹어 치우고 있다. 둘 다 라이선스와 사용료 관점에서 엄청나게 비싸다.

그때 우리의 목표는 IT 정글을 길들이는 것이었다. 코끼리처럼 신뢰할 수 있고, 개미 군집처럼 빠르고 효율적으로 클라우드 네이티브 플랫폼을 구축하고 악어와 재규어가 담당하고 있는 일을 맡기도 한다.

쿠버네티스 놀이터

그때 우리의 제로 데이$^{Day Zero}$가 왔고, "좋아, 우리는 일을 다르게 해야 해. 이 신대륙은 어떤 모습이어야 할까? 무엇을 담기 위해 필요할까?" 우리는 함께 앉아서 몇 가지 요구사항을 모았다. 사내에서 작동해야 한다. 오픈 소스여야 해. 어떤 벤더도 참여하기를 원하지 않는다. 작동하며, 관찰 가능해야 하며, 탄력적이어야 하며, 회복성이 있어야 하며, 민첩해야 한다. 지난 5가지 사항을 살펴본 결과, 클라우드 네이티브 파운데이션이 클라우드 네이티브에 대한 정의로 제시한 것이 바로 이것이다. CNCF에 내장된 모든 것이 이 다섯 가지 항목에 대해서도 점검했다. 우리가 찾고 있는 모든 것을 클라우드 네이티브에서 찾을 수 있으리라 확신했다.

주위를 둘러보던 우리는 그림 15-1과 같은 것을 발견했는데, 어떤 도시 교통 시스템의 지도가 아니라 쿠버네티스의 API 구조다.

우리에게 실제로 보이는 것은 컨테이너와 마이크로서비스를 이해하고 통제할 수 있게 만드는, IT 정글 지도였다. 우리가 필요로 하는 큰 것들을 이동시키기 위해 모든 개미들을 활용할 수 있으나, 또한 복잡함을 발견하기도 했다. 쿠버네티스에서 불가능한 것들을 가능하게 하지만 쉬운 것들을 다소 복잡하게 만드는 것을 발견했다. 인지하지 못하는 것들이 너무 많다는 것을 알게 되자 우리가 해결할 수 있는 일이 아니라는 것을 이해했다. 우리는 데이터 센터 등에 있는 모든 다양한 클라우드를 가동하고 실행할 수 있도록 도움을 줄 수 있는 가이드와 파트너가 필요했다. 자이언트 스웜에서 그 파트너를 찾았다. 그들은 우리에게 단지 제품만을 주는 것이 아닌, 우리가 커버해야 하는 모든 환경에서 기꺼이 운영을 대신 맡고, 컨설팅해줄 수 있는 유일한 회사였다. 적어도 2016년에는 아무도 그렇게까지 하려고 하지 않았다. 다른 회사들은 모두 제품을 팔려 했지, 우리가 필요로 하는 가이드나 서비스가 없었다. 그들이 한 후, 나는 "좋아, 다 좋은데, 내가 AWS나 내부 환경에 설치할 수 있어. 그런데 뭔가 고장 나면 누구한테 전화하지?"라고 말하면 그들은 정말로 "우리는 그런 종류의 지원을 하지 않아 미안하다"라고 인정해야 했다.

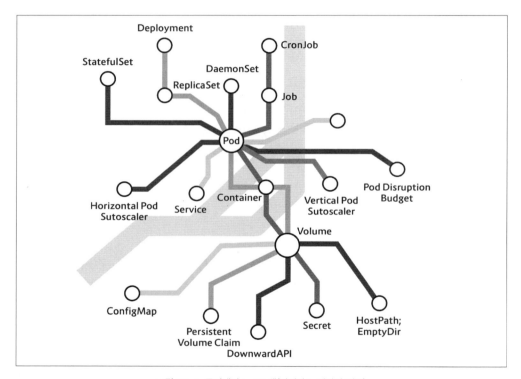

그림 15-1 쿠버네티스 API 맵(아디다스 이미지 제공)

자이언트 스웜이 우리에게 쿠버네티스를 중심으로 일관된 도구, 즉 쿠버네티스 배포를 제공하고 이를 성공적으로 구현할 수 있도록 도와줬다. 엔터프라이즈 프로세스는 항상 예상보다 약간 더 오래 걸리기 때문에 자이언트 스웜을 찾은 후에도 우리의 첫날은 한동안 오지 않았다. 2017년이 돼서야 구축을 시작할 수 있었다.

자이언트 스웜은 그들의 환경에 제공한 쿠버네티스 놀이터 클러스터로 이를 통해 우리가 시작할 수 있었으며, 시작하기에 매우 좋은 방법이라 할 수 있다. 설치, 제거, 실행, 그리고 어떤 일이 일어나는지 보는 등 실제로 수행하고 탐구하며 배울 수 있다. 얼마 후 우리는 여러 개의 네임스페이스를 만들었다(참고: 쿠버네티스 네임스페이스는 특정 클러스터에서 컨테이너 파드, 서비스 및 배포 범위를 제공한다). 그 후 모든 네임스페이스를 강제로 삭제했더니 클러스터가 "쾅" 하고 폭발했고, 더 이상 아무것도 작동하지 않았다. 팀 전체가 공황 상태에 빠졌다! 하지만 이 경험을 통해 배운 점도 있었다.

더 중요한 것은 우리가 이전에 항상 사용했던 CI/CD, 빌드, 컴파일, 테스트, 실행 및 모니터링 도구들이 미래에 우리에게 도움이 될 도구가 아님을 분명히 보여줬다.

MSI, JAR, NPM 저장에서 컨테이너 저장으로 변화했기 때문에 우리는 CI/CD를 중심으로 코드 저장소를 중심으로 새로운 도구와 새로운 모니터링(인프라 부서가 제안한 마이크로소프트 SCOM은 컨테이너 환경에서 매력처럼 작동하지 않는 것이 분명했다)이 필요했다. 그리고 또한 보안을 명확하게 제고해야 했다. 하지만 어디서부터 시작해야 할까? 적절한 도구를 어떻게 알 수 있을까?

우리는 CNCF(클라우드 네이티브 컴퓨팅 파운데이션)과 연락을 취했는데, 2016년 당시만 해도 "XYZ 영역에 무엇이 있느냐"고 물을 수 있었기에 큰 도움이 됐으며 대답은 매우 간단했다. 원래 랜드스케이프에는 몇 가지밖에 없었다. Shelf에서 도구를 골라 각 영역에 대해 사용했는데 괜찮았다. 랜드스케이프는 쿠버네티스로부터 시작했다. 그런 다음 모니터링용 프로메테우스Prometheus와 엔보이Envoy를 프록시로 추가했다. 이 프록시는 이스티오Istio를 통해 암묵적으로 사용하지만 명시적으로는 사용하지 않는다.

그러나 2019년, CNCF 랜드스케이프 지도에는 현재 1,000개 이상의 도구와 옵션이 포함돼 있다. 그래서 현재 생태계는 혼란스럽고, 적절한 플랫폼 도구를 구축하려는 누구에게나 문제가 되고 있다. 경우에 따라서는 다음과 같은 일이 간단하다. 컨테이너 런타임만 보면 몇 가지 옵션이 있는데, 공식 CNCF 인큐베이팅 프로젝트나 심지어 인큐베이팅의 모든 과정을 끝낸 프로젝트까지 있다. 하지만 다른 유스케이스의 경우, 정말 정말 고르기 어렵다. 지금 너무 많은 선택지가 있는데, 어떤 선택지가 가장 나은지 어떻게 알 수 있을까?

다행히 그 당시 우리는 선택의 폭이 많지 않았고, 이용할 수 있는 것들은 우리에게 잘 어울렸다. 그래서 우리는 쿠버네티스와 프로메테우스와 함께 2일째를 맞이했고, 새로운 클라우드 네이티브 플랫폼에서 실제 운영 환경에 무언가를 투입할 준비를 마쳤다고 확신할 때까지 완벽한 환경을 제작하고 운영하기 시작했다. 하지만 먼저 무엇을 시도해야 할까?

2일차

뭔가 의미 있는 일이어야 했다. 지금 안전하게 사용하고 HR 부서의 요청 양식 중 일부를 외부 SaaS 서비스에서 내부 클러스터로 이동시킨다면 아무도 우리에게 박수갈채나 엄청난 피드백, 추가 비용을 주지 않을 것이다. 있다면 유용하겠지만 회사에 큰 변화를 주진 않는다. 우리에게 정말 필요한 큰 변화는 전자상거래 상점을 통해 이제까지 없었던 가장 큰 리테일 도어^{Retail Door}를 만드는 것이었는데, 잘못되면 정말 위험했기에 문제가 컸다. 하지만 우리는 위험을 감수해야 큰 보상을 받고 더 많은 프로젝트 자금을 지원받기로 하지 않았는가?

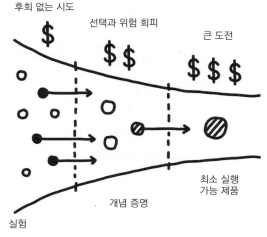

패턴: 점진적 투자 확대

그림 15-2 점차적으로 투자 확대

불확실한 환경에서 학습과 정보 수집에 대한 투자를 천천히 확대한다. 결국 위험을 줄이고 더 나은 정보에 입각한 의사결정을 내릴 수 있는 충분한 정보를 발견하게 된다.

관련 다음 단계 패턴 "후회 없는 시도", "선택과 위험 회피" 및 "큰 도전"을 참조한다.

위험을 어느 정도 억제하기 위해 우리는 핀란드 전자상거래 플랫폼만 이전하기 시작했다. 플랫폼의 양이 많지 않았기 때문이다. 첫 번째 작은 테스트를 했을 때 우리는 수도꼭지를 아주 천천히 여는 것처럼 쉽게 시작했다. 밸브를 조금 열어보니 모든 것이 매력 있게 작동하고 있었고, 웹사이트는 빠르고 반응이 좋았고, 꽤 멋있었다. 그래서 처리량을 조금 더 늘렸는데 매우 순조롭게 진행되리라 기대했지만, 클러스터가 불타고 있는 것처럼 변했다. 다시 한번 패닉! 그러나 긴장을 풀기 위해 몇 개의 종이 봉지에서 숨을 들이마신 후, 무엇이 잘못됐는지 알아내기 시작했다. 다시 말하자면, 우리는 클러스터 성능 부하 테스트 도구에 대해 배우고 있었고 단일 노드에 적용할 수 있는 설정이 있지만 클러스터 전체에 적용할 수 있다고 생각했기 때문에 이를 처리할 때 의도한 처리량의 100배를 테스트하는 실수를 저질렀다.

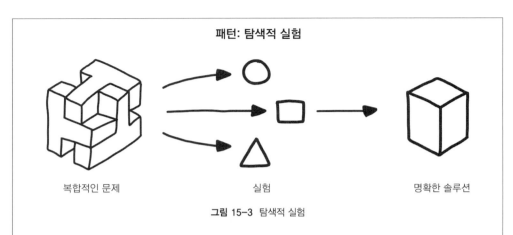

패턴: 탐색적 실험

복합적인 문제 　　　　　　실험 　　　　　　명확한 솔루션

그림 15-3 탐색적 실험

사용할 수 있는 명백한 해결책이 없는 복잡한 문제를 다룰 때는 일련의 작은 실험을 실행하여 가능한 대안을 평가하고 실행함으로써 학습한다.

우리는 상상 속의 스케일링 이슈를 해결하려고 한 일에 약간 죄책감을 느끼기도 했지만, 매우 중요한 또 다른 교훈을 가르쳐주기도 했다. 새로운 도구를 고를 때, 여러분은 즉시 도구의 주인이 되리라고 기대할 수 없다는 점과, 이전에 항상 해왔던 것보다 다르게 일하는 방식에 개방적이어야 한다. 클라우드 네이티브 이전의 경험으로 인해 클러스터가 실행 중일 때 클러스터 자체에 문제가 있다고 생각했다. 그러다 보니 클러스터가 정상임을 깨닫는 데 시간이 걸렸고, 실제로 잘못된 것을 테스트하고 있었다.

 여기에는 필자들이 제시한 패턴의 범위를 넘어서는 아주 기술적인 세부사항들이 몇 가지 있다. 이 유스케이스에 대한 더욱 심층적인 통찰력을 제공하기 위해 포함했다. 여기서 중요한 것은 이야기 그 자체이기에, 비기술적인 독자라면 많은 기술적 용어가 생소하겠지만 무슨 일이 일어났는지 이해할 수 있을 것이다.

이쯤에서 우리는 아직 2일째였지만 점심 무렵이라고 말하곤 했다. 2017년 10월, 명절 세일이 시작되고 블랙 프라이데이, 사이버 먼데이 등 전자상거래 트래픽이 급증하는 시기였다. 지금쯤 이미 대부분의 국가를 클라우드 데이터 센터로 마이그레이션하여 준비를 마쳤으며, 글로벌 규모로 테스트할 수 있는 예상치 못한 기회가 왔다. 아디다스는 갑자기 지붕을 뚫고

들어간 파렐 윌리엄스가 디자인한 스페셜 에디션 슈즈를 선보였다. 사람들은 이 신발 한 켤레를 얻고자 서버와 시스템을 망치로 두들기며 미쳐가고 있었다. 클러스터가 불이 나서 쓰러졌다. 우리는 e-com 애플리케이션을 실행하는 클러스터가 실제로 정상인지 조사했는데, 애플리케이션 자체가 더 이상 응답하지 않고 있었다. e-com 애플리케이션이 자원을 얻기 위해 인그레스^{Ingress} 컨트롤러와 싸우고 있었고, 분명히 애플리케이션이 승리했다. 그렇기에 인그레스 컨트롤러가 애플리케이션에 요청을 전달할 때마다 애플리케이션이 너무 많은 CPU를 먹고 있어서 인그레스 컨트롤러는 핸드셰이크에 더 이상 반응할 수 없었고, 이때 쿠버네티스가 들어가 죽였다.

우리가 무엇을 잘못했을까? 우리는 핵심 컴포넌트에 대한 어느 정도의 버퍼를 두어야 한다는 사실을 완전히 잊어버렸다. 다시 실패를 통한 반복적인 접근 방식으로부터 무엇을 배우는가? 사실 블랙 프라이데이 전에 같은 교훈을 얻었기에 이 한 가지 경우만으로도 행복했다.

문제에서 배운 우리는 다음 빅세일 이벤트를 준비했다. 모든 것을 확장했고, 모든 사람들이 가상의 방인 상황실^{War Room}로 전화했다. 준비를 마친 우리는 앉아서 기다렸지만 어떤 국가에서도 나타나지 않았다. 왜? 트래픽이 없었을까? 이번에는 어떤 트래픽도 클러스터로 전달되지 않는 CDN^{Contents Delivery Network} 레벨에서 구현한 캐싱 기능 때문이었다.

이로 인해 우리는 정전 기반 시설의 실습을 하게 된다. 왜냐하면 솔직히 비슷한 상황이 몇 번 더 일어났는데 우리만 그런 게 아니기 때문이다. 내가 말하고자 하는 유사한 곳은 유럽의 또 다른 전자상거래 소매 사이트인 잘란도^{Zalando}로 클러스터들을 파괴한 다른 모든 방법들과 그들의 운영 실패담을 공유한 멋진 GitHub 저장소가 있을 정도다. 이제는 전체 웹사이트인 https://k8s.af/가 됐다. 우리의 과정은 아직 끝나지 않았다. 하지만 경영진에게 이 학습 곡선^{Learning Curve}이 정상이고, 가파르다는 것을 보여줄 수 있어서 좋았으며, 문제를 겪어야 하는 것은 우리뿐만이 아니었다.

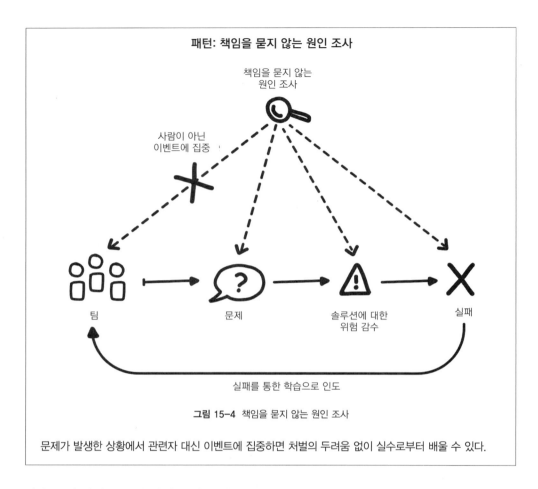

그림 15-4 책임을 묻지 않는 원인 조사

문제가 발생한 상황에서 관련자 대신 이벤트에 집중하면 처벌의 두려움 없이 실수로부터 배울 수 있다.

학습 곡선 안내를 돕기 위해 우리는 제품 피라미드를 사용하며 이는 회복력, 속도 및 폭발하지 않는 것을 포함한 다른 모든 메트릭를 고려한 전자상거래 애플리케이션을 개발하는 방법에 대한 의사결정을 지원한다. 그림 15-5는 아디다스 클라우드 플랫폼 팀이 사용하는 것을 보여준다.

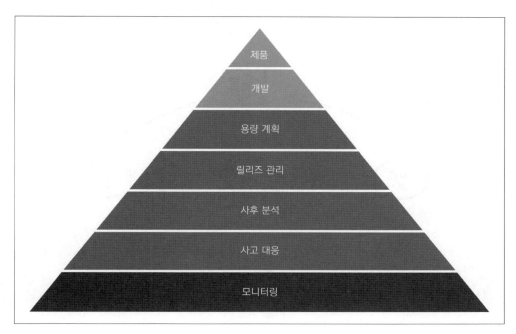

그림 15-5 아디다스 클라우드 플랫폼 팀에서 사용하는 제품 개발 피라미드 도구

이 피라미드는 우리가 우선순위를 정하고 생각할 수 있도록 도와준다. 어떻게 릴리즈 관리를 하고 있는가? 사고 관리를 어떻게 하고 있는가? 하지만 이런 종류의 사고들을 겪은 후, 우리는 피라미드에 틈이 있다는 것을 깨달았다. 이 틈새들에는 부분적으로 놓친 것들도 있으나 사후 분석를 하는 것이 포함돼 있었다. 우리는 큰 사고를 대상으로 사후분석함으로써 이를 통해 교훈을 얻었다. 하지만 우리가 사후분석을 하지 않은 작은 사고들이 많이 있었는데 추후 때때로 같은 문제로 여러 번 대응하기도 했다.

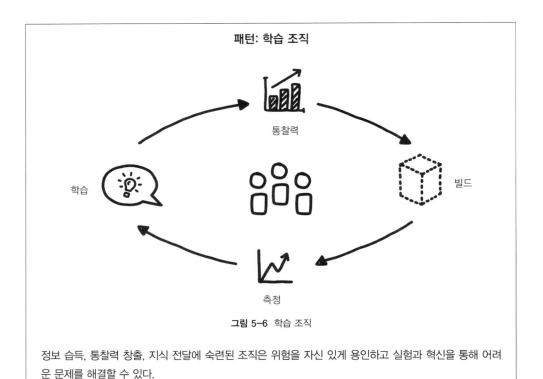

패턴: 학습 조직

통찰력

빌드

학습

측정

그림 5-6 학습 조직

정보 습득, 통찰력 창출, 지식 전달에 숙련된 조직은 위험을 자신 있게 용인하고 실험과 혁신을 통해 어려운 문제를 해결할 수 있다.

2일 차 플랫폼 버전에서 해결해야 할 또 다른 차이점은 적절한 용량 계획이었다. 이는 이미 가진 자원을 최대한 활용하기 위해 우리가 어떻게 개발할 수 있는지에 대한 인프라를 의미하지는 않는다. 다른 모든 것을 지탱할 정도로 또 다른 중요한 누락된 조각은 모니터링이며 더 나은 단어는 관측성이다. 이는 우리가 사방에서 열심히, 그리고 끊임없이 작업했던 것이다. 이제, 우리에게는 모든 것이 관측성에서 시작된다.

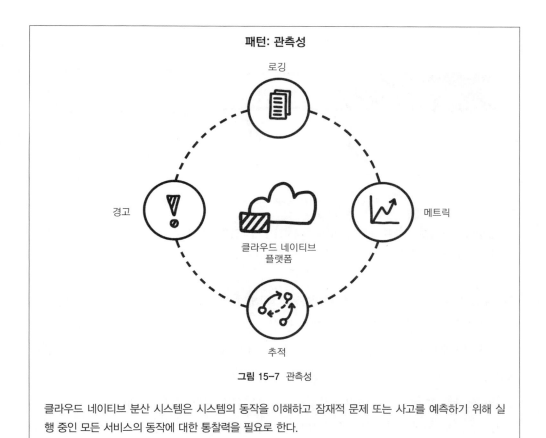

그림 15-7 관측성

클라우드 네이티브 분산 시스템은 시스템의 동작을 이해하고 잠재적 문제 또는 사고를 예측하기 위해 실행 중인 모든 서비스의 동작에 대한 통찰력을 필요로 한다.

시작 얘기가 나와서 말인데, 우리가 언제 시작했는지를 알았으면 좋았을 한 가지가 있다면, 클라우드 네이티브의 경우, 때때로 결정이 그리 오래 지속되지 않는다는 것이다. 실제로는 괜찮다. 이제 우리가 하는 일을 지속적으로 수정하도록 클라우드 전략에 반영한다.

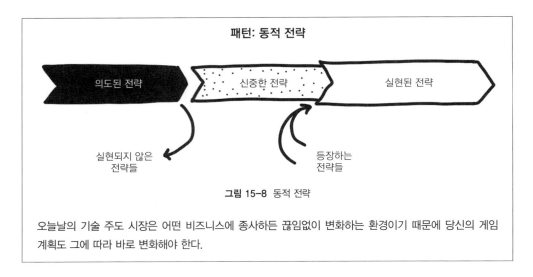

패턴: 동적 전략

의도된 전략

신중한 전략

실현된 전략

실현되지 않은
전략들

등장하는
전략들

그림 15-8 동적 전략

오늘날의 기술 주도 시장은 어떤 비즈니스에 종사하든 끊임없이 변화하는 환경이기 때문에 당신의 게임 계획도 그에 따라 바로 변화해야 한다.

우리가 초기에 내린 또 다른 결정이 있었는데, 그렇게 큰 약속을 할 줄 몰랐을 때, 작업을 상당히 더디게 했다. 이는 가능한 한 불가지론적(=중립적으로 구애받지 않게)이 되기 위해서는 모든 것이 클라우드에서와 똑같이 내부에서 작동해야 한다는 가정이었다. 사내에서 실행 중인 애플리케이션에서 작업하는 엔지니어들의 사고방식과 개발한 솔루션이 너무 다르기 때문에 이러한 가정을 한 시점에서 이미 틀렸다. 그들은 당신의 클라우드에 존재하는 것과 같은 극강의 확장 패턴에 대해 생각할 필요가 없다.

그래서 우리는 돌아가서 이 이른 결정의 결과를 수정해야 한다. 클라우드가 사내에서도 제대로 작동하도록 바퀴를 다시 발명하지 않았다면(소모적 투자를 하지 않았다면) 많은 시간과 수작업을 절약할 수 있었을 것이다. 만약 우리가 최초에 "좋아, 하나의 클라우드 벤더로, 우리는 이 벤더에서 찾을 수 있는 최고 수준의 서비스를 사용하고 있다. 그리고 타당한 이유가 있을 때만 우리가 직접 내려가서 빌드하지."라고 말했다면 어떠했을까? 프로세스를 상당히 크게 가속화시킬 수 있는 것 중 하나라 생각한다.

패턴: 벤더 락인 탈피 전략

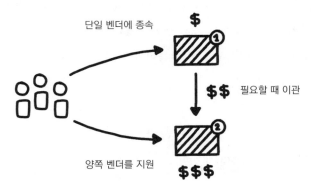

단일 벤더에 종속

$

필요할 때 이관 $$

양쪽 벤더를 지원 $$$

그림 15-9 벤더 락인 탈피 전략

퍼블릭 클라우드 벤더는 클라우드 네이티브 플랫폼 구축 및 운영의 모든 측면을 처리할 수 있으며, 도구는 우수한 성능을 발휘할 수 있지만, 이를 통해 공급업체/기술/플랫폼, 대체 솔루션 및 트랜스포메이션과 관련된 모든 비용을 식별하는 것이 중요하다.

패턴: 바퀴의 재발명 방지

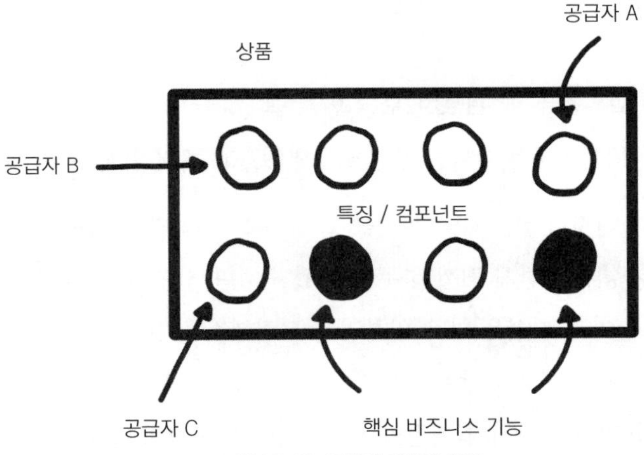

공급자 A

상품

공급자 B

특징 / 컴포넌트

공급자 C

핵심 비즈니스 기능

그림 15-10 바퀴의 재발명 방지

가능한 경우 완벽한 도구를 맞춤 제작하는 대신 실제 핵심 비즈니스가 아닌 경우 필요에 맞는 솔루션을 구입한다.

궁극적으로, 클라우드는 물론 사내에서 모든 것이 제대로 작동하도록 많은 커스터마이징의 구축은 비록 우리의 속도를 늦췄지만 후회는 없다. 모든 것들이 어떻게 동작하는지, 얻은 통찰력이 얼마나 가치 있는지를 아는 것은 언제나 좋은 일이다. 지금처럼 나는 관리형 쿠버네티스를 구매할 수 있지만, 여전히 모든 것들이 어떻게 내부적으로 돌아가는지 상세히 알 수 있다. 항상 도움이 되는 일이다.

클라우드 시티에서의 2일 오후

그리고 이는 우리를 지금까지 성장시킨 도시의 2일 오후라고 말할 수 있다.

하나의 클러스터와 하나의 전자상거래 애플리케이션에서, 우리는 현재 5개의 글로벌 거점으로 성장했고, 어떤 경우에는 각각 1개 이상의 운영 클러스터를 갖고 있다. 우리는 중국에 있고, 우리는 사내에 있고, 싱가포르에 있고, 아일랜드에 클러스터가 있고, 오레곤에 클러스터가 있다. 그리고 내가 클러스터라고 하면, 항상 쿠버네티스를 의미한다. 각 위치에는 카프카 클러스터가 옆에 있다(저작자 참고: 아파치 카프카는 확장 가능한 데이터 수집을 용이하게 하기 위해 사용되는 높은 처리량의 분산 메시징 시스템이다) 그리고 모든 모니터링 및 관찰 도구와 더불어 CI/CD 프로세스를 획득하는 데 필요한 모든 인프라다. 따라서 이러한 각각의 운영 클러스터는 단순한 기술적 핵심에서 핵심적인 콘텐츠로 변해가고 채워진다.

이 이야기는 우리의 엔지니어링 기술 여정을 말해준다. 우리가 시작할 때 깨닫지 못한 것은 엔지니어링 팀 여정이 어떻게 될까 하는 점이었다. 4년 전만 해도 엔지니어링 팀은 소수의 사람들, 고개를 숙이고 최선을 다해 일하려고 노력했지만 안타깝게도 우리는 조직 전체에 퍼져 있었기 때문에 서로 말을 많이 나누지 못했다. 제대로 된 엔지니어링 전문 부서도 없었다. 현재로 시간을 앞당기면 가장 최근의 전사적 엔지니어링의 날에는 엔지니어뿐만 아니라 서비스 관리자, 운영 인력, 아키텍트, 심지어 일부 비즈니스 제품 담당자까지 600명이 있었다.

패턴 : 원격 팀

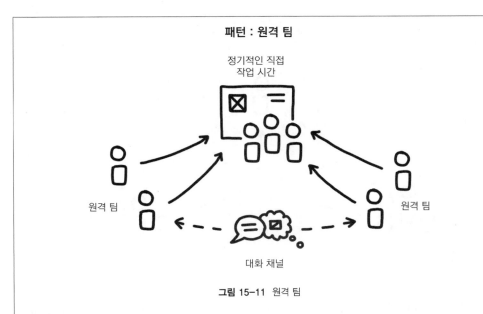

그림 15-11 원격 팀

사무실 건물, 도시 또는 전 세계에 걸쳐 팀이 분산돼야 하는 경우, 긴밀하고 자유롭게 소통할 수 있는 견고한 채널뿐만 아니라 정기적인 직접적 후퇴/작업 세션을 구축해야 한다.

패턴: 지속적인 교육

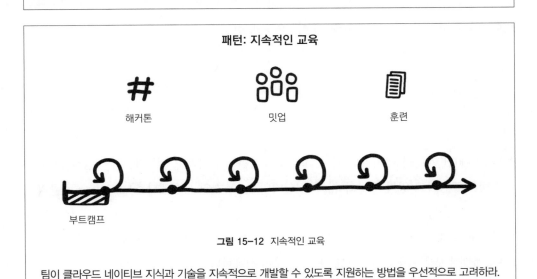

그림 15-12 지속적인 교육

팀이 클라우드 네이티브 지식과 기술을 지속적으로 개발할 수 있도록 지원하는 방법을 우선적으로 고려하라.

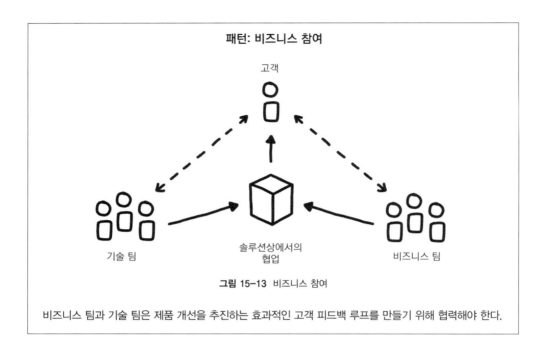

패턴: 비즈니스 참여

고객

기술 팀

솔루션상에서의
협업

비즈니스 팀

그림 15-13 비즈니스 참여

비즈니스 팀과 기술 팀은 제품 개선을 추진하는 효과적인 고객 피드백 루프를 만들기 위해 협력해야 한다.

현명하게도 이제는 300명 이상의 내부 엔지니어가 있다. 우리는 꾸준히 추가 파트너들과도 많이 협력하고 있으므로 최대 2000개 이상의 비트버킷^{Bitbucket} 계정을 제공한다. (이러한 파트너 중 하나는 컨테이너 솔루션즈로, 원래 클라우드 네이티브 교육 프로그램, 교육, 해커톤 등을 만들기 위해 도입했다.)

우리 회사의 CI/CD 시스템은 매달 약 10만 개의 배포를 진행한다. 매주 중앙 로깅 인프라에서 25테라바이트의 메트릭 정보를 수집한다. 데이터 레이크는 현재 750테라바이트가 넘는다. 1000만 카프카 메시지를 넘어 그리고 끊임없이 증가하고 있는데, 이제 점점 더 많은 시스템을 포함하고 있기 때문이다. 우리는 거의 4,000개의 쿠버네티스 파드를 모든 클러스터에 걸쳐 갖고 있고 비트버킷의 코드 베이스는 최근 1억 개의 코드 라인을 넘어섰다. 또한 아마존 EC2, ECS, CloudWatch, Elasticsearch, Amazon API Gateway를 포함한 28개의 AWS 플랫폼에서 이용 가능한 모든 도구를 많이 사용한다.

이 숫자들 역시 항상 변화하고 있으며, 숫자들은 단순히 새로운 기술이 아니라는 것을 말해

주고 있다. 설치만 하면 완성된다. "우리는 지금 애자일^{Agile}에 대한 교육을 받고 있으며, 따라서 우리는 애자일^{Agile} 조직이다!"라고 말할 수는 없듯이 말이다. 단순히 그런 식으로 작동하지 않기에 "설정하고 잊어버려"라는 것은 없다. 이 모든 것들이 제자리에 있어야 하고 함께 일해야 한다. 그 과정은 기술과 함께해야 하고, 두 과정 모두 문화와 함께해야 한다. 탑-다운$^{top-down}$ 경영 방식과 조직 자체를 바꿔야 한다.

이는 클라우드 네이티브를 통한 성공에 대해 알아야 할 가장 중요한 교훈이다. 기술, 프로세스, 사람 세 가지가 모두 함께 진화해야 한다. 나는 당신의 클라우드 트랜스포메이션이 어떤 실패로 향하고 있다고 말하고 싶지는 않지만, 실제로 여러 난관들을 극복하기 위해 어려운 경계들과 단단한 바위들을 단호히 쳐내야 할 것이다.

에필로그

우리는 일반적인 이야기의 결말인 해피엔딩으로 간주되는 지점에 도달했다.

이제 웰스그리드를 마지막으로 방문해야 할 때다. 웰스그리드는 11장과 12장에서 살펴본 트랜스포메이션 디자인을 정확하게 수행해왔다. 세 번째는 마이그레이션 시도 측면에서 매력적이었다. 적절한 시기에 적절한 순서로 올바른 패턴을 적용함으로써 회사는 전체 트랜스포메이션 프로세스의 첫 번째 단계를 완료할 수 있었다. 트랜스포메이션은 실제로 남은 모놀리스 애플리케이션을 재설계할 때까지 수행되지 않으며, 달성하는 데 1년 또는 2년이 더 걸릴 수 있는 점진적인 프로세스다. 그러나 웰스그리드가 달성한 진정으로 중요한 점은 자연스러운 비즈니스 과정으로 수행할 수 있는 능력을 얻었고, 이해력 및 인식을 알게 되었다는 것이다. 회사가 계속 발전할 수 있다고 확신하며, 자신들이 이룬 모든 진전의 결과와 보상을 분명히 볼 수 있다.

웰스그리드의 고위 임원들은 이번 세 번째 시도에 대한 전략을 수립하는 데 훨씬 더 신경을 썼지만, 신용을 위해 중간 관리자와 엔지니어가 전환 세부 사항을 수행하게 할 때임을 인정했다. 애초에 클라우드로 전환하기 위해 회사를 촉매로 만든 프로그램 매니저인 제니Jenny는 계획과, 처음 두 번의 시도를 통해 얻은 지식을 인정받아 트랜스포메이션 챔피언십Transformation Championship으로 선정됐다. 두 가지 노력 모두 상당히 다른 방식으로 실패했지만,

귀중한 학습 경험을 얻을 수 있었다.

제니는 핵심 팀을 이끌었고 멤버 선정을 도왔다. 이들은 웰스그리드에 적합한 트랜스포메이션 경로를 찾기 위해 창의적 모드에서 한쪽으로 나아갈 수 있었고, 나머지 엔지니어들은 그동안 고객 가치를 높게 유지하고자 기존 플랫폼에서 능숙하게 전달하는 기능에 집중했다. 3개월 만에 핵심 팀은 탐색적 실험 및 개념 증명을 통해 새로운 클라우드 네이티브 시스템에 대한 최고의 접근 방식을 파악할 수 있었다. 이때 플랫폼 팀은 핵심 팀원 몇 명으로 재구성됐다. 이들은 조직이 실패했을 때 특별한 능력을 보여준 몇 명의 엔지니어와 함께 참여했다. "모두가 플랫폼을 만들면 무슨 일이 일어나는지 지켜보자!"라며, 첫 번째 시도에서 창의성에 과도한 투자를 했다.

플랫폼 팀은 6개월 만에 견고한 운영 환경이 가능한 클라우드 네이티브 플랫폼을 제공했다. 한편, 제니와 나머지 핵심 팀 멤버들은 새로운 플랫폼을 테스트하고 개발을 위한 프로세스를 만들기 위해 몇 가지 간단한 마이크로서비스 애플리케이션을 개발하는 데 집중했다. 핵심 팀도 나머지 팀이 온보딩하도록 준비를 했다. 우수한 개발자 스타터 팩 자료와, 교육 및 데모 애플리케이션을 만들며, 곧 출시될 시스템을 전사적으로 전파해 기대감과 구매를 유도했다. 플랫폼 준비를 마치자 개발 팀은 점진적으로 새로운 시스템에 온보딩했다. 웰스그리드는 새로운 클라우드 네이티브 플랫폼에서 완전히 새롭게 개발된 클라우드 최적화 제공 방식을 사용해 제품에 새로운 기능을 아주 신속하게 전달했다.

전체 회사가 점차 클라우드 네이티브 방식으로 발전해왔다. 빌드-실행 팀은 새로운 기능을 신속하게 개발하고 점진적인 개선사항을 제공하고자 CI/CD 및 기타 클라우드 네이티브 방법을 사용하게 됐다. 이 방법을 통해 비즈니스 팀이 계획을 수립하기도 한다. CEO 스티브 Steve와 경영진은 동적 전략을 채택했다. 조직 전체에 걸쳐 이행에 중점을 두고 있지만, 이제는 지속적인 혁신에 대한 지속적이고 의미 있는 투자가 이루어지고 있다. 심지어 새로운 신기술에 대한 순수한 연구도 있다. 지정된 전략가로 임명된 제니는 현재 연구를 지휘 중이며, 회사의 모든 영역에서 혁신을 주도하고 있다. 모든 것이 잘 되고 있고, 모두가 자신감을 느끼고 있다. 이제 남은 "마지막 단계에서 리프트 및 시프트"를 활용하여 모노리스를 다시 설계하면 이전 데이터 센터를 영구적으로 종료해야 한다. 웰스그리드는 이제 완전한 클라우드 네이티브 회사가 되기 위한 길을 걷고 있다.

다음 단계는?

웰스그리드의 다음 단계는 클라우드 네이티브 트랜스포메이션을 마친 모든 기업이 해야 할 다음 단계와 동일하다. 즉, 현재 상황에서 요구하는 숙련도와 창의성 간의 균형 유지다. 웰스그리드의 트랜스포메이션 여정에 대한 전체 스토리는 다양한 단계와 클라우드 구현 방법에 따라 그림 E-1에서 그래프로 나타낸 변동 균형으로 확인할 수 있다.

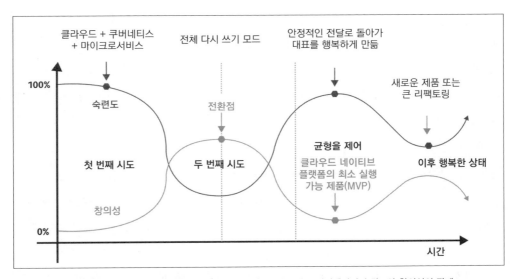

그림 E-1 웰스그리드의 트랜스포메이션 여정에 따른 서로 다른 지점에서의 숙련도와 창의성의 관계

첫 번째 시도는 웰스그리드가 트랜스포메이션을 완전한 계획으로 다루기보다는 주로 숙련된 모드로 유지하는 반면 제니의 소규모 팀은 새로운 클라우드 네이티브 플랫폼을 사이드 프로젝트로 구현하려 하면서 정기적인 업무도 담당한다. 숙련도는 매우 높지만 창의성은 거의 제로다.

이 방식이 효과가 없었기 때문에 회사는 다른 방향으로 돌리려 했다. 이번에는 경영진이 확신함으로써 큰 예산을 할당했고, 대부분이 계획에 참여하기 위해 움직였다. 안타깝게도 회사에서는 여전히 숙련된 기존 관리 방식과 워터폴 팀 구조를 유지했고, 변화를 예측 가능한 결과를 얻을 수 있는 일반적인 프로젝트로 취급하고 있었기에 프로세스와 문화를 새로운 기술에 맞게 바꾸지 않았다. 한편, 새로운 플랫폼에 대한 투자가 너무 많아 여전히 운영 중이며 고객에게 비즈니스 가치를 제공하고 수익을 발생시키는 현재 플랫폼은 거의 무시됐다. 그 결과, 숫자들은 다시 엉망이 됐다. 그들은 전달에 10퍼센트 정도 투자해 일하고 있었고, 나머지는 대부분 사방에서 실험을 하고 있었다. 직원들은 창의적이었지만 매우 체계적이지 못한 방식으로 일함으로써 더 많은 문제를 야기시켰다.

마침내 한발 물러난 웰스그리드가 재평가를 마친 후, 세 번째 시도에서는 훨씬 더 균형 잡힌 접근 방식을 취하게 된다. 동적 전략을 사용해 점차적으로 기반을 올리고 일반적으로 프로세스, 관리 및 문화를 적절히 클라우드 네이티브로 진화시킴으로써 마침내 성공을 위한 준비를 갖추게 됐다. 엔지니어 중 일부 인원으로 핵심 팀과 플랫폼 팀을 구성해 새로운 클라우드 네이티브 플랫폼의 최소 실행 가능 제품 버전을 파악한 후 구축했다. 따라서 창의성은 효과적이고 합리적인 수준으로 돌아왔으며 나머지 팀원은 고객이 필요로 하는 기능을 계속 구축했다.

결국 새로운 플랫폼을 구축하고 모든 팀이 온보딩한 상태에서 웰스그리드는 최적의 효율성 (80/15/5)을 위해 다시 균형을 잡을 수 있었다. 핵심 비즈니스 가치를 효율적으로 제공하기 위해 대부분의 팀과 함께 숙련도 관리 접근 방식을 사용해 대부분의 초점(80%)은 전달로 돌아간다. 그러나 일부 팀은 여전히 혁신 모드에 머물러 있다. 즉, 창의성 관리는 기존 제품을 크게 개선할 수 있는 새로운 도구와 방법을 도입해 혁신을 효과적으로 수행하도록 하는 반면, 적은 비율의 팀만이 지속적인 연구를 수행하고 있다. 연구란 새로운 기술이 발전하거나 발전하지 않을 수 있는 것을 의미하지만, 어떻게 작동하는지 이해하는 것이 중요하다. 이들 중 일부는 보다 안정적이거나 비즈니스와 관련성이 높아지면 1~2년 후에 유용할 수 있다.

이것이 웰스그리드가 일을 처리하는 방식이지만 모두에게 동일한 방식으로 작동한다. 이러한 균형은 통제하에 있고, 필요에 따라 활용할 수 있다. 대규모 리팩터링에 투자하거나 새로운 제품을 개발하고 해당 프로젝트에 인력을 투입해 팀의 상당 부분을 보다 창의적이고 혁신적인 작업에 일시적으로 투입할 수 있다. 그 기간 동안 사람들은 새로운 것을 창조하기 위해 더 개방적인 자율성을 통해 다른 방식으로 관리해야 한다. 그러나 결국 문제가 해결되거나 변경이 이루어지면 안정적이고 효율적인 전달을 강조해 다음 번까지는 상황이 다시 균형을 이룬다.

제다이 파워의 봉인 해제

궁극적으로 이 책의 모든 패턴은 확실히 도움이 되는 부산물임에는 틀림없지만 클라우드 네이티브 트랜스포메이션을 수행하는 방법을 알려주기 위한 것이 아니다. 필자들은 당신이 하나의 프로세스로서 트랜스포메이션에 익숙해지도록 돕기 위해 이 책을 썼다. 당신은 당신에게 다가오는 모든 이방인을 맞이할 준비를 마침으로써, 적응력 있고 반응이 빠르며 의식이 있는 조직으로 자신 있게 나아갈 수 있다.

이제 어떠한 불확실성이든 처리할 수 있는 능력을 확보했다. 이는 끊임없이 변화하는 시대에 살아남고 번창하는 데 필요한 제다이 정신의 요령이다. 소프트웨어 개발 초창기부터 최근까지 모든 것이 매우 분리돼 있으며 기본적으로 지역에 따라 경쟁이 제한돼 있다. 이제 모든 것은 빠르고 전 세계적이다. 더 이상 가까운 이웃만이 경쟁 상대가 아닌, 세상과 경쟁하고 있다. 과거에는 시장을 파괴하는 낯선 자의 위험은 5년에서 10년 정도에 한 번 등장했었다. 이제 매일 10명 이상을 만난다.

기본적으로 클라우드 네이티브는 속도, 확장성 또는 엄청난 부수적 이익일지라도 마진/순이익에 관한 것만은 아니다. 이제 콘텐츠 관리 시스템을 사용해 웹 사이트를 업데이트하는 것과 동일한 손쉽고 빠른 속도로 클라우드 네이티브 파이프라인에서 회사의 제품 또는 서비스를 변경할 수 있다. 요점은 속도 자체가 아닌, 그 속도로 움직이는 당신의 능력이다.

클라우드 네이티브는 변화와 관련된 기술적 위험을 제거해 훨씬 빠르게 혁신하고 적응할 수 있는 조직을 구축하는 것이다. 책 전반에 걸쳐 간략히 설명한 도구와 전략, 방법 및 패턴을 사용해 어떠한 변경 사항이든 처리할 수 있다.

클라우드 네이티브 접근 방식은 변화를 가속화해 기업의 대응력을 높일 수 있는 만큼 탈위험에 대한 요소도 많다. 매우 강력하지만, 안타깝게도 "낮은 위험"이 "낮은 노력"을 의미하지는 않는다. 책을 읽고 나면 어떻게 트랜스포메이션을 구조화할 수 있는지 알 수 있지만, 실제로 이행하는 데는 1, 2년의 시간이 필요하다. 필자들은 당신에게 지식과 도구를 제공할 수는 있지만, 그렇다고 이 여정에서 당신을 구할 수는 없다.

트랜스포메이션 프로세스는 무료가 아니며, 쉽지도 않다. 하지만 말씀드릴 수 있는 것은 트랜스포메이션은 필수 불가결하며, 어떤 식으로든 존재론적 위협이며, 절대적으로 그럴 가치가 있다는 점이다.

그리고 트랜스포메이션을 수행하는 데 수반되는 위험은 결코 낮지 않다.

부록

패턴 라이브러리(섬네일 참조 버전)

새로운 클라우드 네이티브 패턴이 끊임없이 등장하고 있다. 우리가 구축한 클라우드 네이티브 패턴 언어를 계속 공유하고 확장하려면 www.CNpatterns.org를 방문하기 바란다.

이곳에서는 최신 개발 패턴을 찾을 수 있을 뿐만 아니라, 온라인 커뮤니티를 통해 새로운 패턴을 토론하고 만들 수도 있다. 업계 전반의 사람들, 지식 리더 및 인플루언서를 초대하기도 하며, 클라우드 네이티브 코드와 아키텍처에 깊이 관여하는 엔지니어 및 관리자도 기여하고 참여하도록 초대하고 있다. 거기서 만나길 바란다!

A/B 테스트

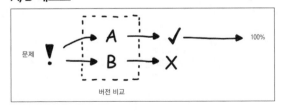

실제 고객 사용 조건에서 제품의 여러 버전(기능, 새로운 기능, UI 등)을 비교해 어떤 것이 더 잘 동작하는지 유용한 데이터를 신속하게 얻을 수 있다. "9장: 개발 및 프로세스 패턴"을 참조한다.

신규 개발을 위한 애자일(혁신의 시간)

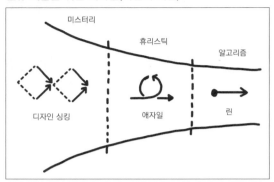

개발 주기마다 별도의 시간을 만들어 숙련도와 혁신의 균형을 맞춘다.
"8장: 조직과 문화의 패턴"을 참조한다.

아키텍처 도안

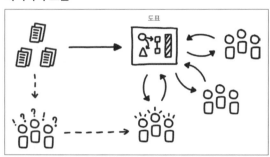

여기서 시스템의 기본 아키텍처에 대한 높은 수준의 개요 스케치 그림은 글을 대체하고 시간을 절약하며 오해를 방지할 수 있다.
"9장: 개발 및 프로세스 패턴"을 참조한다.

인프라 자동화

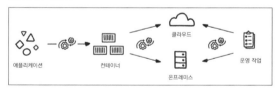

운영 작업의 절대 다수를 자동화해야 한다. 자동화는 팀 간 종속성을 줄여 더 빠른 실험을 가능하게 하고 더 빠른 개발로 이어진다.
"10장: 인프라스트럭처 및 클라우드에 대한 패턴"을 참조한다.

테스트 자동화

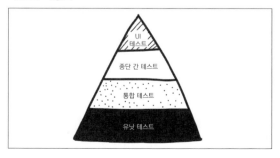

릴리즈한 제품의 품질을 일관되고 지속적으로 향상시키도록 수동 작업 테스트에서 자동화된 테스트 프레임워크로 전환해 개발자가 고객 요구에 맞게 기능을 개선하는 데 더 많은 시간을 할애하면서 더 빨리 제공할 수 있도록 한다.
"9장: 개발 및 프로세스 패턴"을 참조한다.

바퀴의 재발명(Reinventing the heel) 방지

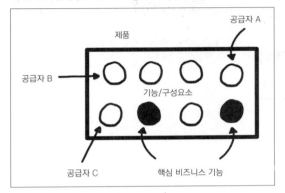

가능하면 완벽한 도구를 직접 제작하는 대신 실제 핵심 비즈니스가 아닌 요구에 따라 오픈 소스를 사용하거나 상용 솔루션을 구입한다
"9장: 개발 및 프로세스 패턴"을 참조한다.

큰 도전

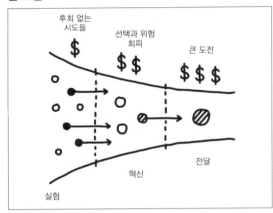

충분한 정보가 제공되면 클라우드 마이그레이션을 진전시키기 위한 중요한 솔루션을 구축해라. 연구보다는 실행에 초점을 맞춘다.
"7장: 전략 및 비즈니스 리스크 감소 패턴"을 참조한다.

책임을 묻지 않는 원인 조사

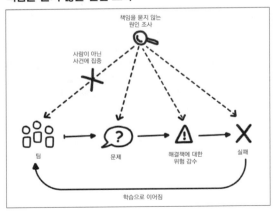

문제가 발생하면 관련자 대신 사건에 집중하면 처벌에 대한 두려움 없이 실수로부터 배울 수 있다.
"8장: 조직과 문화의 패턴"을 참조한다.

빌드-실행 팀("클라우드 네이티브 데브옵스")

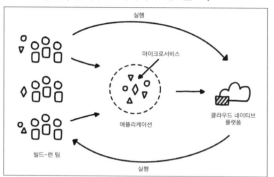

개발 팀은 구축 중인 서비스에 대한 완전한 권한을 갖고 있으며, 생성과 배포 및 지원을 수행한다.
"8장: 조직과 문화의 패턴"을 참조한다.

비즈니스 케이스

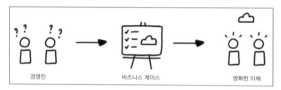

클라우드 네이티브 혁신을 시작하기 전에 기업의 리더십에는 계획이 필요하며, 혜택이 투자를 정당화하는지 확인해야 한다.
"7장: 전략 및 비즈니스 리스크 감소 패턴"을 참조한다.

공동 배치된 팀

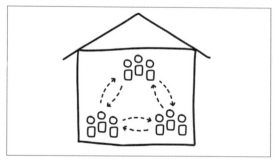

개인적으로 함께 일하는 팀은 자연스럽게 더 긴밀한 관계를 형성하고 더 나은 협업 문제 해결 능력을 개발해 더 큰 혁신을 촉진한다.
"8장: 조직과 문화의 패턴"을 참조한다.

API를 통한 커뮤니케이션

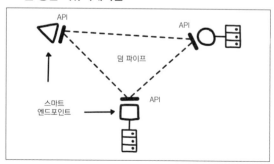

고도로 분산된 시스템에서 마이크로서비스는 안정적이고 강력하게 분리된 API를 통해 서로 통신해야 한다.
"9장: 개발 및 프로세스 패턴"을 참조한다.

담당 업무별 커뮤니케이션

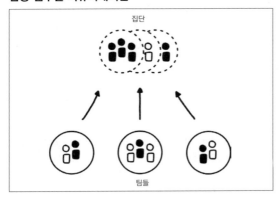

비슷한 기술을 갖고 있지만 서로 다른 팀에 속한 사람들의 독립적인 가상 그룹을 만들어 회사 전반에 걸쳐 아이디어를 교차시키고 귀중한 전체 조직 관점을 제공한다.

"8장: 조직과 문화의 패턴"을 참조한다.

컨테이너 기반 애플리케이션

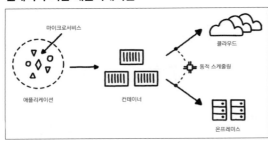

필요한 종속성을 모두 포함한 컨테이너에 패키징된 애플리케이션은 기본 런타임 환경에 의존하지 않으므로 모든 플랫폼에서 고민할 필요 없이 쉽게 실행될 수 있다.

"10장: 인프라스트럭처 및 클라우드에 대한 패턴"을 참조한다.

지속적 전달

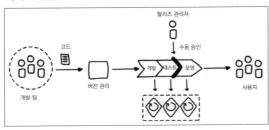

짧은 빌드/테스트/전달 주기를 유지한다는 것은 코드가 항상 운영 환경의 준비가 돼 있고 고객에게 즉시 기능을 제공할 수 있다는 것을 의미하며, 고객의 피드백은 개발자에게 신속하게 반환된다.

"10장: 인프라스트럭처 및 클라우드에 대한 패턴"을 참조한다.

지속적 배포

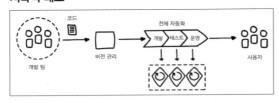

지속적 배포는 지속적 통합, 지속적 전달 사이클에서 허용한 코드를 운영 환경에 자동으로 원활하게 푸시(push)한다.

"10장: 인프라스트럭처 및 클라우드에 대한 패턴"을 참조한다.

지속적 통합

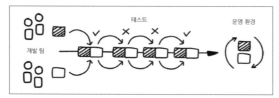

소규모 반복적인 변경사항을 자주 통합하면 전반적인 전달 속도가 빨라지고 코드의 품질이 향상된다. "9장: 개발 및 프로세스 패턴"을 참조한다.

핵심 팀

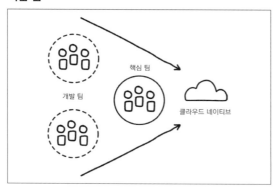

엔지니어들과 설계자들로 구성된 팀을 바탕으로 최고의 트랜스포메이션 경로를 발견하고 팀을 그 과정을 따라 구현하는 작업에 투입한다. 이렇게 하면 트랜스포메이션에 잠재된 위험을 줄이는 한편 팀은 나중에 나머지 팀을 온보딩시키는 데 도움이 되는 경험을 얻는다. "8장: 조직과 문화의 패턴"을 참조한다.

데이터 기반 의사결정

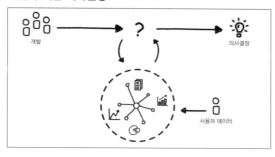

데이터를 수집하고 패턴과 사실을 추출한 후 이를 사용해 객관적인 의사결정을 유도한다. "7장: 전략 및 비즈니스 리스크 감소 패턴"을 참조한다.

실행에 가장 가까운 의사결정

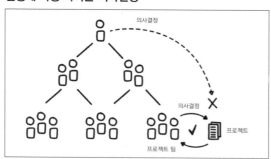

변경 조치에 가장 가까운 사람은 변경과 관련된 모든 결정을 내릴 수 있는 첫 번째 기회를 얻는다. "8장: 조직과 문화의 패턴"을 참조한다.

자동화는 마지막에

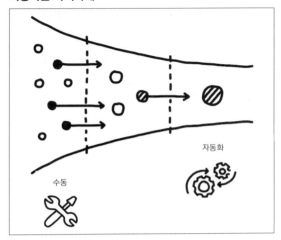

문제가 완전히 해결되고 솔루션이 수동으로 몇 번 실행된 후에만 프로세스를 자동화한다.
"9장: 개발 및 프로세스 패턴"을 참조한다.

데모 애플리케이션

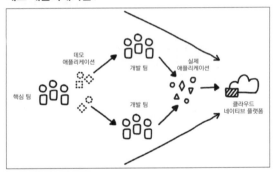

새로운 클라우드 네이티브 시스템에 온보딩한 팀은 자체 클라우드 네이티브 애플리케이션을 구축하기 위한 교육적인 시작점으로 데모 애플리케이션을 전달받는다.
"9장: 개발 및 프로세스 패턴"을 참조한다.

급진적 혁신을 위한 디자인 싱킹

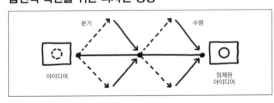

급진적인 새로운 아이디어나 큰 문제에 직면하든지 간에, 먼저 디자인 싱킹이 강력한 솔루션 목록을 브레인스토밍하고 실제 탐색을 위한 최선의 가능성으로 범위를 좁히는 과정으로 사용될 수 있다.
"8장: 조직과 문화의 패턴"을 참조한다.

지정된 전략가

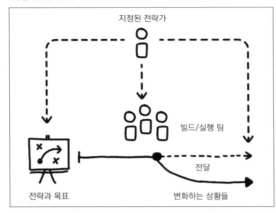

가능한 한 빨리 앞으로 달려갈 때는 주위를 둘러보기가 어려우므로 조직 내에서 상황 인식을 담당하는 한 사람을 만들어라.
"7장: 전략 및 비즈니스 리스크 감소 패턴"을 참조한다.

개발자 스타터 팩

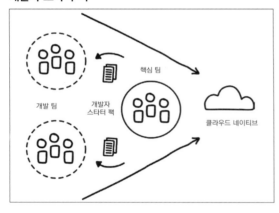

새로운 클라우드 네이티브 시스템에 신규 팀이 신속하고 안전하게 온보딩(onboarding)할 수 있도록 재료, 가이드 및 기타 리소스의 "스타터 키트"를 제공한다.
"9장: 개발 및 프로세스 패턴"을 참조한다.

분산 시스템

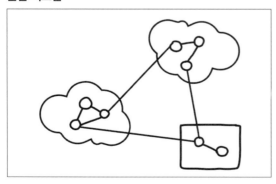

소프트웨어를 일련의 완전히 독립적인 서비스로 구축하면, 그 결과 시스템은 설계에 의해 빠르고 탄력적이며 확장성이 높다.
"9장: 개발 및 프로세스 패턴"을 참조한다.

동적 스케줄링

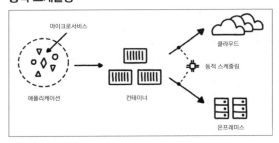

배포된 컨테이너 기반 애플리케이션의 마이크로서비스 배포 및 관리를 구성해 실행 시 임의의 시스템에 할당하려면 일반적으로 오케스트레이터인 쿠버네티스가 필요하다.
"10장: 인프라스트럭처 및 클라우드에 대한 패턴"을 참조한다.

동적 전략

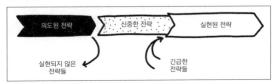

오늘날의 기술 주도 시장은 어떤 비즈니스에 종사하든 끊임없이 변화하는 환경이므로 게임 계획도 이와 함께 바로 전환해야 한다.
"7장: 전략 및 비즈니스 리스크 감소 패턴"을 참조한다.

경영진의 헌신(Commitment)

충분한 리소스의 할당과 합리적인 제공 기간을 보장하기 위해 클라우드 네이티브 전환과 같은 대규모 프로젝트에는 최고 경영진의 강력한 의지(Commitment)가 필요하다.
"7장: 전략 및 비즈니스 리스크 감소 패턴"을 참조한다.

벤더 락인(Lock-in) 탈피 전략

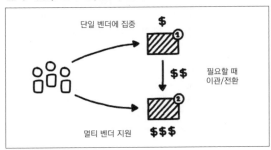

퍼블릭 클라우드 또는 기타 주요 제품 공급업체는 클라우드 네이티브 플랫폼을 구축하고 운영하는 모든 측면을 처리할 수 있으며, 이들의 도구는 종종 우수하지만, 벤더/기술/플랫폼에 전념할 때는 대체 솔루션과 전환과 관련된 비용을 식별하는 것이 중요하다.
"7장: 전략 및 비즈니스 리스크 감소 패턴"을 참조한다.

탐색적 실험

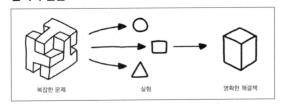

확실한 해결책이 없는 복잡한 문제를 다룰 때, 가능한 대안을 평가하고 이를 통해 배우는 일련의 작은 실험을 실행하라.
"8장: 조직과 문화의 패턴"을 참조한다.

전체 운영 환경 준비 상태

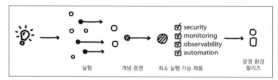

플랫폼에 CI/CD, 보안, 모니터링, 관측성 및 운영환경 준비에 필수적인 기능이 완벽하게 프로비저닝됐는지 확인해야 한다.
"10장: 인프라스트럭처 및 클라우드에 대한 패턴"을 참조한다.

점진적 온보딩

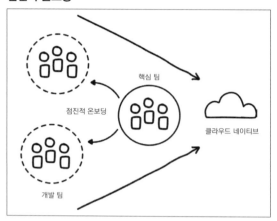

새로운 플랫폼을 가동하기 1–3개월 전에, 피드백을 통합하고 프로세스/자료를 개선하기 위해 각 집단 간에 불연속적으로 한 번에 몇 팀씩 교육시킨다.
"8장: 조직과 문화의 패턴"을 참조한다.

점진적 투자 확대

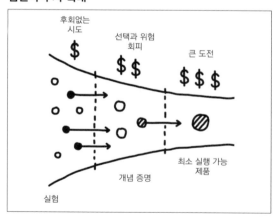

불확실한 환경에서는 학습과 정보 수집에 대한 투자를 서서히 늘린다. 결국 위험을 줄이고 더 나은 정보에 입각한 결정을 내릴 수 있는 충분한 정보를 발견한다.
"7장: 전략 및 비즈니스 리스크 감소 패턴"을 참조한다.

내부 에반젤리즘

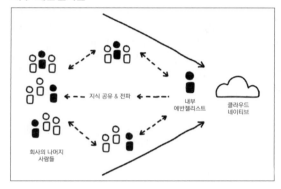

이니셔티브에 대한 이해, 수용 및 지원을 창출하기 위해 처음부터 회사 전체에 걸쳐 혁신에 대한 많은 정보를 제공한다.
"8장: 조직과 문화의 패턴"을 참조한다.

비즈니스 참여

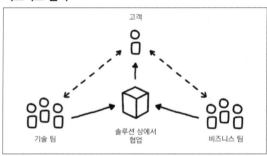

비즈니스 팀과 기술 팀은 효과적인 고객 피드백 순환 구축을 위해 협업해야 한다.
"7장: 전략 및 비즈니스 리스크 감소 패턴"을 참조한다.

최적화를 위한 린(lean)

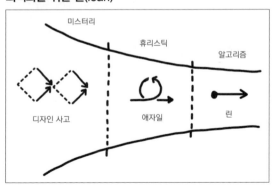

안정적인 시스템이 의도된 가치와 기술 혁신의 대상이 아닌 가치를 제공하는 경우, 반복성을 강조함으로써 전달 및 유지보수 프로세스를 지속적, 점진적으로 개선해 시스템을 개선하는 데 주력한다.
"8장: 조직과 문화의 패턴"을 참조한다.

학습 루프

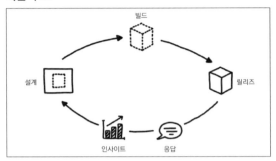

전달 프로세스에 피드백 수집을 구축하면 엔지니어와 제품을 사용하는 사람들 사이의 루프가 닫히고 고객이 제품 개발 주기의 중심에 서게 된다.
"7장: 전략 및 비즈니스 리스크 감소 패턴"을 참조한다.

학습 조직

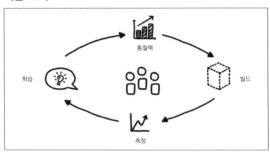

정보 획득, 통찰력 창출, 지식 전달에 능숙한 조직은 자신 있게 위험을 용인할 수 있고 실험과 혁신을 통해 어려운 문제를 해결할 수 있다.
"7장: 전략 및 비즈니스 리스크 감소 패턴"을 참조한다.

마지막 단계에서 리프트 앤 시프트

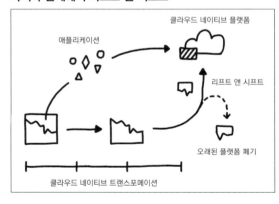

기존 시스템을 클라우드로 완전히 리프트 앤 시프트 하려고 시도함으로써 클라우드 네이티브 트랜스포메이션에 접근하지 않는 것이 중요하다. 그러나 맨 마지막에 일부 온전한 부분을 옮기는 것이 현명할 수 있다.
"10장: 인프라스트럭처 및 클라우드에 대한 패턴"을 참조한다.

창의성 관리

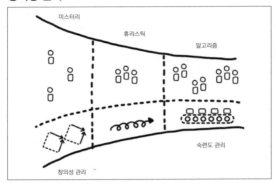

혁신을 담당하는 팀은 정해진 일정에 따라 특정 결과를 제공해야 한다는 압력없이 솔루션에 대한 방법을 실험하는 개방형 자유가 필요하며 때로는 도중에 실패할 자유도 필요하다.

"8장: 조직과 문화의 패턴"을 참조한다.

숙련도 관리

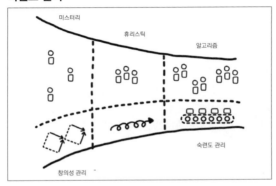

안정적이며 반복적인 고도의 알고리즘 작업을 제공하는 팀은 고품질 및 최적의 효율성을 위해 관리해야 한다.

"8장: 조직과 문화의 패턴"을 참조한다.

중요 사항 측정

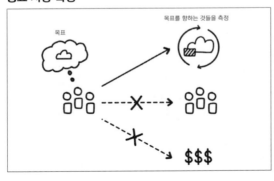

사람들은 그들의 일이 어떻게 측정되는가에 따라 그들의 행동을 최적화한다. 잘못된 것을 평가하면 사람들이 잘못된 목표에 최적화된다.

"7장: 전략 및 비즈니스 리스크 감소 패턴"을 참조한다.

마이크로서비스 아키텍처

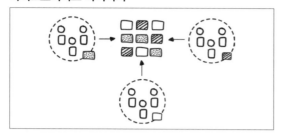

대규모 단일 애플리케이션을 제공하는 팀 간의 조정 비용을 줄이려면 독립적으로 구축 및 운영되는 모듈식 서비스 제품군으로 소프트웨어를 구축해야 한다. "9장: 개발 및 프로세스 패턴"을 참조한다.

최소 실행 가능 제품(MVP) 플랫폼

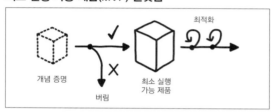

탐색적 실험과 개념 증명을 통해 성공을 위한 가능한 길을 발견하면, 기본적이면서도 완전한 기능 및 생산성을 갖춘 간단한 버전(운영 중인 1-3개의 소규모 애플리케이션이 실행되는 준비된 플랫폼)을 구축하라.

장시간 테스트를 배제하는 CI/CD

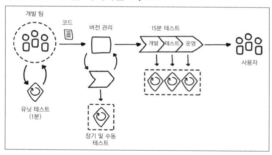

중요하지 않은 장기 실행 테스트를 백그라운드에서 실행해 운영 환경으로의 전달을 차단하지 않는다. "9장: 개발 및 프로세스 패턴"을 참조한다.

후회없는 시도

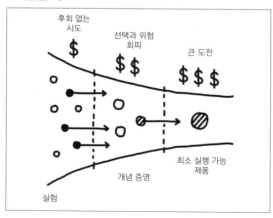

시간과 돈을 거의 투자하지 않아도 되지만 지식을 늘리고, 위험을 줄이며, 트랜스포메이션 시나리오 내·외부 전체 조직에 혜택을 주는 작고 신속한 조치. "7장: 전략 및 비즈니스 리스크 감소 패턴"을 참조한다.

목표 설정

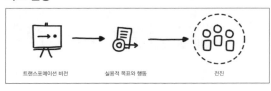

트랜스포메이션 비전을 수립한 후, 다음 단계는 계획대로 전진하기 위해 실용적 목표와 행동으로 옮기는 것이다.

"7장: 전략 및 비즈니스 리스크 감소 패턴"을 참조한다.

관측성

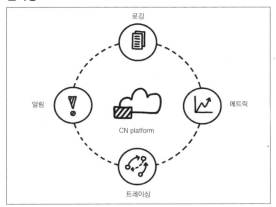

클라우드 네이티브 분산 시스템은 시스템의 동작을 이해하고 잠재적인 문제 또는 인시던트를 예측하기 위해 실행 중인 모든 서비스의 동작을 지속적으로 파악해야 한다.

"10장: 인프라스트럭처 및 클라우드에 대한 패턴"을 참조한다.

지속적인 교육

지속적으로 새로운 방법을 도입하고 기존 방법을 개선해 팀이 클라우드 네이티브 지식과 기술을 지속적으로 개발할 수 있도록 지원한다.

"8장: 조직과 문화의 패턴"을 참조한다.

오픈소스 기반 내부 프로젝트

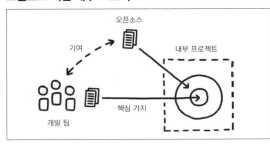

회사의 핵심 비즈니스 가치와 직접 관련이 없는 모든 소프트웨어 요구사항에 오픈 소스 솔루션을 사용한다.

"9장: 개발 및 프로세스 패턴"을 참조한다.

선택과 위험 회피

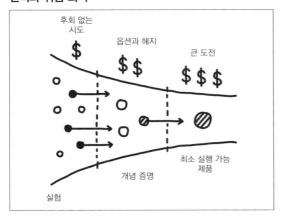

연구를 통해 더 깊게 이해함으로써 몇몇 잠재적으로 유망한 트랜스포메이션 방법이 나타나기 시작했다. 가장 유망한 옵션에 초점을 맞추고 추가로 개발해 리스크를 계속 감소시킨다.

"7장: 전략 및 비즈니스 리스크 감소 패턴"을 참조한다.

주기적 점검

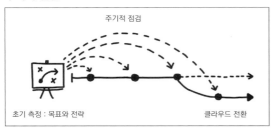

비전과 목표를 재평가해 비즈니스 환경이 변화함에 따라 이를 진행하기 위한 올바른 방향으로 유지되도록 하는 경우가 많다.

"7장: 전략 및 비즈니스 리스크 감소 패턴"을 참조한다.

공동 창조를 위한 개인화된 관계

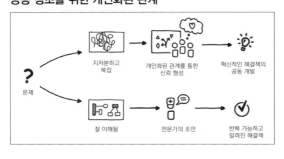

복잡한 문제에 대한 해결책은 높은 수준의 대인 관계를 가진 팀들에 의해 협력적으로 만들어지는 것이 가장 좋다.

"8장: 조직과 문화의 패턴"을 참조한다.

플랫폼 팀

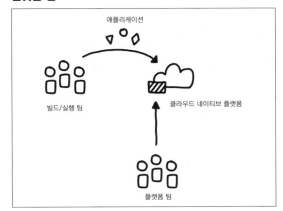

개발자가 인프라 구성 대신 애플리케이션 구축에 집중할 수 있도록 전체 조직이 사용할 수 있도록 단일 일관되고 안정적인 클라우드 네이티브 플랫폼을 설계, 구축 및 실행하는 팀을 만든다.
"8장: 조직과 문화의 패턴"을 참조한다.

프라이빗 클라우드

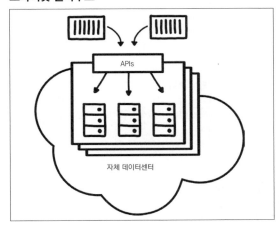

인터넷 또는 회사 소유의 사내 인프라에서 운영되는 프라이빗 클라우드 접근 방식은 AWS와 같은 클라우드 컴퓨팅 서비스의 이점을 제공하는 동시에 특정 사용자에게만 액세스를 제한할 수 있다.
"10장: 인프라스트럭처 및 클라우드에 대한 패턴"을 참조한다.

생산적 피드백

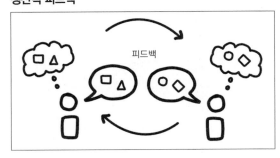

사람들은 행동에 대한 건설적인 정보를 받고 그 대가로 동일한 것을 주는 것이 편안하다고 느낄 때 더 적극적이고 창의적이다.
"8장: 조직과 문화의 패턴"을 참조한다.

개념 증명(PoC)

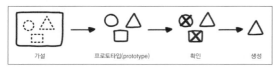

미래에 중대한 영향을 미칠 수 있는 솔루션에 완전히 전념하기 전에, 실행 가능성을 입증하고 더 나은 이해를 얻을 수 있는 작은 프로토타입을 제작해야 한다. "8장: 조직과 문화의 패턴"을 참조한다.

심리적 안전

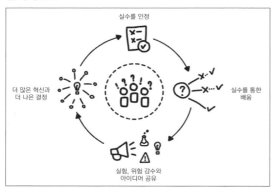

팀원들이 처벌이나 조롱에 직면하지 않고 말하거나, 우려를 표하고, 실수해도 괜찮다고 느낄 때, 그들은 자유롭고 창조적으로 생각할 수 있고, 위험을 감수할 수 있다. "8장: 조직과 문화의 패턴"을 참조한다.

퍼블릭 클라우드

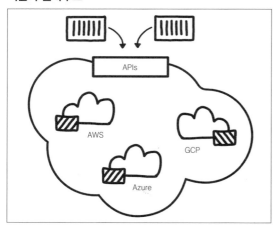

자체 하드웨어를 사용하는 대신, 가능하면 퍼블릭 클라우드 공급업체에서 관리하는 하드웨어에 의존한다. "10장: 인프라스트럭처 및 클라우드에 대한 패턴"을 참조한다.

실험 비용 절감

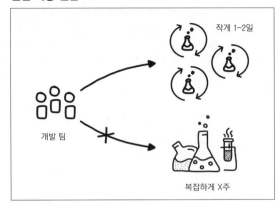

누군가 검증을 필요로 하는 아이디어가 있다면, 실험을 하는 데 드는 비용을 최대한 낮춰야 한다.
"7장: 전략 및 비즈니스 리스크 감소 패턴"을 참조한다

레퍼런스 아키텍처

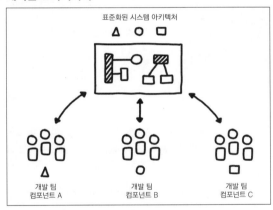

모든 팀이 애플리케이션/구성 요소를 구축하는 데 사용할 수 있는 표준화된 시스템 아키텍처를 펼쳐 놓은 쉽게 접근할 수 있는 문서를 제공한다. 이를 통해 더 높은 아키텍처 일관성을 보장하고 더 나은 재사용성을 통해 개발 비용을 절감할 수 있다.
"9장: 개발 및 프로세스 패턴"을 참조한다.

회고의 시간

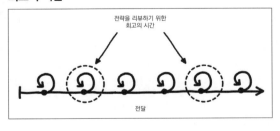

시장 상황이나 기타 새로운 정보에 비추어 현재의 전략을 검토하기 위한 업무 제공 주기에 주기적인 시간을 구축한다.
"7장: 전략 및 비즈니스 리스크 감소 패턴"을 참조한다.

원격 팀

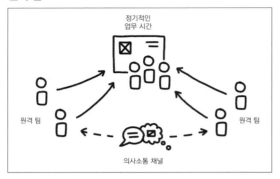

팀이 도시 전체 또는 대륙에 걸쳐 분산돼야 하는 경우, 긴밀하고 자유롭게 소통할 수 있는 강력한 채널뿐만 아니라 정기적인 개인 휴가/업무 시간을 구성한다.
"8장: 조직과 문화의 패턴"을 참조한다.

재현 가능한 개발 환경

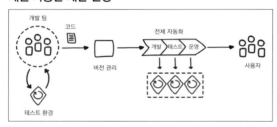

개발자는 스핀업(spin up)이 용이하고 운영 환경 도구와 가능한 가깝게 일치하는 환경에서 매일 작업을 테스트해야 한다.
"9장: 개발 및 프로세스 패턴"을 참조한다.

실행을 통한 연구

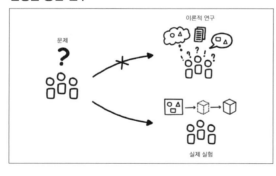

사람들은 때때로 당장의 의사결정을 회피하는 방법으로 연구개발을 활용할 수 있다. 그렇기 때문에 작은 실험을 통한 핸즈온 학습은 자신감을 키우고 도약하는 과정을 만든다.
"7장: 전략 및 비즈니스 리스크 감소 패턴"을 참조한다.

위험을 줄이는 배포 전략

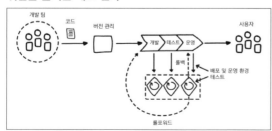

운영 환경 시스템에 변경 사항이 도입됐을 때 문제가 발생할 가능성을 줄이기 위해 릴리즈 전술을 사용한다.
"10장: 인프라스트럭처 및 클라우드에 대한 패턴"을 참조한다.

시작 단계부터 보안을 고려한 시스템

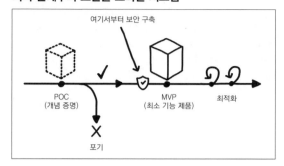

분산 시스템이 설계에 의해 깨지지 않도록 초기 버전부터 플랫폼에 보안을 구축한다.
"9장: 개발 및 프로세스 패턴"을 참조한다.

셀프 서비스

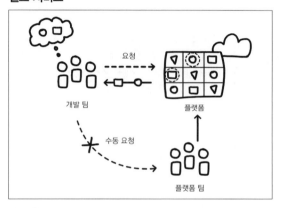

클라우드 네이티브에서는 팀 간의 인계 없이 모든 사용자가 자신의 프로비저닝 및 배포를 수행할 수 있다.
"10장: 인프라스트럭처 및 클라우드에 대한 패턴"을 참조한다.

서버리스(Serverless)

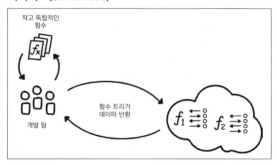

곧 실현될 미래는 클라우드에서 이벤트 중심의 즉각적인 확장이 가능한 서비스 또는 기능이다.
"9장: 개발 및 프로세스 패턴"을 참조한다.

SRE 팀

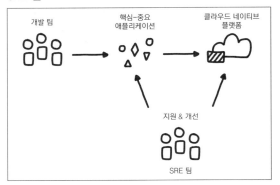

SRE (사이트 신뢰성 공학) 팀은 개발 팀이 플랫폼 또는 인프라가 아닌 응용 프로그램을 유지 및 개선하는 데 도움이 된다.

"8장: 조직과 문화의 패턴"을 참조한다.

스트랭글 모놀리식 애플리케이션

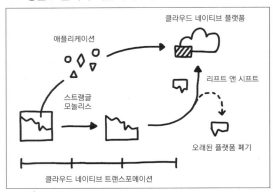

기존의 단일 애플리케이션 부분을 하나씩 점진적으로 분할해 서비스로 재설계한 후 시간이 지남에 따라 새로운 클라우드 네이티브 플랫폼으로 이동시킨다.

"9장: 개발 및 프로세스 패턴"을 참조한다.

스트랭글 모놀리식 조직

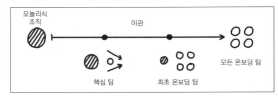

새로운 도구, 기술 및 인프라가 트랜스포메이션 계획의 과정에서 점차적으로 진행되는 것처럼 조직 및 그 팀도 제대로 작동하도록 진화해야 한다.

"8장: 조직과 문화의 패턴"을 참조한다.

세 가지 지평

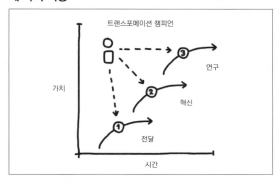

전달, 혁신, 연구 사이에 자원을 비례적으로 배분하면 조직은 변화에 대응하면서 핵심 비즈니스 가치를 안정적으로 전달할 수 있다.

"7장: 전략 및 비즈니스 리스크 감소 패턴"을 참조한다.

트랜스포메이션 챔피언

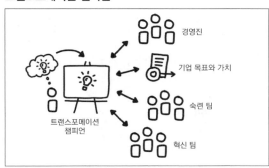

어떤 사람이 회사의 목표와 가치를 미래로 가져갈 수 있는 좋은 새로운 아이디어를 홍보할 경우, 행동을 주도할 수 있도록 인식하고 힘을 부여한다.

"7장: 전략 및 비즈니스 리스크 감소 패턴"을 참조한다.

가치 계층

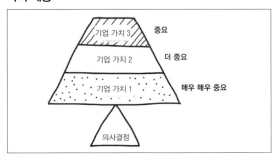

조직의 가치가 명확하게 명시되고 우선순위가 정해져서 회사 전체에 완전히 내재화됐을때, 사람들은 동의나 허가/승인을 구하지 않고도 일상적인 의사결정을 할 수 있다.

"7장: 전략 및 비즈니스 리스크 감소 패턴"을 참조한다.

비전 우선

높은 수준의 트랜스포메이션 과정을 바로 첫 단계로 정의하면 불확실한 환경을 통해 올바른 경로를 설정하는 데 도움이 된다.

"7장: 전략 및 비즈니스 리스크 감소 패턴"을 참조한다.

찾아보기

클라우드 네이티브 트랜스포메이션

클라우드를 도입하기 위한 치밀한 준비

발 행 | 2022년 3월 31일

지은이 | 피니 레즈닉 · 제이미 돕슨 · 미셸 지노
옮긴이 | 정 이 현 · 소 병 욱 · 김 진 웅

펴낸이 | 권 성 준
편집장 | 황 영 주
편 집 | 조 유 나
        김 다 예
디자인 | 송 서 연

에이콘출판주식회사
서울특별시 양천구 국회대로 287 (목동)
전화 02-2653-7600, 팩스 02-2653-0433
www.acornpub.co.kr / editor@acornpub.co.kr

책값은 뒤표지에 있습니다.